HISTORIA DE FAMILIAS CUBANAS

COLECCION CUBA Y SUS JUECES

EDICIONES UNIVERSAL. Miami, Florida, 1985

FRANCISCO XAVIER DE SANTA CRUZ Y MALLEN
Conde San Juan de Jaruco y de Santa Cruz de Mopox

HISTORIA
DE
FAMILIAS CUBANAS

VOL. VII

(Escrita en presencia de documentos inéditos)

P.O. Box 450353 Shenandoah Station
Miami, Florida, 33145, U.S.A.

© 1985 by Conde de Jaruco

Library of Congress Catalog Card No.: 41-2350
I.S.B.N.: 0-89729-380-0
   0-89729-379-7 (Obra completa)

Depósito Legal B.: 38021 - 1985

(De los 6 volúmenes, publicados originalmente en Cuba entre 1940-1950, quedan varias colecciones en existencia. Los volúmenes 8-9-10 se publicarán en un futuro próximo.)

Impreso en España

Impreso en los talleres de Editorial Vosgos, S. A.
Avda. V. Montserrat, 8   08024 Barcelona (España)

PROLOGO

Entre 1940 y 1950, el inolvidable don Francisco Xavier de Santa Cruz y Mallén, Conde de San Juan de Jaruco y de Santa Cruz de Mopox, Grande de España, publicó los seis volúmenes de su monumental obra «Historia de Familias Cubanas», la cual se ha convertido en una obra clásica, así como un libro básico para los investigadores de las raíces históricas de nuestro pueblo y la formación de la cultura y la nacionalidad cubana.

Al morir el Conde de Jaruco, hecho acaecido en 1954, dejó otros cuatro volúmenes inéditos que no pudieron ser publicados a causa de los acontecimientos políticos de los últimos treinta años. Sin embargo, gracias a los esfuerzos de su hijo, don Pedro de Santa Cruz y Goicoechea, el archivo personal del Conde de Jaruco pudo ser trasladado a Miami, y así se comenzó la tarea de revisar y preparar los manuscritos de los cuatro volúmenes inéditos. A causa de la muerte de don Pedro de Santa Cruz y Goicoechea, su hermano don Joaquín, actual poseedor de los títulos de Conde de San Juan de Jaruco y de Santa Cruz de Mopox, con Grandeza de España, continuó la labor comenzada por don Pedro. En este empeño contó con la valiosa cooperación del Padre Juan Luis Sánchez, de la Archidiócesis de Miami, y de otras personas, entre las cuales cabe mencionar a las señoras Virginia Wilson, Emilia Hurtado de Mendoza y Diana Ochoa, quienes desinteresadamente mecanografiaron parte de los manuscritos. El propio don Joaquín de Santa Cruz y Goicoechea se ha ocupado personalmente de la tediosa labor de preparar los volúmenes para su publicación.

La obra del Conde de Jaruco ha merecido grandes elogios por parte de personalidades tales como don José María Chacón y Calvo, distinguido escritor e intelectual cubano, y Su Eminencia don Manuel Cardenal Arteaga, quien fuera Arzobispo de La Habana. Por lo tanto, es con profunda satisfacción y beneplácito, que la Editorial Universal presenta a sus lectores el volumen séptimo de la obra «Historia de Familias Cubanas» por el Conde de San Juan de Jaruco. En un futuro próximo esperamos publicar los otros volúmenes inéditos y de esa forma seguir contribuyendo, en la medida de nuestras posibilidades, a la difusión de la cultura cubana.

JUAN MANUEL SALVAT
Ediciones Universal

ACOSTA

A fines del siglo XVI, procedente de la isla de la Palma, en las Canarias, se estableció esta familia en La Habana.

Son sus armas: en campo de oro, una banda de azur, acompañada de tres flores de liz azules, dos en jefe y una de punta.

Don Baltasar González de Acosta, natural de la isla de la Palma, casó don doña Catalina de Acosta, y tuvieron por hijo: a

Don Melchor González de Acosta, que pasó a La Habana, en cuya Catedral casó el 26 de noviembre de 1594, con doña Anastasia de Merlo, hija de don Juan Mexia, y de doña Luisa de Merlo y Cepero. Tuvieron por hija: a

Doña Ana de Acosta y Merlo, que fue bautizada en la Catedral de La Habana el 13 de julio de 1600. Casó con el Alférez Martín de Morales y Sánchez, natural de Jerez de la Frontera, Fiel Ejecutor y Alcalde ordinario por el estado de los hijos-dalgo de la villa de Castilleja, hijo de don Francisco Morales y Ramos Palomino, y de doña Isabel Sánchez.

A principios del siglo XVIII, procedente de la isla de Santo Domingo, se estableció en La Habana otra familia de este apellido a la cual perteneció:

Don José de Acosta, que casó con doña Antonia Núñez, y tuvieron por hijos: a Francisco, y a Felipe de Acosta y Núñez. Los cuales:

1.— Don Francisco de Acosta y Núñez, casó con doña Josefa Montaño y Pérez, hija de Manuel, y de Andrea. Tuvieron por hijo al

Doctor Pedro Tadeo de Acosta y Montaño, bautizado en la Catedral de Santo Domingo el 19 de julio de 1751, que doctorado en Leyes y en Cánones, fue Comisario, Fiscal y Catedrático de Vísperas en Sagrados Cánones de la Real y Pontificia Universidad de La Habana, abogado, cuya defunción se encuentra en la parroquia de la villa de Güines, provincia de La Habana, a 20 de abril de 1783. Casó en la Catedral de La Habana el 28 de marzo de 1780, con doña María de los Dolores Lutgarda Cepero y Cepero, natural de la villa de Güines, hija de don Juan Bautista Cepero y Ravelo, de doña Bibiana Cepero y Sotolongo. Tuvieron por hijo: a

Don Juan Bautista Acosta y Cepero, bautizado en La Habana, parroquia del Santo Angel, el 13 de abril de 1781, que fue Subteniente de Granaderos del Regimiento de Infantería de México. Casó en La Habana, parroquia del Santo Angel, el 25 de octubre de 1812, con doña María del Rosario Rodríguez Morejón y Sotolongo, hija de don Pablo

Rodríguez Morejón y Noriega, y de doña Gregoria Sotolongo y Cepero. Tuvieron por hija: a

Doña María del Carmen Acosta y Morejón, que fue bautizada en la Catedral de La Habana, el 7 de agosto de 1813, donde casó el 11 de abril de 1846, con don Antonio Gordon y López de Pasos natural de Cartagena de Indias, hijo de don Manuel Gordon y Gutiérrez, Alcaide de las Cárceles Secretas del Santo Oficio de la Inquisición y de doña María Josefa López de Passos.

2. — El doctor Felipe Acosta y Núñez, natural de la isla de Santo Domingo, fue Médico-Cirujano Mayor del Batallón de la plaza de La Habana y Tesorero de la Real y Pontificia Universidad habanera. Su defunción se encuentra en la Catedral de esta ciudad a 4 de octubre de 1774. Casó dos veces en La Habana: la primera, en la parroquia del Santo Cristo, el 24 de julio de 1722, con doña Juana Jacinta de Oquendo y de la Cova, hija del Alférez Matías de Oquendo y Salcedo, y de doña Josefa Garci-Ximénez de Morales Cova y Luna. Casó por segunda vez, el 28 de octubre de 1750 en la Catedral, con doña Jerónima de Oquendo y de la Cova, hermana de su primera mujer.

Don Felipe Acosta y Núñez, y su primera mujer doña Juana Jacinta de Oquendo y de la Cova, tuvieron por hijos: a María; a Ana María; a Juana; a José; a Antonio; a Matías; a Diego; a Felipe; a Pedro; y a Vicente Acosta y Oquendo. De los cuales:

1. — El doctor Diego Acosta y Oquendo, fue presbítero.

2. — Don Felipe Acosta y Oquendo, dio poder para testar el primero de mayo de 1775 ante Cristóbal Leal, y su defunción se encuentra en La Habana, parroquia del Espíritu Santo, a 2 de mayo de dicho año. Casó con doña Jerónima del Rey, y tuvieron por hijos: a María de las Mercedes; a María de los Dolores; a María de la Luz; a Felipe; a José; a Carlos, y a Francisco Acosta y del Rey.

3. — El doctor Pedro Acosta y Oquendo, casó en La Habana, parroquia del Espíritu Santo, el 10 de noviembre de 1759, con doña Francisca Núñez y Perdomo, hija de Antonio y de Ana.

4. — Don Vicente Acosta y Oquendo, bautizado en la Catedral de La Habana el 6 de febrero de 1739, casó en esta ciudad, parroquia del Santo Cristo, el 5 de octubre de 1760, con doña Gertrudis Cepero y Cepero, hija de don Juan Bautista Cepero y Ravelo, y de doña Bibiana Cepero y Sotolongo. Tuvieron por hijos: a Felipe María, y a Francisco Acosta y Cepero.

A principios del siglo XVIII, procedente del Reino de Portugal, se estableció en La Habana otra familia Acosta, cuya genealogía se ha podido comenzar con

Don Manuel Acosta, natural de San Miguel, Portugal, que casó con doña Agustina de Arcia y de la Fuente. Tuvieron por hijo: a

Don Juan Patricio de Acosta y Arcia, bautizado en la parroquia de la villa de Guanabacoa el primero de junio de 1722, quien testó ante Marcos Ramírez, y su defunción se encuentra en La Habana, parroquia de Jesús del Monte, a 2 de junio de 1780, quien fue Teniente de Milicias y Padre general de Menores en su villa natal. Casó con doña María Martina García de Osuna y Hernández Pulgarón, hija de don Diego García de Osuna y García natural de Cádiz, Alférez de Navío de la Flota de Chévez, y de doña Estefanía Hernández Pulgarón y Guerrero. Tuvieron por hijos: a Pedro; a José Mariano; a Manuel José Tadeo; a Antonia; a María del Rosario; a María Pomposa, y a María Josefa de la Luz Acosta y García de Osuna. De los cuales:

1. — Don Pedro de Acosta y García de Osuna, cuya defunción se encuentra en la parroquia del Calvario (provincia de La Habana) a 24 de octubre de 1752.

2. — Don Mariano José de Acosta y García de Osuna, cuya defunción se encuentra en la referida parroquia del Calvario a 30 de diciembre de 1753.

3. — Doña María Pomposa de Acosta y García de Osuna, fue bautizada en La Habana, parroquia del Espíritu Santo, el 14 de octubre de 1759, siendo casada con don Luis Colominas y Vasas, natural de Barcelona, Subteniente de las Compañías Ligeras de Infantería de la plaza de La Habana, hijo de Honorato y de María.

4. — Doña María Josefa de la Luz Acosta y García de Osuna, cuya defunción se encuentra en La Habana, parroquia del Santo Angel, a 29 de noviembre de 1816, casó en esta ciudad, parroquia del Santo Cristo, el 25 de abril de 1785, con don Vicente de Gea y Garabito, natural de Barcelona, Teniente de las Compañías Ligeras de Infantería de La Habana, hijo de Alejandro y de María Rita.

Y procedente de la Orotava, en la isla de Tenerife, se estableció en la villa de Guanabacoa, en el siglo XVIII, el que sigue:

Don Andrés de Acosta y Ravelo, natural de la Orotava, cuya defunción se encuentra en la parroquia de Guanabacoa a 13 de enero de 1742, quien se veló en La Habana, parroquia de Jesús del Monte, el 26 de octubre de 1693, con su mujer doña Inés González Sosa, también natural de la Orotava, fallecida en La Habana el 9 de noviembre de 1699. Tuvieron por hija: a

Doña Juana de Acosta y González Sosa, que fue bautizada en La Habana, parroquia de Jesús del Monte, el 25 de octubre de 1699, estando el 27 de noviembre de 1752 ante Cristóbal Vianés de Salas. Casó en la referida parroquia de Jesús del Monte el 20 de mayo de 1713, con don Lucas González del Castillo, natural de La Habana, hijo del Teniente Manuel y de Petronila.

AGUIAR

A principios del siglo XVII, procedente de la villa de Madrid, se estableció esta familia en La Habana.

Son sus armas: en campo de oro, un águila de su color natural.

El capitán Juan Lorenzo de Aguiar, casó con doña Eugenia Blanco y Cercadillo, natural de Madrid, la que testó en La Habana el primero de noviembre de 1683 ante Cristóbal Valero, y cuya defunción se encuentra en esta Catedral a 19 de agosto de 1684,[1] hija de Bernardo y de Petronila. Tuvieron por hijos: a Eugenia, a Bernardo, y a Juan Lorenzo de Aguiar y Blanco. De los cuales:

1. — Doña Eugenia Lorenzo de Aguiar y Blanco, casó en la Catedral de La Habana el 23 de diciembre de 1668, con el capitán Juan Antonio Martínez de Cepeda y Ladrón de Guevara, natural de la villa de Ocaña, en la Mancha, hijo del capitán Tomás y de Inés Mariana.

2. — Don Juan Lorenzo de Aguiar y Blanco, natural de Madrid, fue capitán de Milicias de la plaza de La Habana, donde casó, en su Catedral, el 23 de agosto de 1648, con doña Victoria de Esquivel Fernández de Ayones y Carrillo, hija de don Alonso Fernández de Ayones, y de doña Isabel Esquivel y Carrillo. Tuvieron por hijos: a Ignacio, a Antonio, a Juan y a Bernardo Lorenzo de Aguiar y Esquivel. De los cuales:

1. — Don Antonio Lorenzo de Aguiar y Esquivel, bautizado en la Catedral de La Habana el 14 de julio de 1656, fue presbítero. Testó el 25 de octubre de 1736, y su defunción se encuentra en la referida Catedral, a 26 de dicho mes y año.

2. — El Capitán Juan Lorenzo de Aguiar y Esquivel, bautizado en la Catedral de La Habana, el 15 de noviembre de 1651, testó el 7 de diciembre de 1695 ante el escribano Juan Uribe Ozeta, y su defunción se encuentra en la referida Catedral a 8 de dicho mes y año, donde casó el 5 de enero de 1677, con doña Francisca González Cordero y Esquivel, hija del Capitán Juan González Cordero y Guilizasti, y de doña María de Esquivel Saavedra y Céspedes. Tuvieron por hijos. a Beatriz, a Catalina, a María Victoria, a Gertrudis, a Pedro, a Francisco, a Dionisio, a Antonio, a Lorenzo, a Juan, a José, y a Miguel de Aguiar y González Cordero. De los cuales:

---

1. Doña Eugenia Blanco y Cercadillo, casó tres veces más en la Catedral de La Habana: la primera, el 28 de febrero de 1650, con el Sargento Francisco González Carvajal, natural de esta ciudad hijo de don Pedro de Cuéllar, y de doña María Díaz de Rivadeneira; la segunda, el 8 de noviembre de 1650 con don Luis Fuentes, natural de Sevilla, hijo de don Pedro Mesones, y de doña Margarita de Fuentes; y la tercera, el 10 de diciembre de 1653, con don Luis Pereira, natural de La Habana, hijo de don Gaspar Hernández Pereira, y de doña Inés Manuel.

A. — Doña Gertrudis de Aguiar y González Cordero bautizada en la Catedral de La Habana, el 19 de febrero de 1693, testó el 12 de septiembre de 1775 ante Ignacio de Ayala, y su defunción se encuentra en la referida Catedral, a 26 de agosto de 1782, donde casó el 15 de abril de 1716, con don Esteban Miguel de Aguiar y López, Caneda da Sebara y Moxica, natural de la parroquia de San Cristóbal de Enfeta, Galicia, que testó en La Habana el 27 de febrero de 1723 ante Bartolomé Núñez, y su defunción se encuentra en la Catedral de La Habana, a 14 de septiembre de 1747,[1] hijo de don Simón de Aguiar Caneda, y de doña Ana López.

B. — Don Lorenzo de Aguiar y González Cordero, fue religioso.

C. — Don Miguel de Aguiar y González Cordero, casó en La Habana, parroquia del Espíritu Santo, el 4 de octubre de 1711, con doña Cecilia Josefa de las Heras y Rodríguez, hija del teniente Pedro y de María. Tuvieron por hijos: a Francisca, a Gertrudis, y a José Cipriano de Aguiar y de las Heras que fue presbítero.

3. — Don Bernardo Lorenzo de Aguiar y Esquivel, bautizado en la Catedral de La Habana el 6 de septiembre de 1653, fue Capitán de Milicias y Regidor del Ayuntamiento. Casó dos veces en esta ciudad, la primera, en la referida Catedral, el 13 de abril de 1673, con doña Leonor González Cordero y Esquivel, hija del Capitán Juan González Cordero y Guilizasti, y de doña María de Esquivel Saavedra y Céspedes; y la segunda, en la parroquia del Espíritu Santo, el 6 de enero de 1697, con doña María Josefa González y Vázquez de Lara, hija de Laureano y Bernarda. De su segunda mujer dejó por hijo: a

Don Bernardo Nicolás de Aguiar y González, que fue Regidor Fiel Ejecutor del Ayuntamiento de La Habana, en 15 de febrero de 1726. Su defunción se encuentra en esta ciudad, parroquia del Espíritu Santo, en el libro octavo, folio 66. Casó en la Catedral de La Habana, el 24 de diciembre de 1727, con doña Manuela Meyreles y Bravo de Acuña, fun-

---

1. Don Esteban Miguel de Aguiar y López, y su mujer doña Gertrudis de Aguiar y González Cordero, tuvieron por hijos: a Lorenza Josefa, a Leonor Josefa, a Estefanía, a Cecilia Josefa, a Gregoria Josefa, a Francisco, y a Antonio José de Aguiar y Aguiar. De los cuales:

1. — Doña Cecilia Josefa de Aguiar y Aguiar, testó el 12 de julio de 1800 ante José Leal, y su defunción se encuentra en La Habana, parroquia del Santo Cristo, a 13 de dicho mes y año. Casó en la Catedral de esta ciudad, el 7 de noviembre de 1748, con el Alférez Francisco Antonio Bassave y Espellosa, hijo del Capitán Francisco Antonio Bassave y Urbieta, Procurador general, Alcalde ordinario y Alguacil Mayor del Tribunal del Santo Oficio de la Inquisición, y de doña Feliciana de Espellosa y Bucareli.

2. — Doña Gregoria Josefa de Aguiar y Aguiar, falleció en La Habana, el 29 de septiembre de 1778. Casó en la Catedral de esta ciudad el 11 de octubre de 1749, con don Manuel Montiano y Sopelana-Basagoiti, natural de Bilbao, Mariscal de Campo de los Reales Ejércitos, Gobernador y Comandante general de las provincias de Tierra-Firme y presidente de la Real Audiencia de Panamá, hijo de don Agustín Montiano y del Barco, y de doña María Teresa de Sopelana-Basagoiti y Lezámiz.

dadora de los vínculos «Río Grande de Meyreles» y «Santa María de Aguiar», hija de don Manuel Meyreles y Barros, Capitán de Milicias, y de doña Sebastiana Bravo de Acuña y Coronel.

Don Bernardo Lorenzo de Aguiar y Esquivel, y su primera mujer doña Leonor González Cordero y Esquivel, tuvieron por hijos a: Eugenia; a Leonor Gertrudis; a Juan, y a Tiburcio de Aguiar y González Cordero. De los cuales:

1. — Doña Leonor Gertrudis de Aguiar y González Cordero, testó el 17 de octubre de 1718 ante el escribano Nicolás Redín, y su defunción se encuentra en la Catedral de La Habana en dicha fecha, donde casó el 22 de febrero de 1705, con don Nicolás Poveda y Bravo, Alcalde de la Santa Hermandad, hijo de don Cristóbal Fernández Poveda y del Castillo, Capitán de Milicias, Regidor Fiel Ejecutor, Alcalde ordinario, Caballero Maestrante de la Real Ronda y de doña Isabel Bravo de las Heras.

2. — Don Juan de Aguiar y González Cordero, fue fraile del orden de Santo Domingo.

3. — Don Tiburcio de Aguiar y González Cordero, bautizado en la Catedral de La Habana el 28 de agosto de 1679, fue Regidor Fiel Ejecutor de este Ayuntamiento por nombramiento de 25 de septiembre de 1716. Testó el 26 de septiembre de 1720 ante Bartolomé Núñez, y su defunción se encuentra en la referida Catedral a 30 de dicho mes y año. Casó dos veces: la primera, con doña Manuela Ceballos, natural de Benavides, obispado de León; y la segunda, en la Catedral de La Habana el 22 de julio de 1710 con doña Ana María Teresa Pérez de la Mota y Vives, hija de don José Pérez de la Mota y Barrientos, Alférez de Infantería[1] y de doña Clara Vives Saavedra y Cabrejas. De su segunda mujer dejó por hijos: a Nicolás José, y a Luis José de Aguiar y Pérez de la Mota. De los cuales:

Don Luis José de Aguiar y Pérez de la Mota, fue coronel de infantería de los Reales Ejércitos y de Milicias en la plaza de La Habana, y Regidor Fiel Ejecutor de este Ayuntamiento en 1.º de septiembre de 1730. Cuando la toma de esta plaza por los ingleses, en el año 1762, se le encargó de la defensa del torreón de la Chorrera y playa de San Lázaro, donde con sus milicianos hizo prodigios de valor defendiendo el referido torreón, resistiendo el ataque de los buques y oponiéndose al desembarco del enemigo, hasta que se le ordenó abandonarlo cuando se creyó imposible su defensa. Destruido este baluarte por la artillería inglesa, se replegó sobre San Lázaro, batiéndose notablemente el 18 de julio de dicho año. Viendo el daño que causaba el enemigo desde la batería que había establecido en Taganana, la acometió con quinientos milicianos y ciento cincuenta negros, de los cuales ciento cuatro supervivientes fueron declarados libres por su heroico comportamiento, desalojando el enemigo

---

1. Don José Pérez de la Mota y Barrientos, al enviudar fue sacerdote, Capellán del castillo de la Real Fuerza, en la Florida, cura propietario de ella, Vicario, Juez Comisionado de la Santa Cruzada y del Santo Oficio, y Juez Conservador de la Religión de San Francisco, en la provincia de Santa Elena.

de la altura que habían fortificado. Pasó luego al sitio denominado el Horcón, y allí, con igual denuedo, contuvo el progreso de los sitiadores desembarcados por Cojímar. Rehusó asistir a la reunión de jefes que en 12 de agosto se convocó para tratar de la capitulación de esta plaza, y luego que se entregó ésta, se negó a reconocer al vencedor. Se retiró a Jaruco con otros leales y allí se reunieron para conspirar. Por sus méritos se le hicieron varias mercedes y en su honor se le dio su apellido a la calle que hoy aún lo lleva en La Habana. Testó ante el escribano Marcos Ramírez, el 10 de septiembre de 1775, y su defunción se encuentra en esta ciudad, parroquia del Espíritu Santo, a 17 de diciembre de 1776, donde casó el 4 de enero de 1762, con doña María Bibiana González de la Torre y Meyreles, hija del Capitán José González de la Torre y González Aponte, y de doña Simona Meyreles y Bravo de Acuña. Tuvieron por hijos: a María Teresa; a Jacinto José; a Pablo José; y a Luis José de Aguiar y González de la Torre. De los cuales:

Don Luis José de Aguiar y González de la Torre, fue Subteniente del Regimiento de Infantería de la plaza de La Habana. Hizo información de nobleza en esta ciudad, la cual consta en nuestro Ayuntamiento, al folio 326, libro 48 de Actas de Cabildo.

Don Tiburcio de Aguiar y González Cordero, y su primera mujer doña Manuela Ceballos, tuvieron por hijo: a

Don Fernando Bernardo de Aguiar y Ceballos, que fue natural de la parroquia de Pozuelo de Alarcón, partido judicial de Navalcarnero, provincia y diócesis de Madrid. Testó el 20 de mayo de 1788 ante el escribano Marcos Ramírez, y su defunción se encuentra en La Habana, parroquia del Espíritu Santo, en el mes de febrero de 1789 (partida 511, folio 228 del libro 8), donde casó el 10 de septiembre de 1738, con doña Teresa Gertrudis Medrano y Martín-Franco, hija de Sebastián y de Juana Josefa. Tuvieron por hijos: a María Melchora, a Josefa Brígida, a Teresa Gertrudis, a María Josefa, a Ana Josefa, a Gabriela Josefa, a Francisco José, a José Ildefonso a Bernardo José y a Juan Rafael de Aguiar y Medrano. De los cuales:

1. — Doña Gabriela Josefa de Aguiar y Medrano, fue bautizada en La Habana, parroquia del Espíritu Santo, el 27 de marzo de 1748, donde casó el 7 de mayo de 1766, con don Pedro Nicolás Fernández de Velasco y Pérez Tinoco, hijo de don Pedro Nicolás Fernández de Velasco y Alvarez, y de doña María de Jesús Pérez Tinoco.

2. — Don Francisco José de Aguiar y Medrano, bautizado en La Habana, parroquia del Espíritu Santo, el 4 de junio de 1741 fue Alcalde de la Santa Hermandad el año 1780. Su defunción se encuentra en esta ciudad, parroquia del Santo Cristo, a 30 de diciembre de 1808.

3. — Don José Ildefonso de Aguiar y Medrano, bautizado en La Habana parroquia del Espíritu Santo, el 5 de febrero de 1744, fue clérigo. Su defunción se encuentra en esta ciudad, parroquia del Santo Cristo, a 5 de agosto de 1825.

4. — Don Bernardo José de Aguiar y Medrano, bautizado en La Habana, parroquia del Espíritu Santo, el 15 de noviembre de 1756. Oficial de la Tesorería de Ejército de la isla de Cuba. Testó el 15 de mayo de 1836 ante Pedro Vidal Rodríguez, y su defunción se encuentra en esta ciudad, parroquia del Santo Cristo, a 7 de abril de 1837. Casó en La Habana, parroquia del Espíritu Santo, el 31 de diciembre de 1789, con doña María Josefa Valdés y tuvieron por hijos: a María de los Angeles, a María de los Dolores, a Manuela, a José María, a Pablo, a Gregorio, y a Juan Miguel Aguiar y Valdés. De los cuales:

A. — Doña María de los Dolores de Aguiar y Valdés bautizada en la Catedral de La Habana el 5 de septiembre de 1795, casó en esta ciudad, parroquia del Santo Cristo el 23 de diciembre de 1819, con don José Ramón de Arriola Godoy, bautizado en la parroquia habanera del Santo Angel el 15 de mayo de 1790. Su sucesión se enlazó con los Emparan, de Veracruz.

B. — Don Juan Miguel Aguiar y Valdés, bautizado en La Habana, parroquia del Santo Cristo, el 31 de mayo de 1790, casó en esta ciudad, parroquia de Guadalupe, el 8 de junio de 1812, con doña Manuela de Sola y Fernández, hija de don Francisco de Sola, Subteniente del Regimiento del Príncipe, y de doña Agustina Josefa Fernández. Tuvieron por hijos: a María Josefa, y Ramón Aguiar y Sola. De los cuales:

Doña María Josefa Aguiar y Sola, casó en La Habana, parroquia Guadalupe, el 17 de agosto de 1838, con don José Morejón y Zenea, hijo de don José Elías Morejón y Otero, Subteniente del Regimiento de Infantería de la plaza de Santiago de Cuba, y de doña Teresa de Jesús Zenea y Pérez-Alegre.

5. — Don Juan Rafael Aguiar y Medrano, bautizado en La Habana, parroquia del Espíritu Santo, el 16 de mayo de 1746, fue Contador de Resultas del Tribunal y Real Audiencia de Cuentas de La Habana. Casó en la referida parroquia el 7 de diciembre de 1772, con doña Jerónima González de Ara y Jiménez, hija de Manuel y de Gertrudis. Tuvieron por hijos: a María Mercedes, a María de la Concepción, a José Joaquín, a José Ramón, a José Sotero, a Juan, y a Bernardo Aguiar y González de Ara. De los cuales:

1. — Doña María de la Concepción Aguiar y González de Ara, bautizada en La Habana, parroquia del Espíritu Santo, el 11 de julio de 1779, casó en esta ciudad, parroquia del Santo Cristo, el 4 de enero de 1817, con don Manuel de Zequeira y Ramírez de Aguilar, natural de la villa de San Salvador del Bayamo, Coronel de Milicias, quien obtuvo el 25 de enero de 1839 el reconocimiento de mejor derecho para suceder en el marquesado y señorío de Guisa, pero no llegó a obtener la correspondiente Real Carta de sucesión, hijo del capitán Ignacio de Zequeira y Aguilera, y de doña Isabel Francisca Ramírez de Aguilar y de la Torre.

2. — Don José Ramón Aguiar y González de Ara, fue Oficial de la Contaduría del Ejército y Real Hacienda de La Habana. Testó ante José de la Cruz Velasco, y su defunción se encuentra en la parroquia de Ja-

ruco, a 30 de septiembre de 1855. Casó en La Habana, parroquia del Espíritu Santo, el 23 de mayo de 1820, con doña María de los Dolores Genebriera y Pardo, natural de la ciudad de Cádiz, hija del Ayundante del Cuerpo de profesores Médicos-Cirujanos de la Real Armada, y de doña María Josefa Pardo.

3. — El licenciado José Sotero Aguiar y González de Ara, bautizado en La Habana, parroquia del Espíritu Santo, el 2 de mayo de 1781, fue jurisconsulto, Abogado de las Reales Audiencias de la isla de Cuba. Casó dos veces: la primera, con doña Manuela Manresa y Gómez, hija de Francisco y de María Nicolasa; y la segunda en La Habana, parroquia de Guadalupe, el 22 de diciembre de 1839, con doña Candelaria Casimira González y Martínez, natural de Quivicán, hija de don José González y González, y de doña María del Carmen Martínez y Rodríguez. De su primera mujer dejó por hija: a

Doña Jerónima Aguiar y Manresa, que casó con don Cayetano Poly, Teniente de Infantería en la plaza de La Habana, Caballero de la Orden de San Hermenegildo.

4. — Don Juan Aguiar y González de Ara, bautizado en La Habana, parroquia del Santo Cristo, el 8 de marzo de 1784, fue Oficial de la Real Factoría de Tabacos de la isla de Cuba. Casó con doña Ana Loysel y Frómesta, hija de don Pedro Loysel y Montero, Capitán del Batallón, Fijo de la plaza de Santo Domingo, y de doña María Simona Frómesta y Leos-Echalas. Tuvieron por hijos: a Gonzalo, y a José Francisco Aguiar y Loysel. De los cuales: el

Licenciado José Francisco Aguiar y Loysel, distinguido letrado fue Abogado de las Reales Audiencias de la isla de Cuba. Casó en la Catedral de La Habana el 3 de junio de 1848, con doña María de los Dolores de Ureña y Fernández de Castro, hija del Teniente Coronel Félix de Ureña y Girón, y de doña María de los Dolores Fernández de Castro y Alvarez de Barba.

5. — Don Bernardo Aguiar y González de Ara, bautizado en La Habana, parroquia del Santo Cristo, el 3 de marzo de 1789, fue Subteniente y Oficial del Tribunal Mayor y Real Audiencia de Cuentas de esta plaza, donde casó, en la parroquia del Espíritu Santo, el 22 de marzo de 1812, con doña María de la Concepción Montiel y Collazo, hija del bachiller Manuel y de Teresa. Tuvieron por hijos: a Bernardo, y a Manuel José Aguiar y Montiel. De los cuales:,

Don Manuel José Aguiar y Montiel, bautizado en La Habana, parroquia del Espíritu Santo, el 9 de marzo de 1813, fue Oficial de Administración de Rentas Reales y Marítimas de esta plaza, y Regidor del Ayuntamiento de Guanabacoa. Su defunción se encuentra en La Habana, parroquia de Monserrate, a 11 de octubre de 1857. Casó con doña María de las Mercedes Morejón y Bertola, y Romero. Tuvieron por hijos: a María de la Concepción, a María del Rosario, a María de la Altagracia, a María de Loreto, a Lorenzo, y a Bernardo Aguiar y Morejón. De los cuales:

1. — Doña María de Loreto Aguiar y Morejón, casó con don Valetín Cacho-Negrete y Larín, hijo de don Eustaquio Cacho-Negrete y Ayala y de doña Micaela Larín y Cañedo.

2. — Don Bernardo Aguiar y Morejón, casó en La Habana parroquia de Monserrate, el 30 de julio de 1870, con doña María de la Concepción Ballorí y Pons, hija de don Bartolomé Ballorí y Ribot, natural de Mallorca, y de doña Francisca Pons y Roselló. Tuvieron por hijos: a María Josefa, a María Manuela, a María de las Mercedes a María de la Concepción, a María del Carmen, a Norberto, a José Manuel, a Pedro Pablo, a Miguel Angel, a Bernardo, y a Ramón Aguiar y Ballorí. De los cuales:

1. — El doctor Pedro Pablo Aguiar y Ballorí, nacido en Guanabacoa, el 29 de junio de 1891, fue Ministro Plenipotenciario de Cuba, fue catedrático del Instituto Provincial de La Habana y Agregado Comercial a la Embajada de Cuba en los Estados Unidos. Casó con doña Eva García y Conde, de la que no tiene sucesión.

2. — El doctor Miguel Angel Aguiar y Ballorí, nacido en La Habana, el 31 de mayo de 1889, fue un distinguido abogado. Representante a la Cámara y Subsecretario de Gobernación de la República de Cuba, siendo asesinado por cuestiones políticas en 1933. Casó con doña Esperanza Solís y Valdés, que ha sido Agregada Comercial a la Embajada de Cuba en Washington, sin tener sucesión.

3. — Don Bernardo Aguiar y Ballorí, casó con doña Amelia González, y tuvieron por hijos: a María Amelia, a Zenaida, a Bernardo, y a Evelio Aguiar y González.

4. — Don Ramón Aguiar y Ballorí, que ya ha fallecido, casó con doña Rosa María de los Reyes y Morales, hija de don Gustavo de los Reyes y Melo, y de doña María del Rosario Morales y Martín. Tuvieron por hija: a

Doña Ela Aguiar y de los Reyes, que casó con el doctor Eduardo Delgado y Longa, que fue abogado, y notario en La Habana, teniendo sucesión, hijo de don Eduardo Delgado y Hernández, y de doña Adolfina Longa y Marquette.

ARIOSA

A principios del siglo XIX, procedente de la parroquia de San Julián de Coiro, en Galicia, se establecieron en La Habana dos hermanos de esta familia.

Don José Ariosa, natural de Santa María de Loureda (Galicia), casó con doña María Jacinta de Figueroa, natural de San Julián de Ciro, y tuvieron por hijos: a Bernardo y a Juan Ariosa y Figueroa. Los cuales:

1. — Don Bernardo Ariosa y Figueroa, natural de la parroquia de San Julián de Coiro, testó el 17 de septiembre de 1834 ante Francisco Valeiro, y su defunción se encuentra en La Habana, parroquia del Espíritu Santo, a 19 de septiembre de 1834, donde casó el 12 de noviembre de 1830, con doña María del Carmen Martínez y Beltrán, hija de Domingo y de Josefa. Tuvieron por hijo: a

Don Bernardo Ariosa y Martínez, bautizado en la Catedral de La Habana el 30 de septiembre de 1831, que falleció en la ciudad de New York, y su defunción se encuentra trasladada a La Habana, parroquia de Monserrate, el 17 de febrero de 1867. Casó con Elisabeth Soulerat, natural de Francia y tuvieron por hijo: a Bernardo Ariosa y Soulerat.

2, — Don Juan Ariosa y Figueroa, bautizado en la parroquia de San Julián de Coiro el 10 de noviembre de 1788, testó en La Habana el 19 de diciembre de 1836 ante Francisco Valerio, y su defunción se encuentra en esta ciudad, parroquia del Espíritu Santo, a 22 de diciembre de 1836, donde casó el 19 de marzo de 1813, con doña María Josefa Beltrán y Furraquia, bautizada en Ceuta, parroquia de los Remedios el 27 de enero de 1784, hija de Juan Bautista Beltrán natural de Chivero (Piamonte) y de María Dominga Furraquia, natural de Capua (Nápoles). Tuvieron por hijos: a María del Pilar; a María de las Mercedes; a María de los Dolores; a Domingo; a Francisco de Paula; a Patricio; a Ramón; a Juan Luis; a José Agustín y a Ramón Ariosa y Beltrán. De los cuales:

1. — Doña María del Pilar Ariosa y Beltrán, bautizada en la Catedral de La Habana el 22 de octubre de 1815, casó en esta ciudad, parroquia del Espíritu Santo, el 14 de noviembre de 1835, con don Nicolás López de la Torre y Rodríguez de Andrade, natural de la parroquia de San Esteban de Perlío, Comisario Ordenador de Marina en La Habana y Caballero de la Orden de Carlos III, hijo de don Manuel Andrés López de la Torre y Fernández Piélago, natural de San Salvador del Fene, y de doña Vicenta Rodríguez y Andrade, natural de San Esteban de Perlío.

2. — Doña María de las Mercedes Ariosa y Beltrán, fue bautizada en La Habana, parroquia del Espíritu Santo, el primero de diciembre de 1824, donde casó el 16 de abril de 1842, con don Luis Palacios y Balzola, natural de la villa de Azcoitia, en Vizcaya, Teniente de Navío de la Real Armada, hijo de don Rafael Palacios y Villarreal y de doña María Josefa Balzola y Aleíbar.

3. — Doña María de los Dolores Ariosa y Beltrán, fue bautizada en La Habana, parroquia del Espíritu Santo, el 9 de noviembre de 1816, donde está su defunción a 28 de junio de 1848. Casó en la referida parroquia, el 22 de abril de 1842, con don Pedro Antonio Herrera y Fuente natural del lugar de Renedo, en el Valle de Piélago, Santander, hijo de Valentín y de Eugenia.

4. — Don Francisco de Paula Ariosa y Beltrán, cuya defunción está en La Habana, parroquia del Espíritu Santo, a 14 de julio de 1854.

5. — Don Patricio Ariosa y Beltrán, fue bautizado en La Habana, parroquia del Espíritu Santo, el 25 de marzo de 1818, donde casó el 2 de

diciembre de 1865, con doña María Teresa de la Cruz y Zenea, hija del licenciado Francisco Xavier y de María de los Dolores.

6. — Don Juan Luis Ariosa y Beltrán, casó tres veces en La Habana: la primera, en la Catedral, el 5 de octubre de 1842, con doña María de las Mercedes del Casal y Güen: la segunda, en la parroquia del Espíritu Santo, el 15 de noviembre de 1858, con doña Antonia Agueda del Casal y Güen; y la tercera, el 24 de julio de 1864, con doña Rosalía del Casal y Güen, hijas las tres, de don Antonio del Casal, y de doña María de Jesús Güen.

Don Juan Luis Ariosa y Beltrán, y su primera mujer doña María de las Mercedes del Casal y Güen, tuvieron por hijos: a María del Carmen; a Juana; a Juan Luis, y a Luis Ariosa y del Casal. Los cuales:

A. — Doña María del Carmen Ariosa y del Casal, casó en La Habana, parroquia de Guadalupe, el 12 de mayo de 1877, con don Miguel Fernández de Celis.[1]

C. — Don Juan Luis Ariosa y del Casal, fue bautizado en La Habana, parroquia del Espíritu Santo, el 4 de septiembre de 1845.

D. — Don Luis Ariosa y del Casal, fue bautizado en La Habana, parroquia del Cerro, el 3 de julio de 1853.

7. — Don José Agustín Ariosa y Beltrán, bautizado en La Habana, parroquia del Espíritu Santo, el 7 de septiembre de 1819, testó el 24 de de mayo de 1876 ante el escribano Miguel Nuño, y su defunción se encuentra en esta ciudad, parroquia del Espíritu Santo, a 21 de octubre de 1882. Casó en La Habana, parroquia de Monserrate, el 14 de noviembre de 1860, con doña María Juliá y Jócano, hija de don Juan José Juliá, natural de Barcelona, y de doña Manuela Jócano, natural de México.

8. — Don Ramón Ariosa y Beltrán, bautizado en La Habana, parroquia del Espíritu Santo, el 25 de marzo de 1818 testó el 19 de octubre de 1858 ante Miguel Nuño, y su defunción se encuentra en La Habana, parroquia de Montserrate, a 28 de octubre de dicho año. Casó con doña Narcisa Juliá y Jócano, natural de México. Tuvieron por hijo: al

,Licenciado Juan José Ariosa y Juliá, bautizado en La Habana, parroquia del Espíritu Santo, el 10 de febrero de 1858, que fue abogado y hacendado. Casó con doña María del Carmen Gaytán y Martín, hija de Antonio y de María de la Concepción. Tuvieron por hijos: a María del Carmen; a Narcisa; a Gloria; a Juan, y a José Agustín Ariosa y Gaytán. Los cuales:

---

1. Doña María del Carmen Ariosa y del Casal, y don Miguel Fernández de Celis, tuvieron por hija: a

Doña María de las Mercedes Fernández de Celis y Ariosa, que casó con don Sancho Dávila Agreda Pérez de Grandallana y Ballera, y tuvo por hijos: a Francisco (Maestrante de Ronda, casado con doña María Josefa Ruiz del Portal y Costa), y a Sancho Dávila y Fernández de Celis, XIV Conde de Villafuente Bermeja, Maestrante de Ronda, que fue casado con doña Ana Duarte.

1. — Doña María del Carmen Ariosa y Gaytán, casó en La Habana, parroquia del Espíritu Santo, el 21 de marzo de 1900, con don Nicolás de Cárdenas y Benítez, natural de París, Francia, Teniente Coronel del Ejército Libertador de Cuba, hijo de don Nicolás de Cárdenas y Chappotín Ministro Plenipotenciario de la República de Cuba en el Perú, de los marqueses de Prado-Ameno, y de doña Susana Benítez y de la Cantera, de los marqueses de Santa Susana.

2. — Doña Narcisa Ariosa y Gaytán, casó con don Raúl Arango y del Solar, Coronel del Ejército Libertador de Cuba, hijo del licenciado José Francisco Arango y Lamar, médico-cirujano, y de doña Clemencia del Solar y del Solar.

3. — Doña Gloria Ariosa y Gaytán, casó con el doctor Enrique de Almagro y Elízaga, abogado, Presidente de la Sala de la Audiencia de La Habana, hijo del licenciado José de Almagro y de la Vega, abogado, Teniente Fiscal de la Audiencia de La Habana, Comendador de la Orden de Isabel la Católica, y de doña Isabel de Elízaga y Montes.

4. — Don Juan Ariosa y Gaytán, casó con Dorothy Cantfeld, y tuvieron por hijos: a Dorothy; a Gloria; a Juan; a Eduardo; a José Agustín, y a Roberto Ariosa y Cantfeld.

5. — Don José Agustín Ariosa y Gaytán, natural de La Habana, casó en esta ciudad, parroquia del Vedado, el 28 de octubre de 1915, con doña María de los Angeles Reyna y Marty, y tuvieron por hijos: a María del Carmen; a Angelina; a Gloria; a Marta; a José Agustín, y a Ignacio Ariosa y Reyna. De los cuales:

1. — Doña María del Carmen Ariosa y Reyna, casó con don Armando Cuervo y Fernández Roger, hijo de Armando y María de la Concepción.

2. — Doña Angelina Ariosa y Reyna, casó con el doctor Sergio del Portal y Monteagudo, abogado, hijo del ingeniero don Primitivo del Portal y Vera y doña Justina Monteágudo y López.

3. — Doña Marta Ariosa y Reyna, casó con Edwin Nielsen Schueg.

B. — Doña Juana Ariosa y del Casal, casó en La Habana, parroquia de Guadalupe, el 28 de abril de 1880, con don Pedro Adolfo Landetta y Fernández de Córdova, natural de esta ciudad, hijo de Juan Bautista Landetta y Arana, natural de Plencia en Vizcaya, y de doña María de los Dolores Fernández de Córdova y Alvarez.

ARMIÑAN

En la segunda mitad del siglo XVI aparece radicada esta familia en la villa de Ribadesella, en Oviedo, principado de Asturias.

Son sus armas: en campo de oro, un león. Algunos miembros de esta familia han usado sus armas en esta forma: primero y cuarto cuartel, un león azul sobre plata; en el segundo y tercer cuartel, de oro sobre rojo.

Don Juan de Armiñán, era descendiente de su Casa Solar en el lugar de Torriello, jurisdicción del concejo de Ribadesella. Dejó por hijo: a

Don Alonso de Armiñán, que fue natural y vecino de la villa de Ribadesella. Casó con doña María de Cuevas, y tuvieron por hijo: a

Don Juan de Armiñán y Cuevas, natural de Ribadesella, que casó con doña Ana de Colunga. Tuvieron por hijo: a

Don Alonso de Armiñán y Colunga, que también fue natural de Ribadesella. Casó con doña Andrea de la Riega, y tuvieron por hijo: a

Don Juan de Armiñán y de la Riega, que fue natural de Ribadesella, Casó con doña María del Junco, y tuvieron por hijo: a

Don Francisco Antonio de Armiñán y del Junco, que fue vecino de la villa de Grado, en el referido principado de Asturias. Casó con doña Teresa Cañedo y Estrada, y tuvieron por hijo: a

Don José Antonio de Armiñán y Cañedo, vecino de la villa de Grado, que obtuvo certificación de armas e hidalguía el primero de junio de 1743, expedida por don Francisco Zazo y Rosillo, Cronista y Rey de Armas de Su Majestad. En esta certificación se hace constar que estos Armiñán han estado en posesión de hidalguía desde época inmemorial, tanto en la villa de Grado como en la de Ribadesella.

Don Alvaro Antonio de Armiñán Cañedo, vecino de la parroquia de Restiello, partido judicial de la villa de Grado, en Oviedo fue Mariscal de Campo en los Reales Ejércitos, Capitán General del principado de Asturias, Consejero de Guerra de los Oficiales Generales de la provincia de Oviedo, Caballero condecorado con la Cruz del Ejército Asturiano y Caballero Gran Cruz y Banda de la Orden de San Hermenegildo. A instancia suya, don Miguel Fernández Corujedo, escribano de la villa de Grado, con fecha 5 de agosto de 1822, obtuvo un testimonio de la copia de la certificación de armas e hidalguía, expedida el primero de junio de 1743, por don Francisco Zazo y Rosillo, a favor de don José Antonio de Armiñán y Cañedo, anteriormente mencionado. Casó con doña María Coalla, y tuvieron por hijos: a Manuel, y a José Francisco de Armiñán y Coalla. Los cuales:

1. — El Coronel Manuel de Armiñán y Coalla, casó con doña Manuela Lecanda y Sánchez, natural de la isla de Santo Domingo, hija de don Andrés Lecanda, natural de Bilbao, Factor de Tabacos de dicha isla, y de doña Gabriela Sánchez. Tuvieron por hijo: a

Don Manuel de Armiñán y Lecanda, natural de Cádiz, que fue Teniente del Regimiento Fijo en Santiago de Cuba. Casó en la Catedral de La Habana el 31 de marzo de 1843, con doña Leonor María de Urrutia y Córdoba, hija de don José María de Urrutia y Escanes, Coronel de Infantería, Comandante del Batallón Primero de Cataluña, y de María de Jesús del Rosario de Córdoba e Hidalgo Gato.

2. — El Coronel José Francisco de Armiñán y Coalla, casó con doña Francisca Gutiérrez, y tuvieron por hijo: a

Don Manuel de Armiñán y Gutiérrez, bautizado en la parroquia mayor de Benavente, provincia de Zamora, que fue Teniente General de los Reales Ejércitos, Capitán General de las islas Baleares, Gobernador Militar de la plaza de La Habana, e Inspector General de todas las tropas de la Isla de Cuba en 1883, Diputado a Cortes y Gran Cruz de la Orden de San Fernando. Casó dos veces: la primera, en la villa de Sancti-Spíritus, con doña Angela Josefa Pérez y Piña, hija de don José Pérez y Pentón, y de doña Mónica Piña y del Castillo. Casó por segunda vez en la Catedral de La Habana, el 8 de diciembre de 1884, con doña María de la Concepción Fernández de Castro y Trelles, hija de don Antonio Fernández de Castro y Alvarez de Barba, Capitán agregado al Regimiento de Milicias de la plaza de La Habana, y de doña Isabel María Trelles y Arámburu. De su primera mujer dejó por hijo: a

Don José Alvaro Armiñán y Pérez, que fue Coronel de Infantería del Ejército Español. Casó con doña Herminia Rodríguez y Morell, natural de Camagüey, hija de don Blas Rodríguez y Borrero, y de doña Herminia Morell y Xíques. Tuvieron por hijos: a Angela Herminia, y a Alvaro Armiñán y Rodríguez. Los cuales:

1. — Doña Angela Herminia Armiñán y Rodríguez, casó con don Mario Pedroso y Montalvo, ingeniero, hijo del licenciado Gonzalo Pedroso y Mantilla, abogado, y de doña María Encarnación Montalvo y Chacón.

2. — Doctor Alvaro Armiñán y Rodríguez, natural de Trinidad, abogado y notario público, Representante a la Cámara de la República de Cuba, casó con doña Aurora Xiques y Macías, y tienen por hijas: a Ofelia y a Silvia Armiñán y Xiques. Las cuales:

1. — Doña Ofelia Armiñán y Xiques, casó con don Joaquín Castillo y Montalvo, hijo del ingeniero don Demetrio Castillo y Pokorny, Comandante del Ejército Nacional de Cuba, Secretario de Obras Públicas, hacendado y colono, y de doña María de los Dolores Montalvo y Lasa.

2. — Doña Silvia Armiñán y Xiques, casó con don Carlos García Ordóñez y Montalvo, hijo del doctor José Antonio García y Ordóñez, abogado, y de doña Gloria Montalvo y Saladrigas.

También aparece: que

Don Alvaro de Armiñán, natural de Oviedo, fue Mariscal de Campo de los Reales Ejércitos, Sargento Mayor interino de la plaza de Santiago de Cuba, y Gran Cruz de la Orden de San Hermenegildo. Casó con doña María Pérez Bazán, natural de Orán, y tuvieron por hijo: a

Don Ramón de Armiñán y Pérez Bazán, natural de la plaza de Orán, en Ceuta, Capitán de Granaderos de Infantería de Línea, que fue Agregado al Estado Mayor de la plaza de La Habana, Intendente honorario de Provincia, Teniente de Gobernador Militar, Juez Político y Subdelegado de la Junta Nacional de Tabacos de la Isla de Cuba. Ministro Contador Oficial Real de las Cajas de Santiago de Cuba, y Caballero de la Orden de San Hermenegildo. Casó dos veces en la Catedral de Santiago de Cuba: la primera, el 17 de diciembre de 1803, con doña Ursula Miyares y Zenarruza; y la segunda, el 13 de septiembre de 1827, con doña María Josefa Miyares y Zenarruza, hijas ambas de don Carlos Miyares y Pérez Bernal. Alcalde ordinario, y de doña María de la Concepción Zenarruza Veitia y Hierrezuelo. De su segunda mujer dejó por hijas: a María de la Caridad; a María de los Dolores y a Rita Armiñán y Miyares. Las cuales:

1. — Doña María de la Caridad Armiñán y Miyares, casó en la Catedral de Santiago de Cuba el 28 de agosto de 1856, con don Francisco Portuondo y Veranes, hijo de don José Antonio Portuondo y Abad, Regidor Alguacil Mayor y de doña Irenea de Jesús Veranes. Residieron en La Habana donde nacieron sus hijos (parroquia del Espíritu Santo).

2. — Doña María Dolores Armiñán y Miyares, casó en la Catedral de Santiago de Cuba el 2 de septiembre de 1861, con don Félix Portuondo y Veranes, hijo de don José Antonio Portuondo y Abad, Regidor Alguacil Mayor, y de doña Irenea de Jesús Veranes.

3. — Doña Rita Armiñán y Miyares, casó en la Catedral de Puerto Príncipe el 7 de enero de 1865, con don Leonardo Abril y Ceballos, natural de San Juan de los Remedios, Capitán del Regimiento de la Reina, hijo del Comandante Miguel y de Andrea Josefa.

Don Ramón Armiñán y Pérez Bazán, y su primera mujer doña Ursula Miyares y Zenarruza, tuvieron por hijos: a Luisa; a Francisca; a Ana Manuela, y a Ramón Armiñán y Miyares. Los cuales:

1. — Doña Luisa Armiñán y Miyares, casó en la Catedral de Santiago de Cuba el 28 de abril de 1828, con el licenciado José María Garriga y Carbonell, abogado, hijo de Juan y de María Magdalena.

2. — Doña Francisca Armiñán y Miyares, casó en la Catedral de Santiago de Cuba el 22 de mayo de 1844, con don Agustín Castellanos y Contreras, hijo de José Agustín y de María Catalina.

3. — Doña Ana Manuela Armiñán y Miyares, casó en la Catedral de Santiago de Cuba el 24 de abril de 1850, con el Subteniente Antonio Bellido y Candela, natural de Gijona, en Valencia, hijo de Miguel y de Antonia.

4. — Don Ramón Armiñán y Miyares, natural de la plaza de Ceuta, casó en la Catedral de Santiago de Cuba el 25 de septiembre de 1825, con doña Ana María Miyares y Hierrezuelo, hija de don Fernando Miyares y Zenarruza y de doña Rita Hierrezuelo y López de Queralta. Tuvieron por

hijos: a José Ramón; a Ursula, y a Eduardo Armiñán y Miyares. Los cuales:

1. — Don José Ramón Armiñán y Miyares, fue presbítero.

2. — Doña Ursula Armiñán y Miyares, casó en la Catedral de Santiago de Cuba el 14 de febrero de 1845, con don Bartolomé Mas y Miyeras natural de Palma de Mallorca, hijo de Bartolomé y de Juana María.

3. — Don Eduardo Armiñán y Miyares, bautizado en la Catedral de Santiago de Cuba el 10 de noviembre de 1846, fue Coronel de la Guardia Civil y Primer Jefe de la Comandancia Militar de Saneti-Spíritus. Casó dos veces, en la parroquia mayor de dicha villa: la primera, el 22 de octubre de 1874, con doña Francisca María Pina y Molina (cuya defunción está en la parroquia mayor de Sancti-Spíritus a 24 de marzo de 1887); y la segunda, en septiembre de 1887 con doña Mónica Josefa Pina y Molina allí bautizada el 24 de junio de 1887, hijas ambas de don Tomás Pina y Castillo, y de doña Amalia Molina y Sori. De su primera mujer dejó por hijos: a Ana; a Amalia; a Luis; a Enriqueta; a Ramón, y a Tomás Armiñán y Pina, todos naturales de Sancti-Spíritus.

ASCANIO

El linaje de los Asacin o Ascanio, de origen vasco-navarro, estaba avecindado en Santiesteban de Navarra en la segunda mitad del siglo XIV. A principios del siglo XVI se estableció en las Canarias, pasando luego a Venezuela en la segunda mitad del siglo XIX y posteriormente a La Habana.

Son sus armas: escudo cuartelado: primero y cuarto, de oro, con un roble de sinople, y atravesado a su pie un jabalí de sable; segundo y tercero, de oro, con una fajúa de gules. Otros autores ponen el campo de gules y la faja de oro.

El Escudero Martín Ochoa de Gaztelu, Señor del Palacio de Ascain, en el valle de Laburdi, en la vasconia francesa, casó con doña María Gracia de Narbarte, Señora del palacio de Agorreta, en Santiesteban de Navarra, la que testó, ya viuda, el 6 de junio de 1433. Tuvieron por hijo: a

Don Juan Martínez de Agorreta Ascain, Señor de los palacios de Ascain y Agorreta, con asiento y voto en las Cortes. Casó con doña Leonor Tococ, de la noble familia de los Acciaboli florentinos. Tuvieron por hijo: a

---

Bibliografías: «Nobiliario y Blasón de Canarias», por Francisco Fernández de Bethencourt, tomo VII, y «Familias Coloniales de Venezuela», por José Antonio Sangróniz y Castro, tomo I.

Don Juan Tocco de Agorreta Ascain, Señor de Lasalle y de los palacios de Agorreta en Navarra, que testó en 1480. Casó con doña Gracia Ana de Samper, y tuvieron por hijo: a

Don Martín de Agorreta Ascain, que fue Señor de los palacios de Agorreta y Ascain. Casó con doña María Galíndez de Iriberri, Señora del palacio de su Casa, y tuvieron por hijos: a Gracia Ana Ascain de Agorreta e Iriberri; a Leonor y a Antón Galíndez de Ascain, y a Juan Bautista de Ascain. Los cuales:

1. — Doña Gracia Ana Ascain de Agorreta e Iriberri, por disposición de su abuela doña Gracia Ana de Samper, fue Señora de los palacios de Ascain y Agorreta. Casó con don Juan de Agorreta, su primo, y tuvieron por hija: a

Doña María de Agorreta Ascain, que por su matrimonio con don Felipe de Beaumont y Navarra, sobrino del Condestable de Navarra Conde de Lerin, llevó estos señoríos a la casa de Beaumont y Navarra.

2. — Doña Leonor Galíndez de Ascain, casó en Jerez de la Frontera con don Pablo Negrón, patricio genovés, ascendientes de los marqueses de Peñaflor, de Cortes de Graena y de los Infantes y de los marqueses del Menado y Torres-Cabrera, Grandes de España.

3. — Don Antón Galíndez de Ascain, Alférez Mayor del ejército del Marqués de Cádiz, figuró entre los Conquistadores de Baza y Zalamea, y heredó el Señorío del Palacio de Iriberri.

4. — Don Juan Bautista de Ascain e Iriberri, fue el primero en apellidarse Ascanio. A las órdenes del Marqués-Duque de Cádiz don Rodrigo Ponce de León, sirvió a los Reyes Católicos en la toma de Baza. Casó en Jerez de la Frontera con doña Catalina de Estupiñán y Méndez de Sotomayor, estableciéndose ambos en 1500 en la isla de Tenerife, siendo nombrado al año siguiente Alguacil Mayor de su Cabildo, a más de ser Regidor perpetuo de Cádiz y en 1506 representante y Diputado de dicha Isla en la Corte. Tuvieron por hijos: a Ana y a Juan de Ascanio; a Isabel de Ascanio y Estupiñán; a Onofrina Luzardo de Ascanio, y a Antonio Bernal de Ascanio y Estupiñán. Los cuales:

1. — Doña Ana de Ascanio, casó en 1514 con el licenciado Francisco Pérez de Espinosa, Teniente Gobernador de la isla de la Gran Canaria.

2. — Doña Onofrina Luzardo de Ascanio, fallecida por 1574, casó dos veces: la primera, con don Simón Ravelo, y la segunda con don Pedro de Acedo, Regidor perpetuo de la Gran Canaria.

3. — Don Juan de Ascanio, falleció soltero, por 1544.

4. — Doña Isabel de Ascanio y Estupiñán, casó con don Juan de Llarena, Conquistador de Tenerife.

5. — Don Antonio Bernal de Ascanio y Estupiñán, nació en La Laguna, Tenerife, Canarias, donde falleció en 1559, siendo Alcalde Mayor de Garachico. Casó en 1542, con doña Isabel Guerra, hija de don

Hernando Esteban Guerra de la Vega, Conquistador de las Canarias, II Señor del Valle de Guerra y Personero general de Tenerife, y de doña Junana Martínez. Tuvieron por hijos: a Catalina de Estupiñán; a Luis Bernal de Ascanio; y a Juan Bautista de Ascanio y Guerra. Los cuales:

1. — Doña Catalina de Estupiñán, casó en 1575 con el licenciado Luis de Alarcón.

2. — Don Luis Bernal de Ascanio, nacido en La Laguna en 1548, fue Regidor de Tenerife. Casó con doña Francisca Yáñez, siendo éste el tronco de una dilatada descendencia de la que procedieron los Ascanio establecidos en Honduras.

3. — Don Juan de Ascanio y Guerra, natural de La Laguna, fallecido por 1585, fue Alcaide del Castillo principal de Santa Cruz en 1573, y para ocupar este cargo hizo información de nobleza en dicho año ante las primeras autoridades de la Isla. Casó en 1564 con doña Francisca Pérez de Soto, hija del Capitán Domingo Pérez de Soto y de doña Inés Pérez de Soto. Tuvieron por hijos: a María; a Isabel; a Inés; a Antonio; a Sebastián; a Luis y a Juan Bautista de Ascanio; y a Martín Ascanio de Guerra y Pérez de Soto. De los cuales:

1. — Doña Isabel de Ascanio, casó con el Capitán Andrés Peraza de Ayala de la Guerra, IV Señor de la Casa y Valle de Guerra.

2. — Doña Inés de Ascanio, casó con el Capitán Luis de la Coba y Armas.

3. — El licenciado Antonio de Ascanio, fue Canónigo de la Catedral de Canarias.

4. — El licenciado Sebastián de Ascanio, fue presbítero.

5. — Don Luis de Ascanio, casó en La Laguna con doña Ana Guillén del Castillo, siendo progenitores de larga descendencia.

6. — El Capitán Juan Bautista de Ascanio, casó en 1599 con doña Francisca de Castilla y Guerra, sin sucesión.

7. — Don Martín Ascanio de Guerra y Pérez de Soto, natural de La Laguna, fue Alcaide del Castillo principal de Santa Cruz y Gobernador y Capitán General interino de las Canarias. Casó en 1605 con doña Clara Fernández Viera de Ferreyra y tuvieron por hijos: a Sor Juana de Santa Clara; y a Inés; a Catalina; a Leonor; a Antonio; y a Juan de Ascanio y Viera. Los cuales:

1. — Sor Juana de Santa Clara, fue monja profesa en el monasterio de Santa Catalina de Sena, en La Laguna.

2. — Doña Inés de Ascanio y Viera, nacida en La Laguna en 1612, casó con el Capitán Pedro de Llarena y Carrasco, poseedor de un mayorazgo de su familia.

3. — Doña Catalina de Ascanio y Viera, nacida en 1614, casó con el licenciado Gonzalo de Ocampo y Baulen.

4. — Doña Leonor de Ascanio y Viera, casó con el Capitán José de Llarena Olivares Maldonado, Caballero del hábito de Santiago. Fundaron un mayorazgo, pero no tuvieron sucesión.

5. — Don Antonio de Ascanio y Viera, fue religioso en la Orden de San Agustín.

6. — El Capitán Juan de Ascanio y Viera, nacido en La Laguna en 1611, pasó a Venezuela con un cargamento de vinos y otras mercancías, siendo robado, por lo que se estableció en Santiago de León de Caracas, donde casó en 1631, con doña María Correa de Benavides y Sousa. Tuvieron por hijos: a Clara; a Isabel Mauricia; a Blas; a Martín Jorge, y a Juan de Ascanio y Correa de Benavides. Los cuales:

1. — Doña Clara de Ascanio y Correa de Benavides, nació en Caracas en 1634.

2. — Doña Isabel Mauricia de Ascanio y Correa de Benavides, nacida en Caracas año de 1636, y fallecida en 1717, casó en Valencia, año de 1673, con don Agustín Nicolás Sarmiento de Herrera.

3. — Don Blas de Ascanio y Correa de Benavides, nacido en Caracas en 1633 y fallecido en 1672, fue religioso.

4. — Don Juan de Ascanio y Correa de Benavides, del que se tratará en la «LINEA PRIMERA».

5. — Don Martín Jorge de Ascanio y Correa de Benavides, del que se tratará en la «LINEA SEGUNDA».

«*LINEA PRIMERA*»

Don Juan de Ascanio y Correa de Benavides (anteriormente mencionado como hijo del Capitán Juan de Ascanio y Viera y de doña María Correa de Benavides y Sousa) nació en Santiago de León de Caracas en 1638, donde falleció en 1692, siendo Regidor del Ayuntamiento de dicha ciudad. Fue segundón de su Casa, profesando el hábito de Santiago en 1685. Casó en la Catedral de Caracas con doña Melchora de Tovar y Pacheco[1] hija de don Manuel Felipe de Tovar y Bañez, Caballero de Santiago, y de doña Juana Pacheco y Maldonado. Tuvieron por hijos: a María Josefa; a Juan José; a Martín Jorge; a José; a Miguel Andrés, y a Antonio Marcelino de Ascanio y Tovar. Los cuales:

1. — Doña María Josefa de Ascanio y Tovar, nacida en Caracas en 1689, casó con su primo hermano don Juan Mijares de Solórzano y To-

---

1. Al enviudar, doña Melchora de Tovar y Pacheco, fundó y dotó la capilla de San Nicolás de Bari, en la Catedral de Caracas, para enterramiento de su familia.

var, II Marqués de Mijares y Caballero de la Orden de Calatrava, siendo progenitores de larga descendencia.

2. — Don Juan José de Ascanio y Tovar, nacido en Caracas en 1675 y fallecido en Madrid, fue Caballero de la Orden de Santiago.

3. — Don Martín Jorge de Ascanio y Tovar, nacido en Caracas en 1676, falleció soltero siendo Capitán de Caballos.

4. — Don José de Ascanio y Tovar, nacido en Caracas en 1679, fue presbítero.

5. — Don Miguel Andrés de Ascanio y Tovar, nacido en Caracas en 1685, falleció soltero en 1766. Fue Alcalde ordinario de Caracas y fundador de un mayorazgo.

6. — Don Antonio Marcelino de Ascanio y Tovar, nacido en 1681, y fallecido en 1742, fue Alférez Real de Caracas. Casó en 1704 con doña Juana María de Carrasquel, y tuvieron por hijos: a Melchora Ana, y a Fernando de Ascanio y Carrasquel. Los cuales:

1. — Doña Melchora Ana de Ascanio y Carrasquel, nacida en 1709, casó en 1737 con don Andrés Miguel Rodríguez de la Madrid y Liendo.

2. — Don Fernando de Ascanio y Carrasquel, nacido en Caracas en 1707 y fallecido en 1743, fue Regidor del Ayuntamiento de dicha ciudad. Casó en 1725 con doña Isabel de Oviedo y Tovar, y tuvieron por hijos: a María de Jesús; a Margarita Nicolasa; a Pablo Antonio; a Miguel; a José María Anselmo; y a Juan Ignacio de Ascanio y Oviedo. De los cuales:

1. — Doña María de Jesús Ascanio y Oviedo, falleció soltera en 1791.

2. — Doña Margarita Nicolasa de Ascanio y Oviedo, falleció soltera en 1813.

3. — Don Miguel de Ascanio y Oviedo, fue Clérigo.

4. — Don José María Anselmo de Ascanio y Oviedo, nacido en el Valle en 1728, casó en 1744 con doña Isabel Clara de Urbina y Arteaga, siendo progenitores de larga descendencia.

5. — Don Juan Ignacio de Ascanio y Oviedo, nacido en Caracas en 1727, falleció en 1770. Casó con doña María Josefa Hurtado de Monasterios y Oviedo, y tuvieron por hijos: a Rosalía; a Vicente, y a Fernando de Ascanio y Hurtado de Monasterios. Los cuales:

1. — Doña Rosalía de Ascanio y Hurtado de Monasterios, casó en 1789 con don Cristóbal de Ponte y Blanco.

2. — Don Vicente de Ascanio y Hurtado de Monasterios, falleció soltero en 1785.

3. — Don Fernando de Ascanio y Hurtado de Monasterios, fallecido soltero en 1814, fue Caballero de la Orden de Carlos III. Sucedió el

12 de mayo de 1796, en el título de Conde de la Granja, por herencia de los Oviedo.

«LINEA SEGUNDA»

Don Martín Jorge de Ascanio y Correa de Benavides (anteriormente mencionado como hijo del Capitán Juan de Ascanio y Viera y de doña María Correa de Benavides y Sousa), nacido en Caracas en 1632, como hijo primogénito fue jefe de su Casa. Se estableció en La Laguna de Tenerife, donde casó en 1658 con doña Gracia Jerónima Lercaro-Justiniani y Westerling, hija de don Bernardo Lercaro-Justiniani, patricio genovés, Regidor perpetuo de Tenerife, y de doña Jacobina Westerling de Ocampo. Tuvieron por hijos: a Ambrosio; a Juan Nicolás Primo, y a Bernardo de Ascanio y Lercaro-Justiniani. Los cuales:

1. — Don Ambrosio de Ascanio y Lercaro-Justiniani, nacido en La Laguna en 1664, casó con doña Ursula de Urtúa-Austegui. Tuvieron descendencia.

2. — El Capitán Juan Nicolás Primo de Ascanio y Lercaro-Justiniani, nacido en La Laguna en 1665, Castellano y Justicia Mayor del puerto de la Guaira en 1710, casó en Caracas con su pariente doña Margarita de Herrera y Ascanio. Tuvieron por hijos: a María Teresa; a Juan Primo, y a Miguel de Ascanio y Herrera. De los cuales:

A. — Doña María Teresa de Ascanio y Herrera, fue bautizada en la Catedral de Caracas el 26 de octubre de 1712, donde casó el 16 de diciembre de 1736, con don Francisco de Paula Rodríguez del Toro, e Istúriz, allí natural, II Marqués de Toro y Caballero de la Orden de Santiago, hijo del Capitán Juan Bernardo Rodríguez del Toro, natural de Teror (Canarias), I Marqués de Toro en 1732,[1] y de doña Paula Graciosa de Istúriz y Esquier de la Guerra, natural de Caracas.

B. — Don Juan Primo de Ascanio y Herrera, natural de Caracas, litigó junto a su hermano Miguel su nobleza ante la Cámara y Consejo Real de Navarra, logrando ambos ejecutoria expedida en 1740 y confirmada al año siguiente por el Rey Felipe V.

3. — El Capitán Bernardo de Ascanio y Lercaro-Justiniani, nacido en La Laguna, año 1660, falleció en Garachico año 1712. Fue Señor de su Casa, patrono de la capilla del Sagrario de la parroquia de los Remedios en La Laguna y Alcaide del castillo principal de Santa Cruz. Casó en 1681 con doña Leonor Pacheco-Solís y Fonte del Hoyo, teniendo por

---

1. Como corrección y adición a los datos insertos al pie de la página 356 del tomo III de esta obra, podemos exponer: que

Don Sebastián del Toro y su mujer doña Antonia de Heredia, vecinos de Las Palmas de Gran Canaria, tuvieron por hija: a

Doña Catalina del Toro y Heredia, bautizada en la Catedral de Las Palmas de Gran Canaria el 4 de diciembre de 1842, que casó en la parroquia de la villa de

Teror, en el hoy ayuntamiento de ese nombre, partido judicial de la Gran Canaria, el 30 de septiembre de 1658, con don Blas Rodríguez del Río Mayor, allí bautizado el 30 de diciembre de 1633, hijo de Pedro y de Angela. Fueron padres: del

Capitán Juan Bernardo Rodríguez del Toro (otras veces «Rodríguez de Toro»), bautizado en la referida parroquia de Teror el 22 de mayo de 1675, que pasó a la ciudad de Caracas, donde dio poder para testar el 7 de julio de 1740 ante el escribano Francisco Aresti y Reina. Por sus méritos y circunstancias, y con el vizcondado previo de San Bernardo, fue creado I Marqués de Toro por Real decreto dado en 1732 y el subsiguiente Real despacho extendido el 26 de septiembre del mismo año. Rico terrateniente, casó en la Catedral de Caracas el 30 de mayo de 1712, con doña Paula Graciosa de Istúriz y Esquier de la Guerra, bautizada en dicha Catedral caraqueña el 14 de septiembre de 1693, hija de don Iñigo de Istúriz y Aspeitia, natural de Añorbe, en Navarra, prominente vecino de Caracas, y de doña María Ana Esquier de la Guerra y Santiago, natural de esa ciudad. Tuvieron por hijos: a Francisco de Paula; a Teresa (madre del que fuera III Conde de San Javier); a Bernardo; a José (ascendiente de los Lardizábal, de México); y a Antonio Rodríguez del Toro e Istúriz. De los cuales:

1. — Don Francisco de Paula Rodríguez del Toro e Istúriz, bautizado en la Catedral de Caracas el 12 de abril de 1713 y Alcalde ordinario de esa ciudad, en sucesión a su padre fue en 1740 el II Marqués de Toro, dando poder para testar el 12 de febrero de 1753 en su ciudad natal ante el escribano José Manuel de los Reyes. Casó en la Catedral de Caracas el 16 de diciembre de 1736, con doña María Teresa de Ascanio y Herrera, allí bautizada el 26 de octubre de 1712 como arriba decimos, e hija de los ya mencionados Capitán Juan Nicolás Primo de Ascanio y Lercaro-Justiniani, natural de Tenerife, Castellano y Justicia Mayor del puerto de la Guaira en 1710, y de doña Margarita de Herrera, natural de Caracas. Fueron los padres de Sebastián, III Marqués de Toro (al que sucedió su hijo el IV Marqués, y que además fue padre del casado con la II Condesa de los Villares siguiendo dicho título en la descendencia de este último); de Nicolás (una de cuyas nietas casó con el I Conde de Torrepando); de María del Rosario; de María de la Concepción (casada con el IV Marqués de Mijares), y de Bernardo Rodríguez del Toro y Ascanio. De los cuales:

Don Bernardo Rodríguez del Toro y Ascanio, natural de Caracas, casó con doña Beatriz de Alayza y Medrano, teniendo entre otros hijos: a

Doña María Teresa Rodríguez del Toro y Alayza, bautizada en Madrid, parroquia de San Martín, el 15 de octubre de 1781, fallecida el 22 de enero de 1803, la que casó en Madrid, parroquia de San José, el 25 de mayo de 1802, con el Libertador don Simón José Antonio de la Santísima Trinidad Bolívar y Palacios, nacido en Caracas el 24 de julio de 1783 y bautizado en aquella Catedral el 30 de ese mes y año, cuya defunción se encuentra en Santa Marta a 17 de diciembre de 1830, fundador de las Repúblicas de Bolivia, Colombia, Ecuador, Perú y Venezuela, e hijo de don Juan Vicente Bolívar y Ponte Martínez de Villegas y Marín de Narváez, Coronel de la Compañía de Nobles Aventureros creada en Caracas en 1767, en cuya Catedral está su defunción a 19 de enero de 1786, y de doña María de la Concepción Palacios y Blanco Herrera, cuya defunción se encuentra en la referida Catedral caraqueña a 6 de julio de 1792, casados en esa ciudad el 30 de noviembre de 1773 (véase el pie que está en las páginas 127 y 128 del tomo II de esta obra).

2. — Don Bernardo Rodríguez del Toro e Istúriz, natural de Caracas, pasó a la Nueva España, y casó con doña María Ruiz de Florencia, de la que tuvo por hija: a

Doña María del Rosario Rodríguez del Toro y Ruiz de Florencia, natural de Veracruz, que casó con don Julián Parreño y Castro, bautizado en La Habana, parroquia del Espíritu Santo, el 27 de enero de 1745, nacido el 17 de ese mes y año, Teniente de Navío de la Real Armada, cuya ascendencia y descendencia consta en las páginas 354 a 358, tomo III de la presente obra.

3. — Don Antonio Rodríguez del Toro e Istúriz, natural de Caracas, no está mencionado por el señor Pérez de Azagra al tratar los linajes Istúriz y Rodríguez del Toro en las páginas 361 a 366 de su obra «Título de Castilla e Indias a Na-

varros». Pasó a La Habana, donde casó en la parroquia del Santo Cristo el 16 de abril de 1748 (velándose en la misma el 28 de ese mes y año), con doña María Josefa Carriazo y Xaimes, natural de esa ciudad, hija del Capitán Juan Antonio y de Isabel. Fueron los padres: de María Isabel; de María Josefa, y de Antonio José María Rodríguez del Toro y Carriazo. Los cuales:

1. — Doña María Isabel Rodríguez del Toro y Carriazo, natural de La Habana, casó por poder en esta ciudad, parroquia del Santo Cristo, el 12 de enero de 1777, ratificándose personalmente ese enlace con el contrayente en la misma parroquia habanera el 31 de agosto de 1779, con don Francisco Hurtado y Pino, natural de la plaza de Orán, hijo de Agustín y de Francisca.

2. — Doña María Josefa Rodríguez del Toro y Carriazo, nacida en La Habana el 30 de octubre de 1750, fue bautizada en esta ciudad, parroquia del Santo Cristo, el 9 del mes siguiente.

3. — Don Antonio José María Rodríguez del Toro y Carriazo, nacido en La Habana el 2 de febrero de 1753, fue bautizado en la referida parroquia del Santo Cristo, el 9 de ese mes y año.

El último y V Marqués de Toro, lo fue don Pedro Rodríguez del Toro y de la Peña, Mesa y Hernández-Naranjo, que nació en 1910, falleciendo el 24 de marzo de 1934, el cual obtuvo esta dignidad por Real carta de rehabilitación dada el 21 de febrero de 1916.

Esta dignidad ha sido solicitada por doña María Rodríguez del Toro y de la Peña, Mesa y Hernández-Naranjo, hermana del referido V titular.

Para mayores referencias sobre estos Rodríguez del Toro, a más del citado trabajo del señor Pérez de Azagra contenido en las páginas 361 a 366 de «Títulos de Castilla e Indias a Navarros», véanse en «Los Americanos en las Ordenes Nobiliarias» de don Guillermo Lohmann Villena, los datos contenidos en las páginas 359 del tomo I, y 118, 150, 221 y 420 del tomo II donde quedan demostrados diversos ingresos en las órdenes militares españolas de los descendientes de este linaje.

Hemos encontrado, además: que

Doña Estefanía Rodríguez del Toro, casó con don Francisco del Toro, ambos naturales de la jurisdicción de Las Palmas de Gran Canaria, padres: de

Don Bernardo-Isidoro del Toro y Rodríguez del Toro, que fue bautizado en la Catedral de La Habana el 15 de abril de 1748 (folio 92 vuelto, núm. 40, libro 10).

Presumimos que la referida doña Estefanía Rodríguez del Toro fuese sobrina del I Marqués de Toro antes mencionado.

---

hijos: a Isabel del Sacramento, y a Alfonso Sicolás de Ascanio y Pacheco-Solís. Los cuales:

1. — Doña Isabel del Sacramento de Ascanio y Pacheco-Solís, casó con don Juan Tadeo Chirinos y Palacián, bautizado en La Habana, parroquia del Espíritu Santo (folio 72 del libro 2, completamente destrozado), IV Marqués de Fuente de Las Palmas, hijo del licenciado Nicolás Chirinos y Van de Walle, bautizado en la Catedral habanera el 14 de febrero de 1661, colegial del insigne San Ramón, ilustre letrado, Abogado

de la Real Academia y Cancillería de México, Catedrático Regente de Prima de Filosofía de la Universidad de dicha ciudad y su Alcalde de Corte, Oidor de la Real Audiencia de Santo Domingo, Procurador general de La Habana en 1692 y su Alcalde ordinario en 1693, dos veces Gobernador Político de la Isla de Cuba, y de doña Clara María Palacián y Gatica, bautizado en la Catedral de La Habana el 28 de marzo de 1674. Tuvieron la descendencia que se describe en el apellido CHIRINOS, tomo IV de esta obra.

2. — El Capitán Alonso Nicolás de Ascanio y Pacheco-Solís, nacido en La Laguna en 1700 heredó el mayorazgo y patronato de su padre. Casó en 1728 con doña Antonia de Llarena-Carrasco y Benítez de Lugo, del Hoyo-Solórzano y Bazán, y tuvieron por hijos. a Martín, y a Bernardo Diego de Ascanio y Llarena-Carrasco. Los cuales:

1. — Don Martín de Ascanio y Llarena-Carrasco, natural de la Orotava, pasó a Caracas, donde casó con doña María de la Candelaria Rivas y Herrera. Tuvieron por hijo: a Juan Nepomuceno de Ascanio y Rivas.

2. — El Capitán Bernardo Diego de Ascanio y Llarena-Carrasco, nacido en la Orotava, Tenerife, en 1732, falleció en dicha ciudad en 1810. Heredó además del mayorazgo propio, los de Peña, Bazán y Moreno, y fue por consiguiente, en gran parte, Señor de la isla de la Gomera. Alguacil perpetuo, y Patrono de la parroquial del Valle de Hermigua y de la Capilla del Sagrario de la Catedral de la isla de Tenerife. Casó en la Orotava en 1762, con doña Juana Victoria de Franchi-Alfaro y Mesa, de la Casa de los marqueses del Sáuzal y de la Candia, hija de don Pablo de Franchi-Alfaro y Monteverde, Capitán de Caballería y Alcaide del puerto de la Orotava, y de doña Francisca Mesa y del Hoyo-Solórzano. Tuvieron por hijos: a María Antonia; a Rudesinda, a Brígida; a Gabriela; a Francisca; a Antonia; a Juana; a Margarita; a Alonso; a Domingo Antonio; a Juan Bautista; a Bernardo; a Antonio Rafael, y a Pablo de Ascanio y Franchi-Alfaro. De los cuales:

1. — Doña Francisca Antonia de Ascanio y Franchi-Alfaro, casó con don Gaspar Agustín Benítez de Lugo y Sotomayor, hijo del V Marqués de la Florida.

2. — Doña Juana de Ascanio y Franchi-Alfaro, casó con don Fernando de Molina Quesada y Peraza, ascendientes de los condes del Valle de Salazar.

3. — Doña Margarita de Ascanio y Franchi-Alfaro, bautizada el 24 de junio de 1768, casó con don Lorenzo Machado y Valcárcel, Spinola y Lugo, natural de la Villa de la Orotava, Cabeza y Pariente mayor de la familia de su Casa, Patrono de la Capilla Mayor de la iglesia parroquial de Santa Catalina en Tacoronte, y último poseedor de los mayorazgos de su familia.

4. — Don Alonso de Ascanio y Franchi-Alfaro, casó con doña Rosalía de Molina y Monteverde, hija del V Marqués de Villa-Fuerte. Tuvieron dilatada sucesión en la que sigue la varonía de esta familia.

5. — Don Domingo Antonio de Ascanio y Franchi-Alfaro, pasó a Caracas, donde uniéndose al movimiento de Independencia, fue secretario del Libertador Simón Bolívar. No tuvo sucesión.

6. — Don Juan Bautista de Ascanio y Franchi-Alfaro, casó con doña María del Carmen Aponte y Pinilla, progenitores de dilatada sucesión.

7. — Don Bernardo de Ascanio y Franchi-Alfaro, casó con doña María de Torres Molina, progenitores de larga descendencia cuya varonía se estableció en las islas Filipinas.

8. — Don Antonio Rafael de Ascanio y Franchi-Alfaro, nacido en la Orotava en 1787, falleció en la Victoria, Venezuela, año de 1856. Establecido en Caracas en 1809, se incorporó al movimiento independentista. Casó dos veces en dicha ciudad: la primera en 1825 con doña Benigna de Ustáriz y Palacios, y la segunda en 1838, con doña Trinidad Rivas Pacheco y Pacheco, de la casa de los condes de San Javier. De su segunda mujer tuvo por hija: a María Teresa de Ascanio y Rivas Pacheco, y de su primera mujer tuvo por hijos: a Paula; a Isabel Ramona: a Trinidad Clotilde; a Margarita Ursula; y a Antonio Manuel Ascanio y Ustáriz. Los cuales:

A. — Doña Paula Ascanio y Ustáriz, nacida en 1828, falleció soltera en Caracas en 1881.

B. — Doña Isabel Ramona Ascanio y Ustáriz, falleció soltera en Caracas en 1859.

C. — Doña Trinidad Clotilde Ascanio y Ustáriz, casó en Caracas en 1860, con don Emilio Yáñez Socarrás, con descendencia.

D. — Doña Margarita Ursula Ascanio y Ustáriz, natural de Caracas, casó en 1860 con don Federico St. George Renshaw, con descendencia.

9. — Don Pablo de Ascanio y Franchi-Alfaro, natural de la Orotava, segundón de su Casa, pasó a la isla de la Gomera, y casó en la parroquia de la villa de San Sebastián, el 17 de julio de 1802, con doña María del Pilar Echevarría y Bueno, hija del Capitán Pedro Echevarría y Doménego, y de doña María del Pilar Bueno de Acosta y D'Avila-Orejón. Tuvieron por hijos: a Inocencia; a Miguel; a Pedro; a Ramón; a Bernardo, y a Eugenio Ascanio y Echevarría. Los cuales:

1. — Doña Inocencia Ascanio y Echevarría, casó con don Isidoro Fernández Salazar y Padrón, mayorazgo de su Casa, Capitán Ayudante de la Sección Provincial de Milicias de la isla del Hierro, hijo de don Mateo Fernández Salazar y Fernández de Payva, Teniente Coronel y Gobernador de las Armas de dicha Isla, y Alférez Mayor de su Cabildo, y de doña Rafaela Padrón de Frías.

2. — Don Miguel Ascanio y Echevarría, falleció en el lugar de Hermigua, en la isla de la Gomera, el 31 de agosto de 1881. Casó con doña Rosa Fernández y León, hija de don José Fernández y Trujillo, y de doña Agueda de León y Mora.

3. — Don Pedro Ascanio y Echevarría, fue Alcalde del lugar de la Hermigua y Secretario de su Ayuntamiento y del de Alajero, en la isla de la Gomera. Falleció en la Hermigua el 9 de diciembre de 1849. Casó dos veces: la primera, con doña Laura Trujillo y Mora; y la segunda, con doña Micaela Trujillo y Mora; ambas hijas de don Domingo Trujillo y Mora, y de doña Ignacia Mora y Mora.

4. — Don Ramón Ascanio y Echevarría, hijo primogénito, nació en el lugar de la Hermigua el 16 de octubre de 1804. Fue poseedor de la mitad reservable de los mayorazgos de su Casa. Falleció en Santa Cruz de Tenerife el 14 de enero de 1857. Casó en Icod de los Vinos, Tenerife, el 27 de noviembre de 1851, con doña María Candelaria de León-Huerta y Salazar de Frías, natural de La Laguna, hija de don Fernando León-Huerta, segundo Marqués de Santa Lucía de Cochán, Coronel de Milicias Provinciales, y de doña María Candelaria Salazar de Frías y Benítez de Lugo, hija esta última de los condes del Valle de Salazar.

5. — Don Bernardo Ascanio y Echevarría, casó en la parroquia de la villa de Valle-Hermoso, en la isla de la Gomera, el 20 de diciembre de 1836, con doña Antonia de Armas y García, hija de don Antonio de Armas y Manrique de Lara, y de doña Antonia García de Castilla.

6. — Don Eugenio Ascanio y Echevarría, nacido el 15 de noviembre de 1810, casó en la parroquia de la villa de San Sebastián, en la Gomera, el 4 de diciembre de 1845, con doña María del Carmen Dávila y Salazar, hija del Capitán José Dávila y Echevarría, descendiente directo de don Alonso de Espinosa Montero, Gobernador perpetuo de la isla del Hierro, y de doña María de los Dolores Salazar y Fernández. Tuvieron por hijos: a Telesforo; a José; a Miguel; a Eugenio; a Antonio; a Pablo y a Ramón Ascanio y Dávila. Los cuales:

1. — Don Telesforo Ascanio y Dávila, nacido en el lugar de la Hermigua el 4 de enero de 1851, casó en la parroquia de la villa de San Sebastián, en la Gomera, el 3 de agosto de 1874, con doña María de la Concepción Ascanio y Trujillo, hija de don Pedro Ascanio y Echevarría, y de doña Micaela Trujillo y Mora.

2. — Don José Ascanio y Dávila, casó con doña María de la Concepción Ascanio y Hernández, hija de don Anselmo Ascanio y Trujillo, y de doña Feliciana Hernández.

3. — Don Miguel Ascanio y Dávila, fue Teniente de Milicias. Casó con doña Isabel Ascanio y Hernández, hija de don Anselmo Ascanio y Trujillo, y de doña Feliciana Hernández.

4. — Don Eugenio Ascanio y Dávila, fallecido soltero, fue Delegado del Gobierno de Su Majestad en la isla de la Gomera, de la que era natural.

5. — Don Antonio Ascanio y Dávila, casó en el lugar de la Hermigua el año 1889, con doña Josefa Trujillo y Trujillo, hija de don Andrés Trujillo y Cruz, y de doña Francisca Trujillo y Ayala.

6. — Don Pablo Ascanio y Dávila, casó en el lugar de Hermigua el año 1898, con doña María de las Mercedes Casanova y Padrón, hija de don Manuel Casanova y Benito, y de doña Simona Estita Padrón.

7. — Don Ramón Ascanio y Dávila, nacido en el lugar de la Hermigua, isla de la Gomera, el 24 de mayo de 1849, fue Capitán de Infantería de Ejército, falleciendo en el castillo de Paso-Alto, en la Gomera. Casó en la ciudad de Trinidad, isla de Cuba, con doña María del Carmen Suárez y Bruno, natural de dicha ciudad, hija de don Rafael Suárez y Zúñiga, y de Ana Bruno y Padrón, naturales de Trinidad. Tuvieron por hijos: a Ramón, y a Conrado Ascanio y Suárez. Los cuales:

1. — El doctor Ramón Ascanio y Suárez, fue médico-cirujano en La Habana y ciudadano cubano. Casó con doña Valeria Marcos, teniendo por hijos: a Olga, y a Hugo Ascanio y Marcos. Los cuales:

A. — Doña Olga Ascanio y Marcos, natural de La Habana, casó con el ingeniero Héctor Díaz que falleció en esta ciudad.

B. — El doctor Hugo Ascanio y Marcos, natural de La Habana,[1] es médico-cirujano. Capitán del Ejército de la República de Cuba y perteneciente al cuerpo médico del Hospital Militar de Columbia (Marianao). Casó con doña María de las Mercedes Sánchez y Martínez, de la que tiene por hijos: a Thais, y a Thania Ascanio y Sánchez, esta última casada con don Mario Smith y Valdepares.

2. — El doctor Conrado Ascanio y Suárez, bautizado en San Sebastián de la Gomera, parroquia de Nuestra Señora de la Asunción, el 13 de junio de 1885, ciudadano cubano, fue abogado y notario público en La Habana. Casó con doña Gloria Santos, de la que tuvo por hijos: a Guido; a Ivo, y a Thelma Ascanio y Santos. De los cuales:

1. — Don Guido Ascanio y Santos, natural de La Habana, casó con doña Paulina Juncadella y Adriaensens, hija de don Jaime Juncadella y Texidó, que ya ha fallecido, y de doña Paulina de Adriaensens y García-Vidal. Son los padres: de Guido Felipe Ascanio y Juncadella.

2. — Don Ivo Ascanio y Santos, natural de La Habana, casó con doña Matilde Vázquez y Menéndez, de la que tiene por hijas: a Marcia y a Ivonne Ascanio y Vázquez.

AUÑÓN

Desde fines del siglo xv aparece radicada esta familia en Morón de la Frontera, estableciéndose en La Habana en la segunda mitad del siglo xix.

---

1. Don Dacio V. Darias y Padrón, el gran genealogista canario, en una obra sobre los Espinosa de Ayala, dice que la representación de la Casa de Dávila y de la línea menor de la varonía de don Alonso de Espinosa Montero, pasó por extinción de la misma en cabeza del arriba referido doctor Ramón Ascanio y Suárez, vecino de La Habana. Por tanto, la representación indicada corresponde hoy a su hijo el habanero doctor Hugo Ascanio y Marcos.

Son sus armas: escudo de gules, con un castillo de plata donjonado, mazonado de sable y aclarado de azur, sobre peñas de su color, y un guerrero armado, fileteado de oro, cogido con la mano siniestra a la aldaba de la puerta del castillo, y en la derecha, la espada.

Don Gonzalo Fernández de Auñón, casó con doña María Sánchez. Fueron vecinos de Alcaraz, y tuvieron por hijos: a Alonso Hernández de Auñón, y a Martín Fernández de Auñón. Los cuales:

1. — Don Alonso Hernández de Auñón, casó con doña María Cano, y tuvieron por hijo: a

Don Gabriel de Auñón y Cano, natural de Alcaraz, que se avecindó en la villa de las Peñas de San Pedro, contra cuyo Concejo litigó su hidalguía, obteniendo ejecutoria de nobleza en la Real Cancillería de Granada el 7 de junio de 1524.

2. — Don Martín Fernández de Auñón, fue el tronco de esta ilustre familia en Morón de la Frontera, donde se avecindó como paje de la Condesa de Ureña, desempeñando más tarde el cargo de Doncel del Conde de este mismo título. Acompañó al Marqués de Cádiz en la toma de Zahara, siendo uno de los primeros en entrar en dicha villa, escalando sus muros, cuyo acto de valor fue premiado por el caudillo, con juro perpetuo de tres mil maravedíes sobre las rentas de su casa en Arcos de la Frontera. También se encontró en las tomas de Ronda y Alhama, saliendo herido de saeta en una pierna, y tocándole en suerte una esclava mora, de la que tuvo descendencia. Fue enterrado en Morón de la Frontra, iglesia de Santa María. Casó con doña Juana Martín, la «Maldonada», de quien tuvo por hijos: a María Sánchez de Auñón; a Juan López de Auñón; a Juan; a Luis; a Gonzalo, y a Pedro de Auñón y Martín. De los cuales:

1. — Don Luis de Auñón y Martín, fundó una capellanía en Morón de la Frontera, según testamento otorgado en dicha villa el 21 de octubre de 1553, y codicilo de 16 de abril de 1554, ambos ante el escribano Pedro Alonso Francés.

2. — Don Gonzalo de Auñón y Martín, fue cura párroco de la ermita de San Micas, en Morón de la Frontera.

3. — Don Pedro de Auñón y Martín; casó en Arcos de la Frontera con doña Marina Martín «la Romera», hija de don Martín Romero, valiente soldado, que se distinguió en la toma de Zahara. Tuvieron por hijos: a Juana Martín Romero Auñón, y a Antón Romero Auñón. Los cuales:

1. — Doña Juana Martín Romero Auñón, casó en Morón de la Frontera con don Juan de Espinar Balbuena. Familiar del Santo Oficio de la Inquisición del número, en Morón de la Frontera.

2. — Don Antón Romero Auñón, testó el año 1570 ante el escribano Pedro Francés. Casó en 1539 con doña Juana Sánchez de Orellana, hija de don Pedro González de Orellana. Alcaide del castillo de Olvera, y de doña Juana García de Saldaña. Tuvieron por hijos: a Andrés y a Pedro

González de Auñón y Orellana: a Antonio Auñón y Orellana; a Martín Auñón, y a Luis y a Pedro de Auñón y Romero. Los cuales:

1. — Don Andrés González de Auñón y Orellana, presbítero, fue Notario Apostólico.

2. — El doctor Pedro González de Auñón y Orellana, fue presbítero, colegial de Santa María de Jesús de la ciudad de Sevilla. Comisario del Santo Oficio por título de 19 de diciembre de 1601: Visitador general del Arzobispado de Sevilla, Catedrático del colegio de Maese Rodrigo y Administrador del hospital de la Sangre, en Sevilla, en el cual fue sepultado. Escribió la historia de su familia, fundó tres capellanías y el Patronato de la capilla Mayor en el convento de Mínimos de la Victoria, en Morón de la Frontera.

3. — El licenciado Antonio de Auñón y Orellana, testó en Morón de la Frontera el año 1602, ante el escribano Alvaro Fernández.

4. — Don Martín de Auñón, fue Familiar del Santo Oficio de la Inquisición, por título de 25 de agosto de 1580. Testó en Morón de la Frontera el año 1599 ante el escribano Luis de Madrid. Casó con doña Catalina Mateos y Jiménez Parejo, y tuvieron por hijos: a María; a Ana; a Luisa, y a Francisco de Auñón y Mateos. Los cuales:

A. — Doña María de Auñón y Mateos, testó el año 1600, ante el escribano Luis de Madrid. Casó con su primo don Antonio Fernández de Auñón y Gutiérrez de Bonilla.

B. — Doña Ana de Auñón y Mateos, otorgó codicilo en 1604 ante el escribano Miguel de Chávez. Casó con don Pedro Díaz Guerrera.

C. — Doña Luisa de Auñón y Mateos, casó el 17 de octubre de 1602, con el licenciado Juan de Villalta y Ojeda.

D. — Don Francisco de Auñón y Mateos, testó en 1609 ante el escribano Bartolomé de Castro.

5. — Don Luis de Auñón y Romero, testó en 1581 ante Luis de Madrid, escribano de Morón. Dejó una hija natural llamada:

Doña Juana de Auñón, que fue Valida de la reina Isabel de Borbón; (mujer de Felipe IV), y al fallecimiento de esta reina, continuó al servicio de Margarita de Austria, segunda mujer del referido monarca.

6. — Don Pedro de Auñón y Romero, fue Familiar del Santo Oficio de la Inquisición en Sevilla y del número en Morón de la Frontera, donde testó el 6 de julio de 1602 ante el escribano Luis de Madrid, fundando un fuerte mayorazgo. Casó en Morón de la Frontera el 30 de agosto de 1570 con doña Inés Gutiérrez de Bonilla, hija de don Francisco Gómez Jiménez de Ojeda, y de doña Catalina Gutiérrez de Bonilla. Tuvieron por hijos: a Antonio; a Francisco, y a Pedro Fernández de Auñón y Gutiérrez de Bonilla. Los cuales:

1. — Don Antonio Fernández de Auñón y Gutiérrez de Bonilla, bautizado en la parroquia de Morón de la Frontera el 11 de junio de 1574,

fue mayorzago Familiar del Santo Oficio de la Inquisición por título dado el 24 de septiembre de 1605; Alcalde ordinario por el Estado de Hijosdalgo de Morón de la Frontera, los años de 1615 y 1619. Testó en Morón de la Frontera, el primero de agosto de 1619 ante el escribano Juan López Crespo, donde casó el 27 de febrero de 1600, con su prima doña María de Auñón y Mateos, hija de don Martín de Auñón, Familiar del Santo Oficio de la Inquisición, y de doña Catalina Mateos y Jiménez Parejo. Tuvieron una ilustre descendencia que se extinguió el año 1820 al fallecer sin sucesión doña María de la Concepción de Auñón y Guzmán, Marquesa de San Bartolomé del Monte, hija de los marqueses de Nevares, y casada con el entonces Duque de Noblejas.

2. — Don Francisco Fernández de Auñón y Gutiérrez de Bonilla, casó el 24 de septiembre de 1605, con doña Ana Catalán Angulo Melgarejo, hija de don Cristóbal Amigó, y de doña Mariana Angulo. Fundaron mayorazgo de sus bienes en el año 1648, por escritura ante Juan Núñez Saldaña, escribano de Morón de la Frontera, y agregaron a dicho mayorazgo el Patronato del convento de Santa Clara, en Morón de la Frontera, que había heredado doña Ana Catalán, Comisario del Santo Oficio. Don Francisco Fernández de Auñón y Gutiérrez de Bonilla, testó el año 1649, ante el escribano Antonio Pedroso Villamán, y su mujer, el 19 de julio de 1659.[1]

---

1. Don Juan de Auñón y Auñón, y su mujer doña Joaquina de Angulo y Villegas, fueron los padres: de

Doña María del Carmen de Auñón y Angulo, bautizada en la parroquia de Morón de la Frontera el primero de abril de 1771 y fallecida el 24 de abril de 1837, en la que recayeron los derechos de su Casa como descendiente directa del arriba referido don Francisco Fernández de Auñón y Gutiérrez de Bonilla. Dicha señora casó en la parroquia de Morón de la Frontera el 2 de abril de 1796, con don Ignacio de Torres y Villalón, allí bautizado el 9 de abril de 1764, quien falleció el 24 de abril de 1852, V Conde de Miraflores de los Angeles y Maestrante de Sevilla, hijo de don Tomás de Torres-La Vega y Ponce de León, natural de Sevilla y IV Conde de Miraflores de los Angeles, y de doña María Josefa Villalón y Auñón. En la sucesión de doña María del Carmen Auñón y Angulo, continuó el condado de Miraflores de los Angeles.

Don Francisco Manuel de Auñón, y su mujer doña María Manuela de Auñón, fueron padres: de

Doña Ana de Auñón Zurita y Auñón, que casó con don Andrés Villalón y Herrera, natural de Morón de la Frontera, y su Alcalde por el estado noble. Estos procrearon: a

Doña Josefa Villalón y Auñón, natural de Morón de la Frontera, que casó con el antes indicado don Tomás de Torres-La Vega y Ponce de León, el cual nació en Sevilla, año de 1738, ingresando en la Real Compañía de Guardias-Marinas (Cádiz) el 4 de mayo de 1754 y retirándose de ese servicio el 31 de agosto de 1755 (asiento 1142, página 72, tomo II de la obra de Válgoma-Finestrat). Este señor fue el IV Conde de Miraflores de los Angeles, teniendo por padres a don Bartolomé de Torres-La Vega Ponce de León y Pérez Navarro, III Conde de Miraflores de los Angeles, Familiar del Santo Oficio por el estado noble en Coria y La Rinconada, y a doña Francisca Ponce de León y Briones Escobedo, a su vez procreada por el Marqués de Castilleja del Campo. De su citado enlace, doña

María Josefa Villalón y Auñón, tuvo por hijos: a José, y a Ignacio de Torres y Villalón (este último, V Conde de Miraflores de los Angeles, ya indicado por su matrimonio con doña María del Carmen de Auñón y Angulo). De los cuales:

Don José de Torres y Villalón, nacido en Morón de la Frontera año de 1766, ingresó en la Real Compañía de Guardias-Marinas (Cádiz) el 6 de noviembre de 1783, falleciendo el 2 de enero del año inmediato (asiento 2322, página 182, tomo III de la obra de Válgoma-Finestrat).

Don Jerónimo Villalón-Daoiz y Halcón de Cala, II Marqués de Villar del Tajo y vecino de Sevilla es el actual Conde de Miraflores de los Angeles, por carta extendida el 29 de octubre de 1954.

---

3. — Don Pedro Fernández de Auñón y Gutiérrez de Bonilla, fundó dos mayorazgos: uno en Morón de la Frontera a nombre de su mujer; y otro, en unión de su hermano don Antonio, que fue el que poseyeron los marqueses de Nevares. El primero de estos mayorazgos se conservó en la familia hasta el año de 1840 en que se dividió al fallecimiento del último poseedor don Juan Jorge de Auñón y Villalón. El referido don Pedro Fernández de Auñón y Gutiérrez de Bonilla, casó en Ronda, parroquia de Santa María de la Encarnación (folio 320, libro 5), con doña Mencía de Osorio Morejón, natural de Ronda, fundadora de la capilla «La Antigua», en la iglesia parroquial de San Miguel, de Morón de la Frontera, perteneciente a la casa de los marqueses de las Amarillas y duques de Ahumada, hija de don José Morejón y Chacón, y de doña María de Góngora y Osorio. Tuvieron por hijo: a

Don Juan Jorge de Auñón y Morejón, bautizado en Ronda, parroquia de Santa María de la Encarnación (libro 7, folio 133), que fue Señor de los vínculos fundados por su padre. Casó en la referida parroquia el 7 de mayo de 1682, con doña Francisca Antonia de Bohorques y Angulo, hija de don Juan de Angulo Bohorques, y de doña Juana de Bohorques Villalón. Tuvieron por hijo: a

Don Juan Ignacio de Auñón Morejón y Angulo, bautizado en la parroquia de San Miguel de Morón de la Frontera, el 17 de mayo de 1689, que fue Señor de los mayorazgos de su Casa, Alcalde de la Santa Hermandad y Alguacil Mayor por el Estado Noble, así como en 1715 Alcalde Noble de los Hijosdalgo. Casó dos veces: la primera, el 4 de octubre de 1705, con doña Francisca de Bohorques Villalón y Herrera, hija de don Jerónimo de Bohorques Villalón, Familiar del Santo Oficio, y de doña Antonio Blasa de Herrera. Casó por segunda vez, en la referida parroquia de Morón de la Frontera, el 5 de febrero de 1747, con doña Juana Jerónima Galeote y Santiesteban, allí natural hija de don Manuel Galeote Hurtado de Corenera. Alcalde por el Estado Noble de Morón de la Frontera en 1729, y de doña Teresa Catalina Santiesteban y Casasola.

Don Juan Ignacio de Auñón Morejón y Angulo, y su primera mujer doña Francisca de Bohorques Villalón y Herrera, tuvieron por hija: a

Doña Mencía de Auñón Bohorques Villalón, que casó con su pariente don Pedro Francisco de Auñón y Auñón.

Don Juan Ignacio de Auñón Morejón y Angulo, y su segunda mujer doña Juana Jerónima Galeote y Santiesteban, tuvieron por hijo: a

Don Juan Jorge de Auñón y Galeote, bautizado en Morón de la Frontera, parroquia San Miguel (libro 37, folio 311), que fue mayorazgo de su Casa, Alcalde, Regidor, Alguacil Mayor por el Estado Noble, y Caballero Maestrante de la Real Ronda. Casó en la referida parroquia el 26 de noviembre de 1769, con doña Catalina Villalón y Villalón de igual naturaleza, hija de don Francisco Villalón y Aguayó, Alcalde Noble en Morón de la Frontera año de 1774, y de doña Antonia Villalón y Topete, perteneciente por su rama materna a la casa de los marqueses de Pilares.[1] Tuvieron por hijos: a María de la Concepción; a Francisco; a Manuel, y a Juan Jorge de Auñón y Villalón. Los cuales:

1.— Doña María de la Concepción de Auñón y Villalón, fue monja profesa en el convento de Santa María, en su lugar natal Morón de la Frontera.

2.— Don Francisco de Auñón y Villalón, nacido en Morón de la Frontera el primero de noviembre de 1775, ingresó como Cadete en la Real Compañía de Guardias-Marinas, en Cádiz, el 14 de mayo de 1792 (asiento 2577, páginas 293 y 294, tomo III «Real Compañía de Guardias-Marinas y Colegio Naval», por don Dalmiro de la Válgoma y el Barón de Finestrat).

3.— Don Manuel Auñón y Villalón, ilustre militar, se distinguió en la guerra de la Independencia española. Asistió entre otros sitios, a las batallas de Bailén, Albuera, Talavera, Murviedro, Cascante, Tarancón, Vélez, Mora y Consuegra. Dispersó a los Carlistas de Zaldívar, en la acción de Carchite, donde perdió un ojo. Murió en Morón el año 1857.

4.— Don Juan Jorge de Auñón y Villalón, nacido en Morón el 26 de octubre de 1772, allí bautizado al día siguiente, fue el último poseedor de los mayorazgos de su Casa, y Caballero Maestrante de la Real Ronda. Casó en Morón de la Frontera, parroquia de San Miguel, el 22 de enero de 1797, con doña María Antonia de León y Vélez, allí bautizada el 25 de junio de 1779, hija de don Andrés de León y Orbaneja, natural de Fuentes, Caballero de la Orden de Santiago y de doña María de la Gracia Vélez y Vázquez de Mondragón, natural de Granada. Tuvieron por hijos: a María de las Mercedes; a María de la Concepción; a Catalina; a Jorge; a Manuel; a Juan María; a Antonio José, y a Joaquín de Auñón y León. Los cuales:

1.— Doña María de las Mercedes de Auñón y León, hizo donación al ayuntamiento de Morón de la Frontera, del edificio del ex-convento de San Francisco.

---

1. Con el vizcondado previo de Topete de San Miguel, libre de lanzas, por Real decreto de 28 de noviembre de 1738 y el subsecuente Real despacho de 15 de marzo de 1739, fue creado I Marqués de Pilares don Miguel Topete de Venegas y Terrona, Benjumea y Carrasco.

2. — Doña María de la Concepción de Auñón y León, casó con don Antonio Villalón.

3. — Doña Catalina de Auñón y León, casó con don José Vázquez de Mondragón, Marqués de Villasierra.

4. — Don Jorge de Auñón y León, fue Diputado a Cortes por Morón de la Frontera.

5. — Don Manuel de Auñón y León, casó con doña María Josefa Villalón y Molner.

6. — Don Juan María de Auñón y León, compartió el mayorazgo con su padre y fue copatrono de la capilla mayor del convento de la Victoria, en Morón de la Frontera. Casó con doña Feliciana Romera, natural de Carmona, y tuvieron por hijos: a María Antonia; a María Gracia; a Juana; a María del Carmen; a María de los Angeles, y a Juan Jorge Auñón y Romera. De los cuales:

A. — Doña Juana de Auñón y Romera, casó con don José de Montestruque y Vernaza, Coronel del Cuerpo de Carabineros.

B. — Doña María del Carmen de Auñón y Romera, casó con don Manuel Pérez de Vera.

C. — Doña María de los Angeles de Auñón y Romera, casó dos veces: la primera, con don Nicolás de Osuna; y la segunda, con don José María Angulo.

D. — Don Juan Jorge de Auñón y Romera, casó con su prima doña Carmen Vázquez de Mondragón y Auñón, hija de don José Vázquez de Mondragón, Marqués de Villasierra, y de doña Catalina de Auñón y León.

7. — Don Antonio José de Auñón y León, bautizado en Morón de la Frontera el 15 de marzo de 1818, fue Corregidor, Diputado Provincial y Alcalde de dicha villa: Caballero de las Ordenes de Isabel la Católica y de San Juan de Jerusalén y Comendador de la Orden de Carlos III. Falleció en Morón de la Frontera el 30 de junio de 1880, donde casó el 30 de julio de 1842, con doña María Josefa Villalón y González-Caballos, hija de don Diego Raimundo Villalón y Tamariz, V Marqués de Pilares, y de doña María Antonia González Caballos y Millán Rodríguez, ambos naturales de Morón de la Frontera. Tuvieron por hijos: a María Josefa; a María Antonia; a Juan, y a Ramón Luis de Auñón y Villalón. Los cuales:

A. — Doña María Josefa de Auñón y Villalón, casó con don Manuel Cotta y Barea.

B. — Doña María Antonia de Auñón y Villalón, nacida en Morón de la Frontera el 19 de marzo de 1853 y fallecida el 30 de julio de 1889, previa licencia regia dada el 27 de agosto de 1882, casó el 10 de septiembre de ese año, con don Andrés Villalón-Daoiz y Villalón, III Conde de Daoiz por Real carta sucesoria dada el 14 de junio de 1872, nacido el primero de noviembre de 1855 y fallecido el 24 de junio de 1900, Caballero de la Orden de Calatrava en 1870, hijo de don Manuel Villalón y Daoiz, y de doña María Villalón y Osuna, esta última de la línea de los marqueses de Pilares. En su sucesión continuó el condado de Daoiz.[1]

C. — Don Juan de Auñón y Villalón, fue Auditor honorario de Marina y casado con doña Juana Colunga, de la que no tuvo sucesión.

D. — Don Ramón Luis de Auñón y Villalón, bautizado en Morón de la Frontera el 26 de agosto de 1844, nacido el día anterior, y fallecido en Madrid el 20 de mayo de 1925, ingresó como Cadete en el Colegio Naval Militar el 24 de agosto de 1855 (asiento 5171, páginas 183 y 184, tomo VI «Real Compañía de Guardias Marinas y Colegio Naval», por don Dalmiro de la Válgona y el Barón de Finestrat). Hizo las campañas de Africa (1859-1860) y la de Santo Domingo en 1863, y después de estar en Cuba, comandando el crucero «Infanta Isabel», al estallar la revolución de Buenos Aires fue proclamado Jefe de la Escuadra Internacional que impidió el bombardeo de la capital argentina. Fue el VII Marqués de Pilares (en sucesión a su tío materno don Diego Villalón y González Caballos), y en 1898, siendo Capitán de Navío de primera clase, se le designó Ministro de Marina, siendo Consejero y Vocal del Tribunal Supremo de Guerra y Marina, Capitán General del departamento naval de Cartagena de Levante, Gobernador Civil de Barcelona, Vocal del Consejo de Estado, Presidente de la Junta de Emigración, Diputado por Cádiz en cinco legislaturas, luego Senador efectivo, y desde 1911 Senador vitalicio, siendo Vicepresidente del Senado español en 1923, Almirante de la Armada española, Gentilhombre de Cámara de Su Majestad y poseedor de las Grandes cruces de las Ordenes de San Hermenegildo, Mérito Naval, Mérito Militar, San Benito de Avis de Portugal, y de la Reina Victoria de la Gran Bretaña. Casó en Madrid el 25 de agosto de 1874, con doña Antonia Comes y Carrió, teniendo por hijos: a María de las Mercedes; a María de la Asunción; a María del Carmen; a María Josefa y a Antonio de Auñón y Comes. De los cuales:

---

1. Doña María Antonia de Auñón y Villalón, de su citado enlace con el III Conde de Daoiz, tuvo por hijos: a Aurora; a María Josefa (que es religiosa de Nuestra Señora de la Concepción en Sevilla), y a María del Carmen Villalón-Daoiz y Auñón. De las cuales:

Doña Aurora Villalón-Daoiz y Auñón, nacida el 7 de junio de 1883, es la IV Condesa de Daoiz por Real carta sucesoria dada el 7 de octubre de 1908, casando el 15 de abril de 1911 con don Ricardo Alonso y López, Llosa y Arce, que ya ha fallecido. Reside en Sevilla y tiene sucesión de su citado enlace.

Debemos consignar como ilustración a este trabajo que, en atención a los méritos excepcionales y memoria de su hermano don Luis, héroe del Dos de Mayo de 1808, gloriosamente muerto ese día, por Real decreto de 7 de mayo de 1852 y Real despacho de 3 de septiembre de ese año, fue creada I Condesa de Daoiz y I Vizcondesa del Parque, doña María del Rosario Daoiz y Torres Mirabel Percero y Ponce de León —nieta materna del III Conde de Miraflores de los Angeles— y perteneciente por su rama paterna a la casa de los marqueses de Tolomeo. Esta señora, nacida en Sevilla el 12 de mayo de 1769 y fallecida el 16 de septiembre de 1853, casó el 21 de enero de 1795 con don Andrés Villalón y Auñón, hijo de don Alonso Villalón y Auñón, y de doña María de la Soledad Auñón, todos de Morón de la Frontera.

El II Conde de Daoiz, II Vizconde del Parque, por Real carta dada el 15 de julio de 1855, lo fue don Antonio María Villalón y Daoiz, nacido el 29 de diciembre de 1800 y fallecido soltero el 5 de febrero de 1869, hijo de la referida beneficiada. Este II Conde de Daoiz fue hermano de Don Manuel de iguales apellidos, nacido en Morón de la Frontera el primero de octubre de 1803 y fallecido el 10 de junio de 1869, que casó el 26 de enero de 1855, con doña María Villalón y Osuna Tamariz y Meneses (la que por su rama paterna descendía de los Topete, marqueses de Pilares), ambos padres del arriba nombrado III Conde de Daoiz, casado con doña María Antonia Auñón y Villalón.

El indicado III Conde de Daoiz tuvo entre sus hermanos al que fuera III Vizconde del Parque por Real carta sucesoria de 14 de junio de 1872, o sea, a don Francisco de Paula Villalón-Daoiz y Villalón, casado en 1891 con doña Manuela Montero de Espinosa y Barrantes, padres entre otras dos hijas de la actual y IV Vizcondesa del Parque, desde 1915, doña Fernanda Villalón-Daoiz y Montero de Espinosa, que es la consorte del actual y IX Marqués de Pilares don Diego Villalón y Angulo, del que tiene sucesión.

---

a. — Doña María Josefa de Auñón y Comes, nacida en Montevideo, Uruguay, el 24 de junio de 1875, casó en Madrid el 21 de abril de 1900, con don Antonio Rodríguez y Pedrol.

b. — Don Antonio de Auñón y Comes, nacido en Cádiz el 9 de septiembre de 1882, fue Teniente del Cuerpo de Infantería de Marina, Gentilhombre de Cámara de Su Majestad y VIII Marqués de Pilares por Real carta sucesoria dada en 1926[1] siendo además Comendador de la Orden de San Benito de Avis de Portugal y Caballero de la Orden de Leopoldo de Bélgica.

8. — Don Joaquín de Auñón y León, natural de Morón de la Frontera, fue Coronel de ejército, Gobernador de Sevilla, Consejero Real de Agricultura, Jefe superior de Administración Civil, Diputado a Cortes por su lugar natal, y Caballero de la Orden de Santiago. Casó con doña Ignacia Picabea de Lesaca y Olaeta, natural de San Fernando, Cádiz, hija de don José Joaquín Picabea de Lesaca y de los Olivos, y de doña Manuela de Olaeta y Calafat. Tuvieron por hijo: a

Don Juan Bautista de Auñón y Picabea de Lesaca, bautizado en Sevilla, parroquia de Santa María Magdalena, el 10 de junio de 1838, que fue abogado Caballero de las Ordenes de Santiago y de la de San Juan de Jerusalén, condecorado con las cruces de Carlos III y de Beneficencia. Casó en Madrid, parroquia de San Martín, el 7 de abril de 1862[1] con

---

1. Al fallecimiento de don Ramón Luis de Auñón y Villalón, VII Marqués de Pilares, se inició pleito entre su hijo don Antonio Auñón y Comes y don Diego de Villalón y Angulo, sobre mejor derecho al referido título, obteniéndolo este último por Real Carta de 5 de febrero de 1931.

1. Fueron padrinos de esa boda, los Duques de Montpensier, Infantes de España.

doña María Teresa Chacón y Herrera, natural de La Habana, hija de don José María Chacón y Calvo de la Puerta, IV Conde de Casa-Bayona, Señor, Justicia Mayor y Teniente a Guerra de la ciudad de Santa María del Rosario, Coronel de Milicias de la plaza de La Habana, Senador del Reino, Regidor perpetuo del Ayuntamiento y Alcalde ordinario de La Habana, Gentil-hombre de Cámara de Su Majestad, y Gran Cruz de la Orden de Isabel la Católica, y de doña María de la Concepción Herrera y de la Barrera. Tuvieron por hijos: a Francisco; a Ignacio y a José Auñón y Chacón. Los cuales:

1. — Don Francisco Auñón y Chacón, fue Teniente Coronel de Infantería española.

2. — Don Ignacio Auñón y Chacón, casó con doña María de la Concepción Perera y González, y tuvieron por hijos: a María de la Concepción; a Ignacio y a Francisco Auñón y Perera.

3. — Don José Auñón y Chacón, bautizado en Sevilla, parroquia de San Vicente, el 23 de abril de 1864, pasó a La Habana. Casó en la parroquia del Vedado, con doña María de las Mercedes Calvo de la Puerta y Cárdenas, hija de don Ignacio Calvo de la Puerta y Herrera, y de doña María Teresa de Cárdenas y Montalvo. Tuvieron por hijos: a María de las Mercedes; a María Josefa; a María Teresa, y a Fernando Auñón y Calvo de la Puerta. De los cuales:

1. — Doña María de las Mercedes Auñón y Calvo de la Puerta, casó con don Cristóbal de la Guardia y Calvo de la Puerta, abogado, hijo del licenciado Cristóbal de la Guardia y Mádan, abogado, Secretario de Justicia de la República de Cuba, y de doña María Teresa Calvo de la Puerta y Cárdenas.

2. — Doña María Josefa Auñón y Calvo de la Puerta, fue casada con don Narciso Onetti y Gonsé, que es ingeniero civil y arquitecto y fue Secretario de Obras Públicas de la República de Cuba.

3. — Doña María Teresa Auñón y Calvo de la Puerta, fue casada con el doctor Fernando Díaz Rojas.

4. — El doctor Fernando Auñón y Calvo de la Puerta, natural de La Habana, es abogado. Casó con doña Haydée Prieto y Comallonga, y tuvieron por hijo: a Fernando; a José, y a Jorge Auñón y Prieto. De los cuales:

1. — El doctor Fernando Auñón y Prieto, fallecido en La Habana fue casado con doña María Magdalena González Mora.

2. — Don José Auñón y Prieto casó con doña María de la Caridad Alfonso y Linares.

AVERHOFF

A principios del siglo XIX, procedente del Ducado de Holstein, en Alemania, se estableció esta familia en la isla de Cuba.

Juan Averhoff casó con Magdalena Piening, teniendo por hijo: a

Don Matías Averhoff y Piening, natural de la ciudad de Hamburgo, en el ducado de Holstein cuya defunción se encuentra en la parroquia de Ceiba-Mocha (provincia de Matanzas) a 26 de octubre de 1824. Casó en la Catedral de La Habana el 28 de diciembre de 1801, con doña María Catalina Prieto y de la Puente, hija de Francisco y de María de la Luz. Tuvieron por hijos: a Manuel; a Mariano; a José, y a Gonzalo Averhoff y Prieto. Los cuales:

1. — Don Manuel Averhoff y Prieto, fue Capitán de Caballería de Milicias de la plaza de La Habana. Casó en la parroquia del Guatao, el 26 de septiembre de 1826, con doña María del Rosario Armenteros y Barreto, hija de don Melchor Armenteros y Cárdenas. Teniente de Caballería y Alcalde ordinario de La Habana, y de doña María Salomé Barreto y Navarro. Tuvieron por hija: a

Doña María de la Concepción Averhoff y Armenteros que casó en La Habana; parroquia del Pilar, el 15 de abril de 1850, con don Ignacio García Menocal y Piedrahita, hijo de don Miguel Antonio García Menocal y del Rey, Teniente Coronel de Infantería de Milicias, y de doña María del Carmen Piedrahita y Zaldívar.

2. — Don Mariano Averhoff y Prieto, bautizado en La Habana, parroquia del Santo Angel, el 5 de agosto de 1806, casó con doña Manuela del Carmen Carrasco y Pérez, natural de Aguacate, hija de don Juan Carrasco y Pérez Barroso, y de doña Manuela Pérez y Lima. Tuvieron por hijos: a Josefa Gabriela; a María Catalina; a Mariana; a Jacinto, y a Matías Averhoff y Carrasco. De los cuales:

A. — Doña Josefa Gabriela Averhoff y Carrasco, nacida en el Aguacate el 10 de junio de 1839, casó dos veces: la primera, con don José María Néstor Valera y Hernández, natural de Matanzas, hijo de don Isidro Valera y Cano y de doña Luisa Hernández y Canalejo. Por segunda vez casó con el licenciado don Néstor Izaguirre y Domínguez, natural de Consolación del Sur, farmacéutico, hijo de don Pedro Izaguirre y Basagoitia, natural de Zomoza, en Vizcaya, y de doña Eusebia Domínguez y Camejo, natural de San Antonio de los Baños.

B. — Doña Mariana Averhoff y Carrasco, natural de Aguacate, en la provincia de La Habana, casó dos veces: la primera con don José Rafael Leocadio Valera, y la segunda en La Habana, parroquia del Espíritu Santo, el 31 de marzo de 1876, con el licenciado Rafael Pedro García y Fernández, natural de la ciudad de Oviedo, abogado, Promotor Fiscal del Juzgado de Primera Instancia de Villaclara, hijo de Miguel y de Benita.

C. — Don Jacinto Averhoff y Carrasco, natural de Aguacate, casó con doña María Josefa Chappotín y Covarrubias, hija de don Miguel Chappotín y Seidel, y de doña María del Pilar Covarrubias y Lecanda. Tuvieron por hijos: a Angelina; a Margarita; a María; a María Ana; a Oscar y a José Averhoff y Chappotín. De los cuales:

a. — Doña María Averhoff y Chappotín, casó con don Alberto Rodríguez de Rivera y Gastón, Comandante de Infantería del ejército español, hijo de don Carlos Rodríguez de Rivera y Rodríguez, Capitán de

Estado Mayor de la plaza de La Habana, y de doña María Josefa Gastón y Gastón (véase apellido «Gastón» página 158, tomo II de esta obra)

b. — Doña María Ana Averhoff y Chappotín, casó con don Jorge Entenza y Márquez, hijo de Juan Bautista y de Carmen.

D. — Don Matías Averhoff y Carrasco, natural de Aguacate, casó en La Habana, parroquia del Espíritu Santo, el 25 de abril de 1878, con doña María Luisa Herrera y Cárdenas, hija de don Ignacio Herrera y Cárdenas, y de doña María Francisca de Cárdenas y Barreto, VI Condesa de Casa-Barreto. Tuvieron por hijos: a María Luisa; a Julián; a Francisco; a Matías; a Mariano y a Fernando Averhoff y Herrera. De los cuales:

A. — El doctor Francisco Averhoff y Herrera, abogado, casó con doña Eusebia Herrera y González, hija de don Antonio María Herrera y Cárdenas, y de doña María de Belén González.

B. — El doctor Matías Averhoff y Herrera, bautizado en La Habana, parroquia del Espíritu Santo, el 16 de diciembre de 1880, abogado, casó con doña María Herrera y Gutiérrez, hija de don Fernando Herrera y Cárdenas, y de doña Tomasa Gutiérrez y Balsinde. Tuvieron por hijos: a Matías, y a Gustavo Averhoff y Herrera.

C. — El doctor Mariano Averhoff y Herrera, nacido en La Habana el 22 de septiembre de 1892, abogado, Registrador de la Propiedad en Bejucal, casó con doña Hortensia Cuéllar y del Río, hija de don Francisco Cuéllar y Delgado, Senador de la República de Cuba y de doña Rosa del Río y Pérez Marcoleta. Tuvieron por hijo: a

Doctor Mariano Averhoff y Cuéllar, que casó con doña María Magdalena Peñarredonda, teniendo por hija. a María Magdalena Averhoff y Peñarredonda.

D. — Don Fernando Averhoff y Herrera, nacido en La Habana el 30 de mayo de 1888, casó dos veces: la primera, con doña María de las Mercedes Díaz de Villegas y García, hija de don Marcelino Díaz de Villegas y Marín, Alcalde Municipal de La Habana, Secretario de Hacienda de la República de Cuba, y de doña Ana García y Varona. Casó por segunda vez, con doña Berta Ferrer y Díaz, hija de Miguel y de María de la Concepción.

Don Fernando Averhoff y Herrera, y su primera mujer doña Mercedes Díaz de Villegas y García, tuvieron por hijo: a Fernando Averhoff y Díaz de Villegas.

3. — Don Gonzalo Averhoff y Prieto, natural de La Habana, casó con doña Isabel Medina y Alfonso, hija de Rafael y de Angela. Tuvieron por hijos: a María Margarita; a Manuel y a Mariano Averhoff y Medina. Los cuales:

1. — Doña María Margarita Averhoff y Medina, natural de Aguacate, casó en La Habana, parroquia de San Jerónimo del Mordazo (Puentes

Grandes), el primero de diciembre de 1865, con don Emilio Lobech y Schultza, natural del reino de Prusia, hijo de Hermann y de Marie.

2. — Don Manuel Averhoff y Medina, natural de Aguacate, cuya defunción está en la Catedral de La Habana a 26 de febrero de 1883, casó con doña Angela Valdés, teniendo por hijos: a Carolina; a Alberto y a Augusto Averhoff y Valdés.

3. — Don Mariano Averhoff y Medina, bautizado en la parroquia de Aguacate el 25 de diciembre de 1843, casó en Marianao, parroquai de San Francisco Xavier de los Quemados, el 21 de diciembre de 1874, con doña María de la Concepción Plá y Carrillo, hija de don José Plá y Pérez y de doña Justa Rufina Carrillo y Brito. Tuvieron por hijos: a Julio; a René y a Octavio Averhoff y Plá. Los cuales:

1. — Don Julio Averhoff y Plá, fue bautizado en La Habana, parroquia de San Jerónimo del Mordazo (Puentes Grandes), el 5 de agosto de 1866.

2. — Don René Averhoff y Plá, fue bautizado en La Habana, parroquia de San Jerónimo del Mordazo (Puentes Grandes) el 27 de marzo de 1868.

3. — Doctor Octavio Averhoff y Plá, bautizado en La Habana, parroquia de San Jerónimo del Mordazo (Puentes Grandes) el 13 de mayo de 1876, que es abogado, fue Catedrático de la Universidad de La Habana y Secretario de Hacienda y de Instrucción Pública de la República de Cuba. Casó con doña Celia Sarrá y Hernández, hija del licenciado José Sarrá y Valldejuli, natural de Malgrat, en Barcelona, farmacéutico en La Habana, y de doña Cecilia Hernández y Buchó, natural de esta última ciudad. Tuvieron por hijos: a Aleida; a Livia; a Octavio y a Claudio Averhoff y Sarrá. De los cuales:

1. — Doña Aleida Averhoff y Sarrá, casó con el doctor Fernando de la Riva y Domínguez, abogado, hijo de Ramiro y de Elvira.

2. — Doña Livia Averhoff y Sarrá, que reside en México, D. F., casó con dos Carlos Ziegler y Díaz-Barriga.

3. — El doctor Octavio Averhoff y Sarrá, abogado, es Ministro-Consejero y como tal estuvo en la Embajada de Cuba en los Estados Unidos de América, siendo anteriormente Secretario de la Embajada de Cuba en México. Casó con doña Miguelina de la Campa y Roff, natural de Londres, hija del doctor Miguel Angel de la Campa y Caraveda, Embajador de Cuba en los Estados Unidos de América, anteriormente Ministro y Secretario de Estado, Gran Cruz de la Orden Nacional «Carlos Manuel de Céspedes» de Cuba, y Gran Cruz de la Orden de Carlos III de España entre otras muchas, y de doña María Teresa Roff y Castilla. Tienen por hijos: a Livia; a Octavio y a Celia Averhoff y de la Campa.

BACARDÍ

En la primera mitad del siglo XIX, procedente de Cataluña (se estableció esta familia en Santiago de Cuba.

Don Juan Bacardí, natural de la Cicusta, en Tarragona, casó con doña María Masó, natural de Sitges, en el partido judicial de Villanueva y Geltrú, y tuvieron por hijos: a Lázaro; a Magín y a Fernando Bacardí y Masó. Los cuales:

1. — Don Lázaro Bacardí y Masó, natural de Sitges, casó en la Catedral de Santiago de Cuba el 12 de julio de 1845, con doña María Luisa Pirou y Silabois, natural de la Nueva Orleans, hija de Francisco y de Emilia Eugenia.

2. — Don Magín Bacardí y Masó, bautizado en la iglesia de Sitges el 10 de diciembre de 1807, obtuvo pasaporte para pasar a Santiago de Cuba el 20 de noviembre de 1824.[1]

3. — Don Facundo Bacardí y Masó, bautizado en la iglesia de Sitges el 15 de octubre de 1809, obtuvo pasaporte para pasar a Santiago de Cuba el 12 de julio de 1828.[2] Casó en la Catedral de Santiago de Cuba el 5 de agosto de 1843, con doña María Lucía Victoria Moreau, y tuvieron por hijos: a Amalia; a José; a Facundo y a Emilio Bacardí y Moreau. Los cuales:

1. — Doña Amalia Bacardí y Moreau, casó con don Enrique Schueg y Chassin.

2.— Don José Bacardí y Moreau, casó con doña María del Carmen Fernández y Fontecha. Tuvieron por hijos: a José; a Antonio y a Joaquín Bacardí y Fernández. De los cuales:

Don Joaquín Bacardí y Fernández, casó con doña María de la Caridad Bolívar.

3. — Don Facundo Bacardí y Moreau, distinguido industrial, casó con doña Ernestina Gaillard y Parrigol. Tuvieron por hijos: a Laura; a María; a Facundo y a Luis Bacardí y Galliard. De los cuales:

A. — Doña Laura Bacardí y Gaillard, casó con don Adolfo Danguillecourt y Pujols.

B. — Doña María Bacardí y Gaillard, casó con don Adalberto Gómez del Campo.

---

1. Legajo 341. Sección de Ultramar. Archivo de Indias. Sevilla.
2. Legajo 3530. Secc3ión de Ultmara. Archivo de Indias. Sevilla.

C. — Don Luis Bacardí y Gaillard, es Vicepresidente de la Compañía «Ron Bacardí, S. A.», y casó con doña Hilda Hougton, de la que tiene por hijo: a Luis Facundo Bacardí y Houghton.

4. — Don Emilio Bacardí y Moreau, fue distinguido industrial, historiador, autor de las «Crónicas» de Santiago de Cuba, a quien se le debe aquel Museo local, Alcalde, Gobernador y Senador de la República de Cuba por Santiago de Cuba. Por sus ideas separatistas, fue deportado por el Gobierno español a la prisión de Chafarinas. Casó dos veces: la primera, en la Catedral de Santiago de Cuba, el 26 de febrero de 1876, con doña María Inocencia Lay y Bertrichand, hija de Felipe y de Susana. Casó por segunda vez, con doña Elvira Cape y Lombard.

Don Emilio Bacardí y Moreau, y su primera mujer doña María Inocencia Lay y Bertrichand, tuvieron por hijos: a María; a María del Carmen; a Daniel; a Emilio; a José y a Facundo Bacardí y Lay. Los cuales:

1. — Doña María Bacardí y Lay, casó con don Pedro Lay y Lombard.

2. — Doña María del Carmen Bacardí y Lay, casó con don Gustavo Rodríguez y Pérez, que fuera Coronel del Ejército Nacional de la República de Cuba.[1]

3. — Don Daniel Bacardí y Lay, fue Capitán del Ejército Libertador de Cuba.

4. — Don Emilio Bacardí y Lay, es Teniente-Coronel del Ejército Libertador de Cuba, y fue Ayudante del Mayor General Antonio Maceo.

5. — Don José Bacardí y Lay, casó con doña Zenaida Rosell, y tuvieron por hijos: a Zenaida, y a Emilio Bacardí y Rosell.

6. — Don Facundo Bacardí y Lay, casó con doña María de la Caridad Rosell, y tuvieron por hijos: a Ana María y a Daniel Bacardí y Rosell.

Don Emilio Bacardí y Moreau, y su segunda mujer doña Elvira Cape y Lombard, tuvieron por hijas: a Marina; a Lucía; a Adelaida y a Amalia Bacardí y Cape. Las cuales:

---

* Doña María del Carmen Bacardí y Lay, de su citado matrimonio tuvo por hijos: a Gustavo; a Guillermo, y a María del Carmen Rodríguez y Bacardí. Los cuales:

1. — Don Gustavo Rodríguez y Bacardí, casó con doña María Teresa Gispert.

2. — Don Guillermo Rodríguez y Bacardí, casó con doña Carmen Rey y Santiago.

3. — Doña Clara Rodríguez y Bacardí, casó con el doctor Ignacio Carrera Jústiz y Fernández de Velasco, abogado, Juez Correccional en La Habana, hijo del doctor Francisco Carrera y Jústiz, abogado, catedrático de esta Universidad, y de doña María Teresa Fernández de Velasco y Lacoste Ramírez.

4. — Doña María del Carmen Rodríguez y Bacardí, casó con el doctor Rolando León y Rodríguez Aguirre, hijo de don Ramón León, que fue Representante a la Cámara de la República de Cuba, y de doña María Josefa Rodríguez Aguirre.

1. — Doña Marina Bacardí y Cape, casó con don Radamés Covani.

2. — Doña Lucía Bacardí y Cape, casó con el doctor Pedro Gran y Triana, médico-cirujano.

3. — Doña Adelaida Bacardí y Cape, casó con don Guillermo Dorion.

4. — Doña Amalia Bacardí y Cape, casó con don Eusebio Delfín y Figueroa.

BACA - RENGIFO

En la segunda mitad del siglo XVI, procedente de Andalucía, se estableció esta familia en la entonces villa de San Cristóbal de La Habana.

Don Gonzalo Baca, y su mujer doña Isabel Rengifo, tuvieron por hijo: a

Don Jerónimo de Baca Rengifo, vecino de Villalpando, provincia de Zamora, que pasó a la isla de Cuba, y fue Contador de Real Hacienda, Regidor y Tenedor de Bienes de Difuntos, y en 2 de enero de 1574, Procurador general del Ayuntamiento de La Habana. Casó con doña María Manuel Herrera, hija de don Juan Texeira Riveros, y de doña Inés de Mendoza (hija esta última de don Luis Díaz de Lugones, y de doña Leonor de la Cerda, de la casa de don Vasco Porcallo de Figueroa, miembro destacado de los progenitores de los duques de Feria, conquistador y poblador de la isla de Cuba). Tuvieron por hijos: a Juliana y a Gonzalo Baca-Rengifo y Herrera. Los cuales:

1. — Doña Juliana de Baca-Rengifo y Herrera, casó en la Catedral de La Habana el 4 de febrero de 1595, con don Alfonso Pérez Ortiz y Bustamante, natural de la villa de Burguillos, en Castilla, hijo del licenciado Alonso y de Leonor.

2. — Don Gonzalo Baca-Rengifo y Herrera, fue Alcalde ordinario, y en 1601, Alcalde de la Santa Hermandad en La Habana. Testó ante el escribano Alonso de Heredia, y su defunción se encuentra en la Catedral de esta ciudad a 8 de mayo de 1614, donde casó el 11 de enero de 1588, con doña María Recio y Márquez, hija de don Martín Recio y Castaño, natural de Cumbres Mayores (hermano de don Antón de iguales apellidos), y de doña Catalina Márquez. Tuvieron por hijos: a Jerónima; a Francisca; a Juan; a Jerónimo; a Martín; a María; a Zoilo y a Diego Baca y Recio. Los cuales:

1. — Doña Jerónima Baca y Recio,[1] testó ante el escribano Francisco García, y su defunción se encuentra en la Catedral de La Habana.

---
1. El asiento matrimonial de doña Jerónima Baca y Recio dice que ésta era natural de Málaga y en el asiento de su defunción aparece como natural de Jerez de la Frontera.

También aparece: que

Doña María Baca Cabeza de Vaca y su marido el Capitán Melchor de Ayala, tuvieron hija: a

Doña Tomasa de Ayala Baca Cabeza de Vaca, natural de La Habana, que testó el 3 de junio de 1711 ante el escribano Bartolomé Núñez, y su defunción se encuentra en la Catedral de esta ciudad a 19 de dicho mes y año. Casó en la referida Catedral habanera el 16 de enero de 1681, con el Capitán Agustín de Arriola y Guzmán, natural de Sevilla, hijo del Veinticuatro de esa ciudad don Agustín de Arriola, Caballero de la Orden de Santiago, y de doña María Gertrudis de Guzmán.

---

a 25 de agosto de 1647, donde casó el 26 de octubre de 1636, con César Fabián, natural de San Remo en el reino de Génova.

2. — Doña Francisca Baca y Recio no casó, y su defunción se encuentra en la Catedral de La Habana a 3 de septiembre de 1630.

3. — Don Juan Baca y Recio, fue bautizado en la Catedral de La Habana el 7 de octubre de 1592.

4. — Don Jerónimo Baca y Recio, fue bautizado en la Catedral de La Habana el 31 de enero de 1594.

5. — Don Martín Baca y Recio, fue bautizado en la Catedral de La Habana el 12 de junio de 1597.

6. — Doña María Baca y Recio, fue bautizada en la Catedral de La Habana el 31 de julio de 1601.

7. — Don Zoilo Baca y Recio bautizado en la Catedral de La Habana el 3 de febrero de 1605 fue clérigo de menores órdenes y su defunción se encuentra en la referida Catedral a 16 de enero de 1631.

8. — Don Diego Baca y Recio fue bautizado en la Catedral de La Habana el 3 de agosto de 1606.

BALZAN

A fines del siglo XVIII procedente de Salvo de Valleta en la isla de Malta se estableció esta familia en la isla de Cuba.

Don Lucas Balzán casó con Catalina y tuvieron por hijos: a Domingo y a Pedro Balzán. Los cuales:

1. — Don Domingo Balzán fue bautizado en Salvo de Valleta parroquia de Santa María de Puerto el 26 de abril de 1618.

2. — Don Pedro Balzán bautizado en Salvo de Valleta parroquia de Santa María de Puerto el 16 de octubre de 1616 casó con Margarita, y tuvieron por hijo: a

Don Lorenzo Balzán, que caso en Salvo de Valleta, parroquia de Santa María de Puerto, el 13 de julio de 1732, con Rosa Falzón y Mangión, hija de Pedro y de Ana. Tuvieron por hijo: a

Don Juan Benito Daniel Balzán y Falzón, natural de la ciudad de la Victoria, en la isla de Malta, que fue bautizado en la parroquia San Justo, de la ciudad de Conspiena, en la referida Isla, el 2 de septiembre de 1747. Casó en la ciudad de Trinidad, en la isla de Cuba el 14 de noviembre de 1787, con doña Ana Manuela de la Peña y Sarduy, hija de Manuel y de Ana. Tuvieron por hija: a

Doña Rosa María Balzán y de la Peña, que nació en la ciudad de Trinidad, el 21 de enero de 1790. Su defunción se encuentra en la Catedral de La Habana a 7 de abril de 1866. Casó en esta ciudad, parroquia del Santo Cristo, el 5 de junio de 1813, con el licenciado Francisco Filomeno Ponce de León y Criloche, ilustre letrado habanero, Abogado de los Reales Consejos, Auditor de Guerra y Marina y Segundo del Apostadero de La Habana, Asesor de los Alcaldes ordinarios de esta ciudad Asesor general del Gobierno de la isla de Cuba, Síndico Procurador general, Alcalde ordinario de La Habana, Comendador de la Orden de Isabel la Católica y Caballero de la de Carlos III, hijo del licenciado Antonio Ponce de León y Maroto, primer Marqués de Aguas Claras, Abogado de las Reales Audiencias de México y Santo Domingo, Auditor de Guerra y Marina, Fiscal del Crimen de la Audiencia de México, Ministro Togado del Consejo de Guerra, Fiscal de Guerra del Real Cuerpo de Artillería, Padre general de menores y Alcalde ordinario de La Habana, y de doña María de las Mercedes Criloche y Zayas.

BARROSO

A fines del siglo XVII, procedente de la isla de Tenerife, se estableció esta familia en la isla de Cuba.

Don Francisco Barroso, y su mujer doña María Martín, tuvieron por hijos: a Gregoria; a Francisca; a Francisco y a Manuel Barroso y Martín. Los cuales:

1.— Doña Ana Gregoria Barroso y Martín, natural del Valle del Sáuzal, en Tenerife, casó en la parroquia de Guanabacoa el primero de enero de 1699, con el Capitán Antonio Gómez y Montiel, Alcalde ordinario de dicha villa, hijo de don Jorge Antonio Gómez y Ximénez, Regidor del Ayuntamiento, y de doña Bernarda Montiel y Padilla.

2.— Doña Francisca Barroso y Martín, natural de La Laguna, en Tenerife, casó dos veces: la primera, con don Juan Báez de Fuentes y Milián, natural de La Habana, hijo de don José Báez de Fuentes y Pérez, y de doña María Milián y Pérez; y la segunda, en La Habana, parroquia del Espíritu Santo el 19 de enero de 1722, con don Juan de Herrera y Díaz, hijo de Bernabé y de Andrea.

3. — Don Francisco Barroso y Martín, fue Regidor del Ayuntamiento de Matanzas en 1723, cuyo oficio remató en 1729, y Alcalde ordinario de dicha ciudad los años 1723 y 24. Casó en la Catedral de Matanzas el 18 de julio de 1712, con doña Manuela Rangel y Santiáñez, hija de don Miguel Rangel y Pacheco, y de doña Sabina de los Reyes y Esquivel. Tuvieron por hijos: a Francisca, y a José Barroso y Rangel. Los cuales:

A. — Doña Francisca Barroso y Rangel, fallecida en 1774, casó en la Catedral de Matanzas el 6 de diciembre de 1740, con don Justo Jacinto del Castillo y de los Reyes, natural de la ciudad de Canaria, fallecido en Sancti-Spíritus el 15 de enero de 1798, hijo de Antonio Juan y de Antonia Francisca.

B. — Don José Barroso y Rangel, casó en la Catedral de Matanzas el 31 de agosto de 1756; con doña Juana Manuela Pineda y Martínez, natural de Villaclara, hija de Domingo y de Brígida.

4. — Don Manuel Barroso y Martín, natural de La Laguna, fue Alcalde ordinario de Matanzas en 1720 y Regidor sencillo de su Ayuntamiento en 1730 y 35. Por orden del Gobernador y Capitán General de la isla de Cuba, de fecha 4 de enero de 1731, sustituyó a don Dionisio García de Oramas en el cargo de Regidor Alguacil Mayor del Ayuntamiento de Matanzas. También fue el primer Alcalde Mayor Provincial de la Santa Hermandad que tuvo Matanzas, por título dado por el referido Gobernador y Capitán General, de fecha 13 de enero de 1735, cuyo cargo desempeñó hasta el año 1737. Casó en La Habana, parroquia del Santo Angel, el 4 de noviembre de 1704, con doña Jerónima López de Medrano y Gómez de los Reyes, natural de San Agustín de la Florida. hija del Capitán Francisco y de María. Tuvieron por hijos: a María de los Santos, a Nicolasa, a Gervasio, y a Juan Manuel Barroso y López de Medrano. Los cuales:

1. — Doña María de los Santos Barroso y López de Medrano, casó en la Catedral de Matanzas el 4 de septiembre de 1724, con don Francisco González y Valdespino, natural de Jamaica, hijo de don Francisco González de la Vega y Robles, y de doña Gertrudis Valdespino.

2. — Doña Nicolasa Barroso y López de Medrano, natural de Matanzas, casó en La Habana, parroquia del Santo Angel, el 15 de febrero de 1741, con don José Romero y López de Medrano, hijo de Alfonso y de María de las Nieves.

3. — Don Gervasio Barroso y López de Medrano, fue Alcalde Mayor Provincial de la Santa Hermandad en Matanzas, por renuncia de su hermano Juan Manuel, y por título de 27 de febrero de 1743, dado por el Gobernador y Capitán General de la isla de Cuba, cuyo oficio desempeñó hasta el 13 de febrero de 1756.

4. — Don Juan Manuel Barroso y López de Medrano, natural de La Habana, fue Alcalde Mayor Provincial de la Santa Hermandad, de Matanzas, por fallecimiento de su padre, hasta el 27 de agosto de 1740 que lo remató su hermano Gervasio. Casó en la Catedral de Matanzas el 23 de diciembre de 1735, con doña Ana Avalos y Díaz, hija del Sargento

Juan Avalos, natural de Tenerife, Alcalde ordinario de Matanzas, y de doña Isabel Francisca Díaz Bruma. Tuvieron por hijo: a

Don José Barroso y Avalos, que casó en la Catedral de Matanzas el 17 de agosto de 1765, con doña Rosalía de Fuentes y Avalos, hija de don Diego de Fuentes y Hernández-Barroso, y de doña María Juana Avalos y Díaz.

También aparece que, procedente del lugar de Taganana,. en Tenerife, otra familia de este apellido pasó a Matanzas en el siglo XVII.

Don Andrés Hernández Barroso y su mujer María Morales, naturales de Taganana, tuvieron por hijos: a María Morales, y a Catalina Barroso y Morales. Las cuales:

1. — Doña María Morales, casó en la Catedral de Matanzas año de 1694, con don Urbano Pérez-Báez y García, natural del lugar de la Victoria en Tenerife.

2. — Doña Catalina Barroso y Morales, natural de Taganana, casó en la Catedral de Matanzas el 26 de junio de 1702, con don José de Fuentes, natural de Garachico, Regidor perpetuo y Alcalde de Matanzas.

Y aparece igualmente que procedente de la ciudad de Tenerife, pasó a La Habana a principios del siglo XVIII esta otra familia de igual apellido:

Don Diego Francisco Barroso, que casó con doña María Pérez, vecinos de Tenerife, que tuvieron por hijo: a

Don Juan Francisco Barroso y Pérez, natural de Tenerife, que casó en La Habana, parroquia de Jesús del Monte, el primero de septiembre de 1702, con doña María Rodríguez de la Ascensión y Ruiz, hija de don Diego Díaz Rodríguez,. y de doña Juana Francisca Ruiz.

BEA

Esta familia, aparece a principios del siglo XVII establecida en Albizu, y en la segunda mitad del siglo XIX, procedente de Soduque (Vizcaya) y se estableció en Matanzas, isla de Cuba. Obtuvieron el título de Marqués de Bellamar.

Don Juan de Bea Olavarría, nació en San Martín de Albizu, Orozco, el 16 de octubre de 1610, casando el 16 de octubre de 1639 con doña Mariana de Espalza Rechecas. Tuvieron por hijo: a

Don Martín de Bea y Espalza, que nació en San Martín de Albizu el 13 de marzo de 1640, casando el 26 de agosto de 1664, con doña Marina de Azcaray y Areilza. Tuvieron por hijo: a

Don Diego de Bea y Azcaray, nacido el 11 de abril de 1678, que casó en la parroquia de Olavarrieta el 5 de octubre de 1709, con doña Ana de Urquizu y Zubiaur. Tuvieron por hijo: a

Don Diego de Bea y Urquizu, nacido el 10 de febrero de 1717, que casó en la parroquia de Barambio el 19 de junio de 1746, con doña Ana de Aguirre y Lera. Tuvieron por hijo: a

Don Domingo de Bea y Aguirre, nacido en Barambio el 11 de marzo de 1753, que casó en la parroquia de Llodio el 14 de abril de 1777, con doña Francisca de Ibarra y Guínea, natural de Llodio. Tuvieron por hijo: a

Don Francisco Xavier de Bea e Ibarra, nacido en Llodio el 20 de agosto de 1784 que ganó ejecutoria de nobleza el año de 1830. Casó en la parroquia de Soduque el 4 de octubre de 1812, con doña María Josefa Maruri y Abiega, teniendo por hijo: a

Don Demetrio Manuel de Bea y Maruri, nacido en Sodupe el 22 de diciembre de 1832, que fue Senador vitalicio del Reino. Diputado a Cortes por la provincia de Matanzas y Gran Cruz de la Orden de Isabel la Católica. Por Real decreto de 10 de septiembre de 1888 y Real despacho de 5 de noviembre del mismo año, se le concedió el título de Marqués de Bellamar. Falleció el 14 de mayo de 1896. Casó en Matanzas, parroquia de Versalles, el 27 de septiembre de 1862, con doña Josefa Pelayo y Gowen, bautizada en la Catedral de San Carlos de Matanzas, el 20 de septiembre de 1840, fallecida en París el 30 de marzo de 1909, hija de don Juan José Pelayo y de la Gándara, y de doña Matilde Gowen y Heraux. Tuvieron por hijos: a María; a Matilde; a Ana; a Josefa; a Manuel; a Francisco y a Luis de Bea y Pelayo. De los cuales:

1. — Doña Matilde de Bea y Pelayo, casó con don Dionisio Gómez y Velasco.

2. — Doña Ana de Bea y Pelayo, nacida en Matanzas el 17 de abril de 1869, casó con don Julio Labayen y Ramos, hijo de don Francisco Antonio Labayen y Aranzabe y de doña Ana María del Carmen Ramos y Santos.

3. — Doña Josefa de Bea y Pelayo nacida en Matanzas el 7 de julio de 1863, falleció en Madrid el 7 de noviembre de 1894, donde casó el primero de enero de 1888, con don Vicente Alonso-Martínez y Martín, natural de Madrid, II Marqués de Alonso-Martínez ingeniero agrónomo, Presidente del Consejo Agrónomo, Diputado a Cortes por la ciudad de Cervera (Lérida), Senador vitalicio del Reino, Presidente del Consejo de Administración de los Caminos de Hierro del Norte de España, y poseedor de las Grandes Cruces de las órdenes de Isabel la Católica y del Mérito Agrícola, hijo de don Manuel Alonso y Martínez, Diputado a Cortes por Burgos Ministro de Fomento, de Hacienda y de Gracia y

Justicia, Gobernador Civil de Madrid, Presidente de la Real Academia de Jurisprudencia y Legislación, Académico de la de Ciencias Morales y Políticas, Presidente de la Comisión encargada de laborar la Constitución del año 1876, Presidente del Congreso de Diputados, Gran Cruz de la Orden de Carlos III, y de doña Demetria Martín y Baraya, Diez y de la Rosa, que fue I Marquesa de Alonso-Martínez.

4. — Don Francisco de Bea y Pelayo, nacido en París el 13 de noviembre de 1875, fue II Marqués de Bellamar por Real carta de sucesión del año 1897. Falleció soltero en Cambó-les-Bains, Francia, el 14 de marzo de 1925.

5. — Don Luis de Bea y Pelayo, nacido en Madrid el 7 de noviembre de 1878, es el actual y III Marqués de Bellamar por Real orden de 30 de abril de 1925 y Real carta sucesoria dada el 16 de mayo del mismo año, siendo Académico de la de San Luis de Bellas Artes de Zaragoza, perteneciente a la Asociación de Escritores y Artistas, y posee la Cruz Roja española y la Gran Cruz de Intendencia, Sanidad, Frentes y Hospitales Casó con doña María de los Dolores Mota y Posadilla, natural de Valladolid, que ya ha fallecido.

BELT

A mediados del siglo XIX, procedente de los Estados Unidos de América, se estableció esta familia en La Habana.

En el trabajo inédito «Un ensayo de Heráldica cubana» de Rafael Nieto y Cortadellas, se dan las armas de este apellido que son: de gules, con un chevrón de plata entre tres rocles bezante de oro y una cruz de gules, la cual va en el centro del chevrón. Este blasón va surmontado de un casco que lleva una guirnalda de plata y gules abajo, y arriba del casco una cruz de gules.

Benjamín Belt, casó con Elizabeth Drane, y tuvieron por hijo: a

Don Juan Benjamín Belt y Drane, natural de Washington, que pasó a La Habana, donde casó, en la parroquia del Espíritu Santo, el 15 de septiembre de 1855, con doña María del Carmen Muñoz y Romay, hija de don Juan Muñoz de Baena y Fernández de Castro, y de doña Tomasa Romay y Lima. Tuvieron por hijos: a Malvina y a Jorge Alfredo Belt y Muñoz. Los cuales:

1. — Doña Malvina Belt y Muñoz, no casó, y su defunción se encuentra en La Habana, parroquia del Espíritu Santo, a 4 de noviembre de 1909.

2. — El doctor Jorge Alfredo Belt y Muñoz, fue abogado, Registrador Mercantil de La Habana y Secretario de la Presidencia de la República de Cuba, en el Gobierno de don Tomás Estrada Palma. Casó dos veces: la primera, con doña María de los Dolores Ramírez y Kavannagh, hija de

don José Gabriel Ramírez y Maestri, y de doña Asunción Kavannagh y Fernández Castrillón. Casó por segunda vez, con doña Consuelo García y Echarte, hija de don Gabriel García y de los Reyes, Subteniente de Milicias, y de doña María de los Angeles Echarte y Alfonso.

Don Jorge Alfredo Belt y Muñoz, y su primera mujer doña María de los Dolores Ramírez y Kavannagh, tuvieron por hijos: a Jorge Alfredo; a Alberto y a Guillermo Belt y Ramírez. Los cuales:

1. — El doctor Jorge Alfredo Belt y Ramírez, es abogado. Casó con doña Alicia de Cárdenas y Morales, hija de don Antonio María de Cárdenas y Herrera, de la casa de los marqueses de Cárdenas de Monte-Hermoso, y de doña María Josefa Morales y Morales. Tuvieron por hijos: a Alicia y a Jorge Alfredo Belt y Cárdenas. De los cuales:

Doña Alicia Belt y Cárdenas, casó con el ingeniero don Manuel Enrique Ramírez de Arellano y Cano, hijo de don Miguel Ramírez de Arellano y González de Mendoza, y de doña Josefa Cano y Martín.

2. — Don Alberto Belt y Ramírez, fue Administrador de la Aduana de La Habana. Casó con doña Juliia Alonso y Heymann, hija de don Benito Antonio Alonso y Herrera, hermano del primer Marqués de Tiedra, y de doña Julia Heymann y Temes.

3. — El doctor Guillermo Belt y Ramírez, es abogado y notario público, Embajador ad-large de la República de Cuba, y fue Alcalde Municipal de La Habana, Secretario de Instrucción Pública y Embajador en los Estados Unidos de América. Casó con doña Elisa Martínez y Silverio, hija del doctor José Agustín Martínez y Viamonte, abogado, Secretario de Estado de Cuba, Presidente del Instituto Cultural Cubano-Español, del Comité France-Amerique y ex-Presidente del Automóvil Aéreo Club de Cuba, y de doña Elisa Silverio y Saínz. Tiene por hijos: a Guillermo; a José Agustín; a Noel Javier; a Marilys y a Juan Alberto Belt y Martínez. De los cuales:

1. — Don Guillermo Belt y Martínez, está casado con doña María de las Mercedes Lara e Hidalgo-Gato, hija del doctor José Manuel Lara y Aréfula, abogado, Ministro-Consejero de la Embajada de Cuba en Francia, y de doña María de las Mercedes Hidalgo-Gato y Rodríguez.

2. — Doña Marilys Belt y Martínez está casada con don René Lamadrid y Freyre de Andrade, hijo de don Lorenzo Wenceslao Lamadrid y Soler, natural de Nuevitas, agrimensor y hacendado, y de doña Carmen Freyre de Andrade y Velázquez.

BENÍTEZ DE LUGO

A principios del siglo XVIII, procedente de las islas Canarias, se estableció esta familia en Matanzas.

El Capitán Antonio Benítez de Lugo, natural de las islas Canarias, Alcalde de Matanzas en 1701, 1702, 1703, 1707, 1721, 1728 y 1735 y Regidor de ese Ayuntamiento en 1707, 1708 y 1728. Casó dos veces en la Catedral de Matanzas: la primera, el 31 de enero de 1700, con doña Manuela Rangel de Chávez, natural de La Habana, y la segunda, el 6 de mayo de 1712, con doña Antonia Morgado y Pérez de Montalván. De su primera mujer depó por hijos: a María; a Antonio; a Juan; a Sebastián y a Esteban Benítez de Lugo y Rangel de Chávez. Los cuales:

1. — Doña María Benítez de Lugo y Rangel de Chávez, fue bautizada en la Catedral de Matanzas el 14 de diciembre de 1707.

2. — Don Antonio Benítez de Lugo y Rangel de Chávez, fue bautizado en la Catedral de Matanzas el 11 de diciembre de 1700. Con igual nombre aparecen dos hermanos más, bautizados en la referida Catedral, el 1 de diciembre de 1702 y el 18 de enero de 1709.

3. — Don Juan Benítez de Lugo y Rangel de Chávez, fue bautizado en la Catedral de Matanzas el 14 de enero de 1710.

4. — Don Sebastián Benítez de Lugo y Rangel de Chávez, fue bautizado en la Catedral de Matanzas el 11 de noviembre de 1703, donde casó el 11 de enero de 1741, con doña María Anasco y Fernández, natural de Guanabacoa, hija de Alejandro y de María.

5. — Don Esteban Benítez de Lugo y Rangel de Chávez, fue bautizado en la Catedral de Matanzas el 8 de enero de 1706, donde casó el 18 de mayo de 1733, con doña María Díaz Llanes, y tuvieron por hijos: a Rosalía; a Cecilia; a María de Jesús; a José Antonio; a José Santiago; a Esteban y a Mateo Benítez de Lugo y Díaz Llanes. Los cuales:

1. — Doña Rosalía Benítez de Lugo y Díaz Blanes, casó dos veces en la Catedral de Matanzas: la primera, el 29 de mayo de 1752, con don Domingo Rodríguez y Pérez, hijo de Domingo y de Francisca. Casó por segunda vez, el primero de noviembre de 1764, con don Juan de la Cova y Núñez, hijo de Juan y de María, naturales de La Habana.

2. — Doña Cecilia Benítez de Lugo y Díaz Llanes, casó en la Catedral de Matanzas, el 26 de febrero de 1756, con don Pedro Rodríguez y Pérez, hijo de Domingo y de Francisca.

3. — Doña María de Jesús Benítez de Lugo y Díaz Llanes, casó en la Catedral de Matanzas el 4 de agosto de 1781, con don Manuel Baeza y Fuentes, hijo de Sebastián y de Feliciana.

4. — Don José Antonio Benítez de Lugo y Díaz Llanes, fue bautizado en la Catedral de Matanzas el 19 de enero de 1744.

5. — Don José Santiago Benítez de Lugo y Díaz Llanes, Alcalde de Matanzas en 1814 y en 1820, casó en la Catedral de esa ciudad el 4 de septiembre de 1799, con doña Josefa Torres y Espinosa, natural de La Habana, hijo de don José Nolasco Torres y Silvera, y de doña Manuela Espinosa.

6. — Don Esteban Benítez de Lugo y Díaz Llanes, bautizado en la Catedral de Matanzas el 20 de octubre de 1737, casó con doña Manuela Cardoso, y tuvieron por hijas: a Micaela y a María Josefa Benítez de Lugo y Cardoso. Las cuales:

A. — Doña Micaela Benítez de Lugo y Cardoso, fue natural de Matanzas, su defunción se encuentra en La Habana, parroquia del Espíritu Santo, a 30 de noviembre de 1797.

B. — Doña María Josefa Benítez de Lugo y Cardoso, testó el 23 de enero de 1803 ante José Leal, y su defunción se encuentra en La Habana, parroquia de Guadalupe, a 31 de enero de dicho año. Casó con don Juan Miguel de Porras Pita.

7. — Don Mateo Benítez de Lugo y Díaz Llanes, casó en la Catedral de Matanzas el 11 de noviembre de 1761, con doña Rita Martínez y Pérez, hija de José y de María. Tuvieron por hijo: a

Don José Eloy Benítez de Lugo y Martínez, que casó en la Catedral de Matanzas el 17 de febrero de 1795, con doña María Luisa de la Cova y Martí, hija de Francisco y de María. Tuvieron por hijos: a Manuela María y a Luis Tomás Benítez de Lugo y de la Cova. Los cuales:

1. — Doña Manuela María Benítez de Lugo y de la Cova, casó en la Catedral de Matanzas el 9 de junio de 1834, con Guillermo Booth y Tinto, natural de La Habana, hijo de Benjamín Manuel y de Julia.

2. — Don Luis Tomás Benítez de Lugo y de la Cova, casó en la Catedral de Matanzas el 10 de agosto de 1835, con doña María Gertrudis Benítez y Moya, hija de José Benito y de Isabel.

El Capitán Antonio Benítez de Lugo, ya mencionado, y su segunda mujer doña Antonia Morgado y Pérez de Montalván, tuvieron por hijos: a Manuela; a Isabel; a Tomás y a Carlos Benítez de Lugo y Morgado. Los cuales:

1. — Doña Manuela Benítez de Lugo y Morgado, fue bautizada en la Catedral de Matanzas el 20 de enero de 1715.

2. — Doña Isabel Benítez de Lugo y Morgado, fue bautizada en la Catedral de Matanzas el 12 de noviembre de 1716.

3. — Don Tomás Benítez de Lugo y Morgado, fue bautizado en la Catedral de Matanzas el 13 de marzo de 1713.

4. — Don Carlos Benítez de Lugo y Morgado, bautizado en la Catedral de Matanzas el 28 de diciembre de 1717, fue Síndico Procurador general en 1743 y Alcalde de su ciudad natal en 1721. Casó en la Catedral de Matanzas el 2 de junio de 1746, con doña Teresa Riveros y Valdés, natural de La Habana, hija de Benito y de Inés.

A principios del siglo XVIII, procedente de la isla de Tenerife, se estableció también en Matanzas, otra familia Benítez de Lugo, a la cual perteneció:

Don Juan Benítez de Lugo, que casó con doña Isabel Luis [1] y fueron los padres: de

Don Francisco Benítez de Lugo, natural de Tenerife, Regidor del Ayuntamiento de Matanzas en 1713. Alcalde ordinario en 1714, 1715 y 1730, y Síndico Procurador general los años de 1718, 1725, 1727 y 1738. Casó dos veces en la Catedral de Matanzas: la primera, el 8 de febrero de 1712, con doña Valeria Pérez-Báez y Romero, hija de don Pedro Pérez-Báez y de doña María Romero. Casó por segunda vez, el 29 de enero de 1720, con doña Manuela Avalos y Díaz, hija del Sargento Juan Avalos, Alcalde de Matanzas en 1722, y de doña Isabel Díaz, naturales de la isla de Tenerife. De su segunda mujer dejó por hijos: a Teodora; a Francisca; a María; a Juana; a Gertrudis Manuela; a Cristóbal; a Cayetano, y a José Benítez de Lugo y Avalos. Los cuales:

1. — Doña Teodora Benítez de Lugo y Avalos, casó en la Catedral de Matanzas el 9 de abril de 1742, con don Fernando Otero y Báez de Fuentes, natural de Guamacaro, hijo del Capitán Fernando de Otero Velarde, natural de Santander, y de doña Catalina Báez de Fuentes y Pérez-Cordoví.

2. — Doña Francisca Benítez de Lugo y Avalos, casó en la Catedral de Matanzas el 16 de mayo de 1742, con don Juan de Fuentes y Barroso, hijo de don José de Fuentes, Regidor perpetuo del Ayuntamiento de esa ciudad, y su Alcalde ordinario, y de doña Catalina Hernández-Barroso y Morales.

3. — Doña María Benítez de Lugo y Avalos, casó en la Catedral de Matanzas el 23 de noviembre de 1744, con don José Alfonso de Armas y González, hijo de don Lorenzo Alfonso de Armas y González, Regidor de ese Ayuntamiento y Alcalde ordinario y de doña Juana González.

4. — Doña Juana Benítez de Lugo y Avalos, casó en la Catedral de Matanzas el 6 de enero de 1745, con don Miguel de Fuentes y Carvajal, hijo de Vicente y de María Isabel.

5. — Doña Gertrudis Manuela Benítez de Lugo y Avalos, casó en la Catedral de Matanzas el 9 de diciembre de 1755, con don Andrés Hernández y Chávez, natural de Guanabacoa, Regidor Alférez Real y Alcalde Provincial de Matanzas, hijo de don Domingo Hernández Montañez y de doña Juana Chávez y del Aguila.

6. — Don Cristóbal Benítez de Lugo y Avalos, casó en la Catedral de Matanzas el 21 de abril de 1751, con doña María de los Dolores Carvajal y Otero, hija del Capitán Lorenzo y de María.

---

1. Aparece un sacerdote nombrado Sebastián Benítez Luis, primer cura que tuvo Matanzas, encontrándose además: que

Don Juan Luis y su mujer doña María Benítez Perdomo, tuvieron por hijo: a

Don Domingo Luis y Benítez, que casó en la parroquia de la villa de Guanabacoa, el 10 de octubre de 1727, con doña María Encarnación de los Reyes y Herrera, natural de esa villa, hija de Francisco y de Jerónima.

7. — Don José Benítez de Lugo y Avalos, casó en la Catedral de Matanzas el 3 de febrero de 1760, con doña Josefa Carvajal y Otero, hija del Capitán Lorenzo y de María.

8. — Don Cayetano Benítez de Lugo y Avalos, casó en la Catedral de Matanzas el 27 de febrero de 1757, con doña María de los Dolores Martín y Soriano, hija de Antonio y de Antonia. Tuvieron por hija: a

Doña María Manuela Benítez de Lugo y Martín, que casó en la Catedral de Matanzas el 27 de julio de 1796, con don Pedro Ruiz del Alamo y González, hijo del Capitán don Diego Ruiz del Alamo.

En la primera mitad del siglo XVIII, procedente del Puerto de la Orotava, en la isla de Tenerife, se estableció en La Habana otra familia Benítez de Lugo, a la cual perteneció:

Don Pascual Francisco Benítez de Lugo, que casó con doña Paula Ortega. Tuvieron por hijo: a

Don José Francisco Benítez de Lugo y Ortega, natural del Puerto de la Orotava, que casó en la Catedral de La Habana el 9 de junio de 1720, con doña Ana Gertrudis Camacho y Gutiérrez, natural de esta ciudad, hija de don Antonio Martín Camacho y Gracia, natural de Sanlúcar de Barrameda, y de doña Isabel Gutiérrez y Sánchez, natural de La Habana. Tuvieron por hijo: a

Don Nicolás José Benítez de Lugo y Camacho, bautizado en La Habana, parroquia del Santo Cristo, el 19 de diciembre de 1722, que fue Oficial de Ejército. Casó dos veces: la primera, en la parroquia de la villa de Guanabacoa; el 10 de marzo de 1748, con doña Isabel López de Cabrera, natural de la ciudad de Trinidad, cuya defunción se encuentra en la parroquia de la referida villa, a 18 de junio de 1748. Casó por segunda vez, en La Habana, parroquia del Espíritu Santo, el 25 de febrero de 1749, con doña María del Pilar Montero y Arias, natural de esta ciudad, hija de don Francisco Remigio Montero y Porras, natural de la ciudad de Santiago de León de Caracas, y de doña María Josefa Arias y Guerra Montalvo, natural de la ciudad de Mérida, en Yucatán.[1] De su primera mujer tuvo por hijos: a José Nicolás; a María de Regla, y a Ana Gregoria Benítez de Lugo y López de Cabrera, naturales de la villa de Guanabacoa. De su segunda mujer dejó por hija: a

---

1. Don Diego Francisco Montero y su mujer doña Juana de Porras, tuvieron por hijo: a

Don Francisco Remigio Montero y Porras, natural de la ciudad de Santiago de León, de Caracas, que casó en La Habana, en la parroquia del Santo Cristo, el 3 de abril de 1712, con doña María Josefa Arias y Guerra Montalvo, natural de la ciudad de Mérida, hija del Capitán Lorenzo de Arias, y de doña Petronila Guerra Montalvo. Tuvieron por hija: a

Doña María del Pilar Montero y Arias, que casó con don Nicolás José Benítez de Lugo y Camacho.

Doña María Josefa del Rosario Benítez de Lugo y Montero, que fue bautizada en La Habana, parroquia del Espíritu Santo, el 14 de diciembre de 1779. Falleció en esta ciudad, el 28 de julio de 1866, donde casó, en la parroquia de Guadalupe, el 17 de noviembre de 1803, con el licenciado José María de Sotomayor y Hernández de Medina. médico-cirujano, hijo de don Gregorio de Sotomayor y Robles, y de doña Teresa de Jesús Hernández de Medina y Leiva.[2]

También aparece: que

Don Diego Benítez de Lugo, Marqués de Celada, Caballero de la Orden de Calatrava, y su mujer doña Isabel Piña de Vergara, tuvieron por hijos: a Diego; a Pedro Nolasco Benítez de Lugo y Piña de Vergara. Los cuales:

1. — Don Diego Benítez de Lugo y Piña de Vergara, Marqués de Celada en 1702, fue Gobernador de las Canarias y en su sucesión continuó su definición nobiliaria.

---

2. Don José Alejandro de Sotomayor, natural de la isla de la Palma, en Canarias, casó en La Habana, parroquia del Espíritu Santo, el 9 de marzo de 1732, con doña Isabel Josefa de Robles y Moreno, natural de esta ciudad, hija de don Gabriel de Robles y Salazar natural de la ciudad de Palma, y de doña Josefa Moreno y González, natural de La Habana. Tuvieron por hijos: a María; a Josefa; a Peregrina; a Basilia; a Bernardina; a Santiago, y a Gregorio de Sotomayor y Robles. De los cuales:

Don Gregorio de Sotomayor y Robles, nació en La Habana el 9 de mayo de 1738 y fue bautizado en la parroquia del Espíritu Santo. Testó el 10 de octubre de 1779 ante Ignacio Rodríguez, y su defunción se encuentra en esta ciudad, a 20 de octubre de dicho año, en la referida parroquia. Casó dos veces: la primera, en la parroquia de San Juan de los Remedios, el 19 de noviembre de 1764, con doña Teresa de Jesús Hernández de Medina y Leiva, hija de don Miguel Hernández de Medina y de doña Isabel de Leiva, naturales todos de San Juan de los Remedios. Casó por segunda vez, en la parroquia de Guanabacoa, el 3 de noviembre de 1773, con doña Francisca Blanco y Varo, hija de Alonso y de Gertrudis, de la que tuvo por hijos: a María Eusebia, y a José Timoteo de Sotomayor y Blanco. De su primera mujer dejó por hijos: a Francisco José, y a José María de Sotomayor y Hernández de Medina. De los cuales: el

Licenciado José María de Sotomayor y Hernández de Medina, médico-cirujano, nació en San Juan de los Remedios, el 30 de agosto de 1765. Testó el 12 de diciembre de 1819 ante el escribano José Lorenzo Rodríguez, otorgando codicilo el 6 de agosto de 1829, y su defunción se encuentra en La Habana, parroquia de Guadalupe, a 14 de diciembre de 1829. Casó dos veces: la primera, en la referida parroquia de Guadalupe, el 17 de abril de 1803, con doña María Josefa del Rosario Benítez de Lugo y Montero, mencionada anteriormente; y la segunda, con doña María de Jesús Ojeda y Dávalos. De su primera mujer dejó por hija: a

Doña María del Rosario de Sotomayor y Benítez de Lugo, que nació en La Habana el 11 de enero de 1804 y fue bautizada en la parroquia del Espíritu Santo, donde se encuentra su defunción a 29 de agosto de 1885. Casó en esta ciudad, parroquia de Guadalupe, el 22 de octubre de 1829, con don Miguel Mallén y Guiral, Coronel de Artillería de la Marina de Guerra, Caballero de la orden de San Hernegildo, condecorado con la Cruz de la Marina de Diadema Real, Jefe del puerto de La Habana, hijo de don Feliciano Mallén y López de Ramos, Capitán de Navío de la Real Armada, y de doña María de la Paz Guiral y Mediano de Valdeosera.

2. — Don Pedro Nolasco Benítez de Lugo y Piña de Vergara, natural de la Orotava, en la isla de Tenerife, Maestre de Campo de los Reales Ejércitos, Gentilhombre de Cámara del Elector de Baviera, que sucedió en 1702 a don Diego de Córdova como Gobernador y Capitán General de la isla de Cuba. Testó el 3 de diciembre de 1702 ante Juan Uribe Ozeta, y su defunción se encuentra en la Catedral de La Habana a 4 de diciembre de dicho año.

Encontramos además: que

Don Domingo José Benítez de Lugo, natural de La Laguna de Tenerife, y su mujer doña Rosalía Inés Méndez Montañes, natural de La Habana, tuvieron por hijo: a

Don Domingo José Benítez de Lugo y Méndez Montañes, que fue bautizado en La Habana, parroquia del Espíritu Santo, el 25 de enero de 1758.

Aparece también: que

Don Pedro Benítez de Lugo, natural de Matanzas, casó con doña María Josefa Delgado, natural de la villa de Guanabacoa, teniendo por hija: a

Doña María de Jesús Benítez de Lugo y Delgado, que fue bautizada en la parroquia de Peñalver (provincia de La Habana), el 23 de febrero de 1792.

Y que:

Don Juan Benítez y su mujer doña Victoria Ruiz Delgado, tuvieron por hijo: a

Don Francisco Benítez y Ruiz, natural de Matanzas, que casó el 14 de febrero de 1771, con doña María Ortega y García de Barrios, hija de Domigo y de Angela.

Encontramos además: que

Don Cayetano Benítez de Lugo, y su mujer, doña Lorenza Martínez, tuvieron por hijo: a

Don Manuel Benítez de Lugo y Martínez, natural de Matanzas, que casó con doña María Rita del Rosario Díaz y López, natural de Guanabacoa, padre: de

Don Juan José Benítez de Lugo y Díaz, que fue bautizado en la parroquia de Peñalver, el 8 de junio de 1799.

BETANCOURT

Procedente del lugar de Tejina, ayuntamiento de La Laguna, en la isla de Tenerife (Canarias), se estableció esta familia en La Habana, durante la primera mitad del siglo XVIII.

Don Lorenzo Hernández de Betancourt y su mujer doña María Alfonso Bello, vecinos de Tejina, en La Laguna, tuvieron por hijos: a Miguel y a Pedro Alfonso de Betancourt. Los cuales:

1. — Don Miguel Alfonso de Betancourt, del que se tratará en la «LINEA PRIMERA».

2. — Don Pedro Alfonso de Betancourt, del que se tratará en la «LINEA SEGUNDA».

«LINEA PRIMERA»

Don Miguel Alfonso de Betancourt (anteriormente mencionado como hijo de don Lorenzo Hernández de Betancourt y de su mujer doña María Alfonso Bello), natural de Tejina, en La Laguna, cuya defunción se encuentra en la Catedral de La Habana a 12 de septiembre de 1729, donde casó el 5 de marzo de 1714, con doña Juana Gómez de Algarín y Díaz-Dávila, natural de esta ciudad, hija del Alférez Miguel y de Margarita. Tuvieron por hijos: a Antonio; a María Josefa; a Isabel; a María; a Manuela; a Miguel; a Antonio y a José Rafael Alonso de Betancourt y Gómez de Algarín. Los cuales:

1. — Doña Margarita Alfonso de Betancourt y Gómez de Algarín, nacida el 31 de diciembre de 1714 y bautizada en la Catedral de La Habana el 9 de enero de 1715, testó el 10 de marzo de 1796 ante José María Rodríguez, y su defunción se encuentra en la referida Catedral a 4 de julio de 1799. Casó en esta ciudad, parroquia del Espíritu Santo, el 30 de septiembre de 1777, con don Antonio Alfonso de Betancourt y Pérez de Betancourt, natural de La Habana, Contador provincial de Artillería en la isla de Cuba, hijo de don Pedro Alfonso de Betancourt, natural de Tejina, y de doña Francisca Pérez de Betancourt Sotomayor y Peralta, natural de La Habana.

2. — Doña María Josefa Alfonso de Betancourt y Gómez de Algarín fue bautizada en la Catedral de La Habana el 9 de diciembre de 1715.

3. — Doña Isabel Alfonso de Betancourt y Gómez de Algarín fue bautizada en la Catedral de La Habana el 20 de noviembre de 1716.

4. — Doña María Alfonso de Betancourt y Gómez de Algarín testó ante José Lorenzo Rodríguez el 30 de agosto de 1792, y su defunción se

encuentra en La Habana, parroquia del Espíritu Santo, a 17 de diciembre de dicho año.

5. — Doña Manuela Alfonso de Betancourt y Gómez de Algarín, no casó, y su defunción se encuentra en la Catedral de La Habana a 9 de mayo de 1758.

6. — Don Miguel Alfonso de Betancourt y Gómez de Algarín, fue bautizado en la Catedral de La Habana el 24 de abril de 1719.

7. — Don Antonio Alfonso de Betancourt y Gómez de Algarín, fue bautizado en la Catedral de La Habana el 29 de diciembre de 1722, donde está su defunción a 22 de junio de 1794.

8. — Don José Rafael Alfonso de Betancourt y Gómez de Algarín, fue bautizado en la Catedral de La Habana el 23 de diciembre de 1724.

«LINEA SEGUNDA»

Don Pedro Alfonso de Betancourt (anteriormente mencionado como hijo de don Lorenzo Hernández de Betancourt y de su mujer doña María Alfonso Bello), natural de Tejina, en La Laguna, testó el 22 de julio de 1720 ante Sebastián Fernández de Velasco, y su defunción se encuentra en la Catedral de La Habana a 24 de ese mes y año, donde casó el 6 de enero de 1715, con doña Francisca Pérez de Betancourt Sotomayor y Peralta, natural de esta ciudad, hija de don Domingo Pérez de Betancourt y Hernández, natural de la isla de La Palma, en las Canarias y de doña Ana María de Peralta y Heredia, natural de Santiago de Cuba.[1] Tuvieron por hijos: a María Blasa; a Rita; a Pedro; a Nicolás y a Antonio Alfonso de Betancourt y Pérez de Betancourt. Los cuales:

---

1. Don Domingo Pérez de Betancourt y su mujer doña Francisca Hernández, tuvieron por hijo: a

Don Domingo Pérez de Betancourt y Hernández, natural de la isla de La Palma, en las Canarias, que casó dos veces en la Catedral de La Habana; la primera, el 9 de noviembre de 1676, con doña Catalina Rodríguez y Hernández, fallecida en esta ciudad el 7 de junio de 1687; y la segunda vez casó el 4 de mayo de 1688, con doña Ana María de Peralta y Heredia, natural de Santiago de Cuba, hija de Fernando y de María Blasina. Tuvieron por hijo: a Francisca; a Antonia; a Lucía; a Josefa; y a Agustín Pérez de Betancourt Sotomayor y Peralta. Los cuales:

1. — Doña Francisca Pérez de Betancourt Sotomayor y Peralta, natural de La Habana, testó el 11 de mayo de 1780 ante Marcos Ramírez, falleciendo en esta ciudad el 16 de agosto de 1783. Casó dos veces en La Habana: la primera en la Catedral, el 6 de enero de 1715, con don Pedro Alfonso de Betancourt, natural de Tejina, en La Laguna, hijo de don Lorenzo Hernández de Betancourt y de doña María Alfonso Bello. Casó por segunda vez en la parroquia del Espíritu Santo, el 23 de marzo de 1733, con don José Gómez de Algarín y Díaz-Dávila, hijo del Alférez Miguel y de Margarita.

2. — Doña Antonia Pérez de Betancourt Sotomayor y Peralta, natural de La Habana, casó en esta ciudad, parroquia del Espíritu Santo, el 31 de diciembre de 1722, con don Antonio de Tagle Tezana y Pérez, natural del lugar de Correpoco, en las montañas de Burgos, hijo de Juan y de Dominga.

3. — Doña Lucía Pérez de Betancourt Sotomayor y Peralta, natural de La Habana, casó en esta ciudad, parroquia del Espíritu Santo, el 13 de octubre de 1726, con don Pedro de Tagle Tezana y Pérez, natural del lugar de Correpoco, en las montañas de Burgos, hijo de Juan y de Dominga.

4. — Doña Josefa Pérez de Betancourt Sotomayor y Peralta, natural de La Habana, casó con don Ignacio Alvarez.

5. — Don Agustín Pérez de Betancourt Sotomayor y Peralta, natural de La Habana, casó en esta ciudad, parroquia del Espíritu Santo, el 21 de enero de 1732, con doña María de Guirola y Ximénez, natural de esta ciudad, hija de Bartolomé y de Ana.

---

1. — Doña María Blasa Alfonso de Betancourt y Pérez de Betancourt, fue bautizada en la Catedral de La Habana el 2 de noviembre de 1715.

2. — Doña Rita Alfonso de Betancourt y Pérez de Betancourt, fue bautizada en la Catedral de La Habana el 27 de marzo de 1719.

3. — Don Pedro Alfonso de Betancourt y Pérez de Betancourt, fue bautizado en la Catedral de La Habana el 11 de marzo de 1720.

4. — Don Nicolás Alfonso de Betancourt y Pérez de Betancourt, bautizado en la Catedral de La Habana el 13 de diciembre de 1717, casó en esta ciudad, parroquia del Espíritu Santo, el 19 de mayo de 1738, con doña Josefa Vidal y Díaz-Pimienta, natural de La Habana, hija de Juan y de María. Tuvieron por hijos: a María de Loreto; a María de Jesús; a María Ignacia; a Bárbara; a María de la Encarnación; a Mariano; a Antonio Xavier, y a José Manuel Betancourt y Vidal. Los cuales:

A. — Don Mariano Betancourt y Vidal, fue bautizado en La Habana, parroquia del Espíritu Santo, el primero de septiembre de 1739.

B. — Doña María de Jesús Betancourt y Vidal, fue bautizada en La Habana, parroquia del Espíritu Santo, el 14 de abril de 1741.

C. — Doña María de Loreto Betancourt y Vidal, bautizada en La Habana, parroquia del Espíritu Santo, el 23 de febrero de 1742, testó el 19 de abril de 1807 ante José María Rodríguez, y su definición se encuentra en la referida parroquia habanera a 8 de octubre de 1816. Casó en esta ciudad, parroquia del Santo Angel, el 28 de noviebre de 1762, con don Miguel Mateos y Marín, natural de Almería, hijo de Dionisio y de Juana.

D. — Doña Bárbara Betancourt y Vidal, fue bautizada en La Habana, parroquia del Espíritu Santo, el 11 de diciembre de 1744.

E. — Doña María Ignacia Betancourt y Vidal, fue bautizada en La Habana, parroquia del Espíritu Santo, el 10 de julio de 1746.

F. — Doña María de la Encarnación Betancourt y Vidal, fue bautizada en la Catedral de La Habana el 2 de abril de 1750.

G. — Don José Manuel Betancourt y Vidal, fue bautizado en la Catedral de La Habana el 2 de abril de 1750, donde casó el 27 de junio de 1778, con doña Isabel Charum y Medina, hija de Pedro y de Teresa.

H. — Don Antonio Javier Betancourt y Vidal, fue bautizado en La Habana, parroquia del Espíritu Santo, el 27 de noviembre de 1751.

5. — Don Antonio Alfonso de Betancourt y Pérez de Betancourt, nacido el 12 de octubre de 1716, fue bautizado en la Catedral de La Habana, el 19 de ese mes y año. Testó en 1792 y su defunción se encuentra en la referida Catedral a 21 de abril de 1794. Fue Contador Provincial de Artillería de esta plaza y Contador general de la Real Artillería de la isla de Cuba. Casó dos veces en La Habana, parroquia del Espíritu Santo: la primera, el 12 de noviembre de 1736, con doña Ana Antonia de la Rivera y Romero (conocida por Ana Cepero y Burón), natural de esta ciudad, que testó el primero de abril de 1777 ante Ignacio Rodríguez en mancomún con su marido, y cuya defunción se encuentra en La Habana, parroquia del Santo Angel a 20 de junio de dicho año, hija de don Luis de la Rivera, natural de Cádiz y de doña Juana Josefa Romero.[1] Casó por segunda vez el 30 de septiembre de 1777, con doña Margarita Alfonso de Betancourt y Gómez de Algarín, nacida en La Habana el 31 de diciembre de 1714, y bautizada en esta Catedral, el 9 de enero de 1715, hija de don Miguel Alfonso de Betancourt, natural de Tejina, en La Laguna, y de doña Juana Gómez de Algarín y Díaz-Dávila, natural de La Habana.

De su segunda mujer no tuvo sucesión, y de la primera tuvo por hijos: a Tomás Antonio; a Josefa Victoria; a Josefa Beatriz; a Juan Agustín; a Macedonio; a Diego; a María Gabriela; a Antonia María; a Bárbara Josefa; a Inés María; a María Gertrudis; a Teresa; a María de la Soledad; a Antonio Ildefonso y a Victoriano José Betancourt y Rivera. Los cuales:

1. — Don Tomás Antonio Betancourt y Rivera, bautizado en La Hamana, parroquia del Espíritu Santo, el 28 de septiembre de 1738, casó dos veces: la primera en la Catedral de esta ciudad el 11 de junio de 1757, con doña María Josefa Dejado-Villate y Castro, natural de La Habana, hija de Gaspar y de María Josefa; y en segundas casó con doña Melchora Conde.

2. — Doña Josefa Beatriz Betancourt y Rivera, nacida el 12 de enero de 1740, fue bautizada en La Habana, parroquia del Espíritu Santo, el 25 de ese mes y año.

3. — Doña Josefa Victoria Betancourt y Rivera, nacida el 12 de enero de 1740 y bautizada en La Habana, parroquia del Espíritu Santo el 25 del propio mes y año, testó el 2 de junio de 1818 ante José María Rodríguez, encontrándose su defunción en la Catedral de La Habana, a 16 de junio de ese año. Casó con el Teniente Coronel Julián Gómez.,

4. — Don Juan Agustín Betancourt y Rivera, fue bautizado en La Habana, parroquia del Espíritu Santo, el 9 de septiembre de 1741.

---

1. Doña Juana Josefa Romero testó ante Juan Salinas el 5 de febrero de 1760 otorgando codicilo ante Nicolás de Frías el 30 de marzo de 1760. Falleció en La Habana el 8 de agosto de 1774.

5. — Don Macedonio Betancourt y Rivera, fue bautizado en La Habana, parroquia del Espíritu Santo, el 21 de septiembre de 1744.

6. — Don Diego Betancourt y Rivera, fue bautizado en La Habana, parroquia del Espíritu Santo, el 21 de noviembre de 1745.

7. — Doña María Gabriela Betancourt y Rivera, casó con don Manuel Espínola.

8. — Doña Antonia María Betancourt y Rivera, testó ante José María Rodríguez el 23 de agosto de 1811, y su defunción se encuentra en la Catedral de La Habana, a 6 de julio de 1815 (véase la página 63 del tomo II de esta obra).

9. — Doña Bárbara Josefa Betancourt y Rivera, fue bautizada en La Habana, parroquia del Espíritu Santo, el 8 de agosto de 1747.

10. — Doña Inés María Betancourt y Rivera bautizada en La Habana, parroquia del Espíritu Santo, el 8 de febrero de 1749, testó el 6 de octubre de 1806 ante José Leal, y su defunción se encuentra en la Catedral de esta ciudad a 6 de febrero de 1808.

11. — Doña María Gertrudis Betancourt y Rivera, testó el 6 de octubre de 1806 ante José Leal, y su defunción se encuentra en la Catedral de La Habana a primero de diciembre de 1807.

12. — Doña Teresa Betancourt y Rivera, nacida en La Habana el 7 de diciembre de 1750, testó el 23 de agosto de 1811 ante José María Rodríguez, y su defunción se encuentra en la Catedral de La Habana a 12 de julio de 1821.

13. — Doña María de la Soledad Betancourt y Rivera, casó con don Francisco Martínez Troncoso, natural de Galicia, Administrador principal y Teniente de Correos de la villa de San Juan de los Remedios.

14. — Don Antonio Ildefonso Betancourt y Rivera, del que se tratará en la «Rama primera».

15. — Don Victoriano José Betancourt y Rivera, del que se tratará en la «Rama segunda».

«Rama primera»

Don Antonio Ildefonso Betancourt y Rivera (anteriormente mencionado como hijo de don Antonio Alfonso de Betancourt y Pérez de Betancourt, y de doña Ana Antonia de la Rivera y Romero), bautizado en la Catedral de La Habana el 3 de febrero de 1753, fue Oficial Mayor Contador Ordenador del Real Tribunal y Audiencia de Cuentas de la isla de Cuba e Intendente honorario de Provincia, y por Real decreto de 21 de julio de 1819 nombrado Contador de Resultas del Tribunal de La Habana. Casó tres veces en esta ciudad; la primera en la parroquia del Santo Cristo, el 17 de ayo de 1773, con doña Manuela Josefa Charum y Medina, cuya defunción está en la Catedral habanera a 18 de enero de

1789, hija de Pedro y de Teresa. Casó por segunda vez en la parroquia de Guadalupe el 6 de abril de 1806, con doña María de Jesús Balparó y Espinosa; bautizada en La Habana, parroquia del Espíritu Santo el 26 de mayo de 1774, cuya defunción se encuentra en la parroquia de Guadalupe a 8 de julio de 1813. Y por tercera vez casó el 13 de marzo de 1814, con doña María de las Mercedes Balparó y Espinosa, natural de esta ciudad, donde falleció en 1860, hijas ambas de don Antonio Balparó y Palma, y de doña Micaela Espinosa y Soler. De su segunda mujer tuvo por hijos: a Clotilde; a María del Tránsito; a Joaquina y a Antonio Anastasio Betancourt y Balparó. De los cuales:

1. — Doña María del Tránsito Betancourt y Balparó, bautizada en la Catedral de La Habana el 19 de marzo de 1807, casó en esta ciudad, parroquia de Guadalupe, el 20 de diciembre de 1834, con el licenciado Anacleto Bermúdez y Pérez del Corcho, natural de La Habana, abogado, poeta, filósofo y orador, hijo de don Benito Bermúdez y Escobar, natural de Matanzas, Teniente Coronel del Regimiento de Lanceros del Rey, y de doña María Josefa Pérez del Corcho y Oñoro.

2. — Doña Joaquina Betancourt y Balparó, fue bautizada en La Habana, parroquia de Guadalupe, el 20 de agosto de 1810.

3. — Don Antonio Anastasio Betancourt y Balparó, nacido el 27 de abril de 1809, fue bautizado en la Catedral de La Habana el 6 de mayo de dicho año. Falleció en Filadelfia (Pennsylvania), el 5 de enero de 1873.

Don Antonio Ildefonso Betancourt y Rivera, y su primera mujer doña Manuela Josefa Charum y Medina, tuvieron por hijos: a Catalina; a María de la Luz y a Buenaventura Betancourt y Carum. Los cuales:

1. — Doña Catalina Betancourt y Charum, casó el 30 de junio de 1804, con don Rafael Cepero y López-Sarco, hijo de don Juan Cepero y Cepero, Regidor de la villa de San Antonio Abad de los Baños, y de doña Nicolasa López-Sarcó.

2. — Doña María de la Luz Betancourt y Charum, cuya defunción se encuentra en La Habana, parroquia de Guadalupe, a 16 de noviembre de 1822, casó dos veces: la primera con don Diego José Valdés, y la segunda con don Jaime Boloix.

3. — Don Buenaventura Betancourt y Charum, bautizado en la Catedral de La Habana el 22 de julio de 1779, fue Contador de primera clase y Oficial Mayor de la Real Audiencia de Cuentas de la isla de Cuba, y por Real decreto de 29 de diciembre de 1817, nombrado Contador Ordenador del Real Tribunal de Cuentas de La Habana. Casó en la Catedral de esta ciudad el 14 de mayo de 1801, con doña María Eduarda Martínez Troncoso y Betancourt, bautizada en La Habana, parroquia del Santo Cristo el 22 de octubre de 1785, hija de don Francisco Martínez Troncoso, natural de Galicia, Administrador Teniente de Correos de la villa de San Juan de los Remedios, y de doña María de la Soledad Betancourt y Rivera. Tuvieron por hijos: a María del Carmen; a María Manuela; a María del Rosario; a María de los Dolores; a María de la Soledad; a Cleta; a Antonia María; a Mariana; a Antonio María; a An-

tonio José; a Diego Martín; a Eduardo, y a Buenaventura Betancourt y Martínez Troncoso. Los cuales:

1. — Doña María del Carmen Betancourt y Martínez Troncoso, fue bautizada en la Catedral de La Habana el 4 de marzo de 1802.

2. — Doña María Manuela Betancourt y Martínez Troncoso, fue bautizada en la Catedral de La Habana el 17 de abril de 1803.

3. — Doña María del Rosario Betancourt y Martínez Troncoso, fue bautizada en la Catedral de La Habana el 25 de abril de 1804.

4. — Doña María de los Dolores Betancourt y Martínez Troncoso, fue bautizada en la Catedral de La Habana el 14 de julio de 1806.

5. — Doña María de la Soledad Betancourt y Martínez Troncoso, fue bautizada en la Catedral de La Habana el 16 de abril de 1808.

6. — Doña Cleta Betancourt y Martínez Troncoso, bautizada en la Catedral de La Habana el 8 de mayo de 1814, casó en esta ciudad, parroquia de Guadalupe, el 14 de diciembre de 1839, con el licenciado Pedro Bermúdez y Pérez del Corcho, natural de La Habana, abogado, hijo de don Benito Bermúdez y Escobar, natural de Matanzas, Teniente Coronel del Regimiento de Lanceros del Rey, y de doña María Josefa Pérez del Corcho y Oñoro.

7. — Doña Antonia María Betancourt y Martínez Troncoso, fue bautizada en la Catedral de La Habana el 24 de junio de 1818.

8. — Doña Mariana Betancourt y Martínez Troncoso, fue bautizada en la Catedral de La Habana el primero de mayo de 1820.

9. — Don Antonio María Betancourt y Martínez Troncoso, fue bautizado en la referida Catedral el 13 de junio de 1803, donde fue bautizado otro del mismo nombre el primero de enero de 1824.

10. — Don Antonio José Betancourt y Martínez Troncoso, fue bautizado en la Catedral de La Habana el 24 de junio de 1817.

11. — Don Diego Martín Betancourt y Martínez Troncoso, fue bautizado en la Catedral de La Habana el 18 de noviembre de 1821.

12. — Don Eduardo Betancourt y Martínez Troncoso, fue bautizado en la Catedral de La Habana el primero de noviembre de 1823.

13. — Don Buenaventura Betancourt y Martínez Troncoso, bautizado en la Catedral de La Habana el 18 de abril de 1810, fue Oficial del Tribunal Mayor de Cuentas de la isla de Cuba. Casó en La Habana, parroquia de Guadalupe, el 29 de noviembre de 1837, con doña María de Regla Meza y Cepero, natural de esta ciudad, hija de don Blas de Meza y Pedroso, y de doña Rafaela Cepero y Sotolongo. Tuvieron por hijos: a Lucía; a Eduardo, y a Buenaventura Betancourt y Meza. Los cuales:

1. — Doña Lucía Betancourt y Meza, fue bautizada en la Catedral de La Habana el 8 de marzo de 1843.

2. — Don Eduardo Betancourt y Meza, fue bautizado en la Catedral de La Habana el 14 de enero de 1840.

3. — Don Buenaventura Betancourt y Meza, bautizado en la Catedral de La Habana el 7 de octubre de 1838, casó en esta ciudad, parroquia de Guadalupe, el 14 de diciembre de 1862, con doña María del Rosario Valdés y de los Reyes, natural de La Habana, hija de don Joaquín Valdés y Betancourt, y de doña María Manuela Anacleta de los Reyes y Mateos.

«Rama segunda»

Don Victoriano José Betancourt y Rivera (anteriormente mencionado como hijo de don Antonio Alfonso de Betancourt y Pérez de Betancourt, y de doña Ana Antonia de la Rivera y Romero), fue bautizado en La Habana, parroquia del Espíritu Santo, el 30 de marzo de 1743, donde casó el 2 de mayo de 1760 (folio 251 vuelto, libro 3), con doña Ana Josefa de Porras-Pita y Arias, a su vez bautizada en esta ciudad, parroquia del Santo Cristo, el 11 de mayo de 1739, hija de Fernando y de Catalina. Tuvieron por hijos: a María de la Trinidad; a María Ana; a Antonio Rafael, y a José María Betancourt y Porras-Pita. Los cuales:

1. — Doña María de la Trinidad Betancourt y Porras-Pita, fue bautizada en la Catedral de La Habana el 15 de junio de 1773.

2. — Doña María Ana Betancourt y Porras-Pita, fue bautizada en la Catedral de La Habana el 21 de julio de 1778.

3. — Don Antonio Rafael Betancourt y Porras-Pita, bautizado en la Catedral de La Habana el 6 de noviembre de 1767, Bachiller en Sagrada Teología y clérigo de menores órdenes, fue luego Administrador de Rentas Reales en la villa de Santa Clara con honores de Oficial Real por decreto regio de fecha 29 de octubre de 1819. Hizo información de su limpieza de sangre ante Ignacio Fernández de Velasco el 3 de junio de 1789, como consta en la Universidad de La Habana al expediente 1496 antiguo. Casó en la Catedral de esta ciudad el 5 de julio de 1790, con doña María Catalina del Hoyo y González, natural de La Habana, hija de Cristóbal y de Ursula.

4. — Don José María Betancourt y Porras-Pita, bautizado en la Catedral de La Habana el 15 de julio de 1770, y cuya defunción se encuentra en la parroquia habanera de Guadalupe a 28 de diciembre de 1832, casó dos veces: la primera con doña María Josefa Cobos, fallecida en Campeche, y la segunda en la parroquia de San Hilarión de Guanajay, el 11 de marzo de 1811, con doña María de los Santos Gallardo y Ruiz, bautizada en dicha parroquia el 17 de noviembre de 1776, hija de Vicente y de María. De su segunda mujer tuvo por hijo: al

Licenciado José Victoriano Betancourt y Gallardo, nacido el día 9 de febrero de 1813 y bautizado en la Parroquia de San Hilarión de Guanajay, el 16 de febrero de dicho año, falleció en la ciudad de Córdoba, México, el 16 de marzo de 1875. Abogado de las Reales Audiencias de la isla de Cuba, fue el primer letrado a quien recibió la Audiencia Pretorial de La Habana al constituirse ésta en 1840, año en que ingresó como Socio de número en la Económica de Amigos del País. En 1871 fue designado Juez de Primera Instancia de Tuxpan, en México, a cuyo país había emigrado en 1870 por sus ideas políticas. Poeta y crítico de costumbres, cuya biografía fue escrita en 1912 por el doctor Emeterio Santovenia, actual Presidente de la Academia de la Historia. En 1941 la Dirección de Cultura del Ministerio de Educación de la República de Cuba publicó sus «Artículos de Costumbres». Casó en La Habana, parroquia de Guadalupe, el 21 de febrero de 1841, con doña María Luisa Salgado y Jerez, bautizada en la Catedral de La Habana el 18 de agosto de 1819, hija de don Félix Salgado y Salas, natural de La Habana, y de doña Francisca Xaviera Jerez y Esmeralda, natural de Nueva Orleans. Tuvieron once hijos, entre ellos: a María Luisa; a Amalia; a María Elvira; a José Ricardo; a Luis Victoriano; a Francisco, y a Federico Betancourt y Salgado. Los cuales:

1. — Doña María Luisa Betancourt y Salgado, bautizada en la Catedral de La Habana el 7 de febrero de 1842, falleció el 21 de agosto de 1932. Casó en esta ciudad, parroquia de Montserrate, año de 1862, con don José María Fáura y Ruiz, natural de La Habana —hermano de la que fuera I Marquesa pontificia de Fáura— e hijo del Bachiller don José María de Fáura y Gassau, natural de La Habana, y de doña Isabel Florencia Ruiz y Puentis, naturales de esta ciudad.

2. — Doña Amalia Betancourt y Salgado, bautizada en la Catedral de Matanzas el 6 de agosto de 1844, casó en La Habana, parroquia de Montserrate, en primero de junio de 1868, con el licenciado Antonio Zambrana y Vázquez, natural de La Habana, abogado y distinguido orador, escritor y periodista, alzado en Yara, Secretario de la Cámara de Representantes de la República en Armas que formó parte de la Asamblea Legislativa de Guáimaro y uno de los redactores de la Constitución de la República en Armas, ocupando luego cargos docentes y judiciales en San José de Costa Rica, electo Diputado a Cortes durante la Autonomía, cargo que no llega a ocupar, por sus ideas políticas, y por último Ministro Plenipotenciario de la República de Cuba en el Ecuador y en Colombia en 1911, y en el Perú en 1914, hijo de don Santiago Zambrana y Valdés y de doña Melchora Vázquez y Ramos, naturales de La Habana.

3. — Doña María Elvira Betancourt y Salgado, fue bautizada en la Catedral de La Habana el 22 de febrero de 1849.

4. — Don José Ricardo Betancourt y Salgado, falleció el 5 de marzo de 1895.

5. — El licenciado Luis Victoriano Betancourt y Salgado, nacido el 23 de marzo de 1843, fue bautizado en la Catedral de La Habana el 17 de abril siguiente, estando su defunción, soltero, en la parroquia habanera de Montserrate a 9 de junio de 1885, abogado y distinguido escritor. En 1869 se afilió a la Revolución emigrando, y formando parte de la expedición del General Manuel de Quesada y Loynaz. Fue contrario a la Autonomía, Representante a la Cámara de la República en Armas, y Pre-

sidente de la primera Corte Marcial de la referida República de Cuba en Armas.

6. — Don Francisco Betancourt y Salgado, bautizado en la Catedral de La Habana el 9 de julio de 1850, casó en esta ciudad, parroquia del Espíritu Santo, el 27 de septiembre de 1880, con doña María Francisca Xaviera Salgado y Facciolo, bautizada en la parroquia de Regla el 23 de diciembre de 1861, hija de don Enrique Luis Salgado y Jerez, cuya defunción se encuentra en la referida parroquia a 12 de enero de 1868, y de doña Rosa Facciolo y Alba.[1]

7. — El licenciado Federico Betancourt y Salgado, bautizado en la Catedral de Matanzas el 21 de enero de 1846, fue abogado, y en 1873 Secretario del Consejo en el Gabinete del Marqués de Santa Lucía, Presidente de la República en Armas. Más tarde, en 1876, fue Representante a la Cámara por Occidente, y fue también Vocal de la Corte Marcial de la República en Armas y su Canciller o Guarda-Sellos.

BRUZÓN

En la segunda mitad del siglo XVIII, procedente de Sestri-Ponente, en el ducado de Génova, se estableció esta familia en La Habana.

Giovanni María Bruzzone, nacido el año de 1680 en Sestri-Ponente, fue padre de:

Angelo Bruzzone, natural de Sestri-Ponente, que casó con María Catalina Bucciardo, y tuvieron por hijos: a Gaetano; a Francesco; a Giovanni Battista; a Pascuale; a Pío, y a Vicenzo Bruzzone y Bucciardo. De los cuales:

Vicenzo Bruzzone y Bucciardo, fue bautizado en la parroquia de Sestri-Ponente el 11 de diciembre de 1725, falleciendo en su lugar natal año de 1803, desempeñando allí los cargos de Presidente del Tribunal Ilustrísimo de Sanidad y miembro del concejo municipal. Casó en la referida parroquia de Sestri-Ponente el 27 de noviembre de 1749, con Angela María Ferranda, bautizada en la misma parroquia el 21 de noviembre de 1728 y fallecida en Sestri-Ponente en 1799, hija de Andrea Ferranda, miembro del concejo municipal y Síndico Castellano del pueblo de las Cabezas. Tuvieron por hijos: a José; a Angelo, y a Antonio Bruzzone y Ferranda. De los cuales:

1. — Don Angelo Bruzzone y Ferranda, natural de Génova, pasó a La Habana, y su defunción se encuentra en la Catedral de esta ciudad, a 22 de octubre de 1800.

---

1. Doña Rosa Facciolo y Alba, fue hermana del patriota don Eduardo Facciolo y Alba, ejecutado en 1852, y cuya defunción se encuentra en La Habana, parroquia de Monserrate, a 28 de septiembre de dicho año.

2. — Don Antonio Bruzzone y Ferranda, bautizado en la parroquia de Sestri-Ponente el 31 de julio de 1757, pasó a La Habana, donde testó el 15 de noviembre de 1833 ante Pedro Vidal Rodríguez, falleciendo poco después en dicho año. Casó dos veces: la primera en Cádiz, con doña María del Rosario Martínez y Arce, natural de Sevilla; y la segunda en la Catedral de La Habana el 23 de diciembre de 1793, con doña María Luisa Justa Carmela Rodríguez y López, bautizada en El Ferrol parroquia castrense del castillo de San Felipe el 31 de octubre de 1774, hija de don Tomás Silvestre Rodríguez, natural de Santa María de Oriol, en Lugo (Galicia); Segundo Piloto de la Real Armada, y de doña Andrea Antonia López, natural de La Graña, también en Galicia. De su primera mujer doña María del Rosario Martínez y Arce, tuvo por hijo: a Antonio Bruzón y Martínez. Y de su segunda mujer doña María Luisa Justa Carmela Rodríguez y López, tuvo por hijo: a José Esteban Bruzón y Rodríguez. Los cuales:

1. — Don Antonio Bruzón y Martínez, del que se tratará en la «LINEA PRIMERA».

2. — Don José Esteban Bruzón y Rodríguez, del que se tratará en la «LINEA SEGUNDA».

«LINEA PRIMERA»

Don Antonio Bruzón y Martínez (anteriormente mencionado como hijo de don Antonio Bruzzone y Ferranda, y de su primera mujer doña María del Rosario Martínez y Arce), natural de Cádiz, testó el 29 de febrero de 1836 ante Antonio Regueira, y su defunción se encuentra en La Habana, parroquia del Santo Cristo, a 25 de abril de dicho año. Casó en la Catedral de esta última ciudad el 19 de marzo de 1805, con doña Josefa Rodríguez y López, natural de El Ferrol, hija de Silvestre y de Andrea. Tuvieron por hijos: a Carmen; a María Carlota; a María Teresa; a María Francisca; a Vicente, y a Angel Bruzón y Rodríguez. De los cuales:

1. — Doña María Carlota Bruzón y Rodríguez, bautizada en la Catedral de La Habana el 29 de septiembre de 1807, casó con el doctor Antonio José Mora y Barragán, natural de Cádiz, hijo de José y de Sebastiana.

2. — Doña María Teresa Bruzón y Rodríguez, bautizada en la Catedral de La Habana el 16 de agosto de 1817, casó en esta ciudad, parroquia de Santo Angel, el año 1841, con el doctor José Víctor Mora y Barragán, natural de Cádiz, médico, hijo de José y de Sebastiana.

3. — Doña María Francisca Bruzón y Rodríguez, casó con don Joaquín Rodríguez, Teniente de la Guardia Real.

4. — Don Angel Bruzón y Rodríguez, fue Alférez de Fragata de la Real Armada. Casó con doña Narcisa de la Fuente y Chamorro, y tuvieron por hijos a Julia Josefa, y a Angel Bruzón y de la Fuente. Los cuales:

1. — Doña Julia Josefa Bruzón y de la Fuente, casó en la Catedral de Matanzas el 6 de marzo de 1854, con don José Francisco Teixidor y Rodríguez, hijo de José María y de María del Rosario.

2. — Don Angel Bruzón y de la Fuente, casó en la Catedral de Matanzas el 8 de noviembre de 1860, con doña Mariana de la Huerta y Roque de Escobar, hija de don Santiago de la Huerta y Vera, y de doña Nicomedes Roque de Escobar y Montoro. Tuvieron por hijos: a Adelaida; a Elvira; a Narcisa; a María de la Concepción; y a Angel Antonio Bruzón y de la Huerta. De los cuales:

1. — Doña Narcisa Bruzón y de la Huerta, casó con don José María Lovio.

2. — Doña María de la Concepción Bruzón y de la Huerta, casó con don Agustín del Junco y Folch, natural de Matanzas, hijo de don Francisco del Junco y Rodríguez Morejón, Subteniente de Milicias de Caballería de Matanzas y de doña Narcisa Folch y Rodríguez del Junco.

3. — Don Angel Antonio Bruzón y de la Huerta, casó con doña Aurora Blanco y Viciedo, y tuvieron por hijos: a María del Carmen; a María Josefa; a Carlos; a José y a Angel Luis Bruzón y Blanco. De los cuales:

Don Angel Luis Bruzón y Blanco, casó con doña Angela Ponce y Suárez.

«LINEA SEGUNDA»

El licenciado José Esteban Bruzón y Rodríguez (ya mencionado como hijo de don Antonio Bruzzone y Ferranda, y de la segunda mujer de éste doña María Luisa Justa Carmela Rodríguez y López), nacido el 3 de septiembre de 1802 y bautizado en la Catedral de La Habana el 11 de este mes y año, ilustre letrado, fue Abogado de los Reales Consejos y Auditor honorario de Marina, Magistrado honorario de la Audiencia de Puerto Príncipe y de la Pretorial de La Habana, consultor de los Tribunales de Comercio, Consejero de Administración, Ministro de la Junta Superior de Conferencias, Ministro Togado del Tribunal Mayor de Cuentas de la isla de Cuba, Fiscal de esta Intendencia y Asesor de la Real Hacienda, Teniente de Alcalde los años de 1860, 1862, 1864 y 1866, Síndico desde 1861 a 1865, y Regidor del Ayuntamiento habanero en 1860 y 1864, Inspector de las Escuelas Preparatorias y Especiales, Vocal de la Junta general de Beneficencia, de Instrucción Pública y de la de Fomento, Juez de los Tenientes de Gobernadores de la isla de Cuba, miembro de mérito de la Sociedad Económica de Amigos del País de La Habana, y Caballero de la Orden de Montesa, en la que, residiendo en Madrid, ingresó el año de 1829 (página 237, tomo II de «Los Americanos en las Ordenes Nobiliarias», por D. Guillermo Lohmann Villena). Por medio de su apoderado Antonio Sebastián Meline Benzi, hizo información de su nobleza el 4 de septiembre de 1828 ante Tomás Gaudeline, Juez de la ciudad y distrito de Génova. Testó el 26 de agosto de 1857 ante Miguel Nuño, y su defunción se encuentra en La Habana, parroquia del Santo Cristo, a 18 de marzo de 1867. Casó en Madrid, parroquia de San Martín, el 30 de junio de 1831, con doña Leandra García y Garay, natural de Castilla la Vieja, hija de Ramón y de Brígida. Tuvieron por hijos: a María del Carmen; a María de los Dolores; a Antonio, y a José Bruzón y García. Los cuales:

1. — Doña María del Carmen Bruzón y García, casó con don Manuel Parejo.

2. — Doña María de los Dolores Bruzón y García, natural de La Habana, casó con el General José Manuel del Portillo y Portillo, natural de Huéscar de Baza, en Granada, Gobernador de Santa Clara, hijo de don Bruno del Portillo y Fernández de Velasco, Coronel de Infantería y de doña Rafaela del Portillo y Aguilar.

3. — Don Antonio Bruzón y García, falleció soltero en 1914.

4. — El licenciado José Bruzón y García, bautizado en la Catedral de La Habana el 7 de junio de 1841, fue abogado, Presidente del Consejo de Administración, Vocal perpetuo de la Junta de Gobierno de la Real Casa de Beneficencia, Teniente de Alcalde y Gobernador Civil de La Habana durante la Colonia, y Representante a la Cámara de la República de Cuba, Socio de Mérito y Presidente de la Sociedad Económica de Amigos del País. Falleció el 7 de marzo de 1912. Casó en La Habana, parroquia del Espíritu Santo, el 28 de enero de 1865, con doña Antonia María de la Veiga y Pérez, hija de don Tomás de la Veiga y López, y de doña Agustina Pérez y Trejo. Tuvieron por hijos: a Leandra; a María del Carmen, y a Agustín Bruzón y Veiga. Los cuales:

1. — Doña Leandra Bruzón y Veiga, casó con don Manuel del Portillo y Bruzón, hijo del General José Manuel del Portillo y del Portillo, Gobernador de Santa Clara, y de doña María de los Dolores Bruzón y García.

2. — Doña María del Carmen Bruzón y Veiga, bautizada en La Habana, parroquia del Espíritu Santo, el 30 de agosto de 1866, falleció en el Vedado el 9 de agosto de 1933. Casó en la Catedral de esta ciudad el 20 de noviembre de 1892, con el licenciado Domingo Morales y Montalvo, abogado, hijo de don Alejandro Morales y Herrera, primer Conde de Morales, Regidor del Ayuntamiento en 1866 y 1868, y de doña María Ana Montalvo y Pedroso.

3. — Don Agustín Bruzón y Veiga, casó en La Habana, parroquia del Vedado, el 28 de junio de 1899, con doña María de las Mercedes Rodríguez y Rodríguez, hija de Felipe y de María de las Mercedes. Tuvieron por hijos: a María de las Mercedes; a José (que ya ha fallecido); a Maritza, y a Antonio Bruzón y Rodríguez. De los cuales:

1. — Doña María de las Mercedes Bruzón y Rodríguez, casó con don Rafael Martínez y Conill, hijo de don Rafael Martínez y Arenas, y de doña Sarah Conill y Fonts.

2. — Doña Maritza Bruzón y Rodríguez, casó con el doctor Pedro Manuel Souza y Echeverría, médico-cirujano, Coronel del Ejército de los Estados Unidos de América y veterano de la Segunda Guerra Mundial, hijo del doctor Benigno Souza, médico-cirujano, y de doña Virginia Echeverría.

3. — Don Antonio Bruzón y Rodríguez, que reside en La Habana, ha sido Cónsul general de Cuba en Nueva Orleans, y anteriormente Cónsul en Filadelfia (Pennsylvania). Casó con doña Silvia Orr y Finlay, hija de Roberto y de Blanca. Tuvieron por hijos a Magda; a Alcida, y a Antonio Bruzón y Orr. De los cuales:

Doña Magda Bruzón y Orr, está casada con don Roberto Peláez y Díaz, hijo de don José María Peláez y Rivero, y de doña Teresa Díaz.

No hemos podido entronar con los anteriores a:

Don Bernardo Bruzón, que casó con la viuda de don Félix Martín Romero, nombrada doña Matilde de Godoy y Crowe, nacida en París, el 22 de junio de 1830, III Condesa de Castillo Fiel desde el 2 de abril de 1875, hija de don Manuel Luis de Godoy y Tudó, y Alvarez de Faria y Catalán, fallecido en Madrid el 24 de agosto de 1871, Príncipe de Godoy de Bassano, II Conde de Castillo Fiel, Caballero de las Ordenes de Santiago y Malfá y Comendador de la Orden del Cristo de Roma, de los duques de la Alcudia y de Sueca, y de doña María Carolina O'Donovan y O'Neill, fallecida en París el 4 de diciembre de 1878.

CASTELLVÍ

Esta familia, originaria del solar de Castellví de la Marca, en la veguería del Panadés (Cataluña), aparece radicada a fines del siglo XIV en Valencia, estableciéndose en la provincia de Santiago de Cuba durante la segunda mitad del siglo XIX. Obtuvieron primeramente el señorío de la villa de Carlet, siendo después condes de la propia denominación y obteniendo el marquesado de Laconi, con Grandeza de España. Más tarde, en varios miembros de esta ilustre familia, recayeron por herencia y por enlaces, otros títulos nobiliarios, como fueron los de Conde de Villanueva, Conde de Castellá y las baronías de Manuel, de Tous, de Torres-Torres, de Bicorp, de Cuesa, de Benedriz, de Rafelguaraf y de Foldeta.

Tan ilustre linaje trae por armas: en campo de azur, un castillo de tres homenajes de plata, mazonado de sable: borura componada de plata y azur.

Don Gonzalo de Castellví, Ujier de Armas del rey don Pedro IV de Aragón, fue primer Señor de la villa de Carlet, en Valencia, por compra que hizo el 19 de agosto de 1375. Testó el 5 de agosto de 1391 ante Luis Menagues, y de su matrimonio con doña Catalina, dejó por hijo: a

Don Luis de Castellví, II Señor de Carlet, que casó dos veces: la primera, el 12 de enero de 1376 con doña Esperanza Massana; y la segunda con doña Juana de Juan, teniendo de esta última: a Luis de Castellví y Juan. De su primer matrimonio tuvo por hijo: a Galcerán de Castellví y Massana. Los cuales:

1. — Don Luis de Castellví y Juan, fue Jurado por el Estado Noble de Valencia los años de 1412, 1417 y 1435.

2. — Don Galcerán de Castellví y Massana, fue III Señor de Carlet, y Señor de Benimodo y de Masalet. Casó el 13 de marzo de 1398, con doña Leonor de Mercader, hija de don Pedro de Mercader, Señor de Godella. Tuvieron por hijos: a Galcerán, a Luis, y a Juan de Castellví y Mercader. Los cuales:

1. — Don Galcerán de Castellví y Mercader, IV Señor de Carlet, fue Señor de Benimodo y de Masalet.

2. — Don Luis de Castellví y Mercader, V Señor de Carlet y Señor de Benimodo y de Masalet, Magnate del monarca, fue Caballero de la Orden de Santiago. Casó el 3 de diciembre de 1442, con doña Isabel de Juan de Montsoriú.[1]

3. — Don Juan de Castellví y Mercader, fue Jurado por el Estamento Noble de Valencia el año de 1473. Casó el 18 de mayo de 1449 con doña Juana Leonor de Montsoriú, y tuvieron por hijo: a

Don Gilaberto de Castellví y Montsoriú, que asistió como Caballero principal con su primo el Conde de Carlet, a un torneo celebrado en honor del rey Fernando el Católico. Casó el 20 de diciembre de 1471, con doña Juana Catalá de Valeriola, y tuvieron por hijo: a

Don Juan Bautista de Castellví y Catalá de Valeriola, notable militar, que se distinguió en la batalla de las Islas Terceras. También fue Caballero de San Juan de Jerusalén (Malta), Gentil-hombre de Cámara de Su Majestad y Guarda de su Real persona. Casó el 23 de octubre de 1518, con doña Juana de Borja Llanzol, y tuvieron por hijo: a

Don Mateo Gilaberto de Castellví y Borja, que casó el 4 de noviembre de 1545, con doña Jerónima de Vilanova y Carroz. Tuvieron por hijos: a Luis; a Pedro; a Alvaro, y a Carlos de Castellví y Vilanova. De los cuales:

1. — Don Pedro de Castellví y Vilanova, fue Caballero de la Orden de Montesa, en la que ingresó el 12 de diciembre de 1555. Testó ante Luis Cetina, siendo publicado dicho testamento el 7 de junio de 1597.

---

1. Descendiente directo del arriba mencionado don Luis de Castellví y Mercader, V Señor de Carlet, lo fue el que sigue:

Don Jorge de Castellví y López de Mendoza, Manrique y Silva, X Señor de Carlet y poseedor de las baronías de Tous y Terrobona, que sirvió al rey Felipe

II en el sitio de la Goleta de Túnez y levantamiento de los moros de la Alpujarra. Por concesión del año de 1604 fue el I Conde de Carlet, casando con doña Ana Margarita de Calatayud y Serra de Pallás, hermana del I Conde del Real. Esta rama de los Castellví se extinguió en la persona de don Joaquín Antonio de Castellví e Idiaquer, IV Conde de Carlet, Barón de Tous, Señor de la casa de Pintarrafés, y Caballero Maestrante de Valencia, que falleció sin sucesión el 10 de marzo de 1800. Por esta razón, recayeron todos los derechos de la rama primogénita en don Antonio Benito de Castellví y Durán, Conde de Castellá y de Villanueva, poseedor de la baronía de Torres-Torres, jefe de la rama segundogénita de su familia y del que se tratará después.

En 1700 era Conde de Carlet don Felipe Lino de Castellví, que fue sucedido por: su hijo

Don Joaquín de Castellví que entró en posesión del título de Conde de Castellví el 24 de agosto de 1751.

Don Artal de Castellví y Alagón, Tolsa y Boter, Teniente General de la Caballería de Cerdeña, Caballero de la Orden de Santiago, III Vizconde de San Luri, fue creado en Cerdeña año de 1550 I Conde de Laconi, por concesión de Felipe II. Fue padre: de

Don Jaime de Castellví y Castellví, Alagón Flor y Montañans, que fue creado en España I Marqués de Laconi por Felipe III el 21 de mayo de 1605, con extinción del Condado dado para Cerdeña, siendo además el VI Vizconde de San Luri y Caballero de la Orden de Santiago.

La Grandeza de España para el marquesado de Laconi vino a ser otorgada por Felipe V por Real decreto de 19 de diciembre de 1702 al VII titular don Juan Francisco de Castellví y Zatrillas, XII Vizconde de San Luri, Capitán de Guardias de Corps y Caballero de la Orden de Calatrava.

Como ilustración, además, se debe consignar que el I Conde de Laconi, en Cerdeña, fue nieto de don Pedro de Castellví y Boter, creado I Vizconde de San Luri el 6 de agosto de 1506 por don Fernando «el Católico», y que procedía de los señores de Carlet.

Don José de Castellví y Alagón, Ponce y Cardona, Virrey y Capitán General de Mallorca, del Consejo del rey en el Supremo de Aragón, fue creado I Marqués de Villatorcas por el rey Carlos II el 23 de diciembre de 1600. Casó en Elda el 30 de octubre de 1672 con doña Guiomar Coloma, Condesa de Elda y Señora de esa denominación, sucediéndole su hijo:

Don Juan Basilio de Castellví y Coloma, que fue II Marqués de Villatorcas desde el 22 de febrero de 1752.

La actual y VIII Marquesa de Villatorcas, lo es, desde el 4 de febrero de 1928, doña Livia Falcó y Alvarez de Toledo, Osorio y Gutiérrez de la Concha, que está casada con el Capitán General don Pablo Martín Alonso, vecinos de Madrid. Esta señora es hermana del actual y XVI Conde de Elda.

---

2. — Don Alvaro de Castellví y Vilanova, natural de Valencia, fue Caballero de la Orden de Montesa, en la que ingresó el 14 de abril de 1589. Casó con doña Jerónima Cucalón, y tuvieron por hijo: a

Don Carlos de Castellví y Cucalón, natural de Valencia, que fue Caballero de la Orden de Montesa, en la que ingresó el 18 de febrero de 1605.

3. — Don Carlos de Castellví y Vilanova, fue Capitán de Caballos y Caballero de la Orden de Montesa. Escoltó a la reina Margarita, esposa

de Felipe III, a su entrada en Valencia. Casó el 23 de febrero de 1585, con doña Leonarda Fax, y tuvieron por hijos: a Jerónima; a Alvaro, y a Galcerán de Castellví y Fax. Los cuales:

1. — Doña Jerónima de Castellví y Fax, casó con don Francisco Carroz y Vidal, padres del primer Marqués de Mirasol don Antonio Carroz y Castellví, que obtuvo esa dignidad por Real decreto dado el 15 de junio de 1779.

2. — Don Alvaro de Castellví y Fax, natural de Valencia, fue Caballero de la Orden de Montesa, en la que ingresó el 10 de diciembre de 1617.

3. — Don Galcerán de Castellví y Fax fue Caballero de la Orden de Montesa. Casó el 29 de febrero de 1613, con doña Aurelia de Figuerola y Crespí de Valledáura, y tuvieron por hijos: a Juan, y a Carlos de Castellví y Figuerola. Los cuales:

1. — Don Juan de Castellví y Figuerola, natural de Valencia, fue Caballero de la Orden de Montesa, en la que ingresó el 27 de junio de 1656.

2. — Don Carlos de Castellví y Figuerola, natural de Valencia, fue Caballero de la Orden de Montesa. Casó dos veces: la primera, el 19 de abril de 1634, con doña Isabel Adell; y la segunda, el 3 de noviembre de 1640, con doña Margarita Angela de Villaseñor.

Don Carlos de Castellví y Figuerola, y su primera mujer doña Isabel Adell, tuvieron por hijo: a

Don Tomás de Castelleví y Adell, que fue II Conde de Castell,[1] Barón territorial de Bicorp, y Señor de Cuesa, Benedriz, Rafelguaraf y Foldeta. Casó el 14 de mayo de 1671, con doña Tomasa Muñoz. No tuvieron sucesión.

Don Carlos de Castellví y Figuerola, y su segunda mujer doña Margarita Angela de Villaseñor, tuvieron por hijo: a

Don Galcerán de Castellví y Villaseñor, que fue III Conde de Castellá, Barón territorial de Bicorp, y Señor de Benedriz, Cuesa, Rafelguaraf y Foldeta y Caballero de la Orden de Montesa. Casó el 20 de junio de 1672 con doña María de Villarraza, y tuvieron por hijo: a

Don Nicolás Felipe de Castellví y Villarraza, que fue IV Conde de Castellá, Barón territorial de Bicorp, y Señor de Benedriz Cuesa, Rafelguaraf y Foldeta, Caballero de la Orden de Santiago y Maestrante de Valencia. Casó el 9 de septiembre de 1696 con doña Ana de Montsoriú,

---

1. El título de Conde de Castellá fue creado por don Felipe III el 4 de mayo de 1604, a favor de don Luis Castellá de Vilanova y Quintana, Barón territorial de Bicorp y Benedriz, Señor de Cuesa y Coronel de Compañía de Milicias. El actual de Barón de Bicorp data de 1392 dado a don Luis de Castellá, olim de Vilanova y su mujer doña Francisca Juana Carroz, Señores de Cuesa y Castellá, fecha en que fue vinculado previa facultad de Juan II de Aragón.

hermana del IX Conde de la Villanueva, Señor y Barón de Torres-Torres. Tuvieron por hijos: a Nicolás Martín, y a Vicente María de Castellví y Montsoriú. Los cuales:

1. — Don Nicolás Martín de Castellví y Montsoriú, fue IV Conde de Castellá, Barón territorial de Bicorp, y Señor de Benedriz, Cuesa, Rafelguaraf y Foldeta. Casó el 21 de noviembre de 1740 con doña Josefa Molina y Saavedra, y tuvieron por hijo: a

Don Nicolás María de Castellví y Molina, que fue VI Conde de Castellá, Barón territorial de Bicorp, y Señor de Benedriz, Cuesa, Rafelguaraf y Foldeta y Maestrante de Valencia. Falleció soltero en Valencia el primero de abril de 1761.

2. — Don Vicente María de Castellví y Montsoriú, nacido en Valencia el 3 de septiembre de 1716, fue VII Conde de Castellá, Barón titular de Bicorp, y Señor de Benedriz, Cuesa, Rafelguaraf y Foldeta, X Conde de la Villanueva, XVII Señor y Barón de Torres-Torres, Barón de Manuel, Coronel de los Reales Ejércitos y Maestrante de Valencia. Falleció el 7 de diciembre de 1774. Casó el primero de febrero de 1762 con doña Antonia Durán y Rubio de Salinas, y tuvieron por hijo: a

Don Antonio Benito de Castellví y Durán, nacido el 23 de enero de 1766, que fue VIII Conde de Castellá, XI de la Villanueva, VII de Carlet, Barón de Bicorp, de Manuel y de Tous, y Coronel de los Reales Ejércitos de Cuarte de Valencia, capitaneando a los Caballeros Maestrantes. Casó el 26 de abril de 1784, con doña Teresa María Fernández de Córdova y Ferrer, natural de Valencia, hija de los Condes de Peñalba. Tuvieron por hijos: a Isabel; a Nicolás y a Antonio de Padua de Castellví y Fernández de Córdova. Los cuales:

1. — Doña Isabel de Castellví y Fernández de Córdova, nacida en 30 de julio de 1788, casó el 4 de abril de 1812 con don Joaquín Cardona Castillo Catalá Ferrer.

2. — Don Nicolás de Castellví y Fernández de Córdova, nacido el 6 de mayo de 1790, falleció junto a su padre combatiendo a los franceses.

3. — Don Antonio de Padua de Castellví y Fernández de Córdova, nacido el 14 de febrero de 1787, fue IX Conde Castellá, XII de la Villanueva y VIII de Carlet; Barón de Bicorp y de Tous, Mariscal de Campo de los Ejércitos Nacionales y Maestrante de Valencia. Falleció el 13 de enero de 1833. Casó en Alicante el 23 de noviembre de 1813, con doña Margarita Shelly y Mac Kartey, natural de esa ciudad, y tuvieron por hijos: a Margarita María Francisca; a Elena, a Antonio Nicolás de Castellví y Shelly. De los cuales:

1. — Doña Margarita María Francisca de Castellví y Shelly, nacida en Valencia el 30 de diciembre de 1818, casó con el Barón Oscar D'Ast de Novelé, Gentilhombre de Cámara de Su Majestad y Gran Cruz de Isabel la Católica, de familia francesa.

2. — Doña Elena de Castellví y Shelly, nacida en Valencia el 16 de octubre de 1821, falleció en Madrid el 29 de diciembre de 1863. Casó en

Roma el 6 de mayo de 1847, con Su Alteza Real el Infante español don Enrique de Borbón y Borbón, primer Duque de Sevilla, nacido en Sevilla el 17 de abril de 1823, y falleció en Carabanchel el 12 de marzo de 1870. Vice-Almirante de la Armada (hermano del rey consorte don Francisco de Asís, cónyuge de doña Isabel II), hijo del Infante Francisco de Paula, Duque de Cádiz, y de doña Luisa de Borbón-Sicilia, princesa napolitana.[1]

4. — Do Antonio Nicolás de Castellví y Shelly, nacido el 5 de octubre de 1787 y fallecido el 22 de julio de 1860, fue X Conde de Castellá, XIII de la Villanueva de Torres-Torres y IX de Carlet, todas por Real carta dada el 29 de noviembre de 1850, Gentilhombre de Cámara de Su Majestad, Caballero de la Orden de Montesa y poseedor de la Gran Cruz de la Orden de Carlos II. Casó el 24 de marzo de 1832, con doña María del Carmen de Ibarrola y Mollinedo, Dama Noble de la Orden de María Luisa, hija del General don Miguel de Ibarrola y González-Cuevas, III Marqués de Zambrano y Caballero de la orden de Carlos III, y de doña Isabel Mollinedo y Cáceres. Tuvieron por hijos: a Antonio María; a Ricardo; a Enrique; a Edmundo y a Guillermo de Castellví e Ibarrola. Los cuales:

---

1. Don Enrique de Borbón y Borbón, y su mujer doña Elena de Castellví y Shelly, tuvieron por hijos: a Alberto; a Enrique, y a Francisco de Borbón y Castellví. Los cuales:

1. — Don Alberto de Borbón y Castellví, nacido en Valencia el 22 de febrero de 1854, fue Teniente General de los Ejércitos Nacionales, Capitán General de la VII Región, Gran Cruz de la Orden de San Hermenegildo y de la del Mérito Militar Región, Caballero de la Insigne Orden del Toisón de Oro, Gran Cruz de la Orden de San Hermenegildo y de la del Mérito Militar y Comendador de la de Carlos III. Por Real despacho de 9 de julio de 1917, se le concedió el título de Duque de Santa Elena, poseyendo el marquesado de igual denominación que se le había aprobado en 1878. Casó dos veces: la primera en Beaumont de Lomagne, Francia, el 27 de noviembre de 1878, con doña Margarita d'Ast de Novelé y Castellví, hija del Barón Oscar d'Ast de Novelé, Gentil-hombre de Cámara de Su Majestad, Gran Cruz de la Orden de Isabel la Católica, y de doña Margarita María Francisca de Castellví y Shelly. Casó por segunda vez en Madrid el 30 de enero de 1918, con doña Clotilde Gallo y Díaz de Bustamante. De su primera mujer tuvo por hijos: a Isabel; a María; y a Alberto Borbón y d'Ast. De los cuales:

Don Alberto de Borbón y d'Ast, nacido en Madrid el 12 de febrero de 1883, fue Capitán de Caballería. Casó en Valladolid con doña María Luisa Pintó y Lecanda, y tuvieron por hijos: a María Luisa, y a Alfonso de Borbón y Pintó. De los cuales:

Don Alfonso de Borbón y Pintó, nacido en Valladolid el 27 de agosto de 1909, casó en Madrid el 19 de marzo de 1933, con doña María de las Angustias Pérez del Pulgar y Alba, X Marquesa de Santa Fe de Guardiola, hija de don Cristóbal Pérez del Pugar y Ramírez de Arellano, Fernández de Córdova y Jiménez-Gadeo, primer Marqués de Albayzin, y de doña Felisa Alba y Bonifaz. Tuvieron por hijos: a María de las Angustias, y a Alberto de Borbón y Pérez del Pulgar.

2. — Don Enrique de Borbón y Castellví, nacido en Tolosa el 3 de octubre de 1848, falleció en el Mar Rojo el 12 de julio de 1894. Fue II Duque de Sevilla, Grande de España, Teniente Coronel de Caballería, y Gentil-hombre de Cámara de Su Majestad con ejercicio y servidumbre. Casó en San Fernando el 5 de noviembre de 1870, con doña Josefa Paradé y Sibré, y tuvieron por hijos: a Marta; a María Luisa y a Enriqueta de Borbón y Paradé. De los cuales:

A. — Doña María Luisa de Borbón y Paradé, nacida en Madrid el 4 de abril de 1868, fue III Duquesa de Sevilla, título que renunció con fecha 2 de julio de 1919 a favor de su hermana Enriqueta. Casó en Londres el 25 de julio de 1894, con don Juan Monciús y Cabanellas.

B. — Doña Enriqueta de Borbón y Paradé, nacida en Madrid el 28 de junio de 1885, es la actual y IV Duquesa de Sevilla. Casó en dicha Corte el 21 de agosto de 1907, con su primo don Francisco de Borbón y de la Torre, hijo de don Francisco de Borbón y Castellví, Teniente General de los Ejércitos Nacionales, Consejero del Tribunal Supremo de Guerra y Marina, Grandes Cruces de las Ordenes de San Hermenegildo y del Mérito Militar, y Caballero de la Insigne Orden del Toisón de Oro, y de doña María Luisa de la Torre y Bassave, natural de Matanzas.

3. — Don Francisco de Borbón y Castellví, nacido en Tolosa el 29 de marzo de 1853, fue Teniente General de los Ejércitos Nacionales, Consejero del Tribunal Supremo de Guerra y Marina, Grandes Cruces de las órdenes de San Hermenegildo y del Mérito Militar, y Caballero de la Insigne Orden del Toisón de Oro. Casó dos veces: la primera, en la ciudad de Nueva York, el 15 de septiembre de 1877, con doña María Luisa de la Torre y Bassave, natural de Matanzas, hija de don José María González de la Torre y Armenteros, y de doña María de los Dolores Bassave y Ziburo. Casó por segunda vez en Madrid, el 15 de febrero de 1890, con doña Felisa de León y Navarro-Balboa, Dama Noble de la Banda María Luisa, hija de don Carlos de León y Navarrete, Coronel de Caballería de los Ejércitos Nacionales, Administrador general de Correos, Caminos y demás ramos agregados a La Habana y su Departamento, miembro de la Sociedad cordobesa de Amigos del País, Mayordomo de Semana de la reina Isabel II, Cruz laureada de San Fernando, Comendador de las órdenes de Isabel la Católica y Carlos III, Benemérito de la Patria en grado heroico y eminente Caballero Maestrante de Granada y Caballero de la Orden de Calatrava, y de doña Felisa Eloísa Navarro de Balboa y Sánchez-Yebra, II Marquesa de Balboa.

Don Francisco de Borbón y Castellví, y su primera mujer doña María Luisa de la Torre y Bassave, tuvieron por hijos: a María de los Dolores; a Elena; a María Luisa; a Francisco de Paula, y a José María de Borbón y de la Torre. De los cuales:

1. — Doña Elena de Borbón y de la Torre, nacida en La Habana el 18 de agosto de 1878, fue asesinada por los rojos durante la revolución española de 1936. Casó en Madrid el 27 de octubre de 1908 con el doctor José de Oltra y Fullana, abogado.

2. — Doña María Luisa de Borbón y de la Torre, nació en Madrid el 27 de marzo de 1880, donde casó el 27 de julio de 1904, con don Diego González-Conde y García, González y Ruiz de Monsalve, II Marqués de Villamautilla de Perales, Caballero del Cuerpo Colegiado de Hijos-dalgo de la Nobleza de Madrid.

3. — Don Francisco de Paula de Borbón y de la Torre, nacido en Madrid el 14 de enero de 1882, fue Coronel de Infantería y Gentil-hombre de Cámara de Su Majestad con ejercicio. Casó en dicha Corte el 21 de agosto de 1907, con su prima doña Enriqueta de Borbón y Paradé, IV Duquesa de Sevilla, hija de don Enrique de Borbón y Castellví, II Duque de Sevilla, Grande de España, Teniente Coronel de Caballería, Gentil-hombre de Cámara de Su Majestad con ejercicio y servidumbre y de doña Josefa Paradé y Sibré. Tuvieron por hijos: a Isabel, y a Francisco de Paula de Borbón y Borbón, este último heredero del Ducado de Sevilla.

4. — Don José María de Borbón y de la Torre, nacido en Madrid el 16 de diciembre de 1883, fue Coronel de Infantería. Casó en dicha Corte el 21 de julio de 1909, con doña María Luisa Rich y Carvajo, y tuvieron por hijos: a Beatriz; a José Luis; a Carlos; a Alberto, y a Alvaro de Borbón y Rich. De los cuales:

1. — Doña Beatriz de Borbón y Rich, nacida en Madrid el 13 de junio de 1918, casó el 5 de mayo de 1935 con don Juan Ricoy.

2. — Don José Luis de Borbón y Rich, nacido en Madrid el 18 de julio de 1910, casó en Montserrat, Barcelona, el 15 de noviembre de 1933, con doña María de Salsas y Puig.

Don Francisco de Borbón y Castellví, y su segunda mujer doña Felisa de León y Navarro de Balboa, tuvieron por hijos: a Blanca; a Alfonso, y a Enrique de Borbón y León. Los cuales:

1. — Doña Blanca de Borbón y León, nacida en Madrid en agosto de 1898, casó con don Luis de Figueroa y Alonso-Martínez, V Conde de la Dehesa de Velayos, hijo primogénito de don Alvaro de Figueroa y Torres, primer Conde de Romanones, Grande de España, Presidente del Consejo de Ministros, y Caballero de la Orden de Santiago, y de doña Casilda Alonso-Martínez y Martín, de la casa de los marqueses de Alonso-Martínez.

2. — Don Alfonso de Borbón y León, nacido el 24 de octubre de 1893, fue II Marqués de Squillac,he por Real carta de sucesión de 14 de agosto de 1915, Grande de España, Gentil-hombre de Cámara de Su Majestad con ejercicio y servidumbre y Capitán del Regimiento del Rey. Durante la revolución española de 1936 fue asesinado por los rojos. Casó con doña María Luisa Caralt y Mas.

3. — Don Enrique de Borbón y León, nacido en Madrid el 6 de julio de 1891, fue III Marqués de Balboa, por Real carta de sucesión de 24 de mayo de 1917 y Teniente de complemento de los Regimientos de Caballería. Asesinado por los rojos durante la revolución española de 1936. Casó en San Sebastián en junio de 1917, con doña Isabel de Esteban e Iranzo, III Condesa de Esteban, hija de don Rafael de Esteban y de la Torre, II Conde de Esteban, y de doña Luisa de Iranzo y Daguerre, de la casa marquesal de Aguila Real. Tuvieron por hijos: a Jaime, y a Isabel de Borbón y Esteban. Los cuales:

1. — Don Jaime de Borbón y Esteban, nació en Madrid el 23 de abril de 1921.

2. — Doña Isabel de Borbón y Esteban, nacida en Madrid el 23 de septiembre de 1918, donde reside, es la IV Marquesa de Balboa por autorización provisional de la Diputación de la Grandeza, dada en 1941.

---

1. — Don Antonio María de Castellví e Ibarrola, fallecido soltero el 11 de diciembre de 1876, fue el XI Conde de Castellá por Real carta sucesoria dada el 4 de julio de 1861, Caballero de la Orden de Montesa y Maestrante de Sevilla.

2. — Don Ricardo de Castellví e Ibarrola, nacido en Burdeos el primero de septiembre de 1836 y fallecido en Madrid el 27 de abril de 1876, fue el X Conde de Carlet por Real carta de sucesión dada el 4 de julio de 1861, Caballero de la Orden de Montesa y Caballerizo de Su Majestad. Previa licencia regia obtenida el 26 de abril de 1862, casó ese año con doña María de la Concepción Gordon y Prendergast, natural de Jerez de la Frontera, hija de don Pedro Gordon y Beygeder, y de doña Rosa Prendergast. Tuvieron por hijas: a María de la Concepción; a María de las Mercedes; a Isabel María del Carmen y a María de los Dolores de Castellví y Gordon. De las cuales:

A. — Doña María de las Mercedes Castellví y Gordon, nacida el 2 de enero de 1869, falleció párvula el 7 de abril de 1870.

B. — Doña Isabel María del Carmen de Castellví y Gordon, nacida el 7 de marzo de 1867, XII Condesa de Castellá por Reales cartas de sucesión de 20 de diciembre de 1877 y 25 de febrero de 1878, y XI Condesa de Carlet por Reales cartas sucesorias de 21 de noviembre de 1877 y 15 de junio de 1880. Casó el 8 de mayo de 1889 con don Salvador Armet y Ricart.[1]

C. — Doña María de los Dolores de Castellví y Gordon, nacida en Madrid el año de 1870, previa licencia regia dada el 16 de mayo de 1889, casó ese año con don Andrés Avelino de Silva y Campbell, bautizado en la Catedral de Barcelona el 11 de enero de 1851, y fallecido el 7 de noviembre de 1914, XIV Conde de Belchite por Real cárta de rehabilitación de 9 de abril de 1878, hijo de don Andrés Avelino de Silva y Fernández de Córdova, XIII Duque de Aliaga, XIV Conde de Palma del Río, dos veces Grande de España, Caballero de la Insigne Orden del Toisón de Oro, Caballero de la Orden de Santiago y Gran Cruz de la Orden de Carlos III y perteneciente a la casa ducal de Híjar y de Lécera y de doña María Isabel Campbell y Vincent, natural de Londres.

3. — Don Edmundo de Castellví e Ibarrola, nacido el 14 de noviembre de 1852 y fallecido soltero el 27 de noviembre de 1866, fue el XIV Conde de la Villanueva de Torres-Torres por Real carta de sucesión dada el 4 de julio de 1861, siendo Caballero de la Orden de Montesa y Teniente de Infantería.

4. — Don Enrique de Castellví e Ibarrola, nacido el 24 de mayo de 1847 y fallecido el 18 de diciembre de 1905, fue XV Conde de la Villanueva de Torres-Torres por Real carta de sucesión de 30 de diciembre de 1867, XXII Barón de Torres-Torres y Caballero de la Orden de Montesa. Previa licencia regia obtenida el 30 de diciembre de 1868, casó el 9 de enero de 1869, con doña María de los Dolores Hortega de Medina y Calvo, hija de don Juan Hortega de Medina y Solórzano, y de doña Francisca Calvo y Reigosa. Tuvieron por hijos: a María Francisca; a María Cristina; a María del Carmen; a María de los Dolores; a Luís; a Alfonso; a Rafael; a Jaime; a Juan Bautista y a Enrique de Castellví y Hortega de Medina. Los cuales:

A. — Doña María del Carmen de Castellví y Hortega de Medina, natural de Arganda del Rey y fallecida el 28 de septiembre de 1934, casó

---

1. Doña Isabel María del Carmen de Castellví y Gordon, de su matrimonio con don Salvador Armet y Ricart, tuvo por hijos: a Ricardo María; a Francisco; a Juan José; a María de la Paloma; a Antonio, y Jorge Armet y Castellví. De los cuales:

1. — Don Ricardo María Armet y Castellví, nacido en 1890 es el actual y XII Conde de Carlet. Casó el 12 de marzo de 1930 con doña Elvira Ruondo.

2. — Don Francisco Armet y Castellví, nació el 5 de noviembre de 1892.

3. — Doña María de la Paloma Armet y Castellví, casó el 24 de junio de 1925, con don Federico Bérriz.

4. — Don Antonio Armet y Castellví, nacido el 5 de junio de 1896, casó con doña María de la Almudena Medina.

5. — Don Jorge Armet y Castellví, nacido el primero de agosto de 1897, es el actual y XIII Conde de Castellá. Casó el 25 de mayo de 1928, con doña Carolina Molins y Bilbao.

en Filipinas el 23 de noviembre de 1893 con Horace Longuet Higgins natural de la Gran Bretaña.

B. — Doña María de los Dolores de Castellví y Hortega y Medina, nacida en Madrid el 18 de noviembre de 1869 y fallecida el 8 de diciembre de 1919, casó en su ciudad natal el 15 de noviembre de 1912 con el ingeniero don Enrique Llitosella.

C. — Don Francisco de Castellví y Hortega de Medina, nació el 11 de marzo de 1876.

D. — Don Alfonso de Castellví y Hortega de Medina, nació el 17 de noviembre de 1877.

E. — Don Luis de Castellví y Hortega de Medina, nacido el 13 de noviembre de 1874, falleció el 14 de noviembre de 1915.

F. — Doña Ernestina de Castellví y Hortega de Medina, nacida el 22 de octubre de 1884, falleció el 26 de octubre de 1920.

G. — Don Rafael de Castellví y Hortega de Medina, nacido en Filipinas el 10 de enero de 1889, fue ingeniero, muriendo en un accidente de aviación en el aeródromo de Cuatro Vientos, Madrid, el 30 de diciembre de 1914.

H. — Don Jaime de Castellví y Hortega de Medina, nacido en Filipinas el 27 de noviembre de 1892, fue Teniente de Infantería del ejército español.

I. — Don Juan Bautista de Castellví y Hortega de Medina, nacido el 5 de noviembre de 1881, ingeniero residente en Filipinas y XI Barón de Manuel por Real carta de 2 de agosto de 1916, casó con doña María del Carmen Mendoza y Orfilada.

J. — Don Enrique de Castellví y Hortega de Medina, nacido el primero de julio de 1872 y muerto el 17 de diciembre de 1936 durante la última guerra civil española, fue el VIII Marqués de Laconi, Grande de España, por Real carta de sucesión dada el 14 de julio de 1920, XVI Conde de la Villanueva de Torres-Torres por otra Real carta sucesoria de 17 de noviembre de 1905, y XXII Barón de Torres-Torres, por Real carta de 2 de agosto de 1916, Caballero de las Ordenes de Montesa y de San Juan de Jerusalén (Malta), Caballero del Real Cuerpo Antiguo Brazo Militar del principado de Cataluña, Gentilhombre de Cámara de Su Majestad con ejercicio, y Cofrade de la Hermandad del Santo Cáliz de Valencia y de la Celda de San Vicente Ferrer. Casó en Valencia, parroquia de San Esteban, el 21 de junio de 1911, con doña Casilda Rita Trénor y Palavicino, hija de don Ricardo Trénor y Bucelli, oriundo de la ilustre casa de Gentry, en Irlanda y de doña Josefa Isabel Palavicino e Ibarrola, de la casa de los marqueses de Mirasol. Tuvieron por hijos: a Casilda; a Isabel; a María de los Desamparados; a Enrique; a María del Santo Cáliz, y a Luis de Castellví y Trénor. Los cuales:

A. — Doña Casilda de Castellví y Trénor, nacida el 12 de abril de 1912, XXIII Baronesa de Torres-Torres, fue muerta el 6 de octubre de 1936 durante la última guerra civil española.

B. — Doña Isabel de Castellví y Trénor, nacida el 13 de abril de 1913; es Baronesa de Estivella.

C. — Doña María de los Desamparados de Castellví y Trénor, nacida el 28 de junio de 1914, falleció el 26 de abril de 1930.

D. — Don Enrique de Castellví y Trénor, también nacido el 28 de junio de 1914, Barón de San Luri, fue muerto el 2 de octubre de 1936 durante la última guerra civil española.

E. — Doña María del Santo Cáliz de Castellví y Trénor, nació el 3 de abril de 1917.

F. — Don Luis de Castellví y Trénor, que reside en Valencia, desde 1952 es el actual y IX Marqués de Laconi, XVII Conde de la Villanueva de Torres-Torres y XXIV Barón de Torres-Torres.

5. — Don Guillermo de Castellví e Ibarrola, pasó a la ciudad de Santiago de Cuba, casando con doña Cristina Vinent y Kindelán, de esa naturaleza, hija de don Santiago Vinent y Gola, Senador del reino por la provincia de Santiago de Cuba y Caballero de la Orden de Isabel la Católica, y de doña Cristina Kindelán y Sánchez-Griñán. Tuvieron por hijos: a Santiago Alfonso; a Antonio; a Guillermo y a Juan Francisco de Castellví y Vinent. De los cuales:

1. — El doctor Antonio de Castellví y Vinent, natural de Santiago de Cuba; es médico-cirujano, y casado con doña María de la Esperanza Mir y Alarcón. Tienen por hija: a María de la Esperanza de Castellví y Mir.

2. — El doctor Guillermo de Castellví y Vinent, natural de Santiago de Cuba es abogado y fue Representante a la Cámara de la República de Cuba. Casó con doña Cristina Fernández-Rosillo y Gómez, que fue bautizada en Santiago de Cuba, parroquia de Santo Tomás, como allí consta a la página 27, No. 48, libro 15, hija de don Manuel Fernández Rosillo, natural de Puente de Arce, en la provincia de Santander, ganadero y terrateniente en la parte oriental de Cuba, y de doña Cristina Gómez y Peña, natural de Holguín. Tuvieron por hijos: a Cristina y a Guillermo de Castellví y Fernández Rosillo.

3. — El doctor Juan Francisco de Castellví y Vinent, nacido en Santiago de Cuba el 28 de diciembre de 1894, es abogado y fue Alcalde Municipal de su ciudad natal. Casó con doña Ana Padró y Valiente, natural de Santiago de Cuba, hija del licenciado Tomás Padró y Sánchez-Griñán, General del Ejército Libertador de Cuba, y de doña María Ana Valiente y Portuondo. Tuvieron por hijos: a María de Lourdes; a Lucila; a Ana; a Alicia; a Silvia; a Cristina; a Elena; a Magdalena Sofía; a Luis; a Jorge; a Juan Francisco; a Antonio; a Pablo y a Enrique de Castellví y Padró.

CASTRO - PALOMINO

A mediados del siglo XVI aparece radicada esta familia en la villa de Pastrana, provincia de Guadalajara y diócesis de Toledo, en Castilla, de donde pasaron a Sevilla en la primera mitad del siglo XVII, estableciéndose en La Habana durante la segunda mitad de esa última centuria.

En el Ayuntamiento de La Habana, páginas 130 a 187 del tomo de 1794 a 1795 de las actas trasuntadas del Cabildo, está una información de nobleza de los Castro-Palomino (utilizada por el señor Rafael Nieto y Cortadellas en las páginas 57 a 59 de «Los Fernández de Cossío»), donde aparecen las armas de linaje como sigue: «escudo partido en pal: en primero de la derecha, partido a su vez en faja, va en lo alto un castillo de oro en campo de gules y en lo bajo una cruz llana de plata en campo de azur, que es de CASTRO. Y en el segundo cuartel de la izquierda, que es de PALOMINO, va, en campo de oro, una caldera de sable y dos troncos de árbol de sinople, quedando la caldera al medio».

Don Juan de Frutos Sánchez de Moya, natural y vecino de la villa de Pastrana, casó con doña Catalina Ximénez Palomino (prima del licenciado don Miguel Ximénez Palomino, Inquisidor de Córdoba). Tuvieron por hijo: a

Don Jerónimo de Moya-Palomino, natural de la villa de Pastrana, que casó con doña Isabel de Castro y Alfaro (conocida por «Isabel de Alfaro»), hija de don Juan de Castro y de doña Inés de Alfaro. Fueron padres: de fray Benito (abad del monasterio de San Benito, en Sevilla); de Jerónimo (Prebendado de la iglesia mayor de Sevilla); de Carlos (Sargento Mayor del Jurado del Cabildo y Regimiento de Sevilla, y Alcalde ordinario por el estado noble de la villa de Pastrana) y de Juan de Castro Palomino. De los cuales:

Don Juan de Castro Palomino, natural de la villa de Pastrana, que pasó a la ciudad de Sevilla, hizo información de nobleza en Pastrana el 19 de junio de 1653 ante Gabriel Parra, Corregidor y Justicia Mayor de esa villa, y por ante Jerónimo Guindal, escribano público y de Cabildo. Casó con doña Ana María de León y Farfán de los Godos, natural de Pastrana, de la que tuvo por hijos: a Juan; a José y a Agustín de Castro Palomino y León Farfán de los Godos. Los cuales:

1. — Don Juan de Castro Palomino y León Farfán de los Godos, pasó a La Habana, donde en unión de su hermano José, dio poder el 11 de noviembre de 1716 ante Bartolomé Núñez, al Contador Diego del Haya, vecino de la ciudad de Sevilla, para que hiciera todas las diligencias necesarias a fin de obtener los documentos de nobleza de los padres, los que fueron presentados más tarde en el Ayuntamiento de La

Habana y constan en el lbro 49 (original) y en la trasuntación mencionada al principio de este trabajo.

2. — El Capitán José de Castro Palomino y León Farfán de los Godos, fue vecino de La Habana.

3. — Don Agustín de Castro Palomino y León Farfán de los Godos, bautizado en la Santa Iglesia Metropolitana (Catedral) de Sevilla el 3 de agosto de 1647, pasó a La Habana, donde dio poder para testar a su mujer el 29 de octubre de 1708 ante Gaspar Fuertes, y su defunción se encuentra en la Catedral de esta ciudad, a 2 de noviembre de dicho año, donde casó el 4 de febrero de 1674, con doña Nicolasa Borroto, hija de doña Beatriz Pérez Borroto y Herrera. Tuvieron por hijos: a Nicolasa; a Juana; a Isabel; a María; a Teresa; a Bárbara; a Ana María; a Carlos; a Francisco; a Agustín; a José; a Miguel; a Juan; a Jerónimo y a Nicolás de Castro Palomino y Borroto. De los cuales:

1. — Doña Juana de Castro Palomino y Borroto, fue bautizada en la Catedral de La Habana el 21 de enero de 1677.

2. — Doña Isabel de Castro Palomino y Borroto, fue bautizada en la Catedral de La Habana el 10 de diciembre de 1694, donde se encuentra su defunción a primero de junio de 1709.

3. — Doña María de Castro Palomino y Borroto, párvula, cuya defunción está en la Catedral de La Habana a 26 de septiembre de 1772.

4. — Doña Teresa de Castro Palomino y Borroto, bautizada en la Catedral de La Habana el 20 de noviembre de 1700, fue monja.

5. — Doña Bárbara de Castro Palomino y Borroto, fue bautizada en la Catedral de La Habana el 18 de diciembre de 1674, donde está su defunción a 27 de septiembre de 1744. Casó en la referida Catedral el 8 de junio de 1696, con don Melchor de Arteaga y Roxas Sotolongo, hijo del Capitán Ubaldo de Arteaga y Roxas Sotolongo, Alcalde Ordinario y de la Santa Hermandad, y de doña Faustina de Roxas Sotolongo y Roxas Sotolongo.

6. — Doña Ana de Castro Palomino y Borroto, bautizada en la Catedral de La Habana el año 1680, falleció el 8 de octubre de 1762. Casó en la referida Catedral el 28 de abril de 1711, con el licenciado José González de Alfonseca y de las Alas, distinguido letrado, Abogado de la Real Audiencia de México, hijo del Capitán José y de Francisca.

7. — Don Carlos de Castro Palomino y Borroto, fue bautizado en la Catedral de La Habana el 20 de noviembre de 1692 donde casó el 15 de agosto de 1749. Casó con doña María de Luna y Espinal, natural de esta ciudad, hija de Francisco y de María. Tuvieron por hijos: a María Josefa y a Miguel José de Castro Palomino y Leiva que respectivamente fueron bautizados en la Catedral de La Habana el 27 de octubre de 1761 y el 7 de octubre de 1755.

8. — Don Francisco de Castro Palomino y Borroto, fue bautizado en la Catedral de La Habana el 10 de mayo de 1697.

9. — El Capitán Agustín de Castro Palomino y Borroto, bautizado en la Catedral de La Habana el 5 de enero de 1682, fue Procurador general en 1732, testó el 7 de noviembre de 1748 ante el escribano Antonio Ponce de León y su defunción se encuentra en la referida Catedral a 2 de agosto de 1749. Casó con doña María de Luna y Espinal, natural de Veracruz, hija del Alférez Francisco de Luna, y de doña Petronila Espinal y Ugarte. Tuvieron por hijos: a Ana María; a María Rosalía; a María Josefa; a Bárbara y a José Agustín de Castro Palomino y Luna. De los cuales:

A. — Doña Bárbara de Castro Palomino y Luna, bautizada en la Catedral de La Habana el 14 de mayo de 1717, testó el 3 de mayo de 1786 ante el escribano Felipe Amado, y su defunción se encuentra en esta ciudad, parroquia del Santo Cristo, a 5 de abril de 1787.

B. — El doctor José Agustín de Castro Palomino y Luna, bautizado en la Catedral de La Habana el 15 de octubre de 1721, fue Cura Rector de las parroquiales y auxiliares de La Habana. Testó el 7 de febrero de 1785 ante el escribano Marcos Ramírez, y su defunción se encuentra en la referida Catedral a 17 de febrero de dicho año.

10. — El Capitán José de Castro Palomino y Borroto, bautizado en la Catedral de La Habana el 11 de noviembre de 1688, dio poder para testar a su mujer el 30 de noviembre de 1717 ante Gaspar Fuertes, y su defunción se encuentra en la referida Catedral a 2 de diciembre de dicho año. Casó en esta ciudad, parroquia del Espíritu Santo, el 23 de marzo de 1714, con doña Eugenia Franco y Carmona, hija de don Juan Francisco Franco y Pacheco, Regidor de este Ayuntamiento y de doña Micaela Carmona de Albornoz y Rodríguez de Valdivieso. Tuvieron por hijas: a Nicolasa y a María de los Angeles de Castro Palomino y Franco. Las cuales:

A. — Doña Nicolasa de Castro Palomino y Franco, testó el 10 de febrero de 1791 ante Felipe Alvarez, y su defunción se encuentra en La Habana, parroquia del Espíritu Santo, a primero de enero de 1792. donde casó el 19 de julio de 1734, con don Domingo Roborato y Solar, hijo de Antonio María y de Lucrecia.

B. — Doña María de los Angeles de Castro Palomino y Franco, testó el 15 de julio de 1782 ante José Antonio Bosque, y su defunción se encuentra en La Habana, parroquia del Espíritu Santo, a 24 de julio de dicho año. Casó en la Catedral de esta ciudad el 22 de julio de 1739, con el capitán Nicolás Duarte y Gómez Pita, hijo del Capitán Nicolás Duarte y Osorio de Pedroso, Regidor Depositario general de este Ayuntamiento, y de doña María del Rosario Gómez Pita y Pita de Porras.

11. — Don Miguel de Castro Palomino y Borroto, del que se tratará en la «LINEA PRIMERA».

12. — Don Juan de Castro Palomino y Borroto, del que se tratará en la «LINEA SEGUNDA».

13. — Don Jerónimo de Castro Palomino, del que se tratará en la «LINEA TERCERA».

14. — Don Nicolás de Castro Palomino y Borroto, del que se tratará en la «LINEA CUARTA».

«LINEA PRIMERA»

Don Miguel de Castro Palomino y Borroto (mencionado anteriormente como hijo de don Agustín de Castro Palomino y León Farfán de los Godos y de doña Nicolasa Borroto), bautizado en la Catedral de La Habana el 31 de enero de 1684, testó el 8 de marzo de 1748 ante Antonio Ponce de León, otorgando codicilo el 16 de febrero de 1749, y su defunción se encuentra en la referida Catedral a 22 de febrero de dicho año. Casó en esta ciudad, parroquia del Espíritu Santo, el 5 de enero de 1719, con doña Margarita Franco y Carmona, hija de don Juan Francisco Franco y Pacheco, Regidor de este Ayuntamiento, y de doña Micaela Carmona de Albornoz y Rodríguez de Valdivieso. No tuvieron sucesión, pero el referido don Miguel de Castro Palomino y Borroto, de doña Agustina Crisóstoma Sanabria, dejó dos hijos naturales llamados: Agustín de Castro Palomino y Sanabria, y José Inocencio de Castro Palomino y Sanabria. Los cuales:

1. — El doctor Agustín de Castro Palomino y Sanabria, bautizado en la Catedral de La Habana el 27 de agosto de 1717, declarado hijo natural del anterior y de Agustina Crisóstoma Sanabria el 28 de diciembre de 1738, fue médico desde el 28 de octubre de 1743, Maestro en Filosofía en 28 de agosto de 1746 y Catedrático de Anatomía y Comisario en 1748 de la Real y Pontificia Universidad de San Jerónimo de La Habana. Testó ante Cristóbal Leal, y su defunción se encuentra en esta ciudad, parroquia del Espíritu Santo, a 9 de diciembre de 1793. Casó dos vecese en La Habana: la primera, en la parroquia del Santo Angel, el 26 de junio de 1741, con doña Clara Antonia Burguillos de Arabujo y Vázquez de Inestrosa, hija de don Miguel Burguillos de Arabujo y de doña Josefa Vázquez de Inestrosa y Vasconcelos. Casó por segunda vez, en la Catedral habanera, el 6 de enero de 1747, con doña María Rita Morales y Calvo, hija de don Pedro Eusebio Morales y Miralles, natural de Marbella (Málaga), y de doña María Nicolasa Calvo y Tamariz, natural de La Habana. De su primera mujer, don Agustín de Castro Palomino y Sanabria tuvo por hija: a María de la Asunción de Castro Palomino y Burguillos de Arabujo, y de su segunda mujer tuvo por hijos: a Agustín José; a Manuela; a Josefa; a Rosalía; a Pedro Juan y a José Agustín de Castro Palomino y Morales. De los cuales:

A. — Doña María de la Asunción de Castro Palomino y Burguillos de Arabujo, bautizada en la Catedral de La Habana el 16 de diciembre de 1742, fue monja en el convento de Santa Clara.

B. — Doña Manuela de Castro Palomino y Morales, bautizada en la Catedral de La Habana el 2 de febrero de 1764, cuya defunción se encuentra en esta ciudad, parroquia del Espíritu Santo, a 16 de junio de

1830, casó en esta última parroquia el 17 de febrero de 1788, con el doctor Sebastián Noriega y Martín de Medina, Catedrático de la Universidad de La Habana, hijo de don Francisco Simón Noriega y Burón, y de doña Isabel Francisca Martín de Medina y Melgar.

C. — Doña Josefa de Castro Palomino y Morales, bautizada el primero de abril de 1754 y cuya defunción se encuentra en la Catedral de La Habana a 20 de marzo de 1817, casó en esta ciudad, parroquia del Espíritu Santo, el 9 de julio de 1769, con don Tomás Mateo Cervantes y Gómez, Administrador general de Temporalidades, Síndico Procurador general y Alguacil Mayor del Santo Oficio de la Inquisición, hijo de don José Cervantes Caballero y Rodríguez-Norato, y de doña Dionisia Antonia Gómez y Barroso.

D. — Doña Rosalía de Castro Palomino y Morales, casó dos veces en La Habana, parroquia del Espíritu Santo: la primera el primero de julio de 1770, con don Carlos García-Barrera y Florencia, hijo del licenciado Manuel García-Barrera, Ministro Honorario del Tribunal Mayor de Cuentas de la isla de Cuba, y de doña María Tomasa Florencia y Sotolongo. Casó por segunda vez, el primero de enero de 1777, con don Pedro José Interián y Bécquer, hijo de don Lucas Interián y González, y de doña Ana Bécquer y Perdomo.

E. — Don José Agustín de Castro Palomino y Morales, fue bautizado en la Catedral de La Habana el 11 de marzo de 1767, donde casó el 12 de agosto de 1791, con doña María de los Dolores Pita de Figueroa y Morejón, hija de don Rafael Pita de Figueroa y Viedma, y de doña Melchora Rodríguez de Morejón y Almeida. Tuvieron por hijos: a María del Carmen, y a Agustín de Castro Palomino y Pita de Figueroa. Los cuales:

A. — Doña María del Carmen de Castro Palomino y Pita de Figueroa, bautizada en la Catedral de La Habana el 6 de agosto de 1793, casó dos veces en esta ciudad, en la parroquia del Espíritu Santo: la primera, el 23 de febrero de 1809, con don Montiano Fernández de Cossío y Elorga, natural de Cádiz, hijo de don José Fernández de Cossío, y de doña Catalina Elorga y Brun.[1] Casó por segunda vez, el 21 de enero de 1840, con don Juan Dabán, natural de Cádiz, hijo del Brigadier Manuel y de Teresa.

B. — Don Agustín de Castro Palomino y Pita de Figueroa, fue bautizado en La Habana, parroquia del Espíritu Santo, el 12 de mayo de 1812, donde se encuentra su defunción a 4 de mayo de 1826.

2. — Don José Inocencio de Castro Palomino y Sanabria, bautizado en La Habana, parroquia del Espíritu Santo el 27 de julio de 1727, por decreto de 23 de febrero de 1731, fue declarado hijo natural de don Miguel de Castro Palomino y Borroto, anteriormente mencionado. Su defunción se encuentra en la parroquia del Guatao, en el libro I, folio 34, No.

---

1. Véase la obra LOS FERNANDEZ DE COSSIO, por Rafael Nieto y Cortadellas, editada en La Habana.

408. Casó en la parroquia del Cano el año 1754, con doña María de la Concepción de Arcia y Alvarez, natural de la villa de Guanabacoa, hija de José y de Paula. Tuvieron por hijos: a María Victoriana; a Manuela; a Luis José; a Manuel José y a José Nicolás de Castro Palomino y Arcia. Los cuales:

1. — Doña María Victoriana de Castro Palomino y Arcia, fue bautizada en Marianao, parroquia de los Quemados, el 5 de abril de 1767, estando su defunción en la parroquia del Guatao, a 9 de noviembre de 1819. Casó en La Habana, parroquia del Santo Angel, el 13 de diciembre de 1784, con don José Antonio Herrera y Cabrera, natural de la Gomera, en Tenerife, hijo de Sebastián y de Inés.

2. — Doña Manuela de Castro Palomino y Arcia, bautizada en la parroquia del Cano el 5 de enero de 1759, cuya defunción está en la parroquia de San Hilarión en Guanajay a 19 de noviembre de 1843, casó dos veces: la primera, con don Tomás Díaz; y la segunda, en la parroquia del Guatao, el 17 de agosto de 1801, con don José Miguel Hernández y Alvarez.

3. — Don Luis José de Castro Palomino y Arcia, fue bautizado en la parroquia del Cano el 27 de junio de 1754, y su defunción se encuentra en La Habana, parroquia de Guadalupe, a 18 de octubre de 1828, donde casó el 30 de julio de 1896, con doña Jacinta Berrocal y González, natural de Guanabacoa, hijo de Manuel y de Manuela. Tuvieron por hijas: a Isabel y a María Teresa de Castro Palomino y Berrocal. Las cuales:

A. — Doña Isabel de Castro Palomino y Berrocal, fue bautizada en La Habana, parroquia del Espíritu Santo, el 17 de mayo de 1796.

B. — Doña María Teresa de Castro Palomino y Berrocal, fue natural de La Habana y su defunción está en la parroquia del Guatao a 8 de septiembre de 1825, donde casó el 27 de marzo de 1811, con don José Sebastián Rodríguez y Carrera natural de La Habana hijo de Francisco y de Bárbara.

4. — Don Manuel José de Castro Palomino y Arcia, fue bautizado en la parroquia del Cano el 24 de septiembre de 1762, estando su defunción en la parroquia del Guatao a 21 de febrero de 1837. Casó en La Habana, parroquia de Jesús María, el 23 de julio de 1787, con doña María de la Concepción Brito y Viera natural del Cano, hija de Francisco y de María de Regla, y tuvieron por hijos: a María de Regla; a Francisco Javier y a Antonio de Castro Palomino y Brito. Los cuales:

A. — Doña María de Regla de Castro Palomino y Brito, fue bautizada en la parroquia del Guatao el 5 de junio de 1810.

B. — Don Francisco Javier de Castro Palomino y Brito, fue bautizado en la parroquia del Guatao el 10 de diciembre de 1804.

C. — Don Antonio de Castro Palomino y Brito, casó en La Habana, parroquia del Santo Angel, el 27 de febrero de 1832, con doña María del Carmen Oseguera y Morillas, hija de Antonio y de Petronila.

5. — Don José Nicolás de Castro Palomino y Arcia, fue bautizado en la parroquia del Cano el 21 de julio de 1760, donde casó el 4 de diciembre de 1786, con doña Nicolasa Amador y Alfonso. Tuvieron por hijos: a María Josefa; a Lorenzo; a Cristóbal; a José Eugenio y a Laureano José de Castro Palomino y Amador. Los cuales:

1. — Doña María Josefa de Castro Palomino y Amador, bautizado en la parroquia del Cano el 13 de mayo de 1787, casó dos veces, la primera, con don Anselmo Suárez; y la segunda, en la parroquia de Guanajay, el 23 de marzo de 1819, con don Félix Rodríguez Bacallao.

2. — Don Lorenzo de Castro Palomino y Amador, fue bautizado en la parroquia de Guanajay, el 30 de agosto de 1811.

3. — Don Cristóbal de Castro Palomino y Amador, casó con doña Gregoria Almeida y Trujillo, y tuvieron por hija: a Estefanía de Castro Palomino y Almeida.

4. — Don José Eugenio de Castro Palomino y Amador, fue bautizado en la parroquia del Guatao, el 18 de septiembre de 1796, estando su defunción en la parroquia de Guanajay a 23 de abril de 1831, donde casó el 22 de diciembre de 1816, con doña Teresa García y Brito. Tuvieron por hijos: a María de los Dolores; a Cornelio; a Fernando y a José Regino de Castro Palomino y García. De los cuales:

A. — Don Cornelio de Castro Palomino y García, fue bautizado en la parroquia de Guanajay el 6 de octubre de 1828.

B. — Don Fernando de Castro Palomino y García, fue bautizado en la parroquia de San Antonio de los Baños el 8 de junio de 1825.

C. — Don José Regino de Castro Palomino y García, fue bautizado en la parroquia de Guanajay el 16 de febrero de 1831.

5. — Don Laureano José de Castro Palomino y Amador, bautizado en la parroquia de Guanajay el 23 de julio de 1798, testó el 22 de mayo de 1846 ante el Capitán pedáneo Miguel Pardo Ulloa, y su defunción se encuentra en la referida parroquia del Guanajay a 20 de mayo de dicho año, donde casó el 6 de septiembre de 1832, con doña María de los Dolores Francisca Almeida y Trujillo allí natural, hija de José Almeida y Reyes y de doña María Josefa Trujillo y García. Tuvieron por hijos: a María de Jesús; a Cecilia; a Regina; a Antonia; a Buenaventura; a José de la Concepción; a José Eduviges; a Francisco José y a Antonio de Castro Palomino y Almeida. De los cuales:

1. — Don José de la Concepción de Castro Palomino y Almeida fue natural de Guanajay en cuya parroquia casó el año de 1857 con doña María de las Mercedes de Vargas y Rivero, natural de Ceiba del Agua, hija de don Basilio de Vargas y Avila y de doña María del Rosario Rivero y Orta.

2. — Doña María de Jesús de Castro Palomino y Almeida, fue bautizada en la parroquia de Guanajay el 27 de enero de 1824.

3. — Don Buenaventura de Castro Palomino y Almeida fue bautizado en la parroquia de Guanajay el 5 de abril de 1830.

4. — Doña Cecilia de Castro Palomino y Almeida fue bautizada en la parroquia de Guanajay el 8 de diciembre de 1932.

5. — Don José Eduviges de Castro Palomino y Almeida fue bautizado en la parroquia de Guanajay el 5 de noviembre de 1835.

6. — Don Francisco José de Castro Palomino y Almeida fue bautizado en la parroquia de Guanajay el 2 de noviembre de 1841.

7. — Doña Regina de Castro Palomino y Almeida fue bautizada en la parroquia de Guanajay el 10 de septiembre de 1838.

«LINEA SEGUNDA»

Don Juan de Castro Palomino y Borroto (mencionado anteriormente como hijo de don Agustín de Castro Palomino y León Farfán de los Godos, y de doña Nicolasa Borroto), bautizado en la Catedral de La Habana el 21 de enero de 1677, testó el 9 de noviembre de 1753 ante el escribano Antonio Ponce de León, y su defunción se encuentra en la referida Catedral a primero de diciembre de dicho año. Casó en la parroquial Mayor de la ciudad de Veracruz, el 24 de diciembre de 1704, con doña Inés María de Luna y Espinal, hija del Alférez Francisco de Luna, y de doña Petronila Espinal y Ugarte. Tuvieron por hijos: a Petrona; a Ignacia; a Mariana; a Nicolasa; a José Antonio; a Agustín Javier; a Pedro y a Juan Miguel de Castro Palomino y Luna. De los cuales:

1. — Doña Mariana de Castro Palomino y Luna, testó el 8 de mayo de 1758 ante Antonio Ponce de León, y su defunción se encuentra en la Catedral de La Habana a 12 de mayo de dicho año.

2. — Doña Nicolasa de Castro Palomino y Luna, bautizada en la Catedral de La Habana el 20 de julio de 1716, testó el 12 de mayo de 1796 ante José Rodríguez.

3. — Don José Ignacio de Castro Palomino y Luna, fue bachiller y misionero en Nueva España, perteneciendo a la Compañía de Jesús.

4. — Don Agustín Javier de Castro Palomino y Luna, también perteneció a la Compañía de Jesús.

5. — Don Pedro de Castro Palomino y Luna, bautizado en la Catedral de La Habana el 6 de julio de 1721, fue sacerdote.

6. — Doctor Juan Miguel de Castro Palomino y Luna, bautizado en La Habana, parroquia del Santo Cristo, el 15 de febrero de 1723, letrado fue Abogado de la Real Audiencia de Santo Domingo y Comisario del Tribunal del Santo Oficio de la Inquisición, Fiscal, Tesorero, Catedrático del Instituto y Provisor eclesiástico. Su defunción se encuentra en La Habana, parroquia de Guadalupe, a 12 de septiembre de 1793. Casó

en esta ciudad, parroquia del Santo Cristo, el 13 de febrero de 1741, con doña Josefa Florencia del Puerto y Ruiz Guillén, hija del Capitán Miguel del Puerto, Alcalde de la Santa Hermandad en 1696, 1697 y 1727 y de doña Gertrudis Ruiz Guillén. Tuvieron por hijos: a María Josefa; a Clara; a Inés María; a Manuela; a María de la Luz; a Felipe; a Ignacio; a Carlos; a José María y a Antonio de Castro Palomino y del Puerto. De los cuales:

1. — Doña Clara de Castro Palomino y del Puerto, fue religiosa en el convento de Santa Clara.

2. — Doña Inés María de Castro Palomino y del Puerto, fue bautizada en La Habana, parroquia del Espíritu Santo, el 7 de mayo de 1751, estando su defunción en esta ciudad, parroquia del Pilar, a 8 de julio de 1817. Casó en la referida parroquia del Espíritu Santo, el 8 de noviembre de 1767, con don Francisco López de Gamarra y Arturo. Teniente de Dragones de esta plaza, hijo del doctor Francisco López de Gamarra, Fiscal de Real Hacienda, y de doña María Luisa Arturo.

3. — Doña Manuela de Castro Palomino y del Puerto, bautizada en la Catedral de La Habana el primero de enero de 1742, testó el 23 de enero de 1802 ante el escribano Antonio Gamboa, y su defunción se encuentra en esta ciudad, parroquia de Guadalupe, a 19 de junio de dicho año. Casó en La Habana, parroquia del Espíritu Santo, el 2 de abril de 1766, con don Ramón de Villiers y del Corral, natural de Igualada, en Cataluña, Teniente Coronel del Escuadrón de América, cuya defunción se encuentra en La Habana, parroquia de Guadalupe, a 14 de enero de 1803, hijo de Jorge y de Leonor.

4. — Doña María de la Luz de Castro Palomino y del Puerto, bautizada en la Catedral de La Habana el 11 de junio de 1754, testó el 23 de agosto de 1808 ante José Salinas y su defunción se encuentra en esta ciudad, parroquia del Espíritu Santo, a 25 de agosto de dicho año, donde casó el 11 de agosto de 1779, con don Sebastián de la Cruz y Alfonso de Armas, Capitán de Milicias de Caballería de esta plaza, hijo de Manuel y de Bernarda.

5. — El licenciado Carlos de Castro Palomino y del Puerto, bautizado en la Catedral de La Habana el 20 de noviembre de 1748, fue abogado, Síndico, Procurador general en 1804 y 1805 y Alcalde ordinario en 1814. Su defunción se encuentra en esta ciudad, parroquia del Espíritu Santo, a 22 de julio de 1822. Casó en La Habana, parroquia del Santo Cristo, el 24 de mayo de 1770, con doña María Teresa Duarte y Sánchez, hija del Capitán Francisco Duarte y Gómez-Pita, y de doña Andrea Sánchez y Varela. Tuvieron por hijos: a María; a María Antonia; a Brígida; a María Josefa; a Cristóbal y a Juan Francisco de Castro Palomino y Duarte. De los cuales:

A. — Doña Brígida de Castro Palomino y Duarte, fue bautizada en la Catedral de La Habana, el 6 de noviembre de 1775, estando su defunción en la parroquia del Cano a 8 de enero de 1851. Casó en la referida Catedral el 5 de febrero de 1795, con don Miguel Antonio Valdés-

Navarrete y Gámez, hijo de don Juan Antonio Abad Valdés-Navarrete. Lugarteniente de los Reyes, Mayordomo Mampóstor del Hospital de San Lázaro, y de doña María del Rosario Gámez y Díaz Quintana.

B. — Doña María Josefa de Castro Palomino y Duarte, fue bautizada en la Catedral de La Habana el 13 de enero de 1774, encontrándose su defunción en esta ciudad, parroquia de Guadalupe a 28 de enero de 1842. Casó en La Habana, parroquia del Espíritu Santo, el 12 de febrero de 1804, con don Antonio Marín y Aljovín, hijo de Andrés José y de Beatriz.

C. — Don Juan Francisco de Castro Palomino y Duarte, bautizado en la Catedral de La Habana el 28 de junio de 1771, fue Subteniente del Regimiento de Infantería de Cuba. Casó en La Habana, parroquia del Espíritu Santo, el 5 de junio de 1801, con doña María de las Mercedes Mañón y del Corral, natural de Santo Domingo, hija del Capitán José María y de María de la O. Tuvieron por hijos: a María de la Luz; a Josefa; a María Teresa y a Francisco de Paula de Castro Palomino y Mañón. De los cuales:

Don Francisco de Paula de Castro Palomino y Mañón, bautizado en La Habana, parroquia del Espíritu Santo, el 4 de febrero de 1804, fue Teniente de Infantería en esta plaza. Casó con doña Susana Loret de Mola y Batista, natural de la villa de Santa María de Puerto Príncipe, hija del Capitán Luis Loret de Mola y Sánchez-Pereira. Alcalde ordinario y de la Santa Hermandad y de doña Isabel Batista y Guerra. Tuvieron por hija: a

Doña Julia de Castro Palomino y Loret de Mola, que fue bautizada en la Catedral de Puerto Príncipe el 8 de febrero de 1843. Casó con don Leopoldo Lanier y Dorticós, natural de Cienfuegos, hijo de don Félix Lanier y Langlois, y de doña María de los Dolores Dorticós y Gómez de Leys.

6. — Don José María de Castro Palomino y del Puerto, bautizado en la Catedral de La Habana el 23 de abril de 1750, fue Capitán de Milicias de esta plaza. Casó en la referida Catedral el 26 de abril de 1768, con doña Rosalía Murguía y Zaldívar, hija de don Manuel Murguía y Cárdenas, y de doña Antonia Josefa Fernández de Zaldívar y Ximénez, Tuvieron por hijos; a María; a María del Carmen; a María Antonia; a Josefa Mariana; a Andrés; a Juan Miguel y a José Rafael de Castro Palomino y Murguía. De los cuales:

A. — Doña María del Carmen de Castro Palomino y Murguía fue bautizada en La Habana, parroquia del Espíritu Santo, el 15 de marzo de 1783, y su defunción se encuentra en esta ciudad, parroquia de Guadalupe, a 30 de septiembre de 1808, donde casó el 14 de noviembre de 1803, con don Carlos Soublette y Pian, natural de la isla de Santa Cruz de Tenerife, hijo del Capitán Martín y de Isabel.

B. — Doña María Antonia de Castro Palomino y Murguía, fue natural de La Habana y su defunción se encuentra en esta ciudad, parroquia de Guadalupe, a 28 de enero de 1856, donde casó el 9 de agosto de 1792, con don Antonio José de Aldana y Espinosa, Teniente Coronel del Regimiento Fijo de Infantería de Cuba, hijo del Capitán Manuel y de Gervasia.

C. — Doña Josefa Mariana de Castro Palomino y Murguía, testó el 8 de noviembre de 1807 ante Felipe Alvarez y su defunción se encuentra en La Habana, parroquia de Guadalupe, a 29 de noviembre de dicho año. Casó en la Catedral de esta ciudad el 15 de enero de 1791, con don Antonio Carrión y Manso, natural de Málaga, Coronel de los Reales Ejércitos, hijo de don José Carrión y Andrade, Teniente General de dichos Ejércitos, y de doña Josefa Manso Maldonado y León.

D. — Don Juan Miguel de Castro Palomino y Murguía, bautizado en La Habana, parroquia del Espíritu Santo, el 27 de noviembre de 1781, fue Capitán de Ejército. Testó el 22 de marzo de 1852 ante Bernardo del Junco, y su defunción se encuentra en la Catedral de esta ciudad, a 11 de abril de dicho año.

E. — Don José Rafael de Castro Palomino y Murguía, bautizado en la Catedral de La Habana el 26 de marzo de 1773, fue Capitán del Regimiento de México. Testó el 7 de diciembre de 1846 ante Eugenio Pontón, y su defunción se encuentra en esta ciudad, parroquia de Monserrate, a 17 de diciembre de dicho año. Casó dos veces en La Habana: la primera, en la parroquia de Jesús del Monte, el 28 de mayo de 1798, con doña Cecilia Zenea y Rodríguez, hija de don Manuel Zenea y Ruiz-Tagle, y de doña María Rodríguez Escudero y González. Casó por segunda vez, el 15 de agosto de 1808, en la parroquia de Guadalupe, con doña Josefa Domínguez y Otero, hija del Capitán Juan y de María Gertrudis.

Don José Rafael de Castro Palomino y Murguía, tuvo por hijos de doña Manuela Díaz de la Puente: a Rosalía; a Rosa Polonia y a José Gonzalo de Castro Palomino y Díaz de la Puente.

Don José Rafael de Castro Palomino y Murguía, y su primera mujer doña Cecilia Zenea y Rodríguez, tuvieron por hijo: a Francisco de Castro Palomino y Zenea.

Don José Rafael de Castro Palomino y Murguía, y su segunda mujer doña Josefa Domínguez y Otero, tuvieron por hijos: a María de los Dolores; a Josefa y a José de Castro Palomino y Domínguez.

7. — Don Antonio de Castro Palomino y del Puerto, bautizado en la Catedral de La Habana, el 12 de diciembre de 1752, fue Brigadier de Infantería de los Reales Ejércitos, Inspector del Batallón de Pardos de esta plaza y Regidor del Ayuntamiento de La Habana. Casó en esta ciudad, parroquia del Espíritu Santo, el 18 de junio de 1805, con doña Antonia Fernández Trevejo y Rives, hija de don Antonio Fernández Trevejo y Zaldívar, Coronel de Infantería de Ingenieros en Jefe de esta plaza, y de doña Mariana Rives y García de Amoedo. Tuvieron por hijos: a María de la Encarnación; a María de la Luz; a Antonio María; a José Miguel; a Juan Antonio y a Joaquín María de Castro Palomino y Fernández Trevejo. De los cuales:

1. — Doña María de la Encarnación de Castro Palomino y Fernández Trevejo, fue bautizada en La Habana, parroquia del Espíritu Santo, el

19 de abril de 1809, donde casó el 10 de junio de 1825, con don Manuel del Puerto y Aguila, hijo de Francisco y de Francisca.

2. — Doña María de la Luz de Castro Palomino y Fernández Trevejo, fue bautizada en La Habana, parroquia del Espíritu Santo, el primero de junio de 1811, donde está su defunción a 27 de marzo de 18... Casó en la referida parroquia el 24 de septiembre de 1831, con don Manuel Chenard y de las Cuevas, natural de Santiago de Cuba, Oficial de la Secretaría de la Capitanía General de dicha plaza, hijo del Teniente Coronel José María Chenard y Coto, y de doña María Catalina de las Cuevas y Mariño.

3. — Don Joaquín María de Castro Palomino y Fernández Trevejo, bautizado en La Habana, parroquia del Espíritu Santo, el 18 de diciembre de 1817, fue Teniente de Infantería en esta plaza. Casó dos veces: la primera en la Catedral de Santiago de Cuba, el 25 de enero de 1843, con doña María Isabel Colás y Fernández de Granda, santiaguera, cuya defunción se encuentra en La Habana, parroquia de Guadalupe a 3 de octubre de 1850, hija de don Francisco Javier Colás y de las Cuevas, y de doña María Ramona Fernández de Granda y Limonta, naturales de Santiago de Cuba. Casó por segunda vez, en La Habana, parroquia de Monserrate el 16 de febrero de 1854, con doña Angela María Mayo y Socorro, natural de esta ciudad, hija de don Antonio Mayo y Carrera, natural de Génova en Italia, y de doña María de los Reyes Socorro y Nis, natural de Canarias. De este segundo matrimonio tuvo por hijo a:

Don Joaquín de Castro Palomino Mayo, natural de La Habana, cuya defunción, párvulo, se encuentra en esta ciudad parroquia de Monserrate, a 22 de febrero de 1856.

Don Joaquín de Castro Palomino y Fernández Trevejo, y su primera mujer doña María Isabel Colás y Fernández de Granda, tuvieron por hijos: a Ana María, y a Antonio de Castro Palomino y Colás. Los cuales:

1. — Doña Ana María de Castro Palomino y Colás, cuya defunción está en La Habana, parroquia de Guadalupe, a 3 de octubre de 1877, casó con don Juan Francisco Rodríguez.

2. — Don Antonio de Castro Palomino y Colás, cuya defunción se encuentra en La Habana, parroquia de Guadalupe, a 28 de marzo de 1875, casó en la parroquia de la villa de Guanabacoa, el 14 de mayo de 1871 con doña Amalia Elvira Valdés, y tuvieron por hija: a

Doña María Manuela de Castro Palomino y Valdés, que fue bautizada en la parroquia de Guanabacoa el 22 de marzo de 1872. Casó en La Habana, parroquia de Monserrate, año de 1890, con don Bienvenido Pulgarón y Valdés, natural de Calabazar de La Habana, hijo de don Francisco Antonio Hernández Pulgarón y Valdés, natural de Guanabacoa, y de doña María de los Dolores Josefa Valdés.

«LINEA TERCERA»

Don Jerónimo de Castro Palomino y Borroto (mencionado anteriormente como hijo de don Agustín de Castro Palomino y León Farfán de los Godos, y de doña Nicolasa Borroto), bautizado en la Catedral de La Habana, el 8 de octubre de 1685, presentó el año 1702 una información de su nobleza, en la curia de la Diócesis de esta ciudad. Su defunción se encuentra en la referida Catedral a 21 de febrero de 1764, donde casó el 27 de agosto de 1712, con doña María Juana Villarte y Vélez, natural de esta ciudad, hija del Alférez Ambrosio y de Bárbara. Tuvieron por hijos: a Sebastiana; a Ana María; a Bárbara; a María Jacinta; a Petronila; a María Magdalena; a Jerónimo; a Mateo; a Agustín; a Marcos; a Juan de Dios y a Carlos de Castro Palomino y Villarte. De los cuales:

1. — Doña Bárbara de Castro Palomino y Villarte, fue bautizada en la Catedral de La Habana el 22 de enero de 1739, donde está su defunción a 11 de noviembre de 1772. Casó con don Lázaro de Medina y Castro, hijo de Pedro y de Francisca.

2. — Doña María Jacinta de Castro Palomino y Villarte, bautizada en la Catedral de La Habana, el 23 de agosto de 1732, testó el 23 de marzo de 1766 ante el escribano Juan de Salinas, y su defunción se encuentra en la referida Catedral a 18 de abril de dicho año. Casó en esta ciudad parroquia de Guadalupe, el 19 de enero de 1765, con don Francisco Javier Castellanos y Quijano, hijo de don Miguel Hernández Castellanos y Valle Vergara, y de doña Lorenza Quijano y Espinosa de Contreras.

3. — Doña Petronila de Castro Palomino y Villarte, fue bautizada en la Catedral de La Habana el 4 de marzo de 1714, estando su defunción en esta ciudad, parroquia de Guadalupe, a 22 de marzo de 1781. Casó en La Habana, parroquia del Espíritu Santo, el 6 de marzo de 1740, con don Antonio Duarte y Burón, hijo de don José Duarte y Osorio de Pedroso, y de doña Nicolasa Burón y de la Rocha.

4. — Doña María Magdalena de Castro Palomino y Villarte, fue bautizada en la Catedral de La Habana el primero de agosto de 1715, donde casó el 29 de febrero de 1740, con el licenciado José de Santás y Pazos y Alarcón, hijo de Juan y de Catalina.

5. — Don Juan de Dios de Castro Palomino y Villarte, bautizado en La Habana, parroquia del Santo Angel, el 17 de mayo de 1725, testó el 8 de mayo de 1772 ante el escribano Francisco Javier Rodríguez, y su defunción se encuentra en esta ciudad, parroquia de Guadalupe, a 23 de marzo de 1773. Casó en la referida Catedral el 5 de diciembre de 1756, con doña María Micaela Núñez de Villavicencio y de la Rocha, hija de Ignacio y de Eugenia. Tuvieron por hijos: a Juana; a José; León y a Matías de Castro Palomino y Núñez de Villavicencio. Los cuales:

A. — Doña Juana de Castro Palomino y Núñez de Villavicencio fue bautizada en la Catedral de La Habana el 26 de mayo de 1769, estando su defunción en esta ciudad, parroquia de Guadalupe, a 28 de octubre de 1787. Casó con don Lucas Hernández.

B. — Don José León de Castro Palomino y Núñez de Villavicencio, bautizado en la Catedral de La Habana el 18 de abril de 1766, fue Comisario de la Santa Cruzada. Casó en esta ciudad, parroquia de Guadalupe, el 20 de julio de 1808, con doña Ana Josefa Morales y Núñez de Villavicencio, hija de don Manuel José Recio de Morales y Armenteros, III Marqués de la Real Proclamación, Teniente Coronel de Caballería de Milicias, Alcalde ordinario, y de doña María Ignacia Núñez de Villavicencio y de la Rocha. Tuvieron por hijo: a

Don Manuel de Castro Palomino y Morales, que fue bautizado en la Catedral de La Habana el año 1809.

C. — Don Matías de Castro Palomino y Núñez de Villavicencio, bautizado en La Habana, parroquia del Espíritu Santo, el 10 de junio de 1760, testó el 6 de junio de 1824 ante Juan de Mesa, y su defunción se encuentra en esta ciudad, parroquia de Guadalupe, a 8 de junio de dicho año. Casó dos veces en La Habana: la primera en la parroquia del Santo Angel, el 24 de febrero de 1794, con doña Felipa Núñez de Villavicencio y Oliva, hija de Manuel y de María del Carmen. Casó por segunda vez, en la parroquia de Guadalupe, el 29 de agosto de 1810, con su cuñada doña Ana María Núñez de Villavicencio y Oliva, hermana de su primera mujer.

Don Matías de Castro Palomino y Núñez de Villavicencio, y su primera mujer doña Felipa Núñez de Villavicencio y Oliva, tuvieron por hijos: a Juan de Dios y a Manuel de Castro Palomino y Núñez de Villavicencio. De los cuales:

Don Manuel de Castro Palomino y Núñez de Villavicencio, bautizado en La Habana, parroquia de Guadalupe, el 15 de abril de 1801, casó en esta ciudad, parroquia del Cerro, el 29 de mayo de 1852, con doña María de los Dolores Roca y Martínez. Tuvieron por hijos: a María Felipa y a Manuel de Castro Palomino y Roca.

6. — Don Carlos de Castro Palomino y Villarte, bautizado en la Catedral de La Habana el 29 de noviembre de 1717, fue Capitán del partido del Quemado. Testó el 7 de mayo de 1789 ante Tomás García, y su defunción se encuentra en La Habana, parroquia del Santo Cristo, a 14 de mayo de dicho año. Casó en la referida Catedral el 15 de agosto de 1750, con doña María Leonor de Leiva y Valero y Guzmán, hija de don Francisco de Leiva Carvajal y Balmaceda, y de doña María Valero y Guzmán y Díaz de León. Tuvieron por hijos: a Juana; a Hipólita; a María de los Dolores; a Leonor; a Josefa; a María de Regla; a Carlos; a José Antonio y a Miguel de Castro Palomino y Leiva. De los cuales:

1. — Doña Leonor de Castro Palomino y Leiva, casó con don Antonio José Rodríguez de Morejón y Cepero, Capitán de Dragones de Matanzas, hijo del Teniente Pedro Rodríguez de Morejón y Salcedo, y de doña Francisca Cepero y Doria.

2. — Doña Josefa de Castro Palomino y Leiva, bautizada en la Catedral de La Habana el 27 de octubre de 1761, casó en esta ciudad, parroquia del Santo Cristo, el 25 de diciembre de 1791, con don Silvestre González de la Torre y Flores, hijo de don Domingo González de la Torre y González de la Torre, y de doña Paula Flores y·Figueroa.

3. — Doña María de Regla de Castro Palomino y Leiva, fue bautizada en la Catedral de La Habana el 11 de septiembre de 1754, donde está su defunción a 13 de abril de 1770. Casó en la referida Catedral el 21 de julio de 1769, con don Ignacio Ponce de León y Maroto, Doctor en Leyes, Catedrático de Vísperas, de Derecho Real y Comisario de la Real y Pontificia Universidad de La Habana, Juez de Bienes de Difuntos, Consultor de la Santa Inquisición, Auditor de Marina y Oídor de la Real Audiencia de Guadalajara, hijo de Licenciado Antonio Ponce de León y Ortiz, Teniente Coronel de los Reales Ejércitos, Escribano de Guerra y Marina de la plaza de La Habana y de doña Manuela Maroto y Montaña.

4. — Don Miguel de Castro Palomino y Leiva, bautizado en la Catedral de La Habana el 7 de octubre de 1755, testó el 16 de agosto de 1805 ante el escribano José Leal, y su defunción se encuentra en esta ciudad, parroquia del Santo Cristo a 26 de agosto de dicho año. Casó en la parroquia de Guamutas, el 30 de abril de 1794, con doña Ana Joaquina Román y González, y tuvieron por hijos: a María Lucía; a Miguel; a Carlos y a Tomás de Castro Palomino y Román. De los cuales:

1. — Doña María Lucía de Castro Palomino y Román, bautizada en la parroquia de Guamutas el 14 de diciembre de 1796, casó con don Francisco Quintana y Salazar, hijo de Francisco y de María de los Dolores.

2. — Don Tomás de Castro Palomino y Román, casó en La Habana, parroquia del Santo Cristo, el 3 de febrero de 1826, con doña Perfecta Bolaños y Valdés.

«LINEA CUARTA»

Don Nicolás de Castro Palomino y Borroto (mencionado anteriormente como hijo de don Agustín de Castro Palomino y León Farfán de los Godos, y de doña Nicolasa Borroto), bautizado en la Catedral de La Habana el 24 de septiembre de 1686, testó el 16 de mayo de 1769, y su defunción se encuentra en la referida Catedral a 1.º de junio de dicho año, donde casó el 12 de junio de 1709, con doña Francisca Antonia Ruiz Guillén y Loza, hija de don José Ruiz Guillén y Loza, Regidor Alguacil Mayor de la Santa Hermandad, y de doña Feliciana Loza y Ramírez de Aparicio. Tuvieron por hijos: a María Rosalía; a Isabel; a María Josefa; a Francisca Antonia; a Ana María; a Feliciana; a Teresa; a Juan Baustita; a José Manuel; a Agustín; a Nicolás y a Gabriel José de Castro Palomino y Ruiz Guillén. De los cuales:

1. — El doctor José Manuel de Castro Palomino y Ruiz Guillén, bantizado en la Catedral de La Habana el primero de marbo de 1723, testó

el 23 de mayo de 1785 ante el escribano José Antonio Bosque, y su defunción se encuentra en esta ciudad, parroquia del Santo Cristo, a 15 de enero de 1789. Fue presbítero y consultor comisario del Santo Oficio de la Inquisición.

2. — Don Agustín de Castro Palomino y Ruiz Guillén, bautizado en la Catedral de La Habana el 5 de marzo de 1731, fue sacerdote y Rector Beneficiado de las parroquiales de La Habana. Su defunción se encuentra en la referida Catedral, a 3 de enero de 1778.

3. — Don Nicolás de Castro Palomino y Ruiz Guillén, bautizado en la Catedral de La Habana el 28 de enero de 1717, fue Oficial de la Contaduría general de Marina de esta plaza. Testó el 17 de marzo de 1786 ante Nicolás Frías, y su defunción se encuentra en la referida Catedral a 28 de febrero de 1794. Tuvo de doña Manuela Josefa Arias Guerra y Ayala, una hija llamada:

Doña Manuela Josefa de Castro Palomino y Arias, bautizada en La Habana, en la parroquia del Santo Cristo, el 7 de julio de 1748, que fue legitimada por concesión Real en el año 1776. Su defunción se encuentra en esta ciudad, parroquia del Santo Angel, a 28 de enero de 1828. Casó en La Habana, parroquia del Santo Cristo, el 26 de mayo de 1766, con don Blas José Ruiz y Romero de Uvira, Comandante de Navío y Contador de la Real Armada, hijo de Blas Manuel y de Rosa María.

4. — Don Gabriel José de Castro Palomino y Ruiz Guillén, bautizado en la Catedral de La Habana el 29 de marzo de 1733, Alcalde de la Santa Hermandad en 1779, testó el 3 de diciembre de 1793 ante Gabriel Ramírez y su defunción se encuentra en esta ciudad, parroquia del Santo Cristo, a 26 de noviembre de 1808. Casó dos veces en La Habana: la primera, en la Catedral el 22 de abril de 1757, con doña Rita María Rodríguez de Morejón y Viedma, hija de don José Rodríguez de Morejón y Alverja, y de doña Micaela Biedma y González-Carvajal. Casó por segunda vez, el 13 de agosto de 1800, en la parroquia del Santo Cristo, con doña María de la Cruz Morales y Balmaceda, hija de don José Domingo Morales, y de doña Tomasa Balmaceda y Sotolongo.

Don Gabriel de Castro Palomino y Ruiz Guillén, y su segunda mujer doña María de la Cruz Morales y Balmaceda, tuvieron por hijos: a Juan, y a Manuel José de Castro Palomino y Morales. De los cuales:

Don Manuel José de Castro Palomino y Morales, bautizado en La Habana, parroquia del Santo Cristo, el 29 de abril de 1808, casó en esta ciudad, parroquia del Espíritu Santo, el 6 de julio de 1856, con doña María Antonia de Ojeda y Pérez Reina, natural de Cádiz, hija de Diego José y de Francisca. Tuvieron por hijos: a Andrés; a Manuel Miguel, y a Angel Manuel de Castro Palomino y Ojeda. De los cuales:

1. — Don Manuel Miguel de Castro Palomino y Ojeda, casó en la Catedral de La Habana el 20 de febrero de 1878, con doña Clemencia Ana Cortezo Alonso y Armas de Armas, natural de Sevilla, hija de Leoncio y de Josefa. Tuvieron por hijo: a Don Miguel Angel de Castro Palomino

y Cortezo-Alonso, que fue bautizado en La Habana, parroquia de Monserrate el 15 de enero de 1879.

2. — Don Angel de Castro Palomino y Ojeda, casó en La Habana, parroquia de Guadalupe, el 12 de abril de 1873, con doña Victoria de los Dolores Sentmenat y Benítez, natural de esta ciudad, hija de Manuel y de María de las Mercedes.

Don Gabriel de Castro Palomino y Ruiz Guillén, y su primera mujer, doña Rita María Rodríguez de Morejón y Viedma, tuvieron por hijos: a María de Jesús; a Gabriel y a José María de Castro Palomino y Morejón. De los cuales:

1. — Doña María de Jesús de Castro Palomino y Morejón, cuya defunción se encuentra en la parroquia de la ciudad de San Juan de Jaruco (provincia de La Habana), a 19 de abril de 1789, casó con don José Félix de Córdoba y Castro, natural de Caracas, Teniente Coronel de los Reales Ejércitos, Gobernador y Capitán a Guerra, Subdelegado de Real Hacienda de la villa de Santa María de Puerto Príncipe, hijo de don Rafael de Córdoba y Verdes, natural de Madrid, Sargento Mayor de la plaza de Caracas, y de doña María Trinidad de Castro, natural de Caracas.

2. — Don Gabriel de Castro Palomino y Morejón, fue natural de La Habana, fue Teniente de Dragones Rurales de Fernando VII y Porta-Guión del Escuadrón de Dragones de América. Su defunción se encuentra en La Habana, parroquia de Guadalupe, a 1.º de junio de 1814. Casó en esta ciudad, parroquia del Santo Cristo, el 3 de agosto de 1789, con doña Catalina de Roxas Sotolongo y Duarte, hija de don Andrés de Roxas Sotolongo y Vélez de las Cuevas, Abogado de la Real Audiencia de México y Santo Domingo, y de doña Leonor Duarte y Cepero. Tuvieron por hijos: a María Josefa; a María de Belén; a Martín Antonio; a José Cristóbal; a Gabriel y a Andrés de Castro Palomino y Roxas Sotolongo. De los cuales:

A. — Don José Cristóbal de Castro Palomino y Roxas Sotolongo fue bautizado en La Habana, parroquia del Espíritu Santo, el 23 de noviembre de 1790, nacido el 15 de ese mismo mes.

B. — Don Gabriel de Castro Palomino y Roxas Sotolongo, bautizado en La Habana, parroquia del Espíritu Santo, el 21 de diciembre de 1793, fue Subteniente del Regimiento de Infantería de México. Su defunción se encuentra en La Habana, parroquia de Guadalupe, a 12 de septiembre de 1837, donde casó el primero de enero de 1830, con doña Agustina Zaldívar y Tantete, hija de don José Fernández de Zaldívar y Murguía, primer Conde de Zaldívar, Coronel de Infantería de Milicias de esta plaza, Regidor del Ayuntamiento de La Habana, Caballero de la orden de Santiago, y de doña María del Carmen Tantete y Armenteros.

B. — Don Andrés de Castro Palomino y Roxas Sotolongo, fue bautizado en La Habana, parroquia del Espíritu Santo, el 27 de marzo de 1797, y su defunción se encuentra en esta ciudad, parroquia de Guadalupe, a 6 de junio de 1852. Casó tres veces: la primera, en la parroquia de la villa de Guanabacoa, el 7 de enero de 1818, con doña María de la Concepción Eligio de Castro y Orta, hija de Miguel y de Faustina. Casó por segunda vez, el 16 de junio de 1834, en Batabanó, parroquia de San Pedro, con doña María Margarita González de la Torre y Xénes, hija de don Juan Bautista González de la Torre y Flores, y de doña María de Jesús Petrona de Xénes y Medrano. Casó por tercera vez, en La Habana, parroquia de Guadalupe, el 4 de enero de 1843, con doña Rosa Carnota y Castro, hija de don Vicente Carnota y Casals, y de doña María Cipriana de Castro y Piña.

Don Andrés de Castro Palomino y Roxas Sotolongo, y su primera mujer doña María de la Concepción Eligio de Castro y Orta, tuvieron por hijos: a María de los Dolores; a Dominga; a María Josefa; a Miguel; a Andrés y a Martín de Castro Palomino y Eligio de Castro. De los cuales:

a). — Doña María de los Dolores de Castro Palomino y Eligio de Castro, natural de la villa de Guanabacoa, casó en La Habana, parroquia de Guadalupe, el 11 de febrero de 1848, con don Matías García y Flores natural de la villa de Pedrosa, en Segovia, Capitán y Ayudante Mayor del Regimiento de Lanceros del Rey, hijo de don Julián García y Benito, y de doña Manuela Flores y Muñoz.

b). — Doña Dominga de Castro Palomino y Eligio de Castro, casó en La Habana, parroquia de Guadalupe, el 8 de febrero de 1849, con don Luis Pedro Raymond y Boutronce, natural de Londres, Capitán y Ayudante Mayor del segundo Escuadrón Rural de Fernando VII, hijo de Pedro y de Juana Isabel.

c). — Doña María Josefa de Castro Palomino y Eligio de Castro, bautizada en la parroquia de la villa de Guanabacoa, el 21 de agosto de 1820, casó en La Habana, parroquia de Guadalupe el 5 de febrero de 1842, con don Miguel García Barrera y Landa, hijo de don Juan García Barrera y Rodríguez Vigario, de los progenitores de la casa condal de Baynoa y de doña Francisca Landa y García-Barrera.

d). — Don Andrés de Castro Palomino y Eligio de Castro, fue sacerdote. Su defunción se encuentra en La Habana, parroquia de Guadalupe a 5 de marzo de 1850.

e). — Don Martín de Castro Palomino y Eligio de Castro, fue bautizado en La Habana, parroquia de Guadalupe, el 2 de marzo de 1822, donde casó el 11 de enero de 1848, con doña Agueda Hernández y Alcázar, hija de José y de María de los Dolores.

Don Andrés de Castro Palomino y Roxas Sotolongo, y su segunda mujer doña María Margarita González de la Torre y Xénes, tuvieron por hijos: a María Catalina, y a Juan de Castro Palomino y González de la Torre.

Don Andrés de Castro Palomino y Roxas Sotolongo, y su tercera mujer doña Rosa Carnota y Castro, tuvieron por hijos: a María Francisca; a María Leonor, y a Adolfo de Castro Palomino y Carnota. De los cuales:

a). — Doña María Leonor de Castro Palomino y Carnota, casó en la parroquia de la villa de Guanabacoa el 3 de diciembre de 1872, con don Francisco González y Suárez, hijo de Francisco y de María de Regla.

b). — Don Adolfo de Castro Palomino y Carnota, bautizado en La Habana, parroquia de Guadalupe, y doña María Francisca Monduy y Etien, hija de Ramón y de María de los Dolores, tuvieron por hija: a

Doña Rosa de Castro Palomino y Monduy, que fue bautizada en la parroquia de la villa de Guanabacoa el 8 de diciembre de 1874. Casó en La Habana el 3 de julio de 1918, con don Leopoldo Torres y Urbach, hijo de Ricardo y de María Josefa.

3. — Don José María de Castro Palomino y Morejón, bautizado en la Catedral de La Habana el 13 de octubre de 1758, después de viudo, fue sacerdote. Testó el 12 de marzo de 1818 ante José María Rodríguez, y su defunción se encuentra en esta ciudad, parroquia del Santo Cristo. a 11 de febrero de 1820, donde casó el 26 de julio de 1778, con doña Catalina Duarte y Murguía, hija del Capitán Antonio Duarte y Gómez Pita, y de doña María Catalina Murguía y Cordero. Tuvieron por hijos: a Francisco de Paula y a Juan Bautista de Castro Palomino y Duarte. Los cuales:

1. — Don Francisco de Paula de Castro Palomino y Duarte, bautizado en La Habana, parroquia del Espíritu Santo, el 22 de octubre de 1781, casó en la Catedral de esta ciudad el 28 de abril de 1800, con doña María del Rosario Flores y Caballero, hija del licenciado Antonio Flores y Quijano, y de doña Leonarda Caballero y Rodríguez de la Barrera. Tuvieron por hijos: a María Leonarda; a Josefa Catalina; a María del Rosario; a Antonio; a Rafael y a Gabriel de Castro Palomino y Flores. De los cuales:

A. — Doña María Leonarda de Castro Palomino y Flores, bautizada en la Catedral de La Habana el 19 de marzo de 1808, casó en la parroquia del Cerro, el 2 de agosto de 1826, con don Carlos Francisco Galainena y del Valle Clavijo, hijo del licenciado Juan Bautista Galainena y Bassave, y de doña María del Rosario del Valle Clavijo y Morales.

B. — Doña Josefa Catalina de Castro Palomino y Flores, bautizada en la Catedral de La Habana el 27 de marzo de 1805, casó dos veces en esta ciudad: la primera, en la parroquia de Guadalupe, el 26 de septiembre de 1833, con don Gonzalo de Herrera y Herrera, hijo de don Gonzalo de Herrera y Herrera, Regidor Receptor de Penas de Cámara, Caballero de la Orden de Carlos III, y de doña María Francisca Herrera y Pedroso, pertenecientes ambos a la casa de los marqueses de Villalta y de Almendares. Casó por segunda vez, en la Catedral, el 2 de abril de 1840, con don José Jacinto de Frías y Jacott, Jefe de la Sección de Estadística en el Gobierno General, Agrónomo y Economista distinguido. hijo de don Antonio de Frías y Gutiérrez, dueño de la hacienda «El Vedado», y de doña Bernarda Jacott y Martínez Heto, III Condesa de Pozos Dulces.

C. — Doña María del Rosario de Castro Palomino y Flores, bautizada en la Catedral de La Habana el 2 de mayo de 1809, casó en esta ciudad, parroquia del Cerro, el 21 de marzo de 1825, con don Juan José O'Farrill y Arrendondo, Coronel de Caballería de Milicias provinciales de esta plaza, hijo de don José Ricardo O'Farrill y Herrera, Brigadier de los Reales Ejércitos, Coronel de Milicias de Caballería, Prior del Tribunal del Real Consulado, Alcalde ordinario de La Habana, y de doña María de Loreto de Arredondo y Ambulodi.

D. — Don Rafael de Castro Palomino y Flores, bautizado en La Habana, parroquia del Espíritu Santo, el primero de noviembre de 1811, casó con doña Marcelina Naranjo y Nodarse, hija de Nazario y de María del Tránsito. Tuvieron por hija: a

Doña Elvira de Castro Palomino y Naranjo, que fue bautizada en La Habana, parroquia del Cerro, el 11 de junio de 1857.

E. — Don Gabriel de Castro Palomino y Flores, bautizado en la Catedral de La Habana el 29 de julio de 1803, fue abogado. Casó en la Catedral de Matanzas el año 1841, con doña Florencia Mendive y Rivera, natural de La Habana, hija de Mariano y de María de los Dolores.

2. — Don Juan Bautista de Castro Palomino y Duarte, bautizado en la Catedral de La Habana el 28 de septiembre de 1783, testó el 7 de octubre de 1844 ante Rufino Pacheco, y su defunción se encuentra en esta ciudad, parroquia de Guadalupe, a 9 de octubre de dicho año. Casó en La Habana, parroquia del Espíritu Santo, el 27 de junio de 1805, con doña María de Jesús Armona y Lisundia, hija de don Matías de Armona y Murga, Mariscal de Campo de los Reales Ejércitos, Caballero de la Orden de Carlos III, y de doña María de los Dolores Lisundia y Calvo de la Puerta. Tuvieron por hijos: a María de los Dolores; a María de Jesús; a Luis y a Joaquín Aguedo Rafael de Castro Palomino y Armona. Los cuales:

1. — Doña María de los Dolores de Castro Palomino y Armona fue bautizada en la parroquia de Santiago de las Vegas el 10 de marzo de 1806.

2. — Doña María de Jesús de Castro Palomino y Armona, casó con don Francisco Cepero y Armenteros.

3. — Don Luis de Castro Palomino y Armona, fue bautizado en la Catedral de La Habana el 20 de junio de 1809.

4. — Don Joaquín de Castro Palomino y Armona, fue bautizado en la Catedral de La Habana el 2 de septiembre de 1811, donde está su defunción a 21 de enero de 1857. Casó en la referida Catedral el 3 de marzo d 1851, con doña María de los Dolores Armona y Armenteros, hija de don Domingo de Armona y Lisundia, Coronel de los Reales Ejércitos, y de doña Micaela Armenteros y Castellón. Tuvieron por hijos: a María de Jesús y a Joaquín de Castro Palomino y Armona. Los cuales:

1. — Doña María de Jesús de Castro Palomino y Armona, casó en La Habana, parroquia de Guadalupe, el 8 de octubre de 1868, con don

Joaquín Cepero y Castro Palomino, hijo de don Francisco Cepero y Armenteros y de doña María de Jesús de Castro Palomino y Armona.

2. — Don Joaquín Aguedo Rafael de Castro Palomino y Armona, fue bautizado en la Catedral de La Habana el 12 de marzo de 1855, y su defunción se encuentra en esta ciudad, parroquia de Guadalupe a 13 de octubre de 1879. Casó en esta ciudad, parroquia del Santo Cristo, el 20 de noviembre de 1875, con doña Felicia Rosa de Garmendía y Molina, nacida el 20 de noviembre de 1854 y bautizada en La Habana, parroquia del Santo Angel el 12 de enero de 1855, hija de don Próspero Ramón de Garmendía y Córdoba, y de doña Rosa de Molina y Córdoba. Tuvieron por hija: a María de los Dolores de Castro Palomino y Garmendía.

No ha sido posible establecer el entronque con los anteriores del que sigue, perteneciente a la misma familia:

Don José de Castro-Palomino, natural de La Habana, que en 1784 era Secretario de Cámara y Gobierno de la Real Audiencia de Santo Domingo (legajo 1185 «Provisiones de empleos políticos y militares», sección *Audiencia de Santo Domingo*, Archivo general de Indias en Sevilla, y asiento 138 «Algunos papeles cubanos del Archivo general de Indias», por Rafael Nieto y Cortadellas en el «Boletín» del Archivo Nacional de Cuba, enero-diciembre de 1950). Falleció en la ciudad dominicana de Monte Cristi, y fue casado con doña Catalina Saviñón, natural de la ciudad de Santo Domingo, que a su vez, falleció en Jerez de la Frontera, provincia de Cádiz. Tuvieron por hijos: a Cristóbal y a Nicolás de Castro-Palomino y Saviñón. Los cuales:

1. — Don Cristóbal de Castro-Palomino y Saviñón, natural de Santo Domingo, como militar fue destinado a España, siendo Teniente Coronel del Batallón Ligero de Valencia.

2. — El Coronel Nicolás de Castro-Palomino y Saviñón, natural de la ciudad de Santo Domingo, perteneció al Real Cuerpo de Infantería en España, avecindándose en Valencia. Casó en la parroquia castrense de Cádiz con doña Francisca Romero y Descalzo, natural de Jerez de la Frontera, hija de Antonio y de Angela, esta última natural de la isla gaditana de León. Fueron los padres: de Antonio, y de Cristóbal Federico de Castro Palomino y Romero. Los cuales:

1. — Don Antonio de Castro-Palomino y Romero, casó con doña Rosa Socarrás.

2. — Don Cristóbal Federico de Castro-Palomino y Romero, nació en la ciudad de Valencia el 7 de febrero de 1821, siendo bautizado el mismo día en la parroquia de San Bartolomé Apóstol (folio 12 del libro castrense correspondiente). Siendo Subteniente del Regimiento de Infantería de Borbón, obtuvo su licenciamiento militar por Real despacho dado el 9 de junio de 1839. Casó dos veces: la primera con doña María de las Mercedes de Madariaga y del Castillo, natural de Jerez de la Frontera,

cuya defunción se encuentra en Sevilla, parroquia de San Isidro, a 22 de mayo de 1856 (folio 56 vuelto, libro 7), hija de don Juan Antonio de Madariaga y Llano, Arzueta y Fernández, nacido en Cádiz, año de 1773 y fallecido en 1840, III Marqués de Casa-Alta en 1822, y desde 1813 III Conde de Torre-Alegre, y de doña Angela del Castillo y Sánchez, natural de la isla de León. Por segunda vez, don Cristóbal Federico de Castro-Palomino y Romero casó en La Habana, parroquia de Guadalupe, el 9 de mayo de 1863, con doña María de la Candelaria Radillo y González, nacida en Santiago de Cuba el 2 de febrero de 1845, y bautizada en esa ciudad, parroquia de Nuestra Señora de los Dolores el 9 de marzo de ese año(hija de don Ramón Radillo y Jiménez, y de doña Ana María González y Mustelier. De su primera mujer tuvo por hijo: a Nicolás de Castro-Palomino y Madariaga, y de la segunda a Jesús María; a María de la Concepción; a Cristóbal de Jesús, y a José Ramón de Castro-Palomino y Radillo. Los cuales:

1. — Don Nicolás de Castro-Palomino y Madariaga, natural de Jerez de la Frontera, casó en La Habana, parroquia del Snto Angel, el 8 de octubre de 1874, con doña María Josefa Gelabert y Gayarre, natural de esta ciudad, hija de Francisco de Paula y de Irene.

2. — Don Jesús María de Castro-Palomino y Radillo, nacido en La Habana el 28 de marzo de 1865 y bautizado en esta ciudad, parroquia de Monserrate, el 21 de mayo de ese año, fue Comandante del Ejército Libertador de Cuba. Casó en Santiago de Cuba con doña Gertrudis Bestard, de la que tuvo por hijo: a Dulce María y a Cristóbal-Antonio de Castro-Palomino y Bestard. Los cuales:

A. — Doña Dulce María de Castro Palomino y Bestard, nació en Santiago de Cuba, párvula, cuya defunción se encuentra en la parroquia de los Dolores, página 225 No. 618, libro 7.

B. — Don Cristóbal Antonio de Castro-Palomino y Bestard, nacido en Santiago de Cuba el 19 de junio de 1891, quien siendo Cónsul de Cuba en Mérida (Yucatán), falleció en esta ciudad mexicana el 7 de enero de 1931. Ingresó en el servicio exterior cubano en el año de 1914, casando en la ciudad de Puerto México (Estado de Veracruz), el 27 de junio de 1919, con doña Malvina Ruiz y Rodríguez, allí natural, hija de don Pedro Ruiz y Allende, natural de Guardamino en Santander, y de doña Teodora Rodríguez que lo fue de Tehuantepee, en el Estado mexicano de Oaxaca. De su citado enlace procreó: a Dulce María; a Malvina; a Cristóbal; a Gloria y a Carmen Rosa de Castro-Palomino y Ruiz, esta última nacida en Puerto México el 20 de agosto de 1926.

3. — Doña María de la Concepción de Castro-Palomino y Radillo, nacida en La Habana el 15 de enero de 1866 y bautizada en esta ciudad, parroquia de Monserrate, el 7 de marzo de ese año, casó en Santiago de Cuba con su primo don Manuel de las Cuevas y Radillo.[1]

---

1. Doña María de la Concepción de Castro-Palomino y Radillo, de su matrimonio con don Manuel de las Cuevas y Radillo, tuvo entre sus hijos: a Gloria; a

María de la Concepción; a Fernando, y a Guillermo de las Cuevas y Castro-Palomino. De los cuales:

1. — Don Fernando de las Cuevas y Castro-Palomino, natural de Santiago de Cuba, casó en La Habana, parroquia del Santo Cristo, el 2 de septiembre de 1919, con doña María del Carmen Pérez y Arriete, natural de México, hija de Ricardo y de Clotilde.

2. — Don Guillermo de las Cuevas y Castro-Palomino, nacido en Santiago de Cuba el 12 de marzo de 1892, pertenece al servicio exterior de la República de Cuba desde el año de 1915 y es Cónsul en Gante, Bélgica.

---

4. — Don Cristóbal de Jesús de Castro-Palomino y Radillo, nació el 15 de diciembre de 1867 y fue bautizado en La Habana, parroquia de Guadalupe, el 10 de julio de 1868.

5. — El doctor José Ramón de Castro-Palomino y Radillo, nacido en Santiago de Cuba el 16 de septiembre de 1885 y allí bautizado, parroquia de los Dolores el 24 de enero de 1886, es abogado y Ministro adscrito a la Embajada de Cuba en la República Argentina, habiendo sido Encargado de Negocios ad-interimen Suecia, la Argentina y México. Ingresó en el servicio exterior cubano el año de 1918, pertenece a la Academia Colombiana de Jurisprudencia, es Comendador de la orden nacional «Carlos Manuel de Céspedes» desde 1939, Comendador de la orden mexicana del «Aguila Azteca», y Oficial de la orden «Gustavo Vasa» de Suecia. Casó con doña Paulina Suárez, y tiene por hijos: a Elena; a Consuelo Lucía y a Alvaro de Castro-Palomino y Suárez. De los cuales: el

Licenciado Alvaro de Castro-Palomino y Suárez, que reside en La Habana, está casado con doña María de las Mercedes Machado y Gómez, de la que tiene por hijos. a Alfredo; a Blanca; a Federico y a Alvaro de Castro-Palomino y Machado.

CASUSO

En la primera mitad del siglo XIX, procedente de la Merindad de Transmiera, en la provincia de Santander, se estableció esta familia primeramente en Matanzas, y después en La Habana.

Son sus armas: escudo partido, primero de oro, con una cruz de Calatrava; y segundo, de sínople con una torre de piedra sobre roca. Bordura de gules con ocho sotucres de oro.

Don Isidoro Antonio Casuso, casó con doña Teresa de Echarte y Meneso, y tuvieron por hijos: a María; a Teresa; a José María; a Juan Manuel y a Francisco Casuso y Echarte. De los cuales:

1. — Don Juan Manuel Casuso y Echarte, natural de la parroquia de Entrambasaguas, partido judicial de su nombre, en la Merindad de Trasmiera, pasó a la ciudad de Matanzas, donde se estableció. Testó

ante el Teniente de partido en Bonlondrón, y su defunción se encuentra en la Catedral de Matanzas a 19 de junio de 1870. Casó con doña Ana González y Boada, natural de San Antonio de Cabezas, hija de don José González y Reconco, y de doña María Regla Boada, Tuvieron por hijos: a María Adelaida; a Enrique; a Juan Manuel y a Alberto Casuso y González. De los cuales:

Doña María Adelaida Casuso y González, bautizada en la Catedral de Matanzas el primero de agosto de 1864, casó con don Tomás Fernández y Boada, hijo de don Isidro Fernández-Trapa y García y de doña Teresa Martina Boada y Avalos.[1]

A esta familia también perteneció:

Don José Casuso, que casó con doña Luisa de la Riba. Tuvieron por hijo: a

Don Joaquín Casuso y de la Riba, natural de Rubayo, Ayuntamiento de Marina de Cudeyo, partido judicial de Santoña, en la Merindad de Trasmiera, que casó con doña Josefa de la Puente y Arce. Tuvieron por hijo: a

Don Martín Casuso y de la Puente, que fue bautizado en la parroquia de Cudeyo, Rubayo, el 18 de noviembre de 1783. Hizo información de nobleza e hidalguía en Valdecilla el 12 de septiembre de 1803 ante don Alejandro José de la Hoz Bolívar, escribano de Su Majestad. Obtuvo licencia para pasar a la ciudad de Trujillo, en el Perú, el 9 de noviembre de 1803, donde se estableció.

(Archivo General de Indias, Sevilla.)

---

1. Don José Fernández-Trapa, casó con doña Bernarda García, y tuvieron por hijo: a

Don Isidro Fernández-Trapa y García, natural de Asturias, que pasó a Sagua la Grande. Casó con doña Teresa Martina Boada y Avalos, natural de Matanzas, hija de Juan y de Ana. Tuvieron por hijos: a Isidro, y a Tomás Fernández y Boada. De los cuales:

Don Tomás Fernández y Boada, bautizado en la parroquia de Sagua la Grande el 19 de febrero de 1857, casó con doña María Adelaida Casuso y González, anteriormente mencionada. Tuvieron por hijos: a María Teresa; a Manuela; a Santiago; a Tomás, y a Isidro Fernández-Casuso. De los cuales:

1. — Doña María Teresa Fernández-Casuso, casó con don Enrique Nogueira.

2. — El doctor Santiago Fernández-Casuso, nacido en la ciudad de Málaga el 11 de septiembre de 1901, es abogado. Casó con doña Catalina Collette.

3. — Don Tomás Fernández-Casuso, casó con doña María de las Mercedes Ros.

4. — Don Isidro Fernández-Casuso, que ya ha fallecido, casó con doña Margarita Aballí y González de Mendoza, hija de don Carlos Aballí y Simpson, y de doña Magdalena González de Mendoza y Cabaleiro. Tuvieron por hijos: a María Lucía; a Carlos; a Tomás, y a Isidro Fernández y Aballí. Los cuales:

1. — Doña María Lucía Fernández y Aballí, casó con el doctor Carlos Lamas y Blanch, abogado.

2. — El doctor Carlos Fernández y Aballí, abogado, es Agregado Cultural a la Embajada de Cuba en España.

3. — Don Tomás Fernández y Aballí, casó con doña Hortensia Pérez del Camino.

4. — Don Isidro Fernández y Aballí, casó con doña Leonor Maspons y García, hija del doctor Juan José Maspons y Jordán, abogado, Registrador de la Propiedad en La Habana, y de doña Leonor García. Tienen por hijos: a Isidro y a Jorge Fernández y Maspons.

2. — Don Francisco Casuso y Echarte, nacido el 4 de octubre de 1816 fue bautizado en dicho año en la parroquia de Santiago de Orejo, ayuntamiento de Marina de Cudeyo, en la Merindad de Trasmiera. Pasó a la provincia de Matanzas, y casó en la parroquia de Guamacaro (Cárdenas) el 6 de julio de 1843 con doña Julia Roque y Hernández, natural de Nueva Paz, hija de Nicolás Gabriel y de Paulina Ramona. Tuvieron por hijos: a Paulina; a José; a Francisco; a Martín y a Gabriel Casuso y Roque. Los cuales:

1. — Doña Paulina Casuso y Roque, bautizada en la parroquia de Guamutas el 7 de febrero de 1855, casó en La Habana, parroquia del Cerro, año de 1878, con don Carlos Roca y Zuasnávar, hijo de don Carlos Roca y Gavisans, y de doña María de la Asunción Zuasnávar y Basterrechea.

2. — Don José Casuso y Roque, casó con doña Juana Mejer y Faurés, hija de Guillermo Federico Mejer, y Bezin, natural de Hannover, Alemania y de doña María Teresa Faurés y Brú natural de La Habana.

3. — Don Francisco Casuso y Roque bautizado en la parroquia de Limonar, provincia de Matanzas, el 22 de marzo de 1845, fue Coronel de Voluntarios del Regimiento de Caballería de Alfonso XII. Casó con doña María Josefa Roca y Zuasnávar, hija de don Carlos Roca, y Gavisans, y de doña María Asunción Zuasnávar y Bastarrechea. Tuvieron por hijos: a Lily y a María Casuso y Roca. De las cuales:

Doña María Casuso y Roca, casó dos veces: la primera, con el doctor Raoul Kavannagh y García de Lavín, abogado, natural de La Habana, hijo de don Francisco Kavannagh y Fernández de Castrillón, y de doña Tomasa García de Lavín e Iglesias. Casó por segunda vez, con don Angel Lluria y Sánchez, hijo de don Juan Lluria y Pujadas, y de doña María Sánchez y Ramos.

4. — El doctor Martín Casuso y Roque, bautizado en la parroquia de Guamutas el 4 de abril de 1849, casó con doña Josefa Oltra y Aranda, natural de Cuatretonda, en Valencia, hija de Vicente y de Isabel. Tuvieron por hijos: a Josefina; a María del Carmen; a Martín; a Antonio; a Gabriel; a José Enrique y a Alejandro Casuso y Oltra. De los cuales:

A. — Doña María del Carmen Casuso y Oltra, casó con Mark Pollack.[1]

B. — Don Antonio Casuso y Oltra, casó con doña Virginia Peña.

---

1. Doña María del Carmen Casuso y Oltra y su marido Mark Pollack, tuvieron por hijos: a Roberto; a Mark, y a Elena Pollack y Casuso. De los cuales:

1. — Don Roberto Pollack y Casuso, casó con doña María Diehl y González de la Torre, hija de Hermann Diehl, y de doña María de Lourdes González de la Torre y González-Llorente.

2. — Doña Elena Pollack y Casuso, casó con don Guillermo Aguilera y Sánchez, industrial, Senador de la República de Cuba, hijo de don Antonio Aguilera y Molina; y de doña Catalina Sánchez y Batista.

C. — Don Gabriel Casuso y Oltra, casó con doña María de los Angeles Martínez, y tuvieron por hijo: a Gabriel Casuso y Martínez.

D. — El doctor José Enrique Casuso y Oltra, bautizado en la Catedral de Pinar del Río el 21 de abril de 1881, es Abogado y fue Representante a la Cámara. Casó con doña Rosa Casuso y Díaz-Albertini, hija del doctor Gabriel Casuso y Roque, médico-cirujano, Rector de la Universidad de La Habana, y de doña María Josefa Díaz-Albertini y Rodríguez. Tuvieron por hijo: al

Doctor Enrique Casuso y Casuso, médico-cirujano, que casó con doña Catalina Pérez y Núñez y tuvieron por hijos: a Rosa María; a Enrique y a Francisco Casuso y Pérez. De los cuales:

Doña Rosa Casuso y Pérez, casó en Marianao, parroquia del Corpues-Christi, el 13 de julio de 1956, con el doctor Mario Martínez y Delgado.

E. — Don Alejandro Casuso y Oltra, natural de la villa y corte de Madrid, casó con doña Marina Hernández y Hernández, natural de San Antonio de las Vegas, hija de Juan Antonio y de Mariana. Tuvieron por hijos: a Marina; a Marta; a Darío; a Enrique y a Alejandro Casuso y Hernández. De los cuales:

a. — Doña Marta Casuso y Hernández, casó con don Pedro Oyarzun y Larrea.

b. — Don Darío Casuso y Hernández, casó con doña Blanca Ardura.

c. — El doctor Enrique Casuso y Hernández, nacido en San Antonio de las Vegas, el 29 de mayo de 1906, es abogado y está casado con doña María del Rosario Alonso. Tuvieron por hijos: a Marta y a Enrique Casuso y Alonso.

d. — El doctor Alejandro Casuso y Hernández, nacido en San Antonio de las Vegas el 15 de junio de 1908, es médico-cirujano. Casó con doña Anarda Gutiérrez y tuvieron por hijos: a Alejandro y a María del Lourdes Casuso y Gutiérrez.

5. — El doctor Gabriel Casuso y Roque, bautizado en la parroquia de Guamutas el 21 de abril de 1850, fue médico-cirujano, cirujano-dentista, Catedrático y Rector de la Universidad de La Habana. Casó dos veces: la primera, con doña María Díaz-Albertini y Rodríguez, hija del licenciado Jorge Díaz-Albertini, médico-cirujano, y de doña María de las Mercedes Rodríguez y González. Casó por segunda vez con doña María Teresa Mendizábal y Domínguez, hija de don Aniceto Mendizábal y Leal, y de doña María Josefa Domínguez y Sanabria. El doctor Gabriel Casuso y Roque, de su primera mujer, tuvo por hijos: a María; a Rosa; a Gabriel; a Antonio y a Jorge Casuso y Díaz-Albertini. Los cuales:

1. — Doña María Casuso y Díaz-Albertini, casó con don Diego Roqué y del Castillo, hijo de don Juan Roqué y Mató. Teniente Coronel del ejército español, y de doña Isabel Teófila del Castillo y Céspedes.

2. — Doña Rosa Casuso y Díaz-Albertini, bautizada en La Habana, parroquia de Monserrate, el primero de septiembre de 1882, casó con el doctor José Enrique Casuso y Oltra, abogado, Catedrático de la Universidad de La Habana, que fue Representante a la Cámara, hijo del doctor Martín Casuso y Roque, y de doña Josefa Oltra y Aranda.

3. — El doctor Gabriel Casuso y Díaz-Albertini, nacido en La Habana el 28 de febrero de 1888, es médico-cirujano y profesor titular de Ginecología en la Universidad habanera. Casó con doña María Teresa Ulacia y Fernández-Silva, y tuvieron por hijos: a María Teresa y a Gabriel Casuso y Ulacia. Los cuales:

A. — Doña María Teresa Casuso y Ulacia, casó con don Laureano Gutiérrez y Falla, hijo del doctor Viriato Gutiérrez y Valladón, abogado, que ha sido Senador de la República, y de doña Adelaida Falla y Gutiérrez.

B. — El doctor Gabriel Casuso y Ulacia, médico-cirujano, especializado en el extranjero, casó con Titia Dons-Roosenmeyer, y tiene por hijos: a Gabriel Guillermo y a Annette Casuso y Dons-Roosemeyer.

4. — El doctor Antonio Casuso y Díaz-Albertini, nacido en La Habana el 25 de noviembre de 1893, es abogado. Casó con doña María del Carmen Silverio y Sainz, y tuvieron por hijos: a María Elisa; a Carmen Rosa y a Antonio Causo y Silverio. De los cuales:

A. — Doña María Elisa Casuso y Silverio, casó con Luis Xiques y Paulino.

B. — Doña Carmen Rosa Casuso y Silverio, casó con don José Galdo y Piqué, hijo del ingeniero Manuel Galdo y Dulzaides, y de doña María del Carmen Piqué. Tuvieron por hijos: a José Antonio; a Ana María y a Gabriel Casuso y Galdo.

5. — El doctor Jorge Casuso y Díaz-Albertini, nacido en La Habana el 5 de diciembre de 1890, es abogado, y fue Senador de la República y Ministro de Justicia de Cuba. Casó con doña Elena Alfonso y del Junco, hija de don Gustavo Alfonso y Fonts, y de doña Piedad María del Junco y Cruz-Muñoz. Tuvieron por hijo: a

Don Jorge Casuso y Alfonso, que casó con doña Adelaida Herrera y Morales, de la que tiene por hijo: a Jorge Casuso y Herrera.

Procedente de Santander, también en la Merindad de Trasmiera, se estableció en La Habana, a mediados del siglo XIX, otra familia Casuso, a la cual perteneció:

Don Clemente Casuso, que casó con doña Fausta González, ambos naturales de Santander. Tuvieron por hijos: a José; a Manuel y a Juan Casuso y González. Los cuales:

1. — Don José Casuso y González, natural de Santander, pasó a La Habana, y casó con doña Rosa Iñíguez y Lavín, hija de Braulio y de Antonia.

2. — Don Manuel Casuso y González, natural de Santander, pasó a La Habana y casó con doña Rosalía Paula Martínez-Palacio y Pegudo, hija de Antonio y de María de la Candelaria.

3. — Don Juan Casuso y González, nacido en la ciudad de Santander, en el año 1833, pasó a La Habana en 1849, y casó con doña Florencia Dumont y Danjon, natural de París, hija de André y Josephine. Tuvieron por hijos: a Clemente; a Santiago; y a Juan Manuel Casuso y Dumont. De los cuales:

1. — El doctor Santiago Casuso y Dumont, bautizado en La Habana, parroquia de Jesús María el 13 de junio de 1873, es abogado.

2. — El doctor Juan Manuel Casuso y Dumont, bautizado en La Habana, parroquia del Santo Cristo, el 10 de julio de 1876, es farmacéutico Casó con doña María de Freixas y Lavaggi, y tuvieron por hijos: a Graciella; a Juan; al doctor José Antonio; a Miguel y a Agustín Casuso y Freixas. De los cuales:

Don Miguel Casuso y Freixas, casó con doña Nereida Rivera, de la que tiene por hijos: a María de Lourdes y a María Casuso y Rivera.

COPPINGER

A principios del siglo XVII aparece radicada esta familia en el condado de Cork, provincia de Munster, en el reino de Irlanda, estableciéndose en La Habana, a mediados del siglo siguiente.

Son sus armas: en campo de azur, una cabeza de toro, de plata; y por cimera, un medio león rampante. Por lema: «Virtude non vi».

Esteban Coppinger, fue caballero escudero de la muy antigua e ilustre casa de Ballivolane, en el condado de Cork. Sus ascendientes fueron señores de estos territorios, y de otros varios señoríos pertenecientes a la misma provincia, los que defendieron valerosamente la causa católica. Casó con Ana Ingoldsby, de la ilustre casa de los condes de Ingoldsby, en el condado de Dublín. Tuvieron por hijo: a

Juan Coppinger, caballero escudero, que casó con María Maclarthy, hija del ilustrísimo Jacobo Maclarthy, de la casa de Springhouse, en el condado de Sipperar. Tuvieron por hijo: a

Mauricio Coppinger, caballero escudero, que pasó a la ciudad de Cork. Casó con María MacNamara, natural de Killala, en el condado de Clark, y tuvieron por hijo: a

Enrique Coppinger, caballero escudero, que casó con Elena O'Brien, hija de Cornelio O'Brien, y de Elena Galwey.[1] Tuvieron por hijos: a Miguel; a José, y a Cornelio Coppinger O'Brien. Los cuales:

---

1. Daneil More O'Brien, último Rey de Munster, en Irlanda, cuyo Solio Real lo conservaron por siglos sus descendientes, los que fueron más tarde condes de Thumond y de Inchiquin y señores de Killeur, católicos y guerreros.

Guillermo O'Brien, de Killeur, casó con María Corty, de la noble casa de Balligilane, en el condado de Waterford. Tuvieron por hijo: a

Enrique O'Brien, que casó con Juana Maclarthy, de la ilustre casa de Springhouse, en el Condado de Sipperar. Tuvieron por hijo: a

Cornelio O'Brien, de Killeur, que casó con Elena Galwey, natural de Loatheng, cerca de Cork. Tuvieron por hija: a

Elena O'Brien, de esta ilustre y noble casa de Rillova, en el condado de Cork, que casó con Enrique Coppinger, caballero escudero, anteriormente mencionado.

---

1. — Miguel Coppinger O'Brien, hijo primogénito, fue caballero escudero y poseyó los bienes de su familia en la ciudad de Cork.

2. — José Coppinger O'Brien, fue miembro del Parlamento de Irlanda en 1775.

3. — Don Cornelio Coppinger O'Brien, natural de la ciudad de Cork, pasó a la plaza de La Habana en el año 1763, obteniendo carta de naturaleza española por Real cédula de 23 de marzo de 1767. En unión de su hermano Miguel, obtuvo certificación de armas e hidalguía de los arzobispos católicos del reino de Irlanda en el año 1760, la cual fue traducida al castellano en Madrid, el 22 de agosto de 1766 por don Eugenio Benavides, del Consejo de Su Majestad, su Secretario y de la Traducción de Lenguas. Tenía una casa de contratación de esclavos, y en el cabildo celebrado en el Ayuntamiento de La Habana en el mes de noviembre de 1783 (folio 355 del libro correspondiente), presentó dicha certificación de armas e hidalguía. Casó en Madrid, con doña María de los Dolores López de Gamarra y Hernández Arturo, natural de La Habana, hija del licenciado Francisco López de Gamarra y Ayala, letrado, Abogado de la Real Audiencia de Santo Domingo, Fiscal de la Real Hacienda y Auditor de Guerra y Marina de la isla de Cuba, y de doña María Luisa Hernández Arturo y Torres. Tuvieron por hijos: a Francisco José, y a José María Coppinger y López de Gamarra. Los cuales:

1. — Don Francisco José Coppinger y López de Gamarra, bautizado en la Catedral de La Habana el 31 de octubre de 1771, casó en esta ciudad, parroquia de Guadalupe, el 29 de abril de 1801, con doña María Josefa de los Dolores de los Olivos y Vargas, hija del Capitán Rudesindo de los Olivos y Fleitas, Primer Subdelegado de Marina en los extramuros de esta plaza, y de doña María de Jesús de Vargas. Tuvieron por hijos: al

Bachiller José Francisco Coppinger y de los Olivos, bautizado en La Habana, parroquia del Santo Cristo, que fue abogado. Promovió información de limpieza de sangre el 21 de octubre de 1831 ante el Teniente de Gobernador de esta plaza, y por ante el escribano de Gobierno el 17 de marzo del año siguiente. Casó en La Habana, parroquia del Santo Angel, el 30 de noviembre de 1832, con doña Angela Marquetti y Díaz, hija de don Antonio Pantaleón Marquetti y Valdés, hacendado, y de doña Teresa Díaz y Martínez. Tuvieron por hijos: a María de los Angeles; a Antonia María; a María Teresa, y a María de los Dolores Coppinger y Marquetti. De los cuales:

Doña María de los Dolores Coppinger y Marquetti, casó en La Habana, parroquia del Espíritu Santo, el 4 de octubre de 1856, con don José María de Fuertes y Díaz, hijo de don José de Fuertes y Saravia, y de doña Rosalía Estefanía Díaz y Alvarez.

2. — Don José María Coppinger y López de Gamarra, bautizado en la Catedral de La Habana el 19 de abril de 1773, fue Brigadier de Infantería de los Reales Ejércitos, Gobernador del castillo de San Juan de Clúa en la Nueva España, Teniente de Gobernador y Capitán a Guerra de las Cuatro Villas en la isla de Cuba en 25 de mayo de 1808, Gobernador Político y Militar de la villa de San Salvador del Bayamo, de la plaza de San Agustín de la Florida y de la Florida Oriental, y Caballero de las órdenes de San Fernando y de San Hermenegildo. En nombre de Su Majestad fue uno de los encargados de entregar la provincia de la Florida al gobierno de los Estados Unidos de América, de acuerdo con el tratado celebrado entre ambas naciones. Testó el 2 de septiembre de 1889 ante Lorenzo Larrazábal, escribano de guerra, otorgando codicilo ante el mismo el 15 de enero de 1840, y su defunción se encuentra en Cárdenas, parroquia San Cipriano de Guamacaro, a 15 de agosto de 1844. Casó dos veces: la primera, en La Habana, parroquia del Santo Cristo, el 11 de julio de 1797, con doña María Josefa Saravia y Villegas, hija de Manuel y de Josefa. Casó por segunda vez, con doña Narcisa Armenteros y Muñoz, natural de Trinidad, hija de Pedro y de Jacoba. De su primera mujer dejó por hijos: a Antonia; a Gertrudis; a María de la Trinidad; a José María, y a Cornelio Coppinger y Saravia. De los cuales:

1. — Doña María de la Trinidad Coppinger y Saravia, casó en La Habana, parroquia del Espíritu Santo, el 2 de abril de 1822, con don Aniceto José de Villalba y García, Comandante del Regimiento Fijo de Infantería de esta plaza, hijo de don Francisco de Villalba, Brigadier de los Reales Ejércitos, y de doña María Lucía García.

2. — Don José María Coppinger y Saravia, natural de la villa de San Salvador del Bayamo, falleció en La Habana el 6 de octubre de 1858. Casó en esta ciudad, parroquia del Espíritu Santo, el 6 de abril de 1825, con doña Felicitas Entralgo y Almanza, natural de la Florida, hija de don Juan Bautista Entralgo e Hijuelos, escribano de la ciudad de San Agustín de la Florida, y de doña Felicitas Almanza y Pérez. Tuvieron por hijos: a Gertrudis; a María de la Trinidad; a José Alejandro; a Guillermo, y a Juan Sixto Coppinger y Entralgo. De los cuales:

A. — Doña María de la Trinidad Coppinger y Entralgo, fue bautizada en La Habana, parroquia del Espíritu Santo, el 24 de noviembre de 1831, donde está su defunción a 6 de marzo de 1888. Casó en la Catedral de esta ciudad el 5 de mayo de 1862, con don Joaquín Lastres y Juiz, doctor en Farmacia, licenciado en Derecho Civil y Canónico, y en Ciencias y Filosofía; ilustre Rector y Catedrático de esta Universidad, Juez Real Delegado para los exámenes y grados de la misma, Vocal de la Junta Superior de Instrucción Pública, Vice-Presidente de la Comisión Central de Pesas y Medidas Decimales de esta Isla, Profesor Mercantil de la Escuela Profesional de La Habana y Vista Farmacéutico de esta Aduana; Académico Fundador de la Real Academia de Ciencias Médicas, Físicas y Naturales de La Habana, Socio de Número de la Económica de Amigos del País, Presidente del Colegio Farmacéutico de esta ciudad, y Corresponsal de los de Madrid y Granada, y de varias Corporaciones Científicas extranjeras, Honores de Jefe de Administración concedido por la Corona y poseedor de la Gran Cruz de la Orden de Isabel la Católica, hijo del licenciado Joaquín Celestino Lastres y Ginarte, abogado, y de doña Brígida Juiz y Maldonado.

B. — Don Guillermo Coppinger y Entralgo, bautizado en La Habana, parroquia del Espíritu Santo, el 19 de octubre de 1833, casó con doña María de la Concepción Entralgo.

C. — Don Juan Sixto Coppinger y Entralgo, fue bautizado en La Habana, parroquia del Espíritu Santo, el 16 de agosto de 1839, donde está su defunción a 21 de septiembre de 1897. Casó en la Catedral de Matanzas, el 11 de junio de 1866, con doña Francisca Quintina Roque de Escobar e Inda, natural de Limonar, hija de José y de Josefa. Tuvieron por hijos: a Josefa; a María de la Trinidad, y a Juan Francisco Coppinger y Roque de Escobar. De los cuales:

A. — Doña María de la Trinidad Coppinger y Roque de Escobar, fue bautizada en La Habana, parroquia del Espíritu Santo, el 26 de mayo de 1871, donde casó el 7 de diciembre de 1901, con don Emilio Avalos y Acosta, natural de Limonar, Coronel del Ejército Libertador y Teniente Coronel de la Guardia Rural de la República de Cuba, hijo de Agustín y de María.

B. — Don Juan Francisco Coppinger y Roque de Escobar, fue Comandante del Ejército Libertador de Cuba, luego Comandante de la Guardia Rural y Ayudante de Campo de don Tomás Estrada Palma, Presidente de la República de Cuba. Casó con doña Isolina Nodarse.

3. — El licenciado Cornelio Coppinger y Saravia, bautizado en la parroquia de San Salvador de Bayamo el 5 de octubre de 1802, fue abogado y Auditor honorario de Guerra. Falleció en la villa de Guanabacoa el 29 de septiembre de 1852, y su defunción se asentó en La Habana, parroquia del Espíritu Santo, al folio 26 del libro 23. Casó en esta ciudad, parroquia de Guadalupe, el 5 de abril de 1834, con doña María de Jesús Lamar y Ximénez, natural de Matanzas, hija de don Francisco Xavier de Lamar y Vicens, Capitán del Regimiento de Milicias de Dragones de dicha plaza, y de doña Rita María Ximénez y Laredo. Tuvieron por hijos: a María de Jesús; a Antonia; a María de las Mercedes; a Josefa; a María de los Dolores; a María de Belén; a José; a Francisco; a Cornelio; a Enrique, y a Jorge Coppinger y Lamar. De los cuales:

1. — Doña Josefa Coppinger y Lamar, casó en la parroquia de la villa de Guanabacoa el 16 de noviembre de 1871, con don Ignacio José Molina y Córdoba, natural de La Habana, hijo de don José Venancio

Molina y Armenteros y de doña María Isabel de Córdoba e Hidalgo-Gato; esta última natural de la villa de Santa María de Puerto Príncipe.

2. — Doña María de los Dolores Coppinger y Lamar, bautizada en La Habana, parroquia del Espíritu Santo, el 17 de agosto de 1842, casó con don Joaquín Carrión y Cárdenas, hijo de don Antonio Pío Carrión e Hidalgo-Gato, Auditor de Guerra honorario, Receptor general de Penas de Cámara, Alcalde Mayor de La Habana y Caballero de la Orden de Carlos III, y de doña María de los Dolores de Cárdenas y Zayas.

3. — Doña María de Belén Coppinger y Lamar, bautizada en La Habana, parroquia del Espíritu Santo, el 17 de julio de 1845, casó con don Francisco Bombalier y Valcárcel.

4. — Don Francisco Coppinger y Lamar, bautizado en La Habana, parroquia del Espíritu Santo, el 14 de diciembre de 1843, casó con doña Teresa Alcalde.

5. — Don Cornelio Coppinger y Lamar, fue Jefe de Sección en la Secretaría del Gobierno General de la isla de Cuba y Director de la Real Casa de Beneficencia en La Habana. Casó en esta ciudad, parroquia del Espíritu Santo el primero de octubre de 1859, con doña María de las Mercedes Hogan y Farrés, hija de don Pedro Juan Hogan y Geary, natural de Limrisch, en Irlanda, y de doña María de las Mercedes Farrés y Alonso. Tuvieron por hijo: a Cornelio Coppinger y Hogan.

6. — Don Enrique Coppinger y Lamar, fue bautizado en La Habana, parroquia del Espíritu Santo, el 14 de agosto de 1846, donde casó el 15 de septiembre de 1884, con doña Rosa María Gálvez y Oliva, natural de Alacranes, hija de don Justo Gálvez y Lamar, y de doña María del Carmen de la Oliva y Abella. Tuvieron por hija: a

Doña Rosa Coppinger y Gálvez, que casó con don Jaime Pallí y Martínez, natural de Sagua la Grande, hijo de Jaime y de Beatriz.

7. — Don Jorge Coppinger y Lamar, bautizado en La Habana, parroquia del Espíritu Santo, el 16 de febrero de 1849, fue Concejal del Ayuntamiento de esta ciudad. Casó en Milán, Italia, con doña María de Jesús Matienzo y Montalvo, natural de La Habana, hija de don Miguel María Matienzo y Pedroso, natural de La Habana, I Marqués pontificio de la Scecada de Matienzo, Alcalde ordinario en 1859, Caballero de ia orden de Santiago, y de doña María de la Merced Manuela Montalvo y Calvo de la Puerta. Tuvieron por hija: a

Doña María Coppinger y Matienzo, que casó con el doctor Serapio Rocamora y Varona, que fue médico-cirujano.[1]

---

1. De su citado matrimonio, doña María Coppinger y Matienzo, tuvo por hijo: al

Doctor Héctor Rocamora y Coppinger, médico-cirujano, que casó con doña Ana María Simpson y Aballí, de la que tiene por hijas: a Ana de Jesús y a Beatriz Rocamora y Simpson.

CORDERO

A fines del siglo XVI, procedente de la isla de la Palma, en las Canarias, se estableció esta familia en La Habana.

Son sus armas: en campo verde, dos corderos de plata, uno arriba del otro.

Don Domingo González-Cordero, que casó con doña María Catalina Pérez, naturales ambos de la isla de la Palma, tuvieron por hijos: a Beatriz; a Isabel, y a Pedro González-Cordero y Pérez. Los cuales:

1. — Doña Beatriz González-Cordero y Pérez, natural de la isla de la Palma, pasó a La Habana, estando su defunción en esta Catedral a 14 de agosto de 1649. Casó en la Catedral habanera el 13 de abril de 1608, velándose en la misma el 20 de agosto de ese año, con don Juan de Molina y Cabrera, hijo de Antonio y de María.

2. — Doña Isabel González-Cordero y Pérez, casó con don Benito López, y tuvieron por hijas: a Ana María, y a Lorenza Cordero y López. Las cuales:

A. — Doña Ana María Cordero y López, casó en la Catedral de La Habana el 29 de agosto de 1616, con don Juan Luis Arranzastroqui, y tuvieron por hija: a

Doña Constanza Cordero y Arranzastroqui, bautizada en la Catedral de La Habana el 23 de octubre de 1623, que testó el 26 de diciembre de 1685, ante Juan Uribe Ozeta. Casó en la referida Catedral el 19 de agosto de 1646, con el Alférez Francisco Doria y Díaz Arenas, hijo de Francisco y de Ana.

B. — Doña Lorenza Cordero y López, testó ante Gaspar de los Reyes, y su defunción se encuentra en la Catedral de La Habana a 3 de julio de 1649, donde casó el 15 de junio de 1614, con don Gaspar Rodrígues de Sáa, natural de Valença, Portugal.[1]

---

1. Don Gaspar Rodríguez de Saa, y su mujer doña Lorenza Cordero y López, tuvieron por hijos: a Toribio Saa Mascareña; a Basilia Saa y Cordero, y a Juliana Cordero y Rodríguez. Los cuales:

   1. — Don Toribio Saa Mascareña, fue presbítero.

   2. — Doña Basilia Saa y Cordero, bautizada en la Catedral de La Habana el 2 de julio de 1629, testó el 19 de noviembre de 1698, otorgando codicilo el 10 de septiembre de 1700 ante Antonio Fernández de Velasco, y su defunción se encuentra en la referida Catedral a 23 de octubre de dicho año, donde casó el 28 de febrero de 1644, con don Domingo Pablo-Vélez y Peralta, natural de Villafranca de la Rivera, Navarra, hijo de don Domingo Pablo-Vélez, y de doña María de Peralta Burdaspar.

   3. — Doña Juliana Cordero y Rodríguez, casó en la Catedral de La Habana el 23 de enero de 1650, con el Alférez Gaspar Castillo de Ledesma, natural de Tenerife, hijo de don Mateo Rodríguez de Ledesma, y de doña Juana Feliz del Castillo.

3. — Capitán Pedro González-Cordero y Pérez, natural de la isla de la Palma, fue Alcalde ordinario de La Habana en 1616. Testó ante Hernando Pérez Barreto, el 18 de febrero de 1625, y su defunción se encuentra en la Catedral de esta ciudad, a 7 de julio de dicho año, donde casó dos veces: la primera, el 7 de noviembre de 1605, con doña María Pérez-Borroto y Sotolongo, hija de don Juan Bautista Pérez-Borroto y Alfaro, Síndico Procurador general, Tesorero y Diputado, Regidor Receptor de Penas de Cámara, Alcalde ordinario y de la Santa Hermandad y Escribano Mayor de La Habana, y de doña Juana Sotolongo y González. Casó por segunda vez, el 30 de enero de 1614, con doña Leonor Guilizasti y Millán de Bohórques, hija de don Juan Bautista Guilizasti y de la Vega, Familiar del Santo Oficio de la Inquisición, escribano público, y de doña Leonor Millán de Bohórques y Delgado.

Don Pedro González-Cordero y Pérez, y su primera mujer doña María Pérez-Borroto y Sotolongo, tuvieron por hija: a

Doña Catalina González-Cordero y Pérez Borroto, que testó ante el escribano Nicolás Guillizasti, y su defunción se encuentra en la Catedral de La Habana a 29 de febrero de 1636, donde casó el 15 de junio de 1625, con don Francisco de Lara y Millán de Bohórques, Brigadier de los Reales Ejércitos, Comisario Subdelegado de la Santa Cruzada, hijo de don Diego de Lara Negrón, natural de Amberes, mercader establecido en La Habana, y de doña María Millán de Bohórques y Delgado, natural de esta ciudad.

Don Pedro González-Cordero y Pérez, y su segunda mujer doña Leonor Guilizasti y Millán de Bohórques, tuvieron por hijos: a Jacinta; a Bartolomé; a Luis; a Pedro, y a Juan González-Cordero y Guilizasti. Los cuales:

1. — Doña Jacinta González-Cordero y Guilizasti, bautizada en la Catedral de La Habana el 17 de abril de 1622, testó el 6 de enero de 1673 ante Cristóbal Núñez de Cabrera, y su defunción se encuentra en la Catedral de La Habana a 18 de enero de dicho año, donde casó tres veces: la primera, el 25 de abril de 1637, con don Luis Mexías Manrique y Pacheco, hijo de don Gonzalo Manrique Mexías, Alcalde ordinario, y de doña María Pacheco y Zabala. Casó por segunda vez, el 9 de septiembre de 1641, con el Capitán Gaspar de Molina y Gómez de Rivera, natural de la villa de Cazorla, hijo de Luis y de María. Casó por tercera vez, el 28 de noviembre de 1665, con don Martín Calvo de la Puerta y Arrieta, Capitán de Caballos, Gobernador Político de la isla de Cuba, fundador de la obra-pía de su nombre, hijo de don Sebastián Calvo de la Puerta y Pérez-Borroto, Capitán de Infantería de la Gente de Guerra del puerto de Guanabacoa, Procurador general, Regidor perpetuo, Alcalde ordinario y de la Santa Hermandad, Cabo de la Gente de Guerra en el castillo de San Salvador de la Punta, y de doña Catalina de Arrieta y Gómez de Lara.

2. — Don Bartolomé González-Cordero y Guilizasti, testó el 22 de diciembre de 1649 ante Miguel Quiñones, y su defunción se encuentra en la Catedral de La Habana a 23 de diciembre de dicho año, donde

casó el 12 de diciembre del referido año 1649, con doña María González de la Torre y Sotolongo, hija del Capitán Juan González de la Torre y Orellana, Alcalde ordinario y de la Santa Hermandad, y de doña Juana Sotolongo y Ulloa.

3. — El Capitán Luis González-Cordero y Guilizasti, Alcalde de la Santa Hermandad en 1647, testó el 15 de julio de 1654 ante el escribano José Díaz, y su defunción se encuentra en la Catedral de La Habana a 16 de julio de dicho año, donde casó el 28 de febrero de 1646, con doña Manuela de Roxas Pérez Costilla, hija del Capitán Diego Pérez-Borroto Costilla y Balmaceda, Alcalde ordinario y de la Santa Hermandad, escribano público, y de doña Magdalena Chirinos y Roxas Inestrosa. Tuvieron por hija: a

Doña Angela Cordero Borroto, que testó el 11 de agosto de 1713, ante el escribano Miguel Hernández Arturo, y su defunción se encuentra en la Catedral de La Habana, a 12 de agosto de dicho año, donde casó el 21 de septiembre de 1671, con el Capitán Manuel Sotolongo y Flores, hijo del Capitán Diego Sotolongo y del Real, Regidor de este Ayuntamiento, y de doña Ana María Flores y Paniagua.

4. — Don Pedro González-Cordero y Guilizasti, cuya defunción se encuentra en la Catedral de La Habana a 29 de agosto de 1649, casó en esta Catedral el 26 de noviembre de 1645, con doña Catalina Mexías Manrique y Pacheco, hija de don Gonzalo Manrique Mexías, Alcalde ordinario, y de doña María Pacheco y Zabala. Tuvieron por hija: a

Doña María Cordero y Mexías, que dio poder para testar ante el escribano Antonio Fernández de Velasco, y su defunción se encuentra en la Catedral de La Habana a 3 de octubre de 1705, donde casó el 19 de octubre de 1664, con el Capitán Diego Pedroso y Calvo de la Puerta, Alcalde ordinario y de la Santa Hermandad, hijo del Capitán Blas Pedroso y Ayllón, Procurador general, Regidor, Alcalde ordinario y de la Santa Hermandad, Familiar del Santo Oficio de la Inquisición, y de doña Leonor Calvo de la Puerta y Recio.

5. — Don Juan González-Cordero y Guilizasti, fue Capitán de Infantería de una de las Compañías que se formaron en el Reino de la Nueva España, para el socorro y refuerzo de las islas Filipinas, y Alcalde ordinario de La Habana en 1657. También sirvió a Su Majestad en los castillos de la Fuerza y de San Salvador de la Punta en esta ciudad. Testó el 10 de noviembre de 1683 ante Juan Argote, otorgando codicilo el 15 de abril de 1697, y su defunción se encuentra en la Catedral de La Habana a 30 de julio de 1698, donde casó dos veces: la primera, el 13 de abril de 1642, con doña María Armenteros y Guzmán y Contreras, hija de Antonio y de Elvira. Casó por segunda vez, el 28 de julio de 1650, con doña María de Esquivel Saavedra y Céspedes, hija del Capitán Juan de Esquivel Saavedra, Alcaide de la fortaleza del Morro de La Habana, y del castillo de San Juan de Ulúa, Gobernador interino de la plaza de La Habana, Capitán General de la de Veracruz, y de doña Catalina de Céspedes y León.

Don Juan González-Cordero y Guilizasti, y su segunda mujer doña María de Esquivel Saavedra y Céspedes, tuvieron por hijos: a Teresa; a Sebastiana; a Catalina; a Francisca; a Leonor; a María; a José; a Rosa María, y a Juan González-Cordero y Esquivel. De los cuales:

1. — Doña Sebastiana González-Cordero y Esquivel, testó el 28 de febrero de 1707 ante Gaspar Fuertes, y su defunción se encuentra en la Catedral de La Habana a 3 de marzo de dicho año.

2. — Doña Catalina González-Cordero y Esquivel, natural de Veracruz, testó el 4 de septiembre de 1702 ante el escribano Juan Uribe Ozeta, y su defunción se encuentra en la Catedral de La Habana a 8 de septiembre de dicho año. Casó dos veces: la primera, con el Capitán Juan Esteban Riveros de Vasconcellos y Farías, hijo del Capitán Gaspar Riveros de Vasconcellos, y de doña Beatriz Farías. Casó por segunda vez, el 19 de diciembre de 1701 en la referida Catedral, con don Lope de Hoces y Córdova y García de Castro, natural de la ciudad de Córdoba, Capitán de Infantería, Alcaide de la fortaleza del Morro de La Habana, Veinticuatro de la ciudad de Córdoba, hijo de don Francisco de Hoces y Córdova, del Consejo de Su Majestad en la Real Hacienda, Veinticuatro de la ciudad de Córdoba y Caballero de la Orden de Santiago, y de doña Inés García de Castro.

3. — Doña Francisca González-Cordero y Esquivel, testó el 23 de mayo de 1731 ante el escribano Bartolomé Núñez, y su defunción se encuentra en la Catedral de La Habana a 10 de abril de 1736, donde casó el 5 de enero de 1677, con el Capitán Juan Lorenzo de Aguiar y Esquivel, hijo de don Juan Lorenzo de Aguiar y Blanco, Capitán de Milicias de la plaza de La Habana, y de doña Victoria de Esquivel Fernández de Ayones y Carrillo.

4. — Doña Leonor González-Cordero y Esquivel, cuya defunción se halla en la Catedral de La Habana a 15 de marzo de 1686, casó en esta Catedral el 13 de abril de 1673, con don Bernardo Lorenzo de Aguiar y Esquivel, Capitán de Milicias de la plaza de La Habana, Regidor de este Ayuntamiento, hijo de don Juan Lorenzo de Aguiar y Blanco, Capitán de Milicias de esta plaza, y de doña Victoria de Esquivel Fernández de Ayones y Carrillo.

5. — Doña María González-Cordero y Esquivel, testó el 12 de diciembre de 1682 ante el escribano Francisco Guerra, y su defunción se encuentra en la Catedral de La Habana a 18 de septiembre de 1689. Casó con el Capitán Francisco Damián Espinosa de Contreras y Caviedes, natural de Sevilla, Oficial Real en La Habana, hijo de don Juan Antonio Espinosa de Contreras, y de doña María Micaela de Caviedes y Guillén de Castañeda.

6. — El licenciado José González-Cordero y Esquivel, fue presbítero, graduado en Sagrados Cánones en la Universidad de México, siendo presentado y promovido Canónigo Mercenario de la Santa Iglesia de Cuba el año de 1702, no tomando posesión por su fallecimiento. Testó el 15 de julio de 1702 ante Juan Uribe Ozeta, y su defunción se encuentra en la Catedral de La Habana a 16 de diciembre de dicho año.

7. — Doña Rosa María González-Cordero y Esquivel, casó con don Baltasar Sánchez Pereira (esta familia fue publicada en el tomo II de la presente obra, pero no podemos relacionar con ella al antes mencionado por falta de datos).[1]

8. — El Capitán Juan González-Cordero y Esquivel, cuya defunción se encuentra en la Catedral de La Habana a 5 de septiembre de 1689, en ella casó el 7 de septiembre de 1671, con doña Francisca Chirinos y Calvo de la Puerta, hija del Alférez Juan Chirinos y Pérez-Borroto, y de doña Graciana Calvo de la Puerta y de la Gama. Tuvieron por hijos: a Francisca; a Gertrudis; a Teresa; a Rosa; a José, y a Juan González-Cordero y Chirinos. De los cuales:

1. — Doña Gertrudis González-Cordero y Chirinos, testó el 20 de mayo de 1699 ante el escribano Antonio Sánchez, y su defunción se encuentra en la Catedral de La Habana a 23 de mayo de dicho año, donde casó el 4 de abril de 1698 con don Manuel de Bexines y Tamayo, natural de la ciudad de Sevilla, hijo de Francisco e Isabel.

2. — Doña Teresa González-Cordero y Chirinos, casó en La Habana, parroquia del Espíritu Santo, el 22 de febrero de 1712, con don Juan Florencia y González de Alfonseca, Capitán de Infantería y Comandante de la fortaleza de San Salvador de la Punta en esta ciudad, hijo del Capitán Diego Florencia y Leiva, y de doña María González de Alfonseca y de la Rocha.

3. — Doña Rosa González-Cordero y Chirinos, testó el 11 de mayo de 1756 ante el escribano Juan Salinas, y su defunción se encuentra en la Catedral de La Habana a 19 de enero de 1761. Casó dos veces: la primera, con don Baltasar Sánchez-Pereira; y la segunda, con don Santiago Hernández de Fleitas.

4. — Don José González Cordero y Chirinos, cuya defunción está en La Habana, parroquia de Guadalupe, a 12 de enero de 1757, en ella casó el 30 de octubre de 1740, con doña María Burón y Rodríguez-Morejón, hija de don Antonio Burón y de la Rocha, y de doña María Rodríguez-Morejón y Martínez de la Munera.

5. — Don Juan González Cordero y Chirinos, Alcalde de la Santa Hermandad en 1705, testó el 28 de mayo de 1740 ante el escribano Dionisio Pancorbo, y su defunción se encuentra en la Catedral de La Habana, a 31 de mayo de dicho año, donde casó el 20 de noviembre de 1703, con

---

1. De su citado enlace, doña Rosa María González Cordero y Esquivel, tuvo por hija: a

Doña Inés Sánchez Pereira y Cordero, que fue bautizada en la Catedral de La Habana el 27 de septiembre de 1709, donde casó el 11 de marzo de 1725 con don José Carrillo, hijo del Teniente Pedro y de doña María Servando. Tuvieron por hija: a

Doña María Coleta Carrillo y Sánchez-Pereira, que casó en la Catedral de La Habana el 29 de marzo de 1750, con don Francisco Echevarría y Aguirre-Sarso Segura, natural de Guipúzcoa, hijo de José y de Felipa.

doña Ana María Santiago de Arriola y Cordero, hija de don José Santiago de Arriola, y de doña Victoriana Fernández-Cordero y Alcántara. Tuvieron por hija: a

Doña Ana Cordero y Arriola, que casó con don Francisco Murguía y Cárdenas, Alcalde ordinario y de la Santa Hermandad de La Habana, hijo de don Agustín Murguía y Calvo de la Puerta, Alguacil Mayor de la Santa Cruzada, y de doña Manuela de Cárdenas Vélez de Guevara y Orta.

A esta familia también perteneció:

Don Francisco González-Cordero, que casó con doña Clara de Aguilar Liñán, y tuvieron por hijos: a Bárbara; a Clara; a Antonia, y a Manuel González-Cordero y Liñán. Los cuales:

1. — Doña Bárbara González-Cordero y Liñán, cuya defunción está en la Catedral de La Habana a 11 de julio de 1721.

2. — Doña Clara González-Cordero y Liñán, testó el 14 de noviembre de 1712 ante el escribano Miguel Hernández Arturo, y su defunción se encuentra en la Catedral de La Habana a 11 de febrero de 1717.

3. — Doña Antonia González-Cordero y Liñán, casó en la Catedral de La Habana el 10 de noviembre de 1670, con don Juan Rodríguez y Pinto, hijo de Diego y de Francisca.

4. — Don Manuel González-Cordero y Liñán, testó el 13 de octubre de 1705 ante el escribano Bartolomé Núñez, y su defunción se encuentra en la Catedral de La Habana a 19 de octubre de dicho año, donde casó el 3 de abril de 1663, con doña María Pérez de Bullones y Ferrer, hija de don Diego Pérez de Bullones y Prieto, y de doña Ana Ferrer y Guerra. Tuvieron por hijos: a Rosa; a Clemencia; a Sebastiana; a Ignacio; a Juan; a Miguel, y a Gregorio González Cordero y Pérez de Bullones. De los cuales:

1. — Don Miguel González-Cordero y Pérez de Bullones, testó el primero de enero de 1720 ante el escribano Sebastián Fernández de Velasco, y su defunción se encuentra en la Catedral de La Habana a 6 de enero de dicho año.

2. — Don Gregorio González-Cordero y Pérez de Bullones, testó el 19 de octubre de 1720 ante el escribano Bartolomé Núñez, y su defunción se encuentra en la Catedral de La Habana a 12 de febrero de 1731, donde casó el 15 de agosto de 1688, con doña Catalina Macías y Rebolledo, hija de Diego y de María. Tuvieron por hijos: a María Gertrudis; a Francisco, y a Juan González-Cordero y Macías.

De los cuales:

Doña María Gertrudis González-Cordero y Macías no casó y su defunción se encuentra en la Catedral de La Habana, a 21 de marzo de 1717.

Y encontramos, además, que el

Capitán Nicolás Cordero, casó con doña Agustina del Pino, teniendo por hijo: a

Don Manuel Vicente Cordero y del Pino, que casó en la Catedral de La Habana, el 27 de septiembre de 1726, con doña Ana Quijano y Espinosa de Contreras, hija de don Luis Quijano y Borroto, y de doña Micaela María Espinosa de Contreras y González Cordero. Fueron los padres: de

Don Manuel Cordero y Quijano, que casó en La Habana, parroquia del Espíritu Santo, el 14 de abril de 1758, con doña Ana Josefa Pérez de Abreu y Ximénez, natural de esta ciudad, hija de don Francisco Hilario Pérez de Abreu y

López, natural de Santiago de las Vegas, y de doña María de la Candelaria Ximénez. Tuvieron por hijo: a

Don Luis José Cordero y Pérez de Abreu, natural de La Habana, que casó en Quivicán, parroquia de San Pedro de Batabanó, el 24 de octubre de 1793, con doña Rosa Pérez y de los Reyes, natural de San Felipe y Santiago del Bejucal, hija de Sebastián y de Inés.

A fines del siglo XVII otra familia, de este apellido, oriunda de la villa de Osuna, en Sevilla y procedente de la de Puertollano, en Toledo, se estableció en la plaza de San Agustín de la Florida y en la villa de Santa María de Puerto Príncipe. Posteriormente, una de sus ramas se estableció en La Habana.

Don Juan Cordero-Macías, natural de la villa de Osuna, en el Arzobispado de Sevilla, casó con doña Marina Ruiz de Maldonado, natural de Puertollano, Toledo, y tuvieron por hijos: a Andrés, a Sebastián, y a Juan Cordero-Macías y Ruiz de Maldonado. Los cuales:

1. — Don Andrés Cordero-Macías y Ruiz de Maldonado, natural de Puertollano, casó en la parroquia de San Agustín de la Florida el 23 de noviembre de 1655, con doña Dorotea González.

2. — Don Sebastián Cordero-Macías y Ruiz de Maldonado, del que se tratará en la «LINEA PRIMERA».

3. — Don Juan Cordero-Macías y Ruiz de Maldonado, del que se tratará en la «LINEA SEGUNDA».

«LINEA PRIMERA»

Don Sebastián Cordero-Macías y Ruiz de Maldonado (anteriormente mencionado como hijo de don Juan Cordero-Macías y de doña Marina Ruiz de Maldonado), natural de Puertollano, casó con doña Inés de Moronta, y tuvieron por hijos: a Victoria, y a Nicolás Cordero y Moronta. Los cuales:

1. — Doña Victoria Cordero y Moronta, fue natural de la villa de Santa María de Puerto Príncipe, donde casó, en la parroquia de la Soledad el 6 de febrero de 1730, con don Francisco Iglesias y Castellar, natural de la ciudad de Mataró, en Cataluña, hijo de Andrés Melchor y de Inés.

2. — Don Nicolás Cordero y Moronta, fue natural de Puerto Príncipe, donde casó en la parroquia de la Soledad, el 20 de julio de 1726, con doña Paula Castañeda y Gómez, natural de la villa de San Juan de los Remedios, hija de Esteban y de Remigia. Tuvieron por hijos: a Miguel, y a Xavier Cordero y Castañeda. Los cuales:

1. — Don Miguel Cordero y Castañeda, casó en Puerto Príncipe, el 7 de abril de 1755, con doña Paula de Zayas-Bazán y Moronta, hija de Cristóbal de Zayas-Bazán y del Corral, y de doña Juana Manuela de Moronta. Tuvieron por hija: a

Doña Isabel Cordero y Zayas-Bazán, natural de Puerto Príncipe, que casó con don Diego Gerardo y Quesada, Capitán de las Milicias de dicha villa, hijo del Capitán Tomás Gerardo y Miranda, y de doña Antonia de la Cruz de Quesada.

2. — Don Xavier Cordero y Castañeda, casó con doña Jerónima de Castro, y tuvieron por hijo: a

Don Andrés Cordero y Castro, natural de la villa de Santa María de Puerto Príncipe, que casó con doña María Marín y Rodríguez, hija de Bernardo y de Gertrudis. Tuvieron por hijo: a

Don José Manuel Cordero y Marín, bautizado en la Catedral de Puerto Príncipe en el año de 1775, que fue Sargento de Milicias de dicha plaza, donde casó, en la parroquia de Santa Ana, el 14 de abril de 1805, con doña Paula de la Cruz Gerardo y Cordero, hija de don Diego Gerardo y Quesada, Capitán de Milicias de la villa de Puerto Príncipe, y de doña Isabel Cordero y Zayas-Bazán. Tuvieron por hijo: al

Licenciado José María Cordero y Gerardo, bautizado en la Catedral de Puerto Príncipe el 15 de abril de 1809, que fue médico. Hizo información de limpieza de sangre en dicha villa el 27 de noviembre de 1826 ante los escribanos José Antonio Piloña y José Jacinto Borrero.[1]

«LINEA SEGUNDA»

Don Juan Cordero-Macías y Ruiz de Maldonado (anteriormente mencionado como hijo de don Juan Cordero-Macías, y de doña Marina Ruiz de Maldonado), fue natural de Puertollano, en el Arzobispado de Toledo, y su defunción se encuentra en la parroquia de San Agustín de la Florida, a 7 de junio de 1727, donde casó cuatro veces: la primera, con doña Ana Flores Amador, hija de don Amador González, natural de Sanlúcar de Barrameda, y de doña María de Flores. Casó por segunda vez el 29 de julio de 1697, con doña Beatriz de Aguilar y Pacheco, hija del Cabo de Escuadra Francisco y de Toribia. Casó por tercera vez el 18 de noviembre de 1717, con doña Prudenciana Quiñones y Alvarez de Sotomayor, hija de Manuel y de María. Y casó por cuarta vez en abril de 1721, con doña María Andrea Rodríguez y de la Cosa, hija de Antonio y de Sebastiana.

Don Juan Cordero-Macías y Ruiz de Maldonado y su tercera mujer doña Prudencia Quiñones y Alvarez de Sotomayor, tuvieron por hijo: a

Don Dionisio Cordero-Macías y Quiñones, que fue bautizado en la parroquia de San Agustín de la Florida el 15 de octubre de 1718.

Don Juan Cordero-Macías y Ruiz de Maldonado, y su segunda mujer doña Beatriz de Aguilar y Pacheco, tuvieron por hijos: a Lucía; a

---

1. Esta información de limpieza de sangre consta en el expediente de estudios del referido licenciado José María Cordero y Gerardo, en la Universidad de La Habana.

Ana; a María Rosa; a María; a Tomasa; a Juan y a Francisco de Asis Cordero-Macías y Aguilar. Los cuales:

1. — Doña Lucía Cordero-Macías y Aguilar, fue bautizada en la parroquia de San Agustín de la Florida el 23 de diciembre de 1715.

2. — Doña Ana Cordero-Macías y Aguilar, fue bautizada en la parroquia de San Agustín de la Florida el 14 de octubre de 1711.

3. — Doña María Rosa Cordero-Macías y Aguilar, fue bautizada en la parroquia de San Agustín de la Florida el 9 de agosto de 1706.

4. — Doña María Cordero-Macías y Aguilar, fue bautizada en la parroquia de San Agustín de la Florida el 21 de agosto de 1699, donde casó dos veces: la primera, en septiembre de 1728, con don Alejandro Villas y Caballero, natural de Pontevedra, reino de Galicia, hijo de Francisco y de Catalina. Casó por segunda vez el 3 de mayo de 1734, con don Francisco Luis Rodríguez, natural de Zaragoza.

5. — Doña Tomasa Cordero-Macías y Aguilar, cuya defunción se encuentra en la Catedral de La Habana a 22 de abril de 1785, casó en la parroquia de San Agustín de la Florida el 19 de noviembre de 1731, con don Francisco Sánchez de la Rosa y Roxas, natural de Cádiz, hijo de don Francisco García de la Rosa, y de doña María de Roxas.

6. — Don Juan Cordero-Macías y Aguilar, fue bautizado en la parroquia de San Agustín de la Florida el 16 de junio de 1701.

7. — Don Francisco Cordero-Macías y Aguilar, fue bautizado en la parroquia de San Agustín de la Florida, en el año de 1704.

Don Juan Cordero-Macías y Ruiz de Maldonado, y su primera mujer doña Ana Flores Amador, tuvieron por hijo: al

Alférez Juan Cordero-Macías y Flores Amador, que casó en la parroquia de San Agustín de la Florida el 7 de junio de 1717, con doña Francisca Solana y de los Reyes, hija del Alférez Juan Solana y Pérez, y de doña Dorotea de los Reyes y Ximénez. Tuvieron por hijos: a Juana Josefa; a Nicolasa; a Mariana; a Antonio y a Alonso Cordero-Macías y Solana. Los cuales:

1. — Doña Juana Josefa Cordero-Macías y Solana, fue bautizada en la parroquia de San Agustín de la Florida en enero de 1736.

2. — Doña Nicolasa Cordero-Macías y Solana, fue bautizada en la parroquia de San Agustín de la Florida el 14 de diciembre de 1737, donde casó el 16 de noviembre de 1758, con don Félix de Hita-Salazar y Rodríguez de Lara, hijo de don Lorenzo de Hita-Salázar y León, y de doña Francisca Rodríguez de Lara y Argüelles.

3. — Doña Mariana Cordero-Macías y Solana, fue bautizada en la parroquia de San Agustín de la Florida el 23 de diciembre de 1719, donde casó el 17 de agosto de 1743, con don Gregorio González y Guevara, hijo de don Luis González y López de Cabrera y de doña Juana de Guevara y Domínguez de Viana.

4. — Don Antonio Cordero-Macías y Solana, fue bautizado en la parroquia de San Agustín de la Florida el 30 de enero de 1734.

5. — Don Alonso Cordero-Macías y Solana, fue bautizado en la parroquia de San Agustín de la Florida el 6 de abril de 1718, hijo primogénito, cuya defunción, soltero, se encuentra en dicha parroquia, a 7 de noviembre de 1744.

Don Juan Cordero-Macías y Ruiz de Maldonado, y su cuarta muper doña María Andrea Rodríguez y de la Cosa, tuvieron por hijos: a Catalina; a Paula; a José; a Basilio y a Tomás Francisco Cordero-Macías y Rodríguez de la Cosa. Los cuales:

1. — Doña Catalina Cordero-Macías y Rodríguez de la Cosa, casó en la parroquia de San Agustín de la Florida el 2 de mayo de 1741, con el Sargento Juan Andrés Gutiérrez y Reina, natural de la villa de Campillos, en Sevilla, hijo de Juan y de Brígida.

2. — Doña Paula Cordero-Macías y Rodríguez de la Cosa, fue bautizada en la parroquia de San Agustín de la Florida el 19 de enero de 1725.

3. — Don José Cordero-Macías y Rodríguez de la Cosa, fue bautizado en la parroquia de San Agustín de la Florida el 13 de febrero de 1722.

4. — Don Basilio Cordero-Macías y Rodríguez de la Cosa, fue bautizado en la parroquia de San Agustín de la Florida el 14 de marzo de 1726.

5. — Don Tomás Francisco Cordero-Macías y Rodríguez de la Cosa, que pasó a La Habana, fue bautizado en la parroquia de San Agustín de la Florida, el 2 de octubre de 1723, donde casó dos veces: la primera, el 26 de febrero de 1748, con doña Antonia Agustina Rodríguez-Alfrán y Galdona, hija del Cabo de Escuadra Pedro Rodríguez-Alfrán y Florencia, y de doña Victoria Galdona y Arritola. Casó por segunda vez el 13 de diciembre de 1752, con doña Leonor González y Guevara, natural de dicha plaza, hija de don Tomás González y Hernández, y de doña Francisca de Guevara. De su primera mujer tuvo por hija: a

Doña Gregoria Manuela Cordero y Rodríguez-Alfrán, que fue bautizada en la parroquia de San Agustín de la Florida el 27 de diciembre de 1748.

Don Tomás Francisco Cordero-Macías y Rodríguez de la Cosa y su segunda mujer doña Leonor González y Guevara, tuvieron por hijos: a Francisca María; a Esteban; a Jesús; a Laureano; a Juan; a Marcos; a Rafael y a Nicolás Cordero y González. Los cuales:

1. — Doña Francisca María Cordero y González, natural de la villa de Guanabacoa, casó en La Habana, parroquia del Espíritu Santo, el 4 de diciembre de 1785, con don Anselmo Pérez y Auber, natural de la Palma, Canarias, hijo de Anselmo y de María Teresa.

2. — Don Esteban Cordero y González, fue bautizado en la parroquia de San Agustín de la Florida el 4 de septiembre de 1753.

3. — Don Jesús Cordero y González, fue bautizado en la parroquia de San Agustín de la Florida el 19 de febrero de 1755.

4. — Don Laureano Cordero y González, bautizado en la parroquia de San Agustín de la Florida el 5 de julio de 1762 fue presbítero y pasó a La Habana.

5. — Don Juan Cordero y González bautizado en la parroquia de San Agustín de la Florida el 14 de diciembre de 1758, casó en la Catedral de La Habana, el 13 de marzo de 1774, con doña Josefa Narcisa Morgado y Hernández, hija de Juan José y de María.

6. — Don Marcos Cordero y González, natural de La Habana, casó en esta ciudad, parroquia del Espíritu Santo, el 21 de mayo de 1786, con doña Francisca de Arce y Pérez, hija de Andrés y de Rita.

7. — Don Rafael Cordero y González, bautizado en la parroquia de San Agustín de la Florida el 22 de julio de 1760, casó en la provincia de La Habana, parroquia de San Francisco Xavier de los Quemados de Marianao, el 9 de marzo de 1788, con doña María de los Dolores Vera y Requen, hija de Toribio y de Gabriela. Tuvieron por hijos: a Eduardo y a Joaquín Cordero y Vera. Los cuales:

A. — Don Eduardo Cordero y Vera, fue bautizado en La Habana, parroquia de Jesús María, el 26 de agosto de 1795.

B. — Don Joaquín Cordero y Vera fue bautizado en La Habana, parroquai de Jesús María, el 25 de agosto de 1795.

8. — Don Nicolás Cordero y González, natural de San Agustín de la Florida, casó tres veces en La Habana: la primera, en la parroquia del Espíritu Santo el 30 de junio de 1776, con doña Jerónima Santoyo y Maniller, natural de San Agustín de la Florida, hija de Miguel y de María. Casó por segunda vez, con doña Francisca de Arteaga, y por tercera vez, en la parroquia del Espíritu Santo, el 20 de febrero de 1797, con doña María Dionisia Sandoval y Rivera, hija de Manuel y de María de Belén.

Don Nicolás Cordero y González, y su primera mujer doña Jerónima Santoyo y Maniller, tuvieron por hijos: a Isidro y a Marcos Cordero y Santoyo. Los cuales:

1. — Don Isidro Nicolás Cordero y Santoyo, natural de La Habana, casó en esta ciudad, parroquia del Espíritu Santo, el 20 de abril de 1802, con doña Manuela Julia Valdés.

2. — Don Marcos Cordero y Santoyo, natural de La Habana, casó con doña Rita Manuela Pérez y Cordero, hija de don Anselmo Pérez y Auber, natural de la Palma, Canarias, y de doña Francisca María Cordero y González.

Don Nicolás Cordero y González, y su tercera mujer doña María Dionisia Sandoval y Rivera, tuvieron por hijo: a

Don Abraham Cordero y Sandoval, que fue bautizado en la parroquia de San Antonio de los Baños el 24 de marzo de 1807. Hizo información de limpieza de sangre el 20 de octubre de 1832 en La Habana ante Manuel Fornaris.[1]

COSSÍO

A principios del siglo XVIII, procedente del lugar de Cossío, en el Valle de Rionansa, provincia de Santander, se estableció esta familia en la villa de Santa María de Puerto Príncipe, isla de Cuba.

Don Toribio García de Cossío y su mujer doña María Díaz, tuvieron por hijo: a don Juan García de Cossío que casó con doña Dominga Gómez de Cossío y tuvieron por hijo a:

Don Agustín García de Cossío y Gómez, que casó con doña María de Agüero Castañeda, padres: de

Don Miguel García de Cossío y Agüero-Castañeda, natural del lugar de Cossío, que casó en la Catedral de Puerto Príncipe el 15 de mayo de 1729, con doña Rosalía de Agüero y Batista, hija del licenciado Francisco de Agüero y Zayas-Bazán, regidor de ese ayuntamiento y su Alcalde ordinario, y de doña Francisca Batista y Nápoles. Tuvieron por hijos: a María de la Soledad; a Juana de Dios y a Francisco Cossío y Agüero. De los cuales:

Don Francisco Cossío y Agüero, que testó el 2 de septiembre de 1781, casó en Puerto Príncipe, parroquia de la Soledad, el 8 de diciembre de 1760, con doña Mauricia Perdomo y Recio, hija de don Francisco Perdomo y Hernández, y de doña Isabel Recio y Oramas. Tuvieron por hijos: a María de las Mercedes; a Rosalía; a Teresa; a María de la Soledad Estefanía; a Agustín; a Miguel; a José Antonio y a Francisco Cossío y Perdomo. De los cuales:

1. — Doña Teresa Cossío y Perdomo, casó en Puerto Príncipe, parroquia de la Soledad, el 11 de mayo de 1818, con don Francisco Zayas-Bazán y Alemán, hijo de don Santiago Zayas-Bazán y Agüero, Alcalde ordinario, y de doña Mariana Alemán y Zayas-Bazán.

2. — Doña María de la Soledad Estefanía Cossío y Perdomo, casó en Puerto Príncipe, parroquia de la Soledad, el 9 de abril de 1795, con don Cayetano Recio y Quesada, hijo de don Tomás Agustín Recio y Gerardo, y de doña Nicolasa Quesada y Agüero.

3. — El Capitán Miguel Cossío y Perdomo, Alcalde de 1821, casó en la Catedral de Puerto Príncipe, el 27 de octubre de 1860, con doña Josefa Sánchez Pereira y Perdomo, hija de Bernabé y de María de los Mercedes.

4. — Don José Antonio Cossío y Perdomo, Alcalde en 1820 y Teniente de Milicias en 1821, casó en Puerto Príncipe, parroquia de la Soledad, el 19 de enero de 1809, con doña María de la Trinidad Cisneros y Guillén,

---

1. Esta información de limpieza de sangre consta en el expediente de estudios N 2962 del referido don Abraham Cordero y Sandoval, en la Universidad de La Habana.

hija de don José Antonio Cisneros y Gerardo, y de doña Juana Guillén del Castillo y Alvarez.

5. — Don Francisco Cossío y Perdomo, Alcalde de 1822 y Procurador general en 1813, casó en la Catedral de Puerto Príncipe el 21 de diciembre de 1792, con doña Ana Francisca Sánchez-Pereira y Perdomo, hija de Bernabé y de María de las Mercedes. Tuvieron por hijo: a

Don Tomás Francisco Cossío y Sánchez-Pereira, que casó en la Catedral de Puerto Príncipe el 13 de septiembre de 1825, con doña Isabel Recio y Cossío, hija de don Cayetano Recio y Quesada, y de doña María de la Soledad Estefanía Cossío y Perdomo. Tuvieron por hijos: a María de la Soledad; a Miguel, y a José Antonio Cossío y Recio. Los cuales:

1. — Doña María de la Soledad Cossío y Recio, casó en Puerto Príncipe, parroquia de la Soledad, el 2 de julio de 1852, con don José Varona y de la Torre, hijo del teniente Coronel Ignacio Varona y Guerra, y de doña María de la Trinidad de la Torre y Cisneros.

2. — Don Miguel Cossío y Recio, casó en la Catedral de Puerto Príncipe, el 5 de noviembre de 1860, con doña Luisa Betancourt y Cisneros hija de don Alonso Manuel Betancourt y González, y de doña María Francisca Cisneros y de la Pera.

3. — Don José Antonio Cossío y Recio, casó en la Catedral de Puerto Príncipe, el primero de septiembre de 1856, con doña Rufina de Agramonte y Betancourt, hija de don Jacinto de Agramonte y Arteaga, y de doña Rufina Betancourt y Varona. Tuvieron por hijos: a Rufina; a Adriana; a Isabel; a Eugenia; a Antonio y a Eladio Cossío y Agramonte. Los cuales:

1. — Doña Rufina Cossío y Agramonte, casó con el doctor Ramón Boza y Boza, médico, hijo de don José Ramón Boza y Miranda, y de doña Luisa Boza y Agramonte.

2. — Doña Adriana Cossío y Agramonte, casó con don Miguel Machado.

3. — Doña Isabel Cossío y Agramonte, casó con don Ignacio Recio y Loinaz.

4. — Don Antonio Cossío y Agramonte, casó con doña María del Consuelo Borrero.

5. — Doña Eugenia Cossío y Agramonte, permaneció soltera.

6. — Don Eladio Cossío y Agramonte, murió en la Guerra de la Independencia, año de 1895.

A esta familia también perteneció:

Don Francisco Cossío y Morell, Alcalde de la Santa Hermandad en 1845, 1846 y 1847, que casó con doña Olalla Caballero y Bonora, hija de don Domingo Félix Caballero y Miranda, y de doña Rita Bonora y Escobar. Tuvieron por hijos: a Agustín-José, y a Francisco Cossío y Caballero. Los cuales:

1. — Don Agustín José Cossío y Caballero, casó en Puerto Príncipe, parroquia de Santa Ana, el 29 de julio de 1832, con doña María de la Caridad Gómez y Rodríguez, hija de José Ildefonso y de María Antonia. Tuvieron por hijo: al

Doctor Ibrahim Cossío y Gómez, abogado, que casó con doña Olalla Cossío y Marín, hija de don Francisco Cossío y Caballero, y de doña Celestina Marín y Loinaz. Tuvieron por hijo: al

Dr. Ibrahim Alberto Cossío y Cossío, abogado, que casó con doña María del Rosario Hidalgo-Gato y Rodríguez, hija de don Eduardo Hidalgo-Gato y Márquez, y de doña María de los Dolores Rodríguez y Bassó. Tuvieron por hijo: a

Alberto Cossío e Hidalgo-Gato, que casó en Marianao, Santuario de San Antonio, con doña Olga Suárez y Marrero, hija de don Agustín Suárez y Rodríguez y de doña María Marrero y Delgado.

2. — Don Francisco Cossío y Caballero, casó con doña Celestina Marín y Loinaz, hija del licenciado Pedro Nolasco Marín y Garay, y de doña María de la Concepción Loinaz y Caballero. Tuvieron por hijos: a María de la Concepción; a Adolfina; a María de los Dolores; a Olalla; a Rodolfo; a Elpidio, y a Eugenio Cossío y Marín. De los cuales:

1. — Doña Adolfina Cossío y Marín, casó con don Enrique Marín y Herrera.

2. — Doña María de los Dolores Cossío y Marín, casó con el doctor Andrés Angulo y Gorgui, abogado, hijo del licenciado Andrés Angulo y Garay, abogado, y de doña Laura Gorgui y Aguiar.

3. — Doña Olalla Cossío y Marín, casó con el doctor Ibrahim Cossío y Gómez, abogado y magistrado, hijo de don Agustín Cossío y Caballero, y de doña María de la Caridad Gómez.

4. — Don Elpidio Cossío y Marín, casó con doña Rosa Villageliu y de la Guardia.

5. — Don Eugenio Cossío y Marín, casó con doña Berta Hernández y Vaquer, y tuvieron por hijos: a Berta; a Eugenio; a Martha y a María Cossío y Hernández. De los cuales:

Doña Berta Cossío y Hernándeez, está casada con don Antonio Zaldívar.

COWLEY

A fines del siglo XVIII, procedente de la ciudad de México se estableció esta familia en La Habana.

Don Luis María Cowley, casó con doña Gertrudis Ortega Montañes, y tuvieron por hijo: a

Don José María Cowley y Ortega Montañes, natural de la ciudad de México, que casó en La Habana, parroquia del Espíritu Santo, el 11 de enero de 1795, con doña María del Patrocinio Alvirder y Jiménez Montemayor, hija de Manuel y de Micaela. Tuvieron por hijos: a María de los Dolores; a José y a Angel José Cowley y Alvirder. De los cuales:

Licenciado Angel José Cowley y Albirder, bautizado en La Habana, parroquia del Espíritu Santo, el 16 de octubre de 1797 y fallecido el 5 de octubre de 1859, fue licenciado en Filosofía, doctor en medicina y cirugía, Catedrático de Terapéutica de la Universidad habanera, y en ella Decano de la Facultad de Ciencias Médicas y Vice-Rector y Decano de ese alto centro docente, Decano de la Facultad de Medicina, Secretario de la Junta de Sanidad, Secretario de la Junta de Gobierno de la Casa de Beneficencia, Tesorero de la Sociedad Económica de Amigos del País y condecorado con las cruces de Isabel la Católica y de Carlos III, Combatió el cólera del año 1833, y escribió un trabajo sobre la fiebre amarilla a solicitud del gobierno inglés. También fue autor de las bases del Plan de Estudios del año 1842. Casó dos veces: la primera, con doña Teresa Lima; y la segunda, con doña Rafaela Valdés y Machado, hija de don Tomás Valdés y Hernández, Oficial del Ministerio de Cuentas y Artillería, y de doña Juana de Dios Machado.

Don Angel José Cowley y Alvirder, y su primera mujer doña Teresa Lima, tuvieron por hijo: a

Don Angel Tomás Cowley y Lima, que casó con doña Francisca Valdés Morales, los que tuvieron por hijas: a María del Rosario; a Francisca, y a María del Carmen Cowley y Valdés. Las cuales:

1. — Doña María del Rosario Cowley y Valdés, casó con don Eduardo Lapeyre y Farto.

2. — Doña Francisca Cowley y Valdés, casó con don Eduardo Marrero.

3. — Doña María del Carmen Cowley y Valdés, casó con don Filomeno Jiménez.

Don Angel José Cowley y Alvirder, y su segunda mujer doña Rafaela Valdés y Machado, tuvieron por hijos: a María Josefa; a Luis María y a Rafael Angel Cowley y Valdés. De los cuales:

1. — El licenciado Luis María Cowley y Valdés, bautizado en La Habana, parroquia del Santo Angel, el 3 de noviembre de 1833, fue médico Catedrático de la Universidad de esta ciudad, Secretario de la Junta Provincial de Sanidad, Fundador del Centro de Vacuna y miembro de la Academia de Ciencias Médicas de La Habana. Casó con doña María del Carmen Croza y Mendiola.

2. — El licenciado Rafael Angel Cowley y Valdés bautizado en La Habana, parroquia del Santo Angel, el 8 de mayo de 1837, fue médico licenciado en Ciencias Naturales de la Universidad de Madrid, Catedrático de la Universidad de La Habana, miembro de la Academia de Ciencias Médicas, Decano de la Facultad de Medicina, Vice-Presidente y Socio de Mérito de la Económica de Amigos del País y condecorado con las cruces de Isabel la Católica y de Carlos III. Publicó las siguientes obras: *El Anuario de Medicina, Historia de la Medicina de la Universidad de La Habana, Botánica Médica Cubana*, y *Los Tres Primeros Historiadores Cubanos*. Falleció el primero de abril de 1908. Casó dos veces: la primera, en la parroquia de la villa de Guanabacoa el 22 de febrero de 1860, con doña María de Jesús Odero y Cabrera, natural de Matanzas, hija de don Luis Odero, natural de Italia, y de doña Lutgarda Cabrera. Casó por segunda vez, con doña Isabel Fernández-Saavedra y Martínez, hija del licenciado Agustín Fernández-Saavedra y Palacios, abogado, y de doña María Josefa Martínez y Velázquez de Cuéllar.

Don Rafael Angel Cowley y Valdés, y su primera mujer doña María de Odero y Cabrera, tuvieron por hijos: a María de Jesús; a Rafael; a Angel y a Jesús Cowley y Odero. Los cuales:

1. — Doña María de Jesús Cowley y Odero, casó con don Claudio Vermay y Cruz Muñoz (nieto del gran pintor Vermay).

2. — El doctor Rafael Cowley y Odero, fue médico, profesor de la Academia de Dentistas y Subdelegado de Medicina. Murió soltero en la Guerra de Indenpendencia de Cuba con el grado de Comandante.

3. — El doctor Angel Cowley y Odero, fue abogado. Casó dos veces: la primera, en La Habana, parroquia de Guadalupe, el 5 de enero de 1889, con doña Luisa Embil y Quesada, hija de don Miguel Embil e Izaguirre, natural de México, y de doña Angela de Quesada y Guerra, natural de la villa de Puerto Príncipe. Casó por segunda vez, con doña Norma Campodónico y Rodríguez, natural de la Argentina.

Don Angel Cowley y Odero, y su primera mujer doña Luisa Embil y Quesada, tuvieron por hijos: a Angelina; a Margarita y a Angel Alberto Cowley y Embil. Los cuales:

A. — Doña Angelina Cowley y Embil, casó con don César Rodríguez Morini.[1]

B. — Doña Margarita Cowley y Embil, casó con el Comandante del Ejército belga señor van Rolleghem.

C. — Don Angel Alberto Cowley y Embil, fue Teniente de las Fuerzas Armadas de Estados Unidos de América en la Primera Guerra Mundial. Casó dos veces: la primera, con doña María Teresa Cañal y Barrachina, hija de don Alfredo Cañal y Canteli, Presidente del Casino Español de La Habana, y de doña Esteban Barrachina. Casó por segunda vez, con doña Josefina Menéndez y Tomé. De su primera mujer tuvo por hijo: a

Don Alberto Cowley y Cañal, que casó con doña Elsa Mantilla.

Don Angel Cowley y Odero, y su segunda mujer doña Norma Campodónico y Rodríguez, tuvieron por hijos: a Laura, que ha fallecido, y a Rafael Cowley y Campodónico. De los cuales: el

Doctor Rafael Cowley y Campodónico, es médico y Catedrático de la Universidad de La Habana. Casó con doña Adelaida Campanioni y Ló-

---

1. Doña Angelina Cowley y Embil, de su citado enlace, tuvo por hijos: a Guillermo, y a Silvia Rodríguez Morini y Cowley. Los cuales:

1. — Don Guillermo Rodríguez Morini y Cowley es ingeniero agrónomo, y está casado con doña Silvia Padró.

2. — Doña Silvia Rodríguez Morini y Cowley, casó con el doctor José María Alvarez y González, farmacéutico, y tienen por hijos a José Guillermo y a Silvialina Alvarez Rodríguez Morini.

pez, y tuvieron por hijos: a Rafael; a Norma, y a Lilia Beatriz Cowley y Campanioni. De los cuales:

A. — Don Rafael Cowley y Campanioni, casó con doña Marta Villamil y Díaz.

B. — Doña Norma Cowley y Campanioni, casó con don Dagoberto Darias.

4. — Doctor Jesús Cowley y Odero, fue abogado. Casó dos veces: la primera con doña Marina Hernández y Alfonso, hija de don Anselmo Hernández y Hevia, y de doña Marina Alfonso y Espada. Casó por segunda vez con doña Gloria García y Llanes, de la que tuvo por hija: a Eloisa Cowley y García. De su primera mujer tuvo por hijos: a Rafael; a Raúl y a Isaac Cowley y Hernández. De los cuales:

1. — Don Rafael Cowley y Hernández, es ingeniero mecánico de la Universidad de Cornell.

2. — Don Raúl Cowley y Hernández, es ingeniero agrícola y profesor del Instituto de la Víbora. Casó con doña Emma Recio y Cagigal, hija del doctor Alberto Recio y Forns, médico-cirujano, siendo ministro de Salubridad y Asistencia Social de la República de Cuba, y de doña María Teresa Cagigal. Tuvo por hijo: a Raúl Cowley y Recio.

3. — Don Isaac Cowley y Hernández, casó con doña Hortensia van-der-Gucht y López, y tuvieron por hijos: a Gerardo (casado con doña María de la Concepción Recio y Agüero), y a Gustavo Cowley y van-der-Gucht. De los cuales:

El ingeniero Gustavo Cowley y van-der-Gucht, casó con doña Leticia Fernández Silva, de la que tiene por hijos: a Enrique Gustavo, y a Elena Cowley y Fernández Silva.

Don Rafael Angel Cowley y Valdés, y su segunda mujer doña Isabel Fernández-Saavedra y Martínez, tuvieron por hijos: a María Luisa; a María Josefa; a María Isabel; a María de los Dolores; a Néstor; a Abraham; a Agustín; a Miguel Angel; a Luis María, y a Jorge Cowley y Fernández-Saavedra. De los cuales:

1. — Doña María Josefa Cowley y Fernández-Saavedra, casó con don Joaquín Alvarez y González de Córdova.

2. — Doña María Isabel Cowley y Fernández-Saavedra, casó con don Manuel Sotolongo y Valdés, hijo de don Francisco Sotolongo y Pérez, y de doña Rosario Valdés.

3. — Doña María de los Dolores Cowley y Fernández-Saavedra, casó con don Camilo Marín y González.

4. — Don Abraham Cowley y Fernández-Saavedra, casó con doña María Guerra y Piedra.

5. — Don Agustín Cowley y Fernández-Saavedra, fue Teniente del Ejército Libertador de Cuba. Casó con doña Estela Chávez y Menéndez.

6. — Don Miguel Angel Cowley y Fernández-Saavedra, fue Canciller del Consulado general de Cuba en Barcelona. Casó con doña María de los Dolores Silva, y tuvieron por hijas: a Raquel, y a María de los Dolores Cowley y Silva. De las cuales:

Doña María de los Dolores Cowley y Silva, casó con don Mario Coyula y Giralt, hijo de don Miguel Coyula y Llaguno, que fue Presidente de la Cámara de Representantes de la República de Cuba, natural de Regla, y de doña María de la Asunción Giralt.

7. — El doctor Jorge Cowley y Fernández-Saavedra, abogado y Magistrado de las Audiencias de La Habana y de Pinar del Río, casó con doña Andrea Montalvo y Ruiz, y tuvieron por hijo: a Jorge Cowley y Montalvo.

8. — El doctor Luis María Cowley y Fernández-Saavedra, fue abogado y Magistrado de la Audiencia de La Habana. Casó con doña Guillermina Morales y Contreras, hija de don Guillermo Morales y Santa Cruz, y de doña Lorenza Contreras. Tuvieron por hijos: a Guillermo y a Luis María Cowley y Morales. Los cuales:

1. — El doctor Guillermo Cowley y Morales es abogado y está casado con doña María de la Concepción Arias, de la que tiene por hijos: a María Elena; a Guillermo y a Luis Cowley y Arias.

2. — El doctor Luis María Cowley y Morales, es médico. Casó con doña Yolanda Pérez, de la que tuvo por hijos: a Ana María; a Margarita María; a Luis María y a María Antonia Cowley y Pérez.

También aparece que:

Don José Antonio Cowley, casó con doña Isabel María Perdomo, y tuvieron por hijo: a

Don José María Cowley y Perdomo, bautizado en la Catedral de La Habana el 10 de agosto de 1745, al cual se le destinó al cuidado del almacén de Depósito en el embarcadero del río de la Chorrera, según Real orden de 7 de septiembre de 1790. Más tarde obtuvo un cargo en la Real Factoría de Tabacos de La Habana. Casó en la ciudad y puerto de Campeche, Yucatán (México), el 27 de abril de 1767, con doña Estefanía Dominga Gutiérrez y Galavis, natural de la ciudad de San Francisco de Campeche, hija de don José Gutiérrez, y de doña Ignacia Rosa Galavis. Tuvieron por hijos: a María de la Concepción; a Juan de Dios, y a Antonio María Cowley y Gutiérrez. Los cuales:

1. — Doña María de la Concepción Cowley y Gutiérrez, casó en La Habana, parroquia de Jesús María, el 24 de noviembre de 1826, con don Juan Francisco Pita de Figueroa y Morejón, hijo de don Rafael Pita de Figueroa y Viedma, y de doña Melchora Rodríguez Morejón y Almeida.

2. — Don Juan de Dios Cowley y Gutiérrez, fue bautizado en la parroquia de Guadalupe y San Francisco Javier, el 14 de abril de 1784.

3. — Don Antonio María Cowley y Gutiérrez, casó en La Habana, parroquia del Espíritu Santo, el 7 de agosto de 1798, con doña Bernarda Ibarra y Montano, hija de Pedro y de María de los Dolores.

Don Lázaro Cowley y su mujer doña María Govantes, fueron padres: de

Don Ramón Cowley y Govantes, natural de La Habana. Casó con doña Rosa Clavel y Jiménez, natural de esta ciudad, hija de Francisco y Felicia. Tuvieron por hijo: a

Don José Raúl Cowley y Clavel, nacido en La Habana el 31 de marzo de 1911, que casó dos veces: la primera el 22 de octubre de 1934, con doña Josefa González y Fernández, nacida en Guanabacoa, el 11 de enero de 1909, hija de Pedro y Teotiste. Casó por segunda vez en Guantánamo el 17 de mayo de 1952, con doña Edelmira Fernández y Gómez, allí natural, hija de don Pedro Fernández y del Junco y de doña Mariana Gómez. De su primer matrimonio tuvo por hijo a José Ramón y a Humberto Cowley y González, y del segundo a Jorge y a Esther Cowley y Fernández, los dos primeros naturales de La Habana y los dos últimos de Santiago de Cuba y respectivamente nacidos el 8 de octubre de 1935, el primero de febrero de 1943, el 21 de octubre de 1953 y el 31 de mayo de 1956.

DESVERNINE

En la primera mitad del siglo XIX, procedente de Burdeos, en la Gironda, Francia, se estableció esta familia en La Habana.

Francois Desvernine, casó con Rosalía Losthe, y tuvieron por hijos: a Antoine y a Pierre Emile Desvernine y Losthe. Los cuales:

1. — Antoine Desvernine y Losthe, natural de la ciudad de Burdeos, casó en la isla de Cuba, parroquia de Mumanayagua, en el año de 1851, con Louise Victoire Emile Daubet y Sibila, natural de la ciudad de Port-au-Prince, en la parte francesa de la isla de Santo Domingo (luego Haití), hija de Alex y de Louise.

2. — Pierre Emile Desvernine y Losthe, natural de Burdeos, fue comerciante químico y matemático, Contador del Ferrocarril de Cárdenas y Júcaro, en la isla de Cuba. Casó en La Habana, parroquia del Espíritu Santo, el 5 de junio de 1820, con la eminente pianista Adelaida Victoria Legrás y Menard, natural de New York, hija de Juan y de María Luisa.

Fueron hijos de Pierre Emile Desvernine y Losthe: Emilio y Pedro Desvernine. De los cuales:

Don Pedro Desvernine, casó con doña Luisa Le Riverand y Desvernine, hija del doctor Eduardo Le Riverand, médico, y de doña Luisa Desvernine y Legrás. Tuvieron por hijos: a Pedro; a Enrique y a Juan Desvernine y Le Riverand. De los cuales.

Don Juan Desvernine y Le Riverand, casó con doña Clemencia Desvernine y Carbonell, hija de don Pedro Desvernine y Legrás, y de doña Amelia Carbonell y Abeillé. Tuvieron por hijos: a Pedro; a Juan; y a Eugenio Desvernine y Desvernine. De los cuales:

1. — Don Juan Desvernine y Desvernine, casó en La Habana, iglesia de San Juan de Letrán (Vedado), el 7 de julio de 1949, con doña Silvia Caminero y Pereyra, hija del ingeniero José Caminero y Ruiz, Embajador de Cuba en Nicaragua, Gran Cruz de la Orden de Honor y Mérito de la Cruz Roja de Cuba y miembro del Consejo Directivo de la misma,

Comendador de la Orden Nacional de Mérito «Carlos Manuel de Céspedes» y distinguido periodista, y de doña Carmen Pereyra y Montejo. Tienen por hija: a Silvia Desvernine y Caminero.

2. — El doctor Eugenio Desvernine y Desvernine, es abogado establecido en La Habana, y como diplomático fue Secretario de la Embajada de los Estados Unidos en Cuba. Casó con doña María Teresa Melgares y Cambounet, que falleció en La Habana, junio de 1953, de la que tuvo por hijo: a Eugenio Desvernine y Melgares.

Pierre Emile Desvernine y Lloste, y su mujer doña Adelaida Victoria Legrás y Menard, tuvieron por hijos: a Luisa, a Pablo y a Pedro Eugenio Desvernine y Legrás. Los cuales:

1. — Doña Luisa Desvernine y Legrás, casó con el doctor Eduardo Le Riverand, médico-cirujano.

2. — Don Pablo Desvernine y Legrás, bautizado en La Habana, parroquai del Santo Cristo, el 25 de agosto de 1823, cuya defunción está en la parroquia del Vedado a 2 de marzo de 1910, fallecido el día anterior, fue un eminente pianista, director de la «Revista Musical Artística y Literaria» de esta ciudad, y Caballero de la Orden de Carlos III. Casó en La Habana, parroquia del Santo Angel, el 6 de enero de 1849, con doña Liboria Carolina Galdós y Echániz, natural de la ciudad de Bergerac, hija del Comandante Benito y de Ramona. Tuvieron por hijos: a María de los Dolores; a Teresa; a Eugenia; a Carlos a Eduardo Antonio; a Ernesto y a Pablo Desvernine y Galdós. De los cuales:

A. — Doña Eugenia Desvernine y Galdós; casó en la parroquia del Vedado (Habana), el 24 de octubre de 1889, con don José-Ricardo Fernández-Pellón y Castellanos, natural de Holguín, hijo de don Antonio Fernández-Pellón y de la Cámara, Capitán del ejército español. Comisario de Policía en Santiago de Cuba, y de doña María de los Dolores Castellanos y Fuentes.

B. — El doctor Carlos Desvernine y Galdós, bautizado en La Habana, parroquia del Santo Angel, el 28 de julio de 1852, fue médico-cirujano graduado en las universidades de París, New York y de La Habana. Casó en la parroquia habanera del Espíritu Santo, el 8 de marzo de 1886, con doña María Francisca Pedroso y Martínez de Castilla, natural de Casiguas, hija de don Francisco Xavier Pedroso y Herrera, y de doña María del Rosario Martínez de Castilla y Martínez de Illescas.

C. — El doctor Eduardo Antonio Desvernine y Galdós, bautizado en La Habana, parroquia del Santo Angel, el 13 de octubre de 1861, fue abogado y Catedrático del Instituto de Segunda Enseñanza de esta ciudad. Casó dos veces la primera en la parroquia habanera del Vedado, el 17 de octubre de 1892, con doña Carolina Valdés y Rico de Mata, hija de Luis y de Dolores. Casó por segunda vez, con doña Margarita Iglesias y Balaguer, hoy residente en México, hija del doctor Emilio Iglesias y Cantos, distinguido abogado, y de doña Amalia Balaguer y Morales.

D. — Don Ernesto Desvernine y Galdós, bautizado en La Habana, parroquia del Santo Angel, el 4 de diciembre de 1856, casó en la Catedral de esta ciudad, el primero de febrero de 1893, con doña María de la Concepción Pedroso y Pedroso, hija de don Miguel Antonio Pedroso y Pedroso, Caballero de la Orden de Montesa, y de doña María Ana Pedroso y Martínez de Castillo. Tuvieron por hijos: a María de la Concepción y a Dulce María Desvernine y Pedroso.

E. — El doctor Pablo Desvernine y Galdós, bautizado en La Habana parroquia del Santo Angel, el 4 de mayo de 1850, cuya defunción está en esta ciudad, parroquia del Vedado a 21 de diciembre de 1935, fallecido el día anterior, fue abogado, Catedrático de la Universidad de La Habana y Secretario de Estado de la República de Cuba. Casó con su prima doña Elena Desvernine y Zequeira, hija de don Pedro Eugenio Desvernine y Legrás, y de doña Elena Zequeira, y Canalejo. Tuvieron por hijas: a María Carolina y a Eugenia Desvernine y Desvernine. Las cuales:

A. — Doña María Carolina Desvernine y Desvernine, casó con Juan Avelino Velasco.

B. — Doña Eugenia Desvernine y Desvernine, casó con el doctor Alfredo Lombard y Sánchez, abogado, hijo de don José Lombard y Leonard y de doña María Josefa Sánchez y Sarría.

3. — Don Pedro Eugenio Desvernine y Legrás, bautizado en La Habana, parroquia del Santo Angel, a 19 de julio de 1834, hizo información de su legitimidad y limpieza para ingresar en la Universidad habanera, haciendo ese documento el 14 de agosto de 1862 ante el escribano Laureano Fernández de Cuevas. Casó dos veces: la primera en La Habana parroquia de Guadalupe, el 20 de diciembre de 1857, con doña Elena Zequeira y Canalejo, hija de Simón Zequeira y Jústiz, Subteniente de Infantería de esta plaza, y de doña María de las Mercedes Canalejo e Hidalgo-Gato. Casó por segunda vez en los Estados Unidos de América, con doña Amelia Carbonell y Abeillé. De su primera mujer tuvo por hijos: a Elena; a Adela Victoria; a Eduardo; a Pedro-Eugenio y a Raúl Desvernine y Zequeira. Y de su segundo matrimonio tuvo por hijos: a Amelia; a Clemencia y a Emilio Desvernine y Carbonell. De los cuales:

1. — Doña Elena Desvenine y Zequeira, casó con el doctor Pablo Desvernine y Galdós, abogado, Catedrático de la Universidad de La Habana y Secretario de Estado de la República de Cuba, hijo de don Pablo Desvernine y Legrás, Caballero de la Orden de Carlos III, y de doña Liboria Carolina Galdós y Echániz.

2. — Doña Adela Victoria Desvernine y Zequeria, casó con don Andrés del Valle y Lubían, hijo de don Ramón del Valle y Lubián, y de doña Matilde Lubián y Orta.

3. — Don Eduardo Desvernine y Zequeira, fue Cónsul de la República de Cuba, en diversos lugares de los Estados Unidos de América. Casó en New York, con doña Matilde Hernández y González, hija de Juan y de María Teresa.

4. — Don Pedro Eugenio Desvernine y Zequeira, casó con Margarita Foster Brown, natural de New York, hija de Eduardo y de Sussie Holin. Tuvieron por hijos: a Margarita Victoria; a Mildred y a Kenneth Desvernine y Foster.

5. — Don Raúl Desvernine y Zequeira, casó con Amelia Eltz, y tuvieron por hijos: a Raúl y a Edwin Desvernine y Eltz. Los cuales:

A. — Don Raúl Desvernine y Eltz, casó con Ruth Lomping, teniendo por hijo. a Gilbert Desvernine y Lomping.

B. — Don Edwin Desvernine y Eltz, casó con Ana Graham, y tuvieron por hijos: a Graham y a Noel Desvernine y Graham.

6. — Doña Amelia Desvernine y Carbonell, casó con don Juan Barquín.

7. — Doña Clemencia Desvernine y Carbonell, casó con don Juan Desvernine y Le Riverand, hijo de don Pedro Desvernine, y de doña Luisa Le Riverand Desvernine.

8. — Don Emilio Desvernine y Carbonell, casó con Alice Brown, y tuvieron por hijos: a Alice y a Emile Desvernine y Brown.

DÍAZ - ALBERTINI

A fines del siglo XVIII, procedente de la ciudad de La Laguna, en la isla de Tenerife, se estableció en La Habana la familia Díaz, contrayendo matrimonio uno de sus miembros, en el siglo siguiente, con una Albertini, oriunda de Italia, uniendo sus descendientes estos apellidos.

Don Martín Díaz, casó con doña Dominga Morales y tuvieron por hijo: a

Don Cristóbal Díaz y Morales, natural de la ciudad de La Laguna, donde casó, en la parroquia de la Purísima Concepción, el 14 de junio de 1756, con doña Antonia María de la Concepción Ramos y Rodríguez de Armas, hija de don Domingo Ramos y Pérez, y de doña Gregoria Rodríguez de Armas y Alfonso. Tuvieron por hijo: a

Don Domingo Antonio Díaz y Ramos, bautizado en La Laguna, parroquia de la Concepción, el 16 de agosto de 1769, que pasó a La Habana, donde casó, en la parroquia del Santo Angel, el 21 de enero de 1793, con doña Catalina Serrano y Garabito, natural de esta ciudad, hija de don Cristóbal Serrano, natural de Ronda, y de doña Jerónima Petrona de Garabito. Tuvieron por hijos: al

Licenciado José Rafael Díaz y Serrano, bautizado en la Catedral de La Habana, el 21 de octubre de 1796, que fue abogado y Auditor Honorable de Marina. Hizo información de limpieza de sangre el 2 de agosto de 1815 ante José María Verdier, Secretario de la Universidad de La Habana. Casó en la Catedral de esta ciudad, el 27 de abril de 1830, con doña María Josefa Albertini y Valdés, hijo de José y de Agustina.[1] Tuvieron por hijos: a María Catalina; a Josefa; a Jorge; a Rafael; a José Antonio, y a José María Díaz-Albertini. Los cuales:

1. — Doña María Catalina Díaz-Albertini, bautizada en La Habana, parroquia de Jesús del Monte, el 21 de junio de 1822, casó en esta ciudad, parroquia de Guadalupe, el 28 de octubre de 1855, con don Francisco Valentín Polo y Escalante, natural de La Habana, hijo de Francisco de la Cruz Polo y Rocío de la Barrera, y de Antonia de Jesús Escalante y González de Acevedo, ambos habaneros.

2. — Doña Josefa Díaz-Albertini, casó con don Adolfo Fesser y D'Aquesant, hijo de don José Antonio Fesser y Kirchmayr, natural de Cádiz, y de doña María Manuel D'Aquesant y Araújo.

3. — El licenciado Jorge Díaz-Albertini, fue médico. Casó dos veces: la primera, con doña Angela Rodríguez y Jiménez, y la segunda, en La Habana, parroquia de Jesús del Monte, el 9 de julio de 1872, con doña María de las Mercedes Rodríguez y González, hija de Leandro y de María Josefa.

Don Jorge Díaz-Albertini, y su primera mujer doña Angela Rodríguez y Jiménez, tuvieron por hijos: a María; y a Virginia Díaz-Albertini y Rodríguez. Las cuales:

A. — Doña María Díaz-Albertini y Rodríguez, casó con eli doctor Gabriel Casuso y Roque, natural de Guamutas, médico, cirujano-dentista, Catedrático y Rector de la Universidad de La Habana, hijo de don Francisco Casuso y Echarte, y de doña Julia Roque y Hernández.

B. — Doña Virginia Díaz-Albertini y Rodríguez, casó en La Habana, parroquia de Guadalupe, el 4 de agosto de 1879, con don Federico Mejer y Faurés, hijo de Guillermo Federico Mejer y Bezin, natural de Hannover, Alemania, y de doña María Teresa Faurés y Brú, natural de La Habana.

4. — El licenciado Rafael Díaz-Albertini, casó dos veces: la primera con doña Rosa Roig y la segunda, en La Habana, parroquia del Espíritu Santo, el 8 de noviembre de 1856, con doña Rufina Josefa Urioste y Pérez, hija de José y de María de los Dolores. Tuvieron por hijo: a

Don Rafael Díaz-Albertini y Urioste, que fue un notable violinista cubano, y que casó con doña María Isabel Machado y Benitoa, hija del doctor José Pantaleón Machado y Valdés, médico, y de doña Isabel Antonia de Benitoa y Pérez. Tuvieron por hija: a María Díaz-Albertini y Machado.

---

1. Antonio Albertini, y su mujer doña Juana Orlana Imperial, tuvieron por hijo: a

José Albertini, natural de Trieste, en el santo Imperio romano, que pasó a La Habana. Casó dos veces: la primera, con doña María Refana; y la segunda, en la Catedral de La Habana, en el mes de mayo de 1788 (libro 7, folio 183 vuelto), con doña Agustina Valdés, natural de esta ciudad.

5. — Don José Antonio Díaz-Albertini, casó en la Catedral de La Habana el 31 de diciembre de 1864, con doña Rosalía de la Caridad Mojarrieta y Batista, natural de la villa de Puerto Príncipe, hija del licenciado José Serapio Mojarrieta y Pavía, abogado, Auditor Honorario de Marina, Procurador general del Reino, Ministro de la Real Academia de Puerto Rico y Regidor perpetuo de dicha Isla, y de doña María Catalina Batista y Caballero. Tuvieron por hijos: a María Josefa; a Catalina; a Angela y a Antonio Díaz-Albertini y Mojarrieta. De los cuales:

A. — Doña Angela Díaz-Albertini y Mojarrieta, casó en La Habana, parroquia del Santo Cristo, el 31 de diciembre de 1897, con el doctor Enrique Perdomo y Sedano, natural de la villa de Puerto Príncipe, médico, hijo de don José Agustín Perdomo y Batista, y de doña María de Jesús Sedano y Usatorres.

B. — El doctor Antonio Díaz-Albertini y Mojarrieta, fue médico-cirujano, individuo de número de la Academia de Ciencias Médicas Físicas y Naturales de La Habana, y Caballero de la Legión de Honor de Francia. Casó con doña Blanca Broch y O'Farrill, hija del licenciado León Broch y Sanz, abogado, y de María Luisa O'Farrill y Chappotín.

6. — Don José María Díaz-Albertini, casó en La Habana, parroquia del Espíritu Santo, el 29 de julio de 1859, con doña María de las Mercedes Martínez y Costales, hija de don Francisco Martínez de Rivamontán y Cosca, y de doña Agustina Baldomera Costales y Govantes. Tuvieron por hijos: a José Francisco y a Jorge Díaz-Albertini y Martínez. Los cuales:

1. — Don José Francisco Díaz-Albertini y Martínez, fue bautizado en La Habana, parroquia del Cerro, el 4 de diciembre de 1867.

2. — El doctor Jorge Díaz-Albertini y Martínez, bautizado en La Habana, parroquia de Jesús del Monte, el 31 de octubre de 1860, fue médico cirujano. Casó en esta ciudad, parroquia del Cerro, el 5 de diciembre de 1885, con doña Hortensia de Cárdenas y de la Luz, hija de don Francisco de Cárdenas y Herrera, y de doña María de la Concepción de la Luz y Garzón. Tuvieron por hijos: a María de las Mercedes; a Oscar; a Ricardo y a Jorge Díaz-Albertini y Cárdenas. Los cuales:

1. — Doña María de las Mercedes Díaz-Albertini y Cárdenas, casó con don Enrique José Meneses y Comas, natural de Santiago de Cuba, hijo de don Sabas Meneses y Gómez, y de doña Eudalda Comas y Cutié.

2. — El doctor Oscar Díaz-Albertini y Cárdenas, fallecido en Washington, D. C., fue abogado, Director de Justicia de la República de Cuba y por muchos años, hasta su fallecimiento, Representante del Instituto Cubano de Estabilización del Azúcar en los Estados Unidos de América. Casó con doña María Teresa Valdés-Pagés y Bondix, también fallecida de la que no tuvo descendencia.

3. — Don Ricardo Díaz-Albertini y Cárdenas, que ya ha fallecido, casó con doña Josefa Aguirre y Du-Bouchet, hija del doctor José María Aguirre y Fernández-Trevejo, abogado, Magistrado de la Audiencia de

La Habana, y de doña Julia Du-Bouchet y de la Vallina. Tuvieron por hijos: a Hortensia y a Ricardo Díaz-Albertini y Aguirre. Los cuales:

A. — Doña Hortensia Díaz-Albertini y Aguirre, casó con el doctor Pedro Abascal y Berenguer, abogado.

B. — Don Ricardo Díaz-Albertini y Aguirre, casó con doña Miriam Figueras y tienen por hijos: a Ricardo; a Oscar; a Francisco Xavier, y a Miriam Díaz-Albertini y Figueras.

4. — Don Jorge Díaz-Albertini y Cárdenas, casó con doña María Puente y Touzet, y tuvieron por hijos: a Jorge; a Antonio y a Luis Díaz-Albertini y Puente. Los cuales:

1. — Don Jorge Díaz-Albertini y Puente casó con doña Magaly Córdova, y tienen por hijo: a Jorge Luis Díaz-Albertini y Córdova.

2. — Don Antonio Díaz-Albertini y Puente, casó con doña María Luisa López Silvero y tienen por hijos: a Antonio-Luis y a Federico Díaz-Albertini y López Silvero.

3. — Don Luis Díaz-Albertini y Puente, casó con doña Ana Carolina Fonts y Fonté y tienen por hijos: a Luis Sergio, y a Ana María Díaz-Albertini y Fonts.

DOLZ

Esta familia española, procedente de la Argentina, en la América del Sur, se estableció en La Habana a principios del siglo XIX.

Don Juan Dolz y su mujer doña Juana de Guzmán, tuvieron por hijo: a

Don Juan Norberto Dolz y Guzmán, natural de la ciudad de Buenos Aires, que fue el primero de esta familia que pasó a la isla de Cuba. Casó con doña María del Carmen Serapia Claro y Castro, natural de La Habana, hija de Antonio y de María de Regla. Tuvieron por hijo: al

Licenciado Juan Norberto Dolz y Claro, bautizado en La Habana, parroquia del Espíritu Santo, el 11 de enero de 1809, que fue abogado. Su defunción se encuentra en la referida paroquia, a 14 de agosto de 1883; Casó con doña María de la Luz Arango y Molina, hija de don Nicolás Arango y Zaldívar, Capitán de Infantería de esta plaza, y de doña María de la Encarnación Molina y Riveira. Tuvieron por hijos: a María Luisa; a Julia; a Emilia; a Ricardo; a Eduardo; a Leopoldo y a Guillermo Dolz y Arango. De los cuales:

1. — Doña María Luisa Dolz y Arango, nacida el 4 de octubre de 1854 y bautizada en La Habana, parroquia del Espíritu Santo el 8 de diciembre de ese año, doctora en Ciencias Físicas y Naturales, fue notable educadora cubana, y su defunción está en la parroquia de los Quemados de Marianao a 28 de mayo de 1928, fallecida el día anterior.

2. — Doña Julia Dolz y Arango, casó en La Habana, parroquia del Espíritu Santo, el 27 de noviembre de 1882, con el licenciado Juan Francisco de Tabernilla y García, abogado, hijo de don Juan Francisco de Tabernilla y Alonso, y de doña Ana García y Barthélemy.

3. — El doctor Ricardo Dolz y Arango, natural de la ciudad de Pinar del Río, fue ilustre abogado, eminente orador, Catedrático de la Universidad de La Habana y Decano de la Facultad de Derecho; Senador de la República de Cuba y Presidente del Senado. Casó en La Habana, parroquia del Santo Angel, el 27 de diciembre de 1895, con doña Leopoldina de Luis y Quesada, natural de Trinidad, hija de don Aurelio de Luis y Vela de los Reyes, y de doña María de la Caridad Quesada y Alonso.

4. — El doctor Eduardo Dolz y Arango, natural de la ciudad de Pinar del Río, fue abogado, distinguido periodista. Diputado a Cortes, Secretario de Obras Públicas y Comunicaciones del gobierno autonomista de Cuba y Representante a la Cámara de la República de Cuba. Falleció en La Habana, el 24 de enero de 1923, casado con doña María Martín. Tuvieron por hijas: a Herminia y a Marina Dolz y Martín. Las cuales:

2. — Doña Herminia Dolz y Martín, casó con el doctor Gonzalo Alvarado y Zúñiga, abogado, Magistrado del Tribunal Supremo de Justicia de la República de Cuba, hijo del doctor Miguel Alvarado y Bauzá, abogado y de doña Amalia Zúñiga y de la Barrera.

B. — Doña Marina Dolz y Martín, casó con don Samuel Teurbe Tolón y Hernández, hijo de don Samuel Teurbe Tolón y Casado, y de doña María Serafina Hernández y Huguet.

5. — El doctor Leopoldo Dolz y Arango, natural de la ciudad de Pinar del Río, abogado, fue Enviado Extraordinario y Ministro Plenipotenciario de Cuba, en la República Dominicana, falleciendo en la ciudad de New York el 9 de octubre de 1923. Casó con Leontine De-Véze, natural de Argelia, y tuvieron por hijo: a

Don Leopoldo Dolz y De-Véze, nacido en la ciudad de New York el 19 de marzo de 1896, que es Cónsul general de la República de Cuba en Barcelona. Casó con su prima doña Julia Dolz y Blanco, hija del doctor Guillermo Dolz y Arango, abogado, y de doña Adelaida Blanco y Gómez.

6. — El doctor Guillermo Dolz y Arangó, natural de la ciudad de Pinar del Río, falleció en París el 7 de noviembre de 1911. Casó en la Catedral de Pinar del Río el 22 de diciembre de 1883, con doña Adelaida Blanco y Gómez, hija de don José Blanco y Llano y de doña Luisa Gómez y González. Tuvieron por hijos: a María del Carmen; a Adelaida; a Julia y a Enrique Dolz y Blanco. De los cuales:

1. — Doña Adelaida Dolz y Blanco, casó con don Aurelio Narganes y Fernández, que ya ha fallecido.

2. — Doña Julia Dolz y Blanco, casó con su primo don Leopoldo Dolz y De-Véze, Cónsul general de la República de Cuba de Barcelona, hijo del doctor Leopoldo Dolz y Arango, abogado, Enviado Extraordinario y

Ministro Plenipotenciario en la República Dominicana, y de Leontine De-Véze.

3. — El doctor Enrique Dolz y Blanco, nacido en Long Branch (New Jersey), en Estados Unidos de América, el 30 de julio de 1898, es abogado. Casó con doña Dulce María Castellanos y Pérez de la Peña, que ya ha fallecido, hija del doctor José Lorenzo Castellanos y Perdomo, abogado, y de doña María de Loreto Pérez de la Peña y Estrada.

DORIA

En la segunda mitad del siglo XVI, procedente de la ciudad de Génova, en la Liguria, se estableció esta familia D'Oria o Doria en La Habana.

Cristóforo D'Oria y su mujer Giovanna Battista, tuvieron por hijo: a

Don Francisco D'Oria y Battista, natural de Génova, que ya era vecino de La Habana el 22 de abril de 1569, y quien testó en esta ciudad en el mes de octubre de 1583 ante el escribano Juan Bautista Guilizasti. Casó con doña Leonor de Roxas-Manrique y Baeza, hija del Capitán Gómez de Roxas-Manrique, y de doña Ana de Baeza. Tuvieron por hijos: a Juan, y a Cristóbal Doria y Roxas-Manrique. Los cuales:

1. — Don Juan Doria y Roxas-Manrique, testó el 23 de julio de 1604 ante Juan Bautista Guilizasti. Casó con doña Juana de la Cerda, hija de don Juan Gallegos, y de doña Isabel de la Cerda. Tuvieron por hijos: a Leonor y a Andrés Doria y de la Cerda.

2. — Don Cristóbal Doria y Roxas-Manrique, fue padre: de

Don Francisco Doria, que casó en la Catedral de La Habana el 11 de julio de 1619, con doña Ana Díaz de las Arenas, hija de don Esteban Sánchez, y de doña María Díaz. Tuvieron por hijo: al

Alférez Francisco Doria y Díaz de las Arenas, bautizado en la Catedral de La Habana el 15 de junio de 1620, que testó el 31 de diciembre de 1707 ante el escribano Gaspar Fuentes. Casó en la referida Catedral el 19 de agosto de 1646, con doña Constanza Cordero, hija de don Juan Luis Arranzastroqui, y de doña Ana María Cordero López. Tuvieron por hijas: a María; a Ana y a Josefa Doria y Cordero. De las cuales:

1. — Doña Ana Doria y Cordero, testó el 27 de agosto de 1733 ante Gaspar Fuentes, y su defunción se encuentra en la Catedral de La Habana a 28 de agosto de dicho año. Casó en esta Catedral el 30 de agosto de 1682, con don Matías Ravelo y Sierra, natural del barrio de Triana, en Sevilla, hijo de Gaspar y de María.

2. — Doña Josefa Doria y Cordero, fue bautizada en la Catedral de La Habana el 2 de enero de 1664, y su defunción se encuentra en la Catedral de Matanzas a 25 de octubre de 1736. Casó en La Habana, pa-

rroquia del Espíritu Santo, el 8 de septiembre de 1683, con don Francisco Cepero y Pérez-Bullones, hijo de don Diego de la Rivera Cepero y Rodríguez de Acevedo, y de doña María Pérez-Bullones.

DORTICÓS

En la primera mitad del siglo XIX, procedente de los Bajos Pirineos, en Francia, se estableció esta familia en la villa de Cienfuegos, provincia de Santa Clara, isla de Cuba.

Don Pedro Bernardo Dorticós, natural de Olerón, provincia de Bearn en la Navarra francesa, y su mujer doña Margarita Gassó natural de Pamplona, en la Navarra española, tuvieron por hijo: a

Don Andrés Dorticós y Gassó, natural de la parroquia de Abenee, en el departamento francés de los Bajos Pirineos, que fue escribano público, de Labildo y de Gobierno en Cienfuegos, así como Subteniente de Milicias en la referida villa de Cienfuegos. Casó en la ciudad de Cádiz (Andalucía), el 14 de septiembre de 1806, con doña María del Carmen Gómez de Leys y Puente, natural de Jagua, hija de Mateo y de Teresa. Tuvieron por hijos: a María de los Dolores; a Teresa; a Margarita; a Luis Fernando y a Pedro Eduardo Dorticós y Gómez de Leys. Los cuales:

1. — Doña María de los Dolores Dorticós y Gómez de Leys, natural de Cádiz, casó en Cienfuegos, parroquia de la Purísima Concepción el 4 de octubre de 1827, con don Félix Lanier y Langlois, natural de la ciudad de Nantes, en Francia, Síndico Procurador general de Cienfuegos, hijo de Alexis Michel y de Julie.

2. — Doña Teresa Dorticós y Gómez de Leys, bautizada en la ciudad de Olerón (Francia), parroquia de Sainte Croix, el 8 de agosto de 1818, casó en Cienfuegos, parroqiua de la Purísima Concepción el 31 de octubre de 1837, con don Tomás Terry y Adán natural de la ciudad de Caracas (Venezuela), hija de don José Antonio Terry y Mendoza, natural de Cádiz, y de doña Tomasa Adán y España, natural de Caracas.

3. — Doña Margarita Dorticós y Gómez de Leys, bautizada en Bayona, Francia, parroquia de San Andrés el 20 de octubre de 1811, casó en Cienfuegos, parroquia de la Purísima Concepción, el 30 de abril de 1831, con don Juan Avilés y Passage de Russie, natural de Santa Marta, en el reino de la Nueva Granada, terrateniente y hacendado en Cienfuegos, hijo de José María y de María Victoria.

4. — Don Luis Fernando Dorticós, y Gómez de Leys, fue bautizado en Cienfuegos, parroquia de la Purísima Concepción el 20 de enero de 1820.

5. — Don Pedro Eduardo Dorticós y Gómez de Leys, bautizado en Cádiz, parroquia del Rosario, el 13 de abril de 1808, fue Síndico procurador general, Alcalde ordinario de Cienfuegos y Gran Cruz de la Orden de Isabel la Católica. Casó con doña María Antonia Florencia Anido y

Cabrera, natural de Remedios (provincia de Santa Clara), de la que tuvo por hijos: a María del Carmen; a Andrés Eduardo; a Eduardo y a Hilario José Dorticós y Anido. Los cuales:

1. — Doña María del Carmen Dorticós y Anido, casó en Cienfuegos, parroquia de la Purísima Concepción, el 10 de febrero de 1864, con don Carlos de León y Gregorio, natural de Granada, Comandante de Carabineros, Benemérito de la Patria española, Maestrante de Granada y poseedor de la Cruz Laureada de la orden de San Fernando y de la medalla de Africa, hijo de don Carlos de León y Navarrete, natural de Tolosa, en Francia, Coronel de Caballería de los Ejércitos Nacionales, poseedor de la Cruz Laureada de San Fernando por juicio contradictorio varias cruces de distinción por méritos de guerra, Gran Cruz de la Orden de San Fernando, Comendador de la Orden de Isabel la Católica y de la de Carlos III, Benemérito de la Patria española en grado heroico y eminente, Mayordomo de Semana de la reina, perteneciente a la casa de los marqueses de las Atalayulas y Guardia Real, progenitores de los condes de Belascoaín, Grandes de España y marqueses de Squillace, miembro de la Sociedad de Amigos del País de Córdoba. Administrador general de Correos, Caminos y demás ramos agregados a La Habana, y su departamento, Maestrante de Granada y Caballero de la orden de Calatrava, y de doña María del Pilar de Gregorio y Ayanz de Ureta, natural de Barbastro (Aragón), hija a su vez del Marqués de Vallesantoro, Virrey de Navarra, y de la Baronesa de Claret.

2. — Don Andrés Eduardo Dorticós y Anido, natural de Cienfuegos. casó dos veces en su ciudad natal, parroquia de la Purísima Concepción la primera el 8 de enero de 1864, con doña Antonia Leonor Hernández y Nodal, natural de Cumanayagua, hija de Pedro y de María de la Caridad. Casó por segunda vez el 23 de octubre de 1871, con doña Evarista Bouffartigue y Dupalais, hija de Guillermo y de Juliana. De su primera mujer tuvo por hijo: a Andrés Dorticós y Hernández. Y de su segundo matrimonio: a María del Carmen, y a Flora Dorticós y Bouffartigue. Los cuales:

A. — Don Andrés Dorticós y Hernández, casó en Cienfuegos, parroquia de la Purísima Concepción, el 30 de abril de 1902, con doña María Isabel Díaz de Villegas y Alvarez.

B. — Doña María del Carmen Dorticós y Bouffartigue, casó en Cienfuegos, parroquia de la Purísima Concepción, el 13 de septiembre de 1894, con dos Carlos Delange, hijo de Telesforo y de María.

C. — Doña Flora Dorticós y Bouffartigue, casó con dos Francisco Díaz de Villegas y Alvarez.

3. — Don Eduardo Dorticós y Anido, casó con doña María de los Dolores Pichardo y Leyva, de la que tuvo por hijos: a María de los Dolores; a Josefina; a Eduardo y a Francisco Dorticós y Pichardo. De los cuales:

A. — Doña María de los Dolores Dorticós y Pichardo, casó con el ingeniero Francisco Otero-Cossío y Duque de Estrada, hijo de don Francisco Otero-Cossío y Dominicis, y de doña María Luisa Duque de Estrada y Varona (véase página 170, tomo 4 de esta obra).

B. — Don Eduardo Dorticós y Pichardo, casó con doña Antonia Josefa Maury.

C. — El doctor Francisco Dorticós y Pichardo, médico, casó con doña María del Consuelo Torrado y Martínez de la Maza, hija de don José Torrado y González Llorente y de María de los Dolores Martínez de la Maza y Cabrera, naturales de Trinidad. Tuvieron por hijos: a Raúl y a Osvaldo Dorticós y Torrado. Los cuales:

a. — El doctor Raúl Dorticós y Torrado es médico-cirujano. Casó con doña Aida Balea y García, natural de Cienfuegos, hija de Antonio y Elvira. Son padres: de Francisco; de Elvira y de Aida Dorticós y Balea.

b. — El doctor Osvaldo Dorticós y Torrado, es abogado y casado con doña María de la Caridad Molina y Suárez del Villar.

4. — Don Hilario José Dorticós y Anido, natural de Santa Clara, casó en la Catedral de La Habana el 20 de diciembre de 1874, con doña Matilde María del Pilar León y Gregorio, natural de la villa de Trinidad, en la provincia de Santa Clara. Dama Noble de la Orden de María Luisa,[1] hija de don Carlos de León y Navarrete y de doña María del Pilar de Gregorio y Ayanz de Ureta, ya mencionados anteriormente en el presente apellido. Tuvieron por hijas: a María de la Purificación Concepción y a María de la Gracia Dorticós-Marín y León. Las cuales:

1. — Doña María de la Purificación Concepción Dorticós-Marín y León, II Marquesa de Marín, falleció el 11 de septiembre de 1928. Casó el 2 de febrero de 1902, con don José de Ossorio y Morny, Heredia y Troubetzkoy, natural de Madrid, Comandante de Infantería, perteneciente a las casas de los condes de la Corzana y duques de Sexto, príncipes Troubetzkoy y duques de Morny.

2. — Doña María de la Gracia Dorticós-Marín y León, fue bautizada en Cienfuegos, parroquia de la Purísima Concepción, el 15 de enero de 1876, falleciendo en España el 27 de septiembre de 1950. Casó el 21 de mayo de 1890, con don José Ramón de Hoces y Losada, nacido el 10 de abril de 1865, II Duque de Hornachuelos, Senador por derecho propio hijo de don José Ramón de Hoces y González-Canales, Gutiérrez-Rabé y Muñoz-Cobo, I Duque de Hornachuelos, Marqués de Santa Cruz de Pa-

---

1. Doña Matilde María del Pilar de León y Gregorio, en segundo enlace, casó en Pamplona (Navarra española), el 19 de septiembre de 1880, con el Teniente General don Sabas Marín y González, Sandoval y Arcayna, natural de Cartagena de Levante, dos veces Capitán General de la isla de Cuba, anteriormente Gobernador Civil de la provincia de Santa Clara, luego Gobernador de Cartagena de Levante, Capitán General de Puerto Rico y de Madrid, Inspector General del Arma de Caballería, creado I Marqués de Marín en 1899, creador del Archivo general de la isla de Cuba (hoy Archivo Nacional de la República de Cuba), y poseedor de las Grandes Cruces de las Ordenes de San Fernando, Mérito Militar, San Hermenegildo e Isabel la Católica, Comendador de la Orden de Carlos III y condecorado con la Cruz de la Orden de Santa Ana de Rusia. Como no hubo hijos de este enlace, el I Marqués de Marín, de acuerdo con la fundación de ese título nobiliario fue sucedido por una de sus hijastras, como arriba exponemos, las cuales, por voluntad de su padrastro, adoptaron el apellido Dorticós-Marín.

niagua, Senador y Diputado a Cortes, Gobernador Civil de Córdoba, Gentilhombre de Cámara con ejercicios y servidumbre y Gran Cruz de la Orden de Carlos III, y de María del Buen Consejo de Losada y Fernández de Lieneres, de los Ríos y Carvajal, nacida en Madrid el 29 de abril de 1840, Dama Noble de la Orden de María Luisa, perteneciente él a la casa condal de Horanchuelos y marqueses de Santa Cruz de Paniagua y ella a la casa condal de Gavia, ambos casados en Córdoba.[1]

---

1. De su citado enlace con el II Duque de Hornachuelos, doña María de la Gracia Dorticós-Marín y León, tuvo por hijos: a María Matilde; a María del Rosario; a María de la Purificación; a Genoveva; a Manuel; a María del Pilar; a Sabas Antonio, y a José Ramón de Hoces y Dorticós-Marín. Los cuales:

1. — Doña María Matilde de Hoces y Dorticós-Marín, casó con don Ignacio Coello de Portugal, asesinado en 1936 y perteneciente a la casa condal de Pozo Ancho del Rey. En segundo enlace casó con don José Martínez Acacio.

2. — Doña María del Rosario de Hoces y Dorticós-Marín, casó con don Francisco Roldán y Díaz de Arcaya, asesinado en 1936 durante la última guerra civil española.

3. — Doña María de la Purificación de Hoces y Dorticós-Marín, que posee la Gran Cruz de la orden Medahuia, casó dos veces: la primera con don Martín Rosales y Martell, II Duque de Almodóvar del Valle, y la segunda con don Ramón Díez de Rivera y Casares, Muros y Bustamante, II Marqués de Huétor de Santillán por Real carta dada el 19 de julio de 1916, Almirante de la Armada española, Jefe de la Casa Civil del Jefe del Estado de España, Procurador a Cortes, Caballero de la Orden de Calatrava, Maestrante de Granada y poseedor de las Grandes cruces de las Ordenes de San Hermenegildo e Isabel la Católica, habiendo sucesión de este segundo matrimonio.

4. — Doña Genoveva de Hoces y Dorticós-Marín, casó con don José Garret y Flaquer, Bessier y Peñalva.

5. — Don Manuel de Hoces y Dorticós-Marín, falleció en 1926.

6. — Doña María del Pilar de Hoces y Dorticós-Marín, casó con don Ricardo de la Cierva y Codorniu, asesinado en 1936, durante la guerra civil española, hermano del I Conde de la Cierva, e hijo de don Juan de la Cierva y Peñafiel, ilustre hombre de estado español, y de doña María Codorniu y Bosch, Dama Noble de la Orden de María Luisa.

7. — Don Sabas Antonio de Hoces y Dorticós-Marín, nacido en Madrid el 15 de enero de 1899, es el actual III Marqués de Marín por autorización provisional de la Diputación de la Grandeza dada en 1946, Teniente General de Infantería y poseedor de la Placa de la Orden de San Hermenegildo, y las medallas de María Cristina y de Sufrimientos. Está casado con doña María de la Gloria Bonafilla y López del Castillo, y tienen por hijos: a Sabas; a María de la Gloria, y a Fernando de Hoces y Bonafilla.

8. — Don José Ramón de Hoces y Dorticós-Marín, fue el III Duque de Hornachuelos, casando con doña María de las Mercedes de Cubas y Urquijo, hija de don Francisco de Cubas y Erice, II Marqués de Fontalba, y de doña María de la Encarnación de Urquijo y Ussía, I Condesa de la Almudena. De su citado enlace, el III Duque de Hornachuelos tuvo por hijos: a José (fallecido en 1907); a María de la Almudena, y a Francisco de Asís de Hoces y Cubas. De los cuales:

Don Francisco de Asís de Hoces y Cubas, es el actual y IV Duque de Hornachuelos por decreto sucesorio dado el 4 de enero de 1951 precedido de autorización de la Diputación de la Grandeza extendida en 1940. Casó con doña María Teresa de Elduayen y Ratibor, hija de don José de Elduayen y Ximénez de Sandoval, II Marqués de Elduayen, y de doña Victoria Ratibor, princesa Hohenlohe. Tuvieron por hijos: a José Ramón, y a María de las Mercedes de Hoces y Elduayen.

ESCOBEDO

En la primera mitad del siglo XVII aparece radicada esta familia en la ciudad de San Agustín de la Florida, estableciéndose en La Habana a fines del siglo siguiente. Obtuvieron el título de Conde del Puente.

Don Andrés de Morales, casó con doña Leonor Fiallo y tuvieron por hijos: a Isabel; a María; a Ana; a Luisa y a Andrés de Escobedo. Los cuales:

1. — Doña Isabel de Escobedo, casó en la parroquia de San Agustín de la Florida el 10 de diciembre de 1646 con don Antonio Serrano.

2. — Doña María de Escobedo, fue bautizada en la parroquia de San Agustín de la Florida, el 3 de noviembre de 1619, donde casó el 3 de febrero de 1634, con don Giusepe Ortiz.

3. — Doña Ana de Escobedo, fue bautizada en la parroquia de San Agustín de la Florida el 24 de septiembre de 1626, donde casó con don Juan de la Guardia.

4. — Doña Luisa Escobedo, fue bautizada en la parroquia de San Agustín de la Florida el 30 de diciembre de 1625, donde casó dos veces: la primera, el 28 de julio de 1646, con don Roque de Paredes y Mesa, natural de Triana, en Sevilla, hijo de Juan y de Felipa. Casó por segunda vez, el año 1659, con don Francisco de Rivas.

5. — El Alférez Andrés de Escobedo, casó en la parroquia de San Agustín de la Florida, el 21 de febrero de 1640, con doña María Rica y tuvieron por hijos: a José y a Andrés de Escobedo y Rica. Los cuales:

1. — El alférez José de Escobedo y Rica, casó en la parroquia de San Agustín de la Florida en marzo de 1677, con doña María Reseu y García. natural de dicha ciudad. Tuvieron por hija: a

Doña María Escobedo y Reseu cuya defunción se encuentra en la parroquia de San Agustín de la Florida a 26 de abril de 1727, donde casó dos veces: la primera, el 16 de febrero de 1711 con don Francisco García del Castillo y del Valle, natural de la villa de Avilés, hijo de Juan y de Ana. Casó por segunda vez, el 5 de abril de 1714, con don Santiago Gómez y Rodríguez natural de Galicia, hijo de Manuel y Catalina.

2. — El Alférez Andrés de Escobedo y Rica, casó en la parroquia de San Agustín de la Florida el 8 de mayo de 1679, con doña Josefa Cabrera y Ximénez, natural de dicha ciudad, hija del Alférez Blas y de Isabel Tuvieron por hijos: a Josefa; a Micaela; a Antonia; a Isabel; a Felipe; a Juan Andrés y a Pedro de Escobedo y Cabrera. Los cuales:

1. — Doña Josefa de Escobedo y Cabrera, no casó y su defunción está en la parroquia de San Agustín de la Florida a 12 de enero de 1739.

2. — Doña Micaela de Escobedo y Cabrera, cuya defunción se encuentra en la parroquia de San Agustín de la Florida a 31 de mayo de 1730, allí casó dos veces: la primera, el 13 de enero de 1700, con don Domingo García de Candas; y la segunda, el 23 de marzo de 1716, con don Amaro García y García de Lagos, hijo de Antonio y María.

3. — Doña Antonia de Escobedo y Cabrera, casó en la parroquia de San Agustín de la Florida el 7 de julio de 1714, con don Manuel Pérez y Molina, natural de Granada, hijo de Lorenzo y de Teresa.

4. — Doña Isabel de Escobedo y Cabrera, cuya defunción está en la parroquia de San Agustín de la Florida a 29 de marzo de 1738, allí casó en septiembre de 1719, con don Mateo de Santiago y Salazar, natural de Orense, hijo de Antonio y Catalina.

5. — Don Felipe de Escobedo y Cabrera, cuya defunción se encuentra en la parroquia de San Agustín de la Florida a 7 de noviembre de 1742, allí casó el 15 de febrero de 1706, con doña Josefa de los Reyes y Solana, hija de don Lucas de los Reyes y Ximénez, y de doña Antonia Solana y Pérez. Tuvieron por hijos. a Antonia; a Teresa; a Lorenzo; y a Luces de Escobedo y de los Reyes. Los cuales:

A. — Doña Antonia de Escobedo y de los Reyes fue bautizada en la parroquia de San Agustín de la Florida el 14 de abril de 1707.

B. — Doña Teresa de Escobedo y de los Reyes, fue bautizada en la parroquia de San Agustín de la Florida el 25 de noviembre de 1711.

C. — Doña Josefa de Escobedo y de los Reyes, fue bautizada en la parroquia de San Agustín de la Florida el 9 de noviembre de 1715.

D. — Don Lorenzo de Escobedo y de los Reyes, fue bautizado en la parroquia de San Agustín de la Florida el 16 de agosto de 1709.

E. — Don Lucas de Escobedo y de los Reyes, casó en la parroquia de San Agustín de la Florida el 27 de agosto de 1736, con doña Narcisa Sánchez de Ortigosa y Pérez, natural de esa ciudad, hija de don José Sánchez de Ortigosa y Paula, y de doña Juana Teodora Pérez. Tuvieron por hijos: a María de la O; a Josefa y a José de Escobedo y Sánchez de Ortigosa. Los cuales.

A. — Doña María de la O Escobedo y Sánchez de Ortigosa, fue bautizada en la parroquia de San Agustín de la Florida el 22 de diciembre de 1743, Casó en La Habana, parroquia del Santo Angel, año de 1764, con don Juan Velázquez de la Parra y del Castillo natural del arzobispado de Sevilla, hijo de Manuel y de María Francisca.

B. — Doña Josefa Escobedo y Sánchez de Ortigosa, natural de San Agustín de la Florida, testó el 2 de marzo de 1799 ante José Salinas y su defunción se encuentra en La Habana, parroquia de Jesús María, a 2 de mayo de 1799. Casó con don Antonio de la Parra.

C. — Don José de Escobedo y Sánchez de Ortigosa, fue bautizado en la parroquia de San Agustín de la Florida el 16 de junio de 1738.

6. — El Sargento Juan Andrés de Escobedo y Cabrera, cuya defunción se encuentra en la parroquia de San Agustín de la Florida a 10 de noviembre de 1754, allí casó el 8 de julio de 1716, con doña Rosa Nieto de Carvajal y de la Cruz, natural de esa ciudad, hija del Ayuntante Bernardo Nieto de Carvajal y Paz de Alarcón y de doña María Gertrudis de la Cruz y Hernández. Tuvieron por hijos: a Francisca Xaviera; a Victoria; a Manuela; a Juan Bautista, a Francisco; a Juan José; a Agustín, y a Juan Martín de Escobedo y Nieto. Los cuales:

A. — Doña Francisca Xaviera de Escobedo y Nieto, fue bautizada en la parroquia de San Agustín de la Florida el 31 de octubre de 1716, donde está su defunción a 3 de junio de 1745. Casó en dicha parroquia el 22 de abril de 1736 con don Luis Maniller y Franca natural de la ciudad de Lichena, en el reino de Saboya.

B. — Doña Victoria de Escobedo y Nieto, fue bautizada en la parroquia de San Agustín de la Florida el 18 de enero de 1721, donde casó el 7 de mayo de 1742, con don Cayetano de Azpeitía y Cervantes, natural de Querétaro, en la Nueva España, hija de Juan Francisco y de Juana.

C. — Doña Manuela de Escobedo y Nieto, casó dos veces, la primera, con don Francisco Regidor; y la segunda en la parroquia de San Agustín de la Florida, el 23 de abril de 1743, con don Bartolomé Paton y Launa, natural de Torrenueva, Toledo, hijo de Miguel y Juana.

D. — Don Juan Bautista de Escobedo y Nieto fue bautizado en la parroquia de San Agustín de la Florida el 5 de diciembre de 1718.

E. — Don Francisco de Escobedo y Nieto fue bautizado en la parroquia de San Agustín de la Florida el 22 de abril de 1723.

F. — Don Juan José de Escobedo y Nieto, fue bautizado en la parroquia de San Agustín de la Florida el primero de septiembre de 1725.

G. — Don Agustín de Escobedo y Nieto, fue bautizado en la parroquia de San Agustín de la Florida el 4 de julio de 1727, y su defunción se encuentra en La Habana, parroquia del Santo Angel, a 4 de febrero de 1784. Casó con doña Rosa del Castillo, y tuvieron por hijos: a Josefa; a Antonio José, y a Bartolomé de Escobedo y del Castillo. Los cuales:

a. — Doña Josefa de Escobedo y del Castillo, fue bautizada en la parroquia de San Agustín de la Florida el 18 de marzo de 1762.

b. — Don Antonio José de Escobedo y del Castillo, fue bautizado en la parroquia de San Agustín de la Florida el 6 de mayo de 1758.

e. — Don Bartolomé de Escobedo y del Castillo, fue bautizado en la parroquia de San Agustín de la Florida el 24 de mayo de 1769.

H. — Don Juan Martín de Escobedo y Nieto, fue Cabo de Escuadra. Su defunción está en la parroquia de San Agustín de la Florida a 6 de agosto de 1760, donde casó el 27 de mayo de 1740, con doña Josefa Sánchez de Ortigosa y Pérez natural de esta ciudad, hija de don José Sánchez de Ortigosa y Paula, y de doña Juana Teodora Pérez. Tuvieron por hijos: a Luisa Lucía; a Joaquina; a Francisco; a Juan Luis; a Rafael y a Tomás de Escobedo y Sánchez de Ortigosa. Los cuales:

A. — Doña Luisa Lucía de Escobedo y Sánchez de Ortigosa, fue bautizada en la parroquia de San Agustín de la Florida el 19 de diciembre de 1744.

B. — Doña Joaquina de Escobedo y Sánchez de Ortigosa, fue bautizada en la parroquia de San Agustín de la Florida el 22 de marzo de 1757.

C. — Don Francisco Estanislao de Escobedo y Sánchez de Ortigosa,

bautizado en la parroquia de San Agustín de la Florida el 4 de octubre de 1746, casó en La Habana, parroquia del Santo Angel, el 25 de diciembre de 1771, con doña Nicolasa Josefa Rodríguez del Toro y Ponce de León,[1] natural de San Agustín de la Florida, hija de don Juan Rodríguez del Toro y Vargas, natural de la villa de Lobón, y de doña Rosalía Ponce de León y Florencia, que lo fue de San Agustín de la Florida. Tuvieron por hijos: a María de los Dolores; Josefa Ubalda, María Josefa, Manuel José, Juan Nepomuceno y José de Jesús Escobedo y Rodríguez de Toro. Los cuales:

a. — Doña María de los Dolores de Escobedo y Rodríguez del Toro, fue bautizada en La Habana, parroquia del Espíritu Santo, el 2 de mayo de 1772.

---

1. Don Juan Rodríguez del Toro y su mujer doña Manuela de Vargas-Machuca fueron los padres: de

Don Juan Rodríguez del Toro y Vargas-Machuca, natural de la villa de Lobón, hoy perteneciente al municipio de ese nombre, partido judicial de Mérida y provincia española de Badajoz. Casó en la parroquia de San Agustín de la Florida el primero de enero de 1729, con doña Rosalía Ponce de León y Florencia, allí natural, hija de don Antonio Ponce de León y Espinosa, y de doña Anastasia Florencia y de la Urriaga, naturales de San Agustín de la Florida. Fueron los padres: de Nicolasa; Josefa, de Antonio, y de Antonia Rodríguez del Toro y Ponce de León. Los cuales:

1. — Doña Nicolasa Josefa Rodríguez del Toro y Ponce de León, es la arriba referida, casada con don Francisco de Escobedo y Nieto.

2. — Don Antonio Rodríguez del Toro y Ponce de León, casó con doña Jerónima Estévez teniendo por hija: a

Doña Agustina Rodríguez del Toro y Estévez, natural de San Agustín de la Florida, cuya defunción se encuentra en La Habana, parroquia del Espíritu Santo, a 7 de noviembre de 1808, ya viuda de don Nicolás Fábregas.

3. — Doña Antonia Rodríguez del Toro y Ponce de León, nacida en San Agustín de la Florida, testó en La Habana ante el escribano José Salinas, y su defunción se encuentra en esta ciudad, a los 82 años de edad, en la parroquia del Espíritu Santo, a 4 de julio de 1843, casó en esta ciudad, parroquia del Santo Angel, el 27 de diciembre de 1783, con don Narciso Contreras y Anaya, natural de San Agustín de la Florida, hijo de don Cristóbal de Contreras y González, natural de Acod de los Vinos, en Tenerife, y de doña Dorotea de Anaya.

b. — Doña Josefa Ubalda de Escobedo y Rodríguez del Toro, fue bautizada en La Habana, parroquia del Espíritu Santo, el 23 de marzo de 1775.

c. — Doña María Josefa de Escobedo y Rodríguez del Toro, fue bautizada en La Habana, parroquia del Espíritu Santo, el 29 de marzo de 1777.

d. — Don Manuel José de Escobedo y Rodríguez del Toro, nacido el 25 de diciembre de 1778, fue bautizado en La Habana, parroquia del Espíritu Santo, el 2 de enero de 1779, donde casó el 13 de abril de 1800, con doña Micaela López y Otero, natural de esta ciudad, hija de José y de María.

e. — Don Juan Nepomuceno de Escobedo y Rodríguez del Toro, fue bautizado en La Habana, parroquia del Espíritu Santo, el 15 de diciembre de 1783.

f. — Don José de Jesús de Escobedo y Rodríguez del Toro, fue bautizado en La Habana, parroquia del Espíritu Santo, el 28 de marzo de 1788.

D. — Don Juan Luis de Escobedo y Sánchez de Ortigosa, fue bautizado en la parroquia de San Agustín de la Florida el 11 de febrero de 1750.

E. — Don Rafael de Escobedo y Sánchez de Ortigosa, fue bautizado en la parroquia de San Agustín de la Florida el 27 de febrero de 1753.

F. — Don Tomás de Escobedo y Sánchez de Ortigosa, bautizado en la parroquia de San Agustín de la Florida el 11 de marzo de 1755, casó en La Habana, parroquia del Espíritu Santo, el 29 de agosto de 1778, con doña Blasa Borroto y Zayas, hija de José y de Magdalena. Tuvieron por hijos: a Tomasa y a María de las Mercedes de Escobedo y Borroto. Las cuales:

A. — Doña Tomasa de Escobedo y Borroto, natural de La Habana, casó en esta ciudad, parroquia del Espíritu Santo, el 11 de septiembre de 1795, con don Santiago Milián y Castro, natural de La Habana, hijo de Santiago y de Gabriela.

B. — Doña María de las Mercedes de Escobedo y Borroto, casó en La Habana, parroquia del Espíritu Santo, el 18 de marzo de 1811, con don Francisco Antonio Bello y Benut, natural de la parte francesa de la isla de Santo Domingo (luego Haití), hijo del Capitán Salvador, y de María de las Nieves.

7. — El Alférez Pedro de Escobedo y Cabrera, fue Teniente de Gobernador del castillo de San Agustín de la Florida. Testó ante el escribano José de León, y su defunción se encuentra en la parroquia de San Agustín de la Florida a 19 de septiembre de 1751, donde casó el 20 de mayo de 1733, con doña Rosa de Angulo y Serrano. Tuvieron por hijos: a Josefa, y a Francisco Felipe de Escobedo y Angulo. Los cuales:

1. — Doña Josefa de Escobedo y Angulo, bautizada en la parroquia de San Agustín de la Florida el 15 de abril de 1784, casó con don Lucas Palacios, Mariscal de Campo de los Reales Ejércitos, Capitán General y Gobernador de la plaza de San Agustín de la Florida y Caballero de la Orden de Alcántara.

2. — Don Francisco Felipe Escobedo y Angulo, bautizado en la parroquia de San Agustín de la Florida el 25 de agosto de 1736, fue Cadete de uno de los Regimientos de dicha plaza. Casó con doña Margarita del Olmo y Aparicio, y tuvieron por hijos: a Clara; a Juan Ciprián; a José Xavier, y a José Marcelino Escobedo y del Olmo. Los cuales:

1. — Doña Clara Escobedo y del Olmo, bautizada en la parroquia de San Agustín de la Florida el 12 de agosto de 1762, casó en La Habana, parroquia del Espíritu Santo el 30 de noviembre de 1799, con don Esteban de Orbieta y Mermisola, natural de la villa de Marquina en Vizcaya, hijo de Francisco y María Ignacia.

2. — Don Juan Ciprián Escobedo y del Olmo, fue bautizado en la parroquia de San Agustín de la Florida el 28 de septiembre de 1756.

3. — Don José Xavier Escobedo y del Olmo, fue bautizado en la parroquia de San Agustín de la Florida el 11 de enero de 1759.

4. — El licenciado José Marcelino Escobedo y del Olmo, natural de San Agustín de la Florida, fue abogado. Pasó a La Habana, donde casó, en la parroquia del Espíritu Santo, el 30 de noviembre de 1793, con doña María Josefa Rivero y Ayala, hija de don Gabriel José Rivero y Hernández, y de doña María Clara de Ayala y del Olmo. Tuvieron por hijos: a María de los Dolores; a María de las Mercedes; a Francisco; a Nicolás, y a Antonio María de Escobedo y Rivero. Los cuales:

1. — Doña María de los Dolores de Escobedo y Rivero, cuya defunción está en la Catedral de La Habana a 5 de septiembre de 1837, fue casada con don Enrique Disdier.

2. — Doña María de las Mercedes de Escobedo y Rivero, casó en la Catedral de La Habana el 5 de enero de 1826, con don Gabriel María de Azcárate y Rivas, hijo de don Gabriel María Raimundo de Azcárate y Lascuraín, y de doña Rosalía de Rivas y López-Barroso.

3. — Don Francisco de Escobedo y Rivero, fue escribano real. Casó en la Catedral de La Habana el 6 de septiembre de 1832, con doña María Beatriz Valdés-Navarrete y López Silvero, hija de don Gabriel Valdés-Navarrete y Gámez, y de doña Francisca Juana López-Silvero y Rodríguez.

4. — El licenciado Nicolás de Escobedo y Rivero, bautizado en La Habana, parroquia del Espíritu Santo, el 22 de septiembre de 1795, fue abogado, distinguido periodista, notable orador, Diputado a Cortes por La Habana en 1837 y Catedrático de Derecho Político de la Universidad de La Habana. Falleció ciego en París el 11 de mayo de 1840, y su defunción se encuentra trasladada a la Catedral de La Habana a primero de agosto de dicho año.

5. — Don Antonio María de Escobedo y Rivero, bautizado en La Habana, parroquia del Espíritu Santo, el 30 de abril de 1798 (folio 116, número 114, libro 19), fue Jefe de Administración Civil de segunda clase, Administrador depositario de la Local de Rentas de La Habana, Intendente honorario de Provincia e Individuo de la Comisión Directiva para la construcción y enajenación del camino de hierro o ferrocarril de La Habana a Güines. Por Real decreto de 16 de noviembre de 1842 y Real despacho dado el primero de junio de 1845, se le concedió el título de Conde del Puente. Su defunción se encuentra en La Habana, parroquia del Santo Cristo, a 6 de octubre de 1871. Casó en la Catedral de esta ciudad, el 13 de julio de 1827, con doña María Anastasia López de Ganuza y de la Barrera, natural de La Habana, hija de don José Manuel López de Ganuza y de la Muela, Alférez de Infantería, Síndico Procurador general, Consultor del Real Tribunal del Consulado, Regidor honorario y Caballero de la Orden de Carlos III, y de doña María Ventura de la Luz de la Barrera y Calvo de Arroyo. Tuvieron por hija: a

Doña María Josefa de Escobedo y López de Ganuza, nacida en La Habana el 15 de junio de 1832 y bautizada en esta ciudad, parroquia del Espíritu Santo (folio 281, número 846, libro 41), que fue la II Condesa del Puente por Real carta de sucesión dada el 4 de abril de 1867 previa cesión que le hizo su padre ante el escribano Felipe Fornaris. Casó dos veces: la primera en la parroquia habanera del Cerro el 22 de diciembre de 1860 con don Cándido Francisco Ruiz y Adelantado, bautizado en la parroquia de Santa María del Rosario (provincia de La Habana), el 13 de octubre de 1814 (viudo de doña María del Rosario Antonia Cordero y del Cueto). Y la segunda vez casó en La Habana, parroquia del Santo Cristo el 5 de julio de 1873, con don Juan Galcerán y Bartra, natural de San Feliu de Guíxols, en Cataluña.

ESPADA

A mediados del siglo XVII aparece radicada esta familia en la villa de Ecija, provincia de Sevilla, estableciéndose en La Habana a fines del siglo siguiente:

Don Sebastián de la Espada, casó con doña Isabel Pérez, y tuvieron por hijo: a

Don José de la Espada y Pérez, natural de Ecija, donde casó, en la parroquia de San Juan Bautista, el primero de julio de 1715, con doña María Teresa Cerezo y Márquez, natural de Carmona, en la provincia de Sevilla, hija de Juan y de Lorenza. Tuvieron por hijo: a

Don Juan Francisco de la Espada y Cerezo, bautizado en Ecija, en la parroquia mayor de la Santa Cruz, el 17 de enero de 1724, que casó en la ciudad de Sevilla, parroquia de San Gil, el 29 de noviembre de 1747, con doña María Marcelina Muñoz y Ruiz, natural de esa ciudad, hija de Matías, y de María. Tuvieron por hijo: a

Don José Nicolás de la Espada y Muñoz, que fue bautizado en Sevilla, parroquia del Omnium Sanctorum, el 9 de diciembre de 1760. Testó el 2 de febrero de 1805, ante el escribano Jorge Díaz Velázquez, y su defunción se encuentra en La Habana, parroquia del Espíritu Santo, a 5 de febrero de dicho año. Casó en la Catedral de esta ciudad, el 31 de mayo de 1780, con doña María Nicolasa Basso y Calvo de Arroyo, natural de La Habana, hija de Luis y de Juana Manuela. Tuvieron por hijos: a María de los Dolores; a Higinia Josefa; a Eusebia; a Antonia María; a María Martina; a María Lutgarda, y a José de la Espada y Baso. De los cuales:

1. — Doña Antonia María de la Espada y Basso, fue bautizada en La Habana, parroquia del Santo Cristo, el 8 de marzo de 1799.

2. — Doña María Martina de la Espada y Basso, casó con don Baltasar Velázquez de Cuéllar.

3. — Doña María Lutgarda de la Espada y Basso, fue bautizada en La Habana, parroquia del Espíritu Santo, el 22 de enero de 1802, donde casó el 9 de junio de 1823, con don José Eusebio Alfonso y Soler, hijo de don Gonzalo Luis Alfonso y González, y de doña María Silvestra Soler y Coello.

4. — Don José de la Espada y Basso, casó con doña Blasa Romero, y tuvieron por hijas: a Rafaela; a Lutgarda, y a María de las Mercedes de la Espada y Romero. De las cuales:

Doña María de las Mercedes de la Espada y Romero, fue bautizada en La Habana, parroquia del Espíritu Santo el 5 de agosto de 1828, donde casó el 3 de enero de 1862, con don Feliciano Herrera y del Junco, hijo de don Francisco Herrera y Aldama, y de doña María Gertrudis Rodríguez del Junco y Guerra.

FOXÁ

A fines del siglo XVII aparece radicada esta familia en la parroquia de Capellades, partido judicial de Igualada, Cataluña, donde tuvieron su casa-solar, estableciéndose en La Habana en la primera mitad del siglo XIX, y según se expone al asiento 1415, página 197, tomo II de la obra «Real Compañía de Guardias Marinas y Colegio Naval», por don Dalmiro de la Válgoma y el Barón de Finestrat, fue un «linaje titular y magnaticio desde el tiempo de los primeros condes de Barcelona». Poseyeron la baronía territorial de Cabrera Ballbona.

Son sus armas: de sable, con un león rampante de plata: bordura de gules con ocho flores de lis de oro.

Don Luis de Foxá, y su mujer doña Francisca Camporells, tuvieron por hijos a Teresa, y a Antonio de Foxá y Camporells. Los cuales:

1. — Doña Teresa de Foxá y Camporells, natural de Capellades, casó con don José Perpinyá.[1]

2. — Don Antonio de Foxá y Camporells, natural de Barcelona, poseyó la baronía territorial de Cabrera Ballbona. Casó con doña Victoria o Antonia de Mora y Fija de Areny, hija de don José de Mora y Brugues, de la casa de los marqueses de Alió, y de doña Violante Fija de Areny. Tuvieron por hijos: a María Francisca; a Antonio, y a Luis de Foxá y Mora. Los cuales:

1. — Doña María Francisca de Foxá y Mora, natural de Barcelona, casó con don Francisco Tacón y Grimau, natural de Cartagena de Levante, y Teniente Corregidor en esa ciudad, Teniente del Batallón del Cuerpo de Galeras y Regidor decano de su ciudad natal,[2] hijo de don Juan Carlos Tacón y Garre de Cárdenas, Regidor perpetuo de Cartagena de Levante, Alcalde por el estado noble en 1671 y Portaestandarte allí, año 1658 en su condición de hijodalgo, y de doña Josefa Grimau y Peralta.

2. — Don Antonio de Foxá y Mora, casó con doña Catalina Guiu y Siscar, hija de don Félix Guiu y Escolá, y de doña María Ventura Siscar. Tuvieron por hija: a

Doña Bernarda de Foxá y Guiu, bautizada en la parroquia de Capellades el 24 de febrero de 1761, que fue Señora de San Juan de Jerusalén (Malta) en el Gran Priorato de Cataluña el año de 1775.

3. — El General don Luis de Foxá y Mora, natural de Barcelona, fue anteriormente Coronel del Regimiento de Infantería de Cantabria. Casó con doña María Antonia de Montúfar y Milla, natural del Real Sitio de Aranjuez, Camarista de Su Majestad la reina, hija de Isidro Nicolás y de Isabel. Fueron padres: de María Antonia; de Vicente; de Pedro, y de Joaquín María de Foxá y Montúfar. De los cuales:

1. — Don Vicente de Foxá y Montúfar, nacido en San Sebastián (Guipúzcoa) año de 1764, ingresó como Cadete en la Real Compañía de Guardias Marinas, año de 1778 (asiento 3958, página 556, tomo IV, de la obra de Válgoma-Finestrat). En 1802 era Capitán de Fragata de la Real Armada.

2. — Don Pedro de Foxá y Montúfar, casó con doña María del Carmen Lecanda y Sánchez, natural de Santo Domingo, hija de don Andrés

---

1. Don José Perpinyá, y su mujer doña Teresa de Foxá y Camporells, tuvieron por hijo: a

Don José Antonio Perpinyá y Viorsa, nacido en Bañeras, Gerona, el 4 de septiembre de 1757, que fue Caballero de San Juan de Jerusalén (Malta), en el Gran Priorato de Cataluña.

2. Fueron hermanos, Domingo y Juan Carlos Tacón y Garre de Cárdenas. Los cuales:

1. — Don Domingo Tacón y Garre de Cárdenas, fue Capitán de a Caballos, Regidor perpetuo de Cartagena de Levante año de 1672, y Contador de Armas y Fronteras. Casó con doña Jerónima de Cárdenas y Guamán, de la que tuvo por hijo: a

Don Pedro Antonio Tacón y Cárdenas, natural de Cartagena de Levante y allí Regidor Capitular perpetuo en 1733, Comisario general y Real de Guerra, y Alférez Mayor y Alcalde por los hijosdalgo. Casó con doña Mariana Gámir y Vila, Cardona y Saleta, nacida en Villahermosa, Valencia, año de 1703, la que tuvo por padres a dos Félix Gámir y Cardona y Figueroa, nacido en Valencia, año de 1671, Comandante de la plaza de San Felipe, y a doña Narcisa Vila y Saleta y Prats, natural de Dique, en Cataluña. Tuvieron por hijos: a Petronila; a Andrés, y a Mariana Tacón y Gámir. Los cuales:

A. — Doña Petronila Tacón y Gámir, natural de Cartagena de Levante, casó con don Pedro Trogmorton-Trujillo y Morales, Capitán de Navío de la Real Armada, quien tuvo por padres a don Juan Antonio Trogmorton y Trujillo, natural de Morata, Sargento Mayor de Málaga, y a doña Juana de Morales Paniagua y Cárdenas, natural de Archidona, en Málaga. Algunos de sus hijos pertenecieron a la Real Armada.

B. — Don Andrés Tacón y Gámir, nacido en Cartagena, año de 1737, ingresó en 1783 en la Real y Distinguida Orden de Carlos III como Caballero de la misma, ingresando en la Real Compañía de Guardias Marinas en Cádiz, el 29 de abril de 1755 (asiento 1188, págs. 91 y 92, tomo II «Real Compañía de Guardias Marinas y Colegio Naval: catálogo de pruebas», por don Delmiro de la Válgoma y el Barón de Finestrat).

C. — Doña Mariana Tacón y Gámir, natural de Valencia, casó con don José Antonio de Ambulodi y Arriola, nacido en La Habana el 19 de abril de 1712, bautizado en esta Catedral, que fue Tesorero general de Marina en los departamentos de Cartagena de Levante y de Alicante, y Ministro principal de Hacienda y Guerra de los Reales Ejércitos, Intendente de la plaza de Ceuta y distinguido estadista, hijo de don Miguel José de Ambulodi Casadevante, natural de Fuenterrabía, y de doña María Josefa de Arriola y García de Londoño, natural de La Habana. Fueron los padres: de Antonio, y de José Antonio de Ambulodi y Tacón, ya tratados en la página 45, tomo IV de la presente obra. Los cuales:

a. — Don Antonio de Ambulodi y Tacón, nacido en Cartagena de Levante, año de 1762, ingresó allí en la Real Compañía de Guardias Marinas el 11 de agosto de 1777 (asiento 3933, pág. 539, tomo IV de la referida obra de Válgoma-Finestrat).

b. — Don José Antonio de Ambulodi y Tacón, nacido en Cartagena, año 1755, ingresó como Guardia Marina en Cádiz el 19 de septiembre de 1771 (asiento 1657, página 328, tomo II, obra de Válgoma-Finestrat), quien siendo Teniente de Navío de la Real Armada, murió «en un combate contra Inglaterra» (asiento 2713, página 363, tomo III de la obra citada). Casó con doña Micaela Calvo y Castro, natural de Cádiz, hija de don José Calvo Irazábal, natural de Zaragoza y Capitán de Navío en la Real Armada, y de doña María Josefa de Castro y Carvajal. Fueron los padres: de

Don Miguel de Ambulodi y Calvo, nacido en la isla de León, Cádiz, año de 1780, quien ingresó como Guardia Marina el 5 de noviembre de 1795 (asiento 2713, tomo III, obra tantas veces mencionada de los señores Válgoma-Finestrat).

2. — Don Juan Carlos Tacón y Garre de Cárdenas, fue Portaestandarte de Cartagena de Levante en 1658 debido a su condición de hijodalgo, a más de ser allí Alcalde por el estado noble, año de 1671 y Regidor perpetuo. Casó con doña Josefa Grimau y Peralta, natural de Cartagena de Levante, hija de don Francisco Grimau y Montserrat, natural de Tárrega (Lérida), Jefe de Escuadra y Caballero de la Orden de Santiago desde 1682, y de doña Teresa de Peralta. Tuvieron por hijos: a Jerónima, y a Francisco Tacón y Grimau. Los cuales:

1. — Doña Jerónima Tacón y Grimau, natural de Cartagena de Levante, casó con don Diego Quijano y Cárdenas, nacido en Valencia de Po, Capitán de Batallones de Marina, que fue hijo del Coronel Cristóbal Quijano y Valderramaa, y de doña Ana de Cárdenas y Manrique de Lara. Fueron los padres:

Don Antonio Quijano y Tacón, nacido en Cartagena de Levante año de 1734 que ingresó como Guardia Marina en la Real Compañía de Cádiz el 30 de junio de 1752 (asiento 982, página 231, tomo I de la obra de Válgoma-Finestrat).

2. — Don Francisco Tacón y Grimau, natural de Cartagena de Levante, fue Teniente del Batallón de Galeras luego suprimido, Regidor perpetuo de su ciudad natal, y en 1744 Portaestandarte y Alférez Mayor allí. Como arriba se ha dicho, casó con doña María Francisca Foxá y Mora, siendo los padres: de

Don Miguel Antonio Tacón y Foxá, nacido en la ciudad de Cartagena de Levante en 1747, que ingresó como Cadete el 24 de noviembre de 1762 (asiento 1415, página 197, tomo II de «Real Compañía de Guardias Marinas y Colegio Naval; catálogo de prueba», por don Delmiro de la Válgoma y el Barón de Finestrat). Fue Regidor perpetuo de su ciudad natal, Teniente de Fragata en 1777, y luego Brigadier de la Real Armada, casando con doña María Francisca Rosique y Rivera, hija de don Francisco Rosique y Gilabert, Regidor de Cartagena de Levante, Alguacil Mayor del Santo Oficio de la Inquisición, y Caballero de la Orden de Santiago, y de doña Juliana González de Rivera y Montemayor, natural de Cartagena de Levante. Tuvieron por hijos: a Francisco; a Luis; a Julián; a Miguel; a Antonio; a José María; a Bernardo, y a Andrés Tacón y Rosique. Los cuales:

1. — Don Francisco Tacón y Rosique, nacido en Cartagena de Levante en 1766, ingresó como Cadete en la Real Compañía de Guardias Marinas en esa ciudad, el 12 de mayo de 1781 (asiento 3048, página 30, tomo V de la obra de Válgoma-Finestrat).

2. — Don Luis Tacón y Rosique, bautizado en Cartagena de Levante el 26 de agosto de 1772, fue Caballero de la Orden de Santiago en 1807, ingresando en su ciudad natal en la Real Compañía de Guardias Marinas el 23 de febrero de 1793 (asiento 4245, página 182, tomo V de la obra mencionada).

3. — Don Julián Tacón y Rosique, nacido en Cartagena de Levante, año de 1773, ingresó en esa ciudad, en la Real Compañía de Guardias Marinas el 9 de julio de 1788 (asiento 228, página 117, tomo V de la obra indicada).

4. — Don Antonio Tacón y Rosique, bautizado en Cartagena de Levante, el 25 de enero de 1782, ingresó en ese lugar, en la Real Compañía de Guardias Marinas, el 14 de diciembre de 1796 (asiento 4417, página 224, tomo V de la obra tantas veces referida).

5. — Don José María Tacón y Rosique, bautizado en Cartagena de Levante el 21 de mayo de 1785, ingresó como Cadete en la Real Compañía de Guardias Marinas en esa ciudad, el 13 de agosto de 1800 (asiento 4485, páginas 258-59, tomo V de la obra mencionada).

6. — Don Bernardo Tacón y Rosique, bautizado en Cartagena de Levante el 21 de julio de 1787, ingresó en la Real Compañía de Guardias Marinas en ese lugar, el 13 de agosto de 1800 (asiento 4484, págs. 258 y 259, tomo V de la obra de referencia). Falleció este distinguido marino el 19 de enero de 1844, estando en los ejércitos de tierra, año de 1808 en el sitio de Zaragoza, y ya en 1824 era Capitán del puerto de Palma de Mallorca. Fue Cónsul de España en Marsella hasta 1825, Teniente Coronel de Brigada de Marina en 1827, Coronel en 1830, Brigadier en 1836, Gobernador y Comandante general de la plaza de Ceuta, en 1837, Comandante general de la provincia de Tuy y Segundo Cabo del reino de Galicia, Gobernador interino de la plaza de Cádiz, Comandante principal interino de Artillería e Infantería de Marina en el departamento naval gaditano y Vocal de la Junta Suprema del Almirantazgo, luego Vocal de la Junta Superior de Gobierno y Dirección de la Armada, al fallecer exento de servicios. Además fue Caballero profeso de la Orden de Santiago en la que ingresó por Real decreto de 20 de junio de 1828, Comendador de la Orden Americana de Isabel la Católica en 1839, Gran Cruz de la Orden Militar de San Hermenegildo, y en 1840, Diputado a Cortes por la provincia de Cádiz, cuando era Jefe de Escuadra.

7. — Don Andrés Tacón y Rosique, bautizado en Cartagena de Levante, parroquia de Santa María de Gracia, el 17 de abril de 1792, ingresó en su ciudad natal como Cadete de la Real Compañía de Guardias Marinas el 12 de enero de 1803 (asiento 4512, página 258, tomo V de la obra de Válgoma-Finestrat). Fue Alférez de Fragata, casando en la parroquia castrense de Cartagena de Levante, el 16 de enero de 1815, con doña María de los Dolores Lescura y Listro, allí bauti-

zada, parroquia de Santa María de Gracia el 5 de enero de 1794 (hija de Francisco y de Eugenia, de igual naturaleza). Tuvieron por hijo: a

Don Antonio Tacón y Lescura, bautizado en la parroquia de Verger (Denia), el 5 de diciembre de 1815, que fue Brigadier de Infantería de Marina. Casó en Cartagena de Levante el 21 de julio de 1851, con doña María de los Dolores de Martos y Podestá, bautizada en esa ciudad, parroquia de Santa María de Gracia el 22 de marzo de 1829, hija de don José de Martos y del Castillo, del Castillo e Iniesta, bautizado a su vez en Lorca, parroquia de San Mateo el 17 de enero de 1780, Teniente de Fragata de la Real Armada, y de doña María del Carmen Podestá y Aché, bautizada en Cartagena de Levante el 6 de febrero de 1790. Fueron los padres: de

Don Antonio Tacón y Bartos, bautizado en la parroquia castrense de Cartagena de Levante el 11 de mayo de 1852, del que se trata al asiento 6883, páginas 304-305, tomo VII de la tantas veces mencionada obra de los señores Válgoma y Finestrat.

8. — Don Miguel Tacón y Rosique, bautizado en Cartagena de Levante, parroquia de Santa María, el 11 de enero de 1775, ingresó como Cadete en la Real Compañía de Guardias Marinas, en su lugar natal, el 17 de octubre de 1789 (asiento 4248, páginas 128 y 129, tomo V de la obra de Válgoma-Finestrat). Ingresó como Caballero en la Orden de Santiago el año de 1806 y fue Teniente General de los Ejércitos Nacionales de España, y Gobernador y Capitán General de la isla de Cuba. En su historia militar, después de estar en el bloqueo de Gibraltar, en 1805, pasó al Ejército, llegando a ocupar el cargo arriba expuesto. Entre otros nombramientos, fue Gobernador Militar de Popayán en la Nueva Granada, Capitán General de Andalucía, de 1834 a 1838, y después de su mando en Cuba, Capitán General de las Islas Baleares, Senador del Reino, Gran Cruz de la Real y Distinguida Orden de Carlos III, Gran Cruz de la Orden Americana de Isabel la Católica y Gran Cruz de la Orden Militar de San Hermenegildo, y por último, Caballero de la Insigne Orden del Toisón de Oro. Por Real decreto de 4 de marzo de 1837 y el subsecuente Real despacho de 4 de junio de 1840 fue creado Marqués de la Unión de Cuba, dignidad que fue elevada a Ducado, en su persona, por otro Real decreto de 7 de junio de 1847 y Real despacho de 17 de septiembre del mismo año. El I Duque de la Unión de Cuba casó en la parroquia del Real Sitio de Aranjuez, el 6 de abril de 1806, con doña Ana-Apolonia García de Lisón y Soycoli, natural de Cartagena de Levante, de la que tuvo por hijo: a

Don Miguel María Tacón y García de Lisón, bautizado en la Catedral de Popayán (Colombia), el 24 de junio de 1809 y fallecido en 1869, que fue Encargado de Negocios de España en los Estados Unidos de América y Cónsul General en Londres, II Duque de la Unión de Cuba, por Real carta dada el 12 de julio de 1856 y que fue creado I Marqués del Bayamo por Real decreto de 12 de agosto de 1848 y Real despacho de 26 de junio del año inmediato. Casó en Georgetown (cerca de Washington, D. C.), el 22 de febrero de 1838, con doña María Francisca de Sales Hewes y Kent, bautizada en Boston (Mass.) el primero de junio de 1817, hija de Thomas Hewes allí bautizado el 26 de marzo de 1769 y de Mary Kent, natural de Kingston, ambos casados en Boston el 26 de agosto de 1813. Tuvieron por hijos: a Miguel Juan; a Fernando Luis; a Carolina; a Matilde; a María Francisca, y a María del Carmen Tacón y Hewes. Los cuales:

1. — Don Miguel Juan Tacón y Hewes, nació en New Orleans, el 8 de diciembre de 1840, siendo asentada su partida bautismal en Madrid, parroquia de San Luis, año de 1846. Ingresó como aspirante en el Colegio Naval Militar el 30 de mayo de 1853, falleciendo en El Ferrol el 20 de febrero de 1859 (asiento 5083, página 144, tomo VI de Válgoma-Finestrat).

2. — Doña Carolina Tacón y Hewes, fue natural de Palma de Mallorca, donde casó el 4 de julio de 1868, previa licencia regia obtenida el 22 de junio de ese año, con don Francisco Xavier Fernández de Henestrosa y Santisteban, VIII Marqués de Villadarias, Grande de España por Real carta sucesoria dada el 25 de julio de 1863, falleciendo en 1889, del que tuvo sucesión, hijo de don Diego Fernández de Henestrosa y Montenegro, Horcasitas y Horcasitas, nacido en 1785 y fallecido en

1882, de los marqueses de Casa-Henestrosa, y de doña María de los Dolores de Santisteban y Horcasitas, Horcasitas y Melo de Portugal, nacida en 1795 y fallecida el 4 de marzo de 1862, VII Marquesa de Villadarias, Grande de España, IV Condesa de Moriana del Río y V Marquesa de la Vera, que fue Dama Noble de la Orden de María Luisa.

3. — Doña Matilde Tacón y Hewes, natural de Italia, casó en Palma de Mallorca el 15 de septiembre de 1877, con don Pedro Detzcallar y Gual, de la casa de los Marqueses de Palma.

4. — Doña María Francisca Tacón y Hewes, natural de Saint-Germain-en-Lave, casó en Palma de Mallorca el 25 de noviembre de 1882, con don Baltasar Morell y Bellet.

5. — Doña María del Carmen Tacón y Hewes, natural de Saint-Germain-en-Lave, fue religiosa en la Orden del Sagrado Corazón.

6. — Don Bernardo Luis Tacón y Hewes, nacido en Londres el 22 de julio de 1844, ingresó como aspirante en el Colegio Naval Militar el primero de enero de 1859 (asiento 5210, págs. 202-202, tomo VI de Válgoma-Finestrat). Falleció en Madrid el 15 de febrero de 1914, y fue Teniente de Navío honorario de la Armada española, Presidente de la Sociedad de Salvamento de Náufragos, Senador por derecho propio, Gentilhombre de Cámara del monarca, con ejercicio y servidumbre, Gran Cruz del Mérito Naval, III Duque de la Unión de Cuba por Real carta sucesoria dada en 1870, y II Marqués del Bayamo por real carta sucesoria dada el primero de agosto del mismo año. Falleció en Madrid el 15 de febrero de 1914, casando dos veces: la primera el 8 de enero de 1871, con doña Matilde Juana Calderón y Vasco, Molina y Gómez-Mauro, nacida en Madrid, año de 1852, y fallecida el 12 de septiembre de 1911, perteneciente por su rama materna a la casa condal de la Conquista de las Islas Batanes. Y por segunda vez casó en Madrid, el 8 de mayo de 1912, con doña María Carlota Beranger y Martínez de Espinosa, natural de Sanlúcar de Barrameda, hija de don Carlos Beranger y Ruiz de Apodaca, de los condes de Venadito, y de doña María del Carmen Matilde de Espinosa y San Juan. El III Duque de la Unión de Cuba, tuvo por unigénito: a

Don Miguel Tacón y Calderón, nacido en Madrid el 9 de noviembre de 1871, fallecido en 1936, fue IV Marqués de Bayamo por Real carta de sucesión de fecha 29 de abril de 1898, por cesión de su padre, IV Duque de la Unión de Cuba por Real carta de sucesión de 23 de abril de 1914, Senador del Reino, Diputado a Cortes, Teniente de Caballería de las Reales Guardias, Primer Caballerizo de Su Majestad, Maestrante de Ronda y Caballero del Cuerpo de Hijosdalgo de Madrid. Casó en 1903 con doña María del Rosario Rodríguez de Rivas y de la Gándara, Dama de la Reina y de la Banda María Luisa, hija de don Fernando Rodríguez de Rivas y Rivero, y de doña María Ana de la Gándara y Pazaola, de los condes de Castilleja de Guzmán. Tuvieron por hijas: a María Ana; a Matilde, y a Victoria Eugenia Tacón y Rodríguez de Rivas. De las cuales:

Doña María Ana Tacón y Rodríguez de Rivas, nacida en Madrid el 23 de noviembre de 1904, es V Duquesa de la Unión de Cuba por decreto convalidatorio de 16 de diciembre de 1949, y desde 1941 por la Diputación de la Grandeza, y V Marquesa de Bayamo desde el 9 de abril de 1935. Casó con don Luis Bernardo de Quirós y Bustillos, Mier y Mendoza, que por su rama materna procede de la casa de los marqueses de los Altares.

Y como adición final al linaje de Tacón, a esta familia también perteneció:

Don Juan Bautista Tacón y Garre García de Cáceres, Regidor perpetuo de Cartagena de Levante y Corregidor en Lorca, que casó con doña Josefa Fábrega y Baldasano y Bienvengud, natural de Moratalla. Tuvieron por hijas: a Josefa, y a Mariana Tacón y Fábrega. Las cuales:

1. — Doña Josefa Tacón y Fábrega, natural de Cartagena de Levante, casó con un hermano del I Marqués de Cáceres, nombrado don Manuel García de Cáceres

Garre Montemayor de la Xara y Conesa, Capitán de los Batallones de Marina, hijo de don Juan García de Cáceres-Garre, Regidor perpetuo de Cartagena de Levante, y de doña Catalina de Montemayor. Tuvieron por hijo: a

Don Domingo García de Cáceres-Garre y Tacón, nacido en Cartagena de Levante, año de 1741, que ingresó como Guardia Marina en la Real Compañía de Cádiz el 24 de octubre de 1759 (asiento 1307, página 145 «Real Compañía de Guardias Marinas y Colegio Naval: catálogo de pruebas», por don Dalmiro de la Válgoma y el Barón de Finestrat).

2. — Doña Mariana Tacón y Fábrega, natural de Cartagena de Levante, casó con don Manuel de Vallejo y Sicilia, natural de Murcia, Alcalde por el estado noble y Regidor perpetuo de Cartagena de Levante, el que tuvo por padres: a don Antonio de Vallejo y Medrano, natural de Salamanca, Regidor en Cartagena de Levante, y a doña Beatriz Sicilia y Yepes, natural de dicha ciudad de Cartagena. Tuvieron por hijos: a José Antonio y a Gonzalo de Vallejo y Tacón, respectivamente nacidos en Cartagena de Levante los años de 1749 y 1750, que ingresaron como Guardias Marinas en la Real Compañía de Cádiz el primero de mayo de 1766 (asientos 1444 y 1445, página 216, tomo II de la mencionada obra de los señores Válgoma-Finestrat).

Doña Francisca Tacón y Aché, perteneciente a esta familia, Teniente de Aya de don Alfonso XIII y Dama Noble de la Orden de María Luisa, ya viuda del señor Rosciano, por Real decreto de 31 de enero de 1890 (publicado en la «Gaceta de Madrid» del 7 de febrero siguiente) y Real despacho de 10 de abril del año mencionado, fue creada I Condesa de Peralta.

Por orden del actual Gobierno español dada el 21 de mayo de 1952 el actual y III Conde de Peralta lo es don Francisco Fernández de Henestrosa y Chavarri, vecino de Madrid, hijo de don Ignacio Fernández de Henestrosa y Tacón que fuera el II Conde de Peralta, y de doña Josefa de Chavarri y López.

Doña Tomasa Tacón, natural de Cartagena de Levante, casó con don Ignacio de Peñalver y Calvo, natural de La Habana, Capitán de Fragata de la Armada española en 1781, Capitán del Regimiento de Infantería de la Princesa, Caballero de la orden de Santiago, y Caballero de la Orden de Carlos III, hijo del doctor Sebastián de Peñalver y Calvo de la Puerta, natural de La Habana, Abogado de la Real Audiencia de Santo Domingo, Teniente de Alguacil Mayor, Regidor Receptor de Penas de Cámara y Gastos de Justicia, Regidor perpetuo del Ayuntamiento habanero, Alcalde ordinario de esta ciudad y Coronel de Milicias de la plaza de referencia, Teniente de Gobernador de La Habana, y de doña Josefa Calvo de la Puerta y Arango. De su citado enlace, doña Tomasa Tacón tuvo por hijo: a

Don José de Peñalver y Tacón, nacido en Madrid, año de 1768, que sentó plaza de Guardia Marina en la Compañía de Cartagena de Levante el 4 de noviembre de 1782, retirándose el 11 de noviembre del año siguiente (asiento 4076, página 48, tomo V de la obra «Real Compañía de Guardias Marinas y Colegio Naval; catálogo de pruebas», por don Dalmiro de la Válgoma y el Barón de Finestrat).

---

de Lecanda, natural de Bilbao, Factor de Tabacos en Santo Domingo y Guarda-Almacén de esa plaza en 1770, y de doña Gabriela Sánchez y Firpo, natural de Santo Domingo. Tuvieron por hijo: a

Don Pedro Esteban de Foxá y Lecanda, natural de Madrid que casó en la provincia de Santa Clara, parroquia de la villa de Remedios, en julio de 1853, con doña Carolina Martínez de Villa y Ceballos, hija del Coronel Antonio Martínez de Villa y Pérez, y de doña María del Buen-Viaje Ceballos y Orozco.

3. — Don Joaquín María de Foxá y Montúfar, nacido en Orán, el 12 de octubre de 1769, fue Brigadier de Ejército, Sargento Mayor y Teniente Coronel del Regimiento de Cantabria, graduado de Coronel y Comandante interino del Depósito Militar de la guarnición de Santo Domingo en 1770. Su defunción se encuentra en La Habana, parroquia del Espíritu Santo, a 9 de noviembre de 1851. Casó con doña María de la Altagracia Raimunda Lecanda y Sánchez, natural de Santo Domingo, cuya defunción se encuentra en La Habana, parroquia del Espíritu Santo, a 13 de noviembre de 1846, hija de don Andrés de Lecanda, natural de Bilbao, Factor de Tabacos y en 1770 Guarda-Almacén de la plaza de Santo Domingo y de doña Gabriela Sánchez y Firpo, natural de dicha ciudad. Tuvieron por hijos: a María Vicenta; a María de los Dolores; a María Antonia; a Joaquín; a José María; a Andrés María; a Narciso; a Luis María; a Francisco Xavier, y a Gabriel María de Foxá y Lecanda. De los cuales:

1. — Doña María Vicenta de Foxá y Lecanda nació en Santo Domingo el 9 de febrero de 1815.

2. — Doña María de los Dolores de Foxá y Lecanda, nacida en Santo Domingo el 30 de enero de 1817, testó el 27 de octubre de 1863 ante Nicolás Villageliu, y su defunción se encuentra en La Habana, parroquia del Espíritu Santo, a 12 de junio de 1865.

3. — Doña María Antonia de Foxá y Lecanda, nació en Santo Domingo, el 18 de septiembre de 1818. Su defunción se encuentra en La Habana, parroquia del Espíritu Santo, a 11 de julio de 1863, donde casó el 26 de febrero de 1853, con el licenciado Pedro Fernández de Castro y Pichardo, natural de Santo Domingo, abogado, Censor Político y Literario de la isla de Cuba, hijo de don Francisco de Paula Fernández de Castro y Guridi, Ayudante de Campo de Sánchez-Ramírez en Palo-Hincado y en el asedio de Santo Domingo por los franceses, Teniente Coronel de Caballería, y Gobernador Político y Militar de dicha Isla y de la plaza de San Salvador del Bayamo en la isla de Cuba, y de doña María de la Concepción Pichardo y Contreras.

4. — Don Francisco Xavier de Foxá y Lecanda, nacido en la ciudad de Santo Domingo el 24 de agosto de 1816 y bautizado en aquella Catedral el 6 del mes siguiente y fue notable escritor residente en La Habana. Testó en Cádiz el 25 de septiembre de 1849 ante el escribano Joaquín Rubio, encontrándose su defunción en la parroquia castrense de esa ciudad gaditana a 28 de septiembre de dicho año. Distinguido literato y poeta, de él trata don Francisco Calcagno en las páginas 283 y 284 de su «Diccionario Biográfico Cubano». Fue Teniente de Infantería del Regimiento de Nápoles y Oficial de la Secretaría Militar de la plaza de Cádiz. Casó con doña María Josefa Marta de Santa Cruz y Ponce de León, hija de don José Eustaquio de Santa Cruz y Castilla-Cabeza de Vaca, perteneciente a la casa condal de San Juan de Jaruco y de Santa Cruz de

Mopox, Grandes de España, y de doña María Josefa Ponce de León y Puebla. Tuvieron por hijos: a Justa; a María de la Altagracia, y a Joaquín María de Foxá y Santa Cruz. Los cuales:

A. — Doña Justa de Foxá y Santa Cruz, bautizada en La Habana, parroquia del Santo Cristo el 2 de octubre de 1837, casó en esta ciudad, parroquia del Espíritu Santo, el 17 de febrero de 1859, con don Federico Crespo y Navarro, natural de la isla de San Fernando (Cádiz), Oficial Segundo del Cuerpo de Administración de la Real Armada, hijo de Salvador María y de María de los Milagros.

B. — Doña María de la Altagracia de Foxá y Santa Cruz, fue bautizada en La Habana, parroquia del Espíritu Santo, el 13 de abril de 1844.

C. — Don Joaquín María de Foxá y Santa Cruz, fue bautizado en La Habana, parroquia del Espíritu Santo, el 20 de octubre de 1842.

5. — Don José María de Foxá y Lecanda, natural de Madrid, Teniente de la III Compañía Ligera de Mérito de La Habana, falleció en esta ciudad, donde se encuentra su defunción en la parroquia del Espíritu Santo, a 18 de enero de 1843.

6. — Don Andrés María de Foxá y Lecanda, natural de Madrid, publicó en La Habana un texto de dibujo lineal para niños, y su defunción se encuentra en la Catedral de La Habana a 30 de noviembre de 1882, donde casó el primero de octubre de 1866, con doña María Genoveva de Cárdenas y Chaves, hija de don Agustín de Cárdenas y Chacón, Capitán del Regimiento de Infantería de Milicias de esta plaza y Caballero de la Orden de Alcántara, de la casa de los marqueses de Prado-Ameno, y de doña Paula María de Chaves y Bello.

7. — Don Narciso de Foxá y Lecanda, nacido en San Juan de Puerto Rico el 15 de febrero de 1822, bautizado en la Catedral puertorriqueña el primero del mes siguiente, falleció en París en 1883. Fue Regidor del Ayuntamiento de La Habana en 1856, notable literato y poeta, socio de mérito del Liceo Artístico y Literario de La Habana (que lo premió en 1846 por su «Canto épico a Cristóbal Colón»), y en 1868 perteneció a la comisión que se creó para la fundación de la Biblioteca de Autores Cubanos. Su biografía, con gran amplitud, también consta en la página 283 de la referida obra del señor Calcagno.

8. — Don Luis María de Foxá y Lecanda, bautizado en Santo Domingo por el Capellán Castrense del Segundo Batallón del Regimiento de Infantería de Cantabria el 4 de julio de 1798, fue Teniente Coronel de Ejército. Casó en La Habana, parroquia del Espíritu Santo, el 2 de noviembre de 1829, con doña María de los Dolores Covarrubias y Lecanda, natural de esta ciudad, hija de don Juan Faxardo-Covarrubias y Montalvo, Coronel de Infantería de Milicias de la plaza de La Habana, y de doña Andrea Lecanda y Sánchez.

9. — Don Gabriel María de Foxá y Lecanda, bautizado en Madrid, parroquia de los Santos Miguel Justo y Pastor, el 28 de febrero de 1804, cuya defunción se encuentra en la parroquia de Guanabacoa (provincia

de La Habana), a 4 de junio de 1854, fue Teniente Coronel del Cuerpo de Infantería y Secretario de la Subinspección general de la isla de Cuba. Casó en La Habana, parroquia de Monserrate, en el año de 1849, con doña María de la Trinidad Josefa Muñoz y Zayas, hija de don Alonso Muñoz y Muñoz, natural de Cádiz, y de doña María de la Trinidad Zayas y Chacón. Tuvieron por hijos: a Joaquín Gabriel, y a Antonio de Foxá y Muñoz. De los cuales:

Don Antonio de Foxá y Muñoz, fue General de Brigada en el Real Cuerpo de Alabarderos y Gran Cruz de la Orden de San Hermenegildo.

Durante el siglo XVI otra familia de este apellido aparece establecida en Gerona, donde tuvo su casa-solar, siendo barones y valvesores de su nombre de esa ciudad. Esta familia obtuvo el título de Conde de Foxá.

Son sus armas: de sable, un león rampante, uñado y lenguado de gules, en bordura de gules con ocho flores de lis de oro.

Don Jerónimo de Foxá y Cruilles, barón territorial y valvesor de Foxá, en Gerona, que según la ejecutoria de su familia, fue descendiente de Euberto, primer valvesor de Foxá en 791, compañero de Carlomagno. Casó con doña Catalina Boxadors y Anglesola, de los valversores de Boxadors, antiguos Almirantes de Aragón, y tuvieron por hijo: a

Don Galcerán de Foxá y Boxadors, valversor de Foxá y de Boxadors, que casó con doña Mencía de Xammar y Moncada, de los olims de Xamar. Tuvieron por hijos: a Inés, y a Vicente Domingo de Foxá-Boxadors y Xammar. Los cuales:

1. — Doña Inés de Foxá-Boxadors y Xammar, casó con su deudo don Ramón de Xammar, de los olims de su nombre.

2. — Don Vicente de Foxá-Boxadors y Xammar, valversor de Foxá y de Boxadors, olims de Xammar, casó con doña Josefa Copons de la Manresana y Fivaller. Tuvieron por hijos: a Josefa, y a Juan Francisco de Foxá-Boxadors y Copons. Los cuales:

1. — Doña Josefa de Foxá-Boxadors y Copons, casó con su deudo don Vicente de Foxá-Boxadors y Copons, hijo de don Ramon de Xammar-Foxá y Meca, y de doña Francisca Copons de la Manresana.

2. — Don Juan Francisco de Foxá-Boxadors y Copons, nacido en 1759, fue Maestrante de Valencia, valversor de Foxá y de Boxadors, y olims de Xammar. Falleció en 1808. Casó con doña Micaela Balay de Marignat y Blondel, hija de don Francisco de Balay, Señor de Marignat, Marqués de Balay, Barón del Santo Imperio, Caballero de la orden de San Jorge, Capitán de Guardias Valonas del rey Felipe V de España, y de doña María de Blondel, de los vizcondes de Druot, marqueses de Blondel. Tuvieron por hijos: a Antonio, y a Ignacio Foxá y Balay de Marignat. Los cuales:

1. — Don Antonio de Foxá y Balay de Marignat, bautizado en Gerona el 7 de septiembre de 1766, fue Caballero San Juan de Jerusalén (Malta), en el Gran Priorato de Cataluña. Falleció el 8 de enero de 1792.

2. — Don Ignacio de Foxá y Balay de Marignat, fue valversor de Foxá y de Boxadors. Casó con doña María Francisca Andreu y Vilaplana, hija de don Pío Ramón Andreu y Asprer de Neoburg, Señor del castillo de La Bastida, y de doña María Juana Vilaplana y Farnés. Tuvieron por hijos: a una hembra que casó con un Bassols y Marañosa; a Ramón; a Joaquín, y a Narciso de Foxá y Andreu. De los cuales:

1. — Don Ramón de Foxá y Andreu, fue Oficial en las Reales Compañías de Guardias Valonas de Su Majestad.

2. — Don Joaquín de Foxá y Andreu, fue Capitán y Portaestandarte en las Reales Compañías de Guardias Valonas de Su Majestad.

3. — Don Narciso de Foxá y Andreu, valversor de Foxá y de Boxadors, fundó a su costa el Escuadrón de Húsares de San Narciso del que fue Teniente Coronel, encontrándose al frente del mismo en el sitio de Gerona cuando la invasión francesa en la Guerra de la Independencia, asistiendo además a los combates de Báscara y de Mollas del Rey, así como a la toma de Bañolas. Fue condecorado con varias cruces por méritos de guerra, y fue Gentilhombre de Cámara de Su Majestad con entrada y miembro de la Academia de Buenas Letras de Barcelona. Falleció en Perpignan, Francia, el 4 de agosto de 1843. Casó dos veces: la primera con doña Clara de la Revilla y Carrillo de Albornoz, Mayoral y Urríes; y la segunda, en la parroquia de La Bisbal, el 23 de febrero de 1815, con doña María Francisca de Miquel y Blondel, Druot y Marimón, Comendadora de la orden de Santiago, hija de los barones de Púbol, marqueses de Blondel y vizcondes de Druot.

Don Narciso de Foxá y Andreu, y su primera mujer doña Clara de la Revilla y Carrillo de Albornoz, tuvieron por hijo: a Mariano Foxá y Revilla, que fue poseedor de la baronía territorial de Foxá.

Don Narciso Foxá y Andreu, y su segunda mujer doña María Francisca de Miquel y Blondel, tuvieron por hijo:

Don Narciso de Foxá y Miquel, nacido en Gerona el 6 de enero de 1816, noble de Cataluña, que fue último Señor del lugar y castillo de Foxá y del de Boxadors, y de los lugares de La Sala, San Lorenzo de las Arenas, Ultramunt, La Llavinera y San Pedro de Sallavinera, Teniente Coronel de Infantería, Vocal de la Junta Inspectora de la Real Casa, Gran Cruz de la orden de Isabel la Católica y tres cruces de la orden de San Fernando. Por Real decreto de 17 de mayo de 1866 y Real despacho dado el 9 de junio del mismo año, obtuvo el título de Conde de Foxá en consideración a sus méritos y a los de su padre. Falleció en Barcelona

---

El genealogista español Béthencourt, trata de los condes de Foxá en la página 231 del tomo VI y en la 266 del tomo VII de su obra «Anales de la Nobleza Española».

el 28 de noviembre de 1866. Casó con su prima doña María del Carmen de Bassols y Foxá, Marañosa y Andreu, y tuvieron por hijos: a Francisca; a Luis; a Enrique Pío, y a Narciso de Foxá y Bassols. Los cuales:

1. — Doña Francisca de Foxá y Bassols, falleció en Gerona el 8 de junio de 1879. Casó con don Luis de Toledo y Belloe.

2. — Don Luis de Foxá y Bassols, fue Coronel graduado, Teniente Coronel efectivo de Artillería y Sub-Director de la Real Fábrica de Armas Blancas de Toledo.

3. — El doctor Enrique Pío de Foxá y Bassols, fue abogado, Gobernador Civil de Ciudad Real y de Córdoba, Diputado a Cortes por el distrito de Goria, Gentilhombre de Cámara de Su Majestad, y Correspondiente de la Real Academia de la Historia. Por Real carta de sucesión de fecha 19 de agosto de 1867, fue el II Conde de Foxá, siendo condecorado con las Grandes Cruces de Isabel la Católica y portuguesa de Nuestra Señora de la Concepción de Villaviciosa. Casó en Madrid el 18 de junio de 1866, con doña María de las Nieves Ramírez de Arellano y Armendáriz, natural de Viana, Dama Noble de la Banda María Luisa, hija de don Manuel Ramírez de Arellano y Pérez de Asanza, Luzuriaga y Antón, y de doña María de la Asunción Armendáriz y Sainz de Urbina, Murillo y Pascual, segunda Marquesa de Armendáriz. Tuvieron por hijo: a

Don Narciso de Foxá y Ramírez de Arellano, nacido en Barcelona el 16 de abril de 1867, que fue el III Marqués de Armendáriz. Casó con doña María de las Candelas Torroba y Goicoechea, y tuvieron por hijos: a Margarita; a Ignacio; a Jaime, y a Agustín de Foxá y Torroba. De los cuales:

Don Agustín de Foxá y Torroba, abogado, diplomático, Consejero de Embajada, poeta y escritor contemporáneo, es el III y actual Conde de Foxá por Real carta de sucesión de 15 de diciembre de 1915, IV Marqués de Armendáriz por carta sucesoria dada el 31 de enero de 1952, y Caballero del Cuerpo Colegiado de la Nobleza de Cataluña. Casó con doña María Luisa de Larrañaga y Seras, de la que ha tenido una hija.

4. — Don Narciso de Foxá y Bassols, nacido en Barcelona, Gran Cruz de la Orden de Isabel la Católica y Maestrante de Zaragoza, casó dos veces: la primera con doña María Luisa Calvo y Cárdenas, natural de La Habana, hija de don Pedro José Calvo y Peñalver, II Marqués de Casa-Calvo, Capitán del Regimiento de Dragones de la plaza de La Habana, y Coronel del Regimiento de Caballería de Milicias, y de doña María Catalina de Cárdenas y Zayas. Casó por segunda vez en Gerona, el 26 de septiembre de 1881, con doña María de los Dolores Camps y Prat de San Juliá, hija de don Mariano Camps y Feliu, Saubola y Aviñó, y de doña María del Pilar Prat de San Juliá de Camps y Suelves. De su primera mujer procreó: a

Doña Margarita de Foxá y Calvo, nacida en Roma el 12 de enero de 1854, y fallecida en París el 14 de diciembre de 1904, casó sin tener descendencia luego, con don Julio de Arellano y Arréspide, natural de Bilbao, primer Marqués pontificio de Casa-Arellano, Ministro Extraordinario y Plenipotenciario de España en la República Argentina, Embajador ante el emperador de Austria-Hungría; Gran Cruz de la orden de Carlos III y Gran Cruz de la orden de Isabel la Católica, hijo de don Romualdo de Arellano y García, y de doña Timotea de Arréspide y Aguirre, natural de Bilbao.

GAMBA

A fines del siglo XVII aparece radicada esta familia en la ciudad de Génova, de donde pasaron al puerto de Santoña, en Santander, estableciéndose en La Habana a principios del siglo XIX.

Antonio Gamba, natural de la ciudad de Génova, casó con Josefa del Hoyo y tuvieron por hijo: a

Vincenzo Gamba, natural de Génova, que se asentó en el puerto de Santoña, donde casó con doña María de las Casas, y tuvieron por hijos: a Tomás y a Juan José Gamba y de las Casas. Los cuales:

Don Tomás Gamba y de las Casas del que se tratará en la «LINEA PRIMERA».

Don Juan José Gamba y de las Casas del que se tratará en la «LINEA SEGUNDA».

LINEA PRIMERA

Don Tomás Gamba y de las Casas (anteriormente mencionado como hijo Vincenzo Gamba y de doña María de las Casas), bautizado en la parroquia del puerto de Santoña el 29 de diciembre de 1786, pasó a La Habana, donde está su defunción en la parroquia de Monserrate, a 8 de septiembre de 1859. Casó en la Catedral de esta ciudad, el 13 de mayo de 1819, con doña María Galarraga y del Castillo, natural de Somorrostro, en Vizcaya, hija de don Ramón Galarraga y Mollinedo, y de doña María Antonia del Castillo. Tuvieron por hijos: a Juana; a Cecilia; a Agustina; a Rafael y a Tomás Gamba y Galarraga. Los cuales:

1.— Doña Juana Cecilia Gamba y Galarraga, bautizada en La Habana, parroquia del Santo Cristo, el 19 de febrero de 1816, casó en esta ciudad, parroquia de Monserrate, el 9 de junio de 1854, con don Alonso Alvarez de la Campa y Galán, natural de Raíces, en la parroquia de San Martín de Laspra, concejo de Castrillón, Avilés,[1] hijo de don José Alvarez de la Campa y Galán, y de doña Manuela Galán y de la Campa.

---

1. Entre sus hijos tuvieron: a Alonso Alvarez de la Campa y Gamba, uno de los estudiantes de Medicina fusilados en La Habana en 1871.

2. — Doña Agustina Gamba y Galarraga, bautizada en La Habana, parroquia del Santo Cristo, el 25 de abril de 1821, casó dos veces en esta ciudad: la primera, en la parroquia del Santo Angel, el 15 de noviembre de 1837, con don Ramón Herrera y Gómez, natural de Santander, hijo de Juan y de Manuela,. Casó por segunda vez, el 25 de febrero de 1851, en la parroquia de Monserrate, con don Gabriel de Zéndegui y Reygadas, natural de la villa de Reinosa, hijo de don Emeterio de Zéndegui y Abio, y de doña Josefa Reygadas y Victórica.

3. — Don Rafael Gamba y Galarraga, bautizado en La Habana, parroquia del Santo Cristo, el 13 de febrero de 1830, casó con doña María Magdalena Bustinduy y Alemán, hija de don Simón Bustinduy y Fano, y de doña Juana Alemán e Hidalgo-Gato.

4. — Don Tomás Gamba y Galarraga, bautizado en La Habana, parroquia del Santo Cristo, el 17 de marzo de 1824, casó con doña María Ramona Leonarda Herrera y Gamba, hija de don Ramón Herrera y Gómez y de doña Agustina Gamba y Galarraga. Tuvieron por hijos: a María Agustina y a Tomás Gamba y Herrera. Los cuales:

1. — Doña María Agustina Gamba y Herrera, casó con el licenciado Federico García y Ramís, abogado, Secretario de Sala de la Audiencia de La Habana, hijo de don Germán García y Saint-Germain, y de doña María Rosalía Ramís y Juárez.

2. — Don Tomás Gamba y Herrera, Capitán que fue de la Policía Nacional de Cuba, casó con doña Estela Domínguez y Romay, hija de don Plácido Domínguez y Languenhein, y de doña Matilde Romay y Bernal. Tuvieron por hijos: a Estela; a Silvia; a María Agustina; a Tomás y a Gonzalo Gamba y Domínguez. Los cuales:

1. — Doña Estela Gamba y Domínguez, fue casada con el doctor Salvador Juncadella y Texidó, abogado, hijo de don Mariano Juncadella y Moga, natural de San Vicente del Horts, en Barcelona, y de doña María Texidó y Ortiz, natural de Sagua la Grande, en la isla de Cuba.

2. — Doña Silvia Gamba y Rodríguez, casó con el doctor Severino Gómez y Loredo, abogado, hijo de don Severino Gómez y Ruiz y de doña Margarita Loredo y Valdés.

3. — Doña María Agustina Gamba y Domínguez, casó con don Rafael Díaz Salazar.

4. — El doctor Tomás Gamba y Domínguez, que es abogado, casó con la doctora Olga Ramos y Fernández, y tiene por hijo: a Tomás Gamba y Ramos, que nació el 22 de agosto de 1951.

5. — Don Gonzalo Gamba y Domínguez, casó con doña María de la Esperanza Reyes y O'Farrill, hija de don Andrés Reyes y de doña María de la Concepción O'Farrill y Chappottín. Son padres: de Vivian Gamba y Reyes.

LINEA SEGUNDA

Don Juan José Gamba y de las Casas (anteriormente mencionado como hijo de Vincenzo Gamba y de doña María de las Casas, natural de Santoña, casó con doña Josefa Cacho y tuvieron por hijo: a

Don Manuel Gamba y Cacho, bautizado en la Catedral de Santander el 8 de junio de 1819, que casó con doña Julieta Tapia y Ortiz, natural de Eibar, en Guipúzcoa, hija de Antonio y de Nicolasa. Tuvieron por hijo: a

Don Francisco Gamba y Tapia, que fue bautizado en la Catedral de Santander el 26 de noviembre de 1857. Pasó a La Habana, donde casó con doña Tomasa Alvarez de la Campa y Gamba, hija de don Alonso Alvarez de la Campa y Galán, y de doña Cecilia Gamba y Galarraga. Tuvieron por hijos: a Cecilia; a Francisco; a Enrique; a Manuel y a Tomás Gamba y Alvarez de la Campa. De los cuales:

1. — Doña Cecilia Gamba y Alvarez de la Campa, casó con el doctor Guillermo de Zaldo y Castro, abogado, hijo del licenciado Eduardo de Zaldo y Beurmann, abogado, y de doña Rosa de Castro y Díez de Argüelles.

2. — Don Manuel Gamba y Alvarez de la Campa, nacido en La Habana el 31 de diciembre de 1892, es ingeniero y arquitecto. Casó con doña Carmen Martínez y Pedro, hija del doctor Ramón Martínez y Viademonte, abogado que ya ha fallecido, y de doña María de Pedro y Pérez-Miró. Tuvieron por hija: a

Doña Ana María Gamba y Martínez Pedro, que está casada con don Fernando Sánchez y Maciá, hijo de don Bernabé Sánchez y Culmell y de doña Ana María Maciá y Barraqué:

3. — Don Tomás Gamba y Alvarez de la Campa, casó con doña Matilde Jiménez y Saladrigas, hija de don José Jiménez y de doña Ana Rosa Saladrigas y Lunar. Fueron padres: de Cecilia; de Gloria y de María Rosa Gamba y Jiménez. Los cuales:

A. — Doña Cecilia Gamba y Jiménez, casó con don Bernardo Barrié.

B. — Doña María Rosa Gamba y Jiménez, casó en La Habana, iglesia del Carmelo, Vedado, con don Raúl Preval y Valdés Miranda, arquitecto, hijo de Carlos y Delia.

4. — El doctor Enrique Gamba y Alvarez de la Campa, nacido en La Habana el 22 de febrero de 1902, es abogado y casado con doña Gloria Seiglie.

GALARRAGA

A principios del siglo XIX, procedente de San Sebastián, en Guipúzcoa, se estableció esta familia en La Habana.

Don Alberto Galarraga, casó con doña Brígida de Arispe, y tuvieron por hijo: a

Don José Antonio Galarraga y Arispe, natural de San Sebastián, Síndico del Ayuntamiento habanero en 1843, que casó en La Habana, parroquia del Espíritu Santo, el 11 de mayo de 1804, con doña María de la Concepción Mendiolo y González de Ara, hija de don Francisco Isaac Mendiola y Mujica, Comisario Honorario de Guerra, y de doña Isidora González de Ara y Ximénez de Salazar. Tuvieron por hijos: a José Antonio, y a Alberto Galarraga y Mendiola Los cuales:

1. — El licenciado José Antonio Galarraga y Mendiola, fue distinguido letrado, Abogado de los Tribunales Superiores, Auditor honorario de Marina, Alcalde ordinario del Ayuntamiento habanero en 1845, Regidor Fiel Ejecutor de 1848 y Alcalde de la Santa Hermandad en La Habana, donde casó, parroquia del Espíritu Santo, el 7 de diciembre de 1840, con doña María Luisa Meza y Cachurro, hija del licenciado Matías de Meza y Fernández de Velasco, distinguido letrado, Abogado de los Reales Consejos, Regidor del Ayuntamiento habanero, y de doña María Luisa Cachurro y Fernández del Campo. Tuvieron por hijos: a María de la Concepción; a María Luisa; a José Antonio y a Matías Galarraga y Meza. Los cuales:

A. — Doña María de la Concepción Galarraga y Meza, bautizada en la Catedral de La Habana el 9 de marzo de 1846, casó con don José Manuel de Otero y Urdaneta, natural de Regla (provincia de La Habana), hijo de don José Manuel de Otero y Guerra, natural de Cumaná (Venezuela), Capitán de Dragones, y de doña María de la Trinidad Urdaneta y Róo, natural de Maracaibo, también en Venezuela.

B. — Doña María Luisa Galarraga y Meza, bautizada en La Habana, parroqiua del Espíritu Santo, el 23 de diciembre de 1843, casó en esta ciudad, parroquia del Cerro, año 1867, con don Adolfo Moliner y Alfonso, hijo de don Miguel Moliner y Cabezas, Coronel de los Reales Ejércitos, Capitán de Infantería de Milicias de esta plaza, condecorado con las cruces de Distinción y las órdenes de Isabel la Católica y Militar de San Hermenegildo, Ayudante del Capitán General y Gobernador de la isla de Cuba, y de doña Julia Alfonso y Soler.

C. — Don José Antonio Galarraga y Meza, bautizado en La Habana, parroquia del Espíritu Santo el 5 de diciembre de 1841, casó en esta ciudad, parroquia de Guadalupe, el 19 de diciembre de 1867, con doña Rosalía del Valle Hernández y Rubio, hija de Antonio y de María de las Mercedes. Tuvieron por hijas: a María Josefa y a Angélica Galarraga y del Valle Hernández. Las cuales:

a. — Doña María Josefa Galarraga y del Valle Hernández, casó en La Habana, parroqiua de Guadalupe, el 6 de marzo de 1890, con el licenciado Antonio Fernández-Criado y Sotolongo, abogado. Sub-secretario de Justicia hasta 1921, hijo de don Francisco Fernández-Criado y Gómez, natural de La Coruña, y de doña Clotilde Sotolongo y Sardiña.

b. — Doña Angélica Galarraga y del Valle Hernández, casó con Giacomo Mondello, distinguido diplomático italiano.

D. — Don Matías Galarraga y Meza, fue bautizado en La Habana, parroquia del Espíritu Santo, el 21 de enero de 1847, donde casó el 3 de diciembre de 1870, con doña María Teresa de Cárdenas y de la Luz, hija de don Francisco de Cárdenas y Herrera, de la casa de los marqueses de Prado-Ameno, y de doña María de la Concepción de la Luz y Garsón. Tuvieron por hijas: a Teresa; a María Luisa y a María de Lourdes Galarraga y Cárdenas. De las cuales:

A. — Doña María Luisa Galarraga y Cárdenas, casó con Alex Brown.

B. — Doña María de Lourdes Galarraga y Cárdenas, casó con Augusto Beck y Sauvalle.

2. — Don Alberto Galarraga y Mendiola, casó con doña Catalina Dillón, y tuvieron por hijos: a María de la Concepción; a Francisca Leonor, a Isidora y a José Antonio Galarraga y Dillón. Los cuales:

1. — Doña María de la Concepción Galarraga y Dillón, casó en la parroquia de la villa de Guanabacoa el 18 de septiembre de 1868, con don José Rafael de Salazar y Cárdenas, natural de la ciudad de Guatemala, hijo de José Gregorio y de María de Jesús.

2. — Doña Isidora Galarraga y Dillón, casó con el licenciado José Manuel Mestre y Domínguez, natural de La Habana, letrado, abogado de esta Audiencia Pretorial, hijo de don José Antonio Mestre y Roig y de doña Josefa Dionisia Domínguez y Morales.

3. — Doña Francisca Leonor Galarraga y Dillón, natural de Cárdenas, casó en La Habana, parroquia del Pilar, el 18 de marzo de 1880, con don Francisco Mestre y Domínguez, hijo de don José Antonio Mestre y Roig, natural de Sitges, en Cataluña, y de doña Josefa Domínguez y Morales.

4. — Don José Antonio Galarraga y Dillón, casó con doña María de las Mercedes Cubillas y Gálvez de Guillén, y tuvieron por hijas: a María y a Catalina Galarraga y Cubillas. Las cuales:

1. — Doña María Galarraga y Cubillas, casó con el doctor José Jenaro Sánchez y Sánchez, abogado, hijo de don Leonardo Sánchez y García, natural del concejo de Salas, en Asturias, y de doña Beatriz Sánchez y Amador.[1]

2. — Doña Catalina Galarraga y Cubillas, casó con el doctor Juan Laureano Sánchez y Sánchez, médico, del que tuvo sucesión, hijo de don Leonardo Sánchez y García, natural del concejo de Salas, en Asturias y de doña Beatriz Sánchez y Amador.

---

1. Doña María Galarraga y Cubillas, de su citado enlace con don José Jenaro Sánchez y Sánchez, tuvo por unigénito: al
Doctor Gustavo Sánchez Galarraga, nacido en La Habana el 2 de febrero de 1893 donde falleció el 4 de noviembre de 1934, que fue abogado y un notable poeta.

GARCÍA DE OSUNA

A principios del siglo XVIII, procedente de la ciudad de Cádiz, se estableció esta familia en la villa de Guanabacoa, provincia de La Habana.

Don Francisco García de Osuna, y su mujer doña María Gregoria García, tuvieron por hijo: a

Don Diego García de Osuna y García, natural de Cádiz, Alférez de Navío de la Flota de Chéves, cuya defunción se encuentra en la parroquia de la villa de Guanabacoa a 10 de enero de 1740. Casó con doña Estefanía Hernández-Pulgarón y Gallardo, natural de dicha villa, hija del Teniente Andrés Hernández-Pulgarón, natural de Alcalá de Henares en Castilla la Nueva, Regidor perpetuo de la villa de Guanabacoa, y de doña María Gallardo y Martín. Tuvieron por hijos: a Lorenza Luisa; a María Martina y a Francisco Xavier García de Osuna y Hernández Pulgarón. De los cuales:

1. — Doña María Martina García de Osuna y Hernández-Pulgarón, testó ante el escribano Jorge Díaz Velázquez, el 12 de octubre de 1796, y su defunción se encuentra en La Habana, parroquia del Santo Angel, a 24 de dicho mes y año. Casó con don José Patricio de Acosta y Arcia, natural de Guanabacoa. Teniente de Milicias, Padre general de Menores en dicha villa, hijo de don Manuel de Acosta, natural de la isla de San Miguel, y de doña Agustina Arcia y de la Fuente.

2. — Don Francisco Xavier García de Osuna y Hernández-Pulgarón, testó ante el escribano Miguel Aparicio el 9 de febrero de 1790, y su defunción se encuentra en la parroquia de Guanabacoa a 31 de mayo de 1791. Casó con doña María del Carmen Alvarez y Hernández, natural del partido de San Miguel del Padrón, hija de don José Nicolás Alvarez y Arce, y de doña Josefa Hernández y Cháves. Tuvieron por hijos: a María Josefa; a Estefanía; a José Ramón; a Ignacio; a Pablo José; a Diego; a José Rafael; a José Ignacio y a José Romualdo García de Osuna y Alvarez. De los cuales:

1. — Doña María Josefa García de Osuna y Alvarez, fue bautizada en la parroquia de Guanabacoa el 3 de marzo de 1773.

2. — Doña Estefanía García de Osuna y Alvarez, natural de la villa de Guanabacoa, casó dos veces en esa parroquia: la primera, con don Desiderio González-Amador y Nis, hijo de Juan Valentín y de Micaela; y por segunda vez casó en dicha parroquia de Guanabacoa el 13 de julio de 1795, con don Francisco Xavier Núñez y Aparicio, Regidor Receptor de Penas de Cámara en dicha villa, hijo de Ignacio y de Bernabela.

3. — Don José Ramón García de Osuna y Alvarez, fue bautizado en la parroquia de Guanabacoa el 9 de septiembre de 1768.

4. — Don Ignacio García de Osuna y Alvarez, fue bautizado en la parroquia de Guanabacoa el 10 de agosto de 1775.

5. — Don Pablo José García de Osuna y Alvarez, fue bautizado en la parroquia de Guanabacoa el 20 de enero de 1771.

6. — Don José Rafael García de Osuna y Alvarez, fue bautizado en la parroquia de Guanabacoa el 29 de mayo de 1785.

7. — Don Diego García de Osuna y Alvarez, natural de Guanabacoa, casó con doña María de la Luz Ximénez, natural de Remedios y tuvieron por hija: a

Doña María Inés del Carmen García de Osuna y Ximénez, bautizada en la parroquia de San Narciso de Alvarez el 3 de enero de 1792, que casó con don José Vicente González y Martínez, natural de Villaclara, hijo de don Antonio González y Ximénez, natural de Sancti-Spíritus y de doña Gertrudis Martínez y Veloso, natural de Yaguaramas.

8. — Don José Ignacio García de Osuna y Alvarez, bautizado en la parroquia de Guanabacoa el 4 de julio de 1780, fue Alcalde ordinario de dicha villa. Casó dos veces: la primera en la Catedral de La Habana el 14 de marzo de 1834, con doña Juana Barreto y Alvarez, hija de Felipe y de María Josefa. Casó por segunda vez, en la parroquia de Guanabacoa, el 9 de enero de 1840, con doña María de Belén Francisca Arredondo y Cabello, hija de don José Antonio Arredondo y Ambulodi, Coronel de Infantería, primer Conde de Valle-Llano, condecorado con la Flor de Lís de la Vendée de Francia, Caballero de las órdenes de San Hermenegildo y de Carlos III, y de doña María Ignacia de los Dolores Cabello y Roborato. De su primera mujer tuvo por hijos: a Josefa Rosalía; a Pablo Tomás y a Francisco Xavier García de Osuna y Barreto. Los cuales:

A. — Doña Josefa Rosalía García de Osuna y Barreto, natural del pueblo de Regla, casó en la parroquia de la villa de Guanabacoa el 7 de agosto de 1853, con don José Francisco de Lamas y Pastor, hijo de Gabriel y de María de los Reyes.

B. — Don Pablo Tomás García de Osuna y Barreto, casó en la parroquia de Guanabacoa el 16 de febrero de 1867, con doña María de los Dolores de Jesús Oliver y García-Mayor, hija del licenciado Manuel Oliver y Domínguez, y de doña Genoveva García-Mayor y Acosta. Tuvieron por hijo: a

Don Ignacio García de Osuna y Oliver, que casó en la parroquia de Guanabacoa, el 30 de noviembre de 1899, con doña María del Carmen Bellver y Martínez, natural de dicha villa, hija de Andrés y de Ana María de Jesús. Tuvieron por hijo: a José Ignacio García de Osuna y Bellver.

C. — Don Francisco Xavier García de Osuna y Barreto, casó en la parroquia de Guanabacoa el 30 de junio de 1866, con doña María Manuela Valdés y Valenzuela, hija del licenciado Juan Xepomuceno y de María Josefa.

9. — Don José Romualdo García de Osuna y Alvarez, bautizado en la parroquia de Guanabacoa el 26 de febrero de 1783, casó en la de Pipián previa licencia de parentesco obtenida del Obispado de La Habana el 23 de diciembre de 1805, con doña María Isabel Hernández Pulgarón e Izquierdo, natural de la villa de Guanabacoa, hija de don José Hernández Pulgarón y Betancourt, y de doña María de la Encarnación Izquierdo y Díaz. Tuvieron por hijos: a Diego José; a Fulgencio y a Rafael García de Osuna y Hernández Pulgarón. Los cuales:

1. — Don Diego José García de Osuna y Hernández-Pulgarón, natural del partido de Pipián, casó en la parroquia de Guanabacoa el 31 de mayo de 1830, con doña María de la Luz Luciana Mensaque y Zamora, natural de La Habana, hija de Jerónimo y de Gregoria Josefa.

2. — Don Fulgencio García de Osuna y Hernández-Pulgarón natural del partido de San Jerónimo de Peñalver, casó en la parroquia de la villa de Guanabacoa el 3 de mayo de 1848, con doña María del Carmen Bello y Hernández-Pulgarón, hija de Sebastián y de Mónica.

3. — El licenciado Rafael García de Osuna y Hernández-Pulgarón bautizado en la parroquia de Pipián el 9 de enero de 1804, casó con doña María de los Dolores Mensaque y Zamora, natural de La Habana, hija de Jerónimo y de María Josefa. Tuvieron por hijos: a José Romualdo; a María del Carmen; a Francisco y a Ramón García de Osuna y Mensaque. Los cuales:

1. — Don José Romualdo García de Osuna y Mensaque, no casó, y su defunción se encuentra en la parroquia del pueblo de Regla (provincia de La Habana), a 30 de octubre de 1839.

2. — Doña María del Carmen García de Osuna y Mensaque, no casó y su defunción se encuentra en la referida parroquia de Regla a 9 de febrero de 1841.

3. — Don Francisco García de Osuna y Mensaque, casó con doña Manuela Valdés, y tuvieron por hijo: a

Don Francisco García de Osuna y Valdés, natural de la ciudad de New York, que casó con doña Teresa Victorero y Ramírez, natural de Guanabacoa, hija de Antonio y de María de las Mercedes. Tuvieron por hijo: a

Don Guillermo García de Osuna y Victorero, que nació en la villa de Guanabacoa el 8 de junio de 1897.

4.— Don Ramón García de Osuna y Mensaque, cuya defunción se encuentra en la parroquia de Regla, provincia de La Habana, a 6 de mayo de 1860, casó con doña Ildefonsa Lapiedra y Zamora, hija de Agustín y de María de los Dolores. Tuvieron por hijos: a Francisco y a Agustín García de Osuna y Lapiedra. Los cuales:

1. — Don Francisco García de Osuna y Lapiedra, natural de Regla, casó con doña Herminia Martín y Fierro, hija de Francisco y de Antonia. Tuvieron por hijos: al

Doctor Ildefonso García de Osuna y Martín, nacido en Regla el 22 de enero de 1895, que fue abogado.

2. — Don Agustín García de Osuna y Lapiedra, bautizado en la parroquia de Regla el 14 de octubre de 1861, fue por muchos años Senador de la República de Cuba. Casó en la parroquia de la villa de Guanabacoa el 15 de septiembre de 1883, con doña María Elvira de Mendive y Alomá, natural de La Habana, hija de don Mariano de Mendive y Daumy, y de doña Josefa Alomá y Nevé. Tuvieron por hijo: a

Don Ramón García de Osuna y Mendive, ya fallecido, que casó con doña Sara Varela-Zequeira. Tuvieron por hijo: al

Doctor Ramón García de Osuna y Varela, nacido en La Habana el 20 de mayo de 1913 que es abogado y Secretario de Primera Clase en la Embajada de Cuba en Estados Unidos de América. Casó con doña Lydia Plá y Fernández-Mederos, hija de Gil y de María de la Concepción. Tienen por hijo: a Ramón García de Osuna y Plá.

GIQUEL

A mediados del siglo XIX, procedente de Nueva Orleans (Luisiana), se estableció esta familia francesa en La Habana.

Jean Baptiste François Giquel casó dos veces: la primera, con doña María Teresa Pilón; y la segunda, con doña Isabel Durana de Saint-Romés. De la primera tuvo por hijas: a María Josefa y a María Margarita Giquel y Pilón. Las cuales:

1. — Doña María Josefa Giquel y Pilón, fue natural de Santiago de Cuba, y su defunción está en la Nueva Orleans, parroquia mayor de San Luis, a 21 de febrero de 1839, en la que casó, el 15 de agosto de 1833 con Louis Exnicios y Pontif, natural de la Nueva Orleans, hijo de Jean Louis y de Marie Louise.

2. — Doña María Margarita Giquel y Pilón, natural de Santiago de Cuba, casó en la Nueva Orleans, parroquia mayor de San Luis, el 21 de agosto de 1820, con Thomas Chassagne y Rigaud, natural de la Tortué en la parte francesa de la isla de Santo Domingo, hijo de Thomas y de Marie Claire.

Jean Baptiste François Giquel, y su segunda mujer doña Isabel Durand de Saint-Romes, tuvieron por hijos: a Josefa; a Ermand y a Jean Baptiste Giquel y Durand de Saint-Romes. Los cuales:

1. — Doña Josefa Giquel y Durand de Saint-Romes, no casó, y su defunción está en la Nueva Orleans, parroquia mayor de San Luis, a 23 de julio de 1815.

2. — Don Ermand Giquel y Durand de Saint-Romes, casó en la Nueva Orleans, parroquia mayor de San Luis, el 18 de mayo de 1839, con doña Marie Antoinette Montilt-Montanlt y Moriéere Frazende, natural de la Luisiana, hija de Louis y de Françoise. Tuvieron por hijo: a

Louis Ermand Giquel y Montilt-Montault, que fue bautizado en la Nueva Orleans, paroquia mayor de San Luis, el 7 de mayo de 1840, donde está su defunción a 15 de septiembre de 1842.

3. — Don Juan Bautista Giquel y Durant de Saint-Romes, natural de la Nueva Orleans, casó dos veces: la primera, en la parroquia mayor de San Luis, en la Nueva Orleans, el 12 de julio de 1834, con doña María Elida Jacquet y O'Hara, hija de François y de Marie Nancy O'Hara. Casó por segunda vez, en La Habana, paroquia del Espíritu Santo, el 7 de mayo de 1858, con doña Manuela Martina del Villar y López, natural de Santiago de Cuba, hija de don Toribio del Villar, Administrador principal de Correos de La Habana, y de doña Ildefonsa López y Marín.

Don Juan Bautista Giquel y Durant de Saint-Romes, y su primera mujer doña María Elida Jacquet y O'Hara, tuvieron por hijos: a María de la Asunción; a María Ana Alicia y a Juan Bautista Giquel y Jacquet. Los cuales:

1. — Doña María de la Asunción Giquel y Jacquet, natural de la Nueva Orleans, casó en La Habana, parroquia del Espíritu Santo, el 2 de abril de 1856, con don Manuel María Riquelme y Morejón, hijo de don Manuel Riquelme y Hano, Teniente de la Segunda Compañía de Cazadores, y de doña María Vicenta Rodríguez-Morejón y Valero-y-Guzmán.

2. — Doña María Ana Alicia Giquel y Jacquet, natural de La Habana, casó en esta ciudad, parroquia del Espíritu Santo, el 16 de noviembre de 1871, con don Andrés López y Muñoz, natural de Cartagena de Levante, en Murcia, hijo de José Antonio y de María de los Dolores.[1]

---

1. Don Andrés López y Muñoz, y su mujer doña María Ana Giquel y Jacquet, tuvieron entre sus hijos: a

Doña Emelina López-Muñoz y Giquel, que casó con el doctor Juan Andrés Lliteras y Jaques, abogado y notario público de La Habana, ya fallecido, hijo de don Juan Lliteras y Fedelich, natural de Menorca (Baleares), y de doña Josefa María Jaques y Díaz, natural de La Habana donde casaron en la parroquia de Guadalupe el 22 de diciembre de 1860, hija esta última de don Francisco Jaques y de doña Antonia Díaz. Fueron padres de Juan Andrés, y de Alicia Lliteras y López-Muñoz. Los cuales:

1. — El doctor Juan Andrés Lliteras y López-Muñoz, es abogado, y está casado con doña Engracia Heydrich y Bellido, hija de don Fernando Heydrich y Martínez, y de la primera mujer de éste, doña Amalia Bellido. Son los padres: de

Doña Amalia Lliteras y Heydrich, que está casada con el doctor Manuel de Jesús Mencía y Gómez, abogado, hijo del doctor Manuel Mencía y García, natural de Sancti Spíritus, médico-cirujano, y doctor en Ciencias, Catedrático de la Universidad de La Habana, Secretario de Sanidad y Beneficencia, Representante a la Cámara y Director de la Casa de Maternidad y de doña Petronila Gómez y Arias.

2. — Doña Alicia Lliteras y López-Muñoz, casó dos veces: la primera, con el doctor Armando Rodríguez-Lendían y Granados, abogado y notario, hijo del doc-

tor Evelio Rodríguez-Lendían, Catedrático de la Universidad de La Habana, y de doña Gloria Granados. Por segunda vez casó en La Habana el 2 de marzo de 1939, con don Guillermo Raúl Gómez-Colón y Jaén, natural de Santiago de Cuba, fallecido en New York el 27 de octubre de 1949, hijo de don Guillermo Gómez-Colón y Salazar, natural de La Habana, Capitán de Infantería del Ejército español, poseedor que fuera de cinco cruces rojas de primera clase del Mérito Militar, y de doña María de la Asunción Jaén y Planas, natural de Santiago de Cuba.

Don Juan Lliteras y Fedelich, antes mencionado, fue hijo de Antonio y de Antonia, vecinos de Menorca, en las Islas Baleares.

---

3. — Don Juan Bautista Giquel y Jacquet, fue bautizado en La Habana, parroquia del Espíritu Santo, el 13 de agosto de 1846.

Don Juan Bautista Giquel y Durand de Saint-Romes, y su segunda mujer doña Manuela Marthina del Villar y López, tuvieron por hijos: a Ofelia; a Eloísa; a Adelaida; a Adriana; a Rogelio; a Gustavo y a Oscar Giquel y del Villar. Los cuales:

1. — Doña Ofelia Giquel y del Villar, bautizada en La Habana, parroquia del Espíritu Santo, casó dos veces: la primera, con el doctor Antonio Vázquez-Queipo, abogado, Vocal de la Comisión de Codificación de las Provincias de Ultramar, Consejero del Banco Hipotecario de España y Senador Vitalicio del Reino. Casó por segunda vez, con don Segundo de la Cuesta y Haro, ingeniero de Montes y Minas en España.

2. — Doña Eloísa Giquel y del Villar, bautizada en La Habana, parroquia del Espíritu Santo, casó en esta ciudad, parroquia de Guadalupe, el 5 de marzo de 1884, con el doctor Arístides Maragliano y Fumero, abogado, natural de Matanzas, hijo de don Benito Maragliano y Cambiaggi, y de doña Inés Fumero y Rivero.

3. — Doña Adelaida Giquel y del Villar, bautizada en La Habana, parroquia del Espíritu Santo, casó con el doctor Antonio Echevarría y Echevarría, abogado y notable médico-cirujano.

4. — Doña Adriana Giquel y del Villar, bautizada en La Habana, parroquia del Espíritu Santo y fallecida en Marianao, casó en esta ciudad, parroquia de Guadalupe, el 15 de enero de 1891, con don Enrique Bachiller y Govín, hijo de don Gabriel Bachiller y Morales, y de doña María del Rosario Govín y Borrego.

5. — Don Rogelio Giquel y del Villar, que fuera Agregado Civil a la Embajada de Cuba en España, casó dos veces: la primera, con doña María del Amparo González y González, y la segunda, con doña Ofelia Quiroga y Vázquez-Queipo.

Don Rogelio Giquel y del Villar, y su primera mujer doña María del Amparo González y González, tuvieron por hijos: a Amparo y a Rogelio Giquel y González.

Don Rogelio Giquel y del Villar, y su segunda mujer doña Ofelia Quiroga y Vázquez Queipo, tuvieron por hijos: a Alma y a Froilán Giquel y Vázquez Queipo. De los cuales:

Don Froilán Giquel y Quiroga, fue Agregado a la Embajada de Cuba en España y reside en Madrid. Casó con doña María Teresa Alcócer y tienen por hijo: a Alberto Giquel y Alcócer.

6. — El doctor Gustavo Giquel y del Villar, fue médico. Casó con doña Agueda Alcázar y Hernández; hija de Miguel y de Agueda. Tuvieron por hijos: a Orlando y a Gustavo Giquel y Alcázar. Los cuales:

A. — Don Orlando Giquel y Alcázar, casó con doña Camelia Rubí y Betancourt, y tuvieron por hija: a Camelia Giquel y Rubí.

B. — Don Gustavo Giquel y Alcázar, casó con doña María de la Concepción Fernández y Longa, hija de José y de María del Carmen. Tuvieron por hijos: a Adriana; a Carmelina y a Gustavo Giquel y Fernández.

7. — Don Oscar Giquel y del Villar, bautizado en La Habana, parroquia del Espíritu Santo, el 28 de mayo de 1859, casó con doña María de los Dolores Echevarría y Perdomo, hija de Rafael y de Guillermina. Tuvieron por hijos: a Georgina; a Evelio; a Juan Bautista; a Sergio y a Humberto Giquel y Echevarría. De los cuales:

1. — Doña Georgina Giquel y Echevarría, casó con don Eugenio Silva y Alfonso, Coronel del Ejército Nacional de la República de Cuba, hijo de don Francisco Silva y Mujica, natural de la ciudad de Valencia, en Venezuela, diplomático venezolano, y de doña María de los Angeles Alfonso y Mádan.

2. — Don Juan Bautista Giquel y Echevarría, casó con doña María Teresa Varona y Terry, hija de don Fernando Varona y González del Valle, y de doña María Isabel Terry Gutiérrez. Tuvieron por hijo: a Oscar Giquel y Varona.

3. — El doctor Sergio Giquel y Echevarría, es cirujano dentista y ortodoncista, y está casado con doña Serafina de la Lastra y Camps. Tuvieron por hija: a

Doña Mirtha Giquel y de la Lastra, que casó con el doctor Jorge Escobar y Quesada, que es cirujano-dentista.

4. — Don Humberto Giquel y Echevarría, casó con doña Josefa Alfonso y Zalba, de la que tiene por hijos: a Humberto y a José Antonio Giquel y Alfonso. De los cuales:

Don José Antonio Giquel y Alfonso, casó con doña Gemma García del Prado.

GOICOURÍA

A principios del siglo XIX, procedente de la anteiglesia de Dèusto, (Bilbao), en el Señorío de Vizcaya, se estableció esta familia en La Habana.

Son sus armas: dividido el escudo en tres cuarteles; en el jefe, en campo azul, una corona de oro, y las dos partes en pal, a la derecha, en campo de oro un árbol verde con punto de plata, y abajo, un lobo sable pasante; y a la izquierda, en campo de plata un castillo de gules, saliente un lebrel de su color natural. Orla verde que rodea todo el escudo, y en ella ocho paneles de plata.

Goicouría, significa en vascuence «pueblo de arriba».

Don Juan de Goicouría, originario de la casa solariega de su apellido y su mujer doña María de la Cruz Garastazu, naturales de la anteiglesia de Deusto, tuvieron por hijo: a

Don Sebastián de Goicouría y Garastazu, que fue mayordomo secular de Fábrica de la iglesia de Deusto, los años 1720 y 21, cargo honorífico que sólo podían desempeñar los caballeros hijosdalgo vizcaínos originarios. Casó con doña María de Ugalde y Aguirre, natural de la dicha anteiglesia, hija de Martín y de María. Tuvieron por hijo: a

Don Juan de Goicouría y Ugalde, bautizado en Deusto, parroquia San Pedro Apóstol, el 2 de diciembre de 1706, que concurrió muchas veces como vocal al Ayuntamiento de dicha anteiglesia. Casó en la referida parroquia el 23 de octubre de 1730, con doña Josefa de Basáñez y Gorostiaga, hija de don Antonio de Basáñez y Uribarri y de doña María Ventura de Gorostiaga y Aldamiz, naturales todos de Deusto. Tuvieron por hijo: a

Don José de Goicouría y Basáñez, bautizado en Deusto, parroquia San Pedro Apóstol, el 22 de agosto de 1733, que concurrió muchas veces como vocal a los ayuntamientos de Deusto y de Abando, obteniendo en este último, el año 1773, el cargo honorífico de Cabo del barrio de Zorrosa, en el cual falleció. Casó en Duesto, parroquia San Pedro Apóstol, el 29 de agosto de 1757, con doña María del Casal y Landa, hija de don Pedro del Casal y Aldecoa, mayordomo de las Fábricas de Nuestra Señora del Rosario y de San Nicolás en la referida anteiglesia, de donde era natural, y de doña Antonia de Landa y Larrabide, natural de la anteiglesia de Olabarrieta, Valle de Ceberio, en el mencionado Señorío. Tuvieron por hijo: a

Don Valentín de Goicouría y del Casal, bautizado en la anteiglesia de Abando, parroquia San Vicente Mártir, el 14 de febrero de 1779, que pasó a La Habana, donde se estableció. Obtuvo Real carta ejecutoria de su nobleza y vizcainía, dada en Valladolid el 5 de julio de 1830, firmada por el juez mayor de Vizcaya, de la Sala de Hijoldalgo de aquella Real Cancillería, don Andrés García Ureña, y Real carta auxiliatoria extendida por el rey Fernando VII. También obtuvo certificación de Armas de Hidalguía el 6 de diciembre de 1830, expedida por don Antonio de Rújula y Busel, cronista y rey de Armas de Su Majestad. Casó con doña María del Tránsito Cabrera y Martínez, natural de la villa de Arucas, en la Gran Canaria, que falleció en La Habana el 15 de agosto de 1816, y de doña María del Carmen Martínez y Gutiérrez, natural de San Felipe y Santiago, en la provincia habanera.[1] Tuvieron por hijos: a María Josefa; a María del Carmen; a Modesta; a León; a José María; a Gonzalo; a Domingo y a Felipe de Goicuría y Cabrera. De los cuales:

1. — Doña María del Carmen de Goicuría y Cabrera, casó con don Juan Antonio de Izaguirre y Lasa, natural de la villa de Zumárraga (Guipúzcoa), que testó en La Habana el 5 de enero de 1854 ante el escribano Eugenio Pontón, y que fue hijo de don Juan Gregorio de Izaguirre y de doña María Ignacio de Lasa.

2. — Don Gonzalo de Goicuría y Cabrera, casó en la parroquia de Guanabacoa el 20 de febrero de 1851, con doña María Micaela Morán y Seidel, natural del partido de San Marcos, hija de don Francisco Morán y Vidal-Rodríguez, y de doña Francisca Xaviera Seidel y Caballero.

3. — El General Domingo Goicuría y Cabrera, nacido el 23 de junio de 1810 y bautizado en la parroquia habanera del Santo Cristo el primero del mes siguiente, obtuvo certificación de Armas e Hidalguía extendida el 12 de agosto de 1833, por don Antonio de Rújula y Busel, cronista y rey de Armas de Su Majestad, y en 17 de febrero de 1846, le fue testimoniado por don Miguel Sierra, escribano de Madrid, los autos practicados sobre la nobleza de su padre, su tío materno y el despacho expedido por Rújula sobre la nobleza de su madre. Encontrándose en la Corte se le dieron honores de intendente de Ejército y Real Hacienda, pero al presentar un proyecto de colonización blanca para la isla de Cuba, se hizo sospechoso al Gobierno. Fue uno de los más activos promovedores de la expedición de Narciso López, obteniendo la jefatura de la expedición del Liliam, que ya fracasó en Nassan, vino luego con Eloy Camacho y treinta y seis hombres, logrando desembarcar el 10 de febrero de 1870. De aquí salió para México en una lancha, mas el 3 de mayo del mismo año fue hecho prisionero en Cayo Guajaba, y conducido a la villa de Puerto Príncipe fue traído a La Habana donde se le ejecutó el 7 de mayo de 1870 en las faldas del castillo del Príncipe. Casó en la parroquia habanera del Espíritu Santo el 14 de mayo de 1841, con doña Carlota de Mora y González, natural de esta ciudad, hija de don Domingo y de María. Tuvieron por hijo: a

Don Vicente de Goicuría y Mora, que fue ayudante del general Thomas Jordan.

4. — Don Felipe de Goicuría y Cabrera, casó con doña Rosa de Arangueren, y tuvieron por hijos: a América; a Hortensia; a Néstor y a Alberto de Goicuría y Arangueren. De los cuales:

1. — Doña América de Goicuría y Aranguren casó con don Ricardo Farrés y Fuertes, médico-cirujano, oficial del Ejército Revolucionario en la Guerra de los Diez Años, hijo de don José Farrés y Alonso, y de doña Manuela Fuertes y Guerrero, naturales de La Habana.

---

1. Doña María Cabrera y Martínez, obtuvo certificación de armas e hidalguía el 12 de noviembre de 1832, expedida por don Antonio de Rújula y Busel, cronista y rey de Armas de Su Majestad.

2. — Doña Hortensia de Goicouría y Arangueren, casó con don Alfredo de la Ferté y Goitía, hijo de don José Julian de la Ferté y Dupont, natural de la ciudad de Jeremí, en la parte francesa de la isla de Santo Domingo, y de doña Teresa Florencia Goitía y Poirier, natural de La Habana.

3. — Don Alberto de Goicouría y Arangueren, casó dos veces: la primera con doña Celia Wall; y la segunda, con doña Beatriz Finlay. De su primera mujer tuvo por hijas: a Rosalía y a Alicia de Goicouría y Wall.

GONZÁLEZ - REGÜEIFEROS

A mediados del siglo XVII aparece ya radicada esta familia en la provincia de Oriente, en la isla de Cuba.

Don Manuel González-Regüeiferos, natural del Brasil, casó con doña Juana Fuentes y tuvieron por hija: a

Doña Juana Bautista González-Regüeiferos y Fuentes, cuya defunción está en la Catedral de Santiago de Cuba a 22 de enero de 1702. Casó con el Capitán Juan Francisco Morales y Bonilla, Sargento Mayor y Gobernador interino de la plaza de Santiago de Cuba, hijo de Pablo y de Petronila.

Dos miembros de esta familia, don Francisco y don Manuel González-Regüeiferos, dieron origen a una distinguida sucesión. Los cuales:

«LINEA PRIMERA»

El Capitán Francisco González-Regüeiferos, casó con doña Ana Catalina de Castro, y tuvieron por hijos: a Isabel; a Diego y a Juan González-Regüeiferos y Castro. Los cuales:

1. — Doña Isabel González-Regüeiferos y Castro, bautizada en la Catedral de Santiago de Cuba el 20 de octubre de 1674, donde se encuentra su defunción a 4 de mayo de 1736, casó dos veces en dicha Catedral santiaguera: la primera, el 19 de marzo de 1692, con el Capitán Diego Hernández de Torres, natural de la ciudad de la Laguna, hacendado y dueño del ingenio «Manantuaba» en Cuba, hijo de don Domingo Hernández y de doña María Rodríguez de Torres. Casó por segunda vez el 11 de enero de 1706, con don Mateo de Cisneros y Alvarez de Castro, Alguacil Mayor, hijo del Capitán Salvador Cisneros y Duque de Estrada, y de doña Margarita Alvarez de Castro y Machado.

2. — Don Diego González-Regüeiferos y Castro, cuya defunción está en la Catedral de Santiago de Cuba a 20 de marzo de 1693, en la que se consta que falleció a los veinte y ocho años de edad, casó en la referida Catedral el 27 de mayo de 1688, con doña Beatriz de Herrera, hija de Miguel y de...

3. — Don Juan González-Regüeiferos y Castro, casó en la Catedral de Santiago de Cuba el 4 de agosto de 1691, con doña Catalina Moreno Xirón y Bejarano, hija del Alférez Alonso Moreno Xirón, y de doña Ana María Bejarano. Tuvieron por hija: a,

Doña Ana María González-Regüeiferos y Moreno Xirón, cuya defunción se encuentra en la Catedral de Santiago de Cuba, a 5 de agosto de 1766. Casó con don Antonio Escasena.

A esta familia sabemos ue perteneció el doctor Erasmo Regüeiferos y Boudet, ilustre abogado, que fue Secretario de Justicia de la República de Cuba en el Gabinete del Presidente licenciado Alfredo Zayas y Alfonso.

«LINEA SEGUNDA»

El Alférez Manuel González-Regüeiferos cuya defunción se encuentra en la Catedral de Santiago de Cuba a 9 de agosto de 1682, haciéndose constar en esa partida que falleció a los cincuenta años de edad, casó con doña Ana Duque de Estrada, y tuvieron por hijos: a Antonio; a Andrés y a Francisco González Regüeiferos y Duque de Estrada. Los cuales:

1. — El licenciado Antonio González-Regüeiferos y Duque de Estrada, fue presbítero. Su defunción se encuentra en la Catedral de Santiago de Cuba a 22 de abril de 1737.

2. — El Capitán Andrés González-Regüeiferos y Duque de Estrada, fue familiar del Santo Oficio de la Inquisición. Su defunción se encuentra en la Catedral de Santiago de Cuba a 7 de enero de 1732, donde casó el 22 de noviembre de 1688, con doña María Josefa Castellanos y Sotomayor, hija de Francisco y de María Teresa. Tuvieron por hijos: a Ana María; a Francisca; a Teresa; a Rosa; a Manuel; a Miguel; a Alvaro y a Juan Agustín GonzálezRegüeiferos y Castellanos. De los cuales:

A. — Doña Ana María González-Regüeiferos y Castellanos, casó en la Catedral de Santiago de Cuba el 11 de enero de 1716, con don José Villafaña y Castellanos, hijo de Diego y de María.

B. — Doña Francisca González-Regüeiferos y Castellanos, cuya defunción está en la Catedral de Santiago de Cuba a 19 de septiembre de 1727, casó allí el 27 de julio de 1724, con don Manuel Bernardo de Herreray Moya y Ramos, hijo del Alférez Pedro de Herrera y Moya, y de doña Inés Ramos Pacheco y Ramírez.

C. — Don Miguel González Regüeiferos y Castellanos, no casó y su defunción está en la Catedral de Santiago de Cuba a 24 de septiembre de 1764.

D. — Don Alvaro González-Regüeiferos y Castellanos, cuya defunción se encuentra en la Catedral de Santiago de Cuba a 17 de enero de 1726, casó con doña María Romero.

E. — Don Juan Agustín González-Regüeiferos y Castellanos, casó en la Catedral de Santiago de Cuba el 3 de enero de 1734, con doña Beatriz

Ferrer y López de Herrera, hija de don Miguel Alejandro Ferrer y Roxas, Alférez Mayor del Ayuntamiento, y de doña Margarita López de Herrera y Ramos.

3. — El Capitán Francisco González Regüeiferos y Duque de Estrada, fue Regidor y Alférez Mayor del Ayuntamiento de Santiago de Cuba. Su defunción se encuentra en la Catedral de dicha ciudad a 25 de junio de 1728, donde casó el 29 de junio de 1701, von doña María Manuela Carrión y Almoyna, hija del Capitán Francisco Carrión y Merodio, y de doña Catalina González de Almoyna y Araújo. Tuvieron por hijos: a Margarita Rafaela; a María Antonia; a Ana María; a Teresa; a Rita; a Isabel; a Manuel Gregorio; a Felipe Luis; a Salvador y a Francisco Javier González Regüeiferos y Carrión. De los cuales:

1. — Doña Teresa González-Regüeiferos y Carrión, casó en la Catedral de Santiago de Cuba el 20 de marzo de 1729, con el Alférez Mateo Montoya y Hernández de Tames, hijo del Capitán Juan Jerónimo de Montoya. y de doña Elvira Hernández de Tames y Carvajal.

2. — Doña Rita González-Regüeiferos y Carrión, casó en la Catedral de Santiago de Cuba el 12 de noviembre de 1737, con don Juan Manuel de Hechevarría y Castañeda, hijo de don Mateo de Hechevarría Elguesúa y Moreno Xirón, Capitán de Milicias, y de doña Rosa Josefa Casteñeda y Fuentes.

3. — Doña Isabel González-Regüeiferos y Carrión, casó en la Catedral de Santiago de Cuba el 26 de junio de 1745, con don Juan Carrión y Sánchez de Castro, hijo de don Alvaro Carrión y Amoyna, yde doña María Caridad de Castro.

4. — Don Manuel Gregorio González-Regüeiferos y Carrión cuya defunción se encuentra en la Catedral de Santiago de Cuba, a 29 de junio de 1728.

5. — Don Felipe Luis González-Regüeiferos y Carrión, no casó y su defunción está en la Catedral de Santiago de Cuba a 30 de junio de 1827.

6. — Don Salvador González-Regüeiferos y Carrión, casó en la Catedral de Santiago de Cuba el 13 de diciembre de 1757, con doña Juana Antonia López de Herrera y López del Castillo, hija de don Tomás López de Herrera y Caballero, y de doña Isabel Francisca López del Castillo y Bañares. Tuvieron por hijo: a

Don Juan Tomás González-Regüeiferos y López de Herrera, que casó en la Catedral de Santiago de Cuba el 26 de junio de 1782 con doña María Teresa Caballero y Sánchez de Castro, hija del Capitán Juan Antonio Caballero y Proenza, y de doña Luisa Manuela Sánchez de Castro y Vázquez Valdés de Coronado.

7. — Don Francisco Xavier González-Regüeiferos y Carrión, casó en la Catedral de Santiago de Cuba el 19 de marzo de 1735, con doña Josefa Rodríguez y Cabral de Melo, hija del Capitán José Rodríguez y Carrasco, y de doña Juana María Cabral de Melo y Larraspuru. Tuvieron por hijo: a

Don Juan Antonio González-Regüeiferos y Rodríguez, que casó dos veces en la Catedral de Santiago de Cuba: la primera, el 25 de mayo de 1786, con doña Josefa Antonia Correoso-Catalán y del Castillo, hija de don Fernando Correoso-Catalán y Romero, y de doña Manuela Fernández del Castillo y de los Santos. Casó por segunda vez, el 9 de enero de 1797, con doña Isabel María Saravia y Ramírez, hija de José, natural de Campeche y de Rosa. De su segunda mujer dejó por hija: a

Doña María del Pilar González-Regüeiferos y Saravia que casó en la Catedral de Santiago de Cuba el 23 de julio de 1815, con don Francisco Bruno Villalón y Carrión, hijo de don Benito Villalón y Rivera, Capitán de Infantería, y de doña María Josefa Carrión y Caballero.

GÓMEZ

A mediados del siglo XVII procedente de la ciudad de Coimbra, en el Reino de Portugal, esta familia se estableció en la isla de Cuba, primeramente en la villa de San Juan Bautista de los Remedios del Cayo, y después en la de Sancti Spíritus, donde se arraigaron. Entre sus descendientes se encontraron dos Presidentes de la República de Cuba.

Don Manuel Gomes da Lourença, natural de la ciudad de Coimbra, casó en la parroquia de la villa de San Juan de los Remedios del Cayo, en el mes de marzo de 1671 (folio 14), con doña Paula Díaz y Lagos, natural de dicha villa, hija del Sargento Pedro, y de Isabel. Tuvieron por hijo: a

Don Tomás Gómez y Díaz, natural de San Juan de los Remedios, que pasó a la villa de Sancti-Spíritus, donde casó, en su parroquial mayor, el primero de febrero de 1717, con doña Jerónima de Valdivia y González de Páez, hija del Teniente Juan de Valdivia, Alcalde de la Santa Hermandad, y de doña Jerónima González de Páez. Tuvieron por hijos: a Juan; a Tomás y a Pedro Gómez y Valdivia. Los cuales:

1. — Don Juan Gómez y Valdivia, cosó con doña Alonso López, y tuvieron por hijo: a

Don José de Jesús Gómez y López, que casó con doña María Isabel Gallo y Consuegra, hija de Diego y de María Cecilia. Tuvieron por hijo: a

Don Rafael Gómez y Gallo; que fue bautizado en la parroquial mayor de Sancti Spíritus, el 7 de noviembre de 1794. Casó con doña María del Rosario Gómez y Bernal, hija de don Tomás Gómez y de la Reguera y de doña Isabel María Bernal y Oropesa.

2. — Don Tomás Gómez y Valdivia, casó con doña Isabel de la Reguera, y tuvieron por hijo: a

Don Tomás Gómez y de la Reguera, que casó con doña Isabel María Bernal y Oropesa, hija de Felipe y de Bárbara. Tuvieron por hija: a

Doña María del Rosario Gómez y Bernal, que casó con don Rafael Gómez y Gallo, hijo de don José de Jesús Gómez y López, y de doña María Isabel Gallo y Consuegra.

3. — Don Pedro Gómez y Valdivia, fue bautizado en la parroquial mayor de Sancti Spíritus el 15 de febrero de 1719, donde casó dos veces: la primera, el 29 de agosto de 1750, con doña María Magdalena Molina y López de Cuéllar, hija de Eusebio y de Catalina. Casó por segunda vez, el 15 de junio de 1756, con doña Faustina de la Madrid y Farfán, hija de Joaquín y de Luisa.

Don Pedro Gómez y Valdivia, y su segunda mujer doña Faustina de la Madrid y Farfán, tuvieron por hijos: a Manuel y a Pedro Gómez y de la Madrid. Los cuales:

1. — Don Manuel Gómez y de la Madrid, casó con doña Antonia María Díaz y tuvieron por hijos: a Nicolás y a Mariano José Gómez y Díaz. Los cuales:

A. — Don Nicolás Gómez y Díaz, casó en la parroquial mayor de Sancti Spíritus el 29 de noviembre de 1829, con doña Brígida Pérez y Pentón, hija de Mateo Luis y de Serafina. Tuvieron por hijo: a

Don Mariano José Gómez y Pérez, que fue bautizado en la parroquia mayor de Sancti Spíritus, el 24 de noviembre de 1841. Casó con doña Josefa María Gómez y Gómez, hija de don Miguel Mariano Gómez y Luna, y de doña Petronila Josefa Gómez y Pérez.

B. — Don Mariano José Gómez y Díaz, casó con doña Josefa María Pérez y Pentón, hija de Mateo Luis y de Serafina. Tuvieron por hija: a

Doña Petronila Josefa Gómez y Pérez que fue bautizada en la parroquial mayor de Sancti Spíritus el 10 de julio de 1832, donde casó el 11 de marzo de 1848, con su pariente don Miguel Mariano Gómez y Luna, hijo de don José Joaquín Gómez y Martínez-Cabañas, y de doña Ana de las Mercedes Luna y Arias.

2. — Don Pedro Gómez y de la Madrid, casó con doña Manuela Josefa Martínez-Cabañas y Hernández de Soria, hija de Francisco y de Luisa. Tuvieron por hijos: a Andrés y a José Joaquín Gómez y Martínez Cabañas. Los cuales:

1. — Don Andrés Gómez y Martínez-Cabañas, bautizado en la villa de Sancti Spíritus, paroquia de la Caridad, el 10 de diciembre de 1783, casó con doña Petronila Quintanilla y García, hija de José y María de Jesús.

2. — Don José Joaquín Gómez y Martínez-Cabañas, casó con doña Ana de las Mercedes Luna y Arias, hija de Antonio y de Mariana. Tuvieron por hijo: a

Don Miguel Mariano Gómez y Luna, que fue bautizado en la villa de Sancti Spíritus, parroquia de la Caridad, el 8 de mayo de 1826. Casó en la parroquial mayor de dicha villa el 11 de marzo de 1848, con su pariente doña Petronila Josefa Gómez y Pérez, hija de don Mariano José Gómez y Díaz, y de doña Josefa María Pérez y Pentón. Tuvieron por hijos: a Josefa María; a Florinda; a Paula; a María de las Mercedes; a Rosa; a Juan Bautista; a Mariano; a Joaquín y a José Miguel Gómez y Gómez. De los cuales:

1. — Doña Josefa María Gómez y Gómez, bautizada en la villa de Sancti Spíritus, parroquia de la Caridad, el 6 de octubre de 1850, casó con don Mariano José Gómez y Pérez, hijo de don Nicolás Gómez y Díaz, y de doña Brígida Pérez y Pentón.

2. — Doña Rosa Gómez y Gómez, fue bautizada en la villa de Sancti Spíritus, paroquia de la Caridad, el 25 de enero de 1862. Murió soltera en La Habana.

3. — Don José Miguel Gómez y Gómez, bautizado en la parroquia del Jíbaro el 18 de julio d e 1857 (asentada el 10 de octubre de 1875), fue Mayor General del Ejército Libertador, Gobernador de la provincia de Santa Clara, y de 1909 a 1913, Presidente de la República de Cuba. Falleció en la ciudad de New York el 13 de junio de 1921. Casó con doña América Arias y López, natural de Sancti Spíritus, hija de don Juan Pablo Arias y Serrano, y de doña Manuela Josefa López y Cruz. Tuvieron por hijos: a Manuela; a Petronila; a Marina; a Narcisa y a Miguel Mariano Gómez y Arias. Los cuales:

1. — Doña Manuela Gómez y Arias, casó en la capilla del Palacio Presidencial, en La Habana, el 3 de junio de 1911, con el doctor Julio Morales y Coello, que es abogado, ha sido Subsecretario de Estado de la República, Capitán de Navío, Jefe de la Marina de Guerra Nacional y es Catedrático de la Universidad de La Habana, actual Vicepresidente del Instituto Cubano de Genealogía, miembro de distintas academias nacionales y extranjeras, poseyendo el grado de Gran Cruz de la Orden Nacional «Carlos Manuel de Céspedes», Comendador de la Legión de Honor de Francia, de las órdenes de la Corona de Italia, de Bélgica, y la del Imperio Británico, Gran Oficial de la orden Cóndor de los Andes de Bolivia, Comendador de las órdenes pontificias de San Gregorio el Magno y del Santo Sepulcro, Cruz de la orden al Mérito O'Higgins de Chile, y Comendador de la orden de Isabel la Católica, hijo de don Ricardo Morales y Borrero, natural de Cádiz, Teniente Coronel de Artillería, Director del Banco Español de la Isla de Cuba, y de doña Eloísa Coello y del Castillo.

2. — Doña Petronila Gómez y Arias, casó en La Habana el 23 de febrero de 1910, con el doctor Manuel Mencía y García, natural de Sancti Spíritus, que fue médico-cirujano, doctorado en Ciencias, Catedrático de la Universidad de La Habana, Secretario de Sanidad y Beneficencia, Director de la Casa de Maternidad y Representante a la Cámara, hijo de don Bernabé Mencía y Cepeda, y de doña Manuela García y Cañizares.

3. — Doña Marina Gómez y Arias, casó con el doctor Carlos Obregón y Ferrer, que es abogado y notario público de La Habana.

4. — Doña Narcisa Gómez y Arias, casó con don Manuel Espinosa y Espinosa, que ya ha fallecido. Comandante que fuera del Ejército Nacional de la República de Cuba.

5. — El doctor Miguel Mariano Gómez y Arias, nacido en la villa de Sancti Spíritus el 6 de octubre de 1889, fue abogado. Representante a la Cámara, Alcalde Municipal de La Habana, y en 1936 Presidente de la República de Cuba, Gran Cruz de la orden de Isabel la Católica, y de la orden Nacional «Carlos Manuel de Céspedes». Casó con doña Serafina Diago y Cárdenas, hija del doctor Joaquín Diago y Du-Bonchet, médico, y de doña Serafina de Cárdenas y Herrera. Tuvieron por hijas: a Serafina; a Graciella y a Margarita Gómez y Diago. Las cuales:

1. — Doña Serafina Gómez y Diago, casó con don Antonio Freire y Aguilera, hijo del doctor Eneas Freire y Arango, abogado y de doña Angela Mariana Aguilera y Sánchez.

2. — Doña Graciella Gómez y Diago, casó con el doctor Orlando Soto y Polo, abogado, funcionario del Ministerio de Estado de la República de Cuba, hijo de don Antonio Soto y Castellanos, y de doña María Teresa Polo y Fernández.

3. — Doña Margarita Gómez y Diago, fue casada con don Antonio González de Mendoza y Kindelán, hijo de don Antonio González de Mendoza y Montalvo, hacendado, y de doña Cristina Kindelán y de la Torre.

GUMA

A fines del siglo XVI aparece radicada esta familia en la ciudad de Villanueva y Geltrú, principado de Cataluña, estableciéndose en Matanzas en la primera mitad del siglo XIX.

Son sus armas: escudo cortado; en la primera, dos gumias de azur vueltos sus picos hacia arriba, en campo de plata. Y en la segunda, en campo de gules, seis bezantes de oro, puestos tres arriba y tres debajo.

Don Juan Gomar, y su mujer doña Eulalia, naturales de Villanueva y Geltrú, tuvieron por hijo: a

Don Miguel Gomar, natural de Villanueva y Geltrú, donde casó, en la parroquia de San Antonio el 14 de mayo de 1617, con doña Jerónima Rosell, hija de Juan y de Catalina. Tuvieron por hijo: a

Don Miguel Gumá y Rosell, natural de Villanueva y Geltrú, donde casó, en la parroquia de Santa María de Geltrú el 15 de abril de 1654, con doña Isabel Soler, hija de Bartolomé y de Angela. Tuvieron por hijos: a Gregorio; a Miguel; a Juan; a Francisco; a Gabriel y a José Sebastián Telmo Gumá y Soler. De los cuales:

Don José Sebastián Telmo Gumá y Soler, fue bautizado en Villanueva y Geltrú, parroquia de San Antonio, el 30 de enero de 1664. Falleció el 12 de abril de 1733 y fue sepultado en la capilla de San Isidro de la iglesia de San Antonio de Villanueva y Geltrú. Casó dos veces: la primera con doña Catalina y la segunda el 12 de enero de 1698 con doña Dorotea Martí, hija de Antonio y Magdalena. De su primera mujer doña Catalina, tuvo por hija: a

Doña Catalina Gumá, que nació en Villanueva y Geltrú el 5 de julio de 1696.

Don José Sebastián Telmo Gumá y Soler, y su segunda mujer doña Dorotea Martí, tuvieron por hijos: a María Magdalena; a Bartolomé y a Antonio Pablo Sebastián Gumá y Martí. De los cuales:

Don Antonio Pablo Sebastián Gumá y Martí, bautizado en Villanueva y Geltrú, parroquia de San Antonio, el 17 de agosto de 1704, falleció en dicha ciudad el 14 de mayo de 1787. Casó en Villanueva y Geltrú, parroquia de San Antonio, el 5 de febrero de 1729, con doña Mariana Carbonell y Ferret, fallecida en dicha ciudad el 27 de abril de 1785, hija de Francisco y de Mariana. Tuvieron por hijos: a Rita; a Teresa; a María Magdalena; a Gertrudis; a Mariana; a María; a Sebastián; a Juan; a Francisco; a Féliz y a Serafín Francisco Gumá y Carbonell. De los cuales:

Don Serafín Francisco Gumá y Carbonell, fue bautizado en Villanueva y Geltrú, parroquia de San Antonio, el primero de julio de 1757. Fue Piloto de Derrota e hizo varios viajes a Ultramar, principalmente a la isla de Cuba, Río de la Plata, y Centro América en las fragatas «Nuestra Señora del Rosario» y «Nuestra Señora de Montserrat», hasta el año 1807 en que se estableció en Oviedo, dedicado al comercio, fundando la casa «Francisco Gumá y Compañía», que liquidó por causas de la invasión francesa. Salió de Oviedo con su hijo Sebastián el 19 de abril de 1811 embarcándose en el Ferrol para Palma de Mallorca, y de allí, en noviembre del mismo año, para Matanzas, donde fundó el 28 de junio de 1812 la casa de comercio «Gumá Huguet y Compañía», falleciendo en dicha ciudad el 26 de julio de 1813. Casó en Villanueva y Geltrú, el 12 de abril de 1789, con doña Antonia Soler y Vidal, que allí falleció el 25 de septiembre de 1840. Tuvieron por hijos: a Francisca; a Antonia; a Marina; a Paula; a Manuela; a José; a Gregorio y a Sebastián Gumá y Soler. De los cuales:

1. — Don Gregorio Gumá y Soler, natural de Villanueva y Geltrú, casó en la Catedral de Matanzas el 3 de febrero de 1837, con doña Josefa María Carbonell y Martí, natural de esa ciudad, hija de Antonia y María.

2. — Don Sebastián Gumá y Soler, nació en Villanueva y Geltrú, el primero de noviembre de 1795. Pasó con su padre a Matanzas y al fallecimiento de éste, formó parte desde el 7 de noviembre de 1816, de la casa comercial por él fundada, regresando en 1826 a Villanueva y Geltrú y volviendo a Cuba en 1832 para liquidar sus negocios. Establecido al año siguiente en su lugar natal, fundó la razón social «Roguer, Gumá y Compañía» luego la de «Gumá, Ferrer y Compañía». En 12 de febrero de 1843 fue nombrado Contador de la comisión creada para la construcción de caminos etnre Villanueva y Geltrú e Igualada siendo Concejal del

Ayuntamiento de Villanueva y Geltrú de 1844 a 1845, en cuya parroquia de San Antonio casó el 28 de junio de 1828, con doña Marina Ferrán y Cuadras, hija de Manuel y de Buenaventura. Tuvieron por hijos: a María de los Dolores; a Antonio; a Carolina; a Leocadia; a Manuela; a Francisco; a Marcelo; a Casimiro y a Joaquín Gumá y Ferrán. De los cuales:

1. — Don Casimiro Gumá y Ferrán, nacido en Villanueva y Geltrú, el 28 de enero de 1837, se estableció en Matanzas, año 1864 dedicándose al alto comercio y siendo Alcalde de dicha ciudad e iniciador de la obra del puente de la Concordia y de la ermita de Montserrat, siendo además Teniente Coronel de las Milicias locales desde el 11 de diciembre de 1875 en las que ingresó el 15 de febrero de 1855. Poseyó la Cruz del Mérito Militar de 1.ª clase en 1868 y la de 2.ª clase en 1877, la medalla creada por Amadeo I en 1871 y la Cruz de Isabel la Católica en 1880, declarándosele Benemérito de la Patria española en 1855, 1870 y 1876. Falleció en Barcelona en el año de 1891, casando en Matanzas año de 1868, con doña Teresa Gou y Trezini, natural de La Habana de la que tuvo por hijo: a

Don Casimiro Gumá y Gou, nacido en Matanzas, el 26 de marzo de 1881, que cursó la carrera de marino en Barcelona ingresando posteriormente en la Marina Nacional de Guerra cubana, obteniendo el grado de Comandante. Fue Director de la Escuela Naval del Mariel obteniendo seis cruces y distintivos por méritos navales entre ellos la orden del Mérito Naval de segunda clase con distintivo azul y la de Comendador de la orden de Honor y Mérito de la Cruz Roja de Cuba. Casó dos veces: la primera, en La Habana, el 14 de febrero de 1913, con doña María de la Esperanza Adela Valdés y de la Torre, hija del licenciado Emilio Valdés Valenzuela abogado, y de doña Mariana de la Torre y Betancourt. Casó por segunda vez en Gibara el 12 de octubre de 1934 con doña María del Pilar López de Quintana y Sartorio, hija de don Joaquín López de Quintana y Gurri, y de doña Caridad Sartorio y Leal. De su primrea mujer tuvo por hijos: a María de la Esperanza; a Teresa Amparo; a Violeta y a María Teresa Gumá y Valdés de la Torre. De las cuales:

A. — Doña María de la Esperanza Gumá y Valdés de la Torre, está casada con su pariente el doctor José María Gumá y Herrera, médico-cirujano, hijo de don Joaquín Gumá y Soler, y de doña Elena Herrera y Armenteros, de la casa de los condes de Fernandina, Grandes de España, y la de los condes de Lagunillas.

B. — Doña María Teresa Gumá y Valdés de la Torre, nacida en Cárdenas el 17 de octubre de 1915, casó el 12 de agosto de 1938, con don Roberto Fraga y Arroyo, hijo de don Cayetano Fraga y Rivera, y de doña Cecilia Arroyo y López.

2. — Don Francisco Gumá y Ferrán fue Comandante segundo Jefe del II Batallón de las Compañías de Mérito de Matanzas año 1869. Construyó el segundo ferrocarril de España de Barcelona a Villanueva y Geltrú, horadando para ello las costas de Garraf.

3. — Don Joaquín Gumá y Ferrán, nacido en Villanueva y Geltrú el 21 de noviembre de 1845, fue Comandante del primer batallón de las Compañías de Mérito en Matanzas desde el 15 de abril de 1882, comenzando en esa compañía el 1.º de noviembre de 1868; poseyó desde 1868 la Cruz de 1.ª clase del Mérito Militar, Benemérito de la Patria española en 1870 y 1876, medalla militar en 1871, Cruz de Isabel la Católica en 1880 y medalla de Constancia en 1883. Casó en la Catedral de Matanzas el 25 de mayo de 1872, con doña Cristina Soler y Baró, natural de La Habana, hija de don Juan Antonio Soler y Morell, natural de Villanueva y Geltrú, primer Conde de Diana, Coronel Honorario de Milicias de Infantería, Senador del Reino por La Habana, Alcalde Municipal de Matanzas y Concejal de su ayuntamiento, Comendador de la orden de Isabel la Católica, Gran Cruz de la orden del Mérito Militar, y de doña Cristina Baró y Ximénez, de la casa de los Marqueses de Santa Rita, vizcondes de Canet de Mar. Tuvieron por hijos: a Cristina Marina; a Marina Sofía; a María de los Dolores; a María de la Presentación; a María del Carmen y a Joaquín Gumá y Soler. De los cuales:

1. — Doña Cristina Marina Gumá y Soler, es monja profesa en el convento de María Inmaculada de La Habana.

2. — Doña Marina Sofía Gumá Soler, fue monja profesa en el convento de María Inmaculada de La Habana.

3. — Doña María del Carmen Gumá y Soler, nacida en La Habana el 9 de septiembre de 1885, casó en Barcelona con el doctor Ramón Gou y Gumá.

4. — Don Joaquín Gumá y Soler, nacido en Matanzas el 12 de junio de 1880, falleció en La Habana el 10 de junio de 1939. Casó con doña Elena Herrera y Armenteros, hija de don José María Herrera y Montalvo, IV Conde de Fernandina con Grandeza, Gentilhombre de Cámara de Su Majestad con ejercicio y servidumbre, Caballero de la orden de Carlos III, y de doña María del Rosario Armenteros y Zequeira, de los condes de Lagunillas. Tuvieron por hijos: a Joaquín y a José María Gumá y Herrera. Los cuales:

1. — El doctor Joaquín Gumá y Herrera, bautizado en La Habana, parroquia de Guadalupe el 10 de abril de 1909, es abogado y distinguido arqueólogo, doctorado además en Ciencias Políticas, Sociales, Económicas y licenciado en Derecho Diplomático y Consular y perteneciente a diversos institutos de arqueología del mundo. Por decreto rehabilitatorio dado el 5 de junio de 1950 es el VI y actual Conde de Lagunillas, a más de ser por resultas de litigio judicial a su favor, el VIII Marqués de Casa-Calvo. Casó en La Habana, Nunciatura Apostólica de Su Santidad, el 2 de septiembre de 1939, con doña María de la Caridad López y Serrano, hija de don José López y Rodríguez, prominente hombre de negocios, y de doña Ana Luisa Serrano y Poncet. De su referido enlace, el VI Conde de Lagunillas, VIII Marqués de Casa-Calvo, tiene por unigénito: a Joaquín Gumá y López Serrano, que nació en La Habana el 24 de octubre de 1940.

2. — El doctor José María Gumá y Herrera, es médico-cirujano, y está casado con su pariente doña María de la Esperanza Gumá y Valdés de la Torre, ya mencionada como hija de don Casimiro Gumá y Gou, y de doña Esperanza Adela Valdés y de la Torre. Tienen por unigénito: a José María Gumá y Gumá.

HERRERA Y MOYA

A mediados del siglo XVII aparece ya radicada esta familia en Santiago de Cuba.

El Capitán Francisco de Herrera, y su mujer doña Inés González de Moya Pacheco,[1] tuvieron por hijos: a Jerónimo; a Francisco; a Carlos; a Pedro y a Julián de Herrera y Moya. Los cuales:

1. — El Alférez Jerónimo de Herrera y Moya, falleció a los treinta años de edad en Santiago de Cuba y su defunción se encuentra en la Catedral de dicha ciudad a 5 de septiembre de 1697.

2. — El Capitán Francisco de Herrera y Moya, casó con doña Ignacia de la Victoria, y tuvieron por hija: a

Doña Mariana Herrera y Moya y de la Victoria, que casó en la Catedral de Santiago de Cuba el 10 de julio de 1701, con el Alférez José de Quiroga y Losada, natural de Villanueva del Bierzo, en León, hijo de don Diego de Quiroga y Losada, y de doña María Josefa Losada y Torres, ambos de las más prominentes familias leonesas.

3. — Don Carlos de Herrera y Moya, casó en la Catedral de Santiago de Cuba el 3 de febrero de 1700, con doña Inés de Castro y Vélez, hija de Diego y de Catalina. Tuvieron por hijas: a Isabel María; a Mariana; a Catalina y a Lucía de Herrera y Moya y Castro. Las cuales:

A. — Doña Isabel María de Herrera y Moya y Castro, casó en la Catedral de Santiago de Cuba el 26 de abril de 1715, con don Francisco Bravo y Téllez de Fuentes, hijo de Tomás y de Isidora.

---

1. Don Francisco González de Moya, Teniente de Gobernador en 1633, pidió al Cabildo de la villa de Sancti Spíritus, la hacienda «Minas Ricas» en la jurisdicción de Santa Clara.

El Dean Julián González Pacheco de Guzmán Moya y Santana, otras veces llamado «Julián Pacheco González de Moya», Comisario del Santo Oficio de la Inquisición y de la Sacra Cruzada, aparece siendo vecino de Santiago de Cuba el 20 de febrero de 1678.

Don Juan Herrera, Depositario general, y su mujer doña Ana de Moya, tuvieron por hijo: a

Don Juan de Herrera y Moya, que casó en la Catedral de Puerto Príncipe el 20 de junio de 1673, con doña Teresa Veloso y Piñero, natural de La Habana, hija del Capitán Alonso Veloso y del Castillo, y de doña María Encarnación Piñero.

B. — Doña Mariana de Herrera y Moya y Castro, fue natural de Santiago de Cuba, donde está su defunción en la Catedral de esa ciudad a 22 de septiembre de 1727, en la que casó el 29 de enero de dicho año con don Francisco Orozco Xorba Calderón y Ferrer, hijo de don Francisco Orozco Xorba Calderón y Ramos y de doña Juana Ferrer y Roxas.

C. — Doña Catalina de Herrera y Moya y Castro, casó en la Catedral de Santiago de Cuba el 8 de diciembre de 1727, con don José Manuel Linares y Ocanto, hijo de Mateo y de Ana.

D. — Doña Lucía de Herrera y Moya y Castro, casó dos veces en la Catedral de Santiago de Cuba: la primera, el 30 de junio de 1713, con don Manuel Fernández de Córdova y Caballero, natural del Puerto de Santa María, hijo de don Antonio Fernández de Córdova, y de doña Catalina Caballero y Gamboa. Casó por segunda vez, el 22 de agosto de 1728, con don Gaspar Hernández y Cabral, natural de la Laguna, isla de Tenerife, hijo de Juan y de Ana.

4. — Don Pedro de Herrera y Moya, del que se tratará en la «LINEA PRIMERA».

5. — Don Julián de Herrera y Moya, del que se tratará en la «LINEA SEGUNDA».

«LINEA PRIMERA»

El Alférez Pedro de Herrera y Moya (mencionado anteriormente como hijo de don Francisco de Herrera y de doña Inés González de Moya Pacheco), falleció en Santiago de Cuba a los sesenta y ocho años de edad según consta en su defunción que se encuentra en la Catedral de dicha ciudad a 11 de agosto de 1736. Casó con doña Inés Ramos-Pacheco y Ramírez, hija de don Agustín Ramos-Pacheco, Regidor de ese ayuntamiento y de doña Teresa Bazán y Dionisio. Tuvieron por hijos: a Petronila; a Jerónimo; a Juan Mateo; y a Manuel Bernardo de Herrera y Moya y Ramos-Pacheco. Los cuales:

1. — Doña Petronila de Herrera y Moya y Ramos-Pacheco, casó dos veces en la Catedral de Santiago de Cuba: la primera, el 11 de abril de 1718, con don Juan Antonio de Rosas Cazorla y Cárdenas, hijo de don Juan Francisco de Rosas Cazorda y Frómesta, Regidor del ayuntamiento, y de doña Estefanía de Cárdenas. Casó por segunda vez, el 18 de noviembre de 1727, con don Mateo de Hechavarría-Elguesúa y Moreno-Xirón, Capitán de Milicias, hijo del Capitán Mateo de Hechevarría-Elguesúa y González, Sargento Mayor y Gobernador de las Armas de la plaza de Santiago de Cuba, Sargento Mayor de la de Campeche, en la Nueva España, y de doña Ana María Moreno-Xirón y Bejarano.

2. — Don Jerónimo de Herrera y Moya y Ramos-Pacheco, fue Regidor del ayuntamiento de Santiago de Cuba. Su defunción se encuentra en la Catedral de dicha ciudad a 22 de febrero de 1762, donde casó el 7 de febrero de 1723, con doña Catalina García de Berrillo y Vera, hija del Alférez Juan Manuel García de Berrillo y Combarros, y de doña Ana Jeró-

nima de Vera Román.[1] Tuvieron por hijos: a Inés y al presbítero Juan Nicolás de Herrera y Moya y García de Berrillo.

3. — Don Juan Mateo de Herrera y Moya y Ramos-Pacheco, cuya defunción está en la Catedral de Santiago de Cuba a 6 de diciembre de 1774, casó dos veces en esa Catedral: la primera, el 19 de marzo de 1725, con doña Margarita de Orozco y Ferrer, hija del Alférez Bartolomé de Orozco Xorba Calderón y Ramos, y de doña Marcelina Ferrer y Roxas. Casó por segunda vez, el 6 de junio de 1737, con doña Juana Antonia García de Berrillo y Vera, hija del Alférez Juan Manuel García de Berrillo y Combarrós, y de doña Ana Jerónima de Vera Román. De su primera mujer dejó por hijo: a

Don Francisco de Herrera y Moya y Orozco, cuya defunción está en la Catedral de Santiago de Cuba a 11 de marzo de 1769.

Don Juan Mateo de Herrera y Moya y Ramos, y su segunda mujer doña Juana Antonia García de Berrillo y Vera, tuvieron por hijo a:

Don Pedro Antonio de Herrera y Moya y García de Berrillo, que casó en la Catedral de Santiago de Cuba el 25 de octubre de 1760, con doña Andrea Hechevarría y Ferrer, hija de don Juan Salvador Hechavarría y Ramos, y de doña María Ferrer. Tuvieron por hija: a

Doña María Teresa de Herrera y Moya y Hechavarría, que casó en la Catedral de Santiago de Cuba el 4 de abril de 1793, con don Miguel Ignacio Grave de Peralta y Muñoz, hijo de Pedro y de Isabel.

4. — Don Manuel Bernardo de Herrera y Moya y Ramos-Pacheco, cuya defunción está en la Catedral de Santiago de Cuba a 13 de marzo de 1772, casó en esa Catedral el 27 de julio de 1724, con doña Francisco González-Regüeiferos y Castellanos, hija del Capitán Andrés González-Regüeiferos y Duque de Estrada, Familiar del Santo Oficio de la Inquisición, y de doña María Josefa Castellanos y Sotomayor. Tuvieron por hijo: a

Don Alvaro de Herrera y Moya y González-Regüeiferos, cuya defunción se encuentra en la Catedral de Santiago de Cuba a 7 de junio de 1772, donde casó el 27 de octubre de 1756, con doña Catalina López de Cangas y Hechavarría, hija de don Antonio López de Cangas y Martínez de Gavilanes, y de doña Clara Josefa de Hechavarría-Elguesúa y Moreno-

---

1. Don Pedro García de Berrillo y su mujer doña Manuela Combarros, tuvieron por hijo: al

Alférez Juan Manuel García de Berrillo y Combarros, natural de Madrid, que casó en la Catedral de Santiago de Cuba el 20 de marzo de 1690, con doña Ana Jerónima de Vera Román, hija de doña Catalina de Vera. Tuvieron por hijas: a Catalina, y a Juana Antonia García de Berrillo y Vera. Las cuales:

1. Doña Catalina García de Berrillo y Vera, fue natural de Santiago de Cuba donde está su defunción en la Catedral de esa ciudad, a 20 de enero de 1749. Casó con Jerónimo de Herrera y Moya y Ramos Pacheco.

2. — Doña Juana Antonia García de Berrillo y Vera, casó con don Juan Mateo de Herrera y Moya y Ramos Pacheco.

Xirón. Tuvieron por hijos: a María del Rosario y a Miguel de Herrera y Moya y López de Cangas. Los cuales:

1. — Doña María del Rosario de Herrera y Moya y López de Cangas, fue bautizada en la Catedral de Santiago de Cuba el 9 de octubre de 1768, donde se encuentra su defunción a 28 de febrero de 1838 y donde casó el 2 de agosto de 1795, con don José Joaquín Portuondo y Rizo, allí natural creado I Conde de Santa Inés por Real decreto de 7 de noviembre de 1818 y Real despacho de 23 de diciembre de 1819 Alcalde ordinario, Patrón de la iglesia de la Santísima Trinidad, condecorado con la Flor de Lis de la Vendée, hijo de don Bernardo José Portuondo y Bravo, Regidor del Ayuntamiento de Santiago de Cuba, condecorado con la Flor de Lis de la Vendée, y de doña María Gabriela Rizo y Cébedes Ordóñez.

2. — Don Miguel de Herrera y Moya y López de Cangas, fue canónigo y Deán de la Catedral de Santiago de Cuba.

«LINEA SEGUNDA»

Don Julián de Herrera y Moya (mencionado anteriormente como hijo de don Francisco de Herrera y de doña Inés González de Moya Pacheco), cuya defunción se encuentra en la Catedral de Santiago de Cuba a 19 de noviembre de 1723, casó con doña Francisca Orozco Xorba Calderón y Ramos, que falleció a los setenta años de edad y su defunción se encuentra en la referida Catedral a 12 de octubre de 1720, hija del Capitán Bartolomé de Orozco Xorba Calderón, alguacil mayor del Santo Oficio de la Inquisición, y de doña María Ramos, tuvieron por hijos a: Francisca y a Miguel Julián de Herrera y Moya y Orozco. Los cuales:

1. — Doña Francisca de Herrera y Moya y Orozco, casó en la Catedral de Santiago de Cuba el 24 de abril de 1713, con el Capitán Baltasar de Hechavarría Elguesúa y Moreno-Xirón, Alcalde ordinario, hijo del Capitán Mateo de Hechavarría Elguesúa y González, Sargento Mayor y Gobernador de las Armas de la plaza de Santiago de Cuba y Sargento Mayor de la Campeche, en la Nueva España y de doña Ana María Moreno-Xirón y Bejarano.

2. — Don Miguel Julián de Herrera y Moya y Orozco, cuya defunción está en la Catedral de Santiago de Cuba a 4 de enero de 1750, casó en esa Catedral el 16 de agosto de 1719, con doña Francisca Antonia Serrano de Padilla y de la Torre, hija del Alférez Juan Serrano de Padilla, y de doña Ana de la Torre y Arce. Tuvieron por hijos: a María; a otra María; a Francisca y a Francisco de Herrera y Moya y Serrano de Padilla. Los cuales:

1. — Doña María de Herrera y Moya y Serrano de Padilla, casó en la Catedral de Santiago de Cuba el 28 de octubre de 1743, con don Lucas Francisco Ramos y Cisneros, hijo de don Pedro José Ramos y Vázquez-Valdés de Coronado, y de doña Clara de Cisneros y Zayas-Bazán.

2. — Doña María de Herrera y Moya y Serrano de Padilla, cuya defunción se encuentra en la Catedral de Santiago de Cuba a 3 de junio de

1765, casó en esa Catedral el 29 de septiembre de 1753, con don Mateo Palacios-Saldurtún y Orozco, hijo de don Francisco Nicolás Palacios-Saldurtun y Mustelier, y de doña Juana Josefa de Orozco y Ferrer.

3. — Doña Francisca de Herrera y Moya y Serrano de Padilla, cuya defunción está en la Catedral de Santiago de Cuba a 4 de julio de 1740, casó en dicha Catedral el 7 de marzo de 1739, con el Teniente Francisco Xavier Ferrer y Carrión, hijo de don Francisco Ferrer y Orozco, Alcalde ordinario de Santiago de Cuba, y de doña Francisca Antonia Carrión y González de Almuoyna.

4. — El Teniente Francisco de Herrera y Moya y Serrano de Padilla, casó dos veces en la Catedral de Santiago de Cuba: la primera, el 16 de febrero de 1749, con doña Manuela de Orozco; y la segunda, el 6 de ocbre de 1760, con doña María Teresa de las Cuevas y Duany, hija del Capitán Francisco de las Cuevas y Paz, y de doña Dorotea Duany y Albear, perteneciente a la casa progenitora de los condes de Duany. De su primera mujer dejó por hijos: a María de la Concepción; a Micaela y a Juan de Herrera y Moya y Orozco. Los cuales:

1. — Doña María de la Concepción de Herrera y Moya y Orozco, casó en la Catedral de Santiago de Cuba el 24 de septiembre de 1775, con don Rafael de Cisneros y Fuentes, hijo de don Francisco Xavier de Cisneros y González-Regüeiferos, que en esa ciudad fue Síndico Procurador general, Padre general de Menores, Oficial Real de Hacienda y Regidor, Alguacil Mayor, y de doña Ana María Fuentes y Alba.

2. — Doña Micaela de Herrera y Moya y Orozco, casó en la Catedral de Santiago de Cuba el 8 de julio de 1776, con don Luis Ferrer y Palacios-Saldurtún, Alcalde ordinario, hijo de don Esteban Ferrer y Carrión, y de doña Graciana Palacios-Saldurtón y Ramos.

3. — Don Juan de Herrera y Moya y Orozco, casó en la Catedral de Santiago de Cuba el 22 de noviembre de 1777, con doña María Ramos y Osorio, hija del Teniente Pedro Ramos y Cisneros, y de doña Nicolasa Osorio. Tuvieron por hijos: a María Julia y a José Nicolás de Herrera y Moya y Ramos. Los cuales:

1. — Doña María Julia de Herrera y Moya y Ramos, casó en la Catedral de Santiago de Cuba el 3 de diciembre de 1798, con don Mariano Villalón y Hierrezuelo, hijo de don Miguel Villalón y Rivera, que en esa ciudad fue Ministro Factor de Tabacos, Tesorero de Bulas, Alguacil Mayor de la Santa Cruzada, y de doña Gertrudis Hierrezuelo y Limonta.

2. — Don José Nicolás de Herrera y Moya y Ramos, casó en la Catedral de Santiago de Cuba el 29 de agosto de 1803, con doña María de la Trinidad Castellanos y Caballero, hija de Agustín y de María Josefa.

Don Francisco de Herrera y Moya y Serrano de Padilla, y su segunda mujer doña María Teresa de las Cuevas y Duany (tuvieron por hijos: a María Josefa; a Mariana; a Pedro y a José Francisco de Herrera y Moya y de las Cuevas. Los cuales:

1. — Doña María Josefa de Herrera y Moya y de las Cuevas, casó en la Catedral de Santiago de Cuba el 29 de septiembre de 1793, con don José Rafael Murillo y Rodríguez Meneses, natural de La Habana, a la sazón Capitán y Ayudante Mayor del segundo Batallón del Regimiento de Infantería de esa plaza santiaguera, hijo del Capitán José Ignacio Murillo, natural de Veracruz, y de doña Mariana Rodríguez Meneses.

2. — Doña Mariana de Herrera y Moya y de las Cuevas, casó en la Catedral de Santiago de Cuba el 5 de agosto de 1799, con don Juan José Montes y Morales Capitán de Infantería, hijo del Capitán Mateo Montes y Pérez, Ayudante Mayor de dicha plaza, y de doña Juana Morales y Santa Cruz-Pacheco.

3. — Don Pedro de Herrera y Moya y de las Cuevas, casó en la Catedral de Santiago de Cuba el 12 de septiembre de 1791, con doña María de las Mercedes Mancebo y Quiroga, hija de don Bernardo María Mancebo y Betancourt, Alcalde ordinario de esa ciudad y de doña Ana María López de Navia y Quiroga.

4. — Don José Francisco de Herrera y Moya y de las Cuevas, casó en la Catedral de Santiago de Cuba el año 1792 (folio 47), con doña Josefa Troncóniz y Rosas, hija de don Sebastián Troncóniz, y de doña Juana Antonia de Rosas Cazorla y Herrera y Moya.

Doña Ana María de Herrera-y-Moya, natural de Santiago de Cuba, casó en la primera mitad del siglo XIX, con don Pantaleón Rosillo y de la Colina, Teniente Gobernador, Asesor General y Auditor de Guerra, emigrado de las provincias de Barinas y de Coro, en Venezuela.

HIDALGO-GATO

A fines del siglo XVI, procedente de la villa de Agogalán, en el reino de Portugal, se estableció esta familia en La Habana.

Son sus armas: escudo partido; en la primera, que es de *Gato*, un árbol de sinople en campo de oro y un tigre al pie atravesado con un gato en la boca; en la segunda, que es de *Hidalgo*, un lucero de oro, de nueve puntas, en campo de azul.

Don Alvaro Fernandes Carrero, casó con doña Leonor Dies y tuvieron por hijo: a

Don Manuel Hidalgo, que fue «Criado de la Princesa en el Palacio Real de Madrid». Casó con doña Luisa Villa-Roel, y tuvieron por hijo: a

Don Francisco Hidalgo y Villa-Roel, natural de la villa de Agogalán el cual pasó a La Habana con su mujer y en compañía del Maestro de Campo don Juan de Tejeda, naufragando al salir de Puerto Rico. Fue escribano de La Habana. Hizo dos informaciones de nobleza: la primera, en Madrid, el 2 de marzo de 1552, ante el licenciado Arce de Otaola, del Consejo de Su Majestad y Alcalde de Madrid, y la segunda, en La Habana, el 22 de diciembre de 1589, cuyas informaciones constan en el ayuntamiento de esta ciudad en el libro 37 de Actas de Cabildo, al folio 217, vuelto. Casó con doña María Núñez y tuvieron por hijos: a José; a Agustina; a Lucía y a María Hidalgo y Núñez. Los cuales:

1. — Don José Hidalgo y Núñez, fue bautizado en la Catedral de La Habana el 11 de diciembre de 1594.

2. — Doña Agustina Hidalgo y Núñez, conocida por «Agustina Núñez Hidalgo», fue bautizada en la Catedral de La Habana el 28 de agosto de 1596.

3. — Doña Lucía Hidalgo y Núñez, fue bautizada en la Catedral de La Habana el 25 de enero de 1599.

4. — Doña María Hidalgo y Núñez, siempre conocida por María Núñez Hidalgo, fue bautizada en la Catedral de La Habana el 18 de febrero de 1590, donde se encuentra su defunción a 15 de abril de 1647. Casó con el portugués don Antonio Rodríguez Gato, cuya defunción se encuentra en la referida Catedral a 21 de diciembre de 1641, hijo de don Nuño Gato, y de doña María Lopes.[1] El referido don Antonio Rodrigues Gato, hizo información de nobleza en la villa de Mora, reino de Portugal, el 4 de noviembre de 1609, ante Diego Veirón Fragoso, escribano judicial de dicha villa. Don Antonio Rodrigues Gato, y su mujer doña María Núñez Hidalgo, tuvieron por hijos: a Floriana; a Juana y a Margarita Núñez Hidalgo; a Antonio Rodríguez Gato; y a José; a Francisco y a Matías Hidalgo-Gato. De los cuales:

1. — Doña Floriana Núñez Hidalgo, bautizada en la Catedral de La Habana el año 1607, testó el 16 de septiembre de 1668 ante el escribano Francisco Sánchez. Casó en la referida Catedral el 28 de febrero de 1624, con el Capitán Juan de Santiago y Salazar.

2. — Doña Juana Núñez Hidalgo, casó en la Catedral de La Habana el 22 de julio de 1649, con el Teniente Francisco Fernández-Poveda y González de la Torre, Ayudante de esta plaza, hijo del Capitán Francisco Fernández-Poveda y Gómez, y de doña Catalina González de la Torre y Leiva.

3. — Doña Margarita Núñez Hidalgo, testó el 15 de abril de 1693 ante el escribano Cristóbal Valero, y su defunción se encuentra en la Catedral de La Habana a 2 de mayo de dicho año, donde casó el 3 de junio de 1646, con don Simón Fernández-Poveda y González de la Torre, Teniente de la fortaleza del Morro de esta plaza, hijo del Capitán Francisco Fernández-Poveda y Gómez, y de doña Catalina González de la Torre y Leiva.

4. — Don Antonio Rodríguez Gato, fue el primer cura de la parroquia habanera del Espíritu Santo.

---

1. Don Nuño Gato, y su mujer doña María López, fueron moradores de la villa de Mora y parientes de las mejores familias de la villa de Monsara.

5. — Don Francisco Hidalgo-Gato, fue Contador en la ciudad de La Habana. Testó ante Pedro de Ojeda, y su defunción se encuentra en la Catedral de esta ciudad, a 27 de enero de 1663. Casó con doña María Ruiz de Montoya y Flores, y tuvieron por hija: a

Doña Teresa Hidalgo-Gato y Ruiz de Montoya, que testó el 11 de diciembre de 1701, ante Gaspar Fuertes, y su defunción se encuentra en la Catedral de La Habana, a 24 de enero de 1707, donde casó el 7 de octubre de 1655, con don Juan Antonio Díaz-Pimienta y Santander, natural de esta ciudad, castellano y Teniente de la plaza habanera, Alférez de Infantería, Gobernador y Cabo principal del castillo de Cojímar, hijo del Capitán José Díaz-Pimienta y Piñero, natural de la isla de la Palma. Alcalde ordinario y Procurador general de La Habana, y en ella Juez Visitador y Alcalde de Mar por Su Majestad, y de doña Beatriz de Santander.

6. — Don Matías Hidalgo-Gato, hizo información de su nobleza en el ayuntamiento de La Habana el 28 de abril de 1668, la que consta al libro 37 de Actas de Cabildo, folio 245, vuelto. Casó en la Catedral de esta ciudad el 7 de enero de 1646, con doña María de Salazar y González Carvajal, hija del Capitán Pedro de Salazar e His, Veedor y Caballero del hábito de San Jorge, y de doña María González-Carvajal y Rivadeneira. Tuvieron por hijos: a Francisca; a Juan; a Agustín y a José Matías Hidalgo-Gato y Salazar. De los cuales:

1. — Doña Francisca Hidalgo-Gato y Salazar, testó el 23 de septiembre de 1688 ante Antonio Sánchez, y su defunción se encuentra en la Catedral de La Habana a 4 de noviembre de dicho año, donde casó el 2 de septiembre de 1674, con don Agustín de Verganza y Sánchez del Alamo, natural de Vizcaya, hijo de Agustín y de Antonia.

2. — Don Agustín Hidalgo-Gato y Salazar, casó en la Catedral de La Habana el 17 de abril de 1686, con doña Antonia de Vergara y Córdova, hija del Capitán Gregorio y de Ignacia. Tuvieron por hijos: a Bernarda; a Melchora y a José Hidalgo-Gato y Vergara. Los cuales:

A. — Doña Bernarda Hidalgo-Gato y Vergara, testó el 2 de febrero de 1777, ante José Fernández del Campo, y su defunción se encuentra en la Catedral de La Habana a 22 de febrero de dicho año.

B. — Doña Melchora Hidalgo-Gato y Vergara, bautizada en la Catedral de Matanzas, el 2 de marzo de 1695, testó el 29 de agosto de 1766 ante Ignacio de Ayala, y su defunción se encuentra en la Catedral de la Habana a 3 de enero de 1773. Casó con don Tomás Prer e Hidalgo-Gato.

C. — Don José Hidalgo-Gato y Vergara, falleció en La Habana, en cuya Catedral está su defunción a 6 de junio de 1702.

3. — Don José Matías Hidago-Gato y Salazar, bautizado en la Catedral de La Habana el 16 de marzo de 1665, testó el 9 de noviembre de 1742 ante el escribano Antonio Ponce de León y su defunción se encuentra en la referida Catedral a 20 de marzo de 1749, donde casó el 4 de diciembre de 1688, con doña Leonor de Vergara y Córdova, hija del Capitán Gre-

gorio y de Ignacia. Tuvieron por hijos: a Ana; a Aurora; a Tomasa; a Leonor; a Josefa; a Gertrudis; a María Soriana; a José Matías; a Agustín; a Nicolás José y a Gregorio Hidalgo-Gato y Vergara. De los cuales:

1. — Doña Ana Hidalgo-Gato y Vergara, fue bautizada en la Catedral de Matanzas, el 27 de noviembre de 1693.

2. — Doña Josefa Hidalgo-Gato y Vergara, fue bautizada en la Catedral de Matanzas el 23 de noviembre de 1698.

3. — Doña Tomasa Hidalgo-Gato y Vergara, fue bautizada en la Catedral de Matanzas el 24 de enero de 1701.

4. — Doña María Soriana Hidalgo-Gato y Vergara, no casó, y su defunción se encuentra en la Catedral de La Habana a 5 de noviembre de 1754.

5. — Don Agustín Hidalgo-Gato y Vergara, casó en la Habana, parroquia del Espíritu Santo el 17 de mayo de 1720, con doña Agustina de Lamadrid y González, natural de la villa de Puerto-Príncipe, hija de Santiago y de María.

6. — Don Gregorio Hidalgo-Gato y Vergara, del que se tratará en la LINEA PRIMERA.

7. — Don José Matías Hidalgo-Gato y Vergara, casó con doña Manuela Pérez de Oro y tuvieron por hijo: a

Don Francisco Xavier Hidalgo-Gato y Pérez de Oro, que casó en La Habana, parroquia del Espíritu Santo, el 13 de septiembre de 1788, con doña Nicolasa Gómez y Alonso, hija de Francisco y de Alonsa.

8. — Don Nicolás José Hidalgo-Gato y Vergara, bautizado el 19 de septiembre de 1691, testó el 3 de febrero de 1775, ante Cristóbal Leal, y su defunción se encuentra en la Catedral de La Habana a 21 de abril de dicho año, donde casó el 25 de febrero de 1734, con doña Eugenia Fernández de Zaldívar y Ximénez, hija de don Francisco Fernández de Zaldívar y Trimiño, de la casa progenitora de los condes de Zaldívar, y de doña Ana Apolonia Ximénez y Borroto. Tuvieron por hijos: a Clara; a Antonio; a Ana Josefa; a María de los Angeles; a Manuel; a José Matías; y a Nicolás Hidalgo-Gato y Zaldívar. Los cuales:

1. — Doña Clara Hidalgo-Gato y Zaldívar, cuya defunción se encuentra en la Catedral de La Habana a 28 de junio de 1813, donde casó el 25 de octubre de 1768, con su pariente el licenciado Luis José Hidalgo-Gato y Rodríguez-Morejón, ilustre letrado, Abogado de las Reales Audiencias de México y Puerto Príncipe, Juez de Bienes de Difuntos, Teniente de Regidor y Apoderado-Defensor del Ayuntamiento de La Habana, y de la Real Compañía, Consultor de los Gobernadores de la isla de Cuba. Vocal de la Junta de Censura e Individuo de la Junta de Represalias, hijo de don Gregorio Hidalgo-Gato y Vergara y de doña Ana María Rodríguez Morejón y González-Alverja.

2. — Doña Antonia Hidalgo-Gato y Zaldívar, cuya defunción se encuentra en La Habana, parroquia del Santo Angel, a 21 de noviembre

de 1778, casó en esta ciudad, parroquia del Espíritu Santo, el 27 de noviembre de 1750, con don Juan de Dios Molina y Pita de Figueroa, Regidor perpetuo de este ayuntamiento, hijo de don Manuel Molina y Ortiz de Matienzo, Regidor perpetuo y Alcalde ordinario de La Habana y de doña Ana Pita de Figueroa y Recio Borroto.

3. — Doña Ana Josefa Hidalgo-Gato y Zaldívar, bautizada en La Habana, parroquia del Espíritu Santo, el 4 de mayo de 1744, cuya defunción se encuentra en esta ciudad, parroquia de Guadalupe, a 20 de octubre de 1817, casó en la parroquia habanera del Espíritu Santo, el 28 de junio de 1759, con el licenciado Ignacio José de Urrutia y Montoya, ilustre letrado, Abogado de los Reales Consejos y Audiencias de México y Santo Domingo, hijo del licenciado Bernardo de Urrutia y Matos, Oidor de la Real Audiencia de Santo Domingo, Juez de Bienes de Difuntos, Procurador general, Alcalde ordinario y Asesor de los Gobernadores de la isla de Cuba, y de doña Felipa de Montoya y Hernández de Tames.

4. — Doña María de los Angeles Hidalgo-Gato y Zaldívar casó en La Habana, parroquia del Espíritu Santo, el 30 de enero de 1757, con don Bernardo de Urrutia y Montoya, hijo del licenciado Bernardo de Urrutia y Matos, Oidor de la Real Audiencia de Santo Domingo, Juez de Bienes de Difuntos, Procurador general, Alcalde ordinario y Asesor de los Gobernadores de la isla de Cuba, y de doña Felipa de Montoya y Hernández de Tames.

5. — Don Manuel Hidalgo-Gato y Zaldívar, testó el 22 de agosto de 1780 ante Felipe Alvarez, y su defunción se encuentra en la Catedral de la Habana a 23 de agosto de dicho año.

6. — Don Nicolás Hidalgo-Gato y Zaldívar, del que trataremos en la LINEA SEGUNDA.

7. — Don José Matías Hidalgo-Gato y Zaldívar, casó en la parroquia de Ceja de Pablo (provincia de Matanzas), el año de 1764 (asentada en la Catedral de La Habana al folio 116, libro 8), con su pariente doña María Francisca Hidalgo-Gato y Rodríguez-Morejón, hija de don Gregorio Hidalgo-Gato y Vergara, y de doña Ana María Rodríguez-Morejón y González-Alverja. Tuvieron por hijos: a María Eugenia; a Rafael, y a José Francisco Hidalgo-Gato e Hidalgo-Gato. Los cuales:

1. — Doña María Eugenia Hidalgo-Gato e Hidalgo-Gato, cuya defunción se encuentra en La Habana, parroquia de Guadalupe, a 6 de abril de 1848, casó en la parroquia de El Cano (provincia de La Habana), el 30 de mayo de 1812, con don Ildefonso Duarte y Cepero, hijo del Capitán

Antonio Duarte y Gómez-Pita, alcalde de la Santa Hermandad, y de doña Antonia Cepero y Sotolongo.

2. — Don Rafael Hidalgo-Gato e Hidalgo-Gato, casó en La Habana, parroquia de Guadalupe, el 4 de noviembre de 1790, con doña María Jacinta del Consuelo de Urrutia y de los Santos-Asencio, hija de don Juan José de Urrutia y Pérez-Barnuevo, y de doña Clara de los Santos Asencio y Rangel de Chaves. Fueron los padres: de

Don José-Joaquín Hidalgo-Gato y Urrutia bautizado en la parroquia de San Julián de los Güines (provincia de La Habana) el 26 de noviembre de 1792, que fue casado con su prima doña Paula Hidalgo-Gato y Murguía, hija de don José Francisco Hidalgo-Gato e Hidalgo-Gato, y de doña María de los Dolores Murguía y Paz.

3. — Don José Francisco Hidalgo-Gato e Hidalgo-Gato, casó con doña María de los Dolores Murguía y Paz, hija de don Mariano Murguía y Pita de Figueroa, y de doña Josefa de Paz y Biedma. Fueron los padres: de Paula; de Josefa de Jesús; de José, y de Gregorio Hidalgo-Gato y Murguía. Los cuales:

1. — Doña Paula Hidalgo-Gato y Murguía, casó con su primo don José Joaquín Hidalgo-Gato y Urrutia, natural de Güines, hijo de don Rafael Hidalgo-Gato e Hidalgo-Gato, y de doña María Jacinta del Consuelo de Urrutia y de los Santos-Asencio.

2. — Doña Josefa de Jesús Hidalgo-Gato y Murguía, casó con don Nicolás Fernández y Navarro, natural de Pipián, hijo de Manuel, y de María de Jesús.[1]

3. — Don José Hidalgo-Gato y Murguía, natural de Pinar del Río, casó en La Habana, parroquia de Guadalupe, el 21 de octubre de 1836, con doña Antonia Morejón y Fernández, hija de don Francisco Rodríguez-Morejón y Lima, y de doña Josefa Fernández López y Galloso.

4. — Don Gregorio Hidalgo-Gato y Murguía, casó con doña Micaela Flores y Escasúa, hija de Salvador y de María de Regla. Fueron padres: de Francisco; de Nicolasa; de María de las Mercedes, y de José Gregorio Hidalgo-Gato y Flores. Los cuales:

1. — Don Francisco Hidalgo-Gato y Flores, fue bautizado en La Habana, parroquia de Jesús del Monte, el 9 de marzo de 1840.

2. — Doña Nicolasa Hidalgo-Gato y Flores, fue bautizada en la referida parroquia de Jesús del Monte, el 7 de septiembre de 1841.

3. — Doña María de las Mercedes Hidalgo-Gato y Flores, bautizada en la parroquia habanera de Jesús del Monte el 20 de octubre de 1845, casó con don Juan Lage y López, natural de Galicia, hijo de José y Ramona.

4. — Don José Gregorio Hidalgo-Gato y Flores, casó en La Habana, parroquia de Jesús del Monte, el 19 de julio de 1847.

«LINEA PRIMERA»

Don Gregorio Hidalgo-Gato y Vergara (anteriormente mencionado como hijo de don José Matías Hidalgo-Gato y Salazar, y de doña Leonor de Vergara y Córdova), dio poder para testar el 8 de agosto de 1778

---

1. Doña Josefa de Jesús Hidalgo-Gato y Murguía, de su enlace arriba citado, tuvo por hijo: a

Don Tomás Fernández e Hidalgo-Gato, que fue bautizado en la parroquia de Santiago de las Vegas el 7 de enero de 1847.

ante el escribano Marcos Ramírez, y su defunción se encuentra en la Catedral de La Habana a 19 de agosto de dicho año. Casó en la parroquia de Nuestra Señora de la Consolación el 2 de febrero de 1733, con doña Ana María Rodríguez-Morejón y González de Alverja, hija de don Juan Rodríguez-Morejón y Martínez de la Munera, y de doña Catalina González de Alverja y González. Tuvieron por hijos: a María Francisca; a Juana Josefa; a Leonor; a Bernardo; a Tomás; a Luis José, y a Manuel José Hidalgo-Gato y Rodríguez-Morejón. Los cuales:

1. — Doña María Francisca Hidalgo-Gato y Rodríguez-Morejón, casó en la parroquia de Ceja de Pablo el año 1764 (asentada en la Catedral de La Habana en el libro 8, folio 116), con su pariente don José Matías Hidalgo-Gato y Zaldívar, hijo de don Nicolás José Hidalgo Gato y Vergara, y de doña Eugenia Fernández de Zaldívar y Ximénez.

2. — Doña Juana Josefa Hidalgo-Gato y Rodríguez-Morejón, casó con su pariente don Antonio José Rodríguez-Morejón y Cepero, Capitán de Dragones de Matanzas, hijo del Teniente Pedro Rodríguez-Morejón y Salcedo, y de doña Francisca Cepero y Doria.

3. — Doña Leonor Hidalgo-Gato y Rodríguez-Morejón, casó en la Catedral de La Habana el 21 de diciembre de 1779, con don Juan Antonio Sánchez de Aragón y Aponte, natural de Sevilla, hijo de don Francisco Sánchez de Aragón, y de doña Ceferina Martín de Aponte.

4. — Fray Bernardo Hidalgo-Gato y Rodríguez-Morejón, doctor en Sagrada Teología desde el 12 de noviembre de 1757, Maestro de Ceremonias de Estudiantes en Artes, Lector de Artes y Vísperas de Sagrada Teología y de Sagrada Escritura, Prior Consiliario, Provincial y Proventual del convento de Santo Domingo en La Habana, Vice-Rector y Rector Carcelario y decano de la Facultad de Filosofía de la Universidad de San Jerónimo de La Habana, que falleció el 2 de junio de 1833.

5. — Don Tomás Hidalgo-Gato y Rodríguez-Morejón, natural de Santa Cruz de los Pinos, testó ante Plácido Núñez, Teniente de Policía, y su defunción se encuentra en la parroquia de El Cano (provincia de La Habana) año de 1799. Casó dos veces en La Habana; la primera en la parroquia del Santo Cristo, el 20 de abril de 1780, con su pariente doña Dominga Hidalgo-Gato y Duarte, hija de don Nicolás Hidalgo-Gato y Zaldívar, y de doña María de la Candelaria Duarte y Cepero. Casó por segunda vez, el 26 de octubre de 1800, en la parroquia de Guadalupe, con doña Rosa de Balmaceda y Quijano, hija del Teniente Diego de Balmaceda y de la Torre, y de doña Margarita Quijano y Balmaceda. De su primera mujer tuvo por hijos: a María Eusebia; a Rosa; a María Leocadia; a María de Jesús; a Francisco; a Ramón Severino; a Antonio, y a Juan Hidalgo-Gato e Hidalgo-Gato. De los cuales:

A. — Doña María de Jesús Hidalgo-Gato e Hidalgo-Gato, casó en la Catedral de La Habana el 15 de julio de 1808, con don Eduardo Armenteros y Pomares, hijo de don Rafael Armenteros y Sendoya, Alcalde de la Santa Hermandad, y de doña Cayetana Pomares y Ferrara.

B. — Don Francisco Hidalgo-Gato e Hidalgo-Gato, natural de los Palacios, casó dos veces: la primera, con doña Rita de Prados; y la segunda en la parroquia de Bejucal (provincia de La Habana) el 20 de agosto de 1844, con doña María Luisa Reynoso y Márquez, hija de Manuel y de Antonia María. De su primera mujer tuvo por hija: a

Doña María de los Dolores Hidalgo-Gato y Prados, que casó con don Lorenzo Sotolongo y Armenteros, hijo de don Gregorio Sotolongo y Cepero, y de doña Andrea Armenteros y Pomares.

6. — El licenciado Luis José Hidalgo-Gato y Rodríguez-Morejón, natural de Guamutas, ilustre letrado, fue Abogado de las Reales Audiencias de México y Puerto Príncipe, Comisario de la Real y Pontificia Universidad de La Habana, Teniente de Regidor y Regidor así como Correo Mayor de la isla de Cuba en 8 de agosto de 1810, Juez de Bienes de Difuntos, Apoderado Defensor del ayuntamiento habanero, Defensor de la Real Compañía y Consultor de los Gobernadores de la isla de Cuba, así como Vocal de la Junta de Censura e Individuo de la Junta de Represalias. Testó el 27 de octubre de 1812 ante el escribano Pedro Vidal Rodríguez. Casó en la Catedral de La Habana el 25 de octubre de 1768, con su pariente doña Clara Hidalgo-Gato y Zaldívar, hija de don Nicolás José Hidalgo-Gato y Vergara, y de doña Eugenia Fernández de Zaldívar y Ximénez. Tuvieron por hijos: a Ana Josefa; a María Tranquilina; a María Nicolasa; a María Rafaela; a Clara del Rosario; a María Cecilio; a María de la Concepción; a José, y a Gregorio Hidalgo-Gato e Hidalgo-Gato. De los cuales:

A. — Doña María Rafaela Hidalgo-Gato e Hidalgo-Gato, casó en la Catedral de la Habana el 6 de septiembre de 1789, con su pariente don Domingo Hidalgo-Gato y Murguía, hijo de don Manuel José Hidalgo-Gato y Rodríguez-Morejón, Alférez de Caballería, y de doña Catalina Francisca Murguía y Zaldívar.

B. — Doña Clara del Rosario Hidalgo-Gato e Hidalgo-Gato, testó el 15 de enero de 1836 ante el escribano Pedro Vidal Rodríguez, y su defunción se encuentra en La Habana, parroquia de Guadalupe, a 23 de enero de dicho año. Casó en la Catedral de esta ciudad el 25 de marzo de 1787, con el licenciado Rafael Cepero y Cepero, abogado, Regidor de este ayuntamiento, hijo de don Juan Bautista Cepero y Ravelo, y de doña Bibiana Cepero y Sotolongo.

C. — Doña María Cecilia Hidalgo-Gato e Hidalgo-Gato, testó el 10 de marzo de 1840 ante el escribano Pedro Vidal Rodríguez, y su defunción se encuentra en La Habana, parroquia de Guadalupe, a 15 de diciembre de dicho año. Casó en la Catedral de esta ciudad, el 8 de mayo de 1811, con don Pedro Antonio de Sicilia, natural de Lorca, que fuera Administrador de Correos de la ciudad de Zaragoza.

D. — Doña María de la Concepción Hidalgo-Gato e Hidalgo-Gato, casó en la Catedral de La Habana el 4 de diciembre de 1815, con su pariente don Pedro Vicente de Urrutia y Escanes, hijo de don Pedro Vicente de Urrutia e Hidalgo-Gato, Contador del Real Tribunal de Cuentas de esta Isla, y de doña Rafaela Josefa de Escanes.

E. — Don José Hidalgo-Gato e Hidalgo-Gato, testó el 6 de septiembre de 1833 ante el escribano Félix Lancís, y su defunción se encuentra en La Habana, parroquia de Guadalupe, a 26 de febrero de 1834.

F. — Don Gregorio Hidalgo-Gato e Hidalgo-Gato, testó el 17 de febrero de 1838 ante el escribano Pedro Vidal Rodríguez, y su defunción se encuentra en La Habana, parroquia de Guadalupe, a 2 de diciembre de 1843. Casó en la Catedral de esta ciudad, el 27 de mayo de 1814, con doña María de la Concepción de las Heras y Díaz Rodríguez, hija de Antonio y de Josefa.

7. — Don Manuel José Hidalgo-Gato y Rodríguez-Morejón, bautizado en la parroquia del partido de Nuestra Señora de la Consolación el 30 de mayo de 1738, fue Subteniente de Caballería de la plaza de La Habana. Testó el 27 de marzo de 1806, ante el escribano Juan de Dios Ayala, y su defunción se encuentra en la Catedral de La Habana a 26 de junio de dicho año. Casó dos veces en esta ciudad: la primera, en la Catedral, el 5 de abril de 1769, con doña Catalina Francisca Murguía y Zaldívar, hija de don Manuel Murguía y Cárdenas, y de doña Antonia Josefa Fernández Zaldívar y Ximénez. Casó por segunda vez, el 3 de noviembre de 1782, en la parroquia del Espíritu Santo, con doña Angela Armenteros y Rodríguez-Morejón, hija de José Antonio y de Antonia.

Don Manuel José Hidalgo-Gato y Rodríguez Morejón, y su primera mujer doña Catalina Francisca Murguía y Zaldívar, tuvieron por hijos: a María Josefa; a María de los Dolores, y a Domingo Hidalgo-Gato y Murguía. Los cuales:

1. — Doña María Josefa Hidalgo-Gato y Murguía, natural de Guamutas, testó el 6 de septiembre de 1851 ante el escribano Vicente Rodríguez Pérez, y su defunción se encuentra en La Habana, parroquia del Santo Angel, a 5 de mayo de 1853. Casó en la Catedral de esta ciudad el 16 de diciembre de 1798, con don José Félix de Córdoba Verdes y Castro, natural de Caracas, Teniente Coronel de los Reales Ejércitos y del Regimiento de Infantería de la plaza de La Habana, Gobernador Capitán a Guerra, Subdelegado de Real Hacienda de la villa de Santa María de Puerto Príncipe, hijo de don Rafael de Córdoba y Verdes, natural de Madrid, Sargento Mayor de la plaza de Caracas, Teniente Coronel de los Reales Ejércitos, y de doña María de la Trinidad de Castro y Manón, natural de Caracas.

2. — Doña María de los Dolores Hidalgo-Gato y Murguía, bautizada en la parroquia de Guamutas el 2 de noviembre de 1777 y cuya defunción se encuentra en La Habana, parroquia del Santo Angel, a 30 de agosto de 1844, casó en la Catedral de esta ciudad el 28 de julio de 1808, con don Antonio Carrión y Manso, natural de Málaga, Coronel del Regimiento de Infantería de Puebla, hijo de don José Carrión y Andrade, Teniente General de los Reales Ejércitos, y de doña Josefa Manso Maldonado y León.

4. — Don Domingo Hidalgo-Gato y Murguía, testó el 8 de agosto de 1790 ante el escribano José Rodríguez, y su defunción se encuentra en la Catedral de La Habana a 26 de febrero de 1791, donde casó el 6 de diciembre de 1789, con su pariente doña María Rafaela Hidalgo-Gato e

Hidalgo-Gato, hija del licenciado Luis José Hidalgo-Gato y Morejón, distinguido letrado, Abogado de las Reales Audiencias de México y Puerto Príncipe, Juez de Bienes de Difuntos, Teniente Regidor y Apoderado Defensor del ayuntamiento de La Habana y de la Junta de Censura e Individuo de la Junta de Represalias, y de doña Clara Hidalgo-Gato y Zaldívar. Tuvieron por hijo: a Domingo Hidalgo-Gato e Hidalgo-Gato.

«LINEA SEGUNDA»

Don Nicolás Hidalgo-Gato y Zaldívar (anteriormente mencionado como hijo de don Nicolás Hidalgo-Gato y Vergara, y de doña Eugenia Fernández de Zaldívar y Ximénez), testó el 4 de agosto de 1802 ante el escribano José Lorenzo Rodríguez, y su defunción se encuentra en La Habana, parroquia del Espíritu Santo, a 20 de septiembre de dicho año. Casó dos veces: la primera con doña Isabel Fernández de Velasco; y la segunda en esta ciudad, parroquia del Santo Cristo, el 8 de octubre de 1765, con doña María de la Candelaria Duarte y Cepero, hija del Capitán Antonio Duarte y Gómez Pita, Alcalde de la Santa Hermandad, y de doña Antonia Cepero y Sotolongo. De su primera mujer tuvo por hijos: a María Francisca; a José, y a Nicolás Hidalgo-Gato y Fernández de Velasco. Y de su segundo matrimonio tuvo por hijos: a Dominga; a María de las Mercedes; a Bernardo; a Francisco, y a Tomás Hidalgo-Gato y Duarte. De los cuales:

1. — Doña María Francisca Hidalgo-Gato y Fernández de Velasco, cuya defunción se encuentra asentada tanto en la parroquia habanera de Jesús del Monte como en la de Santiago de las Vegas, a primero de diciembre de 1808. Casó en esta ciudad, parroquia del Santo Cristo, el 10 de septiembre de 1783, con don Ildefonso Duarte y Cepero hijo del Capitán Antonio Duarte y Gómez Pita, Alcalde de la Santa Hermandad, y de doña Antonia Cepero y Sotolongo.

2. — Don Nicolás Hidalgo-Gato y Fernández de Velasco, casó con su pariente doña María Lutgarda Hidalgo-Gato, y tuvieron por hijo: a

Don Juan de la Cruz Hidalgo-Gato e Hidalgo-Gato, natural de Pinar del Río, que casó en la parroquia de la villa de Guanabacoa el 14 de febrero de 1866, con doña María de las Mercedes Ruperta Valdés.

3. — Doña Dominga Hidalgo-Gato y Duarte, bautizada en la Catedral de la Habana el 24 de septiembre de 1766, casó en esta ciudad, parroquia del Santo Cristo, el 20 de abril de 1780, con su pariente don Tomás Hidalgo-Gato y Rodríguez-Morejón, natural de Santa Cruz de los Pinos, hijo de don Gregorio Hidalgo-Gato y Vergara, y de doña Ana María Rodríguez-Morejón y González-Alverja.

4. — Doña María de las Mercedes Hidalgo-Gato y Duarte, casó en La Habana, parroquia del Santo Angel, el 12 de enero de 1796, con don Miguel Antonio de Ayala y Roxas-Sotolongo hijo de don Simón de Ayala y Bucareli, Capitán de Partido y Juez Pedáneo de la villa de Güines, y de doña María Luisa de Roxas Sotolongo y Vélez de las Cuevas.

5. — Don Francisco Hidalgo-Gato y Duarte, casó con doña Rafaela Murguía y Paz, hija de don Mariano Murguía y Pita de Figueroa, y de doña Josefa de Paz y Biedma. Tuvieron por hija: a

Doña María Magdalena Hidalgo-Gato y Murguía, que fue bautizada en Pinar del Río, parroquia de San Rosendo, el 19 de diciembre de 1797.

6. — Don Tomás Hidalgo-Gato y Duarte, natural de Pinar del Río, testó el 11 de diciembre de 1820 ante el escribano Manuel Ayala, y su defunción se encuentra en La Habana, parroquia de Guadalupe, a 26 de diciembre de dicho año, donde casó el 20 de abril de 1803, con su pariente doña Rafaela Duarte y Aljovín hija de don Francisco Duarte y Sánchez, y de doña Luisa María Aljovín y Jiménez. Tuvieron por hijos; a María de las Mercedes; a María Rafaela; a Felicia; a Severa; a María; a María de la Encarnación; a María Luisa; a Sixto; a Bernardo; a Tomás, y a Fernando Antonio Hidalgo-Gato y Duarte. De los cuales:

1. — Doña María Rafaela Hidalgo-Gato y Duarte, fue bautizada en la parroquia de Santiago de las Vegas el 27 de junio de 1809.

2. — Doña Felicia Hidalgo-Gato y Duarte, casó en La Habana, parroquia de Guadalupe, el 28 de mayo de 1823, con don Francisco González y Valdés-Navarrete, hijo del doctor José Antonio González y Anaya, y de doña María del Rosario Valdés-Navarrete y Gámez.

3. — Doña Severa Hidalgo-Gato y Duarte, natural de Santiago de las Vegas, casó en la parroquia de Marianao el primero de diciembre de 1843, con su pariente don Pablo Palacios e Hidalgo-Gato, natural de El Cano, hijo de Antonio y de Josefa.

4. — Doña María Hidalgo-Gato y Duarte, natural de Santiago de las Vegas, fue casada con don Felipe González y Pérez, natural de Consolación del Sur.

5. — Doña María de la Encarnación Hidalgo-Gato y Duarte, cuya defunción se encuentra en La Habana, parroquia de Guadalupe, a 29 de mayo de 1848, casó en esa parroquia el 22 de abril de 1838, con don José Ignacio Marín y Castro-Palomino, hijo de don Antonio Marín y Aljovín, y de doña María Josefa de Castro-Palomino y Duarte.

6. — Doña María Luisa Hidalgo-Gato y Duarte, bautizada en la parroquia de Santiago de las Vegas en 1816 con los nombres de «Ramona María Luisa», casó en la parroquia de la villa de Guanabacoa el 3 de enero de 1872, con don Santiago González y Valdés-Navarrete, hijo del doctor José Antonio González y Anaya, y de doña María del Rosario Valdés-Navarrete y Gámez.

7. — Don Sixto Hidalgo-Gato y Duarte, casó con doña Teresa Pérez y Palacios, natural de El Cano, hija de Buenaventura y Teresa, procreando: a

Doña Rosalía de Palermo Estefanía Hidalgo Gato y Pérez, que fue bautizada en la parroquia de Santiago de las Vegas el 2 de septiembre de 1846.

8. — Don Bernardo Hidalgo-Gato y Duarte, natural de La Habana, casó con doña María del Carmen Téllez y Blanco, natural de Galicia, hija de Francisco José y de Benita. Tuvieron por hijos: a María Isabel Paula; a María de Jesús Margarita, y a Tomás Hidalgo-Gato y Téllez. Los cuales:

A. — Doña María Isabel Paula Hidalgo-Gato y Téllez, fue bautizada en la parroquia de Santiago de las Vegas el 7 de julio de 1834.

B. — Doña María de Jesús Margarita Hidalgo-Gato y Téllez, fue bautizada en la parroquia de Santiago de las Vegas el 30 de junio de 1836.

C. — Don Tomás Hidalgo-Gato y Téllez, casó con doña Bárbara María Téllez y Cremata, siendo los padres: de

Don Tomás Hidalgo-Gato y Téllez, natural del Pinar del Río, que casó con su pariente doña Eusebia González e Hidalgo-Gato, hija de don Felipe González y Pérez, natural de Consolación del Sur, y de doña María Hidalgo-Gato y Duarte. Tuvieron por hija: a

Doña Luisa América Hidalgo-Gato y González, que fue bautizada en Pinar del Río, Catedral de San Rosendo, el 10 de octubre de 1909.

9. — Don Tomás Hidalgo-Gato y Duarte, natural de Santiago de las Vegas, casó con doña Juana Gelabert y Zaldívar, natural de La Habana, hija de don Ramón Gelabert, y de doña Antonia Fernández de Zaldívar y Sotolongo. Tuvieron por hijos: a Rafaela de la Encarnación; a Adelaida Bautista Segunda, y a Federico Rufino Hidalgo-Gato y Gelabert. Los cuales:

A. — Doña Rafaela de la Encarnación Hidalgo-Gato y Gelabert, fue bautizada en la parroquia de Santiago de las Vegas el 16 de mayo de 1840.

B. — Doña Adelaida Bautista Segunda Hidalgo-Gato y Gelabert, fue bautizada en la parroquia de Santiago de las Vegas el primero de junio de 1841.

C. — Don Federico Rufino Hidalgo-Gato y Gelabert, bautizado en la parroquia de Santiago de las Vegas el 19 de enero de 1843, casó con doña Lorenza Gutiérrez y Hernández, natural de Puerta de la Güira, hija de Félix y de Donata. Fueron padres: de

Don Juan Hidalgo-Gato y Gutiérrez, bautizado en la parroquia de Bejucal el 16 de abril de 1870, que casó con doña María de la Esperanza de la Peña y Concepción, natural de San Antonio de los Baños, hija de don Luciano de la Peña y Cruz, y de doña María de las Mercedes de la Concepción y González. Tuvieron por hijos: a Raúl, y a Roberto Hidalgo-Gato y de la Peña, respectivamente nacidos en San Antonio de los Baños el 28 de noviembre de 1901, y el 18 de abril de 1909.

10. — Don Fernando Antonio Hidalgo Gato y Duarte, bautizado en la parroquia de Santiago de las Vegas el 20 de junio de 1808, casó con doña Juana Bautista Badía y Cortés, natural de Batabanó, hija de Salvador y de María de Regla. Tuvieron por hijos: a Fernando; a Eduardo y a Antonio María Hidalgo-Gato y Badía. Los cuales:

1. — Don Fernando Hidalgo-Gato y Badía, fue bautizado en La Habana, parroquia de Jesús del Monte, el 18 de mayo de 1837.

2. — Don Antonio María Hidalgo-Gato y Badía, fue bautizado en la parroquia de Santiago de las Vegas el 15 de marzo de 1839.

3. — Don Eduardo Hidalgo-Gato y Badía, bautizado en la parroquia de Santiago de las Vegas con los nombres de «Bruno José Eduardo» el 8 de enero de 1848, fue uno de los patriotas que más contribuyeron económicamente, desde el exilio, a la causa de la revolución independentista de 1895. Prestó apoyo económico a José Martí que gracias a él, pudo efectuar su viaje de los Estados Unidos a Montecristi en la República Dominicana, para unirse al Generalísimo Máximo Gómez. Don Eduardo Hidalgo-Gato y Badía, uno de los pioneros de la industria tabacalera en los Estados Unidos de América, fue considerado entre los mayores industriales de ese ramo en New York y Key West (Florida) donde montó una gran fábrica de tabacos. Casó en la ciudad de New York, iglesia católica de St. Francis Xavier, el primero de mayo de 1871, con doña María de las Mercedes Márquez, natural de Bejucal, de la que tuvo por hijos: a Fernando (que quedó radicado en Key West, Florida); a Bárbara; a María; a Ana María; a Eduardo; a Tomás, y a Francisco Hidalgo-Gato y Márquez. De los cuales:

1. — Don Eduardo Hidalgo-Gato y Márquez, casó en Key West, con doña María de los Dolores Rodríguez y Bassó, y tuvieron por hijas: a María del Rosario, y a María de las Mercedes Hidalgo-Gato y Rodríguez. Las cuales:

A. — Doña María del Rosario Hidalgo-Gato y Rodríguez, que reside en La Habana, fue casada con el doctor Ibrahim Alberto Cossío y Cossío abogado, hijo del doctor Ibrahim Cossío y Gómez, abogado, y de doña Olalla Cossío y Marín.

B. — Doña María de las Mercedes Hidalgo-Gato y Rodríguez, residente en La Habana, casó en esta ciudad con el doctor José Manuel Lara y Aréjula, abogado y diplomático, actualmente Ministro-Consejero de la Embajada de Cuba en Francia, hijo de don José Lara y Miret, General del Ejército Libertador fallecido en La Habana, y de doña Engracia Aréjula.[1]

2. — Don Tomás Hidalgo-Gato y Márquez, casó en Key West, con doña Celia Comas y Rodríguez, teniendo por hijos: a Albertina; a Tomás; a Froylán; a Celia, y a Silvia Hidalgo-Gato y Comas. Los cuales:

A. — Doña Albertina Hidalgo-Gato y Comas, casó con el ingeniero Serafín Solís y Alió, que ha fallecido, hijo de Bernardo y Rita María.

---

1. De su citado enlace, doña María de las Mercedes Hidalgo-Gato y Rodríguez, tiene por hijos: a Fernando; a María de las Mercedes, y a José Manuel Lara e Hidalgo-Gato. Los cuales:

B. — Don Tomás Hidalgo-Gato y Comas, casó con doña Alina Freire y Aguilera, hija del doctor Eneas Freire y Arango, abogado, y de doña Angela Mariana Aguilera y Sánchez.

C. — El doctor Froylán Hidalgo-Gato y Comas, casó con Gwendolyn Shirey.

D. — Doña Celia Hidalgo-Gato y Comas, que ya ha fallecido, fue casada con don Enrique Ervesún y Fanjul, hacendado.[1]

E. — Doña Silvia Hidalgo-Gato y Comas, casó con don Roberto Vila y Morales, hijo de don Roberto Vila y Sánchez, y de doña Carmen Pilar Morales y Calvo.

3. — Don Francisco Hidalgo-Gato y Márquez, industrial tabacalero, casó el 20 de marzo de 1909, con doña Margarita Adot y Rabell, hija de Eduardo Adot y de Eloísa Rabell. Tuvieron por hijos: a Francisco; a Eduardo; a Margarita; a Carlos, y a Elena Hidalgo-Gato y Adot. De los cuales:

1. — Don Francisco Hidalgo-Gato y Adot, casó con doña Leticia Acosta y Rendueles, y tienen por hijos: a Leticia; a Francisco; a María de las Mercedes, y a Matilde Hidalgo-Gato y Acosta.

2. — Don Eduardo Hidalgo-Gato y Adot, casó con doña María Rabell y Núñez, teniendo por hijos: a Eduardo, y a María Elena Hidalgo-Gato y Rabell.

3. — Doña Margarita Hidalgo-Gato y Adot, casó con el doctor Humberto Solís y Alió, abogado, hijo de Bernardo y Rita María.[2]

4. — Doña Elena Hidalgo-Gato y Adot, está casada con el doctor José Antonio Presno y Albarrán, médico-cirujano, hijo del doctor José Antonio Presno y Bastiony, médico-cirujano, Catedrático de la Universidad de La Habana, ya fallecido, y de doña María Albarrán y Machín.[1]

---

1. — Don Fernando Lara e Hidalgo-Gato, casó con doña Rebeca Bolívar y Taquechel, hija del ingeniero don Cándido de Bolívar y Morera, y de doña Rebeca Taquechel. Tienen por hijos: a Miguel y a Beatriz María Lara y Bolívar.

2. — Doña María de las Mercedes Lara e Hidalgo-Gato, casó en La Habana, iglesia de la Merced, con el doctor Guillermo Belt y Martínez Viademonte, abogado, hijo del doctor Guillermo Belt y Ramírez, Embajador de Cuba, ex Alcalde de La Habana, y de doña Celia Martínez Viademonte y Silverio.

---

1. De su citado enlace, doña Celia Hidalgo-Gato y Comas, dejó por hijos: a Enrique, a Eduardo y a Celia Ervesun e Hidalgo-Gato.

---

2. Doña Margarita Hidalgo-Gato y Comas, de su enlace, tiene por hijas: a Margarita; a María Rita; a Beatriz, y a María Cristina Solís e Hidalgo-Gato. De las cuales:

Doña Margarita Solís e Hidalgo Gato, casó con el doctor Guillermo Arruza e Inchausti, que es abogado.

Sin que hayamos podido obtener los datos necesarios para enlazar con los Hidalgo-Gato, encontramos estas líneas que incluimos como referencias:

Don Ramón Hidalgo-Gato, casó con doña María de Loreto Rodríguez-Morejón, teniendo por hijo: a

Doña Antonia Josefa Hidalgo-Gato y Rodríguez-Morejón, natural de Guamutas, que casó en la parroquia de Guamacaro, el 12 de junio de 1838, con don José de Sentmanat y Blanco, natural de Ayamonte, hijo de Mariano y de Teresa.

Don Miguel Hidalgo-Gato, casó con doña Juana de Ayala, procreando: a Don Bernardo Hidalgo-Gato y Ayala, que casó con doña María del Rosario González e Izquierdo, hija de Antonio y de Liboria. Fueron los padres: de Miguel (natural de Pinar del Río) y del doctor Bernardo Hidalgo-Gato y González. De los cuales: el

Doctor Bernardo Hidalgo-Gato y González, fue bautizado en Pinar del Río, Catedral de San Rosendo, el 29 de octubre de 1881, siendo médico-cirujano.

Don Manuel Hidalgo-Gato, natural de Güines, casó con doña Virginia García, natural de Villaclara, procreando: a

Don Arsenio Hidalgo-Gato y García, que casó con doña Isabel Cancio y Sánchez, natural de Villaclara, hija de Manuel y de Antonia. Tuvieron por hijo: a

Don Manuel Antonio Hidalgo-Gato y Cancio, que nació en Villaclara el 3 de julio de 1910.

HORRUITINER

A principios del siglo XVII radicaba la familia Benedit-Horruitiner en Zaragoza, reino de Aragón, de donde pasaron en la primera mitad de esa centuria a San Agustín de la Florida, estableciéndose en La Habana a mediados del mismo siglo.

Son sus armas: escudo partido en la primera partición, que es de BENEDIT, en campo de oro, un castillo de sable, en cuya parte superior, sobre las almenas, lleva un brazo levantado tremolando una bandera de azur, apareciendo el castillo sobre llamas y debajo de este escudo, descompuesta en dos, la palabra «Bene-Dit», cuyo significado es «Bien dicho» o «bendecido». En la segunda partición, que es de HORRUITINER, un escudo dividido al medio por una línea horizontal, la mitad superior por una línea perpendicular formando dos cuarteles, el primero de los cuales es de gules y lleva una cara toda de oro con una cinta de azur a manera de venda sobre la frente, y en el segundo cuartel que es de argent (plata), una especie de caballo unicornio plomizo; en la mitad inferior del escudo, toda de azur, tres frutos de granado, entreabiertos. Por timbre, sobre un casco de caballero, una cabeza con uno de esos frutos sobre la frente.

Fueron hermanos Luis y Gilberto Benedit-Horruitiner. Los cuales:

1. — Don Luis Benedit-Horruitiner, Alcalde del Morro de La Habana en 1630, fue Gobernador y Capitán General de San Agustín de la Florida, desde el 20 de julio de 1633 hasta el 27 de noviembre de 1638, en que fue nombrado Virrey de Cerdeña.

2. — Don Gilberto Benedit-Horruitiner, natural de Zaragoza, casó con doña Inés Catalán, de igual naturaleza, y tuvieron por hijo: al

Capitán Pedro Benedit-Horruitiner, y Catalán natural de Zaragoza, que fue Infanzón Hijodalgo, en Aragón. Sirvió al rey de España, desde el 10 de diciembre de 1635, hasta el 20 de noviembre de 1684, en que falleció. Pasó a San Agustín de la Florida, donde fue Sargento Mayor de esa plaza y presidio. Casó en la parroquia de San Agustín de la Florida el 19 de febrero de 1637, con doña María Ruiz de Cañizares Mexía y Florencia, hija del Alférez Juan Ruiz de Cañizares, Cabo de Escuadra y de doña Lorenza Florencia y de los Angeles. Tuvieron por hijos: a Isabel; a Jacobina; a Manuela; a Antonio; a Pedro; a José; a Lorenzo y a Juan Benedit-Horruitiner y Ruiz de Cañizares. De los cuales:

1. — Doña Jacobina Benedit-Horruitiner y Ruiz de Cañizares, casó con don Jerónimo de León.

2. — Doña Manuela Benedit-Horruitiner y Ruiz de Cañizares, fue bautizada en la parroquia de San Agustín de la Florida el 30 de enero de 1640, donde casó el 4 de marzo de 1668 (folio 49 vuelto, libro de 1641 a 1720) con el Capitán Enrique Primo de Rivera, natural de la ciudad de Bruselas. Este militar había pasado a San Agustín de la Florida en 1660, después de servir en Flandes como Capitán de Infantería de las compañías Walonas, y el cual, con fecha 23 de noviembre de 1695 fue nombrado Sargento Mayor de la plaza y presidio de San Agustín de la Florida.[1]

---

1. De su referido enlace, doña Manuela Benedit-Horruitiner y Ruiz de Cañizares tuvo por hijo: a

Don Pedro Primo de Rivera y Benedit Horruitiner, nacido en 1680, Capitán de un regimiento de Dragones, que casó en 1722 con doña Juana Catalina Pérez de Acal y Florencia, natural del que fuera pueblo de San Luis de Thalimalí, en el valle de los Apalaches, hija de don Jacinto Roque Pérez de Acal, natural de la ciudad de Zamora, Capitán y Gobernador de la referida provincia y valle de los Apalaches y su fuerte de San Marcos, y de doña Catalina de Florencia natural de San Agustín de la Florida. Fueron los ascendientes de los marqueses de Estella, Grandes de España, condes de San Fernando de la Unión y duques de Primo de Rivera, y en sus descendientes recayó, además, el marquesado de Sobremonte.

Se hace constar que durante el siglo XVII, en los libros de la entonces parroquial de San Cristóbal de La Habana —luego Catedral de esta ciudad— no se encuentra anotada partida alguna de los Primo de Rivera que, por esa circunstancia, puede presumirse no residieron aquí en esa época.

---

3. — Don Pedro Benedit-Horruitiner y Ruiz de Cañizares, natural de San Agustín de la Florida, fue Capitán Ayudante, Alcalde ordinario de La Habana en 1710 y 1711, y Gobernador Político de la isla de Cuba, desde el 13 de junio de 1711 hasta fines de ese año. Había comenzado a servir al rey el 18 de agosto de 1673, testando el 30 de junio de 1704 ante Juan de Uribe Ozeta, y otorgando codicilo el 27 de abril de 1715 ante el escribano Manuel Redín. Su defunción se encuentra en la Catedral de La Habana a 29 de abril de ese año, donde casó el 22 de febrero de 1682, con doña María de Loza y Miranda, natural de esta ciudad, hija de don Ignacio de Loza y Romero, Capitán de Francos, Alférez del Castillo de la Fuerza y Alcalde ordinario de La Habana, y de doña Teresa de Miranda. Fueron padres: del

Capitán Pedro Benedit-Horruitiner y Loza, bautizado en la Catedral de La Habana, el 23 de septiembre de 1690. Procurador General en 1720 en esta ciudad, quien hizo información de su nobleza por medio de su apoderado en la Florida, el 29 de marzo de 1729 ante Ignacio Rodríguez Roso, Comandante de la plaza de San Agustín y cuya información consta en el ayuntamiento de La Habana, en el libro 48 de Actas de Cabildo, al folio 411. Casó dos veces en la Catedral de La Habana: la primera, el 4 de octubre de 1706, velándose el 14 de febrero de 1707, con doña Teresa Francisca Munive y Ruiz-Guillén, natural de esta ciudad, hija de don Andrés Munive y Miranda, Capitán de Caballos de Corazas. Castellano de la fortaleza del Morro, Gobernador Militar de la plaza de La Habana, y de doña Jacinta Ruiz-Guillén y Loza. Casó por segunda vez, el 4 de junio de 1729, velándose el 30 de abril de 1732, con doña Mariana de Ablitas y Munive, también habanera, hija de don Juan Antonio de Ablitas-Moreda y Díaz, y de doña Gregoria Munive y Ruiz-Guillén. De su primera mujer tuvo por hijo: a

Don Pedro Antonio Benedit-Horruitiner y Munive, que casó dos veces: la primera, con doña Teresa Arias Viquendi; y la segunda, en la Catedral de la Habana el 20 de agosto de 1752, con doña Juana Carrillo de Albornoz y Urra, hija de don Andrés Carrillo de Albornoz y Munive, y de doña María de Urra y Borges.

4. — El Capitán José Benedit-Horruitiner y Ruiz de Cañizares, Sargento Mayor de la plaza de San Agustín de la Florida, testó ante el escribano Juan Solana, y su defunción se encuentra en la parroquia de dicha plaza, a 8 de diciembre de 1725, donde casó el 8 de julio de 1681, confirmándose el enlace el 3 de agosto de 1683, con doña Ana de Asencio y Florencia, hija del Capitán Juan de Asencio, y de doña Ana Florencia y de la Rocha. Tuvieron por hijas: a Ana; a María de los Angeles y a Juana Benedit-Horruitiner y Asencio. Las cuales:

A. — Doña Ana Benedit-Horruitiner y Asencio, falleció párvula y su defunción se encuentra en la parroquia de San Agustín de la Florida a 19 de octubre de 1783.

B. — Doña María de los Angeles Benedit-Horruitiner y Asencio, fue bautizada en la parroquia de San Agustín de la Florida, el 13 de agosto de 1695, donde casó el 21 de marzo de 1724, con don Pedro de Hita-Salazar y León, Sargento del referido Presidio, hijo del Ayudante Pedro de Hita-Salazar y D'Avila, y de doña Catalina Gertrudis de León y Argüelles.

C. — Doña Juana Benedit-Horruitiner y Asencio, fue bautizada en la parroquia de la Florida el 29 de julio de 1702, estando su defunción en la Catedral de La Habana a 2 de marzo de 1765. Casó en la parroquia de San Agustín de la Florida el 26 de noviembre de 1725, con don Francisco Menéndez Márquez y León, Sargento Mayor de esa plaza hijo de don Francisco Menéndez Márquez y Ruiz Mexía, Capitán de Caballería y Ministro Contador de las Reales Cajas de toda la provincia de la Florida y de doña Antonia Basilia de León y Argüelles.

5. — El Capitán Juan Benedit-Horruitiner y Ruiz de Cañizares, del que se tratará en la «LINEA PRIMERA».

9. — Don Lorenzo Benedit-Horruitiner y Ruiz de Cañizares, del que se tratará en la «LINEA SEGUNDA».

«LINEA PRIMERA»

El Capitán Juan Benedit-Horruitiner y Ruiz de Cañizares (mencionado anteriormente como hijo de don Pedro Benedit-Horruitiner y Catalán y de doña María Ruiz de Cañizares Mexía y Florencia), natural de San Agustín de la Florida, fue allí Tesorero Oficial Real y Gobernador-Comandante de la provincia de los Apalaches. Casó en la parroquia de San Agustín de la Florida el 27 de noviembre de 1681, confirmándose el enlace el 6 de octubre de 1683, con doña Josefa Agustina de León y Argüelles, allí natural, hija del Capitán Lorenzo José de León, Contador interino Oficial de las Reales Cajas de dicha provincia, y de doña Luisa de los Angeles Argüelles y Rodríguez. Tuvieron por hijos: a Luciana; a Juan; a Tomás y a Pedro Lamberto Benedit-Horruitiner y León. Los cuales:

1. — Doña Luciana Benedit-Horruitiner y León, testó ante el escribano Simón Vázquez, y su defunción se encuentra en la parroquia de San Agustín de la Florida a 4 de enero de 1750, donde casó el 27 de septiembre de 1727, con don Pedro de Hita Salazar y de los Ríos, hijo del Alférez Tomás de Hita Salazar y D'Avila y de doña Lorenza de los Ríos Enriquez y de la Vera.

2. — Don Juan Benedit-Horruitiner y León, fue bautizado en la parroquia de San Agustín de la Florida el 22 de noviembre de 1698.

3. — Don Tomás Benedit-Horruitiner y León, no casó y su defunción está en la parroquia de San Agustín de la Florida a 9 de marzo de 1753.

4. — Don Pedro Lamberto Benedit-Horruitiner y León, natural de San Agustín de la Florida, fue allí Capitán de a Caballos y Oficial Real del presidio y la ciudad. Casó en la parroquia de San Agustín de la Florida, el 12 de noviembre de 1727, con doña Lorenza Ponce de León y Ruiz-Mexías, hija de don Francisco José Ponce de León y Ruiz de Zartucha, Alférez de Infantería y Sargento Mayor de dicha plaza, y de doña Sebastiana Ruiz-Mexías y Grosso. Tuvieron por hijos: a Josefa; a Ana; a Jerónimo Cayetano; a Pedro Regalado y a José Benedit-Horruitiner y Ponce de León. Los cuales:

1. — Doña Josefa Benedit-Horruitiner y Ponce de León, fue bautizada en la parroquia de San Agustín de la Florida el 24 de marzo de 1733 pasando a La Habana, donde casó dos veces: la primera en la parroquia del Espíritu Santo, el 11 de octubre de 1752, con don Juan Martínez y Lemus, natural de la Palma (Canarias) hijo de Santiago y de Laura. Y la segunda, en la misma parroquia habanera del Espíritu Santo, el 9 de marzo de 1763, con don Benito Ximénez de Guzmán y Segura, natural de la villa de Utrera (Andalucía), Capitán de Fragata de la Real Armada española, hijo de don Cristóbal Ximénez y Pérez de Guzmán, López-Gordillo y Zambrana, de igual naturaleza, y de doña Francisca Segura y Bohorques Barnuevo Zambrana y Bergnes Cortegana.[1]

2. — Doña Ana Benedit-Horruitiner y Ponce de León, fue bautizada en la parroquia de San Agustín de la Florida el 30 de octubre de 1734.

3. — Don Jerónimo Cayetano Benedit-Horruitiner y Ponce de León, bautizado en la parroquia de San Agustín de la Florida el 14 de agosto de 1741, fue Teniente de Dragones, Tesorero, Juez Oficial de Real Hacienda, y más tarde Gobernador y Castellano del Peten-Itzá, en Guatemala. Se estableció en Campeche (Yucatán), donde casó con doña María de los Dolores León, siendo el tronco de la rama mexicana de su familia. Tuvieron varios hijos,[2] entre ellos: al

Capitán José-Encarnación Benedit-Horruitiner y León, natural de Campeche, quien en 19 de mayo de 1799 sentó plaza en el Batallón de Castilla fijo en su lugar natal. Después fue Subteniente de Granaderos el 10 de junio de 1810, Teniente de Fusileros el 20 de septiembre de 1814, Teniente de Granaderos el 30 de septiembre de 1819, Capitán graduado el 12 de diciembre de 1821, retirándose el 16 de septiembre de 1824, aunque volvió al activo como militar, hasta el 26 de febrero de 1847 en que falleció. Por sus servicios militares en Nautla y Misantla, el Conde de Venadito Virrey de la Nueva España, le otorgó un escudo de honor el 20 de junio de 1820, siendo luego condecorado también por el emperador

---

1. De su citado enlace, doña Josefa Benedit-Horruitiner y Ponce de León, tuvo por hijo: a

Don José Tomás Ximénez de Guzmán y Benedit-Horruitiner, nacido en La Habana, año de 1763, quien ingresó en la Real Compañía de Guardias-Marinas (Cádiz) el 28 de octubre de 1778 (asiento 2156, página 96, tomo III «Real Compañía de Guardias-Marinas y Colegio Naval: catálogo de pruebas» por don Dalmiro de la Válgoma y el Barón de Finestrat).

Agustín I Iturbide. Casó en la parroquia de Campeche el 27 de febrero de 1821, con doña Bernarda Domínguez y Nájera, siendo los padres: de

Doña María del Carmen Benedit-Horruitiner y Domínguez, que casó con el Comandante Ignacio de Ancona y Velázquez, natural de Campeche hijo de don José Julián de Ancona y Solís, y de doña María Tomasa Velázquez. Dieron origen a una distinguida sucesión apellidada Ancona-Horruitiner.

4. — Don Pedro Regalado Benedit-Horruitiner y Ponce de León, bautizado en la parroquia de San Agustín de la Florida el 14 de enero de 1737. fue Teniente de Milicias en la plaza de La Habana, donde testó el 11 de abril de 1796, ante el escribano Mauricio de Porras-Pita, y su defunción se encuentra en esta ciudad, parroquia del Santo Angel, a 14 de abril de dicho año. Casó en La Habana, parroquia del Espíritu Santo, el 18 de abril de 1761, con doña María Josefa de Rivas y Eligio de la Puente, hija de don Juan de Rivas y Durán y de doña Rosa Eligio de la Puente y Ayala. Tuvieron por hijos: a María de la Concepción; a María Josefa; a Mariana; a María de la Leche y a José Joaquín Benedit-Horruitiner y Rivas. De los cuales:

A. — Doña María de la Leche Benedit-Horruitiner y Rivas, cuya defunción de encuentra en La Habana, parroquia del Santo Cristo, a 25 de febrero de 1807 fue casada con don Francisco López-Ameno.

B. — Don José Joaquín Benedit-Horruitiner y Rivas, fue Capitán del Regimiento de Infantería de Cuba, agregado al Estado Mayor de la plaza de La Habana, Comandante del castillo de Jagua y tercer Gobernnador de Cienfuegos. Firmó con de Clouet el Acta de fundación de dicha ciudad. Casó en la parroquia de Guanabacoa el 29 de abril de 1801, con doña Higinia Ponce de León y Muñoz, hija de don Vicente Ponce de León y del Castillo, y de doña Josefa Soriana Muñoz y González. Tuvieron por hijos: a Graciana; a Romualda; a Juan Bautista y a Luciano Horruitiner y Ponce de León. De los cuales:

A. — Don Juan Bautista Horruitiner y Ponce de León, natural de La Habana, casó dos veces: la primera, con doña Luisa Pérez Girón; y la segunda, en la parroquia de Cienfuegos, el 10 de mayo de 1861, con doña Antonia María Bonifacia Barrios y Valdés natural de Trinidad, hija de Ceferino y de Margarita.

B. — Don Luciano Horruitiner y Ponce de León, nacido en 1806, fue Alférez de Navío de la Real Armada.

5. — Don José Benedit-Horruitiner y Ponce de León, natural de San Agustín de la Florida, fue Capitán de Infantería del Regimiento Fijo de la plaza de La Habana. Casó en la Catedral de Santiago de Cuba, el 30 de mayo de 1787, con doña Ursula López del Castillo, y de las Cuevas, hija de don Miguel Antonio López del Castillo e Izquierdo y de doña Bárbara de las Cuevas y Paz. Tuvieron por hijo: al

Doctor José Horruitiner y del Castillo, que casó en la Catedral de Santiago de Cuba el 8 de octubre de 1808, con doña María de los Dolores

Jústiz y Hechavarría, hija de don Manuel de Jústiz y Ferrer, Teniente del Regimiento de Infantería, Diputado Provincial y de doña María Josefa de Hechavarría y Ferrer. Tuvieron por hijos: a María de las Mercedes; a Irene; a María de la Caridad; a María Josefa; a Rafael; a José; a Francisco; a Lino y a Felipe Horruitiner y Jústiz. De los cuales:

1. — Doña María de la Caridad Horruitiner y Jústiz, testó el 14 de abril de 1902 ante el escribano Porfirio Cascases y falleció en Santiago de Cuba el 20 de junio de 1903.

2. — Doña María Horruitiner y Jústiz testó en Santiago de Cuba el 20 de enero de 1900 ante el escribano Pedro Secundino Silva. Casó con don Luis Bravo y Ferrer, hijo de don Buenaventura Bravo y González. Regidor y Alcalde ordinario de Santiago de Cuba, y de doña Manuela Ferrer y Moya.

3. — Don José Horruitiner y Jústiz, casó con doña María Eduviges Pera, y tuvieron por hija: a María Josefa Horruitiner y Pera.

4. — Don Francisco Horruitiner y Jústiz, testó el 28 de diciembre de 1896 ante Manuel Camero y Ferrer. De doña María de los Dolores Proux y Castilla, tuvo por hijo: a Pedro Rafael Horruitiner y Proux.

5. — Don Lino Horruitiner y Jústiz, falleció en Santiago de Cuba el 5 de marzo de 1899. Casó con doña Natalia Asencio y tuvieron por hijos: a María de la Caridad; a Adelaida; a Juana Francisca; a María de los Dolores; a Ramón; a Lino y a Manuel Horruitiner y Asencio. De los cuales:

A. — Doña Adelaida Horruitiner y Asencio, casó en la Catedral de Santiago de Cuba el 30 de diciembre de 1881, con don Pablo Badell y Loperena, hijo de Pablo y de Eufemia.

B. — Doña Juana Francisca Horruitiner y Asencio, casó en la Catedral de Santiago de Cuba el 31 de julio de 1882, con don Ernesto Ganivet y Roch, natural de Madrid, Jefe de Administración Civil y Subinspector de Real Hacienda, hijo de don Ernesto Ganivet, natural de Crucella, reino de Saboya, y de doña Bernarda Alejandra Julia Roch, natural de Algeciras.

C. — Doña María de los Dolores Horruitiner y Asencio, casó con don Jerónimo Simón y Vives.

D. — Don Ramón Horruitiner y Asencio, casó con doña Rosalía Fernández Batet, y tuvieron por hijo: a Jorge Horruitiner y Fernández.

E. — Don Lino Horruitiner y Asencio, casó con doña Mariana Pérez, y tuvieron por hijos: a María de la Caridad y a Luis Horruitiner y Pérez. De los cuales:

Doña María de la Caridad Horruitiner y Pérez, casó con don Emilio Haille.

F. — Don Manuel Horruitiner y Asencio, casó con doña María de los Angeles de Caldás y Font, hija de don Juan de Caldás, y de doña María de los Dolores Font y Girón. Tuvieron por hijos: a Delia; a Natalia; a Angeles; a María de los Dolores; a María; a Hilda; a Lino; a Miguel Angel y a Manuel Horruitiner y Caldás. De los cuales:

A. — Doña María Horruitiner y Caldás, casó con don Tranquilino Callejas y del Castillo.

B. — Doña Hilda Horruitiner y Caldás, casó con el doctor Ubaldo Catasús y Rueda.

C. — Don Manuel Horruitiner y Caldás, casó con doña Fernandina Oleaga y Carreño, y tuvieron por hijos: a María de los Angeles; a Fernandina; a Marta; a Gladys; a Manuel y a Rolando Horruitiner y Oleaga.

6. — Don Felipe Horruitiner y Jústiz, casó en la Catedral de Santiago de Cuba el 18 de enero de 1840, con doña María de Belén Jústiz y Valiente (viuda del Coronel Gaspar de Hechavarría), hija de don Manuel Jústiz y Ferrer. Teniente del Regimiento de Infantería de Santiago de Cuba y Diputado provincial y de doña Ana María Valiente y Correoso. Tuvieron por hijo: a

Don Manuel Horruitiner y Jústiz, que falleció el 29 de mayo de 1882, casando en la Catedral de Santiago de Cuba el 19 de noviembre de 1864, con doña Rita Portuondo y Calzado, hija de don Juan Portuondo y Moya, y de doña Serafina Benítez Calzado y Suárez del Camino. Tuvieron por hijos: a María de la Caridad; a María de Belén; a Manuel; a José y a Carlos Manuel Horruitiner y Portuondo. De los cuales:

1. — Doña María de Belén Horruitiner y Portuondo, casó en la Catedral de Santiago de Cuba el 4 de agosto de 1886, con don Arturo Illas y Planas, hijo de Celestino y de Sebastiana.

2. — Don Manuel Horruitiner y Portuondo, nacido en Kingston (Jamaica), el 18 de septiembre de 1872, casó en Chincha (Alto Perú), con doña Ana Velit y Masuelos, hija del doctor Mariano Velit, médico-cirujano, y de doña Manuela Masuelos. Fueron los padres de: Berta; María de la Caridad; Guillermo; Manuel; a Luis Felipe y a José Horruitiner y Velit.

3. — Don José Horruitiner y Portuondo, que pertenece al Ejército Libertador de Cuba, posee la Orden Nacional de Mérito «Carlos Manuel de Céspedes», casando en Santiago de Cuba, el 9 de noviembre de 1905, con doña Margarita Rodrigo de Vallabriga y Cañizares, natural de la villa de Sancti-Spíritus, hija de don Roque Rodrigo de Vallabriga y Ferrer, Capitán del ejército español, y de doña María de Belén Cañizares y Lara. Son los padres de Margarita y de José Manuel Horruitiner y Rodrigo de Vallabriga. Los cuales:

A. — Doña Margarita Horruitiner y Rodrigo de Vallabriga, natural de Santiago de Cuba, es Vicecónsul del servicio exterior de la República de Cuba en la Embajada en Italia.

B. — Don José Manuel Horruitiner y Rodrigo de Vallabriga, casó con doña Claribel Galindo y González, hija de don José Galindo y Alarcón, y de doña Leopoldina González y Trujillo. Tienen por hija: a Margarita Horruitiner y Galindo.

4. — Don Carlos Manuel Horruitiner y Portuondo, casó con doña Inés Portuondo y Bosque, hija de don Eduardo Portuondo y Moya, y de doña Ana Bosque y Aguirre. Tuvieron por hijos: a Ana María; a Victoria; a María de los Dolores; a Marta; a María de Belén; a Carlos; a Manuel y a Eduardo Horruitiner y Portuondo. De los cuales:

1. — Doña María de Belén Horruitiner y Portuondo, casó con el doctor Ernesto Larrea y García, que es abogado.

2. — Don Carlos Horruitiner y Portuondo, casó con doña Eliana Hidalgo y Oms.

3. — Don Manuel Horruitiner y Portuondo, casó con doña Micaelina Ayala, teniendo por hija: a Ibia Horruitiner y Ayala.

4. — Don Eduardo Horruitiner y Portuondo casó con doña Josefa, Font y Gutiérrez, y tuvieron por hijos: a Josefa; a Eduardo y a Raúl Horruitiner y Font.

«LINEA SEGUNDA»

Don Lorenzo Benedit-Horruitiner y Ruiz de Cañizares (mencionado anteriormente como hijo de don Pedro Benedit-Horruitiner y Catalán, y de doña María Ruiz de Cañizares Mexía y Florencia), fue Capitán de Mar y Guerra. Hizo información de su nobleza en San Agustín de la Florida el 7 de enero de 1682 ante Juan Márquez Cabrera, Gobernador y Capitán General de dicha plaza, la cual consta en el ayuntamiento de La Habana, en el libro 48 de Actas de Cabildo, al folio 399. Casó dos veces en la parroquia de San Agustín de la Florida; la primera, el 9 de enero de 1671 con doña Emerenciana de Villarreal allí natural, y la segunda el 7 de febrero de 1679, confirmándose el enlace el 1.º de agosto de 1683, con doña Gertrudis Sánchez de Uriza y Lara también natural de ese lugar, hija de don Juan Sánchez de Uriza, Capitán de Infantería y de doña Gertrudis de Lara. De su segunda mujer tuvo por hijos: a Manuel; a Antonio Lorenzo; a Pedro y a Miguel Benedit-Horruitiner y Sánchez de Uriza. Los cuales:

1. — Don Manuel Benedit-Horruitiner y Sánchez de Uriza, fue Ayudante en la plaza de San Agustín de la Florida, donde se encuentra su defunción a 22 de octubre de 1736. Casó tres veces en la parroquia de San Agustín de la Florida: la primera, en el año de 1705, con doña Francisca Regidor; la segunda el 26 de octubre de 1722, con doña Josefa Narcisa Entonado y León, hija del Alférez Luis y de Isabel. Casó por tercera vez el 16 de abril de 1731, con doña Francisca Florencia y Argüelles, natural de Thamali, en los Apalaches, hija de don Francisco Florencia y Sánchez de Uriza, y de doña Ana María Argüelles y Cañizares.

2. — El Capitán Antonio Lorenzo Benedit-Horruitiner y Sánchez de Uriza, casó en la parroquia de San Agustín de la Florida el 31 de mayo de 1706, con doña Antonia del Pueyo y Argüelles y tuvieron por hijos: a

Don Pedro Benedit-Horruitiner y del Pueyo, que fue bautizado en la parroquia de San Agustín de la Florida el 4 de mayo de 1707.

3. — Don Pedro Benedit-Horruitiner y Sánchez de Uriza, del que se tratará en la «Rama Primera».

4. — Don Miguel Benedit-Horruitiner y Sánchez de Uriza, del que se tratará en la «Rama Segunda».

«Rama Primera»

El Capitán Pedro Benedit-Horruitiner y Sánchez de Uriza, (anteriormente mencionado como hijo de don Lorenzo Benedit-Horruitiner y Ruiz de Cañizares, y de doña Gertrudis Sánchez de Uriza y Lara); fue Ayundante del Sgto. Mayor en la plaza de San Agustín de la Florida, en cuya parroquia casó el 20 de noviembre de 1713, con doña María Jerónima Menéndez-Márquez y León, hija de don Francisco Menéndez-Márquez y Ruiz Mexía, Capitán de Caballería y Ministro Contador de las Reales Cajas de dicha provincia, y de doña Antonia Basilia de León y Argüelles. Tuvieron por hijos: a Sebastiana; a Lorenzo; a Eusebio y a Felipe Benedit-Horruitiner y Menéndez-Márquez. Los cuales:

1. — Doña Sebastiana Benedit-Horruitiner y Menéndez-Márquez, fue bautizada en la parroquia de San Agustín de la Florida el 29 de enero de 1716, donde casó el 29 de diciembre de 1734, con don Honorato Norris y Berarda, natural de Cádiz, hijo de don Pedro Norris y Barrasa, y de doña Margarita Berarda, naturales de Sanlúcar de Barrameda.[1]

2. — Don Lorenzo Benedit-Horruitiner y Menéndez Márquez, fue bautizado en la parroquia de San Agustín de la Florida el 18 de mayo de 1719.

3. — Don Eusebio Benedit-Horruitiner y Menéndez Márquez, natural de San Agustín de la Florida, casó en La Habana, parroquia de Guadalupe, el 20 de octubre de 1755, con doña María Josefa González y Barrios, hija de Pedro y de Juana. Fueron padres de José de Calasanz; de Joaquín, y de María Magdalena Benedit-Horruitiner y González.

4. — Don Felipe Benedit-Horruitiner y Menéndez-Márquez, bautizado en la parroquia de San Agustín de la Florida el 10 de mayo de 1723, fue Sargento de Dragones Montados. Testó ante el escribano Ignacio Rodríguez el 18 de octubre de 1778 y su defunción se encuentra en La Habana, parroquia del Espíritu Santo, a 15 de diciembre de dicho año. Casó en la parroquia de San Agustín de la Florida el 6 de diciembre de 1750, con doña Antonia Villaverde y León, hija del Sargento Andrés, y de Luisa María. Tuvieron por hijos: a Agustina; a María; a María Dominga; a

---

1. Don Honorato Norris y Berarda, y su mujer doña Sebastiana Benedit-Horruitiner y Menéndez-Márquez, tuvieron por hija: a

Doña Ana Vicenta Norris y Benedit-Horruitiner, que casó con don Juan Bautista Lanz y Vertiz.

María Elena; a Pedro Xavier y a José Benedit-Horruitiner y Villaverde. Los cuales:

1. — Doña María Benedit-Horruitiner y Villaverde, cuya defunción está en La Habana, parroquia de Jesús del Monte, a 26 de septiembre de 1799, casó con don Rafael López de Villavicencio y Roxas-Sotolongo, hijo de don Lorenzo López de Villavicencio y López de Cuéllar, y de doña María de la Concepción de Roxas-Sotolongo y Muñoz de Roxas.

2. — Doña María Dominga Benedit-Horruitiner y Villaverde, natural de San Agustín de la Florida, no casó y su defunción se encuentra en La Habana, parroquia de Guadalupe, a 28 de junio de 1802.

3. — Doña María Elena Benedit-Horruitiner y Villaverde, natural de San Agustín de la Florida, casó en la parroquia de la villa de Guanabacoa (provincia de La Habana), el 21 de enero de 1805, con su cuñado don Rafael López de Villavicencio y Roxas-Sotolongo, anteriormente mencionado (viudo de su hermana doña María, ya referida).

4. — Don Pedro Xavier Benedit-Horruitiner y Villaverde, fue bautizado en la parroquia de San Agustín de la Florida el 12 de marzo de 1761.

5. — Don José Benedit-Horruitiner y Villaverde bautizado en la parroquia de San Agustín de la Florida el 11 de agosto de 1753, casó dos veces en La Habana, parroquia de Guadalupe; la primera, el 21 de junio de 1780, con doña María Magdalena Navarro e Izquierdo, hija de Juan Ramón y de Antonia; y la segunda el 2 de noviembre de 1802, con doña Micaela López de Villavicencio y Roxas-Sotolongo, natural de Matanzas, hija de don Lorenzo López de Villavicencio y López de Cuéllar, y de doña María de la Concepción de Roxas-Sotolongo y Muñoz de Roas. De su segunda mujer, tuvo por hijo: a

Don José María Horruitiner y López de Villavicencio, natural de Jesús del Monte, que casó en La Habana, parroquia de Guadalupe, el 2 de agosto de 1838, con doña Antonia de la Tejera y Fleitas, hija de Guillermo y de Teresa. Tuvieron por hijos: a María de las Mercedes; a Antonio y a Justo Joaquín Horruitiner y Tejera. Los cuales:

1. — Doña María de las Mercedes Horruitiner y Tejera, fue bautizada en La Habana, parroquia de Guadalupe, el 26 de marzo de 1841.

2. — Don Antonio Horruitiner y Tejera, fue bautizado en La Habana, parroquia de Guadalupe, el 7 de agosto de 1838.

3. — Don Justo Joaquín Horruitiner y Tejera, fue bautizado en La Habana parroquia de Guadalupe, el 21 de noviembre de 1839.

«Rama Segunda»

Don Miguel Benedit-Horruitiner y Sánchez de Uriza (anteriormente mencionado como hijo de don Lorenzo Benedit-Horruitiner y Ruiz de Cañizares, y de doña Gertrudis Sánchez de Uriza y Lara, casó en la parroquia de San Agustín de la Florida el 5 de febrero de 1714, con doña Manuela del Pueyo, y tuvieron por hijos: a María Ana y a Pedro de Alcántara Benedit-Horruitiner y del Pueyo. Los cuales:

1. — Doña María Ana Benedit-Horruitiner y del Pueyo, fue bautizada en la parroquia de San Agustín de la Florida el 2 de febrero de 1715, donde casó el 6 de octubre de 1738, con don Pablo Hita-Salazar y de los Ríos Enríquez, hijo del Alférez Tomás de Hita-Salazar y D'Avila, y de doña Lorenza de los Ríos-Enríquez y de la Vera.

2. — Don Pedro de Alcántara Benedit-Horruitiner y del Pueyo, casó en la parroquia de San Agustín de la Florida el 4 de febrero de 1732, con doña María Ana Gertrudis de León. Tuvieron por hijos: a Antonia; a Francisca; a María; a María del Carmen; a Tomás; a Manuel; a Joaquín y a Antonio Lorenzo Benedit-Horruitiner y León. De los cuales:

1. — Doña Antonia Benedit-Horruitiner y León, casó en La Habana, parroquia del Espíritu Santo, el 13 de agosto de 1764, con su pariente don Juan de Hita-Salazar y Benedit-Horruitiner, hijo de don Pedro de Hita Salazar y de los Ríos, y de doña Luciana Benedit-Horruitiner y León.

2. — Don Tomás Benedit-Horruitiner y León, fue bautizado en la parroquia de San Agustín de la Florida el 28 de diciembre de 1735.

3. — Don Manuel Benedit-Horruitiner y León, fue bautizado en la parroquia de San Agustín de la Florida el 28 de septiembre de 1743.

4. — Don Joaquín Benedit-Horruitiner y León, bautizado en la parroquia de San Agustín de la Florida el 24 de marzo de 1745, se estableció en la parte central de la isla de Cuba, encontrándose su defunción en la parroquia de la villa de Sancti Spíritus (provincia de Santa Clara), a 22 de diciembre de 1820. Casó en la parroquial mayor de Sancti Spíritus el 7 de diciembre de 1770, con doña María de las Mercedes Camacho y Cañizares de allí natural. Tuvieron por hijos: a Petronila Josefa; a Francisco María; a María de los Angeles; a María del Carmen; a María del Carmen; a Pedro de Alcántara; a María Cecilia; a María Ana Teresa; a Marcos Francisco; a Ana Dominga y a Joaquín de Jesús Benedit-Horruitiner y Camacho.

5. — Don Antonio Lorenzo Benedit-Horruitiner y León, bautizado en la parroquia de San Agustín de la Florida el 13 de agosto de 1750, también pasó a la parte central de la isla de Cuba, estando su defunción en la parroquia mayor espirituana el 13 de diciembre de 1820. Casó en la parroquia de Sancti Spíritus a 18 de diciembre de 1772 con doña Ana María de Luna y Farfán de los Godos, hija de don Manuel de Luna y Martínez de Moya, alférez de caballería ligera, y de doña María Josefa Farfán de los Godos y Palmero, allí naturales; y tuvieron por hijos: a Ana Jacoba; a Francisco Ildefonso; a Joaquina Josefa; a María del Carmen; a María del Carmen; a María de las Mercedes; a Ana Josefa; a Antonio; a María de la Trinidad; a Antonio María; a Manuela Josefa; a Francisco María; y a Pedro de Alcántara Benedit-Horruitiner y Luna. De los cuales:

Don Francisco Ildefonso Benedit-Horruitiner y Luna, natural de Sancti Spíritus, que fue Administrador de Rentas Reales y Contador Fiscal de la Real Hacienda de la villa de Santa María de Puerto Príncipe. Casó dos veces: la primera en La Habana, parroquia de Jesús María, el 3 de noviembre ed 1801, con doñ María de Jesús de Hita-Salazar y Agüero, hija de don Juan José de Hita-Salazar y Cordero, y de doña María Antonia Agüero y González. Casó por segunda vez con doña María del Carmen Campos y Sarmiento, hija de Domingo y de Ana Josefa. De su segunda mujer tuvo por hijo: a

Don Francisco Horruitiner y Campos, que fue bautizado en la villa de Puerto Príncipe, parroquia de Santa Ana, el 15 de julio de 1833.

Don Francisco Benedit-Horruitiner y Luna, y su primera mujer doña María de Jesús de Hita-Salazar y Agüero, tuvieron por hijos: a María Modesta; a Pedro; a Rufino Lorenzo; a Juan Bautista y a Francisco Solano Horruitiner e Hita-Salazar. Los cuales:

1. — Doña María Modesta Horruitiner e Hita-Salazar, casó en La Habana, parroquia de Guadalupe, el 5 de agosto de 1841, con don Juan Ambrosio Miranda y Sánchez, natural de la Florida, hijo de Pedro y de María del Rosario.

2. — El doctor Pedro Horruitiner e Hita-Salazar, bautizado en La Habana, parroquia de Jesús María, el 16 de mayo de 1802, fue médico-cirujano y Maestro de Ceremonias Sinodal de Latín, en la Universidad habanera, falleciendo en diciembre de 1857.

3. — El licenciado Rufino Lorenzo Horruitiner e Hita-Salazar, bautizado en La Habana, parroquia de Jesús María, el 21 de agosto de 1803, fue abogado.

4. — Juan Bautista Horruitiner e Hita-Salazar, fue bautizado en la Catedral de Puerto Príncipe el 9 de junio de 1810.

5. — El licenciado Francisco Solano Horruitiner e Hita-Salazar, bautizado en la Catedral de Puerto Príncipe el 27 de julio de 1811, fue médico-cirujano. Casó en La Habana, parroquia de Guadalupe, el 17 de febrero de 1836, con su pariente doña María de las Mercedes Sandoval e Hita-Salazar, hija de don José Agustín Plácido de Sandoval e Infante, Capitán de Milicias y de doña María del Rosario de Hita-Salazar y del Castillo. Tuvieron por hijos: a Agustina Engracia; a María de Jesús; a Francisca y a León Horruitiner y Sandoval. De los cuales:

1. — Doña Agustina Engracia Horruitiner y Sandoval, nacida el 16 de abril de 1840, fue bautizada en La Habana, parroquia de Guadalupe, el 7 de septiembre de dicho año, falleciendo en la villa de Guanabacoa año de 1881. Casó en La Habana, parroquia de Guadalupe, el 2 de abril de 1876 con don Rafael Cristóbal de Hita-Salazar y del Castillo, natural de La Habana, hijo del licenciado Jesús Hipólito de Hita-Salazar y Agüero, abogado y de doña María Josefa del Castillo y Suárez.

2. — Doña María de Jesús Horruitiner y Sandoval, bautizada en La Habana, parroquia de Guadalupe, el 14 de enero de 1843, casó con don Patricio de Orta.

3. — Doña Francisca Horruitiner y Sandoval, nacida el 3 de noviembre de 1846, fue bautizada en La Habana, parroquia de Monserrate, el 12 de marzo de 1847. Falleció el 4 de enero de 1874. Casó en esta ciudad, parroquia de Gualalupe, el 28 de marzo de 1873, con don Melitón López-Cuervo y Cruz-Alvarez, natural de Oviedo, en Asturias, hijo de José y de Antonia.[1]

JUNCO

A fines del siglo XVI aparece radicada esta familia en la plaza de San Agustín de la Florida, pasando a La Habana a medidos del siglo siguiente.

Como ilustración previa, debemos exponer que el Capitán Rodrigo del Junco, natural de Ribadesella (Oviedo), en Asturias (véase la obra de Belmún y Canella «Asturias Ilustrada»), vecino de Sevilla, en la collación de la Magdalena, pasó a la América como Factor y Veedor de Real Hacienda por Su Majestad en San Agustín de la Florida (Chatelein, en su trabajo «Defenses of Spanish Florida» dice que fue Gobernador de la Florida en 1592, lo que corrobora Ernesto Schäfer en el tomo I de su «Indice de los Documentos Inéditos de Indias»). En 1950, vuelto a Sevilla, y en la referida collación de la Magdalena, otorgaba un poder el 16 de marzo de ese año ante el escribano Diego de la Barrera para surtir efectos en la Florida (asiento 1166, página 269, tomo II, «Catálogo de los Fondos Americanos del Archivo de Protocolos de Sevilla»). Y en 7 de febrero de 1587, estando en La Habana, otorgaba con su mujer otro poder ante el escribano Martín Calvo de la Puerta, para vender unas casas que tenían en Sevilla, collación de la Magdalena, «fuera de la puerta de Santa

---

1. Don Melitón López-Cuervo y Cruz-Alvarez, y su mujer doña Francisca Horruitiner y Sandoval, tuvieron por hija: a

Doña María del Carmen López-Cuervo y Horruitiner, nacida en La Habana el 3 de enero de 1874 y bautizada en esta ciudad, parroquia de Jesús del Monte el 20 de marzo del mismo año, que casó en La Habana, iglesia de San Felipe de Neri, el 11 de diciembre de 1893 (anotándose la correspondiente partida en la parroquia de Jesús del Monte), con el doctor Antonio Ramón González y García, natural de Nuevitas (provincia de Camagüey), médico-cirujano, hijo de don Agustín González y Jerez, y de doña Julia García y Riveros, naturales de Puerto Príncipe. Tuvieron por hijos: a María del Carmen (fallecida párvula); a María Teresa, y a Antonio Marcos González y López. De los cuales: el

Doctor Antonio Marcos González y López, nacido el 7 de octubre de 1900 y bautizado en La Habana, parroquia de Jesús del Monte, el 7 de diciembre de ese año, es abogado y Director del Banco de Fomento Agrícola e Industrial de Cuba. Casó en La Habana, parroquia del Carmen con doña Josefa González y Gómez, natural de Guadalajara en Castilla la Vieja, hija de don Ramón González y Rodríguez, natural de Orense, y de doña Generosa Gómez y Domínguez, natural de Guadalajara. Son los padres: de

Doña Carmen Eugenia González y González, que es soltera y doctora en Pedagogía.

Ana en el arenal» (asiento 368, página 260, tomo II, «Archivo de Protocolos de La Habana», por María Teresa de Rojas), muriendo ahogado en las costas de la Florida según también aparece en el indicado «Indice» de Ernesto Schäfer. Fue casado con doña Francisca de Miranda Santo Domingo, la que anteriormente se había casado, en primer enlace con don Diego Alvarez de San Pedro, del que había tenido un hijo llamado Hernando de Miranda[1] que era difunto, por lo que, como heredera del mismo, otorgaba otro poder en La Habana el 7 de febrero de 1587 ante el referido escribano Martín Calvo de la Puerta (asiento 367, página 259, tomo II de la obra documental indicada, de María Teresa de Rojas). Creemos factible que el Capitán Rodrigo del Junco y su mujer doña Francisca de Miranda Santo Domingo, fuesen los padres de doña María del Junco, con quien comenzamos este historial genealógico, pero no podemos asegurarlo por falta de documentación que diese el entronque. Pero sí se sabe que, entre sus hijos tuvieron: a

Don Bartolomé del Junco y Miranda que, como su padre, fue Factor y Veedor de Real Hacienda por Su Majestad en San Agustín de la Florida.

Doña María del Junco, casó en la parroquia de San Agustín de la Florida el 25 de marzo de 1598, con el Capitán Bartolomé López de Gavira y Paniagua, Sargento Mayor de la referida plaza, del que tuvo por hijos: a Antonia del Junco y López de Gavira; a María; a Antonia; a Lucía; a Juan y a Bartolomé López de Gavira y del Junco; y a Polonia y a Andrés del Junco y López de Gavira. Los cuales:

1. — Doña Antonia del Junco y López de Gavira, natural de San Agustín de la Florida, fue casada con el Capitán Ambrosio de Sevilla Guerrero, el que testó ante el escribano Cristóbal Núñez de Cabrera, estando su defunción en la parroquia del Sagrario de la Catedral de La Habana a 20 de julio de 1642.

2. — Doña María López de Gavira y del Junco, fue bautizada en la parroquia de San Agustín de la Florida el 4 de julio de 1604. Testó ante el escribano Francisco Hidalgo, y su defunción se encuentra en la Catedral de La Habana a 27 de abril de 1652: Casó con el Alférez Pedro Salinas.

---

1. Un Hernando de Miranda, natural de San Tirso, en Cándamo, y vecino que fuera de Avilés, estuvo en la plaza de San Agustín y fue el primer consorte que doña Catalina Menéndez de Avilés y Solís, II Adelantada de la Florida (hija de don Pedro Menéndez de Avilés, primer Adelantado y conuistador de la Florida y Gobernador de la isla de Cuba, Comendador de Santa Cruz de la Zarza en la Orden de Santiago, y de doña María de Solís).

Otro Hernando de Miranda, casó con doña Elvira Menéndez de Avilés, sobrina del referido primer Adelantado de la Florida.

Además, el Capitán Gutiérrez de Miranda, vecino de la villa de Avilés, fue Teniente de Gobernador de Capitán General de la Florida, de primero de junio de 1576 a 2 de julio de 1577. Estando en Sevilla con el propósito de regresar al Nuevo Mundo, testó el 6 de junio de 1580 ante el escribano Gaspar León, otorgando además un poder el 7 de mayo de ese año, con motivo de su vuelta a la

América, documento que pasó ante el escribano Juan de Velasco, en la ciudad hispalense, siendo testigos los escribanos Gaspar de León y Gaspar Hurtado de León (apéndice XVII, páginas 493 a 495, tomo II del «Catálogo de los Fondos Americanos» del Archivo de Protocolos de Sevilla). No se ha podido comprobar si este gobernante fue o no su homónimo el Capitán Gutiérrez de Miranda, casado con doña María Recio, fallecida en la Florida, hija de don Antón Recio y Castaños (véase la página 359, tomo III de la presente obra en el apellido «Recio») natural de Cumbres Mayores, ni tampoco se sabe si estos Miranda, unos y otros, fueron parientes de la arriba mencionada doña Francisca de Miranda Santo Domingo.

Juan del Junco, asturiano, pasó a la isla de Santo Domingo, y con Pedro de Heredia estuvo, año 1533 en la fundación de Cartagena de Indias y conquistas de esas tierras. En 1537 pasó a Santa Marta, donde ayudó y sucedió a Jiménez de Quesada en la conquista del imperio de los Chibchas. Luego, en 1539, fue uno de los primeros Regidores de la ciudad de Tunja. Don Iván Flórez de Ocáriz, en la página 169, tomo I de la nueva edición de sus «Genealogías del Nuevo Reino de Granada», refiriéndose a este personaje, dice: «Juan del Junco, primer futurario de General y Regidor de Tunja, fue a la isla Española donde dejó sucesión». Hubo la «Armada de Juan del Junco» que en 1535 vino de España a Cartagena de Indias (diversos asientos del tomo II del «Catálogo de Pasajeros a Indias» por el Cuerpo Facultativo del Archivo General de Indias).

---

3. — Doña Antonia López de Gavira y del Junco, bautizada en la parroquia de San Agustín de la Florida el 29 de octubre de 1608 y cuya defunción se encuentra en dicha parroquia a 4 de marzo de 1632, fue casada con el Cabo de Escuadra don Francisco Alvarez.

4. — Doña Lucía López de Gavira y del Junco, fue bautizada en la parroquia de San Agustín de la Florida el 16 de enero de 1620, donde está su defuniciónn a 22 de enero de 1638.

5. — Don Juan López de Gavira y del Junco, fue bautizado en la parroquia de San Agustín de la Florida el 28 de julio de 1602.

6. — El Alférez Bartolomé López de Gavira y del Junco, fue bautizado en la parroquia de San Agustín de la Florida el 27 de abril de 1600, donde casó el 10 de enero de 1623, don doña Ana García de la Vera. Tuvieron por hijos: a Antonia; a María; a Luisa; a Ana y a Bartolomé López de Gavira y de la Vera, y a Teresa del Junco y de la Vera. De los cuales:

A. — Don Bartolomé López de Gavira y de la Vera, fue bautizado en la parroquia de San Agustín de la Florida el 10 de febrero de 1628, donde casó el primero de marzo de 1650, con doña Benita de Entonado y Arteaga, hija de don Juan de Entonado y de doña María Arteaga. Tuvieron por hijo: al

Alférez Mateo López de Gavira y Entonado de Arteaga, que casó con doña María Menéndez Márquez, los que tuvieron por hijo: a

Don Alonso López de Gavira y Menéndez Márquez, natural de San Agustín de la Florida, que casó dos veces: la primera, con doña Eugenia

González, y la segunda en La Habana, parroquia del Espíritu Santo, el 28 de septiembre de 1698, con doña Isidora Mantilla y Vaca, hija de Ignacio y de Luisa.

B. — Doña Teresa del Junco y de la Vera, natural de la plaza de San Agustín de la Florida, pasó a La Habana, donde testó el 19 de septiembre de 1682 ante Antonio Fernández de Velasco, y su defunción se encuentra en la Catedral de esta ciudad a 21 de septiembre del mismo año. Casó en la parroquia de San Agustín de la Florida el 28 de enero de 1647, con don Juan López de Tapia y Farías, hijo de Juan y de María.

7. — Doña Polonia del Junco y López de Gavira, fue bautizada en la parroquia de San Agustín de la Florida el 11 de febrero de 1613, y sin testar, su defunción se encuentra en la Catedral de La Habana a 14 de febrero de 1648. Casó dos veces en la parroquia de San Agustín de la Florida; la primera, el 20 de enero de 1628, con el Alférez Andrés Amador;[1] y la segunda, el 25 de abril de 1650, con don Alonso Villegas, natural de Jerez de la Frontera.

8. — El Alférez Andrés del Junco y López de Gavira, fue bautizado en la parroquia de San Agustín de la Florida el 11 de diciembre de 1610, donde casó el 23 de junio de 1637, con doña Ana Mantilla y Ximénez, bautizada en la referida parroquia el 21 de febrero de 1623, hija de don Manuel Mantilla, y de doña Catalina Ximénez. Tuvieron por hijas: a Feliciana y a María del Junco y Mantilla. Las cuales:

1. — Doña Feliciana del Junco y Mantilla, natural de San Agustín de la Florida, cuya defunción se encuentra en la Catedral de La Habana a 20 de noviembre de 1690, casó con don Francisco de Velasco.

2. — Doña María del Junco y Mantilla, bautizada en la parroquia de San Agustín de la Florida el 2 de abril de 1639, testó en La Habana el 26 de enero de 1714 ante Francisco Flores Rubio, y su defunción se encuentra en la parroquia habanera del Espíritu Santo, a 27 de ese mes y año. Casó en la Catedral de La Habana el 22 de mayo de 1657, con don Francisco Rodríguez, natural de Sevilla, siendo ambos el tronco de los *Rodríguez del Junco* cubanos. Tuvieron por hijos: a María Dionisia; a Francisca; a Lorenza y a Juan Rodríguez del Junco. Los cuales:

---

1. Doña Polonia del Junco y López de Gavira, de su citado primer enlace con el Alférez Andrés Amador, tuvo por hijas: a Manuela del Junco y Amador, y a María y a Ana Amador y del Junco. Las cuales:

1. — Doña María Amador y del Junco, fue natural de San Agustín de la Florida, y su defunción se encuentra en la Catedral de La Habana a 20 de octubre de 1654.

2. — Doña Manuela del Junco y Amador, natural de San Agustín de la Florida, casó el 30 de mayo de 1657 en la Catedral de La Habana, con don Luis Alonso Montero y León, natural de Sevilla, hijo de Gaspar y de Isabel.

3. — Doña Ana Amador y del Junco, natural de San Agustín de la Florida, casó en la Catedral de La Habana el 28 de octubre de 1661, con don Lucas Rodríguez de Aguilar, natural de esta ciudad, hijo de Onofre y de Justa Francisca.

1. — Doña María Dionisia Rodríguez del Junco, natural de La Habana, casó en esta ciudad, parroquia del Espíritu Santo, el 20 de octubre de 1680, con el Teniente Juan Rodríguez de Alpízar y de la Peña, natural de La Laguna, en la isla de Tenerife, hijo de Nicolás y de Juana Francisca.

2. — Doña Francisca Rodríguez del Junco, natural de La Habana, casó en esta ciudad, parroquia del Espíritu Santo, el primero de septiembre de 1687, con don Manuel Luiz Ribeiro y Netto, conocido por «Manuel Luis Rivero y Nieto», natural de la ciudad de Faro, en Portugal hijo de Pedro Luiz y de María Netto.

3. — Doña Lorenza Rodríguez del Junco, natural de La Habana, casó en esta ciudad, parroquia del Espíritu Santo, el 2 de junio de 1686, con don Luis Antonio da Pereda y Noble, natural de Santiago del Pilar, Portugal, hijo de José Antonio y de Isabel.

4. — Don Juan Rodríguez del Junco, natural de La Habana, donde está su defunción, parroquia del Espíritu Santo, a 7 de mayo de 1750, casó en esa parroquia habanera el 25 de mayo de 1697, con doña Gregoria de Jáuregui y Guerra, hija del Teniente Pedro de Jáuregui y Sarricolea; natural de Ravesúa, Vizcaya, y de doña Josefa Guerra de Fuentes. Tuvieron por hijos: a María Gertrudis; a Ana; a Manuela; a Francisca; a Juan; a Pedro; a Esteban y a José Rodríguez del Junco y Jáuregui. Los cuales:

1. — Doña María Gertrudis Rodríguez del Junco y Jáuregui, testó ante Nicolás Frías, y su defunción se encuentra en La Habana, parroquia del Santo Cristo, a 12 de mayo de 1779.

2. — Doña Ana Rodríguez del Junco y Jáuregui, testó el 24 de julio de 1802 ante Jorge Díaz Velázquez, y su defunción se encuentra en La Habana, parroquia del Espíritu Santo, a 29 de julio de dicho año.

3. — Doña Manuela Rodríguez del Junco y Jáuregi, testó el 28 de enero de 1780 ante José Antonio Bosque, y su defunción se encuentra en La Habana, parroquia del Espíritu Santo, a 5 de marzo de dicho año. Casó en esta ciudad, parroquia de Jesús del Monte, el 20 de enero de 1720, con don Diego Díaz-Coello y Fiallo, habanero, hijo de Diego y de Marcela.

4. — Doña Francisca Rodríguez del Junco y Jáuregui, testó el 14 de abril de 1800, ante José Lorenzo Rodríguez y su defunción se encuentra en La Habana, parroquia del Espíritu Santo, a 21 de abril de dicho año. Casó con don Juan Dejado Villate.

5. — Don Juan Rodríguez del Junco y Jáuregui, del que se tratará en la «LINEA PRIMERA».

6. — Don Pedro Rodríguez del Junco y Jáuregui, del que se tratará en la «LINEA SEGUNDA».

7. — Don Esteban Rodríguez del Junco y Jáuregui, del que se tratará en la «LINEA TERCERA».

8. — Don José Rodríguez del Junco y Jáuregui, del que se tratará en la «LINEA CUARTA».

«LINEA PRIMERA»

Don Juan Rodríguez del Junco y Jáuregui (anteriormente mencionado como hijo de don Juan Rodríguez del Junco, y de doña Gregoria de Jáuregui y Guerra), fue natural de La Habana donde está su defunción, parroquia del Santo Cristo, a 26 de diciembre de 1774. Casó dos veces en esta ciudad: la primera, en la parroquia del Espíritu Santo, el 6 de junio de 1726, con doña Josefa Pérez-Borroto y Carrillo de Albornoz hija de don Hernando Pérez y Pérez-Borroto y de doña Ana Carrillo de Albornoz. Casó por segunda vez en la parroquia del Santo Cristo, el 13 de abril de 1733, con doña Petrona de la Noval-Gutiérrez y Díaz, hija de Gaspar y de María del Carmen. De su primera mujer tuvo por hijos: a José y a Juan Rodríguez del Junco y Pérez-Borroto; y de su segundo enlace a Dionisia; a Bárbara; a María Gertrudis; a Luis; a Pedro José y Juan José Rodríguez del Junco y de la Noval. Todos los cuales:

1. — Don José Rodríguez del Junco y Pérez-Borroto, casó en La Habana, parroquia del Espíritu Santo, el 16 de noviembre de 1757, con doña María del a Candelaria Fiallo, hija de José y de María.

2. — Don Juan Rodríguez del Junco y Pérez-Borroto, casó con doña María Simona Dejado-Villate, teniendo por hijos: a Francisco y a José Agustín Rodríguez del Junco y Dejado-Villate. Los cuales:

A. — Don Francisco Rodríguez del Junco y Dejado-Villate, casó con doña Juana Manuela de León y Santaella, siendo padres: de

Doña María Rosalía Rodríguez del Junco y León, que fue bautizada en la parroquia de San Matías de Río Blanco del Norte (provincia de La Habana), el 17 de noviembre de 1789.

B. — Don José Agustín Rodríguez del Junco y Dejado-Villate, casó dos veces en La Habana, parroquia de Guadalupe: la primera el 3 de diciembre de 1786, con doña Isabel María Ramos y Fernández de Velasco, hija de don Agustín Ramos y Zayas, natural de Bayamo, y de doña María Ignacia Fernández de Velasco, natural de La Habana. Por segunda vez casó en marzo de 1811, con doña María de las Mercedes Ramos y Fernández de Velasco, hermana de la anterior. De su primera consorte tuvo por hijos: a María de la Candelaria; a Francisco Antonio; y a Ignacio del Junco y Ramos.

3. — Doña Dionisia Rodríguez del Junco y de la Noval, testó ante Felipe Alvarez el 25 de mayo de 1810, y su defunción se encuentra en La Habana, parroquia del Santo Cristo, a 4 de junio de dicho año. Casó con don Pedro José Rossié y Almirante.

4. — Doña Bárbara Rodríguez del Junco y de la Noval, casó en La Habana, parroquia del Espíritu Santo, en el año de 1764, con don Narciso Díaz y Vigot, hijo de José Nicolás y de María de los Dolores.

5. — Doña María Gertrudis del Junco y de la Noval, fue bautizada en La Habana, parroquia de Jesús del Monte, el 20 de noviembre de 1740.

6. — Don Luis Rodríguez del Junco y de la Noval, casó en La Habana, parroquia del Espíritu Santo, el 13 de noviembre de 1768, con doña María de las Mercedes Rodríguez del Junco y Gil de la Cruz, hija de don Esteban Rodríguez del Junco y Jáuregui, y de doña María Josefa Gil de la Cruz y Rodríguez Guillén.

7. — Don Pedro José Rodríguez del Junco y de la Noval, casó en La Habana, parroquia del Espíritu Santo, el 11 de febrero de 1759, con doña María de los Dolores Navarro y Caballero, hija de Manuel y de Francisca Xaviera.

8. — Don Juan José Rodríguez del Junco y de la Noval, testó el 17 de febrero de 1860 ante José Lorenzo Rodríguez, y su defunción se encuentra en La Habana, parroquia del Espíritu Santo, a 18 de febrero de dicho año. Casó dos veces: una con doña Gertrudis Ruiz Delgado y la otra con doña Camila Hernández. De la primera tuvo por hijos: a Antonia; a Ana; a Petrona; a Martina; a Bárbara; a José; a Juan; a Cristóbal y a Francisco del Junco y Ruiz. Y de la segunda: a María Rosa y a Carlos del Junco y Hernández.

«LINEA SEGUNDA»

Don Pedro Rodríguez del Junco y Jáuregui (anteriormente mencionado como hijo de don Juan Rodríguez del Junco, y de doña Gregoria de Jáuregui y Guerra), Alcalde de la Santa Hermandad en 1780, casó en La Habana, parroquia del Espíritu Santo, el 16 de agosto de 1724, con doña María Pérez-Borroto y Carrillo de Albornoz, hija de don Hernando Pérez y Pérez Borroto, y de doña Ana Carrillo de Albornoz y Pérez Borroto. Tuvieron por hijos: a María; a Ana Isabel; a Apolonia; a Catalina; a Melchor y a Miguel Rodríguez del Junco y Pérez-Borroto. Los cuales:

1. — Doña María Rodríguez del Junco y Pérez-Borroto, casó en La Habana, parroquia del Espíritu Santo, el 5 de marzo de 1745, con don Luis de Lugo y Ximénez, hijo de Simón y de Manuela.

2. — Doña Ana Isabel Rodríguez del Junco y Pérez-Borroto, testó el 13 de julio de 1810 ante Juan de Mesa, y su defunción se encuentra en La Habana, parroquia del Espíritu Santo, a 5 de enero de 1816.

3. — Doña Apolonia Rodríguez del Junco y Pérez-Borroto, testó el 28 de octubre de 1796 ante Mauricio de Porras-Pita, y su defunción está en La Habana, parroquia de Guadalupe, a 20 de noviembre de dicho año. Casó con don José Fernández del Campo y Roxas-Sotolongo, escribano de Su Majestad, hijo de don Gordiano Fernández del Campo, y Algeciras, natural de Cádiz, y de doña Ana Antonia de Roxas-Sotolongo y Avila Mendoza.

4. — Doña Catalina Rodríguez del Junco y Pérez-Borroto, testó el 7 de abril de 1803, ante Jorge Díaz Velázquez, y su defunción se encuentra

en La Habana, parroquia del Espíritu Santo, a 11 de abril de dicho año. Casó con don Pedro Pablo Torres.

5. — Don Melchor Rodríguez del Junco y Pérez-Borroto, fue Oficial del Ministerio de Marina. Testó el 5 de mayo de 1810 ante Ramón Venéreo, y su defunción se encuentra en La Habana, parroquia del Espíritu Santo a primero de abril de 1811. Casó con doña Manuela Izquierdo y Carrillo, y tuvieron por hijos: a María Josefa y a José María Rodríguez del Junco e Izquierdo.

6. — Don Miguel Rodríguez del Junco y Pérez-Borroto, fue Alcalde por la Santa Hermandad en 1759, encontrándose su defunción en La Habana, parroquia del Santo Cristo, a 14 de junio de 1791. Casó en esta ciudad, parroquia del Espíritu Santo, el 7 de junio de 1753, con doña Manuela de Aguilar y Colina, hija de Simón y de María Juana. Tuvieron por hijos: a María de los Dolores; a María de la Concepción; a José María y a Juan José Rodríguez del Junco y Aguilar. Los cuales:

1. — Doña María de los Dolores Rodríguez del Junco y Aguilar, cuya defunción está en La Habana, parroquia del Espíritu Santo, a 11 de octubre de 1796, casó en esa parroquia el 21 de marzo de 1772, con don Juan de Jesús Morales y Vargas, hijo de Juan de la Cruz y María Magdalena.

2. — Doña María de la Concepción Rodríguez del Junco y Aguilar, cuya defunción está en La Habana, parroquia del Espíritu Santo, a 8 de agosto de 1793, fue casada con don Rafael Barroso.

3. — Don José María Rodríguez del Junco y Aguilar, casó dos veces en esta ciudad: la primera, en la Catedral, el 17 de marzo de 1791, con doña Josefa Palacios y Sánchez, hija de Juan Antonio y de María Cayetana. Casó por segunda vez en la parroquia del Santo Cristo, el 14 de diciembre de 1823, con doña María Eugenia Rosales y Moreno, hija de José Rafael y de María Gertrudis.

4. — Don Juan José Rodríguez del Junco y Aguilar, testó el 18 de septiembre de 1839 ante Juan Valerio, y su defunción se encuentra en La Habana, parroquia del Espíritu Santo, a 11 de junio de 1843, donde casó el 30 de septiembre de 1784, con doña Rafaela de la Torre y Delgado, hija de Antonio y de María Matea. Tuvieron por hijos: a Lutgarda; a María de las Mercedes; a Eulogia; a Rita; a Tomasa; a Josefa; a María de la Asunción y a Juan Rodríguez del Junco y de la Torre. De los cuales:

1. — Doña María de las Mercedes Rodríguez del Junco y de la Torre, fue bautizada en La Habana, parroquia del Espíritu Santo, el 21 de abril de 1806, donde casó el 17 de agosto de 1832, con don Isidro Vázquez y Hernández-Pulgarón, natural de la villa de Guanabacoa, hijo de Marcos y de María de la Luz.

2. — Doña Rita Rodríguez del Junco y de la Torre, casó en La Habana, parroquia del Espíritu Santo, el 10 de diciembre de 1821, con don Miguel Macías y Fuentes, hijo de Francisco Xavier y de María Lorenza.

3. — Doña María de la Asunción Rodríguez del Junco y de la Torre, cuya defunción se encuentra en la parroquia habanera del Espíritu Santo

a 3 de octubre de 1883, fue casada con don Juan Muñoz de Baena, Contador del Tribunal Superior Territorial de Cuentas de la isla de Cuba.

4. — Don Juan Rodríguez del Junco y de la Torre, falleció en La Habana, encontrándose su defunción en esta ciudad, parroquia del Espíritu Santo, a 8 de diciembre de 1833.

«LINEA TERCERA»

Don Esteban Rodríguez del Junco y Jáuregui (anteriormente mencionado como hijo de don Juan Rodríguez del Junco, y de doña Gregoria de Jáuregui y Guerra), casó en La Habana, parroquia del Espíritu Santo, el 23 de mayo de 1733, con doña María Josefa Gil de la Cruz y Rodríguez Guillén, hija de don Felipe Gil de la Cruz y Suárez de Espinosa, y de doña Ana Rodríguez y Guillén. Tuvieron por hijos: a María de las Mercedes y a Pedro Rodríguez del Junco y Gil de la Cruz. Los cuales:

1. — Doña María de las Mercedes Rodríguez del Junco y Gil de la Cruz, casó en La Habana, parroquia del Espíritu Santo, el 17 de noviembre de 1768, con su pariente don Luis Rodríguez del Junco y de la Noval, hijo de don Juan Rodríguez del Junco y Jáuregui, y de doña Petrona de la Noval Gutiérrez y Díaz.

2. — Don Pedro Rodríguez del Junco y Gil de la Cruz, testó el 30 de enero de 1808 ante José Leal, y su defunción se encuentra en La Habana, parroquia del Santo Angel, a 15 de julio de 1814. Casó dos veces: la primera, en la villa de Santa María de Puerto Príncipe, parroquia de la Soledad, el 10 de junio de 1763, con doña Mariana Guerra y Recio, hija del Alférez Toribio Guerra y Agüero, y de doña María Gertrudis Recio y Oramas. Casó por segunda vez, con doña Tomasa Teresa Fernández del Campo y Rodríguez del Junco, hija de don José Fernández del Campo y Roxas-Sotolongo, escribano de Su Majestad, y de doña Apolonia Rodríguez del Junco y Pérez-Borroto.

Don Pedro Rodríguez del Junco y Gil de la Cruz, y su segunda mujer doña Tomasa Fernández del Campo y Rodríguez del Junco tuvieron por hijo: a Pedro Rafael Rodríguez del Junco y Fernández del Campo.

Don Pedro Rodríguez del Junco y Gil de la Cruz, y su primera mujer doña Mariana Guerra y Recio, tuvieron por hijos: a María Andrea; a María Gertrudis; a María de las Mercedes; a Pablo; a José María; a Desiderio y a Lorenzo Rodríguez del Junco y Guerra. De los cuales:

1. — Doña María Gertrudis Rodríguez del Junco y Guerra, cuya defunción se encuentra en La Habana, parroquia del Espíritu Santo, a 21 de agosto de 1852, casó con don Francisco Herrera y Aldama.

2. — Doña María de las Mercedes Rodríguez del Junco y Guerra, natural de la villa de Puerto Príncipe, falleció en La Habana y su defunción está en La Habana, parroquia de Guadalupe, a 28 de octubre de 1836. Se veló en la Catedral de San Luis de la Nueva Orleans, el 23 de mayo de 1784, con su marido don Vicente Folch y Juan, natural de Reus,

Cataluña, Mariscal de Campo de los Reales Ejércitos, Gobernador Político y Militar de la Florida Oriental e Inspector de sus Tropas Veteranas y Milicias, Vice-Patrono Real, Juez Subdelegado de la Superintendencia general de Correos y Gobernador de la plaza de Pensacola, Gran Cruz de la orden de San Hermenegildo, hijo de don Felipe Folch y Sabater, y de doña Isabel de Juan y Martínez.

3. — Don Pablo Rodríguez del Junco y Guerra, fue bautizado en La Habana, parroquia del Espíritu Santo, el 17 de marzo de 1772.

4. — Don José María Rodríguez del Junco y Guerra, fue natural de la villa de Santa María de Puerto Príncipe, y su defunción se encuentra en La Habana, parroquia de Monserrate, a 17 de marzo de 1844. Casó con doña María de la Luz Sigler y Sigler, natural de esta ciudad, hija de Juan y de Sebastiana. Fueron los padres: de

Don José María Rodríguez del Junco y Sigler, que fue bautizado en La Habana, parroquia del Espíritu Santo, el 31 de mayo de 1811.

5. — Don Lorenzo Rodríguez del Junco y Guerra, natural de la villa de Puerto Príncipe, cuya defunción está en La Habana, parroquia de Guadalupe, a 4 de julio de 1840, casó dos veces: la primera, en esta ciudad, parroquia del Espíritu Santo, el 6 de marzo de 1789, con su pariente doña Martina Rodríguez del Junco y Sardiña, hija de don Bernardo Rodríguez del Junco y Rodríguez-Morejón, Capitán de Dragones, Alcalde ordinario de Matanzas, y de doña Manuela Sardiña y Roque de Escobar. Casó por segunda vez con doña Rosalía de Villiers y Castro-Palomino, hija de don Ramón de Villiers y del Corral, Teniente Coronel del Escuadrón de Dragones de América, y de doña Manuela de Castro-Palomino y del Puerto.

Don Lorenzo Rodríguez del Junco y Guerra, y su primera mujer doña Martina Rodríguez del Junco y Sardiña, tuvieron por hijos: a Victoria; a Mariana y a Manuel Rodríguez del Junco y Rodríguez del Junco. Los cuales:

1. — Doña Victoria Rodríguez del Junco y Rodríguez del Junco, testó el 17 de septiembre de 1861 ante Francisco Ayala, y su defunción se encuentra en La Habana, parroquia del Espíritu Santo, a 17 de enero de 1862. Casó con el Teniente Coronel Manuel Cordero.

2. — Doña Mariana Rodríguez del Junco y Rodríguez del Junco, cuya defunción está en La Habana, parroquia del Espíritu Santo, a 10 de julio de 1844. Casó en esa parroquia habanera el 16 de septiembre de 1817, con don Joaquín Onofre Valverde y Acosta, Subteniente del Escuadrón de Dragones de esta plaza, hijo del Coronel José Valverde, Comandante de dichos Escuadrones, y de doña María Josefa de Acosta.

3. — Don Manuel Rodríguez del Junco y Rodríguez del Junco, casó con pariente doña Isabel Folch y Rodríguez del Junco, hija de don Vicente Folch y Juan, Mariscal de Campo de los Reales Ejércitos, Gobernador Político y Militar de la Florida Oriental e Inspector de sus tropas Veteranas y de Milicias, Vice-Patrono Real, Juez Subdelegado de la

Superintendencia general de Correos y Gobernador de la plaza de Pensaçola, Gran Cruz de la Orden de San Hermenegildo, y de doña María de las Mercedes Rodríguez del Junco y Guerra. Tuvieron por hijos: a Martina; a María de las Mercedes y a Casimiro Rodríguez del Junco y Folch. Los cuales:

1. — Doña Martina Rodríguez del Junco y Folch, cuya defunción está en La Habana, parroquia del Espíritu Santo, a 6 de septiembre de 1863, casó con don Juan Anicourt.

2. — Doña María de las Mercedes Rodríguez del Junco y Folch, fue bautizada en La Habana, parroquia del Espíritu Santo, el 6 de junio de 1815.

3. — Don Casimiro Rodríguez del Junco y Folch, fue bautizado en La Habana, parroquia del Espíritu Santo, el 10 de abril de 1813.

Don Lorenzo Rodríguez del Junco y Guerra, y su segunda mujer doña Rosalía de Villiers y Castro-Palomino, tuvieron por hijos: a Josefa; a María de Jesús; a José Manuel y a Antonio Rodríguez del Junco y Villiers. Los cuales:

1. — Doña Josefa Rodríguez del Junco y Villiers, bautizada en La Habana, parroquia del Espíritu Santo, el primero de abril de 1806, casó en esta ciudad, parroquia del Cerro, el 29 de agosto de 1850, con su pariente don Vicente Saint-Maxent y Folch, natural de Pensacola, Teniente de Infantería, hijo de don Francisco Maximiliano Saint-Maxent y de la Roche, Brigadier de Infantería de los Reales Ejércitos, Cruz y Placa de la orden de San Hermenegildo, y de doña María Irene Felicitas Folch y del Junco.

2. — Doña María de Jesús Rodríguez del Junco y Villiers, casó en La Habana, parroquia del Espíritu Santo, el 27 de junio de 1818, con su pariente don Martín Folch y Rodríguez del Junco, natural de la Nueva Orleans, Secretario Honorario de Su Majestad y Comendador de la orden de Isabel la Católica, hijo de don Vicente Folch y Juan, Mariscal de Campo de los Reales Ejércitos, Gobernador Político y Militar de la Florida, Oriental e Inspector de sus tropas Veteranas y de Milicias, Vice-Patrono Real, Juez Subdelegado de la Superintendencia general de Correos y Gobernador de la plaza de Pensacola, Gran Cruz de la orden de San Hermenegildo, y de doña María de las Mercedes Rodríguez del Junco y Guerra.

3. — Don José Rodríguez del Junco y Villiers, fue bautizado en La Habana, parroquia del Espíritu Santo, el 25 de abril de 1811.

4. — Don Manuel José Rodríguez del Junco y Villiers, cuya defunción se encuentra en La Habana, Parroquia del Santo Angel, a 4 de octubre de 1868, casó en la parroquia de Regla, provincia de La Habana, el 26 de noviembre de 1831, con doña Lina María de las Mercedes González y Alvarez, natural de Guanabacoa, hija de Antonio y de Paula. Tuvieron por hijos: a Lutgarda; a Matilde y a Manuel del Junco y González. Los cuales:

A. — Doña Lutgarda del Junco y González, fue bautizada en La Habana, parroquia del Espíritu Santo, el 26 de noviembre de 1832.

B. — Doña Matilde del Junco y González, fue bautizada en La Habana, parroquia del Espíritu Santo, el 17 de abril de 1838.

C. — Don Manuel del Junco y González, fue bautizado en La Habana, parroquia del Espíritu Santo, el 13 de junio de 1835.

5. — El Capitán Antonio Rodríguez del Junco y Villiers, casó con doña María de los Dolores Coimbra y del Diestro, y tuvieron por hijos: a María de los Dolores y a Adolfo del Junco y Coimbra. Los cuales:

1. — Doña María de los Dolores del Junco y Coimbra, casó en La Habana, parroquia del Espíritu Santo, el 2 de diciembre de 1861, con don Rafael Arango y Molina, hijo de don Rafael Arango y Zaldívar, Contador del Real Tribunal de Cuentas, Intendente Honorario de Provincia, Ministro Honorario de la Real Hacienda, y de doña María Dionisia Molina y Riveira.

2. — Don Adolfo del Junco y Coimbra, casó con doña María del Rosario Méndez y León, hija de Luis y de Gabriela. Tuvieron por hija: a

Doña América del Junco y Méndez, que fue bautizada en la parroquia de Guara el 3 de diciembre de 1874. Casó en la Catedral de La Habana el 6 de marzo de 1901, con don Francisco García-Menocal y García de Tejada, hijo de don Rufino García-Menocal y Alfonso de Armas, y de doña Vicenta García de Tejada y Fernández.

«LINEA CUARTA»

Don José Rodríguez del Junco y Jáuregui (anteriormente mencionado como hijo de don Juan Rodríguez del Junco, y de doña Gregoria de Jáuregui y Guerra), cuya defunción se encuentra en la Catedral de Matanzas a 28 de abril de 1778, casó en La Habana, parroquia del Espíritu Santo, el 2 de noviembre de 1733, con doña Dionisia Josefa Rodríguez-Morejón, y López de Lusa, hija de don Pedro Nicéforo Rodríguez Morejón y de la Rosa, Capitán de Milicias de esta plaza, y de doña Josefa López Bernal de Lusa y Oliveira. Tuvieron por hijos: a María de los Dolores; a Leonor; a Antonia; a Fernando; a Feliciano y a Bernardo Rodríguez del Junco y Rodríguez Morejón. De los cuales:

1. — Doña Leonor Rodríguez del Junco y Rodríguez-Morejón, casó en La Habana, parroquia del Espíritu Santo, el 26 de agosto de 1758, con don Francisco Escanes y Valero, hijo del Teniente Francisco y de María.

2. — Doña Antonia Rodríguez del Junco y Rodríguez-Morejón, natural de Guamutas, testó el 26 de febrero de 1791, y su defunción se encuentra en La Habana, parroquia del Espíritu Santo, a 12 de agosto de 1791.

3. — Don Fernando Rodríguez del Junco y Rodríguez-Morejón, casó en la Catedral de La Habana el 4 de abril de 1767, con doña María Micaela Sardiña y Roque de Escobar, hija de don Bernardo Francisco

Sardiña y Ximénez, Teniente de Caballería, y de doña María de la Ascensión Roque de Escobar. Tuvieron por hija: a

Doña María de los Dolores Rodríguez del Junco y Sardiña, que casó en la Catedral de Matanzas el 5 de abril de 1819, con don Antonio Rodríguez del Junco y Sardiña, Teniente de Dragones de dicha ciudad, hijo de don Bernardo Rodríguez del Junco y Rodríguez-Morejón, Capitán de Dragones, Alcalde ordinario de Matanzas, y de doña Manuela Sardiña y Roque de Escobar.

4. — Don Feliciano Rodríguez del Junco y Rodríguez-Morejón, natural de Guamutas, casó en la Catedral de Matanzas el 18 de enero de 1784, con doña Ana María Doria y Rodríguez-Morejón, hija de don Pedro Doria, y de doña Isabel Rodríguez de Morejón y López Bernal de Lussa. Tuvieron por hijas: a María de Jesús y a Manuela Rodríguez del Junco y Doria. Las cuales:

A. — Doña María de Jesús Rodríguez del Junco y Doria, fue bautizada en la Catedral de Matanzas el 28 de julio de 1788, donde casó el 6 de marzo de 1813, con don Esteban Rodríguez del Junco y Bermúdez, hijo de don Antonio Rodríguez del Junco y Sardiña, Teniente de Dragones y de doña María Josefa Bermúdez y Escobar.

B. — Doña Manuela Rodríguez del Junco y Doria, casó en la Catedral de Matanzas el 26 de febrero de 1804, con don Antonio Rodríguez-Morejón y Castro-Palomino, hijo del Capitán Antonio José Rodríguez-Morejón y Cepero, y de doña Leonor de Castro-Palomino y Leiva.

5. — Don Bernardo Rodríguez del Junco y Rodríguez-Morejón, natural de La Habana, fue Capitán de Dragones y Alcalde ordinario de Matanzas. Casó tres veces: la primera, en la parroquia de la villa de Guanabacoa, el 22 de octubre de 1768, con doña Manuela Sardiña y Roque de Escobar, hija de don Bernardo Francisco Sardiña y Ximénez. Teniente de Caballería, y de doña María de la Ascensión Nicolasa Roque de Escobar. Casó por segunda vez en la parroquia de Guamutas (provincia de Matanzas), el 13 de junio de 1779, con doña María Antonia Doria y Rodríguez-Morejón, hija de don Pedro Doria, y de doña Isabel Rodríguez-Morejón y López Bernal de Lusa. Por tercera vez casó en la Catedral de Matanzas el 24 de agosto de 1791, con doña María Josefa Noriega y Rodríguez-Morejón, hija de don Luis Noriega y Burón, Teniente de Dragones y de doña Juana María Rodríguez-Morejón y Cepero. De su primera mujer tuvo dos hijos: a Vicente; a Manuel; a María Rosalía y a Antonio Rodríguez del Junco y Sardiña. De su segunda consorte: a María de Jesús Rodríguez del Junco y Doria. Y de su tercer enlace tuvo a María de Guadalupe; a María Josefa Estefanía y a María de los Dolores Rodríguez del Junco y Noriega. Los cuales:

1. — Don Vicente Rodríguez del Junco y Sardiña, del que se tratará en la «Rama Primera».

2. — Don Manuel Rodríguez del Junco y Sardiña, del que se tratará en la «Rama Segunda».

3. — Doña María Rosalía Rodríguez del Junco y Sardiña, nacida en Guamutas el 14 de septiembre de 1769, que casó en la parroquia de Macurijes, el 24 de octubre de 1791, con don Ramón José Morejón y Montero-Cid, natural de la villa de Güines, hijo de don Felipe Antonio Morejón y Cepero y de doña María Gertrudis Montero-Cid.

4. — Don Antonio Rodríguez del Junco y Sardiña, del que se tratará en la «Rama Tercera».

5. — Doña María de Jesús Rodríguez del Junco y Doria, que casó en la Catedral de Matanzas el 17 de agosto de 1808, con don Ambrosio Rodríguez-Morejón y Rodríguez, hijo de don Juan de Dios Rodríguez-Morejón y Armenteros, Coronel de Milicias, Regidor Alférez Real, Alcalde ordinario y Administrador de la Real Aduana de Matanzas y de doña María Antonia Rodríguez de la Barrera y Angulo.

6. — Doña María de Guadalupe Rodríguez del Junco y Noriega, que casó en la Catedral de Matanzas el 16 de noviembre de 1817, con don Tomás Gener y Buigas, natural de la villa de Calella, en Cataluña, abogado, Diputado a Cortes por La Habana, Inspector de las escuelas de Matanzas e integrante de la Sociedad Patriótica, hijo de Tomás y de Rosa.

7. — Doña María Josefa Estefanía Rodríguez del Junco y Noriega, que fue bautizada en la Catedral de Matanzas el 26 de mayo de 1794, donde casó el 17 de abril de 1813, con don Domingo Lamadrid y Quiñones, Capitán del Regimiento de Caballería Ligera de Cuba, hijo de don Francisco Xavier Lamadrid, Teniente Coronel de Infantería del Regimiento Fijo de la plaza habanera, y de doña María de la Luz Quiñones.

8. — Doña María de los Dolores Dodríguez del Junco y Noriega, natural de Matanzas, que casó con don Juan de Fuentes y Castro, natural de esa ciudad, hijo del licenciado don Diego de Fuentes y Caballero, natural de la villa de Puerto Príncipe, abogado, y de doña María Magdalena de Castro, natural de Matanzas.

«Rama Primera»

Don Vicente Rodríguez del Junco y Sardiña (anteriormente mencionado como hijo de don Bernardo Rodríguez del Junco y Rodríguez Morejón, y de doña Manuela Sardiña y Roque de Escobar), natural de Guamutas, fue Teniente Coronel de Milicias y Caballero de la orden de San Hermenegildo. Casó en la Catedral de Matanzas el 7 de junio de 1800, con doña María Andrea Rodríguez-Morejón y Rodríguez de la Barrera, hija de don Juan de Dios Rodríguez-Morejón y Armenteros, Coronel de Milicias, Regidor Alférez Real, Alcalde ordinario y Administrador de la Real Aduana de Matanzas y de doña María Antonia Rodríguez de la Barrera y Angulo. Tuvieron por hijos: a María Estefanía; a Vicente José Ramón y a Francisco Rodríguez del Junco y Rodríguez-Morejón. Los cuales:

1. — Doña María Estefanía Rodríguez del Junco y Rodríguez-Morejón, casó en la Catedral de Matanzas el 2 de diciembre de 1842, con don

Gabriel de Unzueta y Rodríguez, natural de la villa de Fuente del Maestre, Extremadura, Teniente del Regimiento de Barcelona hijo de Juan y de María Josefa.

2. — Don Vicente José Ramón Rodríguez del Junco y Rodríguez Morejón, nacido el 14 de abril de 1801, fue bautizado en la Catedral de Matanzas el 20 de mayo de ese año, donde casó el 26 de marzo de 1826, con su pariente doña Petrona Rodríguez del Junco y Rodríguez-Morejón, hija de don Manuel Rodríguez del Junco y Sardiña, Capitán de Milicias, Alcalde ordinario, y de doña María Juana Evangelista Rodríguez-Morejón y Rodríguez de la Barrera.

3. — Don Francisco Rodríguez del Junco y Rodríguez-Morejón, fue Subteniente de Caballería de Milicias de Matanzas. Casó con su pariente doña Narcisa Folch y Rodríguez del Junco, hija de don Martín Folch y Rodríguez del Junco, Secretario Honorario de Su Majestad, Comendador de la orden de Isabel la Católica, y de doña María de Jesús Rodríguez del Junco y Villiers. Tuvieron por hijos: a Marina; a Francisco; a Agustín y a Martín del Junco y Folch. De los cuales:

1. — Doña Marina del Junco y Folch, casó con don Saturno Ortiz.

2. — Don Agustín del Junco y Folch, fue bautizado en la Catedral de Matanzas, el 30 de julio de 1870, casó con doña María de la Concepción Bruzón y de la Huerta, hija de don Angel Bruzón y de la Fuente y de doña Mariana de la Huerta y Roque de Escobar. Tuvieron por hija: a Doña Pura del Junco y Bruzón, que casó con don Eduardo Sánchez y Zambrana.

3. — El licenciado Martín del Junco y Folch, bautizado en la Catedral de Matanzas, el 24 de marzo de 1865, fue abogado residente en su ciudad natal. Casó con doña María de los Dolores Gallardo y García, natural de Barcelona, hija de don Francisco Gallardo y Ladrón de Guevara, y de doña Matilde García y Zayas. Tuvieron por hijos: a Luis Francisco; a Gloria María de los Dolores y a Martín del Junco y Gallardo. Los cuales:

1. — Don Luis Francisco del Junco y Gallardo, nació en Matanzas el 9 de septiembre de 1892, falleciendo en un accidente de automóvil.

2. — El doctor Martín del Junco y Gallardo, nacido en Matanzas el 22 de junio de 1894 es abogado y actual Fiscal de la Audiencia de La Habana. Casó con doña Isabel Alayón, de la que tiene por hijo: a Martín del **Junco y Alayón.**

«Rama Segunda»

Don Manuel Rodríguez del Junco y Sardiña (anteriormente mencionado como hijo de don Bernardo Rodríguez del Junco y Rodríguez Morejón, y de doña Manuela Sardiña y Roque de Escobar), fue Capitán de Milicias y Alcalde ordinario de Matanzas, en cuya Catedral casó el 7 de julio de 1800, con doña María Juana Evangelista Rodríguez-Morejón y Rodríguez de la Barrera, hija de don Juan de Dios Rodríguez-Morejón y Armenteros, Coronel de Milicias, Regidor, Alférez Real, Alcalde ordinario y Administrador de la Real Aduana de Matanzas, y de doña María Antonia Rodríguez de la Barrera y Angulo. Tuvieron por hijos: a María de los Dolores; a Petrona; a María de la Luz; a María de las Mercedes; a María Antonia; a María de la Encarnación; a Bernardo; a Manuel y a Joaquín Rodríguez del Junco y Rodríguez-Morejón. Los cuales:

1. — Doña María de los Dolores Rodríguez del Junco y Rodríguez Morejón, casó dos veces en la Catedral de Matanzas: la primera, el 18 de mayo de 1827, con don Felipe Gómez y Pastrana, natural de La Habana, hijo de don Felipe Gómez y Orta, Alcalde ordinario de Matanzas, y de doña Rosa María Pastrana y de la Cruz Guerra, también habanera. Casó por segunda vez, el 17 de marzo de 1848, con don Rafael Zapatín y Almisas, natural de Cádiz, hijo de Narciso y de María de la Candelaria.

2. — Doña Petrona Rodríguez del Junco y Rodríguez-Morejón, casó en la Catedral de Matanzas el 26 de marzo de 1826, con su pariente don Vicente Rodríguez del Junco y Rodríguez-Morejón, hijo de don Vicente Rodríguez del Junco y Sardiña, Teniente Coronel de Milicias, Caballero de la orden de San Hermenegildo, y de doña María Andrea Rodríguez-Morejón y Rodríguez.

3. — Doña María de la Luz Rodríguez del Junco y Rodríguez-Morejón, casó en la Catedral de Matanzas, el 14 de enero de 1841, con don Eusebio Campos y Domínguez, hijo del Teniente Coronel José Campos y de doña María Lorenza Domínguez y Gómez.

4. — Doña María de las Mercedes Rodríguez del Junco y Rodríguez Morejón, casó en la Catedral de Matanzas el 25 de marzo de 1841, con don José Loreto Hernández y Rodríguez-Morejón, hijo de don Francisco Hernández y Benítez de Lugo, y de doña Josefa Aniceta Rodríguez-Morejón y del Castillo.

5. — Doña María Antonia Rodríguez del Junco y Rodríguez-Morejón, fue bautizada en la Catedral de Matanzas el 10 de noviembre de 1828, donde casó el 20 de julio de 1847, con don Antonio Saturnino Hernández y Otero, hijo del Coronel Francisco Hernández y Rodríguez-Morejón, y de doña Gertrudis Otero.

6. — Doña María de la Encarnación Rodríguez del Junco y Rodríguez-Morejón, casó en la Catedral de Matanzas el 27 de octubre de 1849, con don Rafael Lucas Sánchez y Hill, natural de San Agustín de la Florida, hijo de Bernardino y de María Antonia.[1]

---

1. Don Rafael Lucas Sánchez y Hill, natural de San Agustín de la Florida, casó tres veces: la primera, con doña Berta Sánchez; la segunda, con doña María de la Encarnación Rodríguez del Junco y Rodríguez-Morejón, mencionada anteriormente; y la tercera, con doña Juana Campos.

Don Rafael Lucas Sánchez y Hill, y su primera mujer doña Berta Sánchez, tuvieron por hijos: a Berta, y a Rafael Eusebio Sánchez y Sánchez.

Don Rafael Luias Sánchez y Hill, y su segunda mujer doña María de la Encarnación Rodríguez del Junco y Rodríguez-Morejón, tuvieron por hijos: a María de los Dolores; a María del Pilar; a Julia; a Alberto; a Federico, y a Ricardo Sánchez y del Junco.

Don Rafael Lucas Sánchez y Hill y su tercera mujer doña Juana Campos, tuvieron por hijos: a Luz Sofía; a Georgina; a Juana Mercedes; a Carlos Octavio, y a Guillermina Sánchez y Campos.

Esta familia Sánchez es propietaria del ingenio azucarero Santa Lucía, situado en la provincia de Oriente.

---

7. — Don Bernardo Rodríguez del Junco y Rodríguez-Morejón casó en la Catedral de Matanzas el 21 de mayo de 1853, con doña Josefa María Sixta Despau y Rodríguez-Morejón, hija de Luis y de María de los Dolores. Tuvieron por hijos: a María; a María de los Dolores; a Bernardo; y a Leoncio del Junco y Despau. De los cuales:

A. — Doña María del Junco Despau, se dedicó al magisterio, siendo una de las más notables educadoras matanceras.

B. — Don Bernardo del Junco y Despau, casó con doña Gabriela Interián y Pargas, hija de don Pedro Interián y Espinosa, y de doña María de los Angeles Pargas y Ríos. Tuvieron por hijo: a

Don Bernardo del Junco e Interián, nacido en Matanzas el 4 de junio de 1890, que fue ingeniero civil y arquitecto graduado en la Universidad de La Habana.

C. — Don Leoncio del Junco y Despau, natural de Matanzas, casó con doña Laura Gil y Macías, hija de don Federico Cil y Cricé, y de doña María del Socorro Macías. Tuvieron por hijos: a Bernardo Federico y a Leoncio del Junco y Cil. Los cuales:

A. — El doctor Bernardo Federico del Junco y Cil, nacido en Sabanilla del Encomendador el 28 de enero de 1891, es abogado.

B. — El doctor Leoncio del Junco y Cil, nacido en Sabanilla del Encomendador el 23 de agosto de 1894, es abogado.

8. — Don Manuel Rodríguez del Junco y Rodríguez-Morejón, casó con doña María de las Mercedes Amador y Carrasco, y tuvieron por hijos: a Rosa y a Manuel Angel del Junco y Amador. Los cuales:

A. — Doña Rosa del Junco y Amador, natural de Matanzas, casó con don Adolfo Fernández y Oliva, natural de Alfonso XII, provincia matancera, hijo de don Francisco María-Fernández y Molina, y de doña Antonia Oliva.[1]

---

1. Doña Rosa del Junco y Amador, y don Adolfo Fernández y Oliva, tuvieron entre sus hijos: al

Doctor Adolfo Fernández y Junco, que fue abogado, Director y Subsecretario de Justicia y por último Magistrado de la Audiencia de La Habana.

B. — Don Manuel Angel de Junco y Amador, natural de Matanzas y hacendado, casó con doña María de la Caridad Larios y Urrutia, hija de don Manuel Larios y Fernández de Córdova, natural de Panamá, y de doña María Victoria de Urrutia y Córdoba. Fueron los padres: de María Victoria; Carlos María y José del Junco y Larios. Los cuales:

a. — Doña María Victoria del Junco y Larios, casó con don Néstor Juan Mir y Güin.

b. — Don Carlos María del Junco y Larios, nació en La Habana el 4 de noviembre de 1888.

c. — Don José del Junco y Larios, Pagador que fuera y Jefe de Despacho del Senado de la República, hoy jubilado, casó en La Habana, parroquia de Monserrate, el 2 de abril de 1908, con doña Alejandrina Rojas y Quesada, hija del Licenciado Enrique Rojas y Aramburu, y de doña María Alejandrina de Quesada y Tovar. Procrearon a Alejandrina; a María de la Caridad; a Olga y a José de Jesús del Junco y Rojas. De los cuales:

Doña Alejandrina del Junco y Rojas, casó en La Habana, iglesia de la Merced, el 9 de mayo de 1925, con el doctor Manuel Aranda y Muñoz de Baena, abogado y médico-cirujano, fallecido en 1956, hijo de don Manuel Aranda y Jimeranes, Coronel del Ejército Libertador, Jefe de Estado Mayor del Departamento Occidental y Cónsul ad-honorem de la República Dominicana, y de doña María Teresa Muñoz de Baena y Sañudo.

9. — Don Joaquín Rodríguez del Junco y Rodríguez-Morejón natural de Guamacaro, casó en la Catedral de Matanzas, el 23 de diciembre de 1843, con doña Luisa Odero y Cabrera, hija de Juan y de Lutgarda. Tuvieron por hijo: a

Don Emilio del Junco y Odero, que casó con doña Francisca Domínguez y Díaz, hija de don Juan Francisco Domínguez y Domínguez, y de doña Catalina Díaz y Valero. Tuvieron por hija: a

Doña Catalina del Junco y Domínguez, que nació en Matanzas el 22 de abril de 1891.

«Rama Tercera»

Don Antonio María Rodríguez del Junco y Sardiña (anteriormente mencionado como hijo de don Bernardo Rodríguez del Junco y Rodríguez Morejón, y de doña Manuela Sardiña y Roque de Escobar), natural de Guamutas, fue Teniente de Dragones de la plaza de Matanzas, en cuya Catedral casó dos veces: la primera, el 25 de febrero de 1787, con doña María Josefa Agustina Bermúdez y Escobar, natural de la villa de Puerto Príncipe, hija de don Pedro Bermúdez y Rosado, Coronel de los Reales Ejércitos, Ayundante Mayor del Regimiento de Dragones de Milicias de Matanzas, y de doña Isabel María Escobar y Socarrás. Casó por segunda vez, el 5 de abril de 1819, con su pariente doña María de los Dolores Rodríguez del Junco y Sardiña, hija de don Fernando Rodríguez del Junco y Rodríguez-Morejón, y de doña María Micaela Sardiña y Roque de Escobar.

Don Antonio Rodríguez del Junco y Sardiña, y su segunda mujer doña María de los Dolores Rodríguez del Junco y Sardiña, tuvieron por hija: a

Doña María Micaela Rodríguez del Junco y Rodríguez del Junco, que casó en la Catedral de Matanzas el 28 de ayo de 1844, con don José Morales y Béjar, natural de la plaza de Melilla, hijo del Teniente José y de María de los Dolores.

Don Antonio Rodríguez del Junco y Sardiña, y su primera mujer doña María Josefa Bermúdez y Escobar, tuvieron por hijos: a Tomasa María; a Isabel María; a María de la Encarnación; a Esteban; a Vidal y a Bernardo María Rodríguez del Junco y Bermúdez. Los cuales:

1. — Doña Tomasa María Rodríguez del Junco y Bermúdez, casó en la Catedral de Matanzas el 13 de junio de 1833, con don Baudilio Piqué y Piqué, natural de Tarragona, Cataluña, hijo de José y de Josefa,

2. — Doña Isabel María Rodríguez del Junco y Bermúdez, casó dos veces en la Catedral de Matanzas: la primera, el 6 de abril de 1825, con el doctor Miguel Wenceslao André y Quintanilla, abogado, hijo de don Francisco André y Peñarroja, natural de Cartagena de Levante, Contador de Navío de la Real Armada,[1] y doña Francisca de los Dolores Quintanilla. Casó por segunda vez, el 31 de octubre de 1835, con don Bernabé del Portillo y Bermúdez, hijo de don Manuel Casimiro del Portillo y Acosta y de doña Teresa Gertrudis Bermúdez y Escobar.

3. — Doña María de la Encarnación Rodríguez del Junco y Bermúdez, casó en la Catedral de Matanzas el 16 de enero de 1835, con don José Turbiano y López, natural de Concha, en Singüenza, capitán del Batallón Ligero de Cataluña, hijo de Agustín y de Antonia.

4. — Don Esteban del Junco y Bermúdez, fue bautizado en la Catedral de Matanzas el 3 de enero de 1791, donde casó el 6 de marzo de 1813 con su pariente doña María de Jesús Rodríguez del Junco y Doria, hija de don Feliciano Rodríguez del Junco y Rodríguez Morejón, y de doña Ana María Doria y Rodríguez-Morejón. Tuvieron por hijos: a Ana María; a Rita María y a Gonzalo del Junco y del Junco. De los cuales:

---

1. Don Francisco André y su mujer doña Antonia Peñarroja, tuvieron por hijo: a

Don Francisco André y Peñarroja, natural de Cartagena de Levante, que fue Contador de Navío de la Real Armada. Casó con doña Francisca de los Dolores Quintanilla, y tuvieron por hijos: a Miguel Wenceslao, y a José María André y Quintanilla. Los cuales:

1. — El doctor Miguel Wenceslao André y Quintanilla, fue abogado. Casó con doña Isabel María Rodríguez del Junco y Bermúdez, arriba mencionada.

2. — Don José María André y Quintanilla, fue Sub-Teniente del Batallón Ligero de Tarragona. Casó en La Habana, parroquia de Jesús María, el 25 de noviembre de 1821, con doña María de Jesús Rivas y Zayas, hija de Joaquín y de Ana María.

A. — Doña Ana María del Junco y del Junco, casó en la Catedral de Matanzas el 4 de mayo de 1850, con don Loreto Sabas López y Vasconcellos, natural de Alacranes, hijo de José María y de Rosalía.

B. — Doña Rita María del Junco y del Junco, casó en la Catedral de Matanzas el 4 de enero de 1855, con su pariente don Bernardo Rodríguez Morejón y del Junco, hijo de don Antonio Rodríguez Morejón y Castro-Palomino y de doña Manuela Rodríguez del Junco y Doria.

C. — Don Gonzalo del Junco, fue bautizado en la Catedral de Matanzas el 28 de enero de 1821.

5. — Don Vidal Rodríguez del Junco y Bermúdez, del que se tratará en la «Rama A».

6. — Don Bernardo María Rodríguez del Junco y Bermúdez, del que se tratará en la «Rama B».

«Rama A»

Don Vidal Rodríguez del Junco y Bermúdez (anteriormente mencionado como hijo de don Antonio María Rodríguez del Junco y Sardiña, y de doña María Josefa Bermúdez y Escobar), nacido en Matanzas el 28 de abril de 1797, testó ante el escribano Nicolás Ortega el 9 de enero de 1872, y su defunción se encuentra en La Habana, parroquia de Monserrate, a 12 del mismo mes y año. Casó en la Catedral de Matanzas el 27 de diciembre de 1828, con doña María Isabel Rueda y Ponce de León, natural de la villa de Guanabacoa, hija de don Ignacio Rueda y Armas, Teniente Coronel de Milicias y Sargento Mayor de la plaza de Matanzas, y de doña Joaquina Ponce de León y Zamorano. Tuvieron por hijos: a Amalia; a María de las Mercedes; a Isabel; a Leonor y a Vidal del Junco y Rueda. Los cuales:

1. — Doña Amalia del Junco y Rueda, nacida en Matanzas, el 4 de enero de 1833, casó en La Habana, parroquia de Monserrate, el 19 de febrero de 1855, con don Juan Göbel y Muñoz, hijo de don Juan Göbel y Praguer, y de doña Isabel Muñoz y Zayas.

2. — Doña María de las Mercedes del Junco y Rueda, nacida el 18 de marzo de 1847, fue bautizada en la parroquia de Cimarrones. Casó con don Pedro Astray y Caneda.

3. — Doña Isabel del Junco y Rueda, casó en La Habana, parroquia de Monserrate, el 19 de febrero de 1855, con don Alonso Göbel y Muñoz, hijo de Juan Göbel y Praguer y de doña Isabel Muñoz y Zayas.

4. — Doña Leonor del Junco y Rueda, casó dos veces en La Habana, parroqiua de Guadalupe: la primera, el 5 de marzo de 1863, con don Alonso Göbel y Muñoz, viudo de su hermana doña Isabel. Casó por segunda vez, el 2 de marzo de 1867, con don Alonso del Portillo y Martín, hijo de don Andrés del Portillo y Bermúdez, y de doña Rita Josefa Martín y Molina.

5. — Don Vidal del Junco y Rueda, fue bautizado en la Catedral de Matanzas el 15 de junio de 1843.

«*Rama B*»

El licenciado Bernardo Rodríguez del Junco y Bermúdez (anteriormente mencionado como hijo de don Antonio María Rodríguez del Junco y Sardiña, y de doña María Josefa Bermúdez y Escobar), bautizado en la Catedral de Matanzas el 2 de enero de 1806, fue abogado y escribano público. Casó con doña María de las Mercedes Quintana Pujadas y Escarvachet, natural de La Habana, hija de Francisco y de Luisa. Tuvieron por hijos: a Enriqueta del Carmen; a María de las Mercedes; a María Luisa; a Francisco; a Enrique Juan Bautista; a Carlos Gabriel y a Emilio Bernardo del Junco y Pujadas. De los cuales:

1. — Doña María de las Mercedes del Junco y Pujadas, casó en La Habana, parroquia del Espíritu Santo, el 2 de enero de 1868, con don Julián Montenegro y Luján, natural de Villaclara. Teniente de Infantería del Regimiento de Artillería, hijo de don Julián Montenegro y González y de doña María del Carmen Clotilde Luján y González del Alamo.

2. — Doña María Luisa del Junco y Pujadas, casó en La Habana, parroquia de Jesús del Monte, el 23 de diciembre de 1875, con don Juan Bautista Andreu y Valdés, hijo de Manuel Cayetano y de Petrona.

3. — Don Francisco del Junco y Pujadas, fue natural de La Habana y su defunción se encuentra en esta ciudad, parroquia de Monserrate, a 29 de agosto de 1848.

4. — Don Enrique Juan Bautista del Junco y Pujadas, nacido el 23 de junio de 1839 y bautizado en La Habana, parroquia del Santo Angel, el 7 del mes siguiente, casó en la Catedral de esta ciudad el primero de diciembre de 1865, con doña María de los Dolores Matilde de la Cruz Muñoz y Aguirre, a su vez nacida el 4 de junio de 1840 y bautizada en La Habana, parroquia del Santo Cristo el 12 de ese mes y año, hija de don Angel de la Cruz Muñoz y Fernández, y de doña Francisca Xaviera Aguirre y Hornillos, ambos naturales de esta ciudad. Tuvieron por hijos: a Enrique; a María del Amparo; a Dulce María y a Piedad María del Junco y de la Cruz Muñoz. Los cuales:

A. — Don Enrique del Junco y de la Cruz-Muñoz, fue General de Brigada de la Guerra de Independencia, muriendo en campaña.

B. — Doña María del Amparo del Junco y de la Cruz-Muñoz, casó con don Pedro de Bolívar y Ariza.

C. — Doña Dulce María del Junco y de la Cruz-Muñoz, casó con el doctor Oscar Fonts y Sterling, abogado, hijo de don Juan Carlos Fonts y Palma y de doña Leocadia Sterling y Varona.

D. — Doña Piedad María del Junco y de la Cruz-Muñoz, casó el 10 de noviembre de 1889, con dos Gustavo Alfonso y Fonts, hijo de don

Ramiro Alfonso y Espada, y de doña María de la Concepción Fonts y Palma.

5. — Don Carlos Gabriel del Junco y Pujadas, fue bautizado en La Habana, parroquia del Espíritu Santo, el 24 de mayo de 1844.

6. — Doña Enriqueta del Carmen del Junco y Pujadas, fue bautizada en la referida parroquia del Espíritu Santo, el 2 de septiembre de 1857.

7. — El licenciado Emilio Bernardo del Junco y Pujadas, bautizado en La Habana, parroquia del Espíritu Santo, el 11 de mayo de 1861, fue abogado y Secretario de Justicia de la República de Cuba. Casó en la referida parroquia habanera del Espíritu Santo, el 20 de diciembre de 1883, con doña María de los Dolores André y González, hija del doctor Claudio André y Serpa, médico-cirujano y de doña María Josefa González y Mateo. Tuvieron por hijos: a Emilio; a Antonio; a Dolores María; a Alberto; a Margarita y a Georgina del Junco y André. De los cuales:

1. — Don Emilio del Junco y André, fue ingeniero civil y casó con doña María del Carmen Remírez de Estenoz y André, hija del doctor Ignacio Remírez de Estenoz y González, abogado. Secretario de Justicia de Cuba y de doña María Teresa André y González. Tuvieron por hijos: a María del Carmen y a Emilio del Junco y Remírez de Estenoz. Los cuales:

A. — Doña María del Carmen del Junco y Remírez de Estenoz está casada con el doctor Adolfo Bülle y Merry, médico-cirujano.

B. — Don Emilio del Junco y Remírez de Estenoz, que es arquitecto y reside en el Canadá, está casado con doña Julieta Sánchez-Abreu y Bretteville, hija de don Pedro Sánchez-Toledo y González-Abreu, y de Simonne de Bretteville. Tuvieron por hijos: a Andrés; a Ana; a María y a Paul del Junco y Sánchez-Abreu.

2. — Don Antonio del Junco y André, que ya ha fallecido, casó con doña Estela Nodarse y Moreno, hija de don Alberto Nodarse y Bacallao, General del Ejército Libertador de Cuba, y de doña Tomasa Moreno. Fueron los padres, de Georgina; de Estela; y de María Antonia del Junco y Nodarse. De las cuales:

Doña María Antonia del Junco y Nodarse, fue casada con Alfredo Fonts y Bernal, hijo del Dr. Ernesto Fonts y Abreu, médico-cirujano, y de doña Arsenja Bernal y Obregón.

3. El doctor Alberto del Junco y André, es abogado y Catedrático de la Universidad de La Habana. Casó con doña Violeta Mesa y García-Pola, hija del hacendado don Tirso Mesa y Hernández, y de doña Josefa García-Pola y Torres. Tienen por hijos: a Violeta; a Tirso y a Alberto del Junco y Mesa. De los cuales:

1. — El doctor Tirso del Junco y Mesa, es médico-cirujano y está casado con doña Celia Bobadilla.

2. — El doctor Alberto del Junco y Mesa, es abogado, y está casado con doña Casimira Areces y García.

LEYBA

En la segunda mitad del siglo XVII, procedente de la isla de Jamaica, se estableció esta familia en la villa de San Salvador del Bayamo en la isla de Cuba.

Don Antonio Leyba, casó con doña Luisa Carragena de Lara, y tuvieron por hijos: a Nazario Leyba y Carragena, y a Juan López de Leyba. Los cuales:

1. — El Capitán Nazario Leyba y Carragena, natural de la isla de Jamaica, casó con doña Isabel de Agramonte y Ponce natural, de San Salvador del Bayamo, hija de don Clemente de Agramonte Gaztañeta, natural de la villa de Azpeitia. Regidor de la villa de Bayamo, y de doña María Ponce y Guevara. Tuvieron por hija: a

Doña Graciana Leyba y Agramonte, natural de la isla de Jamaica, cuya defunción se encuentra en la Catedral de La Habana a 3 de diciembre de 1695. Casó con don José Pabón de Alvarado.

2. — Don Juan López de Leyba, casó con doña Catalina Sánchez y tuvieron por hijo: a

Don Juan López de Leyba, que casó con doña Catalina Sánchez de Espinosa. Tuvieron por hijos: a Juan, y a Francisco Leyba y Sánchez de Espinosa. Los cuales:

1. — Don Juan Leyba y Sánchez de Espinosa, fue Vicario y Provisor general de la isla de Jamaica.

2. — Don Francisco Leyba y Sánnchez de Espinosa, fue Regidor en la isla de Jamaica. Casó con doña Catalina Barrios y Castañeda, y tuvieron por hijo: a

Don Lorenzo Leyba y Barrios, que fue Alcalde ordinario de la villa de Bayamo. Casó con doña Catalina Román y tuvieron por hijos: a Ana; y a Francisco Leyba y Román. Los cuales:

1. — Doña Ana Leyba y Román, casó con el Capitán Gregorio Odoardo y Núñez de Cabrera, hijo de don Santiago Odoardo y Oitum. Capitán de Milicias y Alcalde ordinario de la villa de Bayamo, y de doña Juana Núñez de Cabrera y Zayas-Bazán.

2. — Don Francisco Leyba y Román, casó con doña Ana Tamayo y Milanés, hija del Capitán Manuel Tamayo y Mexía, Regidor de la villa de Bayamo, y de doña María Magdalena Milanés y Marrón de Santiesteban. Tuvieron por hijo: a

Don Rafael Leyba y Tamayo, que casó con doña María Teresa de Palma y Aguado, hija de don Tomás de Palma-Beloso y Morales, Alcalde ordinario de la villa de Bayamo, y de doña Francisca de Paula Aguado y Agramonte. Tuvieron por hija: a

Doña María Teresa Leyba y Palma, que casó con don Eugenio Odoardo y Ramírez de Arellano, hijo de don Lorenzo Odoardo y Leyba, y de doña Teresa Ramírez de Arellano y Téllez.

Don Pedro Leyba y Carvajal, fue Procurador general en La Habana los años de 1727 y 1728.

Don Sancho de Leyba Virrey de Navarra, General de las Galeras y Gobernador y Capitán General del estado de Melasso, en Italia, fue padre: de

Don Pedro de Leyba, que casó con doña Leonor de Gamboa, Señora de Gamboa y de Arteaga, hija de don Fernando de Gamboa y de doña Catalina de Mendoza.

Don Fernando de Leyba y su mujer doña Francisca Hernández, tuvieron por hijos: a

Don Simón de Leyba y Hernández natural de Garachico, en las Canarias, que casó en la Catedral de Santiago de Cuba el 25 de octubre de 1688, con doña Josefa Núñez y Ramos, hija de Jorge y de Clara, vecinos de Jamaica.

MACHADO

A fines del siglo XVII, procedente de Sanlucar de Barrameda, se estableció esta familia en la provincia de Santa Clara, en la isla de Cuba.

Don Salvador Machado, casó con doña Isabel Gutiérrez y tuvieron por hijo: a

Don Alonso Machado y Gutiérrez, natural de Sanlucar de Barrameda, que casó en la parroquia mayor de Villaclara el 28 de diciembre de 1698, con doña María Juliana Rodríguez de Arciniega y de los Reyes, natural de San Juan de los Remedios, hija del Capitán Manuel Rodríguez de Arciniega y Márquez, Regidor-Alcalde de la Santa Hermandad y de doña Clemencia de los Reyes y Pareja. Tuvieron por hijos: a Pedro; a Salvador; a Ambrosio y a Vicente Machado y Rodríguez de Arciniega. Los cuales:

1. — Don Pedro Machado y Rodríguez de Arciniega, casó en la parroquia mayor de Santa Clara el 14 de julio de 1731.

2. — Don Salvador Machado y Rodríguez de Arciniega, casó en la parroquia mayor de Villaclara el 30 de diciembre de 1725, con doña Isabel

Cabrera y Rodríguez Chaviano, hija de don Hilario Cabrera y Hermosilla, natural de Fuerteventura, en Canarias, y de doña Bárbara Rodríguez Chaviano y Mendiola.

3. — Don Ambrosio Machado y Rodríguez de Arciniega, del que se tratará en la «LINEA PRIMERA».

4. — Don Vicente Machado y Rodríguez de Arciniega, del que se tratará en la «LINEA SEGUNDA».

«LINEA PRIMERA»

Don Ambrosio Machado y Rodríguez de Arciniega (mencionado anteriormente como hijo de don Alonso Machado y Gutiérrez, y de doña María Juliana Rodríguez de Arciniega y de los Reyes), natural de Villaclara, casó con doña Laurelia Consuegra y Hernández, hija del Capitán Dionisio Consuegra y Arjona, y de doña Laurelia Hernández y Díaz. Tuvieron por hijos: a María y a Francisco Antonio Machado y Consuegra. Los cuales:

1. — Doña María Machado y Consuegra, casó en la paroquial mayor de Villaclara el 11 de noviembre de 1774, con don José de la Cruz López y Rodríguez, hijo de Juan Gregorio y de Margarita.

2. — Don Francisco Antonio Machado y Consuegra, natural de Villaclara, fue tres veces alcalde de dicha villa, y casó con doña Manuela López Silvero y Monteagudo, hija del Teniente Francisco López Silvero y Sarduy, y de doña María Manuela Monteagudo y Pérez de Morales. Tuvieron por hijo: a

Don Francisco Atanasio Machado y López Silvero, natural de Villaclara, que casó con doña María Josefa Pérez del Corcho y Beitía, hija de don Manuel Félix Pérez del Corcho y Beitía y de doña María de la Concepción Beitía y Pérez del Corcho. Tuvieron por hijo: a

Don José Joaquín Machado y Pérez del Corcho, bautizado en la parroquia mayor de Villaclara el 22 de junio de 1800, que fue escribano público de dicha villa en 1834, Gentilhombre de Cámara de Su Majestad, Cadete de Milicias de los Cuatro Lugares (Sancti Spíritus, Remedios, Santa Clara y Trinidad), y Capitán de Urbanos. Falleció en Villaclara el 5 de febrero de 1876, en cuya parroquia casó el 24 de mayo de 1824, con doña Rita María Gómez y Machado, hija del Alférez Tomás José Gómez y Consuegra, Alcalde ordinario, y de doña Rosalía Machado y Consuegra. Fueron padres de Rita María; de Irene Josefa; de Beatriz Amalia; de Manuel Antonio Eduardo; de Eleuterio Néstor; de Eligio, y de José Joaquín Machado y Gómez. Los cuales:

1. — Doña Rita María Machado y Gómez, casó con don Cristóbal Elías de las Casas, Teniente Coronel del Ejército español.

2. — Doña Irene Josefa Machado y Gómez, casó con don Jorge Falces y Azara, Coronel de Ingenieros del Ejército español.

3. — Doña Beatriz Amalia Machado y Gómez, casó con el licenciado Baltasar Espoy y Gassol.

4. — Don Manuel Antonio Eduardo Machado y Gómez, siempre conocido por «Eduardo», bautizado en la parroquia mayor de Villaclara el 2 de noviembre de 1838, ilustre bibliófilo, ingeniero civil, políglota, escritor, Diputado por Las Villas y patriota cubano, fue miembro de la asamblea constituida en Guaimaro y Secretario de la Cámara de la República de Cuba en Armas. Entre sus obras, publicó en Leipzig «Cuba y la emancipación de sus esclavos», que fue traducida al alemán y al inglés, y en 1870 se incorporó al movimiento revolucionario de Cuba. Murió en Arroyo Colorado, provincia de Camagüey, en un encuentro con las tropas españolas, el 16 de octubre de 1877. Su biografía ha sido publicada por el doctor Pánfilo D. Camacho en el número 11 de las «Biografías Cubanas» de Editorial Trópico, en La Habana.

5. — Don Eleuterio Néstor Machado y Gómez, casó con doña Ana Vidaurreta, de la que tuvo por hijo: a Enrique Machado y Vidaurreta.

6. — Don Eligio Machado y Gómez, bautizado en la parroquia mayor de Villaclara el 4 de diciembre de 1826, fue escribano público de dicha villa. Casó con doña Rita Planas y Consuegra, y tuvieron por hijos: a María de la Caridad, y a Joaquín Machado y Planas. Los cuales:

A. — Doña María de la Caridad Machado y Planas, casó con don Rafael Carreras y Grosso.

B. — El doctor Joaquín Machado y Planas, fue bautizado en la parroquia de Villaclara el 6 de marzo de 1854.

7. — El licenciado José Joaquín Machado y Gómez, bautizado en la parroquia de Villaclara el 3 de mayo de 1833, fue abogado. Casó en La Habana, parroquia del Espíritu Santo, el 23 de diciembre de 1859, con doña Mariana Pintó y Payne, hija de don Ramón Pintó López y Llinás, distinguido revolucionario cubano, y de doña Mariana Payne y Almansa. Tuvieron por hijos: a Blanca; a María; a José, y a Eduardo Machado y Pintó. De los cuales:

1. — Don José Machado y Pintó, fue Cónsul de la República de Cuba.

2. — Don Eduardo Machado y Pintó, casó con doña Alicia Martínez.

«LINEA SEGUNDA»

Don Vicente Machado y Rodríguez de Arciniega (mencionado anteriormente como hijo de don Alonso Machado y Gutiérrez, y de doña María Juliana Rodríguez de Arciniega y de los Reyes), natural de Villaclara, casó en la parroquial mayor de Santa Clara el 7 de enero de 1733. con doña Gertrudis Cabrera y Rodríguez Chaviano, hija de don Hilario Cabrera y Hermosilla, natural de Fuerteventura, y de doña Bárbara Rodríguez Chaviano y Mendiola. Tuvieron por hijo: a

Don Juan Francisco Machado y Cabrera, natural de Villaclara, que casó en esa parroquial mayor, el 7 de noviembre de 1763, con doña

Ana Josefa Perero y Sánchez, hija de don Pedro Perero y Sánchez, natural de Galicia, y de doña Gregoria Sánchez y González. Tuvieron por hijo: a

Don Manuel Vicente Machado y Perero, natural de Villaclara, que casó en dicha parroquial mayor el 4 de diciembre de 1787, con doña Ana Antonia Josefa Pérez-Borroto y Pérez de Ramellón, natural de Remedios, hija de Lucas y de Josefa. Tuvieron por hijos: a Francisco Clemente, y a Juan Francisco Machado y Pérez Borroto. Los cuales:

1. — Don Francisco Clemente Machado y Pérez-Borroto, bautizado en la parroquia mayor de Villaclara el primero de diciembre de 1798, casó con doña María de Jesús Ramos, y tuvieron por hijo: a

Don Francisco Machado y Ramos, natural de Villaclara, que casó con doña Laudelina Nodal y Riverón, hija de Eusebio y de María de las Mercedes. Tuvieron por hijos: a María de la Soledad; a María de los Dolores; a María de las Mercedes; a Elvira; a Ladislao, y a Enrique Machado y Nodal. De los cuales:

A. — Doña María de la Soledad Machado y Nodal, casó con don Pedro Guillermo Pando y Noriega.

B. — Doña María de los Dolores Machado y Nodal, casó con don Juan Carrillo.

C. — Doña María de las Mercedes Machado y Nodal, casó con don José Anido.

D. — Doña Elvira Machado y Nodal, bautizada en la parroquia mayor de Villaclara el 28 de octubre de 1868, casó con don Gerardo Machado y Morales, General del Ejército Libertador de Cuba, Gobernador de la provincia de Santa Clara y Presidente de la República de Cuba en 1925 a 1933, hijo de don Gerardo Machado y Castellón, Coronel del Ejército Libertador de Cuba, y de doña Lutgarda Morales y Llanes.

E. — Don Enrique Machado y Nodal, fue Capitán del Ejército Nacional de Cuba, Representante a la Cámara y Senador de la República. Casó con doña María del Carmen Betancourt y Payrol, hija del doctor Fernando Betancourt y Miyares, médico, y de doña Juana Payrol y Martínez.

2. — Don Juan Francisco Machado y Pérez Borroto, casó en la parroquial mayor de Villaclara el 16 de febrero de 1817, con doña María Rosalía Pérez de Alejos y Medina, hija de don Pedro Antonio Pérez de Alejos y Pérez del Prado, y de doña Ana Gracia Pérez de Medina y Alfonso. Tuvieron por hijo: a

Don José Rafael Machado y Pérez de Alejos, que fue bautizado en la parroquial mayor de Villaclara, donde casó el 30 de diciembre de 1840, con doña Juana Bautista Castellón. Tuvieron por hijo: a

Don Gerardo Machado y Castellón, bautizado en la parroquial mayor de Villaclara, que fue Coronel del Ejército Libertador de Cuba. Casó en la referida parroquia el 8 de enero de 1866, con doña Lutgarda Morales y Llanes, hija de don Juan Morales y Montáñez, y de doña Teodora de la Concepción Llanes y Siverio. Tuvieron por hijos: a María del Consuelo; a Carlos, y a Gerardo Machado y Morales. Los cuales:

1. — Doña María del Consuelo Machado y Morales, casó con don Braulio González.

2. — Don Carlos Machado y Morales, natural de Villaclara, es Coronel del Ejército Libertador de Cuba y fue Senador de la República. Casó con doña Luisa Machado.

3. — Don Gerardo Machado y Morales, bautizado en la parroquia de Villaclara el 29 de octubre de 1869, ya fallecido, fue General del Ejército Libertador de Cuba, Secretario de Gobernación, Gobernador de la provincia de Santa Clara y Presidente de la República de Cuba de 1925 a 1933. Casó con doña Elvira Machado y Nodal, hija de don Francisco Machado y Ramos, y de doña Landelina Nodal y Riverón. Tuvieron por hijas; a Laudelina; a Angela Elvira, y a Berta Machado y Machado. Las cuales:

1. — Doña Laudelina Machado y Machado, casó con el doctor Baldomero Grau y Triana, abogado y notario público de La Habana.

2. — Doña Angela Elvira Machado y Machado, casó con don José Emilio Obregón y Blanco.

3. — Doña Berta Machado y Machado, casó con don Rafael Sánchez Aballí y Hernández, que ya ha fallecido, hijo de don Rafael Sánchez Aballí, Embajador de Cuba en los Estados Unidos de América, también fallecido, y de doña Gisela Hernández.

En el siglo XVII, aparece radicada en Santiago de Cuba otra familia de este apellido, cuya procedencia se ignora, y que comienza: con el

Alférez Pedro Machado, que casó con doña Gertrudis Cisneros y Duque de Estrada, cuya defunción se encuentra en la Catedral de Santiago de Cuba, a 20 de agosto de 1683, hija de don Juan Jiménez de Cisneros, natural de Castilla, Contador Juez Oficial de las Reales Cajas de Puerto Príncipe, y de doña María Duque de Estrada y Guzmán Arias Luyando (véase página 115, tomo I de esta obra). Fueron los padres: de Jerónimo; de María; de Isabel; de Francisca; de Manuel, y de Blas Machado y Cisneros. Los cuales:

1. — Don Jerónimo Machado y Cisneros, fue clérigo, y su defunción se encuentra en la Catedral de Santiago de Cuba a 22 de abril de 1683.

2. — Doña María Machado y Cisneros, cuya defunción se encuentra

en la Catedral de Santiago de Cuba a 9 de agosto de 1681, casó con el Alférez Francisco Bañares y Guzmán.[1]

3. — Doña Francisca Machado y Cisneros, cuya defunción se encuentra en la Catedral de Santiago de Cuba a 27 de julio de 1681, casó con don Pedro Alvarez de Castro, natural de esa ciudad, Regidor de la misma, cuya defunción se encuentra en la referida Catedral de Santiago de Cuba a 20 de febrero de 1678.

4. — El Teniente Manuel Machado y Cisneros, casó con doña María Agustina de Roxas Ximénez, teniendo por hijos: a Manuel, y a Manuela Machado y Roxas Ximénez. Los cuales:

A. — Don Manuel Machado y Roxas Ximénez, casó en la Catedral de Santiago de Cuba el 16 de agosto de 1692, con doña Antonia Tamayo y Estrada, hija de Diego y de Antonia.

B. — Doña Manuela Machado y Roxas Ximénez, casó en la Catedral de Santiago de Cuba el 6 de enero de 1703, con don Pedro Tamayo y Brizuelas, hijo de don Salvador Tamayo Mexía, y de doña Mariana Brizuelas.

5. — Don Blas Machado y Cisneros, casó con doña Agustina Ximénez, de la que tuvo por hijo: a

Don Cipriano Machado y Ximénez, que casó en la Catedral de Santiago de Cuba el 26 de julio de 1688, con doña Antonia Zaldívar (o Valdivia) y Flores, hija del Sargento Antonio, y de Bárbara.

6. — Doña Isabel Machado y Cisneros, casó con el Alférez Fernando Ximénez Cortés.[1]

MARTÍNEZ - FORTUN

A principios del siglo XVI aparece radicada esta familia en la ciudad de Cartagena de Levante, provincia de Murcia, estableciéndose en la isla

---

1. Fueron los padres: de

Doña Francisca Bañares y Machado, que casó en la Catedral de Santiago de Cuba el primero de mayo de 1690, con don Diego Calderón Aguirre de Oquendo, natural de San Cristóbal de la Laguna, en Canarias, hijo de don Antonio Calderón y Oquendo, y de doña María Ramírez Machado.

También se ha encontrado que una doña Isabel Machado Arias Luyando, casó con el Capitán Andrés Duque de Estrada y Tovar.

---

1. Doña Isabel Machado y Cisneros, y el Alférez Fernando Ximénez Cortés, fueron los padres: de

Doña Isabel María Cisneros y Machado, que casó en la Catedral de Santiago de Cuba el 30 de diciembre de 1714, con don Vicente Ferrer y Roxas.

de Cuba a principios del siglo XIX. Obtuvieron el título de Marqués de Placetas.

Son sus armas: en campo de plata, tres ondas de su color natural, puestas en palo y andantes: el jefe de azur, con tres flores de lis de oro puestas en faja, y en punta, ondas de agua de azur y plata. Bordura de gules, con diez sotueres de oro.

Don Juan Martínez-Fortún, vecino de Cartagena de Levante, fue padre: de

Don Alonso Martínez-Fortún, que en 1579 era Regidor en Cartagena de Levante. Casó con doña Agueda Hernández y tuvieron por hijos: a Antonio; a Fulgencio, y a Gonzalo Martínez-Fortún y Hernández. Los cuales:

1. — Don Antonio Martínez-Fortún, y Hernández, Regidor perpetuo de Cartagena de Levante, casó con doña Ana María Blanquete, y tuvo por hijo: a

Don José Martínez-Fortún y Blanquete, nacido en Cartagena de Levante año de 1664, Alcalde noble por los Hidalgos en 1689, y Regidor perpetuo de esa ciudad, que casó con doña Luisa Valcárcel Dato y Molina, nacida en Mula año de 1660, hija de don Juan Valcárcel Dato y Martínez, Regidor Decano de Mula año de 1729, y de doña Juana de Molina. Fueron los padres de:

Don Fulgencio Martínez-Fortún y Valcárcel nacido en Cartagena de Levante año de 1698, que casó con doña Leonor Calderón y Vigueras Clemente, nacida en Alberca (Murcia) en 1711, hija de don Antonio Calderón, natural de Cartagena de Levante, y de doña Catalina Clemente Vigueras natural de Alquezares en Murcia. Tuvieron por hijos: a María Francisca, y a Fernando Martínez-Fortún y Calderón. Los cuales:

A. — Doña María Francisca Martínez-Fortún y Calderón, nacida en Cartagena de Levante, año de 1749, casó con don José Pasalagua y Martínez, natural de Alicante, Coronel del Regimiento Fijo de Infantería de Puerto Rico en 1790,[1] hijo de don Antonio Pasalagua, natural de Algeciras y de doña Josefa Martínez, natural de Alicante.

---

1. De su citado matrimonio, doña María Francisca Martínez-Fortún y Calderón, tuvo por hijos: a José; a Justo, y a Toribio Pasalagua y Martínez-Fortún. Los cuales:

1. Don José Pasalagua y Martínez-Fortún, bautizado en la Catedral de San Juan de Puerto Rico el 16 de enero de 1781, sentó plaza como Guardia-Marina en la Compañía de Cartagena de Levante el 29 de marzo de 1794 (asiento 3642, páginas 371 y 372, tomo IV y asiento 4379, pág. 201, tomo V «Real Compañía de Guardias-Marinas y Colegio Naval: catálogo de pruebas», por don Dalmiro de la Válgoma y el Barón de Finestrat). Por Real orden de 15 de diciembre de 1795 fue agregado a la Compañía de Guardias-Marinas de El Ferrol.

2. — Don Justo Pasalagua y Martínez-Fortún, nacido en El Ferrol año de 1785, ingresó como Guardia-Marina en la Compañía de Cartagena de Levante el 26 de julio de 1800, pasando a la de El Ferrol el 5 de noviembre de ese año a virtud de

Real orden de 5 de octubre de 1800 (asiento 3723, páginas 416 y 417, tomo IV, y asiento 4482, página 258, tomo V de la referida obra de Válgoma-Finestrat).

3. — Don Toribio Pasalagua y Martínez-Fortún, bautizado en El Ferrol, parroquia de San Julián, el 16 de abril de 1786, sentó plaza como Guardia-Marina en la Compañía de Cartagena de Levante el 9 de junio de 1801 (asiento 4497, página 265, tomo V de la tantas veces mencionada obra de los señores Válgoma-Finestrat).

B. — Don Fernando Martínez-Fortún y Calderón, nacido en Cartagena de Levante en 1755, que fue Oficial de la Real Armada, en la que ingresó como Cadete en su ciudad natal el 30 de octubre de 1777 (asiento 3950, tomo IV «Real Compañía de Guardias Marinas y Colegio Naval; catálogo de pruebas» por don Dalmiro de la Válgoma y el Barón de Finestrat).

2. — Don Fulgencio Martínez-Fortún y Hernández, nacido en Cartagena de Levante el 28 de enero de 1613, casó el 10 de mayo de 1636, con doña Isabel de la Torre, natural de Mendigo, en la provincia de Murcia. Tuvieron por hijos: a María, y a Fulgencio Martínez-Fortún y de la Torre. De los cuales:

Don Fulgencio Martínez-Fortún y de la Torre fue bautizado en Murcia, parroquia de Santa María del Palmar, el 3 de diciembre de 1653. Casó el 7 de septiembre de 1670, con doña Isabel Osette y Fernández, hija de Martín y de Juana. Tuvieron por hijo: a

Don Fulgencio Martínez-Fortún y Osette, que nació en el Palmar, Murcia, el 16 de noviembre de 1673. Testó el 9 de julio de 1737, ante el escribano Bartolomé Sánchez Llamas. Casó dos veces: la primera, el 16 de noviembre de 1693, con doña Beatriz Ortiz y Pérez, hija de Andrés y de Juana. Casó por segunda vez, con doña Juana Hernández y López.

Don Fulgencio Martínez-Fortún y Osette, y su primera mujer doña Beatriz Ortiz y Pérez, tuvieron por hijos: a María; a Diego; a Pedro; a Fulgencio, y a Andrés Martínez-Fortún y Ortiz. De los cuales:

A. — Doña María Martínez-Fortún y Ortiz, casó con don Antonio de León.

B. — Don Pedro Martínez-Fortún y Ortiz, fue bautizado en Murcia el 23 de junio de 1694. Obtuvo ejecutoria de nobleza en esa ciudad el 18 de abril de 1776. Casó con doña Juana Sánchez.

C. — Don Fulgencio Martínez-Fortún y Ortiz, bautizado en Murcia, parroquia de la Concepción del Palmar, el 18 de julio de 1699, casó en la parroquia de la villa de Alberca, el 22 de noviembre de 1723, con doña Fulgencia de la Cárcel y Franco, hija de Francisco y de Fulgencia. Tuvieron por hijos: a Francisco; a Fulgencio, y a José Martínez-Fortún y la Cárcel.

D. — Don Andrés Martínez-Fortún y Ortiz, bautizado en Murcia, parroquia del Palmar, el 20 de septiembre de 1696 testó el 30 de abril de 1758. Casó en la parroquia de Corbera la Alta, Murcia, el 9 de marzo de

1721, con doña Francisca Martínez Cobacho y Fernández Cobacho, hija de Pedro y de Teodora. Tuvieron por hijos: a Beatriz, y a Fulgencio Martínez-Fortún y Martínez Cobacho.

3. — Don Gonzalo Martínez-Fortún y Hernández, natural de Cartagena de Levante, casó en la parroquia de los Algazares, Murcia, el 7 de enero de 1635 con doña Nicolasa Hernández Saura, y tuvieron por hijos: a María; a Gonzalo; a Alonso, y a Juan Martínez-Fortún y Hernández. De los cuales:

Don Juan Martínez-Fortún y Hernández, bautizado en Granada, parroquia de Santa Escolástica, el 20 de junio de 1645, casó en Cartagena de Levante, el 10 de octubre de 1668, con doña María Martínez y Conesa, hija de Joaquín y de Juana. Tuvieron por hijos: a María; a Antonia; a Nicolasa; a Juan y a Gonzalo Martínez-Fortún y Martínez. De los cuales:

Don Gonzalo Martínez-Fortún y Martínez natural de Murcia, casó en dicha ciudad, parroquia de Santa María, el 30 de mayo de 1689, con doña Juana Fernández Briseña y López, hija de Salvador y de Mariana. Tuvieron por hijos: a María; a Josefa; a Lucas; a Juan; a José; a Gonzalo y a Salvador Martínez-Fortún y Fernández Briseño. De los cuales:

1. — Don Juan Martínez-Fortún y Fernández Briseño, nacido en Murcia, el 18 de septiembre de 1712, casó en esa ciudad, parroquia de San Antolín, el 25 de octubre de 1734, con doña Teresa del Río y Ortuño, hija de Andrés y de María. Tuvieron por hijos: a José; a Gonzalo; a Francisco, y a Antonio Martínez Fortún y del Río.

2. — Don José Martínez-Fortún y Fernández Briseño, nacido en Murcia el 10 de abril de 1728, casó con doña Antonia de Campos y Sánchez, hija de Jaime y de María. Tuvieron por hijos: a Gonzalo; a José, y a Salvador Martínez-Fortún y Campos.

3. — Don Gonzalo Martínez-Fortún y Fernández Briseño, bautizado en Murcia, parroquia de San Antolín, el 23 de abril de 1718, casó en la parroquia de la villa de Espindo el 27 de septiembre de 1741, con doña María de Egea y Ximénez, hija de Juan y María. Tuvieron por hijos:

Don Gonzalo Martínez-Fortún y Egea, nacido el 5 de septiembre de 1746, que casó el 12 de septiembre de 1772, con doña Nicolasa Ximénez y Ximénez.

4. — El doctor Salvador Martínez-Fortún y Fernández Briseño, bautizado en Murcia, parroquia de San Antolín, el 6 de marzo de 1716, fue médico de las Reales Cárceles de Murcia. Casó el 8 de julio de 1764, con doña María de la Paz Fernández Henarejos, y tuvieron por hijos: a José, y a Gregorio Martínez-Fortún y Fernández Henarejos. De los cuales:

Don Gregorio Martínez-Fortún y Fernández Henarejos, nacido el 31 de noviembre de 1767, fue Administrador de la Real Aduana de Logroño. Casó con doña Josefa Agueda Erlés y Ocón, teniendo por hijos: a Saturnino; a León, y a José Martínez-Fortún y Erlés. De los cuales:

1. — Don León Martínez-Fortún y Erlés, nacido en Logroño el 23 de febrero de 1819, fue Coronel graduado de Ejército, General de los ejércitos carlistas y Ayo del Infante don Jaime de Borbón. Obtuvo el 4 de noviembre de 1876 el título carlista de Conde de San León, y falleció en Valladolid. Casó en Matanzas (Cuba), año de 1843, con doña Josefa Martínez de Talavera y Pereira, y tuvieron por hijos: a Florentina; a María del Carmen; a María de los Dolores; a María de los Santos, y a Luis Martínez-Fortún y Martínez de Talavera. De los cuales:

A. — Doña Florentina Martínez-Fortún y Martínez de Talavera, previa licencia regia obtenida el 20 de abril de 1866, casó con don Matías Rodríguez de Campomanes y Armesto, hijo de don Rodrigo Rodríguez de Campomanes y Orozco, Conde de Campomanes, y de doña Rosa de Armesto y Cortés, esta última, a su vez, primogénita del Marqués de Villagarcía.

B. — Doña María de los Santos Martínez-Fortún y Martínez de Talavera, casó en Valladolid con don Antero Samaniego y Frías.

C. — Don Luis Martínez-Fortún y Martínez de Talavera, nacido en Limonar, provincia de Matanzas, el 25 de agosto de 1846, fue Teniente de Caballería. Falleció en La Habana el 13 de junio de 1875. Casó en la parroquia de San Juan de los Remedios el 20 de octubre de 1871, con doña Isabel Martínez-Fortún y Wilson, hija de don José Martínez-Fortún y Erlés, primer Marqués de Placetas, Coronel de Infantería, y de doña Susana Oliver-Wilson y Sabin-Smith. Tuvieron por hijo: al

Doctor León Martínez-Fortún y Martínez-Fortún, nacido en Remedios el 6 de diciembre de 1873, que fue abogado. Casó el 17 de agosto de 1904, con doña Joaquina Cortés y Fernández, y tuvieron por hijos: a Livia; a Isabel; a María Luisa; a Carmen; a Joaquina, y a León Martínez-Fortún y Cortés.

2. — Don Rufino José Martínez-Fortún y Erlés, bautizado en Logroño, parroquia imperial de Santa María de Palacio el 16 de noviembre de 1824, y cuya defunción se encuentra en la parroquia de Placetas (Cuba) a 23 de septiembre de 1884, fue Coronel de Infantería. Por Real despacho del año de 1878, se le concedió el título de Marqués de Placetas.[1] Casó en la parroquia de Guamacaro-Cárdenas, el 13 de agosto de 1843 (folio 139, libro 4), con doña Susana Oliver-Wilson y Sabin-Smith, bautizada

---

[1] El marquesado de Placetas, que se encuentra vacante, ha sido solicitado por el doctor José-Alberto Palanca y Martínez Fortún, nacido en Palma de Mallorca el 2 de abril de 1888, uno de los más afamados médicos-cirujanos españoles, Director General de Sanidad Militar en su país, Profesor auxiliar de la Facultad de Medicina de las Universidades de Santiago de Compostela y de Madrid, y luego Catedrático titular de Higiene de la Facultad de Medicina matritense; perteneció al Cuerpo de Inspectores provinciales y fue Director general de Sanidad, Diputado por Jaén y Procurador a Cortes. Actualmente es Director general de Sanidad de España (cargo que ocupa por segunda vez), y es académico de la de Medicina, creador del Hospital Infantil de Madrid y el Dispensario Antivenéreo, del pabellón para niños tuberculosos del Hospital Nacional de Infección, el Sanatorio antituberculoso de Jaén, y el Dispensario Antipalúdico de Campo Redondo. Este peticionario posee las Grandes Cruces de Sanidad y Beneficencia de España

y de la Orden de Mérito «Carlos J. Finlay», de Cuba, y sobre él se trata en las páginas 391 y 392 de «Dignidades Nobiliares en Cuba» por Rafael Nieto y Cortadellas.

A doña María Martínez-Fortún, natural de Cartagena de Levante, que tuvo descendencia de su matrimonio efectuado a mediados del siglo XVIII, con don Fulgencio de César, de igual naturaleza.

---

en la parroquia de San Cipriano de Guamacaro (hoy Cárdenas) el 5 de febrero de 1820, hija de Joseph Oliver-Wilson y de Susliza, natural de Windsor, Connecticutt (Estados Unidos de América), cuya defunción está en la parroquia de San Cipriano de Guamacaro-Cárdenas a 27 de febrero de 1839, y de Seraphine Smith-Sabin y Wardwell, natural de Bristol, en Rhode Island, también en los Estados Unidos de América. Tuvieron por hijos: a Elisa; a Susana; a Sara; a Serafina; a Camila Catalina; a Isabel; a Carlos Alberto, y a José Martínez-Fortún y Wilson. De los cuales:

1. — Doña Camila Catalina Martínez-Fortún y Wilson, bautizada en la parroquia de Guamutas donde nació el 25 de noviembre de 1856, casó en Remedios, parroquia de San Nicolás, el 27 de agosto de 1875 (folio 13, número 10, libro 9) con don Francisco de Asís Morales y Guerrero-Estrella, bautizado en Ecija, provincia de Sevilla), parroquia de Santa María, el 25 de noviembre de 1846, a la sazón Teniente de Navío de la Armada Nacional española, quien sentara plaza de Aspirante en el Colegio Naval Militar el primero de julio de 1862 (asiento 5430, página 292, tomo VI de la obra «Real Compañía de Guardias Marinas y Colegio Naval; catálogo de pruebas» por don Dalmiro de la Válgoma y el Barón de Finestrat»), hijo de don José Morales y González, Pérez y Rodríguez, y de doña María de la Concepción Guerrero-Estrella y Fabián, Montes y Espada, también naturales de Ecija.

2. — Doña Isabel Martínez-Fortún y Wilson, casó en la parroquia de San Juan de los Remedios el 20 de octubre de 1871, con su pariente don Luis Martín-Fortún y Martínez de Talavera, Teniente de Caballería, hijo de don León Martínez-Fortún y Erlés, Coronel del Ejército, General carlista, Ayo del Infante don Jaime de Borbón, y de doña Josefa Martínez de Talavera y Pereira.

3. — El doctor Carlos Alberto Martínez-Fortún y Wilson, bautizado en la parroquia de Guamacaro el 2 de diciembre de 1868, fue médico. Falleció el 13 de febrero de 1893.

4. — Don José Martínez-Fortún y Wilson, nacido en el ingenio «La Esperanza» el 20 de abril de 1844, casó tres veces: la primera, en la ciudad de Bristol, Inglaterra, en 1875, con Mary A. Fales Wilson. Casó por segunda vez, en la ciudad de New York, con Helen Conyers. Casó por tercera vez, en la provincia de Santa Clara, parroquia de San Juan de los Remedios, el 18 de febrero de 1882, con doña Adela Foyo y del Portal, hija de don Pedro Foyo y Caravia, y de doña Agustina del Portal y Múgica.

Don José Martínez-Fortún y Wilson, y su primera mujer Mary A. Fales Wilson, tuvieron por hija: a Marta Martínez-Fortún y Fales.

Don José Martínez-Fortún y Wilson, y su tercera mujer doña Adela Foyo y del Portal, tuvieron por hijos: a Adela; a Susana; a Carlos Alberto; a Abelardo; a Ortelio; a Arturo; a Gonzalo, y a José Andrés Martínez-Fortún y Foyo. De los cuales:

1. — El doctor Carlos Alberto Martínez-Fortún y Foyo, nacido en Placetas el 28 de septiembre de 1890, es abogado. Casó el 27 de junio de 1917, con doña María de la Soledad Vigil y Navarro, hija de Víctor y de Josefa.

2. — El doctor Abelardo Martínez-Fortún y Foyo, nació en Camajuaní el 30 de julio de 1897.

3. — El doctor Ortelio Martínez-Fortún y Foyo, nacido en Camajuaní el 20 de junio de 1901, es médico-cirujano.

4. — El doctor Arturo Martínez-Fortún y Foyo, nacido en Placetas el 22 de marzo de 1889, es médico-cirujano. Casó en la parroquia de San Juan de los Remedios el 22 de marzo de 1916, con doña Restituta de Rojas y Escobar, y tuvieron por hijas: a Josefa; a Susana y a María del Pilar Martínez-Fortún y Rojas.

5. — Don Gonzalo Martínez-Fortún y Foyo, nacido en Placetas el 30 de agosto de 1887, es ingeniero. Casó en la parroquia de Vueltas, con doña María Luisa Barlett, y tuvieron por hijos: a Marta; a Isabel y a Gonzalo Martínez-Fortún y Bartlett.

6. — El doctor José Andrés Martínez-Fortún y Foyo, bautizado en la parroquia de San Atanasio el 27 de diciembre de 1882, es médico-cirujano. Casó en la ciudad de Ecija, Sevilla, el 16 de noviembre de 1911, con su pariente doña Sara Morales y Martínez-Fortún, hija de don Francisco de Asís Morales y Guerrero-Estrella, natural de Ecija, Teniente de Navío de la Armada Nacional de España, y de doña Camila Martínez-Fortún y Wilson. Tuvieron por hijos: a José Francisco y a Carlos Alberto Martínez-Fortún y Morales. Los cuales:

1. — Don José Francisco Martínez-Fortún y Morales, nació en La Habana el 8 de julio de 1915.

2. — Don Carlos Alberto Martínez-Fortún y Morales, fue bautizado en la parroquia de San Juan de los Remedios el 18 de junio de 1919.

A principios del siglo XVIII aparece también radicada en la ciudad de Cartagena de Levante, esta otra línea de los Martínez-Fortún, que se establecieron en la isla de Cuba a principios del siglo siguiente.

Don José Martínez-Fortún, natural de Cartagena de Levante, casó con doña María Rosique y Cobacho, y tuvieron por hijo: a

Don Antonio Martínez-Fortún y Rosiqué, que fue bautizado en Cartagena de Levante, parroquia de Santa María de Gracia, el 3 de marzo de 1726. Casó con doña Francisca de Lara, natural de la plaza de Ceuta, y tuvieron por hijos: a Santiago y a José Martínez-Fortún y Lara. De los cuales:

Don José Martínez-Fortún y Lara, nació en la plaza de Ceuta, el 2 de marzo de 1756, donde casó con doña Andrea Izquierdo y Alvarez, hija de Antonio y de Catalina. Tuvieron por hijos: a José y a Santiago Martínez-Fortún e Izquierdo. De los cuales:

Don Santiago Martínez-Fortún e Izquierdo, nacido en la plaza de Ceuta el 7 de febrero de 1784, fue Brigadier del Real Cuerpo de Artillería y Gobernador de Santiago de Cuba. Su defunción se encuentra en La Habana, parroquia del Espíritu Santo, a 11 de octubre de 1864. Casó con doña María de Jesús Govín y Martínez de Oropesa, hija de don Antonio Govín y de la Luz, y de doña Manuela Martínez de Oropesa y Jiménez de Espinosa. Tuvieron por hijos: a María de los Dolores; a María de las Mercedes; a Ignacia; a María de Jesús; a José; a Francisco; a Santiago; a Cayetano; a Antonio; a Gabriel y a Joaquín Fortún y Govín. De los cuales:

1.— Doña María de Jesús Fortún y Govín, casó con don Isidro Palacios-Sardurtún y González Carvajal, hijo de don Martín Palacios-Sardurtún e Izquierdo y de doña María Josefa González-Carvajal y Losada.

2.— Don Cayetano Fortún y Govín, natural de Puerto Rico, fue Teniente del Regimiento de Tarragona. Casó en la Catedral de Santiago de Cuba el 18 de mayo de 1846, con doña Francisca Antonia Mustelier y Villalón, hija de don Pedro Manuel Mustelier y Canci, y de doña María de los Dolores Villalón y Carrión. Tuvieron por hijos: a María del Carmen; a María de los Dolores y a María de Jesús Fortún y Mustelier. De los cuales:

A.— Doña María de los Dolores Fortún y Mustelier, casó con don Federico Morris y Arzola.

B.— Doña María de Jesús Fortún y Mustelier, casó dos veces: la primera, en la Catedral de Santiago de Cuba el 15 de abril de 1866, con don Domingo Herrera y Bell, hijo de don Antonio José Herrera y López del Castillo, natural de Santiago de Cuba y Gentil-hombre de Cámara de Su Majestad, y de doña Isabel Bell e Iradi. Casó por segunda vez con don Andrés Romero y Marís.

3.— Don Antonio Fortún y Govín, natural de la isla de Santo Domingo, casó en la Catedral de Matanzas el 31 de diciembre de 1854, con doña María Luisa Govín y Pinto, hija del licenciado José María Govín y Aday, abogado, y de doña Juana Pinto y Hernández. Tuvieron por hijos: a Enrique y a Luis Fortún y Govín. De los cuales: el

Licenciado Luis Fortún y Govín, bautizado en la Catedral de Matanzas el 24 de septiembre de 1859, fue abogado. Falleció el 21 de marzo de 1914. Casó con doña Elvira Fortún y André, natural de Cienfuegos, hija de don Joaquín Fortún y Govín, y de doña María de las Mercedes André y Serpa. Tuvieron por hijos: a Joaquín y a Luis Fortún y Fortún. Los cuales:

A. — Don Joaquín Fortún y Fortún, nacido en Matanzas el 4 de septiembre de 1895, casó con doña Joaquina Hernández-Piloto y Navarro, hija de don Joaquín Hernández-Piloto y Reyes, y de doña Eduarda Navarro y Lauzarica. Tuvieron por hijos: a José Luis, y a Joaquín Fortún y Hernández-Piloto.

B. — El doctor Luis Fortún y Fortún, abogado y perteneciente a la carrera judicial de Cuba, casó con doña Cira Betancourt.

4. — Don Gabriel Fortún y Govín, natural de la isla de Santo Domingo, fue Capitán Facultativo del Real Cuerpo de Artillería. Casó en la Catedral de Puerto Príncipe, en la isla de Cuba, el 5 de enero de 1848, con doña María de la Concepción Varona y de la Torre, hija de don José de Varona y Cisneros, y de doña Mariana de la Torre y Boza. Tuvieron por hijos: a Clotilde; a Eugenio; a Alberto; a Carlos y a Gabriel Fortún y Varona. De los cuales:

A. — Doña Clotilde Fortún y Varona, casó con don Martín Palacios-Saldurtún y Fortún, hijo de don Isidro Palacios-Saldurtún y González-Carvajal y de doña María de Jesús Fortún y Govín.

B. — El doctor Carlos Fortún y Varona, médico-cirujano, casó con doña Estrella Torroella y Romaguera, y tuvieron por hijos: a Hortensia; a Gloria y a Carlos Fortún y Torroella.

C. — Don Gabriel Fortún y Varona, nacido en la villa de Puerto Príncipe el 4 de agosto de 1863, casó el 6 de abril de 1894, con doña Justina Betancourt, y tuvieron por hijos: a María Luisa; a Gabriel; a Emilio; a Eugenio y a Carlos Fortún y Betancourt.

5. — Don Joaquín Fortún y Govín, natural de La Habana, casó dos veces: la primera, con doña María de las Mercedes André y Serpa; y la segunda, con doña María de la Concepción André y Serpa, hijas ambas de don Diego André, y de doña Manuela Serpa y Lamas.

Don Joaquín Fortún y Govín, y su primera mujer doña María de las Mercedes André y Serpa, tuvieron por hijos: a María de las Mercedes; a Elvira; a Santiago y a Joaquín Fortún y André. De los cuales:

1. — Doña Elvira Fortún y André, bautizada en la ciudad de Cienfuegos, parroquia de la Purísima Concepción, el 9 de agosto de 1861, casó con el licenciado Luis Fortún y Govín, abogado, hijo de don Antonio Fortún y Govín, y de doña María Luisa Govín y Pinto.

2. — Don Santiago Fortún y André, natural de Cienfuegos, fue ingreniero civil. Murió en la Guerra de la Independencia de Cuba.

3. — Don Joaquín Fortún y André, casó dos veces: la primera con doña Antonia Martí y Pérez, hermana del Apóstol de la independencia de Cuba, e hija de don Mariano Martí y Navarro, natural de Valencia.

Subteniente del Real Cuerpo de Artillería en la plaza de La Habana, y de doña Leonor Pérez y Cabrera, natural de Santa Cruz de Tenerife. Casó por segunda vez, en México, con doña Octila de Aguilar.

Don Joaquín Fortún y André, y su primera mujer doña Antonia Martí y Pérez, tuvieron por hijos: a María; a Joaquín; a Carlos y a Ernesto Fortún y Martí.

Don Joaquín Fortún y André, y su segunda mujer doña Octila de Aguilar, tuvieron por hijos: a María de las Mercedes; a María Luisa; a Elvira y a Santiago Fortún y Aguilar.

Don Joaquín Fortún y Govín, y su segunda mujer doña María de la Concepción André y Serpa, tuvieron por hijos: a Jorge; a Claudio y Enrique Fortún y André. Los cuales:

1. — Don Jorge Fortún y André, nacido en la ciudad de Cienfuegos en 1867, casó con doña Elvira de la Lastra, y tuvieron por hijos: a María de la Concepción; a Reinaldo y a Jorge Fortún y Lastra. De los cuales:

Don Jorge Fortún y Lastra, casó con doña Angela Sobrino y Luque.

2. — El doctor Claudio Fortún y André, nacido en La Habana el 26 de marzo de 1869, fue un distinguido médico-cirujano, que perteneció a la Academia de Ciencias de Cuba. Casó con doña Ana Luisa Tejada y Cepero, y tuvieron por hija: a Adriana Fortún y Tejada.

3. — El doctor Enrique Fortún y André, nacido en Kingston. Jamaica, el 8 de marzo de 1872, fue uno de los más afamados médico-cirujanos de La Habana y perteneciente a la Academia de Ciencias. Casó el 30 de junio de 1906, con doña Manuela Fernández-Cabarcos y Flaquer, y tuvieron por hijo: a

Don Enrique Fortún y Fernández-Cabarcos, que nació en La Habana el 18 de abril de 1907.

MOREJÓN

En la primera mitad del siglo XVII, procedente de Sevilla, se estableció esta familia en La Habana.

Armas de la familia Rodríguez: en campo de azur, un aspa de oro, y en los cuatro huecos, una flor de lís de plata. Armas de la familia Morejón: en campo de oro, cinco bandas rojas, cercadas con una orla de azur, que tiene ocho calderas de plata, puestas sobre llamas de fuego.

Don Juan Rodríguez de Morejón, natural de Sevilla, casó con doña Isabel de la Torre, y tuvieron por hijo: al

Alférez Juan Rodríguez de Morejón y de la Torre, natural de Sevilla, que pasó a La Habana, donde fue Tesorero Oficial Mayor de la Real Hacienda, por título de 9 de agosto de 1656. Testó el 30 de abril de 1693 ante el escribano Cristóbal Valero, y su defunción se encuentra en la Catedral de La Habana a primero de junio de dicho año, donde casó dos veces: la primera, el 11 de octubre de 1637, con doña María Ramírez y Herrera, hija del Sargento Antonio y de María. Casó por segunda vez, el 24 de enero de 1652, con doña Dionisia de la Rosa y Pérez-Borroto, bautizada en la Catedral de La Habana el 12 de enero de 1636, hija de don Lucas de la Rosa y Morales,[1] y de doña Antonia Pérez-Borroto y Carreño.

---

1. Escudo de armas de la familia Rosa: en campo verde, tres flores de lis de plata y una orla roja, y en lo alto de ella una rosa coloreada, retocada y perfilada de oro.

Don José de la Rosa, natural de Montemón, Portugal, casó con doña María López, natural de Alconchel, en Extremadura, y tuvieron por hijos: a Alonso, y a Juan de la Rosa y López. Los cuales:

1. — Don Alonso de la Rosa y López, cuya defunción se encuentra en la Catedral de La Habana a 21 de octubre de 1622, casó en la referida Catedral el 23 de octubre de 1595, con doña Andrea Alvarez y de la Cerda, conocida por «Andrea de la Cerda», hija de don Hernando Alvarez y Vázquez, y de doña Inés de la Cerda Zamora Gutiérrez de Manibardo. Tuvieron por hijos: a José, y a Alonso de la Rosa y Hernández de la Cerda. Los cuales:

A. — Don José de la Rosa y Hernández de la Cerda, fue bautizado en la Catedral de La Habana el 5 de diciembre de 1598, donde se encuentra su defunción a 4 de enero de 1638, casado con doña Beatriz Monsalve.

B. — Don Alonso de la Rosa y Hernández de la Cerda, bautizado en la Catedral de La Habana, el 29 de noviembre de 1600, donde se encuentra su defunción en el año de 1639, casó en la referida Catedral de esta ciudad el 6 de noviembre de 1634, con doña Feliciana de Acosta.

2. — Don Juan de la Rosa y López, testó el 24 de julio de 1621 ante el escribano Francisco García Caballero, y su defunción se encuentra en la Catedral de La Habana a 23 de febrero de 1622, donde casó el 28 de enero de 1604, con doña Leonor Morales, hija de don Juan de Echevarría, natural de México, Alférez del castillo de San Salvador de la Punta, en La Habana, y de doña Jerónima Morales Argüelles. Tuvieron por hijos: a Petrona; a Juana; a Diego, y a Lucas de la Rosa y Morales. De los cuales:

1. — Don Diego de la Rosa y Morales, fue presbítero. Dio poder para testar al licenciado Cristóbal Bonifaz de Rivera, el 30 de agosto de 1680, ante el escribano Leonardo de Heredia, y su defunción se encuentra en la Catedral de La Habana a 23 de septiembre de dicho año.

2. — Don Lucas de la Rosa y Morales, bautizado en la Catedral de La Habana el 15 de diciembre de 1605, testó ante Hernando Pérez Barreto, y su defunción se encuentra en la referida Catedral a 11 de diciembre de 1638, donde casó el 30 de agosto de 1626, con doña Antonia Pérez-Borroto y Carreño (Antonia Millán), hija de don Gaspar Pérez-Borroto y Millán de Bohórquez, y de doña Leonor Carreño y Roxas-Sotolongo. Tuvieron por hijos: a Teresa; a Dionisia; a Francisco; a Bartolomé; y a Juan de la Rosa y Pérez-Borroto; y a Leonor Millán. De los cuales:

Doña Dionisia de la Rosa y Pérez Borroto, testó el 28 de mayo de 1701, ante el escribano Juan de Uribe Ozeta, y su defunción se encuentra en la Catedral de La Habana a 17 de marzo de 1703. Casó con el Alférez Juan Rodríguez de Morejón y de la Torre, anteriormene mencionado.

Sobre el apellido de la Rosa, aparecen también estos datos:

1. — Don Juan de la Rosa casó en la Catedral de La Habana el 8 de diciembre de 1623, con Ana Vergara.

2. — Don Diego Díaz de la Rosa y su mujer doña Teresa Pérez, fueron padres: de

Don Miguel de la Rosa, que casó en la Catedral de La Habana el 24 de octubre de 1607, con doña Catalina Ximénez y Barrena, de la que tuvo por hijo: a

Don Diego de la Rosa y Ximénez, que fue bautizado en la Catedral de La Habana el 4 de septiembre de 1613, y que casó con doña Mariana de Fuentes.

Don Juan Rodríguez de Morejón y de la Torre, dejó una hija natural llamada:

Doña Juana Rodríguez de Morejón, que casó con don Juan Montaño.

Don Juan Rodríguez de Morejón y de la Torre, y su primera mujer doña María Ramírez y Herrera, tuvieron por hijo: a

Don Juan Rodríguez de Morejón y Ramírez, del que tratará en la «LINEA PRIMERA».

Don Juan Rodríguez de Morejón y de la Torre, y su segunda mujer doña Dionisia de la Rosa y Pérez-Borroto, tuvieron por hijos: a Melchora; a Rosa; a Isabel; a Juan; a Felipe; a Ambrosio; a Antonio; a Cristóbal y a Pedro Nicéforo Rodríguez de Morejón y de la Rosa. De los cuales:

1. — Doña Rosa Rodríguez de Morejón y de la Rosa, testó el 30 de abril de 1727, y su defunción se encuentra en la Catedral de La Habana a 3 de mayo de dicho año.

2. — Doña Isabel Rodríguez de Morejón y de la Rosa, testó el 3 de agosto de 1719 ante Bartolomé Núñez, y su defunción se encuentra en la Catedral de La Habana a 31 de diciembre de dicho año. Casó con don Félix Juan Garci González de León.

3. — Don Antonio Rodríguez de Morejón y de la Rosa, casó con doña Margarita Agramonte y de la Torre, natural de la villa de Santa María de Puerto Príncipe, hija del Contador Juan Salvador Agramonte y Ponce, y de doña Eugenia de la Torre y Cabrera. Tuvieron por hija: a Mauricia Rodríguez de Morejón y Agramonte.

4. — Don Cristóbal Rodríguez de Morejón y de la Rosa, bautizado en la Catedral de La Habana el 30 de marzo de 1654, tuvo con doña Catalina de la Rosa y Pérez, natural de la ciudad de Sevilla, que falleció en la villa de Guanabacoa el 29 de septiembre de 1679, una hija llamada:

Doña Catalina Rodríguez de Morejón y de la Rosa, que testó y falleció en Guanabacoa el 27 de mayo de 1727. Casó en la Catedral de La Habana el 15 de diciembre de 1692, con don Tiburcio York y Cortés, natural de Remedios, hijo de Francisco y de Francisca.

5. — Don Pedro Nicéforo Rodríguez de Morejón y de la Rosa, del que se tratará en la «LINEA SEGUNDA».

«LINEA PRIMERA»

Don Juan Rodríguez de Morejón y Ramírez (mencionado anteriormente como hijo de don Juan Rodríguez de Morejón y de la Torre, y de doña María Ramírez y Herrera), testó el 10 de febrero de 1701 ante el escribano Juan de Uribe Ozeta, y su defunción se encuentra en la Catedral de La Habana a 13 de febrero de dicho año, donde casó el 21 de mayo de 1666, con doña Juana María Martínez de la Munera y Vargas, natural de la isla de Jamaica, hija del Alférez Roque y de Serafina María. Tuvieron por hijos: a María; a Nicolás y a Juan Rodríguez de Morejón. de la Munera. Los cuales:

1. — Doña María Rodríguez de Morejón y de la Munera fue bautizada en la Catedral de La Habana el 5 de marzo de 1670, donde casó el 12 de octubre de 1687, con don Antonio Burón y de la Rocha, hijo del Capitán Antonio Burón y de la Cerda, y de doña Antonia Francisca de la Rocha y García.

2. — Don Nicolás Rodríguez de Morejón y de la Munera, del que se tratará en la «Rama Primera».

3. — Don Juan Rodríguez de Morejón y de la Munera, del que se tratará en la «Rama Segunda».

«Rama Primera»

Don Nicolás Rodríguez de Morejón y de la Munera (mencionado anteriormente como hijo de don Juan Rodríguez de Morejón y Ramírez, y de doña Juana María Martínez de la Munera y Vargas), fue bautizado el 30 de diciembre de 1680 (folio 31, del libro denominado «del Monte» que se custodia en la Catedral de La Habana), casando dos veces en esta ciudad: la primera, en la Catedral, el 10 de octubre de 1707, con doña Tomasa Alegre y Fernández de Esquivel, hija de Manuel y de Bernabela. Casó por segunda vez, el 21 de enero de 1725, en la parroquia del Santo Cristo, con doña Tomasa de Arancibia y Valero-Guzmán, hija del Capitán Sebastián de Arencibia Isasi y Balmaceda, Maestre de Campo, Regidor perpetuo y Alcalde ordinario de La Habana, Gobernador y Capitán a Guerra de las plazas de Nicaragua y de Santiago de Cuba, y de doña Juana Jacinta Valero-y-Guzmán y Veloso.

Don Nicolás Rodríguez de Morejón y de la Munera, y su primera mujer doña Tomasa Alegre y Fernández de Esquivel, tuvieron por hijos: a Ana; a María Gertrudis y a José Rodríguez Morejón y Alegre. Los cuales:

1. — Doña Ana Rodríguez de Morejón y Alegre, testó el 17 de abril de 1739 ante el escribano Dionisio Pancorbo, y su defunción se encuentra en la Catedral de La Habana a 6 de mayo de dicho año. Casó con don Francisco Xavier Cepeda.

2. — Doña María Gertrudis Rodríguez de Morejón y Alegre, casó en La Habana, parroquia de Jesús del Monte, el 18 de marzo de 1736, con

don Juan Alonso Romero Lobatón y Villegas, natural de Caracas, hijo de Alonso y de María Jacinta.

3. — Don José Rodríguez de Morejón y Alegre, testó el 22 de enero de 1783, ante Felipe Antonio Amado y su defunción se encuentra en la Catedral de La Habana a 8 de junio de dicho año. Casó con doña Ana Gertrudis Almeida y tuvieron por hijos: a Luisa; a Melchora y a Manuel Rodríguez de Morejón y Almeida. Los cuales:

1. — Doña Luisa Rodríguez de Morejón y Almeida, testó el 26 de julio de 1819 ante el escribano Miguel García Alayeto, y su defunción se encuentra en La Habana, parroquia del Santo Cristo, a 27 de julio de dicho año. Casó dos veces: la primera, con don Juan de Dios Fernández de Velasco; y la segunda, en la Catedral de esta ciudad, el 17 de mayo de 1780, con don José Antonio Bosque y Osorio, hijo de Antonio y de María del Carmen.

2. — Doña Melchora Rodríguez de Morejón y Almeida, cuya defunción está en La Habana, parroquia del Espíritu Santo a 15 de noviembre de 1820, casó en esta ciudad, parroquia del Santo Cristo, el 21 de abril de 1772, con don Rafael Baltasar Pita de Figueroa y Viedma, hijo del Capitán Vicente Ferrer Pita de Figueroa y Armenteros, y de doña Josefa María de Viedma Paz y González-Carvajal.

3. — Don Manuel Rodríguez de Morejón y Almeida, cuya defunción se encuentra en La Habana, parroquia de Guadalupe, a 19 de diciembre de 1799, casó en esta ciudad, parroquia del Santo Cristo, el 19 de agosto de 1770, con doña Beatriz Josefa de Lugo y Amoedo, hija de Nicolás y de María Luisa. Tuvieron por hijos: a María Agustina; a María del Socorro; a Marcos y a Francisco Rodríguez de Morejón y Lugo. De los cuales:

1. — Don Marcos Rodríguez de Morejón y Lugo, casó con doña María Ambrosia de Acosta, siendo los padres: de

Don Manuel Morejón y Acosta, que casó con doña Matilde Márquez, natural de Bejucal, hija de Felipe y de Andrea Dorotea. Tuvieron: a

Doña Ramona Josefa Morejón y Márquez, nacida el 24 de diciembre de 1852 y bautizada en la parroquia de Bejucal el 15 de enero del año siguiente, que casó en La Habana, parroquia del Salvador del Mundo (El Cerro), en noviembre de 1878, con don Manuel de Jesús Bustillo y Domínguez, natural de esta ciudad hijo de don Francisco Bustillo y Díaz, de igual naturaleza, y de doña María de los Angeles Domínguez y Meza.

2. — Don Francisco Rodríguez de Morejón y Lugo natural de La Habana, fue Teniente de Infantería de la IV Compañía del III Batallón del Regimiento de la Luisiana. Casó en la parroquia de San Miguel de Pensacola el 17 de diciembre de 1808, con doña Josefa María Desideria Ramos y Albert, natural de la Nueva Orleans, hija de don Rafael Ramos de Vilches, natural del reino de Granada, Comisario de Guerra honorario. Contador de las Reales Cajas de la plaza de Pensacola y su Ministro de Real Hacienda y de doña Francisca Albert natural de la Nueva Orleans.

Tuvieron por hijos: a Beatriz; a Felipa; a Josefa; a Francisco y a Manuel Morejón y Ramos. Los cuales:

1. — Doña Beatriz Morejón y Ramos, fue bautizada en Baton-Rouge, Luisiana, parroquia de la Virgen de los Dolores, el 15 de octubre de 1809.

2. — Don Francisco Morejón y Ramos fue bautizado en la parroquia de San Miguel de la plaza de Pensacola, el 13 de mayo de 1811.

3. — Doña Felipa Morejón y Ramos, fue bautizada en la plaza de Mobile, parroquia de la Purísima Concepción, el 24 de marzo de 1813.

4. — Don Manuel Morejón y Ramos, fue bautizado en La Habana, parroquia de Guadalupe, el 4 de enero de 1820.

5. — Doña Josefa Morejón y Ramos, fue bautizada en La Habana, parroquia de Guadalupe, el 19 de junio de 1822.

«Rama Segunda»

Don Juan Rodríguez de Morejón y de la Munera (mencionado anteriormente como hijo de don Juan Rodríguez de Morejón y Ramírez, y de doña Juana María Martínez de la Munera y Vargas), bautizado el 9 de marzo de 1676, como consta al folio 22 vuelto, del libro denominado «del monte», que se custodia en la Catedral de La Habana, testó en junio de 1749 ante Cristóbal Vianés de Salas, y su defunción se encuentra en esta ciudad, parroquia del Espíritu Santo, en el mes de julio de dicho año, donde casó el 4 de junio de 1702 con doña Catalina González de Alverja y González, hija de don Juan González de Alverja y García, natural de la villa de la Orotava, y de doña Juana González Vázquez y Silva. Tuvieron por hijos: a Ana María; a Juana; a María; a Esteban; a José; a Juan Tomás y a Francisco Rodríguez de Morejón y González-Alverja. Los cuales:

1. — Doña Ana María Rodríguez de Morejón y González-Alverja testó el 20 de agosto de 1791 ante José Rodríguez y su defunción se encuentra en la Catedral de La Habana a 6 de septiembre de dicho año. Casó en la parroquia de Nuestra Señora de la Consolación (prov. de Pinar del Río), el 2 de febrero de 1733, con don Gregorio Hidalgo-Gato y Vergara, hijo de don José-Matías Hidalgo-Gato y Salazar, y de doña Leonor de Vergara y Córdova.

2. — Doña Juana Rodríguez de Morejón y González Alverja, cuya defunción se encuentra en La Habana, parroquia del Santo Cristo, a 11 de junio de 1747, casó con el Capitán Nicolás Hernández Ugalde.

3. — Doña María Rodríguez de Morejón y González Alverja, cuya defunción se encuentra La Habana, parroquia de Guadalupe, a 17 de agosto de 1757, casó en la parroquia del Cano el 4 de mayo de 1740, con don José González de la Torre y Sánchez hijo de don Lorenzo González de la Torre y Sotolongo, y de doña Manuela Sánchez y Pacheco.

4. — Don Esteban Rodríguez de Morejón y González Alverja, testó el 8 de julio de 1776 ante Ignacio Rodríguez y su defunción se encuentra

en la Catedral de La Habana a 23 de agosto de dicho año. Casó en esta ciudad, parroquia del Espíritu Santo, el 10 de febrero de 1738, con su pariente doña Bernarda Valdespino y Burón, hija de don Luis Valdespino y Castellón, y de doña Josefa Burón y Rodríguez-Morejón. Tuvieron por hijos: a Josefa; a Cecilia; a María de la Concepción; a Clara Ninfa; a María de la Luz y a Esteban José Rodríguez de Morejón y Valdespino. Los cuales:

A. — Doña Josefa Rodríguez de Morejón y Valdespino, testó ante Cayetano Arango, y su defunción se encuentra en la parroquia de El Cano (municipio de Marianao), a 29 de abril de 1792. Casó con don Bernabé José Marín, Administrador de Rentas Reales de Arroyo Arenas, provincia de La Habana.

B. — Doña Cecilia Rodríguez de Morejón y Valdespino, casó en La Habana, parroquia del Santo Cristo, el 16 de abril de 1781, con don Juan de Dios Rodríguez de Morejón y del Castillo, Regidor Alférez Real y Alcalde ordinario de Matanzas, hijo de don Juan de Dios Rodríguez de Morejón y Armenteros, Coronel de Milicias, Regidor, Alférez Real, Alcalde ordinario y Administrador de la Real Aduana de Matanzas y de doña Antonia del Castillo y Policarpo.

C. — Doña María de la Concepción Rodríguez de Morejón y Valdespino, cuya defunción se encuentra en La Habana, parroquia de Guadalupe, a 11 de marzo de 1816, casó en esta ciudad, parroquia del Espíritu Santo el 29 de abril de 1769, con don José de Serantes y Chávez, natural de Madrid, Capitán del Regimiento de Infantería de la plaza de La Habana, hijo de don Lorenzo Miguel de Serantes, y de doña Josefa Chávez y Sandoval.

D. — Doña Clara Ninfa Rodríguez de Morejón y Valdespino testó el 14 de diciembre de 1773 ante Ignacio Rodríguez y su defunción se encuentra en la Catedral de La Habana a 28 de enero de 1776. Casó en esta ciudad, parroquia del Espíritu Santo, el 8 de febrero de 1766, con don Diego Miguel de Moya y Colón, bautizado en la parroquia mayor de la villa de Santa María de Puerto Príncipe el primero de noviembre de 1737, abogado, Oidor, Asesor de la Intendencia y Fiscal de la Real Audiencia de Guadalajara (Nueva Galicia), hijo de don Diego Miguel de Moya y Pérez-Najarro, también natural de la villa de Puerto Príncipe y Regidor de aquel Ayuntamiento, y de doña Beatriz Colón y Pérez-Najarro (véase el trabajo genealógico «Los Moya cubanos», de Rafael Nieto y Cortadellas en las páginas 142 y 143, No. 3, año 1951 de la «Revista Genealógica Latina», de San Paulo, Brasil.

E. — Doña María de la Luz Rodríguez de Morejón y Valdespino, casó en la Catedral de La Habana el 29 de septiembre de 1777 con su cuñado don Diego Miguel de Moya y Colón, anteriormente mencionado, viudo de su hermana Clara Ninfa ya referida.

F. — Don Esteban José Rodríguez de Morejón y Valdespino, fue Contador en La Habana. Testó el 16 de julio de 1824 ante Felipe Alvarez, y su defunción se encuentra en esta ciudad, parroquia del Santo Cristo, a

24 de octubre de 1825. Casó en La Habana, parroquia del Espíritu Santo, el 4 de mayo de 1775, con doña Rosa María Hermosilla y Macías, hija de Miguel y de Rosalía.

5. — Don José Rodríguez de Morejón y González Alverja, casó en La Habana, parroquia del Santo Angel, el 19 de febrero de 1736, con doña Micaela María de Viedma y González-Carvajal, hija de don Miguel de Viedma y Paz del Castillo, y de doña María González-Carvajal y Trimiño. Tuvieron por hijos: a Rosalía; a Rita; a José María y a Ignacia Rodríguez de Morejón y Viedma. Los cuales:

A. — Doña Rosalía Rodríguez de Morejón y Viedma, testó el 23 de marzo de 1781 ante el escribano José Fernández del Campo, y su defunción se encuentra en La Habana, parroquia del Santo Angel, a 24 de marzo de dicho año. Casó con el Teniente Dionisio Valdenoches.

B. — Doña Rita Rodríguez de Morejón y Viedma, testó el 31 de marzo de 1788 ante José Antonio Bosque, y su defunción se encuentra en la Catedral de La Habana a 5 de mayo de dicho año, donde casó el 22 de abril de 1757, con don Gabriel de Castro Palomino y Ruiz-Guillén, hijo de don Nicolás de Castro Palomino y Borroto, y de doña Francisca Antonia Ruiz-Guillén y Loza.

C. — Fray Miguel Rodríguez de Morejón y Viedma, doctor en Sagrada Teología y Maestro de Ceremonias y Artes, Consiliario, Lector de Artes y de Prima, e ilustre Prior y Rector de la Real y Pontificia Universidad de San Jerónimo de La Habana, falleció el 16 de julio de 1803.

D. — Don José María Rodríguez de Morejón y Viedma, casó en La Habana, parroquia del Santo Cristo, el 21 de septiembre de 1767, con doña María Gertrudis Ximénez de Espinosa y Neyra, hija de Juan y de Rosenda.

E. — Don Ignacio Rodríguez de Morejón y Viedma, Alcalde de la Santa Hermandad en La Habana, año de 1786, casó en la Catedral de esta ciudad el 10 de enero de 1769, con doña Catalina Lima y Pineda, hija de don Antonio Lima y Blanco de Brizuelas, y de doña María Candelaria de Pineda. Tuvieron por hijos: a María de los Dolores; a Francisco y a Joaquín Rodríguez de Morejón y Lima. Los cuales:

A. — Doña María de los Dolores Rodríguez de Morejón y Lima, cuya defunción se encuentra en La Habana, parroquia del Santo Angel, a 4 de marzo de 1839, casó con don José Antonio Carmona.

B. — Don Francisco Rodríguez de Morejón y Lima, cuya defunción se encuentra en La Habana, parroquia del Santo Angel, a 4 de enero de 1836, casó en esta ciudad, parroquia de Jesús María, el 27 de julio de 1813, con doña Josefa Fernández López y Gayoso hija de Lucas y de María Josefa. Fueron los padres: de Antonia y de Francisco Morejón y Fernández. Los cuales:

a. — Doña Antonia Morejón y Fernández, casó en La Habana, parroquia de Guadalupe, el 21 de octubre de 1836, con don José Hidalgo-Gato y Murguía, natural de Pinar del Río, hijo de don José Francisco Hidalgo-Gato e Hidalgo-Gato y de doña María de los Dolores Murguía y Paz.

b. — Don Francisco Morejón y Fernández, cuya defunción está en La Habana, parroquia del Santo Cristo, a 28 de junio de 1857, casó con doña Rita Valdés, teniendo por hijos: a María de la Concepción; a María de las Mercedes y a Emilio Morejón y Valdés.

C. — Don Joaquín Rodríguez de Morejón y Lima, fue Capitán de Milicias de Caballería de la plaza de La Habana, Alcalde de la Santa Hermandad en 1803, en esta capital, y Regidor Alférez Real y Alcalde ordinario de la ciudad de San Juan de Jaruco. Testó el 10 de marzo de 1819 ante Miguel Méndez, y su defunción se encuentra en La Habana, parroquia del Santo Angel a 2 de abril de dicho año. Casó en la Catedral de esta ciudad el 8 de diciembre de 1800, con doña María Rosalía Regüeiferos y Rondón, hija de don Miguel Regüeiferos, Teniente de Dragones de esta plaza, y de doña María Loreto Rondón y Enríquez. Tuvieron por hijos: a María de Jesús; a María de las Mercedes; a Juana; a José; a Joaquín y a Ignacio Morejón y Regüeiferos. De los cuales:

A. — Doña María de las Mercedes Morejón y Regüeiferos, testó el 29 de julio de 1847 ante Rufino Pacheco, y su defunción se encuentra en La Habana, parroquia de Guadalupe, a 16 de noviembre de dicho año, donde casó el 11 de mayo de 1830, con don Antonio Pío Ximénez y Díaz, hijo de Florencio y de Josefa.

B. — Doña Juana Morejón y Regüeiferos, fue natural de La Habana, y su defunción se encuentra en esta ciudad, parroquia de Guadalupe, a 21 de febrero de 1849, donde casó el 9 de junio de 1822, con don Pablo Sotolongo y Solís, Capitán de Caballería de esta plaza, hijo de don Juan de la Cruz Sotolongo y Saravia, Capitán de Milicias, y de doña María Luisa Solís y Arango.

C. — Don Joaquín Morejón y Regüeiferos, fue natural de La Habana, donde está su defunción, parroquia de Guadalupe, a 18 de septiembre de 1852, casando en dicha parroquia el 29 de mayo de 1836, con doña Mariana Mayoli y Alvarez, hija de don Diego Mayoli, Capitán de Ejército, y de doña María de los Dolores Alvarez.

D. — Don Ignacio Morejón y Regüeiferos, casó en La Habana, parroquia del Espíritu Santo, el 2 de junio de 1830, con doña María del Rosario de Roxas Sotolongo y Orta, hija de don José Ramón de Roxas Sotolongo y Oseguera, y de doña Juana Josefa Orta y Oseguera.

6. — Don Juan Tomás Rodríguez de Morejón y González Alverja del que se tratará en la «Rama A».

7. — Don Francisco Rodríguez de Morejón y González Alverja del que se tratará en la «Rama B».

«Rama A»

Don Juan Tomás Rodríguez de Morejón y González Alverja (mencionado anteriormente como hijo de don Juan Rodríguez Morejón y de la Munera, y de doña Catalina González de Alverja y González, fue bautizado en Consolación el 15 de marzo de 1722, estando su defunción en La Habana, parroquia del Espíritu Santo, a 9 de febrero de 1795, donde casó dos veces: la primera, el 20 de octubre de 1743, con doña Bárbara Josefa de Roxas-Sotolongo y Burón, hija de don Antonio de Roxas-Sotolongo y Garaonda, y de doña Gertrudis Burón y Rodríguez de Morejón. Casó por segunda vez, el 4 de septiembre de 1757, con doña Bárbara Josefa de Xenes y León, hija del Teniente Sebastián de Xenes y Arancibia y de doña Manuela Josefa León y Martín.

Don Juan Tomás Rodríguez de Morejón y González Alverja, y su primera mujer doña Bárbara Josefa de Roxas-Sotolongo y Burón, tuvieron por hijos: a María de los Dolores; a Manuel y a José María Rodríguez de Morejón y Roxas-Sotolongo. Los cuales:

1. — Doña María de los Dolores Rodríguez de Morejón y Roxas-Sotolongo, cuya defunción se encuentra en La Habana, parroquia del Espíritu Santo a 17 de abril de 1807, casó con don José Luis de Vargas-Machuca.

2. — Don Manuel Rodríguez de Morejón y Roxas-Sotolongo, casó en la Catedral de La Habana el 24 de junio de 1771, con doña Bárbara Betancourt y Vidal, hija de Nicolás y de Josefa.

3. — Don José María Rodríguez de Morejón y Roxas-Sotolongo, cuya defunción está en La Habana, parroquia del Santo Cristo, a 3 de julio de 1779, casó dos veces en esta ciudad: la primera, en la parroquia del Espíritu Santo, el 13 de marzo de 1768, con doña Ana Josefa Garaondo y Valdivia, hija de don Felipe Garaondo, y de doña Juana Valvidia y Gallo. Casó por segunda vez, el 23 de septiembre de 1770, en la parroquia del Santo Cristo, con doña Gertrudis María de Otero y Gutiérrez hija de don Andrés de Otero y Báez de Fuentes, Capitán de Milicias, y de doña Gertrudis Gutiérrez y Carvajal.

Don José María Rodríguez de Morejón y Roxas-Sotolongo, y su segunda mujer doña Gertrudis María Otero y Gutiérrez, tuvieron por hijos: a María de las Mercedes; a María Andrea y a José Elías Rodríguez de Morejón y Otero. De los cuales:

1. — Doña María Andrea Rodríguez de Morejón y Otero, cuya defunción se encuentra en La Habana, parroquia del Santo Cristo, a 25 de noviembre de 1828, casó en esta ciudad, parroquia del Espíritu Santo, el 20 de diciembre de 1800, con don Manuel Zenea y Pérez Rodríguez, hijo del licenciado Antonio Felipe Zenea y Pérez Alegre, distinguido letrado, Abogado de la Real Audiencia de México, y de doña Beatriz Pérez Rodríguez y Pérez Alegre.

2. — Don José Elías Rodríguez de Morejón y Otero, fue Subteniente del Regimiento de Infantería de la plaza de Santiago de Cuba. Su defunción se encuentra en La Habana, parroquia del Espíritu Santo, a 22

de abril de 1847. Casó en la Catedral de esta ciudad el 25 de marzo de 1809, con doña Teresa de Jesús Zenea y Pérez Rodríguez, hija de don Antonio Felipe Zenea y Pérez Alegre, distinguido letrado, Abogado de la Real Audiencia de México, y de doña Beatriz Pérez Rodríguez y Pérez Alegre. Tuvieron por hijos: a Cosme y a José Morejón y Zenea. De los cuales:

Don José Morejón y Zenea, testó el 25 de mayo de 1853, ante el escribano Carlos Colón y su defunción se encuentra en La Habana, parroquia del Espíritu Santo, a 21 de enero de 1854. Casó en esta ciudad, parroquia de Guadalupe, el 17 de agosto de 1838, con doña María Josefa de Aguiar y Sola, hija de don Juan Miguel de Aguiar y Valdés, y de doña Manuela de Sola y Fernández.

Don Juan Tomás Rodríguez de Morejón y González Alverja, y su segunda mujer doña Bárbara Josefa de Xenes y León, tuvieron por hijos: a Bárbara; a María Catalina; a Manuel; a Desiderio; a Mariano José y a Antonio Rodríguez de Morejón y Xenes. De los cuales:

1. — Doña Bárbara Rodríguez de Morejón y Xenes, bautizada en La Habana, parroquia del Espíritu Santo, el 21 de abril de 1777, y cuya defunción se encuentra en esta ciudad, parroquia del Santo Cristo, a 5 de diciembre de 1849 casó en la referida parroquia del Espíritu Santo, con don José Elías González y López de Villavicencio, natural de La Habana, hijo de Félix y de Rita.

2. — Doña María Catalina Rodríguez de Morejón y Xenes, testó el 16 de julio de 1838, ante Jorge Díaz, y su defunción se encuentra en La Habana, parroquia del Santo Cristo, a 12 de septiembre de dicho año. Casó con don Juan Manuel García-Chicano y Tovar, Capitán de la Compañía Urbana de la plaza de La Habana, hijo de don Bartolomé García-Chicano y Arancibia, y de doña Angela María Tovar y Ferrera.

3. — Don Manuel Rodríguez de Morejón y Xenes, testó el 26 de noviembre de 1853 ante Rufino Pacheco, y su defunción se encuentra en La Habana, parroquia del Santo Cristo, a 14 de enero de 1854. Casó con doña María del Carmen Cabal.

4. — Don Desiderio Rodríguez del Morejón y Xenes, cuya defunción está en La Habana, parroquia del Santo Cristo, a 10 de mayo de 1813, casó dos veces en esta ciudad: la primera, en la parroquia de Guadalupe, el 22 de abril de 1794, con doña Gertrudis Muñoz y García-Chicano, hija de Manuel y de Antonia. Casó por segunda vez, el 29 de mayo de 1801, en la parroquia de Jesús María, con doña María de los Dolores Zenea y Alvarez, hija del licenciado Antonio Felipe Zenea y Pérez Alegre, distinguido letrado, Abogado de la Real Audiencia de México, y de doña María Isabel Alvarez y Fernández.

Don Desiderio Rodríguez de Morejón y Xenes, y su segunda mujer doña María de los Dolores Zenea y Alvarez, tuvieron por hijo: a

Doña Juana Bautista Morejón y Zenea, cuya defunción está en La

Habana, parroquia de Guadalupe, a 20 de marzo de 1829. Casó con don Enrique de Porras-Pita, Cadete de Milicias de esta plaza.

5. — El Capitán Mariano José Rodríguez de Morejón y Xenes, cuya defunción está en La Habana, parroquia del Santo Cristo, a 3 de septiembre de 1813, casó en esta ciudad, parroquia del Espíritu Santo, el 11 de abril de 1797, con doña Rosalía María Valero-y-Guzmán y Otero, natural de la villa de Santiago, hija de José y de Nicolasa. Tuvieron por hijas: a Gertrudis y a María Vicenta Morejón y Valero-y-Guzmán. Las cuales:

A. — Doña Gertrudis Morejón y Valero-Guzmán, cuya defunción está en La Habana, parroquia del Espíritu Santo, a 8 de enero de 1820, casó con don Nicolás Berenguer.

B. — Doña María Vicenta Morejón y Valero-y-Guzmán, casó en la Catedral de La Habana el 28 de agosto de 1825, con don Manuel María Riquelme y Hano, Teniente de la segunda Compañía de Cazadores, hijo de don Ignacio Riquelme y Rivera, natural de Higuera, a la sazón Teniente de Navío de la Real Armada, y de doña María Antonia de Hano y Velasco.

6. — Don Antonio Rodríguez de Morejón y Xenes, fue Contador de Marina de la Real Armada. Su defunción se encuentra en La Habana, parroquia de Guadalupe, a 13 de septiembre de 1831. Casó en esta ciudad, parroquia del Santo Cristo, el 27 de octubre de 1800, con doña Nicolasa de Villegas y Villegas, hija de José y de María. Tuvieron por hijos: a María Eugenia; a Clara Josefa; a María de los Dolores; a Juan José y a Francisco Morejón y Villegas. De los cuales:

1. — Doña Clara Josefa Morejón y Villegas, bautizada en La Habana, parroquia del Santo Cristo, el 22 de agosto de 1804, casó con su pariente don Juan Manuel Calvo y Villegas, hijo de don Juan Miguel Calvo y Ochazábal, Comisario Ordenador de Marina, natural de Cartagena de Indias, y de doña Juana Agustina de Villegas y Echazábal.

2. — Doña María de los Dolores Morejón y Villegas, cuya defunción está en La Habana, parroquia de Jesús del Monte, a 14 de enero de 1878, casó en esta ciudad, parroquia de Guadalupe, el 7 de agosto de 1827, con don Cornelio García-Chicano y Morejón, hijo de don Juan Manuel García-Chicano y Tovar, Capitán de las Compañías Urbanas de esta plaza, y de doña María Catalina Rodríguez de Morejón de Xenes.

3. — Don Juan José Morejón y Villegas, casó en La Habana, parroquia de Guadalupe, el 18 de agosto de 1832, con doña Gertrudis Josefa Rodríguez y Pérez, hija de Tomás y de Antonia.

4. — Don Francisco Morejón y Villegas, cuya defunción se encuentra en La Habana, parroquia de Guadalupe, a 19 de septiembre de 1833, casó en esta ciudad, parroquia de Jesús María, el 2 de marzo de 1831, con Josefa Bonet y Domínguez, hija de José Leoncio y de Francisca.

«Rama B»

Don Francisco Rodríguez de Morejón y González Alverja (mencionado anteriormente como hijo de don Juan Rodríguez de Morejón y de la Munera, y de doña Catalina González Alverja y González), fue natural de La Habana, donde está su defunción, parroquia del Santo Cristo, a 5 de diciembre de 1763. Casó en esta ciudad, parroquia del Espíritu Santo, el 7 de octubre de 1728, con doña Juana de Armenteros-y-Guzmán y González Carvajal, hija del Capitán Melchor de Armenteros y Guzmán y del Clavo, Alcalde de la Santa Hermandad, y de doña Angela González-Carvajal y Muñoz. Tuvieron por hijos: a Antonia; a Francisca; a José Domingo y a Juan de Dios Rodríguez de Morejón y Armenteros. Los cuales:

1. — Doña Antonia Rodríguez de Morejón y Armenteros, cuya defunción se encuentra en La Habana, parroquia del Espíritu Santo, a 4 de enero de 1782, casó con su pariente don José Antonio Armenteros-y-Guzmán.

2. — Doña Francisca Rodríguez de Morejón y Armenteros, cuya defunción está en La Habana, parroquia del Santo Cristo, a 26 de octubre de 1771, casó con don Juan Hernández.

3. — El Capitán José Domingo Rodríguez de Morejón y Armenteros, Teniente de Gobernador de las Cuatro Villas desde 1792 a 1796, testó el 9 de julio de 1812 ante Juan de la Mesa, y su defunción se encuentra en La Habana, parroquia del Espíritu Santo, a 4 de octubre de dicho año. Casó dos veces en esta ciudad: la primera, en la Catedral el 7 de marzo de 1757, con doña María Josefa de Arango y Palma-Beloso, hija de don Miguel Modesto de Arango y Loza, Capitán de Milicias. Teniente Regidor y Alguacil Mayor de La Habana, y de doña Nicolasa de Palma-Beloso y González-Carvajal. Casó por segunda vez, el 25 de enero de 1806, en la parroquia del Santo Angel, con doña Juana Pomares y Marín, hija de Francisco y de Juana.

Don José Domingo Rodríguez de Morejón y Armenteros, y su primera mujer doña María Josefa Arango y Palma-Beloso, tuvieron por hijo: a

Don Francisco Ubaldo Morejón y Arango, que casó en la Catedral de La Habana el 17 de junio de 1797, con doña María Josefa Dionisia Teresa Bucheli y Zequeira, hija de don Ramón Bucheli y Molina, Capitán de Fragata de la Real Armada y del puerto de La Habana, Caballero de la Orden de Santiago, y de doña María de los Dolores de Zequeira y Palma-Beloso. Tuvieron por hijas: a María de los Dolores Canuta; a Bernarda y a Diego José Rodríguez de Morejón y Bucheli. Los cuales:

a. — Doña María de los Dolores Canuta Rodríguez de Morejón y Bucheli, casó en la parroquia de San Cipriano de Guamacaro (provincia de Matanzas), el 7 de mayo de 1822, con don Luis Despau y Carrier, natural de la Nueva Orleans, hijo de Guillermo y de Sofía. Por segunda vez casó en la Catedral de Matanzas el 9 de octubre de 1834, con don Silvestre Boiser y Prevot, natural de la ciudad de Baracoa, hijo de Bartolomé y de Eugenia.

b. — Doña Bernarda Morejón y Bucheli, natural del Limonar, en la provincia de Matanzas, casó en la Catedral de esa ciudad de Matanzas el 26 de enero de 1829, con don Antonio Alfonso y del Portillo, hijo de don Juan Alejandro Alfonso y Soto, Alcalde ordinario, y de doña Ana Gregoria del Portillo y Acosta.

c. — Don Diego José Rodríguez de Morejón y Bucheli, natural de Matanzas, casó en la parroquia de San Cipriano de Guamacaro, el 26 de noviembre de 1823, con doña María Andrea Jiménez y Rodríguez, hija del Teniente Andrés, y de Micaela María.

Don José Domingo Rodríguez de Morejón y Armenteros, y su segunda mujer doña Juana Pomares y Marín, tuvieron por hijos: a Juana Antonia; a María de los Dolores; a Juan Francisco; a Juan Bautista y a José Nicolás Morejón y Pomares. Los cuales:

A. — Doña Juana Antonia Morejón y Pomares, cuya defunción está en La Habana, parroquia de Monserrate, a 12 de agosto de 1852, casó con don Ramón Beltrán y Romagosa.

B. — Doña María de los Dolores Morejón y Pomares, cuya defunción se encuentra en La Habana, parroquia de Guadalupe, a 29 de noviembre de 1866, casó con su cuñado don Ramón Beltrán y Romagosa, anteriormente mencionado.

C. — Don Juan Francisco Morejón y Pomares, casó en La Habana, parroquia del Santo Angel, el 26 de marzo de 1822, con doña María del Rosario Bertola y Romero, hija de Carlos y de Desideria. Tuvieron por hija: a

Doña María de las Mercedes Morejón y Bertola, que casó con don Manuel José de Aguiar y Montiel, hijo de don Bernardo Eleuterio de Aguiar y González de Ara, Subteniente Oficial del Tribunal Mayor y Real Audiencia de Cuentas de La Habana, y de doña María de la Concepción Montiel y Collazo.

D. — Don Juan Bautista Morejón y Pomares, casó en la Catedral de Matanzas el 11 de febrero de 1838, con doña María de Jesús Cabrera y Angulo, hija de José Ramón y de María Juana del Socorro.

E. — Don José Nicolás Morejón y Pomares, cuya defunción se encuentra en La Habana, parroquia del Espíritu Santo, el 8 de julio de 1849, casó en la Catedral de Matanzas el 22 de enero de 1828, con doña Perfecta Riesch y Díaz, hija de Andrés y de María Gertrudis de la Paz. Tuvieron por hijos: a Juana; a María de las Mercedes; a María de los Angeles; a Perfecto; a Eduardo; a Antonio; a Juan Bautista; a Domingo y a José Morejón y Riesch. De los cuales:

A. — Don Domingo Morejón y Riesch no casó, y su defunción está en La Habana, parroquia del Espíritu Santo, a 5 de marzo de 1854.

B. — Don José Morejón y Riesch, natural de Matanzas, casó en La Habana, parroquia de Jesús María, el 5 de febrero de 1855, con doña María de la Encarnación Bonilla y Ayala, hija de Diego y de María de los Dolores.

4. — Don Juan de Dios Rodríguez de Morejón y Armenteros fue Coronel de Milicias, Regidor, Alférez Real, Alcalde ordinario y Administrador de la Aduana de Matanzas. Casó dos veces: la primera, en La Habana, parroquia del Santo Angel, el 15 de abril de 1758, con doña Antonia María del Castillo y Policarpo, hija de don Felipe del Castillo y Castilla, natural de Cádiz, Capitán de Infantería y Sargento Mayor de la plaza de Matanzas, y de doña Josefa Policarpo y Collazo de Abreu, natural de La Habana. Casó por segunda vez, el 25 de enero de 1778, en la Catedral de Matanzas, con doña María Antonia Rodríguez de la Barrera y Angulo, hija de don Simón Rodríguez Escudero y de la Barrera, y de doña María Antonia Angulo y Riveros.

Don Juan de Dios Rodríguez de Morejón y Armenteros, y su segunda mujer María Antonia Rodríguez de la Barrera y Angulo, tuvieron por hijos: a María del Rosario; a María Juana; a María Josefa; a María Andrea; a Estefanía y a Ambrosio Morejón y Rodríguez de la Barrera. Los cuales:

1. — Doña María del Rosario Morejón y Rodríguez de la Barrera, testó el 24 de marzo de 1879 ante Miguel Nuño, y su defunción se encuentra en La Habana, parroquia del Santo Angel, a 12 de julio de dicho año. Casó con dos Félix de Acosta.

2. — Doña María Juana Morejón y Rodríguez de la Barrera, casó en la Catedral de Matanzas el 7 de julio de 1800, con su pariente el Capitán Manuel del Junco y Sardiña, natural de Guamutas, Alcalde ordinario de Matanzas, hijo de don Bernardo del Junco y Morejón. Capitán de Dragones, Alcalde ordinario y de doña Manuela Sardiña y Roque de Escobar.

3. — Doña María Josefa Morejón y Rodríguez de la Barrera, casó en la Catedral de Matanzas el 27 de junio de 1810 con don Juan de Dios Gómez y Orta, natural de la parroquia habanera de Jesús del Monte, hijo de don Jesús Gómez, Subteniente de Caballería Ligera, y de doña Lorenza de Orta.

4. — Doña María Andrea Morejón y Rodríguez de la Barrera, casó en la Catedral de Matanzas el 7 de julio de 1800, con su pariente don Vicente del Junco y Sardiña, natural de Guamutas. Teniente Coronel de Milicias de Caballería, Caballero de la orden de San Hermenegildo, hijo de don Bernardo del Junco y Morejón, Capitán de Dragones, Alcalde ordinario, y de doña Manuela Sardiña y Roque de Escobar.

5. — Doña Estefanía Morejón y Rodríguez de la Barrera, casó en la Catedral de Matanzas el 3 de octubre de 1808, con el Teniente de Navío de la Real Armada española don Francisco Javier de Pineda y Eraunzeta, nacido en el Puerto de Santa María (Cádiz) año de 1768, quien ingresara como Cadete en la Real Compañía de Guardias-Marinas, en Cádiz, el 11 de diciembre de 1783 (asiento 2329, página 185, tomo III de

«Real Compañía de Guardias-Marinas y Colegio Naval: catálogo de pruebas», por don Dalmiro de la Válgoma y el Barón de Finestrat), estando su defunción en La Habana, parroquia del Santo Cristo, a 6 de junio de 1880, hijo de don José Francisco de Pineda y Perry, y de doña Josefa María de Eraunzeta y Díaz de Argandoña.

6. — Don Ambrosio Morejón y Rodríguez de la Barrera, casó en la Catedral de Matanzas el 17 de agosto de 1808, con su pariente doña María de Jesús del Junco y Doria, hija de don Bernardo del Junco y Morejón, Capitán de Dragones, Alcalde ordinanrio, y de doña María Antonia Doria y Rodríguez-Morejón. Tuvieron por hija: a

Doña Mónica Morejón y del Junco, que casó en la Catedral de Matanzas el 6 de enero de 1855, con don José Francisco Lamadrid y del Junco, abogado, hijo de don Domingo Lamadrid y Quiñones, Capitán del Regimiento de Caballería Ligera de Cuba, y de doña María Josefa Estefanía Rodríguez del Junco y Noriega, natural de Matanzas.

Don Juan de Dios Rodríguez de Morejón y Armenteros, y su primera mujer, doña María Antonia del Castillo y Policarpo, tuvieron por hijos: a Gertrudis; a Josefa Aniceta; a María Felipa; a José Eustaquio y a Juan de Dios Morejón y del Castillo. Los cuales:

1. — Doña Gertrudis Morejón y del Castillo, no casó y su defunción se encuentra en la Catedral de Matanzas, a 25 de noviembre de 1774.

2. — Doña Josefa Aniceta Morejón y del Castillo, fue bautizada en la Catedral de Matanzas el 24 de abril de 1763, donde casó el 19 de febrero de 1783, con don Francisco Hernández y Benítez, de Lugo, natural de Guacamaro, hijo de don Andrés Hernández y Chávez, Regidor, Alférez Real y Alcalde Provincial de Matanzas, y de doña Gertrudis Manuela Benítez de Lugo y Avalos.

3. — Doña María Felipa Morejón y del Castillo, casó en la Catedral de Matanzas el 21 de diciembre de 1789, con don Ignacio José Ramón Hernández y Benítez de Lugo, hijo de don Andrés Hernández y Chávez, Regidor Alférez Real y Alcalde Provincial de Matanzas, y de doña Gertrudis Manuela Benítez de Lugo y Avalos.

4. — Don José Eustaquio Morejón y del Castillo, natural del Guatao, cuya defunción está en La Habana, parroquia de Guadalupe, a 11 de junio de 1872, casó en esta ciudad, parroquia de Jesús María, el 9 de mayo de 1811, con doña María Joaquina Velásquez y Alvarez natural de la villa de San Antonio hija de Juan y de María Gertrudis. Tuvieron por hijos: a Tomasa; a Nicasia; a Serafina y a María del Pilar Morejón y Velásquez. De las cuales:

A. — Doña Serafina Morejón y Velásquez cuya defunción está en La Habana parroquia Monserrate a 16 de mayo de 1850 casó con don Fernando Subirats.

B. — Doña María del Pilar Morejón y Velásquez cuya defunción se encuentra en La Habana parroquia de Guadalupe a 2 de septiembre de 1865 casó con don Serafín Palenzuela.

5. — Don Juan de Dios Morejón y del Castillo fue Regidor Alférez Real y Alcalde ordinario de Matanzas. Casó en La Habana parroquia del Santo Cristo el 16 de abril de 1781 con su pariente doña Cecilia Morejón y Valdespino hija de don Esteban Rodríguez de Morejón y González Alverja y de doña Bernarda Valdespino y Burón. Tuvieron por hijos: a Inés Braulia; a Rita; a Josefa; a Francisco; a Ramón y a Pablo José Morejón y Morejón. Los cuales:

1. — Doña Inés Braulia Morejón y Morejón casó en la Catedral de Matanzas el 29 de julio de 1829 con don Juan de Dios Gómez y Orta, natural de La Habana, hijo de Juan de Jesús y de Lorenza.

2. — Doña Rita Morejón y Morejón, casó en la Catedral de Matanzas el 25 de abril de 1808, con don Luis Tomás de Vera y Lafita, bautizado en Madrid, parroquia de San Martín año de 1772. Alférez de Navío de la Real Academia en la que ingresara Real Compañía de El Ferrol el 6 de octubre de 1789 (asiento 3406, página 241, tomo IV de la referida obra de Válgoma-Finestrat). Capitán del puerto de Matanzas, hijo de don José de Vera y Salazar Valencia y Tapia, nacido en Madrid, año 1727, Capitán de las Reales Guardias Españolas de Infantería, Brigadier y en 1778, Gobernador de Alburquerque, que fuera Caballero de la Orden de Carlos III, y de doña María Luisa Lafita (Lafitte) y Montero, de Sant y Arellano, natural de Barcelona.

3. — Doña Josefa Morejón y Morejón, casó en la Catedral de Matanzas el 3 de marzo de 1826, con don José Cipriano de Aguiar y Barroso, hijo de Esteban y de María Fructuosa.

4. — Don Francisco Morejón y Morejón, casó en la Catedral de Matanzas el 4 de octubre de 1810, con su pariente doña Dionisia Josefa Morejón y del Junco, natural de Macurijes, hija de don Ramón José Morejón y Montero-Cid, y de María Rosalía Rodríguez del Junco y Sardiña.[1]

5. — Don Ramón Morejón y Morejón, casó en la Catedral de Matanzas el 31 de diciembre de 1823, con doña María Francisca Rangel y Contreras, hija de José y de María de los Dolores.

6. — Don Pablo José Morejón y Morejón, fue Administrador de Correos y Regidor Alférez Real del Ayuntamiento de Matanzas, en cuya Catedral casó el 25 de marzo de 1822, con doña Rafaela del Rey y Almeida, hija de don Francisco Rey de Castro, y de doña Antonia Almeida. Tuvieron por hijos: a José Nicolás; a Rafael y a Manuela Morejón y del Rey. Los cuales:

---

1. Un don Ramón Morejón, casó con doña María de la Encarnación del Junco, teniendo por hija: a

Doña Ana María Morejón y del Junco, que casó en la parroquia de Ceiba Mocha (provincia de Matanzas), el 16 de julio de 1849, con don José Dionisio Solís Puñales y del Castillo, hijo de don Esteban Solís-Puñales y Gómez, y de doña María de Belén del Castillo y Alfonso.

1. — Don José Nicolás Morejón y del Rey, natural de Matanzas, no casó, y su defunción está en La Habana, parroquia de Monserrate, a 8 de septiembre de 1862.

2. — Don Rafael Morejón y del Rey, natural de Matanzas, casó en La Habana, parroquia de San Nicolás, el 28 de febrero de 1859, con doña María de las Mercedes Pastoriza y Barbosa, hija de Lorenzo y de Joaquina.

3. — Doña Manuela Morejón y del Rey, casó en La Habana, parroquia del Cerro, el 15 de junio de 1878, con don Juan Fernández Trevejo y Rives, hijo de don Antonio Fernández Trevejo y Zaldívar, Coronel de Infantería de Ingenieros en Jefe de esta plaza, y de doña Mariana Rives y García de Amoedo.

«LINEA SEGUNDA»

Don Pedro Nicéforo Rodríguez de Morejón y de la Rosa (mencionado anteriormente como hijo de don Juan Rodríguez de Morejón y de la Torre, y de doña Dionisia de la Rosa y Pérez-Borroto), bautizado en la Catedral de La Habana el 18 de agosto de 1668, fue Capitán de Milicias de esta plaza. Obtuvo certificación de armas e hidalguía el 11 de octubre de 1734, expedida por don Juan Alfonso de Guerra y Sandoval, Cronista y Rey de Armas de Su Majestad. Testó el 17 de marzo de 1749 ante el escribano Cristóbal Vianés de Salas, falleciendo el 19 de ese mes y año y casando dos veces en la Catedral de La Habana: la primera, el 9 de abril de 1687, con doña Jacinta de Salcedo y Silva, hija del Teniente Sebastián de Salcedo y Pan-y-Agua, Ayudante de Sargento Mayor de esta plaza, Alcalde de la Santa Hermandad en 1667, y de doña María de Silva y de la Mota. Casó por segunda vez, el 30 de enero de 1700, con doña Josefa López Bernal de Lussa y Olivera, hija de don Miguel López Bernal de Lussa y Guerrero y de doña Simona Olivera y Concepción.

Don Pedro Nicéforo Rodríguez de Morejón y de la Rosa, y su segunda mujer doña Josefa López Bernal de Lussa y Olivera, tuvieron por hijos: a Isabel; a Dionisia Josefa; a Félix; a Joaquín y a Juan Antonio Rodríguez de Morejón y López-Bernal de Lussa. De los cuales:

1. — Doña Isabel Rodríguez de Morejón y López-Bernal de Lussa, fue casada con don Pedro Doria.

2. — Doña Dionisia Josefa Rodríguez de Morejón y López-Bernal de Lussa, casó en La Habana, parroquia del Espíritu Santo, el 2 de noviembre de 1733, con don José Rodríguez del Junco y Jáuregui, hijo de don Juan Rodríguez del Junco y de doña Gregoria de Jáuregui y Guerra.

3. — Don Félix Rodríguez Morejón y López-Bernal de Lussa, bautizado en Guamutas, parroquia San Hilario, el 4 de marzo de 1704, fue Capitán de Milicias de la plaza de La Habana. Testó en unión de su mujer el 2 de diciembre de 1757 ante el escribano Cristóbal Vianés de Salas, y su defunción se encuentra en la Catedral de La Habana a 9 de enero de 1770. Casó en esta ciudad, parroquia del Santo Angel, el 27 de

octubre de 1748, con doña Margarita Escalante Borroto y González de la Barrera, hija de don Nicolás Escalante Borroto y Díaz-Pimienta, y de doña Juana González de la Barrera y Velásquez de Cuéllar. Tuvieron por hijos: a Josefa Lucía y a Juana Josefa Rodríguez de Morejón y Escalante Borroto. Las cuales:

A. — Doña Josefa Lucía Rodríguez de Morejón y Escalante Borroto, testó en unión de su primer marido el 9 de febrero de 1793 ante el escribano Manuel Tomás García, y su defunción se encuentra en la Catedral de La Habana a 15 de mayo de 1832, donde casó dos veces: la primera, el 9 de abril de 1771, con don Ignacio Ponce de León y Maroto, natural de La Habana ilustre letrado doctor en Leyes Catedrático de Vísperas y de Derecho Real y Comisario Regio de la Real Pontificia Universidad de San Jerónimo de La Habana Juez de Bienes de Difuntos el 8 de febrero de 1772, Consultor del Santo Oficio de la Inquisición el 8 de noviembre de 1776, Auditor de Marina en su ciudad natal el 22 de junio de 1779, Oidor y Fiscal del Crimen en la Real Audiencia de Guadalajara (Nueva Galicia), Juez de Apelaciones de la provincia de la Luisiana, Ministro Togado de la Real Audiencia de Santo Domingo, hermano del I Conde de Casa-Ponce de León y Maroto y del I Marqués de Aguas Claras, e hijo del licenciado Antonio Ponce de León y Ortiz, natural de Madrid, Teniente Coronel de los Reales Ejércitos, Escribano de Guerra y Marina de la plaza de La Habana, y de doña Manuela Maroto y Montaña. Doña Josefa Lucía Rodríguez de Morejón y Escalante Borroto,[1] casó por segunda vez, el 8 de abril de 1799, con don Francisco María Herrera y Cabrera, natural de Fuerte Ventura, en Canarias, hija de Luis y de Josefa.

B. — Doña Juana Josefa Rodríguez de Morejón y Escalante Borroto, cuya defunción está en La Habana, parroquia de Guadalupe, a 23 de noviembre de 1805, casó en esta ciudad, parroquia del Santo Cristo, el 13 de agosto de 1766, con el Teniente José Nicolás Duarte y Borroto, hijo de don Agustín Duarte y Gómez Pita, y de doña María de los Angeles Borroto Costilla.

4. — El Teniente Joaquín Rodríguez de Morejón y López Bernal de Lussa, bautizado en Guamutas, parroquia San Hilario, el 24 de marzo de 1725, obtuvo certificación de nobleza expedida por el ayuntamiento de La Habana el 23 de julio de 1776 (libro 37 de Actas de Cabildo, folio 87 vuelto). Casó en la Catedral de esta ciudad el 16 de enero de 1755, con doña María Antonia Presno Vior y Valdés, hija del Alférez Juan Martín Pérez Presno Vior y Valdés,[2] y de doña Josefa de la Vega y Pacheco. Tuvieron por hijos a María de Regla; a María Teresa; a María Antonia; a María Bernarda; a Pedro; a Francisco; a Joaquín y a José María Rodríguez de Morejón y Presno. De los cuales:

---

1. De su primer matrimonio, doña Josefa Lucía Rodríguez de Morejón y Escalante Borroto, tuvo entre otros hijos, a los que fueron II, III y IV Condes de Casa-Ponce de León y Maroto.

2. El Alférez Juan Martín Pérez Presno Vior y Valdés, era sobrino de Fray Jerónimo Valdés, Obispo de La Habana.

Don José María Rodríguez de Morejón y Presno, casó en La Habana, parroquia del Santo Angel, el 11 de febrero de 1777, con doña Mariana Palacios.

5. — Don Juan Antonio Rodríguez de Morejón y López-Bernal de Lussa, bautizado en La Habana, parroquia del Santo Cristo, el 20 de junio de 1720, fue Teniente de Caballería del partido de Guamutas, en la provincia de Matanzas. Casó en la Catedral de La Habana el 20 de enero de 1746, con doña Bárbara Gómez y Gómez, hija de Esteban y de Micaela. Tuvieron por hijo: a

Don Juan Antonio Rodríguez de Morejón y Gómez, que testó el 16 de febrero de 1818 ante Juan Salinas, y su defunción se encuentra en La Habana, parroquia del Espíritu Santo, a 10 de julio de dicho año. Hizo información de nobleza el 24 de enero de 1793 ante el escribano José Antonio Bosque. Casó dos veces: la primera en la Catedral de esta ciudad el 9 de julio de 1800, con doña María de Loreto Rendón y Enríquez, hija de Juan y de Juana. Casó por segunda vez con doña María de la Luz del Castillo. De su primer enlace, tuvo por hija a Rita Morejón y Rondón, y del segundo a María de Jesús Morejón y del Castillo. Las cuales:

A. — Doña Rita Morejón y Rondón, cuya defunción se encuentra en La Habana, parroquia de Monserrate, a 28 de abril de 1861, casó con don Francisco Hornillos.

B. — Doña María de Jesús Morejón y del Castillo, casó en la parroquia de San Cipriano de Guamacaro, el primero de abril de 1829, con don Juan Bautista Souberville y Carrillo de Albornoz, natural de La Habana, hijo de don Mateo Macedonio Souberville y Carrillo de Albornoz, natural de esta ciudad, y de doña Casilda Josefa Carrillo y Albornoz y del Castillo.

Don Pedro Nicéforo Rodríguez de Morejón y de la Rosa, y su primera mujer doña Jacinta Salcedo y Silva, tuvieron por hijos: a Luciana; a José; a Jacinto y a Pedro Rodríguez de Morejón y Salcedo. De los cuales:

1. — Don José Rodríguez de Morejón y Salcedo, casó con doña María Ana Cepero, y tuvieron por hijos: a Manuela; a Pedro; a Jacinto; a Felipe Antonio y a Félix Rodríguez de Morejón y Cepero. De los cuales:

A. — Don Pedro Rodríguez de Morejón y Cepero, casó en la parroquia de la villa de Güines el 3 de enero de 1752, con doña Francisca Báez de Fuentes y de la Gama-Navarrete, hija de don Juan Manuel Báez de Fuentes y Pérez-Cordoví y de doña Juana Gertrudis de la Gama-Navarrete y Olivares-Guillamas.

B. — Don Jacinto Rodríguez de Morejón y Cepero, casó en La Habana, parroquia del Santo Angel, el 12 de abril de 1751, con doña Ana Josefa del Castillo y Valdés, hija de Francisco y de Francisca. Fueron padres: de María Catalina; de Rosalía y de Manuel Antonio Morejón y del Castillo. Los cuales:

a) Doña María Catalina Morejón y del Castillo, natural de La Habana, casó en la parroquia de Guanajay el 28 de febrero de 1779, con don Domingo Pérez-Sánchez y Núñez, natural de La Habana, hijo de José y de Micaela.

b) Doña Rosalía Morejón y del Castillo, casó en la Catedral de Matanzas el 20 de marzo de 1774, con don Antonio Molina y Santoyo, natural de La Habana, hijo de Rafael y de María.

c) Don Manuel Antonio Morejón y del Castillo, natural de Guamutas, casó en la parroquia de Guanajay el 12 de abril de 1783, con doña María de Belén Pérez-Sánchez y de la Cruz, hija de Domingo y Rosalía.

C. — Don Felipe Antonio Morejón y Cepero, nacido en Guamutas el 13 de diciembre de 1731, casó en la parroquia de San Julián de los Güines el 6 de diciembre de 1750, con doña María Gertrudis Montero-Cid Rivero; de aquella naturaleza, de la que tuvo por hijos: a Antonia Manuela; a Antonio Felipe; a Ramón José; a María de la Altagracia; a Josefa; a María Rosalía; a María de la Concepción y a José María Morejón y Montero-Cid. De los cuales:

a) Doña Antonia Manuela Morejón y Montero-Cid, nacida en Güines año 1756, casó con su pariente don Eugenio Morejón.

b) Don José María Morejón y Montero-Gil, fue bautizado en la parroquia de Guamutas el 18 de septiembre de 1758.

c) Don Antonio Felipe Morejón y Montero-Gil, bautizado en la parroquia de Güines en junio de 1760, casó en la Catedral de Matanzas el 4 de agosto de 1822, con su pariente doña Juana Josefa Morejón y Cabrera, hija de don Juan Nepomucar Rodríguez de Morejón y Alvarez de Orbea, natural de Guamutas, y de doña Rosalía Cabrera y Guerrero.

d) Doña María Rosalía Morejón y Montero-Cid, fallecida en La Habana el 26 de abril de 1840, casó en la Catedral de Matanzas el 28 de febrero de 1804, con don Juan de los Reyes.

e) Doña Josefa María Morejón y Montero-Cid casó con don Pedro Antonio Avalos.

f) Don Ramón José Morejón y Montero-Cid, bautizado en la parroquia de Güines el 4 de septiembre de 1763, allí nacido el 30 de agosto de ese año, casó en la parroquia de Macuriges el 24 de octubre de 1791, con doña María Rosalía Rodríguez del Junco y Sardiña, natural de Guamutas, hija de don Bernardo Rodríguez del Junco y Rodríguez-Morejón, Capitán de Dragones y Alcalde ordinario de Matanzas, y de doña Manuela Sardiña y Roque de Escobar. Tuvieron por hijos: a Dionisia Josefa; a María del Rosario; a Félix y a José Cayetano Morejón y del Junco. Los cuales:

aa) Doña Dionisia Josefa Morejón y del Junco, bautizado en la parroquia de Macuriges en 1792, casó en la Catedral de Matanzas el 4 de octubre de 1810, con don Francisco Morejón y Morejón, hijo de don Juan de Dios Morejón y del Castillo, Regidor Alférez Real y Alcalde ordinario de Matanzas y de Cecilia Morejón y Valdespino. Por segunda vez doña Dionisia Josefa Morejón y del Junco casó con don Juan Bautista Font

bb) Doña María del Rosario Morejón y del Junco, casó con don Pedro Pereira y Sotolongo, hijo de don José Pereira y Fuentes, y de doña Manuela Sotolongo y Ruiz del Alamo, natural de San Matías de Río Blanco del Norte.

cc) Don Félix Morejón y del Junco, fue padre legítimo de don Luis Morejón, que se estableció en el extranjero.

dd) Don José Cayetano Morejón y del Junco, natural de Macuriges, casó con doña Lutgarda Pereira y Sotolongo, hija de don José Pereira y Fuentes, y de doña Manuela Sotolongo y Ruiz del Alamo. Fueron los padres: de Estefanía; de Carlota; de Rafael Alejo; de Ramón; de Félix; de Agustín; de Justa; de Estefanía y de José Lorenzo Morejón y Pereira. De los cuales:

aaa) Doña Estefanía Morejón y Pereira, casó con don Manuel Capote y Quiñones.

bbb) Doña Carlota Morejón y Pereira, casó con don Francisco de Paula Capote y Quiñones.

ccc) Don Rafael Alejo Morejón y Pereira, casó con doña Margarita Capote y López de Villavicencio.

ddd) Don Félix Morejón y Pereira, falleció soltero.

eee) Don Agustín Morejón y Pereira, nació en Mal Tiempo, parroquia de Camarones, fue bautizado por el presbítero Agustín Villegas.

fff) Doña Justa Morejón y Pereira, casó con su pariente don Sixto Morejón y del Junco.

ggg) Doña Estefanía Morejón y Pereira, nació el 3 de agosto de 1816.

hhh) Don José Lorenzo Morejón y Pereira, fallecido en el potrero «Caverna», cuya defunción se encuentra en la parroquia de Camarioca año de 1860, casó con su pariente doña Catalina Perfecta Morejón y Pereira, bautizada en la Catedral de Matanzas el 27 de abril de 1828, donde se encuentra su defunción a 18 de octubre de 1898, hija de don Eugenio José Morejón, y de doña Catalina Pereira. Tuvieron por hijos: a Lutgarda Saturnina (fallecida soltera); a José Cayetano (que casó con doña Ana Ortiz y Hernández); a Félix Lorenzo (que casó con su pariente doña Antonia López y Morejón); a Enrique Valentín (que casó con su pariente doña Manuela Pérez y Morejón); a Eduardo Prudencio (casado con doña Susana Sánchez y Blanco); a Eugenio José (que falleció soltero); a Emilio Serapio (que casó con doña Inés Hernández), y a Evaristo Sotero Morejón y Morejón. De los cuales:

Don Evaristo Sotero Morejón-Morejón, nacido en el potrero «Caverna», Camarioca, el 22 de abril de 1852 y cuya defunción se encuentra en la Catedral de Matanzas a 12 de noviembre de 1906, casó dos veces: la primera, con doña Rosa Ortiz y Hernández, sin sucesión; y la segunda el 21 de diciembre de 1888, con doña Isabel Beato y Betancourt, fallecida en Matanzas el 13 de mayo de 1929, hija de don Francisco Beato y Beato, y de doña Josefa Betancourt y Florido. Tuvieron por hijos: a Justo Pastor; a María Isabel; a María Digna de las Mercedes y a Jesús Morejón y Beato. Los cuales:

aaaa) Don Jesús Pastor Morejón y Beato, nacido el 18 de noviembre de 1890 y bautizado en Matanzas, parroquia de Pueblo Nuevo el 19 de marzo de 1891, casó en la Catedral matancera el 27 de abril de 1923, con doña Elvira González e Irigoyen.

bbbb) Doña María Isabel Morejón y Beato, nacida el 30 de diciembre de 1893 y bautizada en la parroquia de Macuriges, casó en dicha parroquia con don Federico Rodríguez y González.

cccc) Doña María Digna de las Mercedes Morejón y Beato, nacida el 22 de septiembre de 1895, falleció el 28 de junio de 1896.

dddd) Don Jesús Morejón y Beato, nacido en Matanzas el 29 de octubre de 1900, fue bautizado en la parroquia de Pueblo Nuevo, en la que casó el 25 de mayo de 1934, con doña María de la Soledad Gutiérrez y Rivera, hija de don Manuel Gutiérrez y Tárano, natural de Cangas de Onís, en Asturias, y de doña Josefa Rivera y Lles, de igual naturaleza. Tuvieron por hijos: a Jesús y a María Isabel Morejón y Gutiérrez, nacidos en Matanzas respectivamente, el 17 de marzo de 1935 y el 21 de abril de 1936 y ambos bautizados en esa ciudad, parroquia de Pueblo Nuevo, el 6 de noviembre de 1935 y el 11 de noviembre de 1936.

D. — Don Félix Rodríguez de Morejón y Cepero (ya mencionado como hijo de don José Rodríguez de Morejón y Salcedo, y de doña María Ana Cepero), testó ante el escribano Manuel Ramírez, y su defunción se encuentra en La Habana, parroquia de Guadalupe, a 30 de abril de 1778. Casó dos veces la primera con doña Nicolasa Cepero; y la segunda con doña Ana Alvarez de Orbea. De su primera mujer tuvo por hijos: a Francisca Antonia; a Félix; a Francisco y a Miguel Rodríguez de Morejón y Cepero. Y de la segunda tuvo por hijos: a María Rafaela; a Josefa Antonia; a Juan Nepomuceno y a Vicente Rodríguez de Morejón y Alvarez de Orbea. De los cuales:

A. — Doña Francisca Antonia Rodríguez de Morejón y Cepero, fue natural de Managua (provincia de la Habana), y su defunción se encuentra en la parroquia de San Matías de Río Blanco del Norte a 13 de enero de 1824. Casó con don Antonio Alvarez.

B. — Don Juan Nepomuceno Rodríguez de Morejón y Alvarez de Orbea, natural de Guamutas, casó en La Habana, parroquia de Guadalupe, el 10 de septiembre de 1789, con doña Rosalía Cabrera y Guerrero, hija de Francisco y de Lorenza. Tuvieron por hijos: a Juana Josefa y a José de Jesús Morejón y Cabrera. Los cuales:

a) Doña Juana Josefa Morejón y Cabrera, casó en la Catedral de

Matanzas el 3 de agosto de 1822, con su pariente don Antonio Felipe Rodríguez de Morejón y Montero, hijo de don Felipe Antonio Rodríguez de Morejón y Cepero, y de doña María Montero-Cid y Rivero.

b) Don José de Jesús Morejón y Cabrera, casó en la Catedral de Matanzas el 22 de enero de 1834, con su pariente doña María de los Angeles Morejón y del Junco, hija de don Antonio Morejón y Castro-Palomino, y de doña Manuela del Junco y Doria.

c) Don Vicente Rodríguez de Morejón y Alvarez de Orbea, cuya defunción se encuentra en La Habana, parroquia del Pilar, a 2 de diciembre de 1824, casó con doña Petrona de León y tuvieron por hijos: a Sixta; a Ladislao; a Félix; a Ramón; a Antonio; a Cecilio y a José Vicente Morejón y León. De los cuales:

Don José Vicente Morejón y León, natural del Cano, casó en La Habana, parroquia del Pilar, el 14 de junio de 1837, con doña María Salomé Alvarez y Moreira, hija de Francisco y de Juana.

2. — Don Jacinto Rodríguez de Morejón y Salcedo, del que se tratará en la «Rama Primera».

3. — Don Pedro Rodríguez de Morejón y Salcedo, del que se tratará en la «Rama Segunda».

«Rama Primera»

Don Jacinto Rodríguez de Morejón y Salcedo (mencionado anteriormente como hijo de don Pedro Nicéforo Rodríguez de Morejón y de la Rosa, y de doña Jacinta Salcedo y Silva), bautizado en La Habana, parroquia del Espíritu Santo, el 27 de agosto de 1694, fue Capitán de Milicias de esta plaza, donde casó en la parroquia del Santo Angel, el 29 de septiembre de 1720, con doña María Josefa de Urra y Borges, hija de don Diego de Urra y Alarcón. Alférez de la Armada de Barlovento, Alguacil Mayor de la Santa Cruzada, y de doña María Juana de Borges y de la Rosa. Tuvieron por hijos a Juana; a María Rafaela; a Teresa; a Juan Ramón; a Miguel y a Gregorio Rodríguez de Morejón y Urra. Los cuales:

1. — Doña Juana Rodríguez de Morejón y Urra, cuya defunción está en La Habana, parroquia del Santo Angel, a 26 de abril de 1818, casó con don Roque Hipólito de Porras-Pita.

2. — Doña María Rafaela Rodríguez de Morejón y Urra, casó en la parroquia del Cano el 4 de mayo de 1757, con don Vicente del Castillo y González, hijo del Teniente Simón y de Manuela.

3. — Doña Teresa Rodríguez de Morejón y Urra, cuya defunción está en La Habana, parroquia del Santo Angel, a 11 de julio de 1810, casó con don Francisco Velasco.

4. — Don Juan Ramón Rodríguez de Morejón y Urra, natural de Consolación, casó en la parroquia del Cano el 3 de marzo de 1763, donde se

veló el 10 de febrero de 1765, con doña Antonia del Castillo y Lima, hija del Capitán Vicente del Castillo y González, y de doña Feliciana Lima.

5. — Don Miguel Rodríguez de Morejón y Urra, natural de Consolación, casó en la parroquia del Cano, el 2 de marzo de 1757, con doña Juana Mena y Martínez, hija del Capitán Sebastián y de María.

6. — Don Gregorio Rodríguez de Morejón y Urra, Subteniente de Milicias de la plaza de La Habana, testó ante el escribano José Antonio Quiñones el 15 de febrero de 1764. Casó con doña María Josefa de Velasco y Urra, hija de don Pedro de Velasco y Miranda, y de doña María Antonia de Urra y Osorio. Tuvieron por hijos: a Francisca, y a Juan José Rodríguez de Morejón y Velasco. Los cuales:

1. — Doña Francisca Rodríguez de Morejón y Velasco, cuya defunción se encuentra en La Habana, parroquia del Santo Angel, a 17 de septiembre de 1835, casó con don Melchor Benavides.

2. — Don Juan José Rodríguez de Morejón y Velasco, fue Oficial Real Honorario y Mayor de la Contaduría general de Ejército y Ministro Honorario de la Real Hacienda. Testó el 13 de agosto de 1821 ante el escribano José Lorenzo Rodríguez, y su defunción se encuentra en La Habana, parroquia del Santo Angel, a 7 de octubre de 1836. Casó en la Catedral de esta ciudad el 18 de septiembre de 1805, con doña María de la Concepción Santa Cruz y García-Menocal, hija de don Ignacio Santa Cruz y Castilla, Capitán de Caballería Ligera del Regimiento de Milicias de esta plaza, y de doña María Josefa de la Luz García-Menocal y Crespo. Tuvieron por hijos: a María de los Dolores; a María Josefa; a Esteban y a Juan María Morejón y Santa Cruz. Los cuales:

1. — Doña María de los Dolores Morejón y Santa Cruz, casó en La Habana, parroquia del Santo Angel, el 24 de septiembre de 1828, con don Francisco de Paula Santa Cruz y Castilla, hijo de don Agustín de Santa Cruz y Castilla, Capitán de Caballería del Regimiento de Milicias, de esta plaza, Regidor del Ayuntamiento de La Habana, Caballero Maestrante de la Real Ronda, y de doña Josefa Castilla y Quijano.

2. — Doña María Josefa Morejón y Santa Cruz, casó en La Habana, parroquia del Santo Angel, el 22 de abril de 1824, con don Máximo de Molina y Zaldívar, hijo de don Juan de Dios de Molina e Hidalgo-Gato, Teniente Coronel de Milicias de Infantería de esta plaza, y de doña Juana Zaldívar y Sotolongo.

3. — Don Esteban Morejón y Santa Cruz, casó en La Habana, parroquia de Guadalupe, el 3 de noviembre de 1835, con doña Mariana de Molina y Zaldívar, hija de don Juan de Dios de Molina e Hidalgo-Gato, Teniente Coronel de Milicias de Infantería de esta plaza, y de doña Juana Zaldívar y Sotolongo.

4. — Don Juan María Morejón y Santa Cruz, casó en La Habana, parroquia del Santo Angel, el 4 de febrero de 1833, con doña María de los

Dolores Carmona y Morejón, hija de don José Antonio Carmona y de doña María de los Dolores Rodríguez de Morejón y Lima.

«Rama Segunda»

El Teniente Pedro Rodríguez de Morejón y Salcedo (mencionado anteriormente como hijo de don Pedro Nicéforo Rodríguez de Morejón y de la Rosa, y de doña Jacinta Salcedo y Silva), bautizado en La Habana, parroquia del Espíritu Santo, el 10 de julio de 1691, casó en la parroquia de Guamutas, Matanzas, el 28 de octubre de 1717, con doña Francisca Cepero y Doria hija de don Francisco Cepero y Pérez-Bullones y de doña Josefa Doria y Cordero. Tuvieron por hijos: a Isabel; a María; a Juana María; a Rosa; a Juana Rafaela; a Felipe; a Juan Bautista; a José Antonio y a Antonio José-Rodríguez de Morejón y Cepero. De los cuales:

1. — Doña María Rodríguez de Morejón y Cepero, casó con don Sebastián de Prado.

2. — Doña Juana María Rodríguez de Morejón y Cepero, casó en La Habana, parroquia del Espíritu Santo, el 4 de noviembre de 1748, con su pariente Luis Noriega y Burón, hijo de don José Joaquín Noriega y Marroquín, y de doña Isabel Burón y Morejón.

3. — Doña Rosa Rodríguez de Morejón y Cepero, casó con don Cristóbal Sotolongo y Carrillo de Albornoz, hijo del Capitán Juan Miguel Sotolongo y Calvo de la Puerta, y de doña Ana Carrillo de Albornoz y Rangel.

4. — Doña Juana Rafaela Rodríguez de Morejón y Cepero, casó con su pariente don Pedro Rodríguez de Morejón.

5. — Don Felipe Rodríguez de Morejón y Cepero, natural de Guamutas, casó en la parroquia de la villa de Güines, el 6 de diciembre de 1770, con doña María Montero Gil y Rivero, hija de Juan y de María. Tuvieron por hijos: a Josefa; a María Rosalía; a José Manuel y a Antonio Felipe Rodríguez de Morejón y Montero-Cid. Los cuales:

A. — Doña Josefa Rodríguez de Morejón y Montero-Cid, natural de Guamutas, casó en la Catedral de Matanzas el 9 de mayo de 1779, con don Pedro Antonio Avalos y Roque de Escobar, hijo de don Francisco Avalos y Gutiérrez Tinoco, y de doña Bernarda Roque de Escobar y Hernández-Madruga.

B. — Doña María Rosalía Rodríguez de Morejón y Montero-Cid casó en la Catedral de Matanzas el 26 de febrero de 1804, con don José de los Reyes y Bohorques, Alférez de Caballería Ligera de Cataluña, hijo del Capitán Rafael de los Reyes, Ayudante Mayor de la fortaleza de la Cabaña, y de doña Leonor de Bohorques.

C. — Don José Manuel Rodríguez de Morejón y Montero-Cid casó en la parroquia de Guamutas (Matanzas) el 17 de diciembre de 1785, con doña María de la Luz Prados y Fuentes, hija de Sebastián y de María.

D. — Don Antonio Felipe Rodríguez de Morejón y Montero-Cid, casó dos veces: la primera, con doña Elena Simona Pereira; y la segunda, en la Catedral de Matanzas, el 3 de agosto de 1822, con doña Juana Josefa Rodríguez de Morejón y Cabrera, hija de don Juan Nepomuceno Rodríguez de Morejón y Alvarez de Orbea, y de doña Rosalía Cabrera y Guerrero.

Don Antonio Felipe Rodríguez de Morejón y Montero-Cid y su primera mujer doña Elena Simona Pereira, tuvieron por hijas: a María Ignacia y a María Micaela Morejón y Pereira. Las cuales:

A. — Doña María Ignacia Morejón y Pereira, natural del Limonar, casó en la Catedral de Matanzas el 10 de octubre de 1828, con don José Liborio Domínguez y Sardiña, natural de Guamutas, hijo de Manuel y de María.

B. — Doña María Micaela Morejón y Pereira, casó con don Juan Bautista Leonard y Currié, hijo de Pedro Blas y de María Salomé.

6. — Don Juan Bautista Rodríguez de Morejón y Cepero, fue bautizado en la parroquia de Guamutas, el 19 de septiembre de 1720, y su defunción está en la parroquia San Narciso, partido de Alvarez, a 26 de agosto de 1781. Casó en La Habana, parroquia del Espíritu Santo, el 18 de julio de 1745, con su pariente don Antonio Noriega y Burón, hija de don José Noriega y Marroquín, y de doña Isabel Burón y Morejón. Tuvieron por hijos: a María; a Manuela; a María de Belén; a Dominga; a Juan Antonio; a José María; a Pablo y a Tomás Morejón y Noriega. De los cuales:

A. — Doña Dominga Morejón y Noriega, casó en la parroquia de Güines, el 28 de octubre de 1767, con don José de la Luz Montero-Cid y González, hijo de José y de María del Rosario.

B. — Don José María Morejón y Noriega, cuya defunción está en La Habana, parroquia del Santo Angel, a 4 de febrero de 1796, casó con doña Antonia Lima y tuvieron por hija: a

Doña Micaela Morejón y Lima, que casó en la parroquia de Jaruco el 15 de marzo de 1806, con don Esteban de Torres y Sosa, hijo de Juan y de Gertrudis.

C. — Don Pablo Morejón y Noriega, bautizado en La Habana, parroquia del Espíritu Santo, el 4 de febrero de 1752, casó en esta ciudad, parroquia del Santo Angel, el 17 de noviembre de 1785, con doña Gregoria Sotolongo y Cepero, natural de Güines, hija del Teniente Juan Sotolongo y Carrillo, y de doña Antonia Cepero y Ravelo. Tuvieron por hija: a

Doña María del Rosario Morejón y Sotolongo, que fue bautizada en La Habana, parroquia del Espíritu Santo, el 19 de noviembre de 1786. Testó ante el escribano Loreto Larrazábal, y su defunción se encuentra en la Catedral de esta ciudad, a 7 de febrero de 1846. Casó en La Habana, parroquia del Santo Angel, el 25 de octubre de 1812, con don Juan de Acosta y Cepero, Subteniente de Granaderos del Regimiento de Infantería de México, hijo del doctor Pedro Tadeo de Acosta y Montaño, y de doña María Lugarda Cepero y Cepero.

D. — Don Tomás Morejón y Noriega, natural de Matanzas, cuya defunción está en la parroquia de Ceja de Pablo, a 28 de septiembre de 1833, casó con doña Antonia López-Silvero, natural de Villaclara, y tuvieron por hijos: a María de Loreto; a María Eulalia; a María del Pilar; a Rita; a Antonia; a Juan; a Tomás; a Pedro; a Joaquín y a José Emeterio Morejón y López-Silvero. De los cuales:

A. — Doña Antonia Morejón y López-Silvero, casó con don Ramón del Junco.

B. — Don José Emeterio Morejón y López-Silvero, bautizado en la parroquia de San Narciso de Alvarez, el 22 de marzo de 1791, casó en la parroquia de Ceja de Pablo el año 1820, con su pariente doña Leonor Francisca Morejón e Izquierdo, natural de Guamutas, hija de don Basilio Rodríguez de Morejón y Castro-Palomino, y de doña Juana Apolonia Izquierdo y Molina. Tuvieron por hijos: a Juana; a Antonia; a Basilio; a Pablo; a Estanislao; a Rosendo; a Ricardo; a José Hilario y a Tomás Morejón y Morejón. De los cuales:

A. — Don José Hilario Morejón y Morejón, bautizado en la Catedral de Matanzas el 25 de abril de 1825, casó con su pariente doña María Benigna Hidalgo-Gato y Ramos, natural de Ceja de Pablo, hija de don Ramón Hidalgo-Gato y Morejón, y de doña Isabel Ramos y Hernández Madruga.

B. — Don Tomás Morejón y Morejón, bautizado en la parroquia de Ceja de Pablo el 26 de julio de 1839, casó con doña María del Rosario Izquierdo y Cárdenas, hija de don Pascual Izquierdo y Molina, y de doña Victoria de Cárdenas.

7. — Don José Antonio Rodríguez de Morejón y Cepero, del que se tratará en la «Rama A».

8. — Don Antonio José Rodríguez de Morejón y Cepero, del que se tratará en la «Rama B».

«Rama A»

El Capitán José Antonio Rodríguez de Morejón y Cepero (mencionado anteriormente como hijo de don Pedro Rodríguez de Morejón y Salcedo, y de doña Francisca Cepero y Doria), bautizado en la parroquia de Guamutas el 20 de marzo de 1729, testó en unión de su mujer el 14 de octubre de 1804, ante el escribano Miguel Méndez, y su defunción se encuentra en La Habana, parroquia de Guadalupe, a 24 de noviembre de dicho año. Casó en esta ciudad, parroquia del Espíritu Santo, el 3 de septiembre de 1749, con doña Leonor Sotolongo y Calvo de la Puerta, natural de Matanzas, hija de don Antonio Sotolongo y Navia, y de doña

Isabel Calvo de la Puerta y Ximénez. Tuvieron por hijos: a María Gertrudis; a María de las Mercedes; a María de Jesús; a Micaela, a Rita María; a José Hilario; a Salvador; a Nicolás; a Manuel y a Antonio Morejón y Sotolongo. De los cuales:

1. — Doña María Gertrudis Morejón y Sotolongo, cuya defunción se encuentra en la parroquia de San Antonio de los Baños (provincia de la Habana), a 9 de octubre de 1805, casó con don José María Garzón.

2. — Doña María de las Mercedes Morejón y Sotolongo, natural de Guamutas, testó el 5 de julio de 1825, y su defunción se encuentra en La Habana, parroquia Guadalupe, a 15 de octubre de dicho año.

3. — Doña María de Jesús Morejón y Sotolongo, fue bautizada en la parroquia de Guamutas, el 11 de marzo de 1751, donde casó el año 1767 (asentado este matrimonio en la Catedral de La Habana, al libro 8, folio 16 vuelto), con don Luis José Calvo de la Puerta y Lugo, hijo de don Vicente Calvo de la Puerta y Ximénez y de doña María Francisca Lugo Trimiño y Ximénez.

4. — Doña Micaela Morejón y Sotolongo, testó el 28 de febrero de 1852 ante Pedro Vidal Rodríguez, falleciendo el 2 de marzo de dicho año. Casó con don Manuel de la Paz y Rodríguez, hijo de don Juan de la Paz y de doña Josefa Rodríguez y Pérez-Borroto.[1]

5. — Doña Rita María Morejón y Sotolongo, natural de Guamutas, casó en La Habana, parroquia de Guadalupe, el 17 de abril de 1800, con su pariente don Juan Morejón y Alvarez de Orbea, hijo de don Félix Rodríguez de Morejón y Cepero, y de doña Ana Alvarez de Orebea.

6. — Don Salvador Morejón y Sotolongo, bautizado en la parroquia de Guamutas el primero de enero de 1776, fue clérigo presbítero.

7. — Don Nicolás Morejón y Sotolongo, fue un distinguido sacerdote.

8. — Don Manuel Morejón y Sotolongo, bautizado en la parroquia de Guamutas el 21 de marzo de 1752, fue presbítero y Capellán del Real Cuerpo de Artillería de la plaza de La Habana. Testó el 5 de septiembre de 1812, ante Manuel Reynoso, y su defunción se encuentra en esta ciudad, parroquia del Santo Angel, a 4 de octubre de dicho año.

---

1. Doña Josefa Rodríguez y Pérez-Borroto, fue hija de don Bernardo Rodríguez Martín, y de doña Paula Pérez-Borroto y Pérez-Barnuevo.

Don Manuel de la Paz y Rodríguez, y su mujer doña Micaela Morejón y Sotolongo, tuvieron por hijo: a

Don José Ramón de la Paz y Morejón, natural de San Antonio de los Baños, Sinodal del Arzobispado de Toledo, y cura párroco de Yaguaramas y Guamutas, perteneciente a la Sociedad Económica de Amigos del País y Caballero de las órdenes de Isabel la Católica y Carlos III. Fue aficionado a las ciencias naturales y como tal, miembro de distintas sociedades científicas. Falleció en Guamutas, el 26 de diciembre de 1867.

9. — Don Antonio Morejón y Sotolongo, casó en la parroquia de San Hilarión, villa de Guanajay (provincia de Pinar del Río) el 20 de diciembre de 1786, con doña Ana Josefa de Roxas-Sotolongo y Armenteros, hija del Teniente Francisco de Roxas-Sotolongo y Franco, y de doña Angela Armenteros y Guzmán y González de la Torre. Tuvieron por hijos: a José de Jesús; a Sixto Antonio y a Andrés Morejón y Roxas-Sotolongo. Los cuales:

1. — Don José de Jesús Morejón y Roxas-Sotolongo, natural de Guanajay, casó en Ceiba del Agua, parroquia de San Luis, el 19 de marzo de 1815, con su pariente doña María de los Angeles Morejón y Quijano, hija del licenciado Antonio Morejón e Hidalgo-Gato, distinguido letrado, Abogado de las Reales Audiencias de México y Santo Domingo, Teniente Regidor y Alguacil Mayor de la Audiencia de La Habana, y de doña Dominga Quijano y Tinoco.

2. — Don Sixto Antonio Morejón y Roxas-Sotolongo, natural de Guanajay (provincia de Pinar del Río), casó en la parroquia de Ceiba del Agua el 13 de febrero de 1810, con su pariente doña Teresa de Jesús Morejón y Quijano, natural de La Habana, hija del licenciado Antonio Morejón e Hidalgo-Gato, distinguido letrado, abogado de las Reales Audiencias de México y de Santo Domingo, Teniente de Regidor, Alguacil Mayor del ayuntamiento de La Habana en 3 de febrero de 1797, y de doña Dominga Quijano y Tinoco.

3. — Don Andrés Morejón y Roxas-Sotolongo, natural del partido del Guayabal, fue Alférez de Caballería de uno de los Escuadrones Rurales de Fernando VII. Casó en La Habana, parroquia de Guadalupe, el 10 de diciembre de 1835, con doña María Josefa Batista y Rodríguez del Rey, natural de Ceiba del Agua, hija de Francisco y de Agustina. Tuvieron por hijos: a Andrés y a Manuel Morejón y Batista. Los cuales:

1. — Don Andrés Morejón y Batista, fue bautizado en la parroquia de Ceiba del Agua, el 12 de julio de 1838.

2. — Don Manuel Morejón y Batista, fue bautizado en la parroquia de Ceiba del Agua, el 23 de diciembre de 1845.

«Rama B»

Don Antonio José Rodríguez de Morejón y Cepero (mencionado anteriormente como hijo de don Pedro Rodríguez de Morejón y Salcedo, y de doña Francisca Cepero y Doria), fue Capitán de Dragones de Matanzas. Casó dos veces: la primera, con su pariente doña Juana Josefa Hidalgo-Gato y Morejón, hija de don Gregorio Hidalgo-Gato y Vergara, y de doña Ana María Rodríguez de Morejón y González-Alverja, Casó por segunda vez, con doña Leonor de Castro-Palomino y Leiva, hija de don Carlos de Castro-Palomino y Villarte, Capitán del partido del Quemado, y de doña María Leonor de Leiva y Valera y Guzmán.

Don Antonio José Rodríguez de Morejón y Cepero, y su segunda mujer doña Leonor de Castro-Palomino y Leiva, tuvieron por hijos: a Basilio y a Antonio Morejón y Castro-Palomino. Los cuales:

1. — Don Basilio Morejón y Castro-Palomino, natural de La Habana, casó con doña Juana Apolonia Izquierdo y Molina, natural de Guamutas, hija de José y de Rafaela. Tuvieron por hijos: a Leonor; a Josefa y a Basilio Morejón e Izquierdo. De los cuales:

A. — Doña Leonor Morejón e Izquierdo, bautizada en la parroquia de Guamutas el 14 de febrero de 1802, casó en la parroquia de Ceja de Pablo el año 1820, con su pariente don José Emeterio Morejón y López-Silvero, natural del partido de San Narciso de Alvarez, hijo de don Tomás Morejón y Noriega, y de doña Antonia López-Silvero.

B. — Doña Josefa Morejón e Izquierdo, natural de San Narciso de Alvarez, casó en la Catedral de Matanzas, el 6 de mayo de 1828, con don Francisco Hernández de Noda y Torrens, hijo de Domingo y de Josefa Valentina.

2. — Don Antonio Morejón y Castro-Palomino, natural de Guamutas, casó en la Catedral de Matanzas el 26 de febrero de 1804, con su pariente doña Manuela del Junco y Doria, hija de don Feliciano del Junco y Morejón, y de doña María Ana Doria y Morejón. Tuvieron por hijos: a María de los Angeles; a Antonio y a Bernardo Morejón y del Junco. Los cuales:

1. — Doña María de los Angeles Morejón y del Junco, casó en la Catedral de Matanzas el 22 de enero de 1834, con su pariente don José de Jesús Morejón y Cabrera, hijo de don Juan Nepomuceno Rodríguez de Morejón y Alvarez de Orbea, y de doña Rosalía Cabrera y Guerrero.

2. — Don Antonio Morejón y del Junco, fue bautizado en la Catedral de Matanzas el 5 de noviembre de 1826.

3. — Don Bernardo Morejón y del Junco, casó dos veces en la Catedral de Matanzas: la primera, el 15 de abril de 1849, con doña Estefanía Valdés y Montero, natural de la villa de Guanabacoa, hija de Pedro y de Catalina. Casó por segunda vez, el 4 de enero de 1855, con su pariente doña Rita María del Junco y del Junco, hija de don Esteban del Junco y Bermúdez, y de doña María de Jesús del Junco y Doria.

Don Antonio José Rodríguez de Morejón y Cepero, y su primera mujer doña Juana Josefa Hidalgo-Gato, y Morejón, tuvieron por hijos: a Domingo y a Antonio Morejón e Hidalgo-Gato. De los cuales: el

Licenciado Antonio Morejón e Hidalgo-Gato, bautizado en la parroquia de Guamutas, el 7 de junio de 1859, fue distinguido letrado, Abogado de las Reales Audiencias de México y de Santo Domingo, Teniente Regidor y Alguacil Mayor del Ayuntamiento de La Habana, en 3 de febrero de 1797. Casó dos veces en la Catedral de esta ciudad: la primera, el 23 de diciembre de 1779, con doña Dominga Quijano y Tinoco, hija del Teniente Coronel José Quijano y Balmaceda, y de doña Teresa Tinoco y Viamonte-Navarra. Casó por segunda vez el 7 de enero de 1799, con doña Bárbara de Arango y Cepero, hija de don Juan de Arango y Pacheco, Síndico Procurador general y Alcalde de la Santa Hermandad y de doña María de las Mercedes Cepero y Cepero.

Don Antonio Morejón e Hidalgo-Gato, y su primera mujer doña Dominga Quijano y Tinoco, tuvieron por hijos: a Teresa de Jesús; a Ursula; a María de los Angeles; a Antonio; a José; a Joaquín y a Teodosio Morejón y Quijano. Los cuales:

1. — Doña Teresa de Jesús Morejón y Quijano, casó en la parroquia de Ceiba del Agua, el 13 de febrero de 1810, con su pariente don Sixto Antonio Morejón y Roxas-Sotolongo, natural de Guanajay, hija de don Antonio Morejón y Sotolongo, y de doña Ana Josefa de Roxas-Sotolongo y Armenteros.

2. — Doña Ursula Morejón y Quijano fue bautizada en la Catedral de la Habana el 6 de noviembre de 1780, y su defunción se encuentra en esta ciudad, parroquia de Monserrate, a 16 de julio de 1858. Casó en la Catedral de La Habana el 9 de agosto de 1801, con don Martín de Funes y Fernández Tolosano, bautizado en la parroquia de Santiago de Veragua, en Panamá, el 20 de septiembre de 1752. Capitán de Fragata de la Real Armada, en la que ingresó en 1770, hijo de don Pedro de Funes y Ulloa, natural de Sevilla, y de doña María del Rosario Fernández-Tolosano y Sainz de la Posa natural de la villa de Santo Domingo de Parita, en el obispado de Panamá.[1]

3. — Doña María de los Angeles Morejón y Quijano, cuya defunción se encuentra en la parroquia de Ceiba del Agua a 19 de enero de 1830, casó en esa parroquia el 19 de marzo de 1815, con don José de Jesús Morejón y Roxas Sotolongo, hijo de don Antonio Morejón y Sotolongo, y de doña Ana Josefa de Roxas-Sotolongo y Armenteros.

4. — Don José Morejón y Quijano, testó el 9 de octubre de 1828, ante José Salinas, y su defunción se encuentra en La Habana, parroquia de Guadalupe, a 8 de octubre de 1838.

5. — Don Joaquín Morejón y Quijano, testó el 14 de noviembre de

---

1. Don Martín de Funes y Fernández Tolosano, y su mujer doña Ursula Morejón y Quijano, tuvieron por hijos: a Pedro José y a Juan Francisco de Funes y Morejón. Los cuales:

1. — Don Pedro José de Funes y Morejón, casó en La Habana, parroquia de Guadalupe, el 6 de abril de 1835, con su pariente doña María de las Mercedes Morejón y Roxas-Sotolongo, hija de don Teodosio Morejón y Quijano, y de doña Juana María de Roxas-Sotolongo y Armenteros.

2. — El licenciado Juan Francisco de Funes y Morejón, bautizado en la Catedral de Chiapas el 5 de enero de 1811, letrado, fue abogado de la Real Audiencia Pretorial de La Habana.

1822 ante Miguel Méndez y su defunción se encuentra en La Habana, parroquia de Guadalupe, a 13 de diciembre de dicho año.

6. — Don Teodosio Morejón y Quijano, bautizado en la Catedral de La Habana el 9 de junio de 1782, y cuya defunción se encuentra en la parroquia de Ceiba del Agua a 17 de septiembre de 1827, casó en la parroquia de Guanajay el 2 de julio de 1804, con doña Juana María de Roxas-Sotolongo y Armenteros, natural de la parroquia de Jesús del Monte, en La Habana, hija del Teniente Francisco de Roxas-Sotolongo y Franco, y de doña Angela Armenteros y Guzmán y González de la Torre. Tuvieron por hijos a María de las Mercedes; a María Ramona y a José María Morejón y Roxas-Sotolongo. Los cuales:

1. — Doña María de las Mercedes Morejón y Roxas-Sotolongo, natural de Guanajay, casó en La Habana, parroquia de Guadalupe, el 6 de abril de 1835, con su pariente don Pedro José de Funes y Morejón, hijo de don Martín de Funes y Fernández Tolosano, Capitán de Fragata de la Real Armada, y de doña Ursula Morejón y Quijano.

2. — Doña María Ramona Morejón y Roxas-Sotolongo, casó en La Habana, parroquia de Guadalupe, el 19 de octubre de 1835, con don Ramón Salazar y Hernández, natural de San Miguel de Pensacola, hijo de don Diego Salazar, Capitán de Infantería y de doña María Josefa Hernández.

3. — Don José María Morejón y Roxas-Sotolongo, bautizado en la parroquia de la villa de Guanajay el 26 de octubre de 1806, casó con doña María del Rosario González Mirche, y tuvieron por hijo:

Don José María Morejón y González, que fue bautizado en La Habana, parroquia de Guadalupe, el 28 de agosto de 1840.

Don Antonio Morejón e Hidalgo-Gato, y su segunda mujer doña Bárbara de Arango y Cepero, tuvieron por hijos: a María del Rosario; a María Ignacia; a Manuel; a Domingo; a Onofre y a Ramón Morejón y Arango. Los cuales:

1. — Doña María del Rosario Morejón y Arango, cuya defunción está en La Habana, parroquia de Guadalupe, a 18 de enero de 1844, casó con don José del Rosario Rodríguez.

2. — Doña María Ignacia Morejón y Arango, bautizada en la Catedral de La Habana el 13 de agosto de 1806, casó dos veces: la primera, en La Habana, parroquia de Guadalupe, el 3 de julio de 1823, con don Carlos de la Vega y Ramírez, hijo de José Francisco y de María. Casó por segunda vez, con su pariente el licenciado Blas Du-Bouchet y Moya, abogado, Asesor de la Tenencia de Gobierno de Nueva Filipinas, hijo de don Máximo Du-Bouchet y Herrera, Teniente Coronel del Batallón Ligero de Tarragona, agregado al Estado Mayor de la plaza de La Habana y Caballero de la Orden de San Hermenegilo, y de doña Cecilia Josefa de Moya y Morejón.

3. — Don Manuel Morejón y Arango, casó en La Habana, parroquia

de Guadalupe, el 22 de mayo de 1829, con doña María Manuela Fernández y Díaz, natural del Pipián, hija de Agustín y de María.

4. — Don Domingo Morejón y Arango, fue Cadete de Milicias de la plaza de La Habana. Su defunción se encuentra en La Habana, parroquia de Guadalupe, a primero de marzo de 1841. Casó tres veces: la primera, en la referida parroquia, el 24 de marzo de 1819 con doña María Jesús de la Barrera y Casas, hija de don Esteban de la Barrera, Coronel de Caballería de Milicias de esta plaza, y de doña Micaela Casas. Casó por segunda vez, con doña María del Carmen Hernández; por tercera vez, el 23 de marzo de 1836, con doña Lorenza del Junco y León, hija de don Francisco del Junco y Delgado, y de doña Juana León y Santalla.

5. — Don Onofre Morejón y Arango, casó el 7 de marzo de 1834, con doña María Josefa Valdés Hernández y tuvieron por hija: a

Doña María Dolores Morejón y Valdés Hernández, cuya defunción está en La Habana, parroquia de Guadalupe, a primero de mayo de 1872. Casó con don Francisco Falcón.

6. — Don Ramón Morejón y Arango, cuya defunción se encuentra en La Habana, parroquia de Guadalupe, a 27 de junio de 1876, casó dos veces: la primera, en la referida parroquia, el 18 de agosto de 1834, con doña María Josefa Morales y Salamanca, hija de don Rafael Morales y Sotolongo, Capitán de Caballería Ligera de esta plaza, y de doña María Josefa de Salamanca y Sotomayor. Casó por segunda vez, con doña Rafaela López Real.

Don Ramón Morejón y Arango, y su primera mujer doña María Josefa Morales y Salamanca, tuvieron por hijos: a Bárbara; a María de la Caridad; a Francisca; a María de las Mercedes; a Antonio; a Ramón; a Abelardo y a Agustín Morejón y Morales. De los cuales:

1. — Doña Francisca Morejón y Morales, casó con el licenciado Francisco Mavilio y Oliva, hijo de don Francisco Mavilio y Martín, y de doña Josefa Oliva y Pérez.

2. — Doña María de las Mercedes Morejón y Morales, casó con don Pedro González Arango y Mayoli, hijo de Manuel y de María de las Mercedes.

3. — Don Ramón Morejón y Morales, casó en La Habana, parroquia de Guadalupe, el 10 de julio de 1872, con doña María de los Dolores Caula y Sánchez, hija de Pedro y Lutgarda. Tuvieron por hijos: a Estrella y a Enrique Morejón y Caula.

4. — Don Abelardo Morejón y Morales, casó en La Habana, parroquia de Jesús del Monte, el 29 de julio de 1870, con doña María de los Dolores Moreno y Castillo, hija de Tomás y Rufina. Tuvieron por hijos, a Rosa; a Adelaida; a María de las Mercedes; a Leonarda; a María de los Dolores; a María de la Caridad; a Ramón; a Alberto; a Manuel; a Antonio; a Agustín y a Francisco Morejón y Moreno.

5. — Don Agustín Morejón y Morales, casó en La Habana, parroquia

de Guadalupe, el 16 de junio de 1860, con doña María Luisa González-Arango y Mayoli, hija de Manuel y de María de las Mercedes. Tuvieron por hijos: a Agustín y a Antonio Morejón y González-Arango. Los cuales:

1. — Don Agustín Morejón y González-Arango, casó en La Habana, parroquia de Guadalupe, el 7 de febrero de 1891, con doña María de las Mercedes Patchot y Argüelles, hija de don Pedro Patchot y Fariñas, Contador de la Real Casa de Beneficencia y Maternidad de esta ciudad, y de doña Leocadia Argüelles y Gassós. Fueron padres: de Agustín Morejón y Patchot.

2. — El doctor Antonio Morejón y González-Arango, fue médico-cirujano, casando en La Habana, parroquia de Guadalupe, el 5 de mayo de 1893, con doña Amelia Alvarez y Betancourt, hija de don Miguel Alvarez y Flores, y de doña María de los Dolores Betancourt y Pérez.

MOZO DE LA TORRE

En las páginas 179 a 181 del tomo V de la presente obra, se publicó este apellido que hoy se amplía, principalmente en su tronco, de acuerdo con nuevos datos que suministra el Archivo Nacional de Cuba, don Dalmiro de la Válgoma en sus obras «La nobleza de León en la Orden de Carlos III» y «Real Compañía y Colegio Naval: catálogo de pruebas» (esta última confeccionada en colaboración con el Barón de Finestrat), así como la obra «Los Americanos en las Ordenes Nobiliarias» por don Guillermo Lohmann Villena, todas publicadas en Madrid por el Instituto de Investigaciones Científicas de España.

Las armas antiguas del linaje de Mozo, fueron: un águila en campo de sangre.

Procedieron del lugar de Soto-y-Amio en el concejo de Luna, radicándose sucesivamente en León, Astorga, Palencia y Grijota, y posteriormente en el Reino de la Nueva Granada (hoy Colombia), y ya a mediados del siglo XVIII en Santiago de Cuba donde se establecieron dos personajes de la familia, dejando sucesión aquí.

Don Pedro Mozo y su mujer doña Angela Suárez, vecinos de Soto-y-Amio, fueron padres: de

Don Juan Mozo, vecino de Soto-y-Amio, casado con doña Toribia González, los que tuvieron por hijo: a

Don Santiago Mozo y González, también vecino de Soto-y-Amio, y luego de León, que casó con doña Ana de Ordás, padres: de

Don José Mozo de Ordás, natural de León, que casó en Astorga, parroquia de San Martín, el 24 de enero (o abril) de 1667, con doña Antonia de la Torre y Díez, natural de Soto-y-Amio, hija de don Juan de la Torre y Alvarez, y de doña María Díez y Gadañona, allí vecinos. Tuvieron por hijos: a José, y a Francisco Mozo de la Torre. Los cuales:

1. — Don José Mozo de la Torre, del que trataremos en la LINEA PRIMERA.

2. — Don Francisco Mozo de la Torre, del que se tratará en la LINEA SEGUNDA.

«LINEA PRIMERA»

Don José Mozo de la Torre (ya mencionado como hijo de don José Mozo de Ordás y de doña Antonia de la Torre y Díez), bautizado en Astorga, parroquia de San Bartolomé, el 20 de enero de 1668, Maestre de Campos de los Reales Ejércitos, fue Capitán de la Compañía de Españoles en Cartagena de Indias, Reino de la Nueva Granada avecindándose allí en la ciudad de Santa Marta, donde dio poder para testar a sus hijos. Casó en Cartagena de Indias el 27 de enero de 1706, con doña Agustina Ramírez de Arellano y Cuadros, teniendo por hijos: a José Sebastián; a Pedro José y a Ana Teresa Mozo de la Torre y Ramírez de Arellano. De los cuales:

Don José Sebastián Mozo de la Torre y Ramírez de Arellano, Capitán de la Compañía de Infantería Española en Santa Marta año de 1713, casó con su pariente doña María Antonia Mozo de la Torre. Tuvieron por hijos: a Simón; a Juan Antonio y a José Antonio Mozo de la Torre y Mozo de la Torre. De los cuales:

1. — Don Juan Antonio Mozo de la Torre y Mozo de la Torre, nacido en Santa Marta año 1719, fue Intendente honorario de provincia y de los Canales de Castillo, y Caballero pensionista de la orden de Carlos III por decreto de 28 de septiembre de 1800. Ingresó en la Real Compañía de Guardias Marinas, en Cádiz (asiento 615, página 111, tomo I de la mencionada obra de Válgoma-Finestrat), siendo en 1775 Brigadier de la Real Armada. Junto a su hermano José Antonio, obtuvo una ejecutoria de su nobleza expedida por la Real Chancillería de Valladolid.

2. — Don José Antonio Mozo de la Torre y Mozo de la Torre, nacido en la ciudad de Santa Marta año de 1718, ingresó en la Real Compañía de Guardias Marinas en Cádiz, el 16 de julio de 1732 (asiento 571, página 98, tomo I de la obra de Válgoma-Finestrat). Fue Regidor honorario de Palencia, siendo Capitán de Navío en 1771 y perteneció al Consejo de Su Majestad, casando con su pariente doña María Manuela Mozo de la Torre, natural de Palencia, de la que tuvo por hijos: a José; a Joaquín María y a Manuel Antonio Mozo de la Torre y Mozo de la Torre. Los cuales:

1. — Don José Mozo de la Torre y Mozo de la Torre, natural de Palencia, fue Tesorero de la Regalía del Papel Sellado y casado con doña María Teresa Bustamante y Cueto-Quevedo, bautizada en la parroquia de Elguera (Santander), el 12 de abril de 1738, hija de don Pedro de Bustamante y Obregón, natural de Silio y de doña María Catalina de Cueto-Quevedo y Quevedo. Fueron padres: de

Don Manuel Mozo de la Torre y Cueto-Quevedo, bautizado en Palencia, parroquia de San Antolín, el 12 de septiembre de 1770, que ingresó en la Real Armada como Guardia Marina, en Cartagena de Levante, el 15 de julio de 1789 (asiento 4243, página 126, tomo 5 de la obra de Válgoma-Finestrat).

2. — Don Joaquín María Mozo de la Torre y Mozo de la Torre, bautizado en Palencia, parroquia de San Agustín, el 12 de diciembre de 1752, fue Capitán de Navío de la Real Armada en 1796. Casó en la parroquia castrense de la isla de León (Cádiz), el 24 de junio de 1791, con doña Antonia María Osorno y Berbaut, bautizada en la Catedral de Cádiz el 3 de noviembre de 1763, hija de don Antonio Osorno Herrera y Amorós, natural de Valencia, Teniente General de la Real Armada en 1783 y Caballero de la orden de Carlos III, y de doña Juana María Berbaut y Pedesino, natural de Cádiz, oriunda de Liorna. Tuvieron por hijos: a Joaquín y a Juan Mozo de la Torre y Osorno. Los cuales:

A. — Don Joaquín Mozo de la Torre y Osorno, nacido en El Ferrol año de 1797, ingresó allí como Guardia Marina de menor edad, el 41 de agosto de 1801 (asiento 3835, pág. 480, tomo IV de Válgoma-Finestrat).

B. — Don Juan Mozo de la Torre y Osorno bautizado en El Ferrol, parroquia de San Julián, el 13 de diciembre de 1799, fue Capitán de Fragata de la Real Armada en la que ingresara como Guardia Marina, a los doce años de edad, el 9 de julio de 1811 (asiento 3845 página 487, tomo IV de Válgoma-Finestrat). Casó en la referida parroquia de San Julián, en su ciudad natal, el 7 de marzo de 1830, con doña María Rosa Díez de Robles y Felipez del Villar, allí bautizada el 15 de mayo de 1803, hija de don Benito Díez de Robles y Alvarez del Corral, natural de Puerto Marín, en Lugo, y de doña Nicolasa Felípez del Villar y Martínez, natural de Santiago de Lis. Tuvieron por hijos: a Manuel y a Joaquín Mozo de la Torre y Díez de Robles. Los cuales:

a) Don Manuel Mozo de la Torre y Díez de Robles bautizado en El Ferrol, parroquia de San Julián, el primero de enero de 1837, ingresó como Cadete en el Colegio Naval Militar, el 5 de enero de 1850 (asiento 4974, página 95, tomo VI de Válgoma-Finestrat).

b) Don Joaquín Mozo de la Torre y Díez de Robles, bautizado en El Ferrol, parroquia Castrense, el 24 de febrero de 1839, ingresó como Cadete en el Colegio Naval Militar el 31 de diciembre de 1851 (asiento 5018, página 114, volumen VI de la obra de Válgoma-Finestrat). Falleció en La Habana el 30 de julio de 1856.

3. — Don Manuel Antonio Mozo de la Torre y Mozo de la Torre, natural de Palencia, fue Alcalde ordinario de Santiago de Cuba, en cuya catedral casó el 17 de mayo de 1772, con doña María Teresa de Hechavarría y Valois, allí natural, hija de don Mateo de Hechavarría y Herrera-y-Moya, Alcalde ordinario de Santiago de Cuba y Ministro Factor de Tabacos, y de doña Anastasia Valois y Serrano de Padilla. Tuvieron por hijos: a María de Guadalupe; a José Antonio y a Mateo Anastasio Mozo de la Torre y Hechavarría. Los cuales:

1. — Doña María de Guadalupe Mozo de la Torre y Hechavarría, casó en la Catedral de Santiago de Cuba el 5 de febrero de 1810, con don Francisco Xavier de Cisneros y Losada, hijo de don Francisco Xavier de Cisneros y Fuentes, y de doña Luisa Serrano y Losada.

2. — Don José Antonio Mozo de la Torre y Hechavarría, nacido en

Santiago de Cuba, año de 1786, ingresó como Guardia Marina en El Ferrol el 20 de julio de 1804 (asiento 3792, pág. 454, tomo IV de la obra de Válgoma-Finestrat).

3. — Don Mateo Anastasio Mozo de la Torre y Hechavarría, nacido en Santiago de Cuba, año de 1787, ingresó como Guardia Marina en El Ferrol el 20 de julio de 1804 (asiento 3793, página 453, tomo IV de la obra de Válgoma-Finestrat).

«LINEA SEGUNDA»

Don Francisco Mozo de la Torre (ya mencionado como hijo de don José Mozo de Ordás y de doña Antonia de la Torre y Díez), bautizado en Astorga, parroquia de San Julián, el 26 de marzo de 1674, obtuvo Real provisión de su hidalguía en la Real Cancillería de Valladolid despachada el 11 de junio de 1724 reafirmándole su condición de hijodalgo de la villa de Trigueros, así como a sus hijos. Casó con una señora de apellido Sanz de Illera, de la que tuvo por hijos: a Manuel y a Ignacio Mozo de la Torre y Sanz de Illera. De los cuales:

Don Ignacio Mozo de la Torre y Sanz de Illera, fue natural de Palencia y vecino de la villa de Grijota, en el partido judicial de Palencia. Casó con doña Isabel Texedor, de la que tuvo por hijos: a Francisco, y a Antonio Mozo de la Torre y Texedor. Los cuales:

1. — Don Francisco Mozo de la Torre y Texedor, natural de la villa de Grijota, en Palencia, fue Dean de la Catedral de Santiago de Cuba.

2. — Don Antonio Mozo de la Torre y Texedor, bautizado en la parroquia de Grijola el 25 de agosto de 1745, fue Brigadier de los Reales Ejércitos y Coronel del Batallón de Milicias Blancas de Santiago de Cuba y San Salvador del Bayamo y en 1814 Gobernador Militar interino de la plaza de Santiago de Cuba. Dio poder para testar en Santiago de Cuba el 11 de enero de 1820 ante el escribano Rafael Muñoz, casando, en la Catedral de esa ciudad el 6 de enero de 1733, con doña Mariana Garvey y López del Castillo, hija de don Juan Francisco Garvey y Hechavarría, Regidor de ese Ayuntamiento, y de doña Francisca Antonia López del Castillo y Mustelier. Tuvieron por hijos: a Isabel; a Ana Manuela; a Francisca Antonia; a Antonio y a Francisco Mozo de la Torre y Garvey, de los cuales ya se trató en esta obra en las páginas 180 y 181 del tomo V. Como amplitud final, sólo queda ahora mencionada:

Doña Ana Manuela Mozo de la Torre y Garvey, bautizada en la Catedral de Santiago de Cuba el 6 de enero de 1781, donde casó el 11 de diciembre de 1801, con don Sebastián Kindelán y O'Regan, natural de Ceuta, etc. etc. (véanse en esta obra las referidas páginas 180 y 181 del volumen V).

NORIEGA

A fines del siglo XVIII procedente de la ciudad de Reinosa, en el arzobispado de Burgos, se estableció esta familia en La Habana.

El Teniente Diego Noriega y Ramírez, natural de la ciudad de Reinosa, casó con doña Gertrudis Marroquín y Loza, bautizada en la Catedral de La Habana el 12 de diciembre de 1654, hija del doctor Juan de Carvajal Marroquín, Familiar del Santo Oficio de la Inquisición, y de doña María de Loza y Romero. Tuvieron por hijos: a Lorenzo y a José Joaquín Noriega y Marroquín. Los cuales:

1. — El doctor Lorenzo Noriega y Marroquín, fue cura beneficiado de la Catedral de Matanzas, año de 1724.

2. — Don José Joaquín Noriega y Marroquín, bautizado en la Catedral de La Habana el 3 de abril de 1693, casó en esta ciudad, parroquia del Espíritu Santo, el 13 de agosto de 1713, con doña Isabel Burón y Morejón, hija de don Antonio Burón y de la Rocha, y de doña María Rodríguez-Morejón y Martínez de la Munera. Tuvieron por hijos: a Antonia; a María; a Teresa; a Luis y a Francisco Simón Noriega y Burón. Los cuales:

1. — Doña Antonia Noriega y Burón, casó en La Habana, parroquia del Espíritu Santo, el 18 de julio de 1745, con don Juan Bautista Rodríguez de Morejón y Cepero, natural de Guamutas, hijo del Teniente Pedro Rodríguez de Morejón y Salcedo, y de doña Francisco Cepero y Doria.

2. — Doña María Noriega y Burón, casó en La Habana, parroquia de Guadalupe, el 2 de mayo de 1762, con don Antonio Cepero y Ravelo, hijo de don Nicolás Cepero y Pérez de Bullones y de doña Margarita Ravelo y Doria.,

3. — Doña Teresa Noriega y Burón casó en La Habana, parroquia del Espíritu Santo, el 19 de junio de 1753, con don Pedro Hernández-Castellanos y Quijano, hijo del Alférez Antonio Hernández-Castellanos y Valle Vergara, y de doña María Gertrudis Quijano y Valdespino.

4. — Don Luis Noriega y Burón, fue Teniente de Dragones. Casó en La Habana, parroquia del Espíritu Santo, el 4 de noviembre de 1748, con doña Juana María Rodríguez de Morejón y Cepero, hija del Teniente Pedro Rodríguez de Morejón y Salcedo, y de doña Francisca Cepero y Doria. Tuvieron por hijos: a María Josefa; a José Antonio, y a Luis Noriega y Morejón. Los cuales:

A. — Doña María Josefa Noriega y Morejón, casó en la Catedral de Matanzas el 24 de agosto de 1791, con don Bernardo Rodríguez del Junco y Rodríguez de Morejón, Capitán de Dragones y Alcalde ordinario, hijo de don José Rodríguez del Junco y Jáuregui, y de doña Dionisia Josefa Rodríguez de Morejón y López de Lusa.

B. — Don José Antonio Noriega y Morejón, fue bautizado en la parroquia de San Julián de los Güines el 8 de enero de 1751.

C. — Don Luis Noriega y Morejón, casó con doña Josefa Hernández, y tuvieron por hijos: a Antonia y a Basilio Noriega y Hernández. Los cuales:

a. — Doña Antonia Noriega y Hernández, natural del Calvario, casó en la Catedral de Matanzas el 9 de agosto de 1805, con don José de Jesús

Sotolongo y Xenes, hijo de don Pedro Sotolongo y Calvo de la Puerta, y de doña María de la Concepción Xenes y Vélez de las Cuevas.

b. — Don Basilio Noriega y Hernández, casó con doña María Rafaela Josefa Hernández y Núñez, hija de don Miguel Pozo y Hernández, y de doña Manuela Núñez. Tuvieron: a

Doña Isabel Gertrudis Noriega y Hernández, que fue bautizada en la parroquia de Tapaste el 25 de enero de 1794. Casó en la Catedral de Matanzas el 22 de mayo de 1811, con don José Agustín de Salazar y Noriega, hijo de don Melchor de Salazar y Burón, y de doña María de los Dolores Noriega y Martín de Medina.

5. — Don Francisco Simón Noriega y Morejón, bautizado en La Habana, parroquia del Espíritu Santo, el 5 de noviembre de 1714, testó el 12 de junio de 1782 ante Francisco Xavier Rodríguez y su defunción se encuentra en la Catedral de La Habana a 25 de julio de dicho año. Casó en esta ciudad, parroquia del Espíritu Santo, el 10 de abril de 1737, con doña Isabel Francisca Martín de Medina y Melgar, hija de José e Isabel. Fueron los padres: de José Manuel; de Francisco Xavier; de Pablo; de María de las Mercedes; de María de los Dolores y de Sebastián Noriega y Martín de Medina, Los cuales:

1. — Don José Manuel Noriega y Martín de Medina, fue bautizado en La Habana, parroquia del Espíritu Santo, el 27 de septiembre de 1738.

2. — Don Francisco Xavier Noriega y Martín de Medina, bautizado en La Habana, parroquia del Espíritu Santo, el 28 de enero de 1740, fue presbítero.

3. — Don Pablo Noriega y Martín de Medina, fue bautizado en La Habana, parroquia del Espíritu Santo, el 25 de enero de 1742.

4. — Doña María de las Mercedes Noriega y Martín de Medina, casó con Vincenzo Cremata y Alonso, natural de Finales, en Génova, hijo de Lorenzo y de Paula.

5. — Doña María de los Dolores Noriega y Martín de Medina, casó en la Catedral de La Habana, el 26 de agosto de 1776, con don Melchor de Salazar y Burón, hijo de don Melchor de Salazar y Alegre, y de doña Juana Burón y Morejón.

6. — El doctor Sebastián Noriega y Martín de Medina, fue doctor en leyes el 15 de enero de 1789, doctorado en Cánones el 10 de marzo de 1795, Catedrático de Prima de Derecho Real, y Comisario de la Real y Pontificia Universidad de San Jerónimo de La Habana. Falleció el 10 de septiembre de 1810, casando en esta ciudad, parroquia del Espíritu Santo, el 17 de febrero de 1788, con doña Manuela de Castro-Palomino y Morales, hija de don Agustín de Castro-Palomino y Sanabria, y de doña María Rita Morales y Calvo. Tuvieron por hijos: a María de las Mercedes; a María Clara; a María Francisca; a María Rita y a Manuel José Noriega

1. — Doña María de las Mercedes Noriega y Castro-Palomino, bautizada en la Catedral de La Habana el 11 de febrero de 1803, casó en esta ciudad, parroquia del Espíritu Santo, abril de 1830, con su primo don

Angel María Cremata y Noriega, allí bautizado el 12 de octubre de 1802, hijo de Vincenzo Cremata y Alonso, natural de Finale, en Génova, y de doña María de las Mercedes Noriega y Martín de Medina.

2. — Doña María Clara Noriega y Castro-Palomino, bautizada en La Habana, parroquia del Espíritu Santo, el 3 de septiembre de 1796, casó en esta ciudad, parroquia del Santo Cristo, el 26 de febrero de 1822, con don Agustín Ramón de Cervantes y Castro-Palomino, natural de La Habana, Teniente-Coronel de los Reales Ejércitos y Comandante de Armas del partido de Santiago de las Vegas, hijo de don Tomás Mateo de Cervantes y Antonio-Gómez, Alguacil Mayor. del Santo Oficio de la Inquisición y Administrador general de Temporalidades de Real Hacienda, y de doña Josefa de Castro-Palomino y Morales.

3. — Doña María Francisca Noriega y Castro-Palomino, natural de La Habana, casó en la parroquia de Santiago de las Vegas el 2 de marzo de 1824, con don Hilario José Martínez y Rodríguez, natural de La Habana, hijo de Francisco y de Antonia.

4. — Doña María Rita Noriega y Castro-Palomino, bautizada en La Habana, parroquia del Espíritu Santo, el 30 de junio de 1795, casó en esta ciudad, parroquia del Espíritu Santo, el 14 de octubre de 1815, con don Miguel Antonio de Salazar y Noriega bautizado en la Catedral habanera el 18 de mayo de 1792, Oficial tercera de primera clase de la Administración de Rentas Marítimas de la isla de Cuba, hijo de don Melchor de Salazar y Burón, y de doña María de los Dolores Noriega y Martín de Medina.

5. — Don Manuel José Noriega y Castro-Palomino, bautizado en la Catedral de La Habana el 17 de agosto de 1801, casó en esta ciudad, parroquia del Santo Angel, el 25 de julio de 1820, con su prima doña Gregoria María Cremata y Noriega, bautizada en la parroquia habanera del Espíritu Santo, el 6 de diciembre de 1800, hija de Vincenzo Cremata y Alonso, natural de Finale, en Génova, y de doña María de las Mercedes Noriega y Martín de Medina.

Don Alonso Noriega, casó en la Catedral de La Habana, el 20 de noviembre de 1608, con doña Juana Rodríguez, viuda de don Juan Mordazo.

Don Andrés Noriega, casó en la Catedral de La Habana, el 19 de agosto de 1609, con doña Beatriz Lorenza Marivena, hija de don Francisco Marivena. Fueron padres: de Bernarda; de Leonor; de Ana; de Inés y de María Noriega y Marivena. Las cuales:

1. — Doña Bernarda Noriega y Marivena, fue bautizada en la Catedral de La Habana el 3 de enero de 1611.

2. — Doña Leonor Noriega y Marivena, bautizada en la Catedral de La Habana el 15 de octubre de 1616, testó ante Antonio Sánchez, encontrándose su defunción en esta Catedral a 27 de febrero de 1677. Casó con don José de Ojeda.,

3. — Doña Ana Noriega y Marivena; fue bautizada en la Catedral de La Habana, el 2 de octubre de 1624.

4. — Doña Inés Noriega y Marivena, cuya defunción se encuentra en la Catedral de La Habana a 30 de junio de 1654, casó en esta Catedral el 23 de julio de 1632, con don Francisco Nieto.

5. — Doña María Noriega y Marivena, fue bautizada en la Catedral de La Habana el 4 de marzo de 1630.

Doña Teresa Noriega, casó en La Habana, parroquia del Santo Angel, el 25 de julio de 1706, con don Nicolás de Heredia y Pérez-Barnuevo, hijo del Alférez Leonardo de Heredia y Jorva-Calderón, y de doña María Roballa Pérez-Barnuevo y Mayor.

Don Alonso Noriega y Venegas, Sargento Mayor, Alcalde de la Santa Hermandad en 1615, y cuya defunción se encuentra en la Catedral de La Habana a 20 de marzo de 1619, casó con doña María Recio y Sotolongo, natural de esta ciudad, hija de don Antón Recio y Márquez, Regidor y Procurador general del Ayuntamiento de La Habana por nombramiento de 8 de enero de 1606, y de doña María Sotolongo y González, ambos procedentes de los primeros pobladores de esta ciudad (véanse los apellidos «Recio» y «Sotolongo», en los tomos III y V de esta obra, respectivamente). Del indicado matrimonio de don Alonso Noriega y Venegas, fue hija:

Doña Isidora Noriega y Recio, bautizada en la Catedral de La Habana el 7 de febrero de 1612, donde casó el 22 de diciembre de 1631, con el licenciado don Pedro Beltrán de Santa Cruz y Beitia, primer Contador del Real Tribunal de Cuentas de la isla de Cuba y Alcalde ordinario de La Habana, progenitores de los condes de Santa Cruz de Mopox, Grandes de España, y de San Juan de Jaruco (véase el apellido «Santa Cruz» en el tomo I de esta obra).

PEREZ DE CASTAÑEDA

En la primera mitad del siglo XIX, procedente de la Palma de Gran Canaria, se estableció esta familia en la isla de Cuba. Obtuvieron el título de marqueses de las Taironas.

Don José Pérez de Castañeda y su mujer, doña Josefa García, tuvieron por hijo: a

Don José Pérez de Castañeda y García, natural de la Palma de Gran Canaria, que casó con doña Paula María Triana y Mederos, natural de Güira de Melena, hija de Francisco y de María del Socorro. Tuvieron por hijos: a Emilia; a Teresa Domitila; a Matilde; a Francisca; a Juan; a Tiburcio Angel; a José; a Pastor y a Ignacio Jacinto Pérez de Castañeda y Triana. De los cuales:

1. — Doña Emilia Pérez de Castañeda y Triana, fue monja.

2. — Doña Teresa Domitila Pérez de Castañeda y Triana, bautizada en Pinar del Río, parroquia de San Rosendo, hoy Catedral, el 23 de septiembre de 1852, casó en La Habana, parroquia de Guadalupe, el 29 de diciembre de 1870, con don Vicente de Galarza y Zuloaga, natural del Valle de Orozco, en Durango, Vizcaya, primer conde de Galarza por Real decreto dado el 15 de octubre de 1880 y el subsecuente Real despacho extendido el 21 de abril de 1881, Regidor del Ayuntamiento y Alcalde segundo de La Habana, consejero de Administración, senador del Reino por la provincia de Santa Clara, presidente del partido Unión Constitucional y Caballero de la orden de San Juan de Jerusalén, hijo de Vicente y de Josefa.[1]

3. — Doña Matilde Pérez de Castañeda y Triana, casó con el licenciado don Lucas García Ruiz, abogado, intendente general de la Real Hacienda y director del Banco de Comercio de La Habana, Caballero de la Orden de Isabel la Católica.

4. — Doña Francisca Pérez de Castañeda y Triana, casó con don Manuel González del Valle y Mieres, natural de la parroquia de Santa María del Mar, Oviedo, en Asturias.[2]

5. — El doctor y licenciado Tiburcio Angel Pérez de Castañeda y Triana, nacido en la casa campestre de sus padres, nombrada «Las Taironas» en Pinar del Río el 8 de octubre de 1856 y bautizado en la

---

1. Doña Teresa Domitila Pérez de Castañeda y Triana, de su citado enlace con el I Conde de Galarza, tuvo por hijos: a Julio Vicente; a Otilia María; a Sofía Susana Matilde; a Consuelo María Bernarda Vicenta, y a Vicente Marcelino Julio de Galarza y Pérez de Castañeda. Los cuales:

1. — Don Julio Vicente de Galarza y Pérez de Castañeda, bautizado en La Habana, parroquia de Monserrate, el 7 de marzo de 1872, fue II Conde de Galarza y II Vizconde de Santa Clara en 1909, falleciendo soltero.

2. — Doña Otilia María de Galarza y Pérez de Castañeda, fue bautizada en La Habana, parroquia de Monserrate, el 16 de octubre de 1873.

3. — Doñ Sofía Susana Matilde de Galarza y Pérez de Castañeda, fue bautizada en La Habana, parroquia de Monserrate, el 22 de agosto de 1874.

4. — Don Vicente Marcelino Julio de Galarza y Pérez de Castañeda, bautizado en La Habana, parroquia de Monserrate, el 19 de marzo de 1881, fue Ministro de España en el Perú y I Vizconde efectivo de Santa Clara por Real decreto de 21 de julio de 1891 (denominación que había sido la previa en el condado de Galarza concedido a su padre).

5. — Doña Consuelo María Bernarda Vicenta de Galarza y Pérez de Castañeda, bautizada en La Habana, parroquia de Monserrate, el 5 de noviembre de 1875, casó el 14 de abril de 1899 con don Manuel de Massó y Ferrer, siendo los padres: de

Don Manuel de Massó y Galarza, residente en Madrid, que desde 1944 y por autorización provisional de la Diputación de la Grandeza es en tenuta el III Conde de Galarza y III Vizconde de Santa Clara. Casó con doña Eugenia Fenoult y Jürgens.

2. Tuvieron por hijo: a

Don Angel González del Valle y Pérez de Castañeda, que casó con doña Amalia Hierro y Massino, y tuvieron por hijos: a María de Lourdes, a Manuel Angel, y a Gustavo González del Valle y Hierro. Los cuales:

1. — Doña María de Lourdes González del Valle y Hierro, casó con don Felipe Romero y Ferrán, IV Conde de Casa-Romero ya fallecido, hijo de don Felipe Romero y León, y de doña Sofía Ferrán y Engelhard.

2. — Don Manuel Angel González del Valle y Hierro, es ingeniero civil y arquitecto. Casó dos veces: la primera con doña Esther Herrera y Baldasano, hija de don Gonzalo Herrera y Herrera, IX Marqués de Villalta, y de doña Josefa Baldasano y Cortada. Por segunda vez casó con doña María de la Esperanza Montalvo y Lasa, hija de don Eduardo Montalvo y Morales y de doña María de la Esperanza de Lasa y del Río. De su primer matrimonio tuvo por hija a Elena González del Valle y Herrera.

3. — Don Gustavo González del Valle y Hierro, casó dos veces: la primera con doña Alicia Godoy y López de Aldana, hija de don Raúl Godoy y Agostini, y de doña Alicia López de Aldana. Por segunda vez casó con doña Ofelia Carrera. De su primer matrimonio tuvieron por hijos: a Alicia; a Amalia, y a María de Lourdes González del Valle y Godoy.

Catedral de esa ciudad el 24 del mes siguiente, seminarista mayor del colegio de Vergara, médico-cirujano y abogado, profesor de Medicina Legal de la Universidad de La Habana, individuo del Real Colegio de Cirujanos de Londres, médico militar honorario de los ejércitos del Zar de Rusia y del rey de la Gran Bretaña, Senador del Reino por Burgos y Huesca, presidente de la Asociación Canaria de Beneficencia, jefe superior de Administración, Gran Cruz de San Estanislao de Rusia y Caballero de la Legión de Honor, de Francia. Además, fue promotor de varias obras de utilidad pública en la isla de Cuba, como fueron: la prolongación del ferrocarril de La Habana a Pinar del Río; compra y fusión de los ferrocarriles de Sagua, Caibarién y Cienfuegos, e instalación de los tranvías eléctricos de La Habana. Hospedó en su palacio de Madrid a Su Alteza Imperial el Gran Duque Vladimiro de Rusia, primo del Zar Nicolás II, cuando fue a los esponsales de Su Majestad Alfonso XIII. Publicó su obra titulada «El Maine», y su defunción se encuentra en La Habana, parroquia del Espíritu Santo, a 27 de noviembre de 1939, día siguiente al de su fallecimiento. Por Real decreto de 22 de junio de 1937 y Real despacho de 11 de noviembre de 1929, se le concedió el título de Marqués de las Taironas. Casó con doña Manuela de Lemaur y Santa Cruz, hermana de la consorte del IX Duque de Amalfi e hija del licenciado Francisco José Lemaur y Franchi-Alfaro, Maestrante de Ronda, y de doña Joaquina de Santa Cruz y Velasco, perteneciente a la casa primogénita de los conde de Santa Cruz de Mopox, Grandes de España y condes de San Juan de Jaruco.

6. — Don José Pérez de Castañeda y Triana, fue ingeniero agrónomo.

7. — El licenciado Pastor Pérez de Castañeda y Triana, bautizado en la Catedral de Pinar del Río el 14 de mayo de 1859, fue abogado y casado con doña María del Amparo Pineda.

8. — Don Ignacio Jacinto Pérez de Castañeda y Triana, bautizado en la Catedral de Pinar del Río el 11 de octubre de 1863, fue industrial

tabacalero, casando en La Habana, iglesia de la Merced, el 27 de octubre de 1890 (anotada la partida en la parroquia de Jesús del Monte en igual fecha), con doña María Juana Francisca Martínez-Ybor y de las Revillas, a su vez bautizada en la parroquia habanera de Monserrate, el 16 de noviembre de 1867, hija de don Vicente Martínez-Ybor y Martínez-Ybor, también industrial tabacalero, y de doña María de las Mercedes de las Revillas y Salmonte. Fueron los padres: de Amalia; de Juana; de María de las Mercedes; de José Vicente; de Rafael; de Angel; de Ignacio y de Salvador Pérez de Castañeda y Martínez-Ybor. De los cuales:

1.— Doña Juana Pérez de Castañeda y Martínez-Ybor, casó con don Raúl Carrillo y Albornoz y Llorens, hijo de don José Manuel Carrillo de Albornoz y Hernández y de doña María de las Mercedes Llorens.

2.— Doña María de las Mercedes Pérez de Castañeda y Martínez-Ybor, casó el 2 de febrero de 1935 con don Ernesto Morales de los Ríos y del Castillo, natural de La Habana, hijo de don Eduardo Morales de los Ríos y Otero, natural de New York, Traductor Oficial del Ministerio de Estado de Cuba y oficial de la orden Nacional de Mérito «Carlos Manuel de Céspedes», ya fallecido, perteneciente a la casa progenitora de los condes de Morales de los Ríos, y de doña María Luisa del Castillo y de la Rúa, natural de Guanajay.

3.— Don Ignacio Pérez de Castañeda y Martínez-Ybor, casó con doña María de la Asunción Urréchaga, y tuvieron por hijos: a María Elena y a Ignacio Pérez de Castañeda y Urréchaga.

4.— Don Salvador Angel Pérez de Castañeda y Martínez-Ybor, bautizado en la Catedral de La Habana el 19 de marzo de 1895, industrial tabacalero, casó en esta ciudad, parroquia de Guadalupe, el 18 de febrero de 1917, con doña María Teresa Pérez-Piquero y de la Torriente, natural de La Habana, hija de don Claudio Pérez-Piquero y de doña María Teresa de la Torriente y de la Ferté. Son los padres: de

Don Salvador Claudio Pérez de Castañeda y Pérez-Piquero, nacido en La Habana el 5 de marzo de 1918, que es soltero y actual y II Marqués de las Taironas por orden de 24 de noviembre de 1953 del actual gobierno español publicada el primero de diciembre de ese último año en el «Boletín Oficial del Estado», en Madrid.

También aparece otra familia Pérez de Castañeda, procedente de Canarias, que se estableció en la villa de Puerto Príncipe en la primera mitad del siglo XVIII, y cuyo fundador en nuestro país: fue

Don Juan Pérez de Castañeda, natural de la Palma, (hijo de don José Pérez de Castañeda y de doña Margarita Pérez), que casó dos veces: la primera, con doña Juana González, y la segunda, en la Catedral de Puerto Príncipe, el 4 de junio de 1724, con doña Agustina Angulo y Guerra, natural de la villa de Bayamo, hija de Agustín y de Paula.

PEREZ DE LA RIVA

En la primera mitad del siglo XIX, procedente de la villa de Comillas, en Santander, se estableció esta familia en La Habana.

Don Francisco Pérez, que casó con doña María de la Riva, tuvo por hijo: a

Don Francisco Antonio Pérez de la Riva, que casó con doña María Villegas y Bracho, hija de don Antonio Villegas, y de doña Inés Bracho de Bustamante. Tuvieron por hijo: a

Don Francisco Antonio Pérez de la Riva y Villegas, que casó con doña María Gutiérrez de Quijano, hija de don Manuel Antonio Gutiérrez de Quijano y González, y de doña Agustina Pérez y Tagle. Tuvieron por hijo: a

Don Francisco Antonio Pérez de la Riva y Gutiérrez de Quijano, que casó con doña Josefa Fernández de Cevallos, hija de don Agustín Fernández de Ceballos y Garrido, y de doña María Antonia Pérez y Gutiérrez. Tuvieron por hijo: a

Don Antonio Pérez de la Riva y Fernández de Cevallos, natural del lugar de Ruiloba, que casó con doña María de la Riva y Fernández, hija de don Juan Antonio de la Riva, y de doña María Fernández y Ruiz de Bustamante. Tuvieron por hijo: a

Don Francisco Antonio Pérez de la Riva, que fue natural de la villa de Comillas, en Santander. Casó con doña Vicenta Pereda y Sánchez, hija de Francisco y de María. Tuvieron por hijos: a Victoriano y a Antonio Pérez de la Riva y Pereda. Los cuales:

1. — Don Victoriano Pérez de la Riva y Pereda, bautizado en la villa de Comillas, parroquia San Cristóbal, el 27 de abril de 1817, obtuvo pasaporte para pasar a La Habana el 10 de noviembre de 1832.[1]

2. — Don Antonio Pérez de la Riva y Pereda, fue Gobernador Político de La Habana el año 1873. Casó con doña Leonor Pérez de la Riva, y tuvieron por hijos: a Leonor; a Federico y a Demetrio Pérez de la Riva y Pérez de la Riva. De los cuales:

Don Demetrio Pérez de la Riva y Pérez de la Riva, casó con doña Amalia Conill y Fonte, hija de don Juan Conill y Pig, Regidor del ayuntamiento de La Habana en 1870, y de doña Ramona Fonte y Miranda. Tuvieron por hijos: a Leonor y a Ernesto Pérez de la Riva y Conill. Los cuales:

1. — Doña Leonor Pérez de la Riva y Conill, casó con don Ignacio Angulo y Soler, que perteneció al servicio exterior de la República de Cuba, hijo del licenciado Ignacio Angulo y Heredia, abogado (hermano del I Marqués de Caviedes) y de doña María de la Concepción Soler y Baró, de la casa condal de Diana.

---

1. Legajo 2200. Audiencia de Santo Domingo. Archivo de Indias. Sevilla.

2. — Don Ernesto Pérez de la Riva y Conill, casó con doña Catalina Pons y Vidal, hija de don Francisco Pons y Seguí, y de doña Rosa Vidal y Hernández. Tuvieron por hijos: a Alina; a Juan Ernesto y a Francisco Pérez de la Riva y Pons. Los cuales:

1. — Doña Alina Pérez de la Riva y Pons, casó con el ingeniero Honorato Colete.

2. — Don Juan Ernesto Pérez de la Riva y Pons, casó con doña Saralr Fidelzait, y son padres de Juan Francisco Pérez de la Riva y Fidelzait.

3. — El doctor Francisco Pérez de la Riva y Pons, es abogado, y distinguido historiador, perteneciente a la Sociedad Económica de Amigos del País y directivo de la misma, correspondiente de la Academia de la Historia de Cuba, miembro del Instituto Cubano de Cultura y perteneciente a la Sociedad Colombista Panamericana y a diversas instituciones nacionales y extranjeras, autor de varias obras. Casó con doña María del Rosario de Cárdenas y Morales, hija de don Antonio María de Cárdenas y Herrera, de los marqueses de Almendares, y de doña María Josefa Morales y Morales.

PORTELA

A principios del siglo XVIII se estableció esta familia en La Habana, procedente de la parroquia de San Mamed de Puga, ayuntamiento de Toén, provincia de Orense, en el reino de Galicia.

Don Miguel Rodríguez Portela, y su mujer doña Ana Rodríguez, tuvieron por hijo: a

Don Miguel Rodríguez Portela y Rodríguez, natural de la parroquia de San Mamed de Puga, que fue Cabo de Escuadra en la Armada de Su Majestad. Casó en La Habana, parroquia del Espíritu Santo, el 2 de agosto de 1717, con doña Gertrudis de Altamirano y Roxas, natural de esta ciudad, hija de don Juan de Altamirano y Custodio, y de doña María de la Ascensión Roxas. Tuvieron por hijos: a Isabel; a Tomás y a Luis Antonio Rodríguez Portela y Roxas de Altamirano. Los cuales:

1. — Doña Isabel Rodríguez Portela y Roxas Altamirano, natural de La Habana, testó el 30 de julio de 1766 ante Francisco Xavier Rodríguez, y su defunción se encuentra en esta ciudad, parroquia del Espíritu Santo, a 2 de agosto de 1766, donde casó el 15 de enero de 1753, con don Mateo Anselmo de Armas y Castellanos, hijo de Juan Andrés y de Ursula.

2. — Don Tomás Rodríguez Portela y Roxas Altamirano, fue natural de La Habana, donde se encuentra su defunción, parroquia del Santo Cristo, a 26 de abril de 1780.

3. — Don Luis Antonio Rodríguez Portela y Roxas Altamirano, natural de La Habana, testó el 13 de noviembre de 1775 ante Francisco Xavier Rodríguez, y su defunción se encuentra en esta ciudad, parroquia del Santo Cristo, a 18 de noviembre de dicho año. Casó con doña María Rita Sedano y Valdés, natural de La Habana, la que a su vez testó el 3

de enero de 1805 ante José Salinas, estando su defunción en esta ciudad, parroquia del Santo Cristo, a 4 de enero de dicho año. Tuvieron por hijos: a Gertrudis; a Paula; a Cristóbal; a José Miguel; a Antonio y a Juan José Portela y Sedano. Los cuales:

1. — Doña Gertrudis Portela y Sedano, fue bautizada en la Catedral de La Habana el 7 de noviembre de 1765.

2. — Doña Paula Portela y Sedano, casó con don Rafael Pérez.

3. — Don Cristóbal Portela y Sedano, fue bautizado en la Catedral de La Habana el 20 de noviembre de 1764.

4. — Don José Miguel Portela y Sedano, bautizado en La Habana, parroquia del Espíritu Santo, el 14 de febrero de 1751, cuya defunción se encuentra en esta ciudad, parroquia del Santo Cristo, a 16 de noviembre de 1783, casó en esta última parroquia el 10 de enero de 1776, con doña María Sabina González y Meléndez, natural del Cano, hija de Manuel y de Inés.

5. — Don Antonio Portela y Sedano, natural de La Habana, casó dos veces en esta ciudad, parroquia del Santo Cristo: la primera, el 3 de marzo de 1782, con doña María Bibiana Armenteros y Mestanza, hija de don Manuel Esteban Armenteros y Guzmán y Martínez, y de doña Ana Josefa Mestanza y Ramírez. Casó por segunda vez, el 17 de abril de 1816, con doña María Francisca Bibiana Pujol y Alfaya, hija de Pedro y María del Carmen.

6. — Don Juan José Portela y Sedano, bautizado en La Habana, parroquia del Espíritu Santo el 20 de mayo de 1753, casó dos veces: la primera, en esta ciudad, parroquia del Santo Angel, el 21 de marzo de 1784, con doña Francisca Alfaya y de los Santos-Campos, natural de esta ciudad, hija de don Francisco Alfaya y Rodríguez de Aubiña, natural de la

---

1. Don Francisco de Alfaya, y su mujer doña María Rodríguez de Aubiña, tuvieron por hijo: a

Don Francisco Alfaya y Rodríguez de Aubiña, natural de la villa de Redondela, en el obispado de Tuy (Galicia), que testó el 2 de diciembre de 1757 ante Francisco Rodríguez. Su defunción se encuentra en La Habana, parroquia del Santo Angel, a 26 de julio de 1762, donde casó el 16 de marzo de 1745, con doña Isabel María de los Santos-Campos y Herrera, natural de esta ciudad, la que a su vez testó ante Francisco Xavier Rodríguez, estando su defunción en la parroquia del Santo Angel, a 28 de diciembre de 1763, hija de José y de Gabriela. Fueron los padres: de Francisca; de María Josefa; de María Melchora, y de Francisco Alfaya y de los Santos-Campos. De los cuales:

1. — Doña Francisca Alfaya y de los Santos-Campos, casó con don Juan José Portela y Sedano, anteriormente mencionado.

2. — Don Francisco Alfaya y de los Santos-Campos, casó con doña Melchora de Ocampo, y tuvieron por hijo: a

Don Francisco Alfaya y Ocampo, natural de La Habana, cuya defunción se encuentra en esta ciudad, parroquia del Santo Angel a 5 de enero de 1811, que fue casado con doña Gertrudis Piña.

También aparece: que

Don Celedonio Rodríguez Portela y Conde, fue bautizado en la parroquia de San Román de Viña (Orense), el 21 de mayo de 1693, donde casó el 8 de enero de 1727, con doña Pascua Crespo y Lama, siendo padres: de

Don Tomás Rodríguez y Crespo, bautizado en la parroquia de San Ramón de Viña el 30 de mayo de 1728, que casó en la ciudad de La Coruña, parroquia de Santa María del Campo el 3 de marzo de 1755, con doña Josefa Pardo y Rodríguez, natural de la parroquia de San Salvador de Pazos (provincia de La Coruña), hija de don Francisco de Pardo Ossorio y Aguiar, y de doña Eulalia Rodríguez. Fueron padres: de

Don Agustín Rodríguez Crespo y Pardo, bautizado en La Coruña, parroquia de Santa María del Campo el 27 de agosto de 1759, que pasó a La Habana, donde casó en la parroquia de Jesús del Monte, el 28 de diciembre de 1792, con doña María del Carmen Pérez y Sosa, natural de esa parroquia, hija de don Clemente Pérez, natural de Jesús del Monte, y de doña Ana Gertrudis de Sosa, natural de El Cano, en la provincia de La Habana. Tuvieron por hijo: a

Don Agustín Rodríguez Crespo y Pérez, bautizado en La Habana, parroquia del Santo Angel, el 2 de enero de 1796, que fue Auditor honorario de Marina, Catedrático de la Real y Pontificia Universidad de San Jerónimo de La Habana, y Fiscal togado del Tribunal de Revisión de este apostadero naval, el cual perteneció como Caballero supernumerario a la Real y Distinguida Orden de Carlos III el año de 1847 (asiento 176, página 419, tomo II «Los Americanos en las Ordenes Nobiliarias», por don Guillermo Lohmann Villena).

---

villa de Redondela, en el obispado de Tuy, y de doña Isabel María de los Santos-Campos y Herrera, natural de La Habana.[1] Casó por segunda vez, don doña Nemesia Ximénez y Granados, hija de Juan y de Josefa. De su segunda mujer tuvo por hijo: al

Licenciado Antonio Portela y Ximénez, que fue bautizado en la parroquia de San Jerónimo del Mordazo el 17 de octubre de 1818. Hizo información de limpieza de sangre en La Habana el 18 de diciembre de 1832 ante el escribano Domingo de Mesa.[2] Casó tres veces: la primera, en la parroquia de Bacuranao, el 8 de enero de 1849, con doña María Juana Matheu y López, hijas ambas de don Manuel Matheu y Tintoré y de doña María de la Concepción López e Izquierdo. Casó por tercera vez, con doña Ana Valdés y Aguiar, hija de Agustín y de María de la Trinidad. De su tercera esposa tuvo por hija: a

Doña Ana María Portela y Valdés, bautizada en la parroquia de Macuriges el 27 de febrero de 1866, que casó con el licenciado Antonio Portela y Palmé, hijo de don José Francisco Portela y del Castillo, y de doña María de la Luz Palmé y Reyes.

Don Antonio Portela y Ximénez, y su primera mujer doña María Cipriana de los Angeles Matheu y López, tuvieron por hijos: a María de la Concepción y a Manuel Portela y Matheu. Los cuales:

1. — Doña María de la Concepción Portela y Matheu, fue bautizada en la parroquia de Bacuranao el 2 de abril de 1850.

---

2. La referida información de limpieza de sangre se encuentra en la Universidad de La Habana, expediente de estudios 10713 antiguo, correspondiente al referido don Antonio Portela y Ximénez.

2. — Don Manuel Portela y Matheu, fue bautizado en la parroquia de Bacuranao el 14 de julio de 1851.

Don Juan José Portela y Sedano, y su primera mujer doña Francisca Alfaya de los Santos-Campos, tuvieron por hijos: a María de la Luz; a Juan Andrés; a Luis; a José de la Luz y a José Joaquín Portela y Alfaya. Los cuales:

1. — Doña María de la Luz Portela y Alfaya, casó en La Habana, parroquia del Santo Cristo, el 30 de mayo de 1816, con don Bonifacio Pérez y Armenteros, hijo de José Clemente y de Petrona.,

2. — Don Juan Andrés Portela y Alfaya, fue bautizado en la Catedral de La Habana el 17 de febrero de 1793.

3. — El doctor Luis Portela y Alfaya, bautizado en La Habana, parroquia del Espíritu Santo, el 26 de marzo de 1785, fue abogado, doctor en Sagrados Cánones, presbítero y teniente beneficiado de la parroquia del Pilar de esta ciudad.

4. — Don José de la Luz Portela y Alfaya, del que se tratará en la «LINEA PRIMERA».

5. — Don José Joaquín Portela y Alfaya, del que se tratará en la «LINEA SEGUNDA».

«LINEA PRIMERA»

El licenciado José de la Luz Portela y Alfaya (anteriormente mencionado como hijo de don Juan José Portela y Sedano, y de doña Francisca Alfaya y de los Santos Campos), bautizado en la parroquia de los Quemados de Marianao el primero de agosto de 1795, distinguido letrado, fue Abogado de la Real Audiencia de La Habana. Casó en la parroquia de Bejucal (provincia habanera), el 6 de junio de 1824, con doña María del Carmen Bosque y Díaz, allí natural, hija de don José Bosque y Fonseca, y de doña Martina Díaz y del Pino. Tuvieron por hijos: a María de la Trinidad; a José de la Luz y a José Miguel Portela y Bosque. Los cuales:

1. — Doña María de la Trinidad Portela y Bosque, casó en La Habana, parroquia de San Jerónimo del Mordazo (Puentes Grandes), el 14 de enero de 1855, con su primo don José Pérez y Portela, hijo de don Bonifacio Pérez y Armenteros, y de doña María de la Luz Portela y Alfaya.

2. — Don José de la Luz Portela y Bosque, bautizado en la parroquia de Bejucal el 15 de julio de 1827, casó con doña María de la Caridad García y Alvarez, natural de La Habana, hija de don Manuel García y Montiel, y de doña Andrea Buenaventura Alvarez y Díaz. Tuvieron por hijos: a Sara; a María del Carmen; a Angel y a Gustavo Portela y García. De los cuales:

Doña María del Carmen Portela y García, casó con don Alfredo Calvo.[3]

---

3. Doña María del Carmen Portela y García, de su referido enlace, tuvo entre sus hijos: a don Alfredo Calvo y Portela, que reside en La Habana, y que hasta 1928 perteneció al servicio exterior de la República.

3. — Don José Miguel Portela y Bosque, bautizado en la parroquia de Bejucal el 23 de marzo de 1829, casó en La Habana, parroquia de San Jerónimo del Mordazo (Puentes Grandes), el 18 de diciembre de 1858, con doña María de las Mercedes Freixes y Martínez, hija de don José Freixes y Milá, y de doña Narcisa Martínez y Díaz. Tuvieron por hijos: a Víctor; a Octavio y a César Alberto Portela y Freixes. De los cuales:

1. — Don Octavio Portela y Freixes, falleció el 9 de abril de 1904, casando con doña María Aurora Rodríguez, de la que tuvo por hijos: a María; a Mercedes; a Octavio; a Rúl; a Luis; a Miguel; a Adolfo y a Julio César Portela y Rodríguez. De los cuales:

A. — Don Miguel Portela y Rodríguez, fue Capitán del Ejército Nacional de la República de Cuba.

B. — El doctor Adolfo Portela y Rodríguez, nació en La Habana el 29 de mayo de 1903.

C. — El doctor Julio César Portela y Rodríguez, nacido en Paso Real de San Diego el 16 de febrero de 1890, es médico-cirujano y actual Director de la Casa de Maternidad y Beneficencia de La Habana. Casó con doña Teresa Agramonte, y tienen por hijos: a Julio y a Rafael Portela y Agramonte. Los cuales:

a. El doctor Julio Portela y Agramonte, está casado con doña Rosa Amalia Hernández y Seijas, de la que tiene por hija: a María Teresa Portela y Hernández.

b. — Don Rafael Portela y Agramonte, está casado con doña Isabel Gutiérrez y Tabernilla, hija de don Raúl Gutiérrez y Sánchez, y de doña Eufemia de Tabernilla y Dolz.

2. — Don César Alberto Portela y Freixes, casó con doña María Teresa Pérez y Zayas, hija de don Pedro de Alcántara Pérez y Román, y de doña Carlota Zayas y Jiménez. Fueron padres. de César y de Carlos Portela y Pérez. De los cuales: el

Doctor Carlos Portela y Pérez, natural de La Habana y abogado, fue Secretario de Hacienda de la República de Cuba. Casó con doña María Gutiérrez, de la que tuvo por hijos: a María Teresa; a Carlos Francisco y a José Ignacio Portela y Gutiérrez.

«LINEA SEGUNDA»

Don José Joaquín Portela y Alfaya (anteriormente mencionado como hijo de don Juan José Portela y Sedano, y de doña Francisca Alfaya y de los Santos-Campos), bautizado en la villa de Guanajay, parroquia de San Hilarión, el 11 de abril de 1787, fue Capitán y Juez Pedáneo del partido de los Quemados de Marianao. Casó dos veces: la primera en La Habana, parroquia del Espíritu Santo, el 19 de marzo de 1813, con doña María Dominga Anguéira y Cano, hija de don Domingo Anguéira y Casal, y de doña Francisca Cano y Cabrera. Casó por segunda vez, también en La Habana, en la parroquia de San Jerónimo del Mordazo (Puentes Grandes), el 2 de mayo de 1845, con doña Bárbara del Castillo y Pérez, natural del Guatao (provincia de La Habana), hija de Manuel y de Josefa. De su primer matrimonio tuvo por hijos: a María de los Dolores; a Juan José; a José de la Luz; a Domingo Antonio; a José Antonio; a Luis José; a Juan Manuel y a José de Jesús Portela y Anguéira. Y de su segundo matrimonio fue padre: de María de la Luz; de Luisa; de Felicitas; de Vidal; de Mariano; de José Miguel y de José Francisco Portela y del Castillo. De todos los cuales:

1. — Doña María de los Dolores Portela y Anguéira, casó en La Habana, parroquia de San Jerónimo del Mordazo (Puentes Grandes), el 26 de julio de 1834, con don Miguel de Lara y Echeverri, natural de Málaga. Teniente del Regimiento de Cazadores de Isabel II, hijo de Antonio y de María de los Dolores.

2. — Don Juan José Portela y Anguéira, falleció párvulo, y su defunción se encuentra en La Habana, parroquia de San Jerónimo del Mordazo (Puentes Grandes), a 11 de junio de 1822.

3. — Don José de la Luz Portela y Anguéira, falleció párvulo, y su defunción también se encuentra en La Habana, parroquia de San Jerónimo del Mordazo (Puentes Grandes), a 31 de julio de 1826.

4. — El Licenciado Domingo Antonio Portela y Anguéira, bautizado en La Habana, parroquia del Pilar, el primero de mayo de 1818, casó dos veces: la primera en Guanajay (provincia de Pinar del Río), parroquia de San Hilarión, el 30 de noviembre de 1853, con doña Rita Rodríguez y Hernández, natural del Guatao, hija de don Pablo Rodríguez y Arteaga, y de doña María del Rosario Hernández y Castro-Palomino. Casó por segunda vez en la referida parroquia de San Hilarión de Guanajay el 11 de marzo de 1858, con doña Andrea Matilde Fernández de Córdova y Amador, hija de don Juan Fernández de Córdova y Alvarez y de doña Vicenta Amador y Díaz.

5. — El licenciado José Joaquín Portela y Anguéira, bautizado en La Habana, parroquia del Espíritu Santo, el 3 de junio de 1816, fue abogado Auditor honorario de Marina y Asesor de la Ayuntanía Militar de Bacuranao. En su expediente de estudios que se custodia en la Universidad de La Habana al No. 10700 antiguo, consta la información de su limpieza de sangre hecha en esta ciudad el 19 de septiembre de 1834 ante el escribano público Manuel de Ayala. Casó en La Habana, parroquia de San Jerónimo del Mordazo (Puentes Grandes), el 7 de diciembre de 1855, con doña María Cecilia Valdés, teniendo por hijos: a Joaquín y a Cecilia Portela y Valdés, esta última casada con don Esteban Tomé y Martínez.

6. — Don Luis José Portela y Anguéira, del que se tratará en la «Rama Segunda».

7. — Don Juan Manuel Portela y Anguéira, del que se tratará en la «Rama Tercera».

8. — Don José de Jesús Portela y Anguéira, del que se tratará en la «Rama Cuarta».

9. — Doña Felicitas Portela y del Castillo, casó en la parroquia de San Jerónimo del Mordazo (Puentes Grandes), el primero de enero de 1863, con don Eduardo de Lasfuentes y Ganseford, natural de La Habana, hijo de don Tomás de Lasfuentes y Laborda, natural de Cádiz, Caballero de la orden de Carlos III, y de doña Isabel Ganseford y Ramos Laborda.

10. — Don José Miguel Portela y del Castillo, bautizado en Marianao (provincia de La Habana), parroquia de San Francisco Xavier de los Quemados, el 24 de enero de 1842, casó en la villa de Guanajay (provincia del Pinar del Río), parroquia de San Hilarión, el 4 de diciembre de 1869, con doña Juana Matea García y Fernández de Córdova, natural de Guamutas, en la provincia de Matanzas, hija de don Ireneo García y Sardiña, y de doña Carolina Fernández de Córdova y Amador. Fueron los padres: de Ismael; de Abel; de Isaac y de Jorge Miguel Portela y García, este último casado con doña María Chaple.

11. — Don José Francisco Portela y del Castillo, del que se tratará seguidamente en la «Rama Primera».

«Rama Primera»

Don José Francisco Portela y del Castillo (anteriormente mencionado como hijo de don José Joaquín Portela y Alfaya, y de su segunda mujer doña Bárbara del Castillo y Pérez), bautizado en La Habana, parroquia de San Jerónimo del Mordazo (Puentes Grandes), el 21 de abril de 1834, casó con doña María de la Luz Palmé y Reyes, hija de don Antonio Palmé y Noa, y de doña Dolores de la Cruz Reyes y Crespo. Tuvieron por hijos: a María de la Luz; a María de los Dolores; a Manuel Arturo; a Antonio y a Francisco de Paula Portela y Palmé. De los cuales:

1. — Doña María de los Dolores Portela y Palmé, casó con don José Hernández y Hevia, hijo de don José Jerónimo Hernández y Hevia, y de doña Teresa Hevia y López-Rubio.[1]

---

1. Doña María de los Dolores Portela y Palmé, de su citado matrimonio con don José Hernández y Hevia, tuvo por hijo: al

Doctor Ramiro Hernández Portela, nacido en la villa de Guanabacoa (provincia de La Habana), el 2 de febrero de 1883, abogado y diplomático de carrera, Embajador Extraordinario y Plenipotenciario de Cuba en Chile, anteriormente en la Argentina, que ocupó diversos cargos en nuestro servicio exterior, ascendiendo por promociones. Estuvo condecorado con la Orden Nacional de Mérito «Carlos Manuel de Céspedes», y con muchas órdenes extranjeras. Casó dos veces: la primera con doña María-Laura de Agüero y Bracamonte, natural de Trujillo, en el Perú, hija de don Fernando de Agüero y Cisneros, Betancourt y Miranda, natural de Santa María de Puerto Príncipe (Camagüey), emigrado revolucionario al Perú (perteneciente por su rama materna a la casa de los marqueses de Santa Lucía), y de doña Natalia de Bracamonte, perteneciente a su vez a la casa peruana de los condes de Valdemar de Bracamonte, marqueses de Herrera-y-

Valhermoso. Por segunda vez casó el doctor Hernández Portela con doña María del Carmen Lasso de la Vega, natural de Sevilla. De su primer enlace tuvo por hijos: a Ramiro (que ha fallecido); a Fernando, y a José Alberto Hernández Portela y Agüero.

---

2. — El licenciado Antonio Portela y Palmé, bautizado en la parroquia de Consolación del Norte el 16 de julio de 1862, casó con su pariente doña Ana María Portela y Valdés, hija del licenciado Antonio Portela y Ximénez, y de doña Ana Valdés y Aguiar. Tuvieron por hijo: al

Doctor Roberto Portela y Portela, nacido en La Habana el 22 de septiembre de 1896, que es médico.

3. — El doctor Francisco de Paula Portela y Palmé, bautizado en la parroquia de Consolación del Norte el 5 de septiembre de 1860, fue médico-cirujano. Casó con doña Guillermina Möeller y Méndez, natural de La Habana, hija de Teodoro Möeller, natural de la ciudad de Hamburgo, y de doña María Méndez, natural de Mantua, en Pinar del Río. Tuvieron por hijos: a Julia; a Georgina; a Carlos y Guillermo Portela y Möeller. De los cuales:

1. — Doña Georgina Portela y Möeller, casó con Walter Hartmann.

2. — Don Carlos Portela y Möeller, es Cónsul de la República de Cuba en Oslo, Noruega.

3. — El doctor Guillermo Portela y Möeller, nacido en la villa de Guanajay el primero de noviembre de 1886, que ya ha fallecido, fue abogado, Catedrático de la Universidad de La Habana, Magistrado del Tribunal Supremo de Justicia, y Gran Oficial de la orden Nacional de Mérito «Carlos Manuel de Céspedes». Casó con doña Paulina del Castillo y Pockorny, hija de don Demetrio del Castillo y Duany, General del Ejército Libertador de Cuba, y de doña Paulina Pockorny. Tuvieron: a

Doña Elena Portela y del Castillo, que está casada con el doctor Ernesto R. de Aragón y Godoy, abogado.

«Rama Segunda»

El licenciado Luis José Portela y Anguéira (anteriormente mencionado como hijo de don José Joaquín Portela y Alfaya, y de su primera mujer doña María Dominga Anguéira y Cano), bautizado en La Habana, parroquia del Santo Cristo, el 3 de junio de 1817, fue médico. Casó con doña Matilde Rodríguez Crespo y González, natural de esta ciudad, hija del licenciado Francisco Rodríguez Crespo y Pérez, y de doña Juana Josefa González y Espejo. Tuvieron por hijos: a María Luisa; a Luis y a Alfredo Portela y Crespo. Los cuales:

1. — Doña María Luisa Portela y Crespo, casó con don José Lorenzo de Cózar.

2. — Don Luis Portela y Crespo, casó con doña María Josefa Muro, y tuvieron por hija: a Graciella Portela y Muro.

3. — Don Alfredo Portela y Crespo, casó con doña Amalia Armengol y Núñez, hija del licenciado Francisco Armengol y San Pedro, abogado, notario público, y de doña María de la Concepción Núñez y del Alcázar. Tuvieron por hijos: a Elia; a René y a Mario Portela y Armengol. De los cuales: el

Doctor Mario Portela y Armengol, natural de la villa de Guanabacoa, es médico-cirujano.

«Rama Tercera»

Don Juan Manuel Portela y Anguéira (anteriormente mencionado como hijo de don José Joaquín Portela y Alfaya, y de su primera mujer doña María Dominga Anguéira y Cano), bautizado en La Habana, parroquia de Guadalupe, el 26 de septiembre de 1825, casó en Guanajay (provincia de Pinar del Río), parroquia de San Hilarión, el 28 de noviembre de 1852, con doña Leonor Reyes y Baliño, natural de esa villa hija de don José Dolores de la Cruz Reyes y Crespo, y de doña Genoveva Baliño y Labrador. Tuvieron por hijos: a María Teresa; a Aurelia María Escolástica; a Lucrecia; a Leonor; a Eloísa; a Joaquín; a Juan de la Cruz; a Abelardo; a Eduardo y a Alberto Portela y Reyes. De los cuales:

1. — Doña María Teresa Portela y Reyes, bautizada en la villa de Guanajay, parroquia de San Hilarión, el 2 de enero de 1865, casó con su primo el licenciado Gerardo Portela y Lasfuentes, natural de La Habana, abogado, hijo de don José de Jesús Portela y Anguéira, y de doña Matilde Lasfuentes y Ganseford.

2. — Doña Aurelia María Escolástica Portela y Reyes, fue bautizada en Guanajay, parroquia de San Hilarión, el 16 de marzo de 1857, donde casó el 11 de noviembre de 1874, con don Francisco Justo Valdés y Véliz, natural de La Habana, IV Conde de San Esteban de Cañongo, hijo de don Francisco José Valdés y Herrera, natural de esta ciudad y su Alcalde Mayor provincial, Alcalde ordinario de La Habana en 1846, y de doña María Josefa Véliz y Muñoz.[1]

3. — Doña Lucrecia Portela y Reyes, casó con don José María Zayas y Alfonso, hijo del licenciado José María Zayas y Jiménez, abogado y de doña María Lutgarda Alfonso y Espada.

4. — Doña Leonor Portela y Reyes, casó en la parroquia de la villa de Guanajay el 11 de noviembre de 1872, con don Cristóbal Pedroso y Béitia hijo de don Joaquín Pedroso y Sotolongo y de doña María Josefa Béitia y Pit.

5. — Doña Eloísa Portela y Reyes, casó con don Santiago Barraqué y Adúe, hijo de don José Andrés Barraqué y Sotolongo y de doña Josefa Adúe y Cabot.

---

1. En la sucesión de doña Aurelia María Escolástica Portela y Reyes y del IV Conde de San Esteban de Cañongo, no recayó esta dignidad nobiliaria que fue obtenida en 1907 por don Luis Pedroso y Madan, V titular.

6. — Don Alberto Portela y Reyes, casó con doña Josefa Carvajal y Medina, y tuvieron por hijos: a Olga; a Marta; a Berta; a Ester; a Aida; a Josefa; a René y a Alberto Portela y Carvajal. De los cuales:

Don Alberto Portela y Carvajal, casó con doña Emma Fernández.

7. — El licenciado Eduardo Portela y Reyes, bautizado en la parroquia de Guanajay, el 15 de noviembre de 1858, fue abogado y Juez de La Habana. Casó con doña María de la Caridad Jiménez de Cisneros y tuvieron por hijas: a Estela; a Aurelia; a Margarita y a Graciella Portela y Jiménez de Cisneros. De las cuales:

Doña Graciella Portela y Jiménez de Cisneros, casó con Ugo Mamelli, natural de Italia.

8. — Don Abelardo Portela y Reyes, natural de la villa de Guanajay, fue Comandante del Ejército Libertador de Cuba. Casó con doña Josefa de Rojas y Espinosa, hija de Pastor y de María del Carmen. Tuvieron por hijos: a Serafina; a Leonor; a Elena; a Georgina; a María de las Mercedes; a Abelardo; a Eduardo y a Fernando Portela y Rojas. De los cuales:

Doña María de las Mercedes Portela y Rojas, casó en La Habana parroquia del Vedado, el 5 de diciembre de 1936, con don José M. Figueroa y San Pedro.

9. — Don Juan de la Cruz Portela y Reyes, casó con doña Justa Arocha y Llaneras. Tuvieron por hijos: a Rogelio; a Ricardo; a Gustavo; a Carlos y a Juan Manuel Portela y Arocha. De los cuales:

Don Juan Manuel Portela y Arocha, casó con doña María de la Luz Rodríguez y Pinto, y tuvieron por hijos: a Ofelia; a Juan Manuel y a Gustavo Portela y Rodríguez. Los cuales:

1. — Doña Ofelia Portela y Rodríguez, casó con don Humberto Calzada.

2. — Don Juan Manuel Portela y Rodríguez, casó con Catherine Daly y tuvieron por hijo: a Juan Manuel Portela y Daly.

3. — Don Gustavo Portela y Rodríguez, es Agregado Comercial a la Embajada de Cuba en el Perú. Casó en Lima con doña María de los Dolores Macedo y Espinal, natural del Perú, y tuvieron por hijos: a Luz María y a Marta Leonor Portela y Macedo.

«Rama Cuarta»

Don José de Jesús Portela y Anguéira (anteriormente mencionado como hijo de don José Joaquín Portela y Alfaya, y de su primera mujer doña María Dominga Alguéira y Cano), casó con doña Matilde Lasfuentes y Ganseford, hija de don Tomás de Lasfuentes y Laborda, natural de Cádiz, Caballero de la Real y Distinguida orden de Carlos III, y doña Isabel Ganseford y Ramos Laborda. Tuvieron por hijos: a María de la

Esperanza; a Amelia; a Guillermina; a Angélica; a Enrique y a Gerardo Portela y Lasfuentes. De los cuales:

1. — Doña Guillermina Portela y Lasfuentes, bautizada en La Habana, parroquia del Cerro, el 3 de enero de 1871, doctora en Pedagogía, fue Vicesecrataria de la Sociedad Geográfica de Cuba, Vocal de la Unión Geográfica Internacional, miembro de las Sociedades de Geógrafas y Geográfica de Washington y Presidenta de Honor de la Sociedad de Católicas Cubanas.

2. — Doña Angélica Portela y Lasfuentes, casó con el doctor Carlos Eleid y Balmaceda, abogado, Magistrado que fuera de la Audiencia de La Habana.

3. — El licenciado Enrique Portela y Lasfuentes, bautizado en la parroquia de San Hilarión de Guanajay el 16 de enero de 1853, fue abogado. Casó en la parroquia de Cárdenas (provincia de Matanzas), el 15 de julio de 1879, con doña María Clementina Llerandi y Milera, natural de Recreo (provincia de Matanzas), hija de don Facundo Llerandi y Pis, y de doña María de la Candelaria Milera y Fundora. Tuvieron por hijos: a Amelia; a Clemencia; a Matilde; a Angelina y a Enrique Portela y Llerandi. Los cuales:

A. — Doña Amelia Portela y Llerandi, casó con don José María Zayas y Portela, Administrador de la Aduana de La Habana, hijo de don José María Zayas y Alfonso, y de doña Lucrecia Portela y Reyes.

B. — Doña Clemencia Portela y Llerandi, casó con don Guillermo Villalba y Zaldo, hijo de don Jacobo Sánchez Villalba y Riculfi, y de doña Isabel de Zaldo y Beurmann.

C. — Doña Matilde Portela y Llerandi, casó con el doctor Jorge Muñiz, que fue médico-cirujano.

D. — Doña Angelina Portela y Llerandi, natural de La Habana y fallecida en Madrid, casó con don Luis Carranza y de la Torre, natural de La Habana, licenciado en Derecho, Comandante de Estado Mayor del ejército español, hijo del doctor Luciano Carranza y Diego, Coronel del ejército de España, y de doña María de la Concepción de la Torre y Madrigal, natural de la villa de Santa María de Puerto Príncipe.

E. — Don Enrique Portela y Llerandi, natural de La Habana, falleció soltero.

4. — El licenciado Gerardo Portela y Lasfuentes, bautizado en La Habana, parroquia de Guadalupe, el primero de septiembre de 1862, fue abogado, Coronel de la Guerra de la Independencia, Ayudante del General Antonio Maceo, Auditor de Guerra por la provincia de Pinar del Río y Diputado a la Asamblea de Santa Cruz del Sur. Casó con su pariente doña María Teresa Portela y Reyes, natural de la villa de Guanajay, hija de don Juan Manuel Portela y Anguéira, y de doña Leonor Reyes y Baliño. Fueron los padres: de José de Jesús; de Gerardo y de Juan Portela y Portela. Los cuales:

1. — El doctor José de Jesús Portela y Portela, nacido en el Aguacate, el 20 de mayo de 1889, es abogado. Casó con doña Silvia Martínez y Zaldo, hija de don Aquiles Martínez y Dotres, que fue Cónsul general ad-honorem de Checoslovaquia en La Habana, donde reside, y de doña María de Zaldo y Beurmann. Tuvieron por hijos: a Mario; a Raúl y a Gerardo Portela y Martínez. Los cuales:

A. — Don Mario Portela y Martínez, casó con doña Guillermina Valls, y tiene por hija: a María Eugenia Portela y Valls.

B. — Don Raúl Portela y Martínez, arquitecto, casó con doña María Elena Gasch y Bascuas, hija de don José Gasch y Prieto, y de doña María Bascuas.

C. — El doctor Gerardo Portela y Martínez, abogado, casó con doña Regina Aizcorbe y de la Presa, y tienen por hijos: a Gerardo y a Marcia Portela y Aizcorbe.

2. — El doctor Gerardo Portela y Portela, nacido en La Habana el 26 de enero de 1903, es abogado y Catedrático de la Universidad de esta ciudad. Casó con doña Liliana Micaela Carrillo y Albornoz y Surís, hija de don Miguel Carrillo de Albornoz y García-Barrera, y de doña Micaela Surís y Díaz. Tuvieron por hijas: a Liliana Teresa y a Gloria Portela y Carrillo de Albornoz. Las cuales:

A. — Doña Liliana Teresa Portela y Carrillo de Albornoz, casó con el doctor Francisco Valdés y Lavallina, médico-cirujano, y residen en la ciudad de México.

B. — Doña Gloria Portela y Carrillo de Albornoz, casó con don Francisco del Valle y Goicoechea, contador público, hijo del doctor Lorenzo Estanislao del Valle y Grau, abogado y hacendado, y de doña Paula de Goicoechea y Durañona, hermana ésta de los consortes del VI Conde de Buena-Vista y del IV Conde de Santa Cruz de Mopox, Grande de España, VI Conde de San Juan de Jaruco.

5. — El doctor Juan Portela y Portela, es abogado, casando dos veces: la primera con doña Moraina del Pico y Rodríguez, hija del doctor Idalberto del Pico y Prado, abogado, y de doña María Amalia Rodríguez. Por segunda vez casó con doña Hilda Sarrá y Larrea, hija del doctor Ernesto Sarrá y Hernández, farmacéutico y propietario, y de doña María de los Dolores Larrea y Pina. De su primer matrimonio tiene por hijo: a

Don Juan Portela y del Pico, natural de La Habana, que es soltero.

RAMÍREZ DE ARELLANO

A mediados del siglo XVII, procedente de la villa de Corral de Almaguer, en el partido judicial de Quintanar de la Orden, provincia de Toledo y diócesis de Cuenca, se estableció esta familia en la villa de San Salvador del Bayamo, en la isla de Cuba.

Don Juan Celemín Ramírez de Arellano, natural de Corral de Almaguer, fue Tesorero y Administrador general del reino de Portugal, cuando ese país pertenecía a España. Casó con doña Quiteria Martínez, natural de la Mancha, y tuvieron por hijo: a

Don Juan Ramírez de Arellano y Martínez, natural de Corral de Almaguer, que fue Capitán del Real Cuerpo de Artillería, Gobernador de la fortaleza del Morro en la plaza de La Habana, Caballero de las órdenes del Cristo y de Santiago, y electo Capitán General y Gobernador de la isla de Jamaica en 1653, donde murió en su defensa, cuando la invasión inglesa el año 1655. Casó en Madrid con doña Ana María Salvatierra y Franco, natural de dicha villa, hija del licenciado Andrés y de Isabel Tuvieron por hijos: a Juan y a José Ramón Ramírez de Arellano y Salvatierra. De los cuales:

Don José Ramón Ramírez de Arellano y Salvatierra, natural de La Habana, casó en la parroquia de la villa de Bayamo el 8 de diciembre de 1677, con doña Leonor de Santiesteban y Mojena, hija de don José de Santiesteban y Vázquez Valdés de Coronado, Provincial de la Santa Hermandad de la villa de San Salvador del Bayamo, y de doña Isabel Mojena Villalobos. Tuvieron por hijos: a Ana María; a José Ramón y a Juan Clemente Ramírez de Arellano y Santiesteban. Los cuales:

1. — Doña Ana María Ramírez de Arellano y Santiesteban, casó con don Bartolomé Luis de Silva y Ferral de Tamayo, Sargento Mayor, Alcalde ordinario, Regidor perpetuo y Teniente a Guerra de la villa de San Salvador del Bayamo, fundador del pueblo de Holguín, hijo de don Bartolomé Luis de Silva y Acosta, Alcalde ordinario de Bayamo, y de doña Ana Ferral de Tamayo.

2. — Don José Ramón Ramírez de Arellano y Santiesteban, bautizado en la parroquia de San Salvador del Bayamo el 26 de diciembre de 1681, fue Alcalde ordinario de dicha villa. Casó en la referida parroquia el 25 de julio de 1702, con doña Luisa Manuel-Téllez y de la Vega, hija de don José Manuel-Téllez y Céspedes y de doña Beatriz de la Vega-Mendoza y Mayo de Castro. Tuvieron por hijos: a Teresa y a Beatriz Ramírez de Arellano y Manuel-Téllez. Las cuales:

A. — Doña Teresa Ramírez de Arellano y Manuel-Téllez, casó con don Lorenzo Odoardo y Leyba, hijo del Capitán Gregorio Odoardo y Núñez de Cabrera, y de doña Ana Leyba y Román.

B. — Doña Beatriz Ramírez de Arellano y Manuel-Téllez, fue bautizada en la parroquia de San Salvador, villa del Bayamo, el 25 de agosto de 1704, donde casó el primero de diciembre de 1726, con don Manuel Duque de Estrada y Silva, Capitán de Milicias, Síndico Procurador general y Alcalde ordinario de esa villa, hijo del Teniente Juan Duque de Estrada y de la Vega, Alcalde ordinario, y de doña Ana Antonia Silva y Ferral de Tamayo.

3. — El Capitán Juan Clemente Ramírez de Arellano y Santiesteban, casó en la villa de Bayamo, parroquia de San Salvador, el 11 de mayo de 1704, con doña María Leocadia Manuel-Téllez y de la Vega, hija de don

José Manuel-Téllez y Céspedes, y de doña Beatriz de la Vega-y-Mendoza y Mayo de Castro. Fueron padres: de Isabel María; de José; y de Matías Ramírez de Arellano y Manuel-Téllez. Los cuales:

1. — Doña Isabel María Ramírez de Arellano y Manuel-Téllez, bautizada en la parroquia de San Salvador, en Bayamo, el 8 de julio de 1727, casó con don Marcos Figueredo y Quesada.

2. — Don José Ramírez de Arellano y Manuel-Téllez, natural de Bayamo, pasó a la villa de Santa María de Puerto Príncipe, en cuya Catedral casó el 4 de julio de 1734, con doña Luisa Miranda y Duque de Estrada, hija del Capitán Silvestre de Miranda y Balboa, Regidor y Alcalde Mayor Provincial de Puerto Príncipe, y de doña Antonia María Duque de Estrada y de la Torre.

3. — Don Matías Ramírez de Arellano y Manuel-Téllez, casó con doña Elena de la Tejera, y tuvieron por hijo: a

Don José Antonio Ramírez de Arellano y Tejera, que fue Síndico Procurador general y Alcalde ordinaniro de la villa de San Salvador del Bayamo. Casó con doña Bárbara Arias y Sánchez de Matos, hija de don Juan de Arias y Piña, Tesorero de la Santa Cruzada y Alcalde ordinario de Bayamo, y de doña Mariana Sánchez de Matos. Tuvieron por hija: a

Doña Mariana Ramírez de Arellano y Arias, que casó con don Bernardo Milanés y Pacheco, hijo de don Alvaro Alejandro Milanés y Milanés, y de doña Manuela Pacheco y Silva.

A mediados del siglo XIX, procedente de la ciudad de San Juan en la isla de Puerto Rico, se estableció en La Habana otra familia de este apellido,[1] cuya genealogía comienza: con

Don José Ramírez de Arellano, Oidor honorario, que casó con doña María de los Dolores Rivas. Tuvieron por hijo: a

Don José Ramírez de Arellano y Rivas, natural de la ciudad de San Juan de Puerto Rico, que pasó a La Habana, donde casó en la parroquia del Espíritu Santo, el 6 de septiembre de 1855, con doña María Luisa Pedroso y Montalvo, hija de don Joaquín Pedroso y Echevarría, doctor en Derecho Civil, Fiscal y Catedrático de Vísperas de Derecho Real en la Universidad de La Habana, Alcalde de esta ciudad y Caballero de la Or-

---

1. Sobre los Ramírez de Arellano en San Juan de Puerto Rico, también aparece: que

El Teniente Coronel don José María Ramírez de Arellano, Capitán de Milicias, casó con doña Teresa Rodríguez, teniendo por hija: a

Doña María Ignacia Ramírez de Arellano y Rodríguez, que casó en la parroquia de San Pedro de Zoa-Baja, en la isla de Puerto Rico, el 31 de mayo de 1815, con don Ramón Salgado y Marrero, natural de Zoa-Baja, hijo de José y de María de la Concepción.

den de Isabel la Católica, y de doña María Micaela Montalvo y Núñez del Castillo. Tuvieron por hijos: a María de los Dolores y a José María Ramírez de Arellano y Pedroso. Los cuales:

1. — Doña María de los Dolores Ramírez de Arellano y Pedroso, casó en La Habana, parroquia del Santo Cristo, el 14 de marzo de 1878, con don Alberto Jorrín y Moliner, hijo del licenciado Gonzalo Jorrín y Bramosio, médico, Caballero de la orden de Isabel la Católica, y de doña Julia Moliner y Alfonso.

2. — El licenciado José María Ramírez de Arellano y Pedroso, fue abogado y notario público de La Habana. Casó en esta cuidad parroquia del Santo Cristo, el 24 de septiembre de 1882, con doña María Antonia González de Mendoza y Pedroso, hija del doctor Antonio González de Mendoza y Bonilla, abogado, Síndico y Regidor del ayuntamiento de la Habana, Catedrático de Derecho de esta Universidad y Alcalde de la Habana, que fue el primer Presidente del Tribunal Supremo de Justicia de la isla de Cuba, y miembro de la Sociedad Económica de Amigos del País y de doña María de las Mercedes Pedroso y Montalvo. Tuvieron por hijos: a María Luisa; a María del Rosario; a Julia; a Claudio; a Eduardo; a Miguel; a Adolfo; a Gonzalo; a Alberto; a José Antonio y a Juan Ramírez de Arellano y González de Mendoza. De los cuales:

1. — El doctor Eduardo Ramírez de Arellano y González de Mendoza, fue médico cirujano.

2. — Don Miguel Ramírez de Arellano y González de Mendoza, casó con doña Josefa Cano y Martín,[1] y tuvieron por hijos a Roberto; a María Antonia; a Margarita y a Manuel Enrique Ramírez de Arellano y Cano. Los cuales:

A. — Don Roberto Ramírez de Arellano y Cano, es ingeniero.

B. — Doña María Antonia Ramírez de Arellano y Cano, casó con el doctor Santiago Choca, médico-cirujano.

C. — Doña Margarita Ramírez de Arellano y Cano, casó con don Fernando Andino y Ovies, ingeniero, hijo de don Rafael Andino y Massino, y de doña María de la Esperanza Ovies y Cantero.

D. — Don Manuel Enrique Ramírez de Arellano y Cano, que es ingeniero, casó con doña Alicia Belt y Cárdenas, hija del doctor Jorge Alfredo Belt y Ramírez, abogado, y de doña Alicia de Cárdenas y Morales. Tuvieron por hija: a Ana María Ramírez de Arellano y Belt.

3. — Don Adolfo Ramírez de Arellano y González de Mendoza, es ingeniero. Casó con doña María Antonia Suárez y Roig, hija del doctor Alfredo Suárez y Amat, natural de Alquízar, abogado, y de doña Juana Roig y Pedro. Tuvieron por hijos: a Pedro; a Oscar; a Mariana y a Ricardo Ramírez de Arellano y Suárez. De los cuales:

---

1. Al referirnos en las páginas 135 y 143, tomo I de esta obra, a los hermanos de esta señora por sus respectivos enlaces, se puso por apellidos «Cano y Martínez», debiendo entenderse «Cano y Martín».

A. — Don Pedro Ramírez de Arellano y Suárez, que es ingeniero, casó con doña Isabel Lamar y Sánchez, hija del doctor Justo Lamar y Roura, médico-cirujano y ganadero, y de doña María Sánchez y Laurent.

B. — Don Oscar Ramírez de Arellano y Suárez, ingeniero, casó con doña Graciella García Montes y Morales, hija del doctor Jorge García Montes y Hernández, abogado, que fuera Primer Ministro del Gobierno de Cuba y Ministro de Educación, y de doña María de la Concepción Morales y de la Torre. Tuvieron por hijos: a Diana; María Cristina y a Oscar Jorge Ramírez de Arellano y García Montes.

C. — Doña Mariana Ramírez de Arellano y Suárez, casó con el ingeniero Jorge Garcés y Giraldo.

4. — El doctor Gonzalo Ramírez de Arellano y González de Mendoza, que es abogado, casó con doña Graciella Pantín y Ehlers, hija de Leslie Pantín, que fue Cónsul de Portugal en La Habana, y de doña María Teresa Ehlers. Tuvieron por hijos: a Gonzalo; a Graciella; a Víctor y a Jorge Ramírez de Arellano y Pantín. De los cuales:

A. — Don Gonzalo Ramírez de Arellano y Pantín, casó con doña Alina Sánchez y Alvarez, hija de don Pedro Sánchez y Loret de Mola, y de doña Matilde Alvarez. Tienen por hijos: a Alina y a Graciella Ramírez de Arellano y Sánchez.

B. — Doña Graciella Ramírez de Arellano y Pantín, casó con don Carlos Martínez y Reyna, hijo de don Carlos Martínez, y Pérez-Vento, ingeniero y colono, y de doña María del Carmen Reyna y Marty.

5. — Don Alberto Ramírez de Arellano y González de Mendoza, casó con doña Elena Diago y Güell, hija de don Benigno Diago y Ayestarán, y de doña María de las Mercedes Güell y Alfonso. Tuvieron por hijos: a Enrique; a Alicia; a Andrés y a Elena Ramírez de Arellano y Diago. Los cuales:

A. — Don Enrique Ramírez de Arellano y Diago, casó con Helen Haugh y tiene por hijos: a Diane; a Francisco y a Suzanne Ramírez de Arellano y Haugh.

B. — Doña Alicia Ramírez de Arellano y Diago, casó con John Mansfield.

C. — El doctor Andrés Ramírez de Arellano y Diago, es abogado y casado con doña María Elvira Obregón y Machado, hija de don José Emilio Obregón y Blanco, y de doña Angelia Elvira Machado y Machado.

D. — Doña Elena Ramírez de Arellano y Diago, casó con el doctor Pedro Villoldo y Campos, abogado y notario, y tienen por hijos: a Alberto y a Elena Villoldo y Ramírez de Arellano.

6. — El doctor José Antonio Ramírez de Arellano y González de Mendoza, casó con doña Obdulia Pagés y Pedro, hija de José y de María de los Dolores. Tuvieron por hijo: a José María Ramírez de Arellano y Pagés, que falleció niño.

7. — Doña María del Rosario Ramírez de Arellano y González de Mendoza, casó con don Enrique López-Silvero y Oña, hacendado, hijo del doctor José Manuel López-Silvero y Veitía, abogado y hacendado, y de doña María de los Angeles Oña y Ribalta.

8. — El doctor Juan Ramírez de Arellano y González de Mendoza, fue abogado y notario público de La Habana. Casó con doña Alicia Longa y Santiago-Aguirre, hija de don Ernesto Longa y Marquetti, hacendado, y de doña María Santiago-Aguirre y Loinaz. Tuvieron por hijos: a Josefina; a Marío; a Gastón; a Olga; a Julio; a Fernando; a María de Lourdes; a Teresita; a Bertha; a Sofía y a Juan Ramírez de Arellano y Longa. Los cuales:

1. — Doña Josefina Ramírez de Arellano y Longa, casó con el doctor Alvaro Silva y López-Rincón, médico-cirujano.

2. — Don Mario Ramírez de Arellano y Longa, casó con doña María Josefa de Cárdenas y Blanco, hija del doctor Raúl de Cárdenas y Echarte, que es abogado y ha sido Secretario de Justicia, Fiscal del Tribunal Supremo, Representante a la Cámara y Vicepresidente de la República de Cuba, y de doña Dulce María Blanco y Valdés-Rodríguez. Tuvieron por hijos: a Eduardo; a Carolina; a Dulce María; a María Josefa y a Mario Ramírez de Arellano y Cárdenas.

3. — Don Gastón Ramírez de Arellano y Longa, casó con doña Rosa María de Cárdenas y Blanco, hija del doctor Raúl de Cárdenas y Echarte y de doña Dulce María Blanco y Valdés-Rodríguez, ya mencionados. Tuvieron por hijos: a José María; a Rosa; a Gastón; a Elodia; a Silvia; a Lydia y a Raúl Ramírez de Arellano y Cárdenas.

4. — Doña Olga Ramírez de Arellano y Longa, casó con el doctor Arístides Hernández Rivera, abogado.

5. — Don Julio Ramírez de Arellano y Longa, es ingeniero agrónomo y casó con doña Olga de la Guardia, y Alfonso, hija de don Agustín de la Guardia y Calvo, y de doña Margarita Alfonso y Acosta. Tiene por hijos: a Carlos; a Agustín; a Alicia; a Sofía y a Olga Ramírez de Arellano y de la Guardia.

6. — Don Fernando Ramírez de Arellano y Longa, casó con doña Vilma Schueg y Freites, hija de don Jorge Shueg y Bacardí, y de doña Gladys Freites.

7. — María de Lourdes Ramírez de Arellano y Longa, casó con el ingeniero Eduardo Castellanos y Arroyo, hijo del doctor René Castellanos y Villageliú, farmacéutico, y de doña Hortensia Arroyo y Marquez.

8. — Doña Teresita Ramírez de Arellano y Longa, casó con el doctor Fernando Maciá y del Monte, abogado, hijo del doctor José Maciá y Barraqué, abogado, y de doña María de las Mercedes del Monte y Martínez-Ybor.

9. — Doña Berta Ramírez de Arellano y Longa, casó con don José Fernández Grau y Gómez, hijo de don Francisco Fernández Grau, colono azucarero, y de doña Dora Gómez.

10. — Doña Sofía Ramírez de Arellano y Longa, casó con don Alberto Vilar.

11. — Don Juan Ramírez de Arellano y Longa, casó con doña Blanca Argüelles y Martínez, hija del doctor Francisco Argüelles y Muñiz, abogado y de doña Blanca Martínez.

RAMÍREZ DE SOTO

A principios del siglo XVII aparece esta familia radicada en el arzobispado de Toledo, Castilla la Nueva, estableciéndose en La Habana en la primera mitad de la siguiente centuria.

Don Juan Ramírez de Baroin, vecino y Jurado de Toledo, fue padre de dos hembras que respectivamente casaron con un Vázquez de Dueñas y un Suárez de Sotomayor, así como de Jerónimo y de Gaspar Ramírez de Baroin. De los cuales:

1. — Don Jerónimo Ramírez de Baroin, fue padre: de

Don Pedro de la Cuadra Ramírez que fue Regidor de la ciudad de Toledo, con asiento y banco de Caballero.

2. — Don Gaspar Ramírez de Baroin, fue hijodalgo de sangre reconocido como tal y exento en el repartimiento de 1631 en Toledo, así como Jurado del lugar del Pulgar y de la ciudad de Toledo. Casó con doña Ana de la Torre y Segura, vecina de Toledo, y tuvieron por hijos: a Catalina y a Alonso Ramírez de Segura. Los cuales:

1. — Doña Catalina Ramírez de Segura, casó con su primo don Juan Vázquez de Dueñas y Ramírez de Baroin. Ambos hicieron pruebas de sus genealogías y limpiezas de sangre para cargos del Santo Oficio de la Inquisición en Toledo.

2. — Don Alonso Ramírez de Segura, hijodalgo en el lugar del Pulgar luego reconocido como tal en el repartimiento de Toledo año de 1650, fue vecino de esa ciudad, falleciendo hacia 1697. Casó con doña Antonia Manuela de Soto y Pantoja, hija de don Francisco López de Soto, natural de la ciudad de Toledo y su Alcalde de la Santa Hermandad por los hijosdalgo, así como Familiar del Santo Oficio de la Inquisición allí, y de doña Ana de Pantoja, natural del lugar de Esquivias en Toledo.[1] Tuvieron por hijo: a

---

1. Don Francisco López de Soto y su mujer doña Ana de Pantoja, también fueron padres: de

Doña Inés de Soto y Pantoja, que fue casada con don Juan de Torres Berrico.

Dos Gaspar Mateo Ramírez de Soto, bautizado en la ciudad de Toledo, parroquia de Santo Tomé, el 10 de mayo de 1685, radicado en el lugar toledano de Polán y luego escribano de provincia en Sevilla, que fue Teniente de Caballos del Regimiento de Brabante. Por Real decreto de 16 de marzo de 1712 «en virtud de los méritos de su tío el Capitán de Caballos don Fernando de Miranda y Agraña», obtuvo merced de hábito en una de las órdenes militares. Mancomunadamente con su mujer testó en Sevilla el 7 de agosto de 1740 ante el escribano Nicolás Monasterio Castro, siendo sepultado en Madrid, parroquia de San Martín, donde casó el 20 de septiembre de 1706, con doña María Francisca Márquez Cardoso y Rodríguez de Lara, bautizada en la Catedral de Málaga el 20 de enero de 1689, hija de Juan Lorenzo, perteneciente al Consejo del monarca, y de María Andrea Isidra.[2] De ese enlace, don Gaspar Mateo Ramírez de Soto tuvo por hijos: a Manuela; a Mateo; a Juan; a Simón y a Manuel Ramírez de Soto y Márquez. De los cuales:

1. — Doña Manuela Ramírez de Soto y Márquez, casó con don Gonzalo Clavijo.

2. — Don Simón Ramírez de Soto y Márquez, del que se tratará en la «LINEA PRIMERA».

3. — Don Manuel Ramírez de Soto y Márquez, del que se tratará en la «LINEA SEGUNDA».

«LINEA PRIMERA»

Don Simón Ramírez de Soto y Márquez (anteriormente mencionado como hijo de don Gaspar Mateo Ramírez de Soto, y de doña María Francisca Márquez Cardoso y Rodríguez de Lara), natural de Sevilla, pasó a La Habana, donde testó el 8 de noviembre de 1774 ante Cristóbal Leal. Su defunción se encuentra en esta ciudad, parroquia del Santo Cristo, a 13 de abril de 1778. Casó dos veces en La Habana: la primera, en la Catedral, el 24 de febrero de 1749, con doña María Gertrudis Caballero y Jandro de Avendaño, natural de Trinidad, hija de don Nicolás Miguel

---

2. Don Juan Márquez Cardoso, y su mujer doña María Andrea Isidra (o Manuela Isidora) Rodríguez de Lara, tuvieron por hijos: a Alfonsa; a María Francisca; a Simón, y a Luis Bernardo Márquez Cardoso y Rodríguez de Lara. De los cuales:

1. — Doña Alfonsa Márquez Cardoso y Rodríguez de Lara, casó en Madrid, parroquia de San Martín, el 26 de julio de 1703, con don José de la Flor, Caballero de la Orden de Santiago.

2. — Doña María Francisca Márquez Cardoso y Rodríguez de Lara, bautizada en la Catedral de Málaga el 22 de enero de 1689, testó en Madrid el 27 de julio de 1754, ante Juan Vicente Fernández. Casó con don Gaspar Mateo Ramírez de Soto, anteriormente mencionado.

3. — Don Luis Bernardo Márquez Cardoso y Rodríguez de Lara, fue Capitán de Caballos Reformados de Su Majestad y Administrador de Rentas Reales de Aduana y Derechos de Bollas en la villa de La Bisbal, en Gerona, Cataluña.

Caballero y de doña Teresa Jandro de Avendaño y Casas. Casó por segunda vez, en la parroquia del Santo Cristo, el 5 de diciembre de 1760, con doña Agueda de Villegas y Masca, natural de La Habana, hija de Francisco de Paula y de María del Rosario.

Don Simón Ramírez de Soto y Márquez, y su segunda mujer doña Agueda de Villegas y Masea, tuvieron por hijos: a Josefa Cresencia; a Rafael; a Pedro; a Gaspar y a José Ramírez de Soto y Villegas. De los cuales:

Don José Ramírez de Soto y Villegas, casó en La Habana, parroquia del Espíritu Santo, el 7 de diciembre de 1800, con doña María Francisca de los Dolores Correa y García, hija de José y de Rosalía María.

Don Simón Ramírez de Soto y Márquez, y su primera mujer doña María Gertrudis Caballero y Jandro de Avendaño, tuvieron por hijos: a María de Belén; a José Ignacio; a Simón y a Manuel José Ramírez de Soto y Caballero. De los cuales:

1. — Doña María de Belén Ramírez de Soto y Caballero, natural de La Habana, testó ante don Gabriel Ramírez de Soto y Jandro de Avendaño, y su defunción se encuentra en esta ciudad, parroquia del Espíritu Santo, a 20 de febrero de 1809, donde casó el 17 de abril de 1771, con don Pedro José de las Casas y Blanco, hijo de Juan Andrés y de Ana.

2. — Don Manuel José Ramírez de Soto y Caballero, natural de La Habana, cuya defunción se encuentra en esta ciudad, parroquia del Santo Cristo a 31 de julio de 1788, casó en La Habana, paroquia del Espíritu Santo, el 3 de noviembre de 1786, con doña María de los Dolores Alvarez y Rodríguez Aldado, hija de Felipe y de Gabriela.

«LINEA SEGUNDA»

Don Manuel Ramírez de Soto y Márquez (anteriormente mencionado como hijo de don Gaspar Mateo Ramírez de Soto y de su mujer doña María Francisca Márquez Cardoso y Rodríguez de Lara), bautizado en la Catedral de Málaga el 4 de abril de 1713, fue escribano real en La Habana, donde testó el 20 de abril de 1783 ante el escribano Felipe Alvarez, Casó en la parroquia habanera del Espíritu Santo, el 30 de noviembre de 1738, con doña Teresa Jandro de Avendaño y Casas, hija del Capitán Diego Jandro de Avendaño y de doña Teresa Casas y Cáceres.[1] Tuvieron

---

1. Don Julián Jandro, y su mujer doña Bernabela de Avendaño, tuvieron por hijo: al

Capitán Diego Francisco Jandro de Avendaño, natural del Puerto de Santa María, en Cádiz, que casó en La Habana, parroquia del Espíritu Santo, el 7 de abril de 1698 con doña Teresa Casas y Rodríguez-Cáceres, natural de esta ciudad, hija de Miguel y de María. Tuvieron por hijas: a María Elena; a Josefa, y a Teresa Jandro de Avendaño y Casas. De las cuales:

1. — Doña Josefa Jandro de Avendaño y Casas, testó el 27 de agosto de 1773 ante Manuel Medrano, y su defunción se encuentra en la Catedral de La Habana a 12 de diciembre de 1774.

2. — Doña Teresa Jandro de Avendaño y Casas, casó dos veces en La Habana, parroquia del Espíritu Santo; la primera, el 20 de mrzo de 1726, con don Nicolás Caballero, y la segunda el 30 de septiembre de 1738 con don Manuel Ramírez de Soto y Márquez, anteriormente mencionado.

---

por hijos: a María Josefa; a Manuel José; a Antonio José; a Manuel Rafael y a Gabriel Ramírez de Soto y Jandro de Avendaño. Los cuales:

1. — Doña María Josefa Ramírez de Soto y Jandro de Avendaño, casó en La Habana, parroquia del Espíritu Santo, el 10 de agosto de 1770, con don Luis Pérez y González, hijo de Francisco y de Manuela.

2. — Don Manuel José Ramírez de Soto y Jandro de Avendaño, fue bautizado en La Habana, parroquia del Espíritu Santo, el 16 de febrero de 1739.

3. — Don Antonio José Ramírez de Soto y Jandro de Avendaño, fue bautizado en La Habana, parroquia del Espíritu Santo, el 7 de enero de 1742.

4. — Don Manuel Rafael Ramírez de Soto y Jandro de Avendaño,[2] bautizado en La Habana, parroquia del Espíritu Santo, el 24 de abril de 1740. fue escribano de Su Majestad. Testó el 17 de marzo de 1788 ante el escribano José Rodríguez y su defunción se encuentra en la referida parroquia a 18 de marzo de dicho año. Casó con doña Juana Gertrudis de Aparicio y Silva, hija de Bartolomé y de Juana. Tuvieron por hijos: a María Teresa; a María de los Dolores; a María del Monserrate; al bachiller José María y a Manuel José Ramírez Soto y Aparicio. De los cuales:

A. — Doña María Teresa Ramírez de Soto y Aparicio, testó el 7 de agosto de 1805 ante Juan de Orduña y su defunción se encuentra en la parroquia de la villa de Guanabacoa a 16 de agosto de 1805. Casó con don Joaquín Ovalle, Teniente Coronel del Real Cuerpo de Artillería.

B. — Doña María del Monserrate Ramírez de Soto y Aparicio, casó en La Habana, parroquia del Espíritu Santo, el 24 de febrero de 1794, con don Justo Fernández de Castrillón y Franco, hijo de Nicolás y de Antonia.

C. — Don Manuel Ramírez de Soto y Aparicio, bautizado en La Habana, parroquia del Espíritu Santo, el 5 de junio de 1762, casó en Cádiz, parroquia de San Antonio, el 15 de abril de 1788,[1] con doña María Alvarez y Silva, hija de Francisco y de Antonia.

---

2. Don Manuel Rafael Ramírez de Soto y Jandro de Avendaño, presentó en 1780 al Consejo Superior de Indias los autos de un juicio contradictorio en la ciudad de Burgos demostrativo de su nobleza, hidalguía y armas sobre lo cual se le expidió Real Cédula auxiliatoria con fecha 6 de septiembre de dicho año en que

se mandaba dar entera fe y crédito en ambos juicios a los referidos documentos de la familia Ramírez de Soto. Dicha ejecutoria y Real cédula, debidamente encuadernados sus documentos en un libro, fueron presentados para su toma de razón en el Ayuntamiento de La Habana por don Gabriel Ramírez de Soto y Jandro de Avendaño en 29 de noviembre de 1798 y previo informe del Síndico Procurador y de los Comisarios se tomó razón por el escribano de Cabildo. (Acta de Cabildo de 7 de diciembre de 1798, páginas 15 a 55).

1. Esta partida de matrimonio se encuentra trasladada al libro correspondiente de la parroquia del Espíritu Santo de La Habana, a 13 de enero de 1791.

2. Don Luis Miguel Serrano del Castillo y Muñoz, presentó en el Ayuntamiento de La Habana una ejecutoria de nobleza en 1768 y en 1795.

---

5. — Don Gabriel Ramírez de Soto y Jandro de Avendaño, bautizado en La Habana, parroquia del Espíritu Santo, el 2 de abril de 1743, testó el 30 de enero de 1818 ante el escribano José de Salinas, y a su vez había sido escribano público de esta ciudad y Primer Rector del Colegio de Escribanos de La Habana, donde casó dos veces: la primera, en la parroquia del Santo Angel, el 10 de noviembre de 1760, con doña Ursula María de Torres, hija de don José de Torres; y la segunda, en la parroquia del Espíritu Santo, el 2 de junio de 1789, con doña Francisca Serrano del Castillo y Rodríguez, allí bautizada el 2 de agosto de 1773, hija de don Luis Miguel Serrano del Castillo y Muñoz,[2] y de doña María Teresa Rodríguez y Díaz naturales de La Habana. Tuvieron por hijos: a Manuel; a Luis; a Gabriel de Jesús y a José Rafael Ramírez y Serrano. Los cuales:

1. — El Capitán Manuel Ramírez y Serrano, fue bautizado en La Habana, parroquia del Espíritu Santo, el 18 de diciembre de 1796.

2. — Don Luis Ramírez y Serrano, fue Capitán de Milicias de Infantería de la plaza de La Habana. Casó en esta ciudad, parroquia de Guadalupe, el 15 de mayo de 1815, con doña María de la O Velasco y Soler, hija de don Joaquín Velasco y Sánchez, y de doña Juana Soler y León. Tuvieron por hijo: a

Don Luis Ramírez y Velasco que fue bautizado en La Habana, parroquia de Guadalupe, el 3 de noviembre de 1819. Hizo una información de limpieza de sangre e hidalguía, que consta en su expediente de estudios, en la Universidad de La Habana.

3. — Don Gabriel de Jesús Ramírez y Serrano, bautizado en La Habana, parroquia del Espíritu Santo el 20 de julio de 1794, fue hacendado, escribano público de esta ciudad y Caballero de la orden de Carlos III. Falleció el 17 de agosto de 1855, casando dos veces: la primera con doña Rosalía Ruz, y la segunda en Cádiz, con doña Margarita O'Brien y Rodríguez, natural de esa ciudad, hija de Jacobo O'Brien, natural de Irlanda, y de doña María Josefa Rodríguez. De su primera mujer tuvo por hija a doña María del Rosario Ramírez y Ruz, y de su segundo matrimonio a María Francisca; a Margarita; a Matilde; a Manuel María y a Gabriel Ramírez y O'Brien. De los cuales:

A. — Doña María del Rosario Ramírez y Ruz, nacida el 7 de enero de 1814, falleció el 20 de enero de 1851.

B. — Doña María Francisca Ramírez y O'Brien, fue bautizada en La Habana, parroquia del Espíritu Santo, el 18 de mayo de 1816, donde se encuentra su defunción a 13 de febrero de 1838, casando en la referida parroquia el primero de diciembre de 1831, con don Eugenio José Pontón y Amado, natural de esta ciudad, escribano público y Capitán de Milicias de Caballerío, hijo de don Cayetano Agustín Pontón y Vargas, natural de Santa Fe de Bogotá en Tierra Firme, escribano público y de número del Promedicato y Cruzada de La Habana, Caballero de la orden de Carlos III, y de doña María Gertrudis de Amado y Sandoval, natural de La Habana.

C. — Don Manuel Ramírez y O'Brien, bautizado en la parroquia de Batabanó (provincia de La Habana), el 13 de octubre de 1822, casó en La Habana, parroquia del Espíritu Santo, el 18 de abril de 1857, con doña María Josefa Beato y Dolz del Castellar, hija de don Pedro Francisco Beato y Segundo, y de doña María de la Concepción Dolz del Castellar y López de Ganuza.

D. — Don Gabriel Ramírez y O'Brien, fue escribano público, casado en La Habana, parroquia del Espíritu Santo, el 15 de mayo de 1847, con doña María Josefa Maestri y Brigneli-Coradini, hija de Juan Bautista y de Silva. Fueron los padres: de Margarita y de José Gabriel Ramírez y Maestri. De los cuales:

Doña Margarita Ramírez y Maestri, fue bautizada en La Habana, parroquia del Espíritu Santo, el 10 de junio de 1847.

4. — Don José Rafael Ramírez y Serrano, bautizado en La Habana, parroquia del Espíritu Santo, el 7 de marzo de 1799, fue Coronel del Regimiento de Infantería de esta plaza y Caballero de la orden de Calatrava. Falleció el 5 de mayo de 1846. Casó en la Catedral de La Habana el 27 de diciembre de 1814, con doña Elvira de Ovando y Coimbra, hija de don José de Ovando y Adorno, Coronel de los Ejércitos Nacionales, Gobernador de Bacalaz en Yucatán, Gentilhombre de Cámara de Su Majestad, Caballero de las órdenes de San Hermenegildo y de Calatrava, y de doña Manuela Coimbra y Granados. Tuvieron por hijo: al

Doctor José Manuel Ramírez y Ovando, bautizado en La Habana, parroquia de Guadalupe, el 13 de diciembre de 1822, ilustre letrado que fue abogado de la Real Audiencia Pretorial de esta ciudad y Caballero de la orden pontificia de San Gregorio el Magno. Casó dos veces en La Habana: la primera, en la parroquia de Guadalupe, en el año de 1845, con doña María Carlota de Ovando y Duarte, hija de don Manuel de Ovando y Coimbra, Coronel de Infantería de los Ejércitos Nacionales, y de doña Tomasa Duarte y Enríquez. Casó por segunda vez en la parroquia del Espíritu Santo, el 19 de febrero de 1863, con doña María de las Mercedes Tosso y Bertemati, natural de esta ciudad, hija de don Antonio Tosso y Gaiti, natural de Cádiz, Caballero de la orden de Isabel la Católica, y de doña Paula Bertemati y Rodríguez.

Don José Manuel Ramírez y Ovando, y su segunda mujer doña María de las Mercedes Tosso y Bertemanti, tuvieron por hijos: a María de las Mercedes; a María; y a Francisco Ramírez Ovando y Tosso. De los cuales:

1. — Doña María Ramírez Ovando y Tosso, casó con don Ricardo Armenteros.

2. — Don Francisco Ramírez Ovando y Tosso, bautizado en La Habana parroquia del Santo Cristo, el 7 de marzo de 1869, fue arquitecto e ingeniero Jefe de Construcciones Civiles y Militares de la República de Cuba. Casó con doña María Echevarría y Perdomo, hija de don Rafael Echevarría y Pit, y de doña Guillermina Perdomo y Castro. Tuvieron por hijos: a Ester; a Zenaida; a Raquel y a Francisco Ramírez y Echevarría, De los cuales:

1. — Doña Raquel Ramírez y Echevarría, casó con don Rogelio París.

2. — Don Francisco Ramírez y Echevarría, nacido en el Cerro, el 14 de enero de 1897, fue ingeniero y arquitecto. Casó con doña María del Carmen Ventura y García y tuvieron por hijos: a Lilyan; a Francisco y a Raúl Ramírez y Ventura.

Don José Manuel Ramírez y Ovando, y su primera mujer doña María Carlota Ovando y Duarte, tuvieron por hijos: a María de la Concepción; a Emilia; a Manuela; a Elvira; a Carlos Manuel y a José Manuel Ramírez y Ovando. De los cuales:

1. — Doña Manuela Ramírez Ovando, fue religiosa del Sagrado Corazón de Jesús.

2. — Doña Elvira Ramírez y Ovando, casó con don Juan Grau, Coronel del ejército español.

3. — El doctor Carlos Manuel Ramírez y Ovando, bautizado en la Catedral de La Habana el 29 de octubre de 1861, fue médico-cirujano. Casó en esta ciudad, parroquia del Pilar, el 2 de diciembre de 1889, con doña Sofía de Ayala y Alfonso, hija del licenciado Francisco de Ayala y Zayas, abogado y de doña Elvira Alfonso y Ayala.

4. — El doctor José Manuel Ramírez y Ovando, bautizado en La Habana, parroquia del Espíritu Santo, el 3 de junio de 1846, fue abogado y Catedrático de la Universidad de esta ciudad. Casó con doña María de los Dolores Olivella y Prado-Marocho, natural de la villa de Güines, hija de don José Olivella y Traval, natural de San Pedro de Laverne (provincia de Barcelona) y de doña Teresa de Prado-Marocho y Castellanos. Fueron los padres: de María Luisa; de María del Carmen; de María Teresa; de Gustavo y de José Manuel Ramírez y Olivella. De los cuales:

1. — Doña María del Carmen Ramírez y Olivella, casó con don Armando Dávalos y Ponce de León.

2. — Doña María Teresa Ramírez y Olivella, casó con don Alfredo Sardiña y Zamora, natural de Santiago de las Vegas, hijo de don Facundo

Sardiña y Sardiña, natural de Guamutas (provincia de Matanzas) y de doña Flora Zamora y Bravo.

3. — El doctor Gustavo Ramírez y Olivella, nacido en La Habana el 29 de abril de 1895, es abogado y Magistrado del Tribunal Supremo de Justicia de la República de Cuba, anteriormente Fiscal de dicho Tribunal Supremo. Casó con doña Adelaida Parodi y de la Hoz.

4. — El doctor José Manuel Ramírez y Olivella, nacido en La Habana el 2 de marzo de 1891, es médico-cirujano y Catedrático de la Universidad de esta ciudad. Casó dos veces: la primera con doña María de los Dolores Farnés y Guerra, y la segunda con doña Luisa Piñeiro. De su primer matrimonio tuvo por hijas: a María de los Dolores, y a Graciella Ramírez Olivella y Farnés. Las cuales:

1. — Doña María de los Dolores Ramírez Olivella y Farnés, casó con el doctor Carlos Aballí y González de Mendoza, abogado, hijo de don Carlos Aballí y Simpson, y de doña María Magdalena González de Mendoza y Caballero.

2. — Doña Graciella Ramírez Olivella y Farnés, casó con el doctor Virgilio Ganganelli y Valle, que es médico-cirujano.

REYES GAVILAN

A mediados del siglo XVII, procedente de Lisboa, reino de Portugal se estableció en La Habana la familia Reyes, donde se enlazó con la de Gavilán, familia oriunda de Valencia, en España.

Vicente Gavilán, casó con doña Jerónima de Alpera, y tuvieron por hijos: al

Alférez Nicolás Gavilán y Alpera, natural de Valencia, que fue Cabo de Escuadra en la Real Armada. Su defunción está en la Catedral de La Habana a 6 de diciembre de 1690 donde casó el 5 de mayo de 1649, con doña Francisca González y Cuéllar, hija de Miguel y de Juana. Tuvieron por hijos: a José; a Gerarda; a Juana; a María Hilaria y a Catalina Gavilán y González de Cuéllar. De los cuales:

1. — El Alférez José Gavilán y González de Cuéllar, testó el 21 de abril de 1724 ante Manuel Redin, y su defunción se encuentra en la Catedral de La Habana a 26 de diciembre de dicho año. Casó en esta ciudad, parroquia del Espíritu Santo, el 10 de octubre de 1703, con doña Isidora de Lugo y Parrado, hija de Juan Martín y de Francisca.

2. — Doña Juana Gavilán y González de Cuéllar, testó el 8 de enero de 1748, y su defunción se encuentra en La Habana, parroquia del Santo Cristo, a 16 de julio de 1750.

3. — Doña María Hilaria Gavilán y González de Cuéllar testó el 8 de enero de 1740, ante el escribano Dionisio Pancorbo, y su defunción se

encuentra en la Catedral de La Habana, a 11 de enero de 1746, donde casó el primero de enero de 1676, con don Diego López Bernal de Lusa y Guerrero, hijo de don Diego López Bernal de Rosa y Lusa, y de doña Ursula María Guerrero y Lorenzo.

4. — Doña Catalina Gavilán y González de Cuéllar bautizada en la Catedral de La Habana el 15 de abril de 1654, testó el 17 de octubre de 1695 ante el escribano Francisco Guerra, y su defunción se encuentra en la referida Catedral a 18 de octubre de dicho año, donde casó el 26 de septiembre de 1672, con don Agustín de los Reyes, natural de Lisboa, en Portugal (viudo de doña Juana de Oliver), el cual dio poder para testar a su segunda mujer de 14 de enero de 1682 ante el escribano Francisco Guerra, y su defunción se encuentra en la Catedral de La Habana a 16 de ese mes y año, hijo de don Antonio Rodrigues do Coto, vecino de Lisboa, y de doña María dos Reies, natural de dicha ciudad. Tuvieron dos hijos: a Nicolás; a Luisa; a Estefanía y a Sebastiana de los Reyes-Gavilán. Los cuales:

1. — Doña Luisa de los Reyes-Gavilán, fue bautizada en la Catedral de La Habana el 9 de septiembre de 1677.

2. — Doña Estefanía de los Reyes-Gavilán, fue bautizada en la Catedral de La Habana el 21 de enero de 1680, donde sin testar y soltera, se encuentra su defunción a 4 de octubre de 1695.

3. — Doña Sebastiana de los Reyes-Gavilán, nacida el 20 de enero de 1681, fue bautizada en la Catedral de La Habana el 31 de ese mes y año.

4. — Don Nicolás de los Reyes-Gavilán, nació el primero de septiembre de 1695 y fue bautizado en la Catedral de La Habana el 8 de ese mes y año. Es el personaje con quien se inicia en La Habana el apellido compuesto «Reyes-Gavilán», testando el 15 de diciembre de 1741 ante el escribano Dionisio Pancorbo. Su defunción se encuentra en la Catedral habanera a 24 de mayo de 1745, casando dos veces: la primera en La Habana, parroquia del Espíritu Santo, el 21 de abril de 1705, con doña Juana Rodríguez; y la segunda con doña Ana María Sánchez y Carvajal, hija de Pablo y de Rosa. De su primera mujer tuvo por hija a María de los Reyes-Gavilán y Rodríguez, y de su segundo matrimonio: a José Agustín; a Andrea Catalina; a Juan Nicolás; a Antonio Lorenzo; a Manuela Nicolasa; a Gregoria Josefa; a Rosa María; a Blas Julián y a Bartolomé de los Reyes-Gavilán y Sánchez. De los cuales:

1. — Doña Gregoria Josefa de los Reyes-Gavilán y Sánchez, testó el 11 de octubre de 1813, y su defunción se encuentra en La Habana, parroquia del Santo Angel a 13 de octubre de dicho año.

2. — Doña Andrea Catalina de los Reyes-Gavilán y Sánchez, testó el 6 de junio de 1772, ante el escribano Francisco Javier Rodríguez y su defunción se encuentra en La Habana, parroquia del Santo Angel, a 7 de junio de dicho año. Casó dos veces en la Catedral de esta ciudad: la primera, el 13 de junio de 1742, con don Martín de Torres y Arteaga hijo de Juan y de Ana. Casó por segunda vez, el 24 de mayo de 1760, con el Teniente José Baños y Padilla, hijo del Capitán Francisco y de María.

3. — Doña Rosa María de los Reyes-Gavilán y Sánchez, testó el 10 de marzo de 1812 ante José María Rodríguez, y su defunción se encuentra en La Habana, parroquia del Santo Angel, a 30 de marzo de 1816. Casó dos veces en esta ciudad: la primera, en la parroquia de Guadalupe, el 21 de marzo de 1751, con don Francisco Javier de Gamboa-Riaño y Suárez, hijo de Marcos Antonio y de Juana Bernardina. Casó por segunda vez, el primero de septiembre de 1770, en la Catedral, con el licenciado Juan Tomás de Sola y Hernández de Espellosa, hijo de don Joaquín de Sola, Capitán de Dragones, y de doña Angela Hernández de Espellosa.

4. — Doña Manuela Nicolasa de los Reyes-Gavilán y Sánchez, dio poder para testar el 5 de julio de 1765 ante el escribano Manuel Medrano, habiendo otorgado codicilio el 8 de julio de dicho año ante el también escribano José Antonio Quiñones, y su defunción se encuentra en la Catedral de La Habana a 9 de julio de dicho año, donde casó el 30 de agosto de 1741, con don Marcos Antonio Gamboa-Riaño y Suárez, hijo de Marcos Antonio y de Juana Bernardina.

5. — Don Juan Nicolás de los Reyes-Gavilán y Sánchez, testó ante el escribano Francisco Javier Rodríguez, y su defunción se encuentra en la Catedral de La Habana a 16 de octubre de 1778, donde casó dos veces: la primera, el 31 de mayo de 1742, con doña Petrona de León-Castellanos y Hernández, hija de Martín y de María Josefa. Casó por segunda vez, el 15 de mayo de 1763, con doña María Anastasia Pérez y Blanco, hija de José Hilario y de Juana María.

6. — Don Bartolomé de los Reyes-Gavilán y Sánchez, bautizado en la Catedral de La Habana el 3 de septiembre de 1737, casó en esta ciudad, parroquia de Espíritu Santo, el 20 de junio de 1774, con doña María de Jesús Téllez y Vandama, hija de don Salvador Ignacio Monet-Téllez y Silva, y de doña Antonia Vandama. Tuvieron por hijos: a María de la Luz y a Manuel José de los Reyes-Gavilán y Téllez. De los cuales:

Don Manuel José de los Reyes-Gavilán y Téllez, fue bautizado en la parroquia de Santiago de las Vegas, el 3 de marzo de 1776. Hizo información de limpieza de sangre el 19 de mayo de 1794, ante el escribano Ignacio Fernández de Velasco. Testó el 21 de diciembre de 1801, ante el también escribano José María Rodríguez y su defunción se encuentra en La Habana, parroquia del Espíritu Santo, a 24 de diciembre de dicho año, donde casó el 25 de agosto de 1795, con doña María de la Caridad Abella y González, hija de Tomás y de Josefa Rita.

7. — Don José Agustín de los Reyes-Gavilán y Sánchez, testó el 9 de julio de 1790, ante el escribano José María Rodríguez, y su defunción se encuentra en La Habana, parroquia del Espíritu Santo, a 8 de agosto de 1791. Casó dos veces en esta ciudad: la primera, en la Catedral, el 22 de julio de 1743, con doña Felipa Rodríguez del Cristo y Aronchea, hija de Francisco y de María Teresa. Casó por segunda vez, el 29 de junio de 1751, en la parroquia del Espíritu Santo, con doña Antonia Josefa de Vargas-Machuca y Arriaga, hija del Alférez José de Vargas-Machuca y Riverol y de doña Rosa Arriaga y Rodríguez.

Don José Agustín de los Reyes-Gavilán y Sánchez, y su primera mujer doña Felipa Rodríguez del Cristo y Arnochea, tuvieron por hijos: a María Bernarda y a Antonio Basilio de los Reyes Gavilán y Rodríguez del Cristo. De los cuales:

Don Antonio Basilio de los Reyes-Gavilán y Rodríguez del Cristo, casó en La Habana, parroquia del Espíritu Santo, el 29 de julio de 1783, con doña Juana de Covarrubias y León, hija de don Damián de Jesús de Covarrubias y Castro, y de doña Andrea de los Santos Guedes de León y Cancio. Tuvieron por hijo: a José Antonio de los Reyes-Gavilán y Covarrubias.

Don José Agustín de los Reyes-Gavilán y Sánchez, y su segunda mujer doña Antonia Josefa de Vargas-Machuca y Arriaga, tuvieron por hijos: a Cecilia Josefa; a Isabel; a María Isabel de los Dolores; a María del Carmen; a María de la Luz; a María Josefa Encarnación; a María Josefa de los Dolores; a Agustín y a Bartolomé de los Reyes-Gavilán y Vargas-Machuca. Los cuales:

A. — Doña Cecilia Josefa de los Reyes-Gavilán y Vargas-Machuca, bautizada en La Habana, parroquia del Espíritu Santo, el 4 de diciembre de 1752, testó el 16 de enero de 1816, ante el escribano José Lorenzo Rodríguez, y su defunción se encuentra en la Catedral de esta ciudad a 6 de febrero de dicho año.

B. — Doña Isabel de los Reyes-Gavilán y Vargas-Machuca, no casó y su defunción se encuentra en La Habana, parroquia del Santo Angel a 10 de enero de 1833.

C. — Doña María Isabel de los Dolores de los Reyes-Gavilán y Vargas-Machuca, falleció párvula y su defunción se encuentra en La Habana, parroquia del Espíritu Santo, a 9 de julio de 1760.

D. — Doña María del Carmen de los Reyes-Gavilán y Vargas-Machuca, cuya defunción está en La Habana, parroquia del Santo Angel, a 13 de agosto de 1833, casó en esta ciudad, parroquia del Espíritu Santo, el primero de junio de 1786, con el licenciado Manuel José Serrano y Almirante, natural de La Habana, abogado. Asesor general de la Intendencia de las Provincias de la Luisiana y la Florida Occidental, Alcalde ordinario por Su Majestad de la ciudad de la Nueva Orleans, hijo de don Felipe Serrano y Blanco, natural de la villa de Córdoba, en la Puebla de los Angeles (Nueva España), y de doña María Luisa de Almirante y Blanco, natural de La Habana.

E. — Doña María de la Luz de los Reyes-Gavilán y Vargas-Machuca, cuya defunción se encuentra en la Catedral de La Habana a 2 de agosto de 1825, casó en esta ciudad, parroquia del Espíritu Santo, el 9 de septiembre de 1785, con el licenciado Francisco Encinoso de Abreu y Almirante, abogado, hijo de don Juan Bautista Encinoso y Abreu y Rodríguez del Castillo y de doña Rosalía de Almirante y Blanco.

F. — Doña María Josefa de la Encarnación de los Reyes-Gavilán y Vargas-Machuca, falleció en La Habana y su defunción se encuenhtra en esta ciudad, parroquia del Espíritu Santo, a 10 de enero de 1807, donde casó el 2 de junio de 1802, con el licenciado Francisco Arango y Cisneros natural de Puerto Príncipe, hijo de don Matías Arango y Sanjurjo, natural de La Coruña y de doña Ana Lorenza Cisneros y Mata, natural de Puerto Príncipe.

G. — Doña María Josefa de los Dolores de los Reyes-Gavilán y Vargas-Machuca, falleció en La Habana y su defunción se encuentra en esta ciudad, parroquia del Espíritu Santo, a 3 de marzo de 1846, donde casó el 15 de junio de 1791, con el licenciado José Antonio Nattes y Hernández, hijo del Capitán Nicolás y de Ana Josefa.

H. — Don Agustín de los Reyes-Gavilán y Vargas-Machuca, bautizado en La Habana, parroquia del Espíritu Santo, el 26 de julio de 1758, fue presbítero. Testó el 20 de mayo de 1814, ante el escribano Ramón Alvarez, y su defunción se encuentra en la referida parroquia, a 16 de agosto de 1814. Antes de ingresar en el sacerdocio, casó en La Habana, parroquia del Santo Angel, el 24 de septiembre de 1782, con doña Andrea Espinosa y de la Solana, natural de San Agustín de la Florida, hija de Francisco y de Francisca.

I. — Don Bartolomé de los Reyes-Gavilán y Vargas Machuca, casó en La Habana, parroquia del Santo Cristo, el 29 de mayo de 1775, con doña Francisca González y Mena, hija de Gregorio y de Leonor. Tuvieron por hija: a María Josefa Beatriz de los Reyes-Gavilán y González.

8. — Don Blas Julián de los Reyes-Gavilán y Sánchez, testó el 30 de noviembre de 1796, ante el escribano Nicolás de Frías, y su defunción se encuentra en La Habana, parroquia del Santo Angel, a 4 de diciembre de dicho año. Dejó por hijos: a María Isabel; a María Gertrudis; a María Josefa; a José Nicolás; a José Domingo; a Blas y a Manuel de los Reyes-Gavilán. De los cuales:

A. — Doña María Josefa de los Reyes-Gavilán, cuya defunción se encuentra en La Habana, parroquia del Santo Angel, a 18 de octubre de 1831, casó en dicha parroquia el 27 de abril de 1793, con don Juan Nepomuceno de la Cruz-Reyes y Carmona, natural de los Quemados, hijo de don José de la Cruz-Reyes y Rivero, y de doña Agustina Carmona.

B. — Don José Domingo de los Reyes-Gavilán bautizado en la Catedral de La Habana el 22 de agosto de 1775, fue presbítero y su defunción se encuentra en esta ciudad, parroquia del Santo Angel, a 26 de agosto de 1830.

C. — Don Blas de los Reyes-Gavilán, falleció en La Habana, y su defunción se encuentra en esta ciudad, parroquia del Espíritu Santo, a 14 de enero de 1840, donde casó dos veces: la primera, el 30 de noviembre de 1793, con doña Antonia María Pachón y Moreno, hija de Antonio y de María de Regla. Casó por segunda vez, el 17 de febrero de 1797, con doña María de la Encarnación Ferrada y de la Torre, hija de Antonio y de Tomasa.

D. — Don Manuel de los Reyes-Gavilán, casó con doña María Josefa Sánchez y Amoroso, hija de don Pedro Sánchez y Valor, y de doña Juana Amoroso y Pombo. Tuvieron por hijas: Ana Petrona y a Isabel de los Reyes-Gavilán y Sánchez. Las cuales:

a. — Doña Ana Petrona de los Reyes-Gavilán y Sánchez, bautizada en la Catedral de La Habana el 22 de mayo de 1813, cuya defunción se encuentra en esta ciudad, parroqiua del Espíritu Santo, el 31 de agosto de 1868, casó en La Habana, parroquia del Santo Cristo, el 27 de mayo de 1835, con su pariente don Juan de la Cruz-Reyes y de los Reyes-Gavilán, hijo de don Juan de la Cruz-Reyes y Carmona, y de doña María Josefa de los Reyes-Gavilán.

b. — Doña Isabel de los Reyes-Gavilán y Sánchez, falleció en La Habana y su defunción se encuentra en esta ciudad, parroquia de Monserrate, a 26 de septiembre de 1869. Casó con Edward Goldwin.

9. — El Teniente Antonio Lorenzo de los Reyes-Gavilán y Sánchez (anteriormente mencionado como hijo de don Nicolás de los Reyes-Gavilán, y de doña Ana María Sánchez y Carvajal), testó el primero de abril de 1785, y su defunción se encuentra en La Habana, parroquia de Guadalupe, a 7 de abril de dicho año. Casó en la parroquia del Calvario, el 17 de mayo de 1756, con doña Rosa María Saavedra y Pérez de Borroto, hija de Diego Antonio de Saavedra y Torres y de Ana Isabel Pérez de Borroto y Arriaga. Tuvieron por hijos: a María Cecilia; a Antonio José; a Francisco; a Patricio; a Juan de Dios; a Nicolás; a Mariano y a José Agustín de los Reyes-Gavilán y Saavedra. Los cuales:

1. — Doña María Cecilia de los Reyes-Gavilán y Saavedra, cuya defunción se encuentra en La Habana, parroquia de Guadalupe, a 7 de abril de 1835, casó en esta ciudad, parroquia de Jesús María, el 29 de julio de 1783, con don Juan de Dios de Porras-Pita y Salazar, hijo de Miguel y de María Isabel.

2. — Don Antonio José de los Reyes-Gavilán y Saavedra, fue religioso de la orden de San Agustín, presbítero, Sacristán Mayor de la parroquia de Hanabana y Capellán de la Real Armada.

3. — Don Francisco de los Reyes-Gavilán y Saavedra, cuya defunción se encuentra en La Habana, parroquia de Jesús del Monte, a 26 de febrero de 1802, casó en esta ciudad, parroquia de Guadalupe, el 26 de diciembre de 1795, con doña Micaela Josefa Martín de León y Porras, natural de la villa de Guanabacoa, hija de Mariano José y de Josefa María.

4. — Don Patricio de los Reyes-Gavilán y Saavedra, cuya defunción se encuentra en La Habana, parroquia de Guadalupe, a 5 de enero de 1810, casó en dicha parroquia el 3 de noviembre de 1802, con doña Josefa Lorenza Torestal y Barberi, hija de José Tomás y de María de las Mercedes. Tuvieron por hijas: a Ana Josefa y a Micaela de los Reyes-Gavilán y Torestal.

5. — Don Juan de Dios de los Reyes-Gavilán y Saavedra, casó dos veces en La Habana: la primera, en la parroquia de Guadalupe, el 22 de diciembre de 1784, con doña María Josefa de la Cruz Sarmiento y Collazo, hija de don Manuel Sarmiento y Sotomayor, y de doña María Sabina Collazo. Casó por segunda vez, el 29 de octubre de 1787, en la parroquia del Santo Angel, con doña Ana López de Buerta y Leal, hija de Baltasar y de Florencia.

Don Juan de Dios de los Reyes-Gavilán y Saavedra, y su primera mujer doña María Josefa de la Cruz Sarmiento y Collazo, tuvieron por hija: a

Doña María del Carmen de los Reyes-Gavilán y Sarmiento, bautizada en La Habana, parroquia de Jesús María, el 27 de julio de 1785, que casó en esta ciudad, parroquia del Santo Angel, el 31 de julio de 1817, con don Juan Serrano y Torrens, natural de Cartagena de Levante, hijo de Pedro y de Teresa.

Don Juan de Dios de los Reyes-Gavilán y Saavedra, y su segunda mujer doña Ana López de Buerta y Leal, tuvieron por hijos: a Antonio; a José Gervasio y a José de Jesús de los Reyes-Gavilán y López de Buerta. De los cuales:

Don José de Jesús de los Reyes-Gavilán y López de Buerta, fue bautizado en La Habana, parroquia del Santo Cristo, el 26 de enero de 1795. Casó en esta ciudad, parroquia del Santo Angel, el 28 de junio de 1819, con doña Ana Teresa Valdés, y tuvieron por hijos: a Ana; a María de Jesús; a José Patricio; a Juan de Dios y a Antonio de los Reyes-Gavilán y Valdés. De los cuales:

Don Antonio de los Reyes-Gavilán y Valdés, fue bautizado en La Habana, parroquia del Santo Angel, el 22 de septiembre de 1822, donde está su defunción a 19 de julio de 1862. Casó en esta ciudad, parroquia del Espíritu Santo, el 31 de enero de 1851, con doña María de las Mercedes Barranco y Novoa, hija de don José Cristóbal Barranco y López, y de doña María de la Encarnación Novoa y Domínguez. Tuvieron por hijos: a Teresa; a Rosalía y a Antonio de los Reyes-Gavilán y Barranco.

6. — Don Nicolás de los Reyes-Gavilán y Saavedra, casó en La Habana parroquia de Guadalupe, el 30 de abril de 1782, con doña Estefanía Josefa de León y Martín, hija de don Miguel José de León, y de doña María Ana Martín de Orbea. Tuvieron por hijos: a María del Buen Viaje; a María de la Asunción y a Francisco de los Reyes-Gavilán y León. De los cuales:

Don Francisco de los Reyes-Gavilán y León, bautizado en la Catedral de La Habana el 11 de octubre de 1795, casó dos veces: la primera, con doña María de Jesús de León y Porras-Pita, hija de Rudesindo y de Laureana. Casó por segunda vez, con su pariente doña María Catalina de Porras-Pita y Porras-Pita, hija de don Francisco de Porras-Pita y Unzueta y de doña Josefa de Porras-Pita y de los Reyes-Gavilán.

Dou Francisco de los Reyes-Gavilán y León, y su primera mujer doña María de Jesús de León y Porras-Pita, tuvieron por hijo: a Francisco Jerónimo de los Reyes-Gavilán y León.

Don Francisco de los Reyes-Gavilán y León, y su segunda mujer doña María Catalina de Porras-Pita y Porras-Pita, tuvieron por hijos: a Catalina y a José de los Reyes-Gavilán y Porras-Pita. Los cuales:

A. — Doña Catalina de los Reyes-Gavilán y Porras-Pita, casó en La Habana, parroquia del Espíritu Santo, el 14 de septiembre de 1868, con don Feliciano Marrero y Sánchez, hijo de Feliciano y de María del Socorro.

B. — Don José de los Reyes-Gavilán y Porras-Pita, fue bautizado en La Habana, parroquia Guadalupe, el 20 de noviembre de 1838, donde casó el 3 de noviembre de 1883, con doña María del Carmen Hernández y García, natural de Guanajay, hija de don Tomás Hernández y García, y de doña Vicenta García y Valdés.

7. — Don Mariano de los Reyes-Gavilán y Saavedra, casó en La Habana, parroquia de Jesús María, el 27 de diciembre de 1794, con doña María del Carmen de León y Martín, hija de don José Miguel de León, y de doña Mariana Josefa Martín y Valdemora. Tuvieron por hijos: a Teresa de Jesús; a María de los Dolores; a Antonio José y a Pedro de los Reyes-Gavilán y León. De los cuales:

Don Pedro de los Reyes-Gavilán y León, fue bautizado en La Habana, parroquia de Guadalupe, el 3 de noviembre de 1795. De Doña Eduviges Delgado dejó por hijos: a Olalla; a María Josefa y a Luis de los Reyes-Gavilán y Delgado. De los cuales:

Don Luis de los Reyes-Gavilán y Delgado, natural de San Cristóbal, casó en la Catedral de Matanzas el 3 de diciembre de 1866, con doña Plutarca Elena de Fuentes y Rangel, hija de Agustín y de Valentina.

8. — Don José Agustín de los Reyes-Gavilán y Saavedra, fue bautizado en la parroquia del Santo Calvario, el 29 de junio de 1774, y su defunción se encuentra en la Catedral de La Habana, a 18 de junio de 1854. Casó dos veces en esta ciudad: la primera, en la parroquia de Jesús María, el 6 de diciembre de 1795, con doña María Josefa de la Cruz Arriaga y Escobar, hija de don Bernardo de Arriaga y de los Ríos, y de doña María Leocadia Escobar y Leal. Casó por segunda vez, el 17 de agosto de 1843, en la parroquia de Guadalupe, con doña María Antonia Guerra y González, hija de don Cristóbal Guerra y Jiménez, y de doña María de la Soledad González y Hernández.

Don José Agustín de los Reyes-Gavilán y Saavedra, y su primera mujer doña María Josefa de la Cruz Arriaga y Escobar, tuvieron por hijo: al

Licenciado Jacobo de los Reyes-Gavilán y Arriaga, bautizado en La Habana, parroquia de Jesús María, el 6 de diciembre de 1796, que fue ilustre letrado, abogado y oidor de la Real Audiencia de esta plaza. Testó el 19 de febrero de 1868, en la villa de Guanabacoa, ante el escribano

Luis Justo Marín, y su defunción se encuentra en la parroquia de la referida villa, a 9 de mayo de dicho año. Casó en la Catedral de Matanzas el 21 de octubre de 1827, con doña Ana Josefa Madan y Madan, hija de don Joaquín Madan y Gutiérrez, y de doña Josefa Nicasia Madan y Lenard, pertenecientes ambos a la casa progenitora de los condes de Madan. Tuvieron por hijos: a Josefa Nicasia; a Ana María del Rosario; a Antonio; a Joaquín; a Agustín; a Ramón y a Jacobo de los Reyes-Gavilán y Madan. Los cuales:

1. — Doña Josefa Nicasia de los Reyes-Gavilán y Madan falleció párvula y su defunción se encuentra en la Catedral de Matanzas a 14 de noviembre de 1828.

2. — Doña Ana María del Rosario de los Reyes-Gavilán y Madan, casó en la parroquia de la villa de Guanabacoa el 2 de julio de 1870, con don Federico Guzmán y Betancourt, natural de la villa de Puerto Príncipe, hijo de don Miguel Guzmán y Ramés y de doña Angela Betancourt y Varona.

3. — Don Antonio de los Reyes-Gavilán y Madan, bautizado en la Catedral de Matanzas el 6 de abril de 1840, casó en la parroquia de la villa de Guanabacoa el 1 de mayo de 1867, con doña María Josefa Möenck y Ruiz, hija de Germán Manuel y de Micaela Josefa. Tuvieron por hijos: a Emelina; a Clara María; a Virginia; a María Antonia; a Leonor; a María Josefa; a Angélica; a Hortensia; a Gustavo y a Miguel Antonio de los Reyes-Gavilán y Möenck. De los cuales:

A. — Doña Leonor de los Reyes-Gavilán y Möenck, casó con don Enrique Marwitz.

B. — Doña María Josefa de los Reyes-Gavilán y Möenck, casó con el doctor Abraham Pérez y Miró, médico-cirujano.

C. — Doña Angélica de los Reyes-Gavilán y Möenck, casó con su cuñado, el anteriormente mencionado doctor Abraham Pérez y Miró, médico-cirujano.

D. — Doña Hortensia de los Reyes-Gavilán y Möenck, casó con don Armando Castellanos y Villageliú. Capitán del Ejército Nacional de la República de Cuba, hijo de doctor Manuel Sabas Castellanos y Arango, médico-cirujano, y de doña María de las Mercedes Villageliú e Irola.

4. — Don Joaquín de los Reyes-Gavilán y Madan, casó en la Catedral de Matanzas, el 30 de marzo de 1867, con doña Angela Cuní y Roque de Escobar, hija de don Miguel Cuní y Pedrosa, y de doña Ana Roque de Escobar y Montero. Tuvieron por hijo: a Armando de los Reyes-Gavilán y Cuní.

5. — Don Agustín de los Reyes-Gavilán y Madan, fue bautizado en la Catedral de Matanzas el 6 de febrero de 1839, y su defunción está en la Catedral de La Habana a primero de marzo de 1893. Casó en la parroquia de la villa de Guanabacoa el 16 de diciembre de 1867, con doña María Josefa de la Guardia y Madan, natural de Matanzas, hija de don

Vicente de la Guardia y Alfonso, y de doña María Rosa Madan y Madan, perteneciente a la casa progenitora de los condes de Madan. Tuvieron por hijos: a Alicia; a Margarita; a Ana Rosa; a Sarah; a María Elia; a Raúl; a Octavio; a Rogelio; a César; a Rodolfo; a Agustín y a Carlos de los Reyes-Gavilán y de la Guardia. De los cuales:

A. — Doña Ana Rosa de los Reyes-Gavilán y de la Guardia, casó con el doctor Carlos Martín de Alzugaray y Lavaggi, natural de la ciudad de Nueva Paz, abogado y notario público de La Habana, hijo de don Martín Miguel de Alzugaray y Marín y de doña Carlota Lavaggi y Carbonell.

B. — Doña Sarah de los Reyes-Gavilán y de la Guardia, casó en La Habana, parroquia de Guadalupe, el 28 de enero de 1899, con el doctor Aurelio Hevia y Alcalde, abogado, Coronel del Ejército Libertador de Cuba, Secretario de Gobernación, hijo de don Francisco Hevia y Romay, ingeniero y de doña María de los Dolores Alcalde y Morales.

C. — Doña María Elia de los Reyes-Gavilán y de la Guardia, casó en el Vedado, el 25 de abril de 1907, con don Roberto Parajón y Amaro, hijo de don Manuel Parajón y Cossío, y de doña Josefa Amaro y García.

D. — El doctor Rodolfo de los Reyes-Gavilán y de la Guardia, fue abogado.

E. — Don Agustín de los Reyes-Gavilán y de la Guardia, casó en La Habana, parroquia de Monserrate, mayo de 1912, con doña María de la Trinidad Lastres y Poo, hija del doctor Joaquín Lastres y Coppinger, abogado, Teniente Coronel del Ejército Libertador de Cuba, y de doña Juana Poo y Pierra. Tuvieron por hijos: a Agustín; a Joaquín; a Rogelio y a María de la Trinidad de los Reyes-Gavilán y Lastres. Los cuales:

a) El doctor Agustín de los Reyes-Gavilán y Lastres, que es abogado, casó con doña María del Carmen Pella y Santamarina, hija de don Armando F. Pella y Rigau, y de doña María del Carmen Santamarina. Son padres: de María Salomé de los Reyes-Gavilán y Pella.

b) Don Joaquín de los Reyes-Gavilán y Lastres, casó con doña Olga Martínez, de la que tiene por hijo: a Agustín de los Reyes-Gavilán y Martínez.

c) Don Rogelio de los Reyes-Gavilán y Lastres, casó con doña Juana Caldevilla.

d) Doña María de la Trinidad de los Reyes-Gavilán y Lastres, casó con Diego Roqué y Casuso, hijo de don Diego Roqué y del Castillo, y de doña María Casuso y Díaz Albertini.

F. — Don Carlos de los Reyes-Gavilán y de la Guardia, casó con doña María Vázquez, y tuvieron por hijos: a Alicia y a Carlos de los Reyes-Gavilán y Vázquez.

6. — Don Ramón de los Reyes-Gavilán y Madan, del que se tratará en la «LINEA PRIMERA».

7. — Don Jacobo de los Reyes-Gavilán y Madan, del que se tratará en la «LINEA SEGUNDA».

«LINEA PRIMERA»

Don Ramón de los Reyes-Gavilán y Madan (anteriormente mencionado como hijo de don Jacobo de los Reyes-Gavilán y Arriaga, y de doña Ana Josefa Madan y Madan), casó dos veces en La Habana, en la parroquia del Espíritu Santo: la primera, el 22 de febrero de 1860, con doña María del Coral Anillo y Bassave; y la segunda, el 30 de marzo de 1872 con doña Isabel Anillo y Bassave, hijas ambas del Capitán José Anillo y Rico, y de doña María de la Concepción Bassave y Molina.

Don Ramón de los Reyes-Gavilán y Madan, y su primera mujer doña María del Coral Anillo y Bassave, tuvieron por hijos: a María del Coral; a Ana María; a José Ramón; a Ernesto y a Arturo de los Reyes-Gavilán y Anillo. De los cuales:

1. — Doña Ana María de los Reyes-Gavilán y Anillo, casó con don Eduardo Acosta y Mayor.

2. — Don Arturo de los Reyes-Gavilán y Anillo, casó con doña Luisa de Urrutia, y tuvieron por hijos: a Rebeca; a Gonzalo; a Luis y a Troadio de los Reyes-Gavilán y Urrutia. De los cuales:

1. — Doña Rebeca de los Reyes-Gavilán y Urrutia, casó con don José Luis Pérez y Luis.

2. — Don Luis de los Reyes-Gavilán y Urrutia, casó con doña Berta Mora y Reyes, y tuvieron por hijo: a Livio de los Reyes-Gavilán y Mora.

3. — Don Troadio de los Reyes-Gavilán y Urrutia, casó con doña Jenara Alvarez y Fernández y tuvieron por hijos: a Troadio y a Roberto de los Reyes-Gavilán y Alvarez.

Don Ramón de los Reyes-Gavilán y Madan, y su segunda mujer doña Isabel Anillo y Bassave, tuvieron por hijos: a Oscar; a Gerardo; a Julio; a Octavio y a Alfonso de los Reyes-Gavilán y Anillo. Los cuales:

1. — Don Oscar de los Reyes-Gavilán y Anillo, casó con doña Berta Perullero sin tener descendencia.

2. — Don Gerardo de los Reyes-Gavilán y Anillo, casó en La Habana, parroquia de Jesús del Monte, el 12 de diciembre de 1909, con su prima doña María del Coral Acosta y de los Reyes-Gavilán, hija de don Eduardo Acosta y Mayor, y de doña Ana María de los Reyes-Gavilán y Anillo. Tuvieron por hijo: a Gerardo de los Reyes-Gavilán y Acosta.

3. — Don Julio de los Reyes-Gavilán y Anillo, nacido el 8 de julio de 1878 y bautizado en la parroquia de Guanabacoa el 13 de octubre de ese año, falleció en La Habana el 17 de junio de 1933. Casó en la parroquia habanera del Vedado el 7 de septiembre de 1908, con doña María Francisca Cortadellas y Díaz, nacida en Ceiba-Mocha (provincia de Matan-

zas) en 1875, a su vez fallecida en La Habana el 15 de octubre de 1943. hija de don Francisco Cortadellas y Moreno, natural de Matanzas, y de doña María Cornelia Díaz y González, natural de Ceiba Mocha. Tuvieron por hijas: a María Antonia y a Isabel de los Reyes-Gavilán y Cortadellas.

4. — Don Octavio de los Reyes-Gavilán y Anillo, casó con doña María Luisa Valdés-Navarrete y Rodríguez, hija de Miguel y de María de Jesús. Tuvieron por hijos: a Ramón y a Luis de los Reyes Gavilán y Valdés-Navarrete. De los cuales:

El doctor Luis de los Reyes Gavilán y Valdés-Navarrete, que es médico-cirujano, casó con doña Alodia de Torres y O'Hallorans, y tuvieron por hija: a Clara Rosa de los Reyes-Gavilán y Torres.

5. — Alfonso de los Reyes-Gavilán y Anillo, casó con su pariente doña María Acosta y de los Reyes-Gavilán, hija de don Eduardo Acosta y Mayor, y de doña Ana María de los Reyes-Gavilán y Anillo. Tuvieron por hijos: a Alfonso; a Julio y a Rolando de los Reyes-Gavilán y Acosta.

«LINEA SEGUNDA»

Don Jacobo de los Reyes-Gavilán y Madan (anteriormente mencionado como hijo de don Jacobo de los Reyes-Gavilán y Arriaga, y de doña Ana Josefa Madan y Madan), casó dos veces: la primera, con doña María de la Cruz Agramonte, natural de la villa de Puerto Príncipe; y la segunda: en la Catedral de La Habana, el 19 de diciembre de 1856, con doña María Amalia Baró y Jiménez, hija de don José Baró y Blanxart, primer Marqués de Santa Rita, primer Vizconde de Canet de Mar. Regidor del Ayuntamiento de Matanzas, Comendador de la orden de Carlos III, y de doña María Josefa de la Concepción Jiménez y Canto-Valverde. Tuvieron por hijos: a Amalia; a Ana Luisa; a María; a José; a Alberto; a Alfredo; a Jacobo y a Enrique de los Reyes-Gavilán y Baró. Los cuales:

1. — Doña Amalia de los Reyes-Gavilán y Baró, bautizada en La Habanua, parroquia del Espíritu Santo, el 25 de mayo de 1860, casó con don Germán Möenck.

2. — Doña Ana Luisa de los Reyes-Gavilán y Baró, casó con el licenciado Rafael Andreu y Martínez, hijo de Francisco y de María de la Concepción.

3. — Doña María de los Reyes-Gavilán y Baró, casó con don Antonio Flores y Estrada.

4. — Don José de los Reyes-Gavilán y Baró, casó con doña María Barreras y Fernández, hija de don Antonio Barreras y Pérez del Camino, y de doña Rafaela Fernández y Parreño. Tuvieron por hijos: a María Amelia, y a José de los Reyes-Gavilán y Barreras. Los cuales:

A. — Doña María Amelia de los Reyes-Gavilán y Barreras, casó con don José Antonio Cosculluela y Barreras, ingeniero que fue Catedrático de la Universidad de La Habana, hijo de don Emilio Cosculluela y Martínez, y de doña Angela Barreras y Aguilera.

B. — Don José de los Reyes-Gavilán y Barreras, casó con doña Aida Barrio y Casals, hija de don Germán Barrio y Escarrá, y de doña América Casals y Curbelo.

5. — Don Alberto de los Reyes-Gavilán y Baró, casó con doña María Guillermina Barreras y Fernández, hija de don Antonio Barreras y Pérez del Camino, y de doña Rafaela Fernández y Parreño. Tuvieron por hijos: a Ofelia; a Ana Luisa; a Amalia; a Gloria; a Guillermina y a Isidro de los Reyes-Gavilán y Barreras. De los cuales:

A. — Doña Amalia de los Reyes-Gavilán y Barreras, casó con el doctor Carlos Rocha.

B. — Doña Gloria de los Reyes-Gavilán y Barreras, casó con el doctor Waldo Medina y Méndez, que es abogado, Juez Municipal del Norte en La Habana.

C. — Doña Guillermina de los Reyes-Gavilán y Barreras, casó con don J. María Bru y Echevarría.

6. — Don Alfredo de los Reyes-Gavilán y Baró, casó con doña María Luisa de la Sierra y López, y tuvieron por hijos: a María del Carmen; a María Clemencia; a Alfredo; a Antonio y a María de los Reyes-Gavilán y de la Sierra. De los cuales:

A. — Doña María Clemencia de los Reyes-Gavilán y de la Sierra, casó con don Manuel Domínguez y Hernández, natural de Santa Clara, hijo de don José Domínguez y Castro, Coronel español, y de doña María Hernández.

B. — Don Alfredo de los Reyes-Gavilán y de la Sierra, casó con doña Juana Alvarez, teniendo por hija: a Ofelia de los Reyes-Gavilán y Alvarez.

C. — Don Antonio de los Reyes-Gavilán y de la Sierra, casó con doña María del Carmen Serrano, siendo los padres de Antonio, y de María Amelia de los Reyes-Gavilán y Serrano.

D. — Don Mario de los Reyes-Gavilán y de la Sierra, casó con doña María del Carmen Albert, teniendo por hija: a María de la Encarnación de los Reyes-Gavilán y Albert.

7. — Don Jacobo de los Reyes-Gavilán y Baró, casó en la parroquia de la villa de Guanabacoa el 23 de febrero de 1879, con doña María de la Concepción de Acosta y Cárdenas, hija de don Angel de Acosta y Lasso de la Vega, y de doña María Josefa de Cárdenas y Peñalver. Tuvieron por hijos: a María del Carmen; a Dulce María; a Jacobo; a Miguel Angel; a Mario; a Horacio; a René y a Oscar de los Reyes-Gavilán y Acosta. De los cuales:

Doña Dulce María de los Reyes-Gavilán y Acosta, casó con don José Pujals y Claret, ingeniero civil y arquitecto.

8. — Don Enrique de los Reyes-Gavilán y Baró, casó con doña Elisa de la Sierra y López, y tuvieron por hijos: a Ana Luisa; a Margarita; a

María Elena; a Amalia María; a Laura; a Elisa; a Ofelia; a Enrique y a José Antonio de los Reyes-Gavilán y de la Sierra. De los cuales:

1. — Doña Laura de los Reyes-Gavilán y de la Sierra, casó en La Habana, parroquia de Jesús del Monte, el 2 de enero de 1936, con don Pablo Cusco y Sodal, hijo de Joaquín y de Manuela.

2. — Doña Elisa de los Reyes-Gavilán y de la Sierra, casó con don Francisco Hernández.

3. — Doña Ofelia de los Reyes-Gavilán y de la Sierra, casó con don Andrés del Río.

4. — Doña Ana Luisa de los Reyes-Gavilán y de la Sierra, casó en La Habana, parroquia del Vedado, el 12 de diciembre de 1943, con don Emilio del Valle y Valdés Romero.

5. — Don Enrique de los Reyes-Gavilán y de la Sierra, casó con doña Isabel Polanco y Garastazu, hija de Pedro y de Primitiva. No tienen descendencia.

6. — Don José Antonio de los Reyes-Gavilán y de la Sierra, casó con doña Irma García y Marcos, y tienen por hijos: a Marta; a Enrique; a José Antonio y a Eloy de los Reyes-Gavilán y García.

RUIZ DE APODACA

A fines del siglo XVII aparece radicada esta familia en la provincia de Alava, pasando en la primera mitad de la centuria siguiente a Cádiz, y después a La Habana. Obtuvieron el título de Conde Venadito.

Son sus armas: escudo cuartelado: el primero y cuarto, de plata, con un árbol de sinople y un león empinante a él; segundo y tercero, de gules, con una torre de oro. Bordura de ocho piezas, cuatro de oro y cuatro de gules, las primeras en los ángulos del escudo, las cuatro de oro, recargadas de una panela de sinople y las cuatro de gules, recargadas de un aspa de oro.

Don Sebastián Ruiz de Apodaca y su mujer doña Ana López de Ipiña, vecinos de Letona, tuvieron por hijo: a

Don Pedro Ruiz de Apodaca y López de Ipiña, natural de Larriona, empadronado como hijodalgo en la parroquia de San Lorenzo de Ondategui, Hermandad de Cigoitia, que casó en el año de 1662, con doña María de Vicinay y Apoitia, nacida en Larrinoa en 1613, hija de Martín y de Catalina. Tuvieron por hijo: a

Don Juan Ruiz de Apodaca y Vicinay, nacido en Junquitu, año de 1663, que fue Regidor general y Alcalde de la Santa Hermandad de Cigoitia por el Estado Noble en 1706, así como Alcalde noble de Manurga

(Alava). Casó con doña María Dominga López de Letona y Ortiz de Landaluce, hija de Dionisio y de Francica. Fueron los padres: de

Don Tomás Ruiz de Apodaca y López de Letona, nacido en Manurga año de 1702, quien en 1738 fue admitido en su condición de hijodalgo por la Junta general de la Hermandad de Cigoitia, siendo ese año Procurador general de esa Hermandad por el Estado Noble, falleciendo en 1766. Casó en Cádiz, año de 1745, con doña Eusebia María de Eliza Lasquetti, natural de Cádiz, hija de don Rafael de Eliza de Andiazábal, natural de San Sebastián, Capitán de Mar y Guerra, Caballero de la orden de Santiago, y de doña Juana Lasquetti y Restán natural de Cádiz. Por error, en la página 155 del tomo II de esta obra se le llama «Eusebia María de Eliza y Andiazábal» a la indicada Eusebia María de Eliza y Lasquetti. Tuvieron por hijos: a Teresa; a Sebastián; a Juan José y a Vicente Ruiz de Apodaca y Eliza. Los cuales:

1. — Doña Teresa Ruiz de Apodaca y Eliza, natural de Cádiz, casó con don Baltasar de Sesma y Zoilorda, Escudero y Ruiz de Murillo, natural de Corella (Navarra), Jefe de Escuadra de la Real Armada y Caballero de la orden de Santiago.[1]

2. — Don Sebastián Ruiz de Apodaca y Eliza, nacido en Cádiz, el 21 de julio de 1747, ingresó como Cadete en la Real Compañía de Guardias Marinas, en esa ciudad, el 2 de enero de 1760 (asiento 1315, págs. 149 y 150, tomo II de la obra «Real Compañía de Guardias Marinas», por don Dalmiro de la Válgoma y el Barón de Finestrat). En 1783, ingresó como Caballero en la orden de Calatrava (signatura 2285, Archivo Histórico Nacional, Madrid), y llegó a ser Teniente Coronel de la Real Armada, falleciendo el 3 de abril de 1818. Casó con doña Estefanía de Winthuysen, y Pineda, hija de Francisco Xavier de Winthuysen y Ticio, Gallo y Salas, nacido en el Puerto de Santa María en 1713, Capitán de Navío de la Real Armada, en la que ingresara el 9 de marzo de 1729 (asiento 513, página 84, tomo I de la obra de Válgoma-Finestrat) y de doña Petronila de Pineda y Perry, Cuéllar y Martínez, de la casa de los almirantes españoles de ese apellido.

3. — Don Juan José Ruiz de Apodaca y Eliza, nacido en Cádiz el 3 de febrero de 1754, ingresó en esa ciudad en Real Compañía de Guardias Marinas el 7 de noviembre de 1767 (asiento 1489, página 238, tomo II de la referida obra de los señores Válgoma y Finestrat). Llegó a ser en 1830 Capitán General de la Real Armada, cargo que ocupó hasta 1835 en que falleció, Capitán del puerto de La Habana en 1812 y Comandante General de la Real Escuadra de Mar Océano. Se batió y rindió a la escuadra francesa en la bahía de Cádiz. Presidente de la Diputación Provincial de Puerto Príncipe el 28 de mayo de 1813, Gobernador y Capitán General de la isla de Cuba desde el 14 de abril de 1812 hasta el 2

---

1. Estos fueron los padres de doña María de la Asunción de Sesma y Ruiz de Apodaca, que casó con don Francisco de Paula Escudero, Ministro de Marina en 1821, Consejero del Tribunal Supremo de Guerra, Caballero de Justicia de la Orden de San Juan de Jerusalén (Malta).

de julio de 1816, Virrey de la Nueva España de 16 de septiembre de 1816 a 5 de julio de 1821, y luego Virrey de Navarra. Fue además Capitán y Director General de la Real Armada, Presidente de la Real Junta de Gobierno de la misma e Inspector general de la Brigada Real de Marina, Ministro de los Supremos Consejos de Estado y Guerra, Embajador Extraordinario y Plenipotenciario de España ante Su Majestad Británica y Prócer del Reino en el estamento de 1834. Poseyó las Grandes Cruces de las órdenes de Isabel la Católica, Carlos III, San Fernando y San Hermenegildo, Caballero de la orden de Calatrava de la que fue Comendador de Ballega y Alganiza, y condecorado con la Flor Lís de la Vendée, de Francia. Por sus innumerables servicios y principalmente por los prestados durante su mando en la Nueva España en el vencimiento y destrucción de las fuerzas contrarias en el sitio de Venadito, se le concedió el título de Conde de Venadito por Real despacho de 8 de agosto de 1818. Por Real decreto de 19 de diciembre de 1852, se dispuso que en todo tiempo existiese un buque de la Real Armada que llevase el nombre de Conde de Venadito. En Cádiz, Sevilla, Madrid y La Habana existen calles que llevan el nombre de este ilustre marino. Falleció en Madrid el 11 de enero de 1835. Casó en la isla de San Fernando, Cádiz, el primero de diciembre de 1792, con doña María Rosa Gastón de Iriarte y Navarrete, natural de Cádiz. Dama Noble de la Banda de María Luisa, hija de don Miguel Gastón de Iriarte y Elizacoechea, Teniente General de la Real Armada, Capitán General del Departamento de Cartagena de Indias, y Caballero profeso de la orden de Santiago y de doña María Josefa Navarrete y Lanz. Tuvieron por hijos: a María de los Dolores; a Juan José y a Francisco Ruiz de Apodaca y Gastón de Iriarte. Los cuales:

A. — Doña María de los Dolores Ruiz de Apodaca y Gastón de Iriarte, nació en la isla de San Fernando el 17 de noviembre de 1798, falleciendo en Madrid el 14 de septiembre de 1883. Casó en la Catedral de México, el 17 de diciembre de 1817, con don Francisco Xavier de Gabriel y Estenoz, natural de la plaza de Ceuta, Brigadier de los Reales Ejércitos y Coronel del Regimiento Fijo de la Puebla de los Angeles, quien estuvo en posesión de la Gran Cruz de la orden Militar de San Hermenegildo y fue Caballero profeso de la orden de Alcántara,[1] hijo de don Martín de

---

1. Don Francisco Xavier de Gabriel y Estenoz, y su mujer doña María de los Dolores Ruiz de Apodaca y Gastón de Iriarte, tuvieron por hijo: a

Don Fernando de Gabriel y Ruiz de Apodaca, nacido en Badajoz, el 19 de enero de 1828 y fallecido el 6 de noviembre de 1888, que fue Caballero de la Orden de Alcántara y Correspondiente de la Real Academia de la Historia de España en Sevilla. Casó el 14 de diciembre de 1854, con doña María Elisa López de Morla y Núñez de Prado, hija de don Diego López de Morla y Virués de Segovia, I Conde de Villacreces, Caballero de la Orden de San Juan de Jerusalén (Malta), y de doña María Núñez de Prado y Virués de Segovia. Tuvieron por hijos: a Gonzalo, y a María de los Dolores de Gabriel y López de Morla. Los cuales:

1. — Don Gonzalo de Gabriel y López de Morla, nacido en 7 de septiembre de 1861, fue casado con doña María de los Dolores Ramírez de Cartagena y Rodríguez Arias.

2. — Doña María de los Dolores de Gabriel y López de Morla, nacida en Sevilla el 18 de abril de 1866, fue la IV Condesa de Venadito por Real carta suceso-

ria dada el 31 de marzo de 1911. Casó el 16 de abril de 1890, con don Francisco de Sales Ramonet y Pérez de Mendo, del que tuvo por hijos: a María de los Dolores; a María Elisa; a María del Rosario; a Pedro, y a Elvira Ramonet y Gabriel. Los cuales:

1. — Doña María Elisa Ramonet y Gabriel, nacida el 9 de julio de 1892, casó con don Antonio Abellán y Calvet, III Marqués de Almanzora.

2. — Doña María del Rosario Ramonet y Gabriel, nacida el 4 de julio de 1894, casó en 1915 con don José Monterde y Díaz de Moya.

3. — Don Pedro Ramonet y Gabriel, nació el 29 de mayo de 1896.

4. — Doña Elvira Ramonet y Gabriel, nacida el 31 de julio de 1898, soltera, falleció el 2 de septiembre de 1924.

5. — Doña María de los Dolores Ramonet y Gabriel, que reside en Madrid, es la V Condesa de Venadito desde 1951. Casó con don Ramón María Fernández y Llimós, XII Conde de Francos, que ya ha fallecido, y son los padres: de

Don Ramón María Fernández y Ramonet, XIII Conde de Francos desde el 5 de junio de 1950.

Doña María de los Dolores de Gabriel y Lasquetti, perteneciente a esta familia, falleció en Madrid el primero de agosto de 1879, casada con don José de Gallostra y Frau.

También aparece: que

Doña Paula Ruiz de Apodaca y Larralde, natural de Arzubiaga, en Vitoria (provincia de Alava), casó con don Gregorio de Altuzarra y Gómez, natural y vecino de Escaray (provincia de Logroño). Sus hijos Francisco y Nicolás, naturales de Escaray, pasaron a la isla de Cuba donde casaron y tuvieron descendencia.

Gabriel y Vilanova, natural de Alcántara, en Extremadura, Coronel de Ingenieros, Director del Cuerpo de Ingenieros de los Reales Ejércitos, Plazas y Fronteras, y de doña Juana de Estenoz y Lacombes y Suárez de Quiñones-Osorio, natural de la ciudad de Alburquerque, en Extremadura.

B. — Don Juan José Ruiz de Apodaca y Gastón de Iriarte, nacido en la Carraca, el 2 de marzo de 1802, fue Oficial de la Guardia Real de Infantería y segundo Conde de Venadito por Real carta de sucesión del año de 1849. Falleció en Madrid el 30 de diciembre de 1874.

C. — Don Francisco Ruiz de Apodaca y Gastón de Iriarte, nacido en la Carraca el 4 de octubre de 1806, fue III Conde de Venadito por Real carta de sucesión dada el 22 de julio de 1879, Brigadier de los Ejércitos Nacionales, Oficial de Guardias Reales de Infantería. Gran Cruz de la orden de San Hermenegildo, Caballero de la de San Fernando y Comendador de la orden de Isabel la Católica. Falleció en Madrid el 15 de mayo de 1884.

4. — Don Vicente Ruiz de Apodaca y Eliza, nació en Cádiz en 1750 y fue Capitán de Fragata en la Real Armada, Intendente graduado de Marina y Caballero profeso de la orden de Calatrava. Falleció en El Ferrol, año de 1806. Casó con doña María Antonia Beránger y García de

Orbaneja, hija de don Carlos Beránger y Renandt, natural de Barcelona, perteneciente a la casa ducal de Montmorency, Brigadier de los Reales Ejércitos, y Coronel del Regimiento de Dragones de Villaviciosa que fue Caballero profeso de la orden de Santiago, y de doña Paula García Amoroso de Orbaneja y Martínez, natural de Olvera (Sevilla). Tuvieron por hijos: a María de los Dolores; a María de la Asunción; a Salvadora; a Juan; a Rafael y a José María Ruiz de Apodaca y Beránger. Los cuales:

1. — Doña María de los Dolores Ruiz de Apodaca y Beránger, casó con don Cosme Damián de Churruca y Elorza, Iriondo e Iturriza, natural de Motrico, en Guipúzcoa, célebre marino español muerto gloriosamente en la batalla naval de Trafalgar el 21 de octubre de 1805.

2. — Doña María de la Asunción Ruiz de Apodaca y Beránger, casó con su tío don Francisco Beránger y García de Orbaneja, Jefe de Escuadra de la Real Armada, Vocal de la Junta Superior del Almirantazgo, Gran Cruz de la orden de San Hermenegildo, hijo de don Carlos Beránger y Benedit, de la casa ducal de Montmorency, Brigadier de los Reales Ejércitos, Caballero profeso de la orden de Santiago, y de doña Paula García Amoroso de Orbaneja y Martínez.[1]

3. — Doña Salvadora Ruiz de Apodaca y Beránger, casó con don Francisco Xavier García de Florez, natural de Pontevedra, Teniente de Navío de la Real Academia.

4. — Don Juan Ruiz de Apodaca y Beránger, nacido en San Sebastián, año 1799, ingresó en la Real Compañía de Guardias Marinas el 31 de diciembre de 1811, y pasó de Subteniente al Regimiento de Infantería Memorial del Rey el 7 de mayo de 1816 (véase asiento 3869, tomo IV de la obra de Válgoma-Finestrat).

5. — Don Rafael Ruiz de Apodaca y Beránger, nacido en Riotuerto de Santander, año de 1795, ingresó en la Real Compañía de Guardias Marinas, El Ferrol el 26 de julio de 1808, (asiento 3828, tomo IV de la obra de Válgoma-Finestrat), llegando a obtener el grado de Brigadier de

---

1. Don Francisco Beránger y García de Orbaneja, y su mujer doña María de la Asunción Ruiz de Apodaca y Beránger, tuvieron por hijos: a José María, y a Carlos Beránger y Ruiz de Apodaca. Los cuales:

1. — Don José María Beránger y Ruiz de Apodaca, fue Ministro de Marina, Senador del Reino y Caballero de la Orden de Calatrava.

2. — Don Carlos Beránger y Ruiz de Apodaca, casó con doña María del Carmen Matilde Martínez de Espinosa y San Juan, teniendo por hija: a

Doña María Carlota Beránger y Martínez de Espinosa, natural de Sanlúcar de Barrameda, que casó en Madrid el 8 de mayo de 1912, con don Bernardo Luis Tacón y Hewes, natural de Londres, III Duque de la Unión de Cuba y II Marqués del Bayamo, Teniente de Navío honorario de la Armada española, Senador por derecho propio, Presidente de la Sociedad de Salvamento de Náufragos, y Gentilhombre de Cámara con ejercicio y servidumbre, poseedor de la Gran Cruz del Mérito Naval e hijo de don Miguel Tacón y García de Lisón, II Duque de la Unión de Cuba y I Marqués del Bayamo, Ministro Plenipotenciario y Senador del Reino, y de doña Francisca de Sales Hewes y Kent (véase en este mismo volumen, en el apellido FOXA, el pie sobre los «Tacón»).

la Real Armada. Casó en la parroquia de Regla, provincia de La Habana, el 19 de junio de 1828, con doña Josefa Gutiérrez de Rubalcava y González de Arzola, natural de Monterrey, en Nuevo Laredo (México), hija de don Alejo Gutiérrez de Rubalcava y Medina, Bertodano y Rojas, natural de Cartagena de Levante, Oficial de la Real Armada, de la casa de los almirantes y marqueses de Rubalcava, y de doña Teresa González de Arzola. Tuvieron por hijos: a María Josefa; a Emilia; a Antonia; a Vicente, y a Alejo Ruiz de Apodaca y Gutiérrez de Rubalcava. De los cuales:

A. — Doña María Josefa Ruiz de Apodaca y Gutiérrez de Rubalcava, casó con don Vicente Bausá y de la Rocha, natural de Jerez de la Frontera, Teniente Coronel de Estado Mayor y Sargento Mayor del Gobierno Militar de la plaza de Matanzas.[1]

B. — Doña Emilia Ruiz de Apodaca y Gutiérrez de Rubalcava, casó el 10 de mayo de 1849, con don Santiago Fowler y Mathew, natural de Saint-John, New Brunswick, en el Canadá, hijo de Santiago y de Douglas.

C. — Doña Antonia Ruiz de Apodaca y Gutiérrez de Rubalcava, casó con don Carlos Fowler y Mathew, natural de New York, hijo de Santiago y de Douglas.

D. — Don Alejo Ruiz de Apodaca y Gutiérrez de Rubalcava, casó en la Catedral de la villa de Puerto Príncipe, provincia de Camagüey, el 9 de julio de 1860, con doña María de las Mercedes de Quesada y Loinaz, natural de dicha villa, hija de don Pedro Manuel de Quesada y Quesada, y de doña María del Carmen Loinaz y Miranda.

---

1. Don Vicente Bausá y de la Rocha, y su mujer, doña María Josefa Ruiz de Apodaca y Gutiérrez de Rubalcava, tuvieron por hijos: a María; a Rafael; a Carlos, y a Manuel Bausá y Ruiz de Apodaca. Los cuales:

1. — Doña María Bausá y Ruiz de Apodaca, casó con el licenciado Guillermo Patterson y Jáuregui, abogado, que fue Subsecretario de Estado de la República de Cuba, Embajador en los Estados Unidos de América y en México, Ministro en la Gran Bretaña, Delegado de Cuba a la Asamblea de la Liga de las Naciones, Gran Oficial de la Orden del Sol del Perú y de la Legión de Honor de Francia, hijo de don Jacobo Patterson y Dolares, natural de Cádiz, y de doña Rita María de Jáuregui y Lamar, natural de Matanzas.

2. — Don Rafael Bausá y Ruiz de Apodaca, fue Capitán de Navío de la Armada Nacional española.

3. — Don Carlos Bausá y Ruiz de Apodaca, fue Vicecónsul de la República de Cuba.

4. — Don Manuel Bausá y Ruiz de Apodaca, Teniente de Navío de la Real Armada española, casó en La Habana, parroquia del Cerro, el 14 de noviembre de 1896, con doña Manuela Forcade y Jorrín, hija del licenciado Gabriel Forcade y Lafuente, Comendador de las Ordenes de Isabel la Católica y de Carlos III y de doña María de las Mercedes Jorrín y Moliner. Tuvieron por hijo: a

Don Manuel Bausá y Jorrín, bautizado en La Habana, parroquia del Cerro, el 21 de noviembre de 1897, que perteneció al Servicio Exterior de la República de Cuba.

6. — Don José María Ruiz de Apodaca y Beránger, nacido en la isla gaditana de San Fernando el 18 de octubre de 1788, ingresó en la Real Compañía de Guardias Marinas en El Ferrol el 26 de octubre de 1802 (asiento 3751, tomo III de la obra de Válgoma-Finestrat), falleciendo el 17 de marzo de 1867 llegando a ser Teniente General de la Armada Nacional española y Jefe de Escuadra, Comandante General de Infantería y Artillería de Marina, Consejero de Estado y Senador vitalicio del Reino. Fue el vencedor de Balarguingui, en Filipinas, y poseyó las Grandes Cruces de las órdenes de Carlos III, de Isabel la Católica y de San Hermenegildo. Casó con doña Josefa de Llano y Fernández de Landa, hija de don Ciriaco de Llano y Garay, San Ginés y Garay, nacido en Abanto (Somorrostro), año de 1756, primeramente capitán de Fragata que ingresara en la Real Armada el 24 de agosto de 1775 (asiento 1924, páginas 454 y 455, tomo III de la obra de Válgoma-Finestrat), luego Brigadier de los Reales Ejércitos españoles, perteneciente a la casa progenitora de los condes de Torre Alegre, y de doña María Manuela Fernández de Landa y Castro, Cárcamo y Espinosa, nacida en La Habana año de 1760. Tuvieron por hijas: a Manuela y a Isabel Ruiz de Apodaca y Llano. Las cuales:

1. — Doña Manuela Ruiz de Apodaca y Llano, fallecida el 5 de mayo de 1885, casó con don Carlos Varcárcel y Usel de Guimbarda, nacido en la ciudad de Mula (provincia de Murcia), el 9 de noviembre de 1819 y fallecido el 23 de abril de 1893, Almirante de la Armada española desde el 12 de abril de 1889 en la que ingresara como Guardia Marina en Cartagena de Levante el 24 de mayo de 1837, Vicepresidente y Fiscal del Tribunal del Almirantazgo, Presidente de la sección de guerra y marina del Consejo de Estado al que perteneció. Capitán General de los departamentos navales de Cartagena de Levante, El Ferrol, vocal de la Junta Superior de Marina y Presidente de la Codificadora de la Armada, veterano de los combates navales de Valparaíso y Callao y Senador vitalicio del reino español, por la provincia de Murcia, que había sido Comandante general del apostadero de La Habana y antes Capitán del puerto de Matanzas, Benemérito de su Patria, poseedor de las Cruces de Diadema Real, San Fernando, tercera clase del Mérito Naval y de la orden de Carlos III, Cruz y placa de la orden de San Hermenegildo, Grandes Cruces del Mérito Naval con distintivo blanco y de la orden de Isabel la Católica y condecorado con las Grandes Cruces de la Corona de Italia y la Imperial del Aguila Roja de Prusia, hijo de don Carlos Valcárcel y Rosique, Valcárcel y González de Rivera, natural de Cartagena de Levante, Alférez de Navío de la Armada Española en la que ingresara el 20 de agosto de 1800 (asiento 4488, página 260 tomo V de Válgoma-Finestrat) y de doña Joaquina Usel de Guimbarda Ansoategui, Negrete y Joaristi, nacida en Cartagena de Levante año de 1787.

2. — Doña Isabel Ruiz de Apodaca y Llano, casó con don Fernando O'Reilly y Calvo de la Puerta, natural de La Habana, Teniente Coronel de Milicias de Caballería de esta plaza. Auditor honorario de Marina, Magistrado honorario de la Real Audiencia de Puerto Príncipe, Teniente de Alguacil Mayor del Ayuntamiento de La Habana, Gentilhombre de Cámara de Su Majestad y Caballero de la orden de Calatrava, hijo de

don Pedro Pablo O'Reilly y de las Casas, II Conde de O'Reilly, Mariscal de Campo de los Reales Ejércitos, Inspector general de todas las tropas de la isla de Cuba, Alcalde ordinario y Regidor Alguacil Mayor perpetuo del Ayuntamiento de La Habana, y poseedor de las Grandes Cruces de las órdenes de San Hermenegildo y de Isabel la Católica, y de doña María Francisca Calvo de la Puerta y del Manzano, natural de La Habana, III Condesa de Buena Vista y Dama Noble de la Banda de María Luisa.[1]

---

1. Fueron los abuelos: de

Doña Isabel Pilar Kohly y O'Reilly, bautizada en La Habana, parroquia del Espíritu Santo el primero de noviembre de 1872, que casó en esta ciudad, parroquia del Pilar el 6 de octubre de 1898, con don Isidoro Valcárcel y Blaya, nacido en la ciudad de Mula el 3 de marzo de 1875 y muerto en acción de guerra en Akba-el-Kol-la (Africa) el 28 de agosto de 1921, Teniente Coronel de Infantería del Ejército español y desde el 17 de mayo de 1921, Gentilhombre de Cámara de don Alfonso XIII con ejercicio, hijo de don Daniel Valcárcel y Usel de Guimbarda, marino que ingresara en la Armada de su país en 1832, y de doña María de Blaya y Luna. Tuvieron por hijos: a María y al licenciado Darío Valcárcel y Kohly, nacido el 31 de marzo de 1905, abogado, escritor y conferencista, ex Teniente del Regimiento de Húsares que es el actual y II Marqués de O'Reilly por resolución regia dada el 31 de marzo de 1930 y Real carta expedida el 22 de julio de ese año, quien está casado con doña Aurora Lezcano y Saracho, notable pintora, ambos residentes en Madrid.

SALGADO

Procedente de la ciudad de Guimaraes, arzobispado de Braga, en el reino de Portugal, se estableció esta familia en La Habana a fines del siglo XVI.

Son sus armas: escudo de sinople con un águila esplayada, de sable encima de un salero de plata.

Héctor Pelejo, y su mujer Cathalina Gonzales, vecinos de la ciudad de Guimaraes, tuvieron por hijos: a Francisco Salgado y a Ana Pelejo. Los cuales:

1. — Don Francisco Salgado, del que se tratará en la »LINEA PRIMERA».

2. — Doña Ana Pelejo, de la que se tratará en la «LINEA SEGUNDA».

«LINEA PRIMERA»

Don Francisco Salgado (anteriormente mencionado como hijo de Héctor Pelejo y de doña Cathalina Gonzales), natural de Guimaraes, pasó primeramente a Jamaica, y posteriormente a La Habana, donde se estableció. En 9 de enero de 1586 pertenecía en esta ciudad a la Compañía de

Infantería del Capitán Alonso Velázquez de Cuéllar, testando el 4 de septiembre de 1628, ante Nicolás Guilizasti, documento que se encuentra en el Archivo de Protocolos de La Habana, al folio 451 del tomo correspondiente; anteriormente testó el 4 de septiembre de 1616 y el 7 de octubre de 1622. Fue propietario de un ingenio de fabricar azúcar denominado «San Antonio de Padua», ubicado en el Luyanó, y su defunción se encuentra en la Catedral de La Habana a 10 de mayo de 1633, donde casó el 16 de noviembre de 1599, con doña María de Ayala, natural de la isla Española.[1] Tuvieron por hija: a

Doña Francisca Salgado y Ayala, natural de La Habana, que testó ante el escribano Nicolás Guilizasti el 25 de noviembre de 1628, encontrándose su defunción en la Catedral de esta ciudad a primero de agosto de 1629. Casó en la Catedral habanera el 21 de septiembre de 1621, con don Baltasar Peres Salgado, natural de Guimaraes. Tuvieron por hijos: a María y a Francisco Salgado y Salgado. Los cuales:

1. — Doña María Salgado y Salgado, bautizada en la Catedral de La Habana el 12 de noviembre de 1624, testó ante el escribano Nicolás Guilizasti el 21 de septiembre de 1637, y su defunción se encuentra en la referida Catedral a 27 de septiembre de dicho año.

2. — Don Francisco Salgado y Salgado, bautizado en la Catedral de La Habana el 19 de diciembre de 1626, testó ante el escribano Francisco Hidalgo, y su defunción se encuentra en la Catedral de esta ciudad a 16 de agosto de 1649, donde casó el 4 de noviembre de 1640, con doña María de Arámbulo y Gamarra, natural de la isla de Santo Domingo, hija de Pedro y de Paula. Tuvieron por hijos: a María; a Baltasar y a Francisca Salgado y Arámbulo. Los cuales:

Don Juan Francisco Salgado, fue natural de Canarias, y su defunción se encuentra en la Catedral de La Habana a 6 de mayo de 1614, siendo sus albaceas testamentarios don Francisco Salgado y su mujer doña María de Ayala, anteriormente referidos.

---

1. Doña María de Ayala testó dos veces en La Habana ante el escribano Francisco Hidalgo; la primera el 5 de diciembre de 1640 y la segunda el 27 de julio de 1650, y su defunción se encuentra en esta Catedral a 22 de agosto de dicho año, donde casó dos veces: la primera el 12 de enero de 1594 con don Juan de Nápoles, natural de Palamós, y la segunda en la fecha arriba indicada, con don Francisco Salgado. Esta doña María de Ayala, heredó de su segundo marido, el ya referido ingenio «San Antonio de Padua», ubicado en el Luyanó, el cual colindaba con otro de su sobrino don Sebastián Salgado, y según el historiador Pérez Beato, en la página 25 del tomo primero de «La Habana Antigua», doña María de Ayala poseyó además una estancia, ubicada en lo que hoy es el reparto Lawton, en la Víbora, conocida por «Asiento de María de Ayala». De allí se llevaron tres ceibas al Templete, por orden del Gobernador, para suplantar otra anterior; un arroyo que aún pasa por lo que fue dicho «Asiento», lleva todavía el nombre de «María de Ayala», el que tomó también un pequeño puente, ya desaparecido, así como una servidía que, partiendo de la calzada de Jesús del Monte, seguía hasta terminar la finca de referencia.

Don Francisco Salgado, en algunos de sus testamentos, menciona como sobrino suyo a don Sebastián Alvarez, vecino de la villa de San Salvador del Bayamo.

1. — Doña María Salgado y Arámbulo, testó ante el escribano Domingo Fernández y su defunción se encuentra en la Catedral de La Habana, a 13 de noviembre de 1663.

2. — Don Francisco Salgado y Arámbulo, fue bautizado en la Catedral de La Habana el 15 de noviembre de 1643.

3. — Don Baltasar Salgado y Arámbulo, fue bautizado en la Catedral de La Habana el 29 de octubre de 1641.

«LINEA SEGUNDA»

Doña Ana Pelejo (anteriormente mencionada como hija de Héctor Pelejo y de doña Cathalina Gonzales), casó con don Alfonzo Alvares, siendo ambos vecinos de la ciudad de Guimaraes. Tuvieron por hijo: a

Don Sebastián Salgado, natural de Guimaraes, que pasó a La Habana, donde se encontraba su tío don Francisco Salgado, ya mencionado. Testó en esta ciudad el 9 de diciembre de 1640, ante Francisco Hidalgo, encontrándose su defunción en la Catedral de La Habana, a 12 de diciembre de dicho año. Por su testamento fundó una capellanía sobre sus casas, que estuvieron situadas en la calle del Empedrado, plazoleta de la Fuerza, lindantes con las casas de su consuegro don Francisco Ramírez, de Lezcano y de los herederos de don Pedro de Armenteros, declarando además, ser armador de buques y propietario de un ingenio de fabricar, azúcar en el Luyanó, término de La Habana, en sociedad con don Juan de Losa, ingenio que colindaba con el denominado «San Antonio de Padua», entonces de doña María de Ayala (viuda ya de don Francisco Salgado, antes referido). Casó en la Catedral de esta ciudad, el 5 de agosto de 1624, con doña Ana de la Rocha Saravia Ramallo, hija de don Juan Ramallo y de doña Beatriz Martín de la Rocha.[1] Tuvieron por hijos: a Sebastiana Hurtado de Salgado y de la Rocha; y a María; a Juan y a Antonio Salgado y de la Rocha. Los cuales:

---

1. Don Juan González y su mujer doña Ana Ramallo, tuvieron por hijo: a

Don Juan Ramallo, natural del lugar de Obella, en el reino de Portugal, que casó en la Catedral de la Habana el 10 de julio de 1595, con doña Beatriz Martín de la Rocha, natural de la isla de La Palma, que testó ante el escribano Francisco Hidalgo, encontrándose su defunción en la referida Catedral a 26 de septiembre de 1630, hija de don Andrés Martín y de doña Catalina de la Rocha. Tuvieron por hijos: a Ana de la Rocha Saravia Ramallo; y a María; a Gaspar; Manuel, y a Juan Ramallo y de la Rocha. Los cuales:

1. — Doña Ana de la Rocha Saravia Ramallo, fue natural de La Habana y su defunción se encuentra en esta Catedral a 4 de junio de 1672, donde casó el 5 de agosto de 1624, con don Sebastián Salgado, anteriormente referido.

2. — Doña María Ramallo y de la Rocha, fue bautizada en la Catedral de La Habana el 23 de marzo de 1602.

3. — Don Gaspar Ramallo y de la Rocha, fue bautizado en la Catedral de La Habana el 23 de enero de 1599.

4. — Don Manuel Ramallo y de la Rocha, fue bautizado en la Catedral de La Habana el 29 de septiembre de 1600.

5. — Don Juan Ramallo y de la Rocha, fue bautizado en la Catedral de La Habana el 20 de marzo de 1596, donde se encuentra su defunción a 30 de abril de 1644. Casó dos veces en la referida Catedral; la primera, el 25 de marzo de 1629, con doña Catalina de Sena Villavicencio, y la segunda el 23 de junio de 1636, con doña Ana de Osorio.

---

1. — Doña Sebastiana Hurtado de Salgado y de la Rocha, fue bautizada en la Catedral de La Habana el 26 de febrero de 1637, donde se encuentra su defunción a 27 de diciembre de 1724. Casó en la referida Catedral el 17 de mayo de 1690 con con Pedro de Almirante y Amacia, natural de la ciudad de Santiago de León de Caracas, en Cumaná, hijo de Claudio y de María.

2. — Doña María Salgado y de la Rocha, fue bautizada en la Catedral de La Habana el 7 de septiembre de 1630 donde casó el 14 de marzo de 1649, con don Antonio de Vasconcellos y Barreto, natural de la isla de Madeira, hijo de don Martín Mendes de Vasconcellos y de doña María Barreto.

3. — El Alférez Juan Salgado y de la Rocha, fue bautizado en la Catedral de La Habana el 15 de febrero de 1635, donde se encuentra su defunción a 21 de octubre de 1691. Casó en la referida Catedral el 5 de noviembre de 1656, con doña Juana Rivero y Gutiérrez, natural de esta ciudad, hija de Antonio y de María.

4. — Don Antonio Salgado y de la Rocha, bautizado en la Catedral de La Habana el 12 de noviembre de 1627, testó el 10 de octubre de 1669 ante Antonio de Velasco. Su defunción se encuentra en la referida Catedral a 6 de noviembre de dicho año, donde casó el 5 de febrero de 1660, con doña Teresa Ramírez de Lezcano y Velázquez de Cuéllar, natural de La Habana, hija del Secretario Francisco Ramírez de Lezcano, natural de Sevilla, Escribano Mayor de Gobierno y de Registros en La Habana, y de doña Bárbara Velázquez de Cuéllar.[1] Tuvieron por hija: a

---

1. Don Bartolomé Ramírez, y su mujer, doña Francisca Pinta, tuvieron por hijo: al

Secretario Francisco Ramírez de Lezcano, natural de Sevilla, que fue escribano Mayor de Gobierno y de Registros en La Habana. Testó ante el escribano Miguel Quiñones, en 1640, y su defunción se encuentra en la Catedral de esta ciudad a 29 de noviembre de 1658, donde casó el 17 de febrero de 1625, con doña Bárbara Velázquez de Cuéllar, la que dio poder para testar a su marido el 19 de agosto de 1649 ante el también escribano Francisco Hidalgo, encontrándose su defunción en 1649 ante el también escribano Francisco Hidalgo, encontrándose su defunción en la Catedral de La Habana a 21 de agosto de dicho año. Tuvieron por hijos: a María Ana; a Francisca; a Agustina; a Leonor; a Antonia; a Teresa; a Antonio, a Bartolomé; a Luis, y a Francisco Ramírez de Lezcano y Velázquez de Cuéllar. De los cuales:

1. — Doña María Ana Ramírez de Lezcano y Velázquez de Cuéllar, bautizada en la Catedral de La Habana el 13 de diciembre de 1632, testó ante el escribano Antonio Fernández de Velasco el 3 de efebrero de 1688. Su defunción se encuentra en la referida Catedral a 20 de febrero de dicho año, donde casó el 8 de febrero de 1654, con don José de Sieza y Flechel, natural de Valladolid, quien testó el 12

de enero de 1693 ante Antonio Fernández de Velasco, encontrándose a su vez su defunción en la Catedral de La Habana a 18 de enero de dicho año, hijo de don Francisco de Sieza y Heredia, y de doña Catalina Flechel y Yanes.

2. — Doña Leonor Ramírez de Lezcano y Velázquez de Cuéllar, fue bautizada en la Catedral de La Habana a 24 de noviembre de 1633.

3. — Doña Antonia Ramírez de Lezcano y Velázquez de Cuéllar, bautizada en la Catedral de La Habana el 6 de marzo de 1646, testó el 24 de octubre de 1695 ante el escribano Antonio Sánchez. Su defunción se encuentra en la referida Catedral a 25 de octubre de 1695. Casó con el Alférez Francisco Sánchez de Velázquez y Peña, natural de la villa de Aljofrín, Sevilla, quien a su vez testó el 16 de marzo de 1672 ante el escribano Cristóbal Valero, encontrándose su defunción en la Catedral de La Habana a 10 de marzo de 1672, hijo de don Pedro Sánchez de Velázquez y de doña Juana de la Peña.

4. — Doña Teresa Ramírez de Lezcano y Velázquez de Cuéllar, fue bautizada en la Catedral de La Habana el 10 de febrero de 1639, donde casó el 5 de febrero de 1660, con don Antonio Salgado y de la Rocha, arriba referido, hijo de don Sebastián Salgado, natural de Guimaraes, y de doña Ana de la Rocha Saravia Ramallo.

5. — Don Bartolomé Ramírez de Lezcano y Velázquez de Cuéllar, fue bautizado en la Catedral de La Habana el 19 de diciembre de 1625.

6. — El licenciado Luis Ramírez de Lezcano y Velázquez de Cuéllar, bautizado en la Catedral de La Habana el 19 de noviembre de 1641, fue presbítero.

7. — Don Francisco Ramírez de Lezcano y Velázquez de Cuéllar, fue bautizado en la Catedral de La Habana el 25 de febrero de 1643.

Doña Isabel Salgado y Ramírez de Lezcano, que fue bautizada en la Catedral de La Habana el 15 de octubre de 1617, donde casó con don Antonio de Bucareli y Padilla, natural de esta ciudad, Capitán de Ejército hijo de don Sebastián de Bucareli y Hernández, natural de Escasena de Campo, y de doña Feliciana de Padilla, natural de La Habana.[2]

Otra familia Salgado estaba radicada en la villa de Guanabacoa en la primera mitad del siglo XVII, y a ella perteneció:

El Alférez Juan Mateo González Salgado Ponce de León, indio de Guanabacoa, oriundo de Yucatán, conocido por «el Gueco», cuya defunción se encuentra en la parroquia de dicha villa a 14 de septiembre de 1687. Casó con doña Teresa de Jesús Oviedo y de la Raya, bautizada en la parroquia de Guanabacoa el 28 de septiembre de 1639, donde se encuentra su defunción a primeros de diciembre de 1683, hija de Bartolomé y de Catalina. Tuvieron por hijos: a Francisca; a María; a Juan y a Patricio Salgado Ponce de León y Oviedo. Los cuales:

---

2. Don Antonio de Bucareli y Padilla, y su mujer, doña Isabel Salgado y Ramírez de Lezcano, tuvieron por hija:

Doña Ana Melchora de Bucareli y Salgado, que casó en la Catedral de La Habana el 21 de agosto de 1725, con el Alférez Miguel de Ayala y Fernández de Velasco, Escribano de Su Majestad de Gobierno, Guerra, Gracia y Justicia en la isla de Cuba. Tuvieron la descendencia que se menciona en el apellido «Ayala», página 57 del tomo II de esta obra.

1. — Doña Francisca Salgado Ponce de León y Oviedo, fue bautizada en la parroquia de la villa de Guanabacoa el 8 de junio de 1662 donde está su defunción a 30 de noviembre de 1718. Casó con don Jerónimo Vázquez.

2. — Doña María Salgado Ponce dé León y Oviedo, fue bautizada en la parroquia de Guanabacoa el 15 de febrero de 1656 donde se encuentra su defunción a 23 de marzo de 1726. Casó en la Catedral de La Habana el 8 de marzo de 1672 con don Juan Silveiro Moreno.

3. — Don Juan Salgado Ponce de León y Oviedo, fue bautizado en la parroquia de Guanabacoa el 4 de noviembre de 1657.

4. — Don Patricio Salgado Ponce de León y Oviedo, fue bautizado en la parroquia de Guanabacoa el 6 de mayo de 1660, donde se encuentra su defunción a 6 de enero de 1693. Casó en la referida parroquia en el año de 1685 (folio 26 vuelto del libro primero), con doña Ana Vizcaíno de la Rosa y Borges, bautizada en la Catedral de La Habana el 13 de septiembre de 1670, hija de don Diego Vizcaíno de la Rosa, natural de la isla de La Palma, Canarias, y de doña María de la Candelaria Rodríguez Borges. Tuvieron por hijos: a Patricio; a Manuel; a Domingo; a Juan José; a Juan Germán y a Juan Salgado y Vizcaíno. Los cuales:

1. — Don Patricio Salgado y Vizcaíno, fue bautizado en la parroquia de la villa de Guanabacoa el 10 de abril de 1693.

2. — Don Manuel Salgado y Vizcaíno, bautizado en la parroquia de Guanabacoa el 17 de enero de 1688, testó el 31 de diciembre de 1770 ante el escribano Baltasar Lindo, encontrándose su defunción en la referida parroquia a 17 de marzo de 1771. Casó con doña Ana Gertrudis Alfonso de Armas, sin tener sucesión.

3. — Don Domingo Salgado y Vizcaíno, fue natural de Guanabacoa, y su defunción se encuentra en la parroquia de San Julián de los Güines, a 14 de enero de 1780. Casó con doña Petrona Bello, y tuvieron por hijas: a Josefa; a Felicia; a Lorenza y a Rosa Salgado y Bello. Las cuales:

A. — Doña Josefa Salgado y Bello, natural de Guanabacoa, casó en La Habana, parroquia del Espíritu Santo, el 17 de febrero de 1760, con don Manuel Paulino Pérez y Alfonso, hijo de Martín y de Tomasa.

B. — Doña Felicia Salgado y Bello, falleció párvula, y su defunción está en la Catedral de Matanzas a 4 de octubre de 1730.

C. — Doña Lorenza Salgado y Bello falleció párvula, y su defunción se encuentra en la Catedral de Matanzas a 29 de agosto de 1731.

D. — Doña Rosa Salgado y Bello falleció párvula, y su defunción está en la Catedral de Matanzas a 30 de agosto de 1732.

4. — Don Juan Germán Salgado y Vizcaíno, del que se tratará en la LINEA PRIMERA.

5. — Don Juan José Salgado y Vizcaíno, del que se tratará en la LINEA SEGUNDA.

6. — Don Juan Salgado y Vizcaíno, del que se tratará en la LINEA TERCERA.

«LINEA PRIMERA»

Don Juan Germán Salgado y Vizcaíno (anteriormente mencionado como hijo de don Patricio Salgado Ponce de León y Oviedo, y de doña Ana Vizcaíno de la Rosa y Borges), fue natural de la villa de Guanabacoa, encontrándose su defunción en La Habana, parroquia de Guadalupe, a 19 de septiembre de 1756. Casó con doña Margarita Rodríguez, y tuvieron por hijos: a Bárbara; a María Dorotea; a Ana Gertrudis; a Antonio José; a Manuel; a Tomás Agustín; a Juan de Dios; a Juan Germán y a Juan José Salgado y Rodríguez. De los cuales:

Don Juan Germán Salgado y Rodríguez, casó con doña Isabel Méndez y tuvieron por hijos: a Tomasa; a Bárbara y a Manuel Germán Salgado y Rodríguez. Los cuales:

1. — Doña Tomasa Salgado y Méndez, casó en la Catedral de Matanzas el 19 de junio de 1752, con don Bernardo López de Cuéllar y Barroso natural de dicha ciudad, hijo de Tiburcio y de Rosa.

2. — Doña Bárbara Salgado y Méndez, natural de Matanzas, testó ante el escribano Ramón Rodríguez, y su defunción se encuentra en la villa de Güines, parroquia de San Julián, a 18 de junio de 1802. Casó en la parroquia de Guanabacoa el 18 de mayo de 1793, con don José María Brucet de Azcona y Muniel, natural de La Habana, Viceadministrador de las Rentas Reales de la ciudad de San Juan de Jaruco, hijo de Dionisio y de María Rosa.

3. — Don Manuel Germán Salgado y Méndez, casó en la Catedral de Matanzas el 19 de abril de 1751, con doña Margarita Alpízar y Enríquez, natural de La Habana, hija de Martín y de Juana. Tuvieron por hijas a Ana Gertrudis; a Bárbara y a Francisca Salgado y Alpízar. Las cuales:

1. — Doña Ana Gertrudis Salgado y Alpízar, fue bautizada en La Habana, parroquia de Guadalupe, el 10 de diciembre de 1757. Casó en esta ciudad, parroquia del Espíritu Santo, el 22 de mayo de 1775, con don Casimiro Flores y González,[1] natural de La Habana, hijo de Juan y de Gregoria.

2. — Doña Bárbara Salgado y Alpízar, cuya defunción se encuentra en La Habana, parroquia del Espíritu Santo, a 9 de noviembre de 1790, casó con don Benito Labrerio.

---

1. Don Casimiro Flores y González, y su mujer doña Ana Gertrudis Salgado y Alpízar, tuvieron por hijo: a

Don Tomás Antonio Flores y Salgado, natural de La Habana, que casó en la villa de San Julián de los Güines el 26 de septiembre de 1801, con doña María de los Dolores Valladares y Pérez, hija de Antonio y de Josefa. Tuvieron por hijos: a María del Rosario, y a José del Rosario Flores y Valladares. Los cuales:

1. — Doña María del Rosario Flores y Valladares (véase el apellido «Morales», página 232 del tomo primero de esta obra).

2. — Don José del Rosario Flores y Valladares, fue natural de la villa de Güines, en cuya parroquia casó en 1842, con doña Rosa Fernández-Trevejo y Armenteros, natural de La Habana, hija de don José Isidro Fernández-Trevejo y Serantes, natural de esta ciudad, y de doña Rosa María Armenteros y Fernández-Trevejo, natural de Pinar del Río.

3. — Doña Francisca Salgado y Alpízar, cuya defunción está en La Habana, parroquia del Espíritu Santo, a 30 de junio de 1778, casó con don Tomás González.

«LINEA SEGUNDA»

Don Juan José Salgado y Vizcaíno (anteriormente mencionado como hijo de don Patricio Salgado Ponce de León y Oviedo, y de doña Ana Vizcaíno de la Rosa y Borges), testó el 29 de julio de 1780 ante el escribano Baltasar Lindo, y su defunción se encuentra en la parroquia de la villa de Guanabacoa a 6 de enero de 1782. Casó con doña Paula Lorenza Ximénez, y tuvieron por hijos: a Jerónima Josefa; a María Rita; a Manuela; a Inés; a Rafael; a Antonio Esteban; a Juan de Dios; a Juan José; a Mateo y a Inés Salgado y Ximénez. De los cuales:

1. — Doña Jerónima Josefa Salgado y Ximénez, fue bautizada en la parroquia de la villa de Guanabacoa el 7 de diciembre de 1745 donde se encuentra su defunción a 13 de marzo de 1753.

2. — Doña María Rita Salgado y Ximénez, fue bautizada en la parroquia de Guanabacoa el 24 de septiembre de 1747.

3. — Don Antonio Esteban Salgado y Ximénez, fue bautizado en la parroquia de Guanabacoa el 18 de septiembre de 1741.

4. — Don Juan de Dios Salgado y Ximénez, fue bautizado en la parroquia de Guanabacoa el 16 de agosto de 1758.

5. — Fray Mateo Salgado y Ximénez, bautizado en la parroquia de la villa de Güines el 30 de septiembre de 1756, fue presbítero, y perteneció a la Orden de Predicadores en la que se distinguió. Su defunción se encuentra en la parroquia de la villa de Guanabacoa a 14 de diciembre de 1801.

6. — Doña Inés Salgado y Ximénez, natural de Guanabacoa, cuya defunción se encuentra en La Habana, parroquia del Santo Angel, a 29 de enero de 1837, casó con don Domingo Calderón y Berchi, natural de esta ciudad, hijo de Juan y de Agustina.

«LINEA TERCERA»

Don Juan Salgado y Vizcaíno (anteriormente mencionado como hijo de don Patricio Salgado Ponce de León y Oviedo, y de doña Ana Vizcaíno de la Rosa y Borges), bautizado en la parroquia de la villa de Guanabacoa el 12 de abril de 1690, otorgó disposición testamentaria el 2 de abril de 1770 ante el cura beneficiado de Güines,[1] en cuya parroquia se encuentra su defunción a 21 de julio de 1774. Casó con doña María de la Concepción Blanco, natural de Guanabacoa, cuya defunción se encuentra en Managua, provincia de La Habana, a 22 de febrero de 1742. Tuvieron por hijos: a María Teresa; a Narcisa; a Francisca; a Juana de Jesús; a Ana; a María Antonia; a Josefa; a María de la Concepción; a Rosalía; a María del Carmen; a Gabriel; a Isidro Francisco; a Antonio; a Patricio; a Ignacio; a Juan Manuel; a Joaquín y a Blas Salgado y Blanco. De los cuales:

1. — Doña María Teresa Salgado y Blanco, casó con don Domingo Antonio Fernández Chardón, natural de Mueses, en Asturias, hijo de Pedro Antonio y de Micaela.

2. — Doña Narcisa Salgado y Blanco, natural de Santa María del Rosario, casó dos veces: la primera en la parroquia de Managua (provincia de La Habana) el 23 de mayo de 1762 con don Juan Miguel Víctores y Pérez-Piñero, hijo de Basilio y María; y la segunda en la parroquia de San Julián de los Güines el 24 de abril de 1770 con don Domingo Antonio Fernández Chardón, viudo de su hermana María Teresa Salgado y Blanco.

3. — Doña Juana de Jesús Salgado y Blanco, fue bautizada en la parroquia de Guanabacoa el 19 de julio de 1721, y su defunción está en la parroquia de Managua a 18 de enero de 1779. Casó en la parroquia de San Julián de los Güines en 1742, con don Carlos González Lorenzo y Guillén, natural del Calvario, hijo de Manuel y de Victoria.

4. — Doña Francisca Salgado y Blanco, fue bautizada en la parroquia de Güines el 12 de octubre de 1735.

5. — Doña Ana Salgado y Blanco, fue bautizada en la parroquia de Güines el 7 de junio de 1735, y su defunción se encuentra en la parroquia de Managua a 29 de marzo de 1799, donde casó el 25 de abril de 1757 con don Marcos Quiñones y Rodríguez, hijo de José y de María.

6. — Doña María Antonia Salgado y Blanco fue natural de Guanabacoa y su defunción se encuentra en la parroquia de Managua a 3 de agosto de 1788. Casó en la parroquia de San Julián de los Güines el 22 de abril de 1743, con don Manuel de Fontanilla y del Triunfo, hijo de Pedro y de María.

7. — Doña Rosalía Salgado y Blanco fue bautizada en la parroquia de Guanabacoa el 9 de septiembre de 1722 y su defunción se encuentra en la parroquia de Managua a 30 de julio de 1799. Casó con don Cristóbal Núñez y Espinosa, natural de Medina Sidonia hijo de Juan y de María.

---

1. El juicio testamentario de don Juan Salgado y Vizcaíno se encuentra en el Archivo Nacional de la República de Cuba, expediente 12220 del legajo 730.

8. — Doña María del Carmen Salgado y Blanco, testó el 19 de febrero de 1809 ante el Capitán del partido de Managua, en cuya parroquia está su defunción a 11 de agosto de 1813. Casó en la referida parroquia el 29 de diciembre de 1761 con el Capitán Félix Cantón y de la Vega, natural de La Habana, hijo de Francisco y de María.

9. — Don Antonio Salgado y Blanco, fue bautizado en la parroquia de Guanabacoa el 15 de junio de 1724.

10. — Don Gabriel Salgado y Blanco, fue bautizado en Güines, parroquia de San Julián, el 22 de abril de 1732.

11. — Don Patricio Salgado y Blanco, natural de Guanabacoa, testó en La Habana ante José Rodríguez, y su defunción se encuentra en la villa de Güines, parroquia de San Julián, en el mes de septiembre de 1803. Casó con doña Tomasa Landín y Molina, natural de Guanabacoa, la que testó ante el escribano Ramón Sánchez, y su defunción se encuentra en la parroquia de San José de las Lajas (provincia de La Habana), a 2 de marzo de 1814, hija de Mauricio y de Prudenciana.

12. — Don Isidro Francisco Salgado y Blanco, fue bautizado en la parroquia de San Julián de los Güines, el 24 de mayo de 1733, donde se encuentra su defunción a 21 de marzo de 1791.

13. — Don Ignacio Salgado y Blanco, fue natural de Managua, en cuya parroquia se encuentra su defunción a 16 de octubre de 1775. Casó dos veces en la parroquia de Managua: la primera el 15 de agosto de 1759 con doña Ursula Josefa Alfonso, hija de Gregorio y de Mariana; y la segunda el 27 de diciembre de 1770 con doña María de las Mercedes Morales y Quiñones, hija de Baltasar y de María. De su segunda mujer tuvo por hijos: a Ramona; a María Francisca; a Juan Bautista; a Juan Ignacio y a Francisco Salgado y Morales. De los cuales:

A. — Doña María Francisca Salgado y Morales, natural de Managua casó en La Habana, parroquia de Jesús María el 23 de marzo de 1799, con don Santiago José Bacallao y del Castillo, hijo de Santiago y de María de Regla.

B. — Don José Ignacio Salgado y Morales, falleció párvulo, y su defunción se encuentra en la parroquia de Managua a 23 de junio de 1776.

C. — Don Francisco José Salgado y Morales, falleció párvulo. Su defunción está en la parroquia de Managua a 28 de septiembre de 1779.

14. — Don Juan Manuel Salgado y Blanco, del que se tratará en la «Rama Primera».

15. — Don Joaquín Salgado y Blanco del que se tratará en la «Rama Segunda».

16. — Don Blas Salgado y Blanco, del que se tratará en la «Rama Tercera».

«Rama Primera»

Don Juan Manuel Salgado y Blanco (anteriormente mencionado como hijo de don Juan Salgado y Vizcaíno y de doña María de la Concepción Blanco), fue natural de Managua, donde está su defunción en la parroquia correspondiente, a 3 de abril de 1780. Casó dos veces en dicha parroquia de Managua, la primera: el 2 de octubre de 1753, con doña Agustina García y del Triunfo, hija de Lorenzo y de Nicolasa; y la segunda el 12 de enero de 1759, con doña María Gertrudis Hernández y Marcios. De su primera mujer tuvo por hijas: a Mariana; y a María Josefa Salgado y García del Triunfo. Las cuales:

1. — Doña Mariana Salgado y García del Triunfo, fue bautizada en la parroquia de Managua el 14 de septiembre de 1754.

2. — Doña María Josefa Salgado y García del Triunfo, fue bautizada en la parroquia de Managua el 21 de mayo de 1756.

Don Juan Manuel Salgado y Blanco, y su segunda mujer doña María Gertrudis Hernández y Marcios, tuvieron por hijos: a María Rita; a María de los Remedios; a Mariana; a María Josefa; a María Antonia; a María de la Concepción; a José Miguel Antonio y a Juan Bautista Salgado y Hernández Marcios. De los cuales:

1. — Doña María Rita Salgado y Hernández Marcios, fue bautizada en la parroquia de Managua el 30 de mayo de 1763.

2. — Doña María de los Remedios Salgado y Hernández Marcios, fue bautizada en la parroquia de Managua, el 31 de octubre de 1761.

3. — Doña Mariana Salgado y Hernández Marcios, fue bautizada en Managua el 5 de abril de 1760, donde casó el 13 de marzo de 1777, con don José Antonio Pérez y Hernández, natural de la villa de Trinidad, hijo de Tomás y de Simona.

4. — Doña María Josefa Salgado y Hernández Marcios, casó en la parroquia de Managua, en el año de 1780, con José María Trujillo y de la Cámara, natural de La Gomera, en las Canarias, hijo de Mateo y de Rita.

5. — Doña María Antonia Salgado y Hernández Marcios, casó en la parroquia de Managua el 28 de junio de 1780 con don Ignacio Díaz y Avila, natural de Matanzas, hijo de Francisco y de Micaela.

6. — Doña María de la Concepción Salgado y Hernández Marcios, casó en La Habana, parroquia de Jesús María, el 14 de diciembre de 1794, con don Antonio Padrón y Avila, natural de Icod de los Vinos, Canarias, hijo de Juan Manuel y de María.

7. — Don José Miguel Antonio Salgado y Hernández Marcios, fue bautizado en la parroquia de Managua el 30 de julio de 1764, donde casó el 18 de diciembre de 1789 con doña María Silvestra Quiñones y Vassallos, hija de Francisco y de Ana. Tuvieron por hijas: a Eulogia y a María Josefa Salgado y Quiñones. Las cuales:

A. — Doña Eulogia Salgado y Quiñones fue natural de Managua, en cuya parroquia se encuentra su defunción a 22 de agosto de 1811.

B. — Doña María Josefa Salgado y Quiñones, casó en la parroquia de Managua el 29 de agosto de 1811, con don José Antonio de Soto y Castro, natural de la villa de Santa María de Puerto Príncipe, hijo de Juan José y de Juana.

8. — Don Juan Bautista Salgado y Hernández Marcios, casó en la parroquia de Managua el 7 de diciembre de 1789, con doña María Rosenda Hernández y Pérez, natural del Calvario, hija de Francisco y de Josefa. Tuvieron por hijos: a María Silveira; a María Francisca; a María de los Remedios y a Antonio Salgado y Hernández. Los cuales:

1. — Doña María Silveira Salgado y Hernández no casó, y su defunción se encuentra en la parroquia de Managua a 27 de junio de 1809.

2. — Doña María de los Remedios Salgado y Hernández, casó en la parroquia de Managua el 30 de septiembre de 1811, con don Ignacio José Pardo y de los Reyes, natural de la villa de Guanabacoa, hijo de Antonio y de Juana Tomasa.

3. — Doña María Francisca Salgado y Hernández, casó en la parroquia de Managua el 27 de julio de 1821, con don José Antonio González y Morales, natural de Santa María del Rosario, hijo de Manuel y de Rosalía.

4. — Don Antonio Salgado y Hernández, fue bautizado en la parroquia de Managua el 27 de octubre de 1790, donde casó el 10 de febrero de 1823, con doña María del Carmen Padrón y Salgado, hija de don Antonio Padrón y Avila, y de doña María de la Concepción Salgado y Hernández Marcios.

«Rama Segunda»

Don Joaquín Salgado y Blanco (anteriormente mencionado como hijo de don Juan Salgado y Vizcaíno y de doña María de la Concepción Blanco), cuya defunción está en la parroquia de Managua a 26 de mayo de 1804, casó en dicha parroquia el 23 de diciembre de 1754, con doña Isabel de Arcia y Sierra, cuya defunción se encuentra igualmente en la parroquia de Managua a 31 de julio de 1799, hija de don Ignacio Arcia y de la Fuente, y de doña María de la Sierra y Suárez. Tuvieron por hijos: a María de Jesús; a Marcela Rosalía; a María Josefa; a María de la Concepción; a Inés; a María de la Luz; a María de Guadalupe; a Julián; a José Mateo; a Manuel; a José Rafael; a José Mariano; a Francisco y a José Salgado y Arcia. Los cuales:

1. — Doña María de Jesús Salgado y Arcia, cuya defunción está en la parroquia de Managua a 4 de mayo de 1824, casó dos veces: la primera: con don Juan de la Cruz y la segunda con su cuñado Don Dámaso Díaz y Acosta, hijo de Matías y Tomasa, viudo de doña María Josefa Salgado y Arcia.

2. — Doña Marcela Rosalía Salgado y Arcia, bautizada en la parroquia de Managua el 20 de agosto de 1754, testó ante el Teniente de partido del Calvario, en cuya parroquia del Santo Calvario se encuentra su defunción a 13 de noviembre de 1797. Casó en la parroquia de Managua el 19 de abril de 1769, con don Antonio de la Oliva y Fiallo, hijo de Baltasar y de Melchora.

3. — Doña María Josefa Salgado y Arcia, casó en la parroquia de Managua el 31 de octubre de 1785 con don Dámaso Díaz y Acosta, natural del Calvario, hijo de Matías y de Tomasa.

4. — Doña María de la Concepción Salgado y Arcia, casó en la parroquia de Managua el 10 de octubre de 1787, con su pariente don Juan José Cantón y Salgado, hijo del Capitán Félix Cantón y de la Vega, y de doña María del Carmen Salgado y Blanco.

5. — Doña Inés Salgado y Arcia, casó en la parroquia de Managua el 18 de diciembre de 1791, con su pariente, don Esteban Fernández Chardón y Salgado, hijo de don Domingo Antonio Fernández Chardón, y de doña María Teresa Salgado y Blanco.

6. — Doña María de la Luz Salgado y Arcia, falleció párvula y su defunción está en la parroquia de Managua a 25 de septiembre de 1769.

7. — Doña María de Guadalupe Salgado y Arcia no casó, y su defunción se encuentra en la parroquia de Managua a 20 de noviembre de 1809.

8. — Don Julián Salgado y Arcia, fue bautizado en la parroquia de Managua el 20 de agosto de 1754.

9. — Don José Mateo Salgado y Arcia no casó, y su defunción está en la parroquia de Managua a primero de octubre de 1775.

10. — Don Manuel Salgado y Arcia fue bautizado en la parroquia de Managua el 30 de marzo de 1758.

11. — Don José Rafael Salgado y Arcia, fue bautizado en la parroquia de Managua el 4 de noviembre de 1759, donde se encuentra su defunción a 17 de marzo de 1792. Casó en la referida parroquia el 4 de febrero de 1789, con doña Petra Quiñones y González, natural de Managua, hija de Pedro y de Petrona.

12. — Don José Mariano Salgado y Arcia, casó en la parroquia de Managua el 21 de febrero de 1797, con su pariente doña Juana Cantón y Salgado, hija del Capitán Félix Cantón y de la Vega, y de doña María del Carmen Salgado y Blanco. Tuvieron por hijo: a

Don Juan Bautista Salgado y Cantón, cuya defunción se encuentra en la parroquia de Managua a 16 de febrero de 1821.

13. — Don Francisco Salgado y Arcia, casó con su pariente doña Catalina Fernández Chardón y Salgado, hija de don Domingo Antonio Fernández Chardón y de doña María Teresa Salgado y Blanco. Tuvieron por hijas: a Felicitas y a María de la Candelaria Salgado y Fernández Chardón. Las cuales:

A. — Doña Fdlicitas Salgado y Fernández Chardón, fue bautizada en la parroquia de San Juián de los Güines, el 14 de julio de 1806. Casó con su pariente don Teodoro Salgado y Acosta, hijo de don José Salgado y Arcia, y de doña María Bernarda de Acosta y Betancourt.

B. — Doña María de la Candelaria Salgado y Fernández Chardón, fue bautizada en la parroquia de Managua el 8 de febrero de 1794. Casó con su pariente don Antonio José Salgado y Acosta, hijo de don José Salgado y Arcia, y de doña María Bernarda de Acosta y Betancourt.

14. — Don José Salgado y Arcia, fue bautizado en la parroquia de doña María Bernarda de Acosta y Betancourt, hija de José Santiago y de doña María Josefa. Tuvieron por hijos: a Esteban; a Antonio José; a Manuel; a José Inocencio y a Teodoro Salgado y Acosta. Los cuales:

1. — Don Esteban Salgado y Acosta, natural de Managua, casó en la parroquia de San Julián de los Güines el 16 de septiembre de 1811, con doña María de la Concepción Josefa Miranda y Gómez, hija de José María y de María de las Mercedes.

2. — Don Antonio José Salgado y Acosta, bautizado en la parroquia de Managua el 25 de agosto de 1789, casó con su pariente doña María de la Candelaria Salgado y Fernández Chardón, hija de don Francisco Salgado y Arcia, y de doña Catalina Fernández Chardón y Salgado.

3. — Don Manuel Salgado y Acosta, bautizado en la parroquia de Managua el 30 de abril de 1788, casó con doña Agueda, Josefa de Acosta y Gómez, natural de la villa de San Julián de los Güines, hija de Eugenio y de María de los Dolores.

4. — Don José Inocencio Salgado y Acosta, fue bautizado en la parroquia de Managua el 7 de enero de 1796, casando en la parroquia de San Julián de los Güines el 5 de agosto de 1822, con su pariente doña Paula Fernández y Quiñones, natural de Managua, hija de don Domingo Fernández y Salgado y de doña María de los Dolores Quiñones y Armas. Tuvieron por hija: a

Doña Mariana Salgado y Fernández, bautizada en la parroquia de Güines, el 28 de julio de 1823, que casó con su pariente don Cosme Salgado y Acosta, hijo de don Teodoro Salgado y Acosta, y de doña Francisca Naviera de Acosta y Gómez.

5. — Don Teodoro José Salgado y Acosta, bautizado en la parroquia de San José de las Lajas, el 16 de noviembre de 1790, casó dos veces: la primera con doña Francisca Xaviera de Acosta y Gómez natural de San José de las Lajas, hija de Eugenio y de María de los Dolores; y la segunda, con su pariente, doña Felicitas Salgado y Fernández Chardón, hija de don Francisco Salgado y Arcia, y de doña Catalina Fernández Chardón y Salgado. De su primera mujer tuvo por hijo a:

Don Cosme Salgado y Acosta, que fue bautizado en la parroquia de San Julián de los Güines el 13 de octubre de 1816. Con su pariente doña María Salgado y Fernández, natural de Güines, hija de don José

Inocencio Salgado y Acosta, y de doña Paula Fernández y Quiñones, ambos naturales de Managua.

«Rama Tercera»

Don Blas Salgado y Blanco (anteriormente mencionado como hijo de don Juan Salgado y Vizcaíno y de doña María de la Concepción Blanco), fue natural de la villa de Guanabacoa, y su defunción se encuentra en la parroquia de Managua a 23 de junio de 1768, donde casó el 21 de diciembre de 1754, con doña Antonia Solís-Puñales y Pérez-Borroto, natural de La Habana, hija de don Esteban Solís-Puñales y Morales, y de doña María Gertrudis Pérez-Borroto y Pérez Barnuevo. Tuvieron por hijos: a María Josefa; a María Bernarda; a María de la Concepción; a María Jesús; a Ana Gertrudis; a María Luisa; a Blasa de Jesús; a María Gertrudis; a Blas y a Domingo Salgado y Solís-Puñales. De los cuales:

1. — Doña María Bernarda Salgado y Solís-Puñales, fue bautizada en la parroquia de Managua el 4 de junio de 1762, donde se encuentra su defunción a 29 de agosto de 1801.

2. — Doña María de la Concepción Salgado y Solís-Puñales, fue bautizada en la parroquia de Managua el 4 de enero de 1759.

3. — Doña María Josefa Salgado y Solís-Puñales, bautizada en la parroquia de Managua el 26 de febrero de 1760, casó en la de San Matías de Río Blanco del Norte el primero de junio de 1776, con don José López Barroso y de la Concepción, natural de San Juan de la Rambla en Tenerife (Canarias), hijo de Francisco y de María Francisca.

4. — Doña Ana Gertrudis Salgado y Solís-Puñales, fue bautizado en la parroquia de Managua el 26 de mayo de 1761, donde se encuentra su defunción a 18 de julio de 1800.

5. — Doña María Luisa Salgado y Solís-Puñales, falleció párvula y su defunción se encuentra en la parroquia de Managua a 20 de noviembre de 1766.

6. — Doña Blasa de Jesús Salgado y Solís-Puñales, natural de Managua, casó en la parroquia de San Juan de Jaruco el 20 de septiembre de 1789, con don Pedro de Arocha y Morales-Toledo, natural de La Habana, hijo de Juan, natural de la Palma, Canarias, y de Antonia, natural de la isla del Hierro, también en Canarias.

7. — Doña Teresa Gertrudis Salgado y Solís-Puñales, natural de Managua, casó en parroquia de San Juan de Jaruco el 4 de septiembre de 1780, con don Lorenzo González-Ruiz y Yanes, natural de San Juan de la Rambla, Tenerife, hijo de Antonio y de Luciana.

8. — Don Blas Salgado y Solís-Puñales, fue bautizado en la parroquia de Managua el 15 de enero de 1757.

9. — Don Domingo Salgado y Solís-Puñales, fue bautizado en la parroquia de Managua el 23 de noviembre de 1755.

También aparece que:

1. — Don Pedro Salgado y su mujer doña Lucía López, tuvieron por hijo: a

Don Gabriel Salgado y López, que testó ante Félix González, Teniente de partido, y su defunción se encuentra en La Habana, parroquia de Jesús del Monte, el 8 de enero de 1782, donde casó el 22 de diciembre de 1742, con doña Josefa Rodríguez y Quintero, hija de José e Isabel. Fueron padres: de Petrona Rosalía; de Melchor; de Gabriel y de Marcos Salgado y Rodríguez. Los cuales:

1. — Doña Petrona Rosalía Salgado y Rodríguez fue bautizada en La Habana, parroquia de Jesús del Monte el 7 de febrero de 1744.

2. — Don Melchor Salgado y Rodríguez, fue bautizado en La Habana parroquia de Jesús del Monte, el 9 de enero de 1745.

3. — Don Gabriel Salgado y Rodríguez, fue bautizado en la parroquia habanera de Jesús del Monte, el 10 de marzo de 1748, donde se encuentra su defunción, a 14 de marzo de 1794. En esa parroquia casó el 14 de diciembre de 1782, con doña Ursula Vidal y Ramos, hija de Antonio y Juana.

4. — Don Marcos Salgado y Rodríguez, bautizado en La Habana, parroquia de Jesús del Monte, el primero de mayo de 1746, testó el 13 de enero de 1820 ante Cristóbal de Tagle, estando su defunción en esa parroquia a 22 de dicho mes y año, donde casó el 16 de mayo de 1778, con doña Juana Josefa Ramón y Ramos, hija de Pedro y de Juana. Fueron los padres: de Juan; de Juana; de Liberata; de Casimira; de José; de Anastasio y de Antonio Salgado y Ramos. De los cuales:

Don Juan Salgado y Ramos, fue natural de La Habana, y su defunción se encuentra en esta ciudad, parroquia de Jesús del Monte, a 3 de abril de 1833.

11. — Juan Manuel Salgado, y su mujer Antonia María Valdés, tuvieron por hijo: al

Licenciado Narciso Salgado y Valdés, natural de La Habana, que casó con doña Paula Díaz y González Regalado, natural de Quivicán (provincia habanera), hija de Francisco y Josefa. Fueron padres: de

Don Manuel José Paulino Salgado y González Regalado, bautizado en la parroquia de San Antonio de las Vegas (provincia de La Habana), el 2 de julio de 1823, que fue bachiller en Filosofía, graduado en la Universidad de La Habana.

Procedente del lugar de la Vega, en la Gran Canaria, otra familia de este apellido, se estableció en la ciudad de Santiago de las Vegas, en la primera mitad del siglo XVIII.

Don Francisco de Herrera y su mujer doña Bárbara Salgado, vecinos del lugar de la Vega, tuvieron por hijo: a

Don Francisco Salgado y Herrera, natural de la Vega, cuya defunción se encuentra en la parroquia de Santiago de las Vegas, a 28 de diciembre de 1747. Casó dos veces: la primera en Gran Canaria, don doña Petronila San Pedro y Díaz de la Cruz, fallecida en la ciudad de Telde, y la segunda casó en la parroquia de Santiago de las Vegas, el 18 de enero de 1723, con doña Feliciana Curbelo. De su primera mujer tuvo por hijos: a Andrés y a Francisco Salgado y San Pedro, y de la segunda: a Francisca; a Angela; a José, y a Antonio Salgado y Curbelo. De los cuales:

1. — Doña Francisca Salgado y Curbelo, fue natural de Santiago de las Vegas, en cuya parroquia casó el 5 de enero de 1763, con don Juan Sánchez y del Aguila, natural de la Vega, Gran Canaria, hijo de Juan y de María.

2. — Doña Angela Salgado y Curbelo, fue natural de Santiago de las Vegas, en cuya parroquia casó el 16 de agosto de 1751, con don Domingo González de la Oliva y González, hijo de Pablo y de María.

3. — Don José Salgado y Curbelo natural de Santiago de las Vegas casó con doña María Pérez Sidrón, y tuvieron por hija: a

Doña Eugenia Salgado y Pérez Sidrón, que fue natural de Santiago de las Vegas, en cuya parroquia casó el 13 de agosto de 1792, con don Manuel Díaz y Fernández, natural de Bejucal, hijo de Salvador y de Petrona.

4. — Don Antonio Salgado y Curbelo, natural de Santiago de las Vegas, testó el 6 de febrero de 1808 ante Francisco de Sales Izquierdo, y su defunción se encuentra en la referida parroquia a 19 de septiembre de dicho año. Casó tres veces: la primera, en la parroquia de Bejucal, el 5 de junio de 1752, con doña María Josefa Rodríguez y Rodríguez, natural de dicha parroquia, hija de don Miguel Rodríguez, Regidor, Teniente de Justicia Mayor y Capitán de Milicias disciplinadas de Bejucal y de doña Ursula Rodríguez. Casó por segunda vez con doña Eugenia Domínguez, sin sucesión, y por tercera vez con doña Josefa de Vera y Peñalver, también sin descendencia. De su primera mujer tuvo por hijos: María Magdalena; a Josefa Benita; a Juana; a María Josefa; a Juan José; a Martín y a Ventura Salgado y Rodríguez. De los cuales:

1. — Doña Josefa Benita Salgado y Rodríguez no casó, y su defunción se encuentra en la parroquia de Bejucal a 8 de julio de 1783.

2. — Doña Juana Salgado y Rodríguez, casó en la parroquia de Bejucal el 18 de agosto de 1798, con don José Nicolás Rodríguez y Acosta, natural de Santiago de las Vegas, hijo de José y de Bárbara.

3. — Don Martín Salgado y Rodríguez, casó en la parroquia de Bejucal el 5 de noviembre de 1792, con doña María Salomé Fleitas y Domínguez, hija de Felipe y de Eugenia.

4. — Don Juan José Salgado y Rodríguez, no casó, y su defunción está en la parroquia de Bejucal a 5 de julio de 1787.

5. — Don Ventura Salgado y Rodríguez, casó en la parroquia de Bejucal el 7 de mayo de 1791, con doña Nicolasa Pérez de Abreu y Domínguez, hija de don Lucas Pérez de Abreu y López, natural de dicha ciudad, Alcalde ordinario y de la Santa Hermandad, y de doña Rafaela Domínguez y Alvarez Cupido.

6. — Doña María Josefa Salgado y Rodríguez, casó en la parroquia de Bejucal el 14 de octubre de 1771, con don Diego Rodríguez Machado y Fleitas, natural de Pueblo Nuevo de Santiago, hijo de Francisco y de Bernarda. Tuvieron por hijos: a María Manuela; a María Micaela; a Bibiana Ramona y a Antonio Rodríguez y Salgado. Los cuales:

1. — Doña María Manuela Rodríguez y Salgado, fue bautizada en la parroquia de Santiago de las Vegas, el 13 de octubre de 1790.

2. — Doña María Micaela Rodríguez y Salgado, bautizada en la parroquia de Santiago de las Vegas el 10 de octubre de 1789, casó con don Eduardo Rodríguez y Casanova, natural de Quivicán, hijo de Esteban y de María Isabel.[1]

3. — Doña Bibiana Ramona Rodríguez y Salgado, fue bautizada en la parroquia de Santiago de las Vegas, el 15 de diciembre de 1794.

4. — Don Antonio Rodríguez y Salgado, cuya defunción se encuentra en la parroquia de Quivicán a 16 de febrero de 1835, casó con su pariente doña María de la Encarnación Salgado y Acosta, natural de Los Palacios, hija de Ramón y de María de los Dolores.[1] Tuvieron por hijos: a María Josefa; a María del Patrocinio; a Antonio María; a María de la Encarnación y a José Ramón Narciso Rodríguez y Salgado.

---

1. Don Eduardo Rodríguez y Casanova, y su mujer doña Micaela Rodríguez y Salgado, tuvieron por hija: a

Doña Micaela Jerónima Rodríguez y Rodríguez Salgado, que fue bautizada en la parroquia de Quivicán el 11 de octubre de 1827, donde casó en el año de 1847, con don Andrés Pérez de Abreu y Rodríguez, natural de Bejucal, Subdelegado de Marina y Regidor, Alcalde Mayor y ordinario de dicha ciudad, hijo de don Andrés Pérez de Abreu y Fleitas, Capitán de las Milicias Realistas y Regidor y Alcalde ordinario de la ciudad de Bejucal, y de doña María Candelaria Rodríguez y Alonso del Rey.

1. Don Ramón Salgado y su mujer, doña María de los Dolores Acosta, tuvieron por hijos: a María de la Encarnación, y a Ramón Salgado y Acosta. Los cuales:

1. — Doña María de la Encarnación Salgado y Acosta, natural de Los Palacios, testó ante el escribano Martín de Vildóstegui, el primero de julio de 1832, y su defunción se encuentra en la parroquia de Quivicán a 2 de dicho mes y año. Casó con don Antonio Rodríguez y Salgado, arriba mencionado.

2. — Don Ramón Salgado y Acosta, natural de Consolación, casó en la parroquia de Bejucal el 4 de octubre de 1824, con doña María Prudencia de la Trinidad Alfonso y Arencibia, hija de Juan y de Rafaela.

SANCHEZ DE BUSTAMANTE

A mediados del siglo XVIII aparece radicada esta familia en la parroquia de Elguera, Valle de Redin, en las Montañas de Santander, de donde pasaron a Cuba en la primera mitad del siglo XIX.

En Renedo de Piélagos, provincia de Santander, está la casa de Bustamante, apareciendo en ella estas armas: de oro, trece roeles de azur en tres calles (cuatro, cinco, cuatro) surmontados en jefe por tres lises de oro sobre azur.

Don Pedro Sánchez de Bustamante y su mujer doña María González de la Bandera, tuvieron por hijo: a

Don José Sánchez de Bustamante y González de la Bandera, que casó con doña María Antonia García del Barrio y González Quijano, hija de Juan Manuel y de Josefa. Tuvieron por hijo: al

Doctor Juan Manuel Sánchez de Bustamante y García del Barrio, bautizado en la parroquia de Elguera el 26 de septiembre de 1818, que ingresó en el convento de las Caldas de Besaya, donde estudió varios años para sacerdote. Por el año de 1836 pasó a la isla de Cuba, doctorándose en medicina y cirugía en la Universidad Habanera. El 24 de julio de 1857, obtuvo la cátedra de Anatomía Descriptiva, siendo más tarde nombrado Decano de la Facultad de Medicina de dicha Universidad. Además fue Socio Fundador de la Real Academia de Ciencias Médicas, Físicas Naturales de la Habana. Vice presidente de la misma Corporación, y Director de su Sección de Medicina y Cirugía durante los años 1869 al 1871, Presidente del Tribunal de Oposición para los médicos de las casas de socorro; Consiliario de la Real Junta de Fomento, Agricultura y Comercio en representación de las profesiones especiales en los años de 1850 a 1860; Subdelegado general de Medicina, Vocal de la Junta Superior de Sanidad, médico-cirujano del hospital de San Felipe y Santiago; Socio correspondiente de la Academia de Esculapio de Madrid y de la Quirúrgica matritense; Vocal de la Junta de Gobierno de la Casa de Dementes; médico consultor del hospital de la Princesa en Madrid, perteneciente al partido Unión Constitucional, Diputado provincial en La Habana y dos veces Senador del reino por la provincia de Pinar del Río. Poseyó la Gran Cruz de la orden Americana de Isabel la Católica y fue Comendador de la Orden de Carlos III, falleciendo en la ciudad de La Habana el 13 de noviembre de 1882. Casó con doña María de los Dolores Sirvén y Borrás, natural de esta ciudad, hija de Tomás y de Agustina. Tuvieron por hijos: a Amelia; a Virginia; a Antonio Arturo y a Alberto Sánchez de Bustamante y Sirvén. Los cuales:

1. — Doña Virginia Sánchez de Bustamante y Sirvén, casó con el doctor José Pulido y Pagés, hijo del doctor Celestino Pulido y Martínez y de doña Felicitas Pagés y Fuentes.

2. — El doctor Antonio Arturo Sánchez de Bustamante y Sirvén, nacido en La Habana el 13 de abril de 1865 y bautizado en esta ciudad, parroquia del Santo Cristo, el 24 de ese mes y año, cuya defunción se encuentra en la parroquia del Vedado a 25 de agosto de 1951, habiendo fallecido el día anterior. Fue uno de los más ilustres abogados cubanos e internacionalistas de renombre universal, Catedrático de Derecho Internacional Privado y de Derecho Internacional Público de la Universidad de Paz de Versailles, año de 1919, siendo Magistrado del Tribunal Permanente de Justicia Internacional de El Haya, integrante del Instituto de Derecho te de Justicia Internacional El Haya, integrante del Instituto de Derecho Internacional y del Instituto Americano de Derecho Internacional, Presidente de la Sociedad Cubana de Derecho Internacional y de la Academia Internacional de Derecho Comparado, Senador de la República, autor del Código de Derecho Internacional Privado, que lleva su nombre, reconocido por las naciones americanas, y a él se deben otras obras jurídicas de gran importancia. Casó en la Catedral de La Habana el 30 de septiembre de 1885, con doña Isabel Pulido y Pagés, hija del doctor Celestino Pulido y Martínez y de doña Felicitas Pagés y Fuentes. De su citado matrimonio, tuvo por hijos: a Darío; a Antonio Arturo y a Gustavo Sánchez de Bustamante y Pulido. Los cuales:

A. — Don Darío Sánchez de Bustamante y Pulido, falleció soltero.

B. — El doctor Antonio Arturo Sánchez de Bustamante y Pulido es abogado, casando dos veces: la primera, en La Habana, parroquia de Monserrate, el 10 de abril de 1909, con doña Cristina Montoro y Saladrigas, hija del doctor Rafael Montoro y Valdés, abogado, Diputado a Cortes, ilustre tribuno, luego Enviado Extraordinario y Ministro Plenipotenciario de la República de Cuba en la Gran Bretaña, Secretario de la Presidencia en el gobierno del General Mario García Menocal, y Secretario de Estado en el gobierno del doctor Alfredo Zayas y Alfonso, y de doña Herminia Saladrigas y Lunar. Por segunda vez, el doctor Sánchez de Bustamante y Pulido está casado con doña Gloria Alvarez, teniendo por unigénito de su primer matrimonio: al

Doctor Antonio Sánchez de Bustamante y Montoro, que es abogado y Catedrático de la Universidad habanera. Casó con doña Elba Valladares, de la que tiene por hija: a Ana Elba Sánchez de Bustamante y Valladares.

C. — El doctor Gustavo Sánchez de Bustamante y Pulido es abogado. Casó dos veces: la primera con Grace N. Luke, y la segunda con Helen Ramsdell, ambas norteamericanas. De su primer matrimonio tiene por hijas: a Irene y a Isabel Sánchez de Bustamante y Luke, casadas respectivamente con Franz Stetz y con Francis Facciolo.

3. — El doctor Alberto Sánchez de Bustamante y Sirvén, natural de La Habana, fue uno de los más eminentes médicos-cirujanos cubanos, Catedrático de esta Universidad y fundador junto al doctor Enrique Núñez, de la clínica «Núñez-Bustamante», perteneciente a la Academia de Ciencias Físicas y Naturales de la República de Cuba y miembro de muchas entidades y sociedades científicas mundiales. Casó en La Habana, parro-

quia de Guadalupe, el 15 de enero de 1891, con Anne Cameron y MacLean, natural de Achatriachatan, en Escocia, hija de Augusto y de María. Tuvieron por hijo: al

Doctor Alberto Sánchez de Bustamante y Cameron, que fue médico-cirujano y del consejo directivo de la clínica «Núñez-Bustamante». Casó con doña Angelina Bernal y Obregón, hija del doctor Alfredo Bernal y Tovar, abogado y de doña Angela Obregón y Fedriani. Tuvieron por hijos: a Ana (fallecida soltera); a Angelina Gloria; a Juan Manuel y a Alberto Sánchez de Bustamante y Bernal. De los cuales:

1. — Doña Angelita Gloria Sánchez de Bustamante y Bernal casó con don Roberto Gastón y Montalvo, hijo del doctor Enrique Gastón y Herrera, abogado y Registrador de la Propiedad en Camagüey, ya fallecido y de doña María Josefa Montalvo y Saladrigas.

2. — El doctor Juan Manuel Sánchez de Bustamante y Bernal es abogado, y está casado con doña María Luisa de Cárdenas y Goicoechea, hija de don Luis Felipe de Cárdenas y de la Luz, de la casa de los marqueses de Prado-Ameno y de doña María de Goicoechea de la Torriente. Tienen por hijos: a Juan Manuel y a Luis Sánchez de Bustamante y Cárdenas.

3. — El doctor Alberto Sánchez de Bustamante y Bernal, es médico-cirujano, y está casado con doña María de Lourdes Parajón y Figueras, hija de don Saturnino Parajón y Amaro, y de doña Orosia Figueras. Tienen por hijos: a Alberto y a María de Lourdes Sánchez de Bustamante y Parajón. De los cuales:

Doña María de Lourdes Sánchez de Bustamante y Parajón, casó con el doctor Edwin Teurbe-Tolón y Fernández Rebull, médico-cirujano, hijo de don Edwin Teurbe-Tolón y Hernández y de doña Floraida Fernández y Rebull.

SANCHEZ DE FUENTE

Esta familia, oriunda de la provincia de Murcia, y procedente de la ciudad de Barcelona, pasó a San Juan de Puerto Rico, estableciéndose en La Habana durante la segunda mitad del siglo XIX. Obtuvo el condado pontificio de Cárdiff.

Don Deogracias Sánchez, natural de la provincia de Murcia, casó con doña María Francisca de Fuentes, natural de Lorca, en el municipio y partido judicial de ese nombre, en la referida provincia de Murcia. Pasaron a la ciudad de Barcelona, y tuvieron por hijos: a María de la Asunción y: al

Licenciado Eugenio Sánchez de Fuentes, natural de Barcelona, abogado, quien después de ser Secretario del Consejo de Administración de la isla de Puerto Rico, pasó a La Habana como Magistrado y Presidente de la sala primera de esta Audiencia Pretorial, luego Presidente de ese tribunal habanero. Distinguido escritor, poeta y literato, casó en la Catedral de San Juan de Puerto Rico el 24 de junio de 1864, con doña Josefa Peláez y Cárdiff, natural de dicha isla, hija de don José Francisco Peláez y Miquel, natural de Santa María de Ballobal, en Asturias, y de Mary Jane Cárdiff Quinn, natural de Irlanda.[1] Tuvieron por hijos: a Fernando; a Eugenio; a María de la Concepción; a Alberto y a Eduardo Sánchez de Fuentes y Peláez. Los cuales:

1. — El doctor Fernando Sánchez de Fuentes y Peláez, fue distinguido abogado y Catedrático de la Universidad de La Habana. Casó con doña Patria Tió y Rodríguez, hija de Bonocio y de María de los Dolores, notable poetisa.

2. — El doctor Eugenio Sánchez de Fuentes y Peláez, natural de San Juan de Puerto Rico, abogado, doctorado en Filosofía y Letras. Registrador de la Propiedad en La Habana y I Conde pontificio de Cárdiff por Breve de Su Santidad Benedicto XV, fechado el 21 de noviembre de 1920, fue Comendador de la orden de Isabel la Católica, condecorado con la orden Civil de Alfonso XII, la orden portuguesa del Cristo, Comendador de la Corona de Rumanía, poseedor de la Sacra e Insigne orden del Santo Sepulcro de Jerusalén, Gran Cruz de la orden de Honor y Mérito de la Cruz Roja de Cuba, Cruz de segunda clase con distintivo blanco de la orden del Mérito Militar y la de segunda clase del Mérito Naval, ambas de Cuba, condecorado con la orden «Al Mérito Bernardo O'Higgins», de Chile, la del Libertador de Venezuela, Oficial de la orden griega del Salvador y la de Jorge I también de Grecia, y Caballero de la Legión de Honor de Francia. Casó dos veces: la primera, en la parroquia del Vedado el 16 de julio de 1892, con doña María Pérez y Ricart, hija de don Francisco Pérez-Borroto, y de doña Ana Ricart y Hernández. Casó por segunda vez el 10 de diciembre de 1918, con doña María de la Concepción de Macedo y Blanca, natural de Puerto Padre en la provincia de Oriente, I Marquesa pontificia del Madero de la Cruz por Breve de Su Santidad Benedicto XV, la cual fue hija del licenciado don Pedro León de Macedo y Chamorro, natural de la villa de Bayamo, Gral. de Cuerpo de Sanidad del Ejército Libetador de Cuba, y de doña Rosa de Blanca y Chamorro, natural de la ciudad de Cárdenas (prov. de Matanzas). El licenciado con Eugenio Sánchez de Fuentes y Peláez, de su primer enla-

---

1. Edward Cardiff, natural de Newry, en Irlanda, casó en esa ciudad el 15 de febrero de 1823 con Jane Quinn, teniendo por hija: a

Mary Jane Cardiff Quinn, que fue bautizada en la parroquia de Newry, casando en la Catedral de San Juan de Puerto Rico, el primero de julio de 1836 con don José Francisco Peláez y Miquel, natural de Santa María de Ballobal, en Asturias. Tuvieron por hijos: a Eduardo, y a Josefa Peláez y Cardiff. Los cuales:

1. — Don Eduardo Peláez y Cardiff, natural de San Juan de Puerto Rico, fue Teniente de Infantería del Ejército expedicionario de la isla de Cuba.

2. — Doña Josefa Peláez y Cardiff, bautizada en la Catedral de San Juan de Puerto Rico el 24 de junio de 1864, como arriba se dice, casó con el licenciado Eugenio Sánchez de Fuentes.

ce, tuvo por hijos: a Eugenio y a Arturo Sánchez de Fuentes y Pérez Ricart. Y de su segundo matrimonio a Luis Eugenio y a Víctor Eugenio Sánchez de Fuentes y Macedo. Los cuales:

A. — El doctor Eugenio Sánchez de Fuentes y Pérez Ricart, bautizado en La Habana, parroquia del Vedado el 16 de julio de 1893, fue abogado y notario público de esta ciudad, donde falleció soltero el 5 de diciembre de 1922.

B. — El doctor Arturo Sánchez de Fuentes y Pérez Ricart, casó el 20 de septiembre de 1924, con doña Angela Canosa y Rodríguez, teniendo por hija: a María Ofelia Sánchez de Fuentes y Canosa, que falleció soltera.

C. — El doctor Luis Eugenio Sánchez de Fuentes y Macedo, es doctorado en Ciencias Políticas, Sociales y Económicas en la Universidad de La Habana, y de su enlace con doña Isabel Escasena y Pagliery, tiene por hijos: a María de la Concepción y a Eugenia Sánchez de Fuentes y Escasena.

3. — Doña María de la Concepción Sánchez de Fuentes y Peláez, natural de La Habana, casó en esta ciudad, parroquia del Espíritu Santo, el 15 de diciembre de 1897, con don Ricardo Florit y Arizeun, natural de Madrid,[1] hijo de don José Florit, natural de Valencia, y de doña Rosalía de Arizeun, natural de Madrid.

4. — El doctor Alberto Sánchez de Fuentes y Peláez, médico-cirujano casó con doña María Venero, de la que tuvo por hijo: al

Doctor Alberto Sánchez de Fuentes y Venero, médico-cirujano, que casó con doña María de las Mercedes Bello y Torres, de la que tiene por hijos: a Alberto y a María de las Mercedes Sánchez de Fuentes y Bello.

5. — El doctor Eduardo Sánchez de Fuentes y Peláez, nacido en La Habana el 3 de abril de 1874 y bautizado en esta ciudad, parroquia del Salvador del Mundo (El Cerro), el 31 de mayo de ese año, fue abogado, Registrador de la Propiedad en Cienfuegos y uno de los más afamados musicólogos y compositores cubanos. Su defunción se encuentra en **La**

---

1. De su citado matrimonio, doña María de la Concepción Sánchez de Fuentes y Peláez, tuvo por hijos: a Fernando; a Eugenio; a Ricardo, y a Josefina Florit y Sánchez de Fuentes. Los cuales:

1. — Don Fernando Florit y Sánchez de Fuentes, que ya ha fallecido, casó con doña María Antonia Alvarez, de la que tuvo por hija: a Patricia Florit y Alvarez.

2. — El doctor Eugenio Florit y Sánchez de Fuentes, es abogado.

3. — El doctor Ricardo Florit y Sánchez de Fuentes, abogado y escritor, casó con doña María de la Concepción y Chaves y Figueredo, hija del doctor Francisco Chaves y Milanés, que es abogado y fue Magistrado del Tribunal Supremo de Justicia de la República de Cuba, y de doña Tomasa Figueredo. Tienen por hija: a María de la Concepción Elena Florit y Chaves.

4. — Doña Josefina Florit y Sánchez de Fuentes, **casó con Otto Waldamann,** teniendo por hija: a Patricia Waldamann y Florit.

Habana, parroquia del Vedado, a 7 de septiembre de 1944, fallecido el día anterior, y casó en esta ciudad, parroquia del Espíritu Santo, el 26 de diciembre de 1898, con doña María Luisa Sell y Mejías, natural de Málaga, hija de don Leandro Sell y Guzmán,[1] natural de Vélez-Málaga, y de doña Enriqueta Mejías y Sánchez, natural de La Habana. Tuvo por hijos: a Eduardo y a Luis Sánchez de Fuentes y Sell. Los cuales:

1. — El doctor Eduardo Sánchez de Fuentes y Sell, casó con doña Dora Santizo, de la que tiene por hija: a Luisa Sánchez de Fuentes y Santizo.

2. — El doctor Luis Sánchez de Fuentes y Sell, es abogado, notable poeta y Registrador de la Propiedad de Guantánamo (provincia de Oriente). Casó con doña Emma Betancourt y Arteaga, hija del doctor Aquiles Betancourt y del Castillo, médico-cirujano, y de doña María de la Caridad Arteaga y Socarrás, naturales de Camagüey. Tienen por hija: a Emma Luisa Sánchez de Fuentes y Betancourt.

SOTO - NAVARRO

A principios del siglo XVI aparece radicada esta familia en la villa de Mojados, partido judicial de Olmedo, en la provincia de Valladolid, estableciéndose en La Habana a mediados del siglo XIX.

Don Gonzalo de Aguilar, vecino de la villa de Mojados, casó con doña Francisca de la Sierra, teniendo por hijos: a Diego y a Pedro de Aguilar, y a Juan de Soto. De los cuales:

Don Juan de Soto, en unión de sus hermanos, ganó ejecutoria de nobleza en la Real Chancillería de Valladolid el 17 de mayo de 1537. Fue padre: de

Don Juan de Soto Aguilar, que casó en Renera, provincia de Guadalajara, con doña Ana López, y tuvieron por hijo: a

Don Fernando de Soto Aguilar y López, que casó con doña María del Pilar García y Ruiz. Tuvieron por hijo: a

Don Enrique de Soto Aguilar y García, que casó con doña Josefa Valdemora. Tuvieron por hijo: a

---

1. Don Leandro Sell y Guzmán, fue hermano de don Ildefonso de iguales apellidos, natural de Vélez-Málaga, rico terrateniente por la zona del Mariel, quien casó con doña Francisca Xaviera Mejías y Sánchez. Fueron los padres: de

Doña María Francisca Sell y Mejías, natural de La Habana, que casó en esta ciudad, parroquia del Santo Cristo, el 27 de noviembre de 1898, con don Manuel María de Pavía y Callejas, natural de Marianao, II Marqués de Novaliches en 1916, asesinado en Málaga el 3 de agosto de 1937, quien había pertenecido a la Armada española.

Don Alonso de Soto Aguilar y Valdemora, que casó con doña Teresa de Moya. Tuvieron por hijo: a

Don Norberto de Soto Aguilar y Moya, que casó con doña Elvira Trillo y Aguilar, hija de don Miguel de Trillo Minchel, y de doña Manuela de Aguilar y Moya. Tuvieron por hijo: a

Don José de Soto Aguilar y Trillo, natural de Ordaz y vecino de Madrid, que casó con doña Isabel Azedos, natural de Valdemorillo, en la provincia de Toledo. Tuvieron por hijo: a

Don José de Soto Aguilar y Azedos, que fue natural de Madrid, donde casó con doña Gregoria Navarro y Luna. Fueron padres: de

Don Francisco de Soto Aguilar y Navarro, natural del Ferrol, que fue Contador de la Administración Principal de Correos de Orense. Casó en la parroquia de Mondoñedo con doña Juana Rubiños y Troncoso, natural de Pontevedra, hija de don Andrés Rubiños, y de doña Josefa Ignacia Troncoso y Lira. Tuvieron por hijos: a Antonio y a José Ramón de Soto Aguilar Navarro y Rubiños. Los cuales:

1. — Don Antonio de Soto Aguilar Navarro y Rubiños, pasó a la isla de Cuba.

2. — Don José Ramón de Soto Aguilar Navarro y Rubiños [1] natural de Mondoñedo, fue Cadete en el Colegio de la ciudad de Santiago de Compostela el año 1821, para cuya admisión tuvo que acreditar que pertenecía al estado noble. Hizo información de su nobleza en la ciudad de Santiago de Compostela y su consistorio el 19 de febrero de 1821, y por ante el escribano José María Pego, expidiéndole certificación de dicha información a su madre. Desempeñó el cargo de Oficial Primero de la Administración de Rentas de Monedas de La Coruña. Casó en Santiago de Compostela, con doña Josefa de Urrutia y Sánchez, natural de Pontevedra, hija de Miguel y de María. Tuvieron por hijo: a

Don José de Soto-Navarro y Urrutia, que fue bautizado en Santiago de Compostela, parroquia de Santa María la Real de Sar, el 9 de junio de 1830. Pasó a La Habana, donde casó, en la parroquia del Santo Cristo, el 25 de enero de 1865, con doña María de las Mercedes Morales y Xenes, hija de don Francisco Morales y Sotolongo, Teniente Coronel de Caballería de Milicias de esta plaza, y de doña María de las Mercedes Xenes y Caballero. Tuvieron por hijos: a María de las Mercedes; a María Josefa; a María de los Dolores; a María Luisa; a Ramón; a Luis; a Antonio; a Julio; a Federico y a José Francisco de Soto-Navarro y Morales. De los cuales:

1. — Doña María Josefa de Soto-Navarro y Morales, casó con el doctor Mario Altuzarra y Carbonell, hijo de don Nicolás Altuzarra y Ruiz de Apodaca, y de doña Elvira Carbonell y Lanza.

---

1. Don José Ramón de Soto Aguilar Navarro y Rubiños, era primo del Capitán General don José María de Carvajal y Urrutia.

2. — Doña María de los Dolores de Soto-Navarro y Morales, casó con don Juan Antonio de Lasa y del Río, Coronel del Ejército Nacional de la República de Cuba, hijo de don José Miguel de Lasa y Barbería, y de doña María Luisa del Río-Noguerido y Sedano, perteneciente esta última, por su rama materna, a los progenitores de los condes de Casa-Sedano.

3. — Doña María Luisa de Soto-Navarro y Morales, bautizada en La Habana, parroquia del Espíritu Santo, el 17 de octubre de 1870, nacida el día anterior, casó en esta ciudad, parroquia de Guadalupe, el 25 de enero de 1893, con don Julio César Soler y Baró, natural de Matanzas, fallecido en Marianao el 21 de enero de 1950, II Conde de Diana desde 1922, hijo de don Juan Antonio Soler y Morell, natural de Vilanova y Geltrú, en Cataluña, I Conde de Diana en 1880, Coronel honorario de Milicias de Infantería de la plaza habanera, Concejal y Alcalde Municipal de Matanzas, Benemérito de la Patria española, Comendador de la orden de Isabel la Católica y poseedor de la Gran Cruz de la orden del Mérito Militar, y de doña Cristina Baró y Jiménez, hija a su vez del I Marqués de Santa Rita, I Vizconde de Canet de Mar.

4. — Don Federico de Soto-Navarro y Morales, bautizado en La Habana, parroquia del Santo Cristo, el 24 de diciembre de 1873, casó con doña Blanca Fernández y Ramírez, hija de don Antonio Fernández y Bermúdez, natural de Asturias, hacendado en Cuba y de doña Carlota Lacoste-Ramírez y Fuertes. Tuvieron por hijas: a Blanca y a Silvia de Soto-Navarro y Fernández.

6. — Don José Francisco de Soto-Navarro y Morales, fallecido en 1954, casó con doña María Montalvo e Iznaga, que también ha fallecido, hija de don Sebastián Montalvo y Mantilla, de los condes de Casa-Montalvo y de Macuriges, y de doña Bárbara Iznaga y Fernández de Lara. Tuvieron por hijos: a José Francisco; a Sebastián y a María del Carmen de Soto-Navarro y Montalvo. De los cuales:

1. — Don José Francisco de Soto-Navarro y Montalvo, fue casado con doña María de las Mercedes de Cinca y Morales, hija de don Juan de Cinca y Barceló, Caballero de la orden del Santo Sepulcro, y de doña María Luisa Morales y Morales, perteneciente a la casa de los marqueses de la Real Proclamación y progenitores de los marqueses de la Real Campiña.

2. — Doña María del Carmen de Soto-Navarro y Montalvo, fue casada con don Roberto Sánchez y Delgado.

URRUTIA

A principios del siglo XVII aparece esta familia ya establecida en la ciudad de la Puebla de los Angeles (Nueva España), pasando a La Habana a fines de la misma centuria.

Don Domingo de Urrutia y su mujer doña Catalina de Aguilera, tuvieron por hijo: a

Don Martín de Urrutia y Aguilera, nacido en 1616, que casó con doña Catalina del Alamo, padres a su vez: de

Don Domingo de Urrutia y del Alamo, que casó con doña Francisca Ruiz de Aguilar, teniendo por hijo: al

General José de Urrutia y Ruiz de Aguiar, natural de la Puebla de los Angeles, que testó en La Habana el 2 de noviembre de 1713 ante el escribano Miguel Hernández Arturo. Casó dos veces en esta ciudad, parroquia del Espíritu Santo: la primera el 2 de junio de 1683, con doña Bernarda Monzón y Acevedo, hija de don Agustín Monzón y Sánchez y de doña Teodora Rodríguez de Acevedo.[1] Casó por segunda vez el 14 de junio de 1700, con doña María Josefa de Matos y Puebla, natural de San Salvador del Bayamo, hija de don Agustín de Matos, Alcalde ordinario de dicha villa, y de doña Gertrudis Puebla y Orellana Cabeza de Vaca.[2]

Don José de Urrutia y Ruiz de Aguilar, y su segunda mujer doña María Josefa de Matos y Puebla, tuvieron por hijo: al

Doctor y licenciado Bernardo de Urrutia y Matos, del que se tratará en la «LINEA PRIMERA».

Don José de Urrutia y Ruiz de Aguilar, y su primera mujer doña Bernarda Monzón y Acevedo, tuvieron por hijos: a Dionisia; a María Josefa; a Nicolás; a Agustín; a Antonio y a José María de Urrutia y Monzón. Los cuales:

1. — Doña Dionisia de Urrutia y Monzón, testó ante el escribano Dionisio Pancorbo, y su defunción se encuentra en la Catedral de La Habana a 2 de septiembre de 1741.

---

1. Don Esteban Monzón, y su mujer doña Baltasara Sánchez, tuvieron por hijo: a

Don Agustín Monzón y Sánchez, natural de Medina de Rioseco, que casó en la Catedral de La Habana, el primero de octubre de 1640, con doña Teodora Rodríguez de Acevedo, hija de don Pedro Rodríguez y de doña Catalina de Acevedo. Tuvieron por hija: a

Doña Bernarda Monzón y Acevedo, que casó con don José de Urrutia y Ruiz de Aguilar, anteriormente mencionado.

2. Don Juan Gutiérrez de Puebla, casó con doña María de Orellana-Cabeza de Vaca, natural de la isla de Jamaica, y tuvieron por hija: a

Doña Gertrudis Puebla y Orellana-Cabeza de Vaca, que fue natural de la villa de San Salvador del Bayamo. Testó en La Habana el 2 de agosto de 1681, otorgando codicilo el 15 de noviembre de dicho año ante el escribano Francisco Guerra, y su defunción se encuentra en la Catedral de esta ciudad a 22 de marzo de 1709. Tuvieron por hijos: a Francisca; a María Josefa, y a Agustín de Matos y Puebla. De los cuales:

Doña María Josefa de Matos y Puebla, casó con don José de Urrutia y Ruiz de Aguilar, anteriormente mencionado.

2. — Doña María Josefa de Urrutia y Monzón, casó en La Habana, parroquia del Espíritu Santo, el 11 de agosto de 1706, con don Bartolomé Rodríguez y Rodríguez de la Ascensión, natural de esta ciudad, hijo de Bartolomé y de María.

3. — Don Nicolás de Urrutia y Monzón, fue religioso en la orden de San Agustín.

4. — Don Agustín de Urrutia y Monzón, fue también religioso en la orden de San Agustín.

5. — Don Antonio de Urrutia y Monzón, del que se tratará en la «LINEA SEGUNDA».

6. — Don José María de Urrutia y Monzón, del que se tratará en la «LINEA TERCERA».

«LINEA PRIMERA»

El doctor y licenciado Bernardo de Urrutia y Matos (anteriormente mencionado como hijo de don José de Urrutia y Ruiz de Aguilar, y de la segunda mujer de éste doña María Josefa de Matos y Puebla), bautizado en La Habana, parroquia del Espíritu Santo, el 29 de agosto de 1705, se doctoró en Cánones el 18 de noviembre de 1735, y fue Catedrático de Prima de Leyes y Vísperas de Cánones de la Real y Pontificia Universidad de San Jerónimo de La Habana por nombramiento de 16 de noviembre de 1735; Fiscal en 1742, ilustre letrado Oidor de la Real Audiencia de Santo Domingo mediante Real cédula dada el 2 de mayo de 1752, Juez de Bienes de Difuntos, Procurador general, en 1733, Consejero del monarca, Alcalde ordinario de La Habana en 1749, Juez pesquisador y Asesor de los Gobernadores de la isla de Cuba Martínez de la Vega y Güemes Horcasitas. Tan ilustre personaje testó el 17 de junio de 1752 ante el escribano Francisco García Brito, y su defunción se encuentra en la Catedral de La Habana a 21 de junio de dicho año. Casó en esta ciudad, parroquia del Espíritu Santo, el 28 de diciembre de 1725, con doña Felipa de Montoya y Hernández de Tames, a su vez bautizada en la Catedral de Santiago de Cuba el 24 de junio de 1707, la que testó el 9 de diciembre de 1761 ante el escribano Miguel Dávila, estando su defunción en La Habana, parroquia del Espíritu Santo, a 23 de diciembre de 1765, hija del Capitán Juan Jerónimo de Montoya, natural de la villa de San Clemente, en la Mancha, y de doña Elvira Hernández de Tames y Carvajal, natural de Santiago de Cuba (véanse las páginas 177, tomo I, y 315, tomo II de «Los Americanos en las Ordenes Nobiliarias», por don Guillermo Lohmann Villena). De su citado enlace, el doctor y licenciado Bernardo de Urrutia y Matos, tuvo por hijos: a María de Loreto; a Rosa Catalina; a María Gertrudis; a Antonia; a María de la Concepción; a Felipa María; a Josefa; a Elvira; a Rosalia; a María Catalina; a Cristóbal; a Joaquín; a José Casimiro; a Agustín; a Francisco José; a Carlos Luis; a Ignacio José, y a Bernardo de Urrutia y Montoya. De los cuales:

1. — Doña María de Loreto de Urrutia y Montoya, fue bautizada en La Habana, parroquia del Espíritu Santo, el 13 de enero de 1741.

2. — Doña María Gertrudis de Urrutia y Montoya, nació el 8 de marzo de 1737 y fue bautizada en la Catedral de La Habana.

3. — Doña Antonia de Urrutia y Montoya, casó en La Habana, parroquia del Espíritu Santo, el 20 de diciembre de 1745, con don Isidoro González y Ochoa, nacido en Cádiz año de 1716, al casar Alférez de Infantería de Marina quien ingresó como Cadete en la Real Compañía de la Armada española en su ciudad natal el 20 de marzo de 1729 (asiento 515, página 85, tomo I de *Real Compañía de Guardias Marinas y Colegio Naval: catálogo de pruebas,* por don Dálmiro de la Válgoma y el Barón de Finestrat), hijo de don Antonio González, Capitán de Navío, y de doña Jacinta de Ochoa.

4. — Doña María de la Concepción de Urrutia y Montoya, bautizada en La Habana, parroquia del Espíritu Santo, el 29 de octubre de 1731, fue religiosa en el convento de Santa Catalina de Sena, en esta ciudad.

5. — Doña Felipa María de Urrutia y Montoya, fue bautizada en La Habana, parroquia del Espíritu Santo, el 20 de julio de 1744, y su defunción se encuentra en esta ciudad, parroquia del Santo Angel, a 7 de julio de 1814. Casó en La Habana, parroquia del Espíritu Santo, el 7 de noviembre de 1758, con don Juan José de Jústiz y Zayas-Bazán, hijo de don Manuel José de Jústiz y Umpiérrez, Coronel de los Reales Ejércitos, Sargento Mayor y Alcaide de la fortaleza del Morro de La Habana, Gobernador y Capitán General de San Agustín de la Florida, y de doña Beatriz de Zayas-Bazán y Frómesta.

6. — Doña Josefa de Urrutia y Montoya, fue bautizada en La Habana, parroquia del Espíritu Santo, el 19 de marzo de 1733, donde casó el 27 de marzo de 1755, con el licenciado Martín José de la Rocha y Lanz natural de la isla de Santo Domingo, distinguido letrado. Abogado de la Real Audiencia de México y Corregidor de la ciudad de Querétaro, hijo del Coronel Francisco de la Rocha y Ferrer, Gobernador y Capitán General de la isla de Santo Domingo y Presidente de esa Real Audiencia y de doña Josefa de Lanz y Ezpeleta.

7. — Doña Elvira de Urrutia y Montoya, bautizada en la Catedral de La Habana el 27 de enero de 1736, testó el 7 de noviembre de 1776 ante el escribano Marcos Ramírez, y su defunción se encuentra en esta ciudad, parroquia del Santo Angel, a primero de mayo de 1778. Casó en la Habana, parroquia del Espíritu Santo, el 25 de octubre de 1755, con don Antonio María González de la Torre y González, Aponte, Coronel de los Reales Ejércitos, Sargento Mayor de esta plaza, hijo del Capitán José González de la Torre y Osorio de Pedroso y de doña Brígida González Aponte.[1]

8. — Doña Rosalía de Urrutia y Montoya, fue bautizada en La Habana, parroquia del Espíritu Santo, el 6 de diciembre de 1742, donde casó el 15 de febrero de 1765 (libro 4o. folio 149), con el licenciado Manuel

---

1. Tuvieron por hija: a doña Dorotea de la Torre y Urrutia, que fue bautizada en la Catedral de La Habana el 30 de abril de 1762.

José de Urrutia y Alvarez-Franco, abogado Oídor honorario de la Real Audiencia de Santo Domingo, Auditor de Guerra y Marina del puerto de La Habana, Oídor de las Reales Audiencias de Quito y México y del Consejo de Su Majestad, hijo de don Antonio de Urrutia y Monzón, y de doña Ana Alvarez-Franco y Rodríguez.

9. — Doña María Catalina de Urrutia y Montoya, bautizada en La Habana, parroquia del Espíritu Santo, el 16 de julio de 1749, casó en la Catedral de esta ciudad el 17 de octubre de 1776, con don Juan Dabán y Busterino, nacido en la villa de Armunia, en León el 10 de octubre de 1724, Mariscal de Campo de los Reales Ejércitos, Inspector general de las tropas de la isla de Cuba, y su Gobernador interino. luego Capitán General de la isla de Puerto Rico y Gobernador de Badajoz y de Barcelona, quien testó en Barcelona el 24 de abril de 1793, hijo de don Juan Dabán y Duga natural de San Sebastián (Guipúzcoa), Capitán de los Reales Ejércitos, y de doña Rosalía Busterino y Consuges, natural de San Sebastián.[2]

---

2. Don Juan Dabán y Busterino, y su mujer doña María Catalina de Urrutia y Montoya, tuvieron por hijos: a Catalina; a Rosalía; a María Josefa; a Felipe; a Juan; a Francisco; a Manuel, y a Antonio Dabán y Urrutia. De los cuales:

1. — Doña Rosalía Dabán y Urrutia, casó con don Antonio Lechuga, Mariscal de Campo de los Reales Ejércitos.

2. — Doña María Josefa Dabán y Urrutia, casó con don Vicente Acevedo, Intendente y Gobernador del Potosí.

3. — Doña Felipa Dabán y Urrutia, casó con don Juan Batmthler, Capitán de Suizos de Su Majestad.

4. — Don Juan Dabán y Urrutia, fue Teniente Coronel del Regimiento de Cantabria y falleció en Francia.

5. — Don Francisco Dabán y Urrutia, fue Oficial Mayor del Ministerio de Marina, Consejero en el Supremo de las Indias y en el Real Consejo de España y Ultramar, y poseyó las Ordenes de San Fernando, San Hermenegildo, Carlos III, y la del Cristo de Portugal.

6. — Don Manuel Dabán y Urrutia, fue Brigadier de Ejército, y era Gobernador de la plaza de Tarifa durante la Guerra de la Independencia española, la que defendió heroicamente. Casó con doña Teresa Tudó, de la que tuvo entre sus hijos: a

Don José Dabán y Tudó, que era Inspector general del Ministerio de Hacienda en Madrid por los años de 1878 y 1879, y el cual poseyó desde el 30 de julio de 1878 la Gran Cruz de la Orden de Isabel la Católica.

7. — Don Antonio Dabán y Urrutia, bautizado en La Habana, parroquia del Espíritu Santo, el 23 de abril de 1777, fue Capitán de Navío, Consejero del monarca y su Secretario con ejercicio y firma de Decretos, y Caballero de las Ordenes de San Fernando, San Hermenegildo y Carlos III. Falleció el 11 de mayo de 1855, y fue casado con doña Carlota Ramírez de Arellano y Angulo, a su vez fallecida el 19 de febrero de 1881, hija de don Carlos Ramírez de Arellano y Rodríguez-Arias, y de doña María del Carmen Angulo y Astorga, perteneciente a los condes de Casa-Angulo. De su citado enlace, don Anonio Dabán y Urrutia, tuvo por hijos: a María del Carmen; a Luis, y a Antonio Dabán y Ramírez de Arellano. De los cuales:

1. — Don Luis Dabán y Ramírez de Arellano, fallecido el 22 de enero de 1892, casó el 22 de agosto de 1888, con doña Teresa del Real y Saint-Just, Aceña y

Martínez de Andino, I Condesa de Verdú desde eel 3 de diciembre de 1877 (viuda en primer enlace de don Gregorio Verdú y Verdú).

2. — Don Antonio Dabán y Ramírez de Arellano, nacido en 1844 y fallecido el 25 de marzo de 1902, fue General en el Cuerpo de Infantería del Ejército español desde 1876, y poseyó en 1877 la Gran Cruz del Mérito Militar. Casó con doña María del Rosario Vallejo y Teruel, a su vez fallecida el 29 de marzo de 1913, de la que tuvo por hijo: a

Don Antonio Dabán y Vallejo, nacido el 14 de febrero de 1877 y fallecido el 10 de octubre de 1923, que casó el 2 de octubre de 1904, con doña María de la Asunción Fernández-Sedano y Candalijas, fallecida el 19 de octubre de 1923, hija de don Antonio Fernández-Sedano y Castejón, de los condes de Fuerte-Ventura, y de doña María del Pilar Candalijas y Pérez de Vargas que, por su rama materna, perteneció a la casa de los marqueses de la Merced. Tuvieron por hijos: a María del Pilar; a María del Rosario; a María; a María Teresa; a María dee los Angeles; a Antonio; a Rafael; a María de la Asunción; a Pedro; a María de la Concepción, y a María Josefa Dabán y Fernández-Sedano. De los cuales:

1. — Doña María del Rosario Dabán y Fernández-Sedano, casó el 9 de mayo de 1930, con don Manuel Pasquier.

2. — Don Antonio Dabán y Fernández-Sedano, nació el 6 de mayo de 1906.

3. — Don Rafael Dabán y Fernández-Sedano, nacido el 7 de diciembre de 1913, murió heroicamente en el frente de Somosierra el 24 de julio de 1936 durante la última guerra civil española.

4. — Don Pedro Dabán y Fernández-Sedano, nacido el 11 de octubre de 1916, como sus hermanos reside en Madrid.

---

10. — Don Cristóbal de Urrutia y Montoya, fue bautizado en La Habana, parroquia del Espíritu Santo, el 28 de diciembre de 1746.

11. — Don Agustín de Urrutia y Montoya, nacido el 28 de agosto de 1749, fue bautizado en la Catedral de La Habana.

12. — Don Joaquín de Urrutia y Montoya, fue bautizado en La Habana, parroquia del Espíritu Santo, el 30 de agosto de 1745.

13. — El licenciado Francisco José de Urrutia y Montoya, bautizado en La Habana, parroquia del Espíritu Santo, el 3 de mayo de 1748, fue Regidor perpetuo y Alguacil Mayor en México, y Caballero de la orden de Carlos III. Casó dos veces: primero con María de la Rosa y en segundas con doña María Galindo. De la primera, tuvo por hijos: a Carlos y a Antonio Urrutia y de la Rosa.

14. — Don Carlos Luis de Urrutia y Montoya, bautizado en La Habana, parroquia del Espíritu Santo, el 10 de febrero de 1751, fue Juez de Residencia, Comandante de Milicias en México, Teniente General de los Reales Ejércitos, Mariscal de Campo de los Ejércitos Nacionales, Inspector general de las tropas de la Nueva España, Gobernador e Intendente de la plaza de Veracruz, Capitán General y Gobernador de Guatemala y de la isla de Santo Domingo, y poseedor de las Grandes Cruces de las órdenes de Isabel la Católica y de San Hermenegildo. Su defunción se encuentra en La Habana, parroquia del Santo Angel, a 31 de diciembre de 1825, donde casó el 6 de diciembre de 1812, con doña María Ca-

talina de Jústiz y Urrutia, hija de don Juan José de Jústiz y Zayas-Bazán, y de doña Felipa María de Urrutia y Montoya. Tuvieron por hijos: a María de la Concepción y a Carlos María de Urrutia y Jústiz. De los cuales:

Don Carlos María de Urrutia y Jústiz, natural de la ciudad de Santo Domingo, fue Teniente Coronel de Infantería de la plaza de La Habana. Falleció soltero, y su defunción se encuentra en esta ciudad, parroquia de Guadalupe, a 18 de febrero de 1861.

15. — Don Bernardo de Urrutia y Montoya, del que se tratará en la «Rama Primera».

16. — El licenciado Ignacio José de Urrutia y Montoya, del que se tratará en la «Rama Segunda».

«Rama Primera»

Don Bernardo de Urrutia y Montoya (anteriormente mencionado como hijo del licenciado Bernardo de Urrutia y Matos, y de doña Felipa Montoya y Hernández de Tames), bautizado en La Habana, parroquia del Espíritu Santo, el 11 de septiembre de 1738, fue Administrador general del Ramo de la Pólvora y de Rentas Reales en el Reino de Nueva España. Casó en La Habana, parroquia del Espíritu Santo, el 30 de enero de 1757, con doña María de los Angeles Hidalgo-Gato y Zaldívar, hija de don Nicolás José Hidalgo-Gato y Vergara y de doña Eugenia Fernández de Zaldívar y Ximénez, perteneciente ésta a la casa progenitora de los condes de Zaldívar. Tuvieron por hijos: a Antonia María; a María de Jesús; a José María; a Bernardo y a Pedro Vicente de Urrutia e Hidalgo-Gato. De los cuales:

1. — Doña Antonia María de Urrutia e Hidalgo-Gato, no casó y su defunción se encuentra en La Habana, parroquia de Guadalupe, a 29 de diciembre de 1773.

2. — Doña María de Jesús de Urrutia e Hidalgo-Gato, testó el 24 de junio de 1835 ante Pedro Vidal Rodríguez, y su defunción se encuentra en La Habana, parroquia de Guadalupe, a 3 de julio de dicho año. Casó en la Catedral de esta ciudad, el 28 de julio de 1781, con don Blas de Zequeira y Palma-Beloso, hijo de don Felipe José de Zequeira y León, primer Conde de Lagunillas, Teniente Coronel del Regimiento de Caballería de Milicias de esta plaza, Síndico Procurador general, Tesorero de Policía, Alcalde ordinario; Caballero de las órdenes de Carlos III y de Calatrava, y de doña Ana Polonia de Palma-Beloso y Pita de Figueroa.

3. — Don José María de Urrutia e Hidalgo-Gato, no casó, y su defunción está en La Habana, parroquia de Guadalupe, a 25 de enero de 1782.

4. — Don Bernardo de Urrutia e Hidalgo-Gato, fue Oficial Real en México. Casó en La Habana, parroquia de Guadalupe, el 22 de diciembre de 1782, con doña María Francisca de Urrutia y de los Santos-Asencio,

hija de don José de Urrutia y Pérez-Barnuevo, y de doña Clara de los Santos-Asensio y Rangel de Chávez. Tuvieron por hijo: a

Don José María de Urrutia y de los Santos-Asencio, que fue Ayudante del Regimiento del Príncipe.

5. — Don Pedro Vicente de Urrutia e Hidalgo-Gato, fue Contador del Real Tribunal de Cuentas de la isla de Cuba. Testó el primero de julio de 1833 ante el escribano Pedro Vidal Rodríguez, y su defunción se encuentra en La Habana, parroquia de Guadalupe, a 2 de julio de dicho año. Casó en esta ciudad, parroquia del Santo Angel, el 28 de mayo de 1781, con doña Rafaela Josefa Escanes y Soto, hija del Capitán Juan y de Rita. Tuvieron por hijos: a María Josefa; a María de Jesús; a María de la Concepción; a María de las Mercedes; a Pedro Vicente; a Manuel y a José María de Urrutia y Escanes. Los cuales:

1. — Doña María Josefa de Urrutia y Escánes falleció párvula, y su defunción se encuentra en La Habana, parroquia del Santo Angel, a 28 de noviembre de 1783.

2. — Doña María de Jesús de Urrutia y Escanes, no casó, y su defunción se encuentra en La Habana, parroquia de Guadalupe, a 27 de septiembre de 1811.

3. — Doña María de la Concepción de Urrutia y Escanes, falleció soltera, y su defunción se encuentra en La Habana, parroquia de Guadalupe, a 26 de diciembre de 1866.

4. — Doña María de las Mercedes de Urrutia y Escanes, fue bautizada en La Habana, parroquia del Santo Angel, el 5 de marzo de 1801, y su defunción se encuentra en esta ciudad, parroquia de Guadalupe, a 15 de marzo de 1867. Casó dos veces: la primera, en la referida parroquia de Guadalupe, el 22 de junio de 1825, con don Félix Lemaur y de la Muráire, natural de Bembibre de Vierzo, Astorga, ingeniero militar, Brigadier de los Reales Ejércitos, Gobernador Político y Militar de la villa de Trinidad, hijo de don Carlos Lemaur y Burriel, Capitán de Ingenieros de España, y de doña Juana de la Muráire y Colart. Casó por segunda vez, con el Teniente Coronel Pedro Serafín de Torres.

5. — Don Pedro Vicente de Urrutia y Escanes, bautizado en La Habana, parroquia del Santo Angel el 8 de marzo de 1792, casó en la Catedral de esta ciudad el 4 de diciembre de 1815, con doña María de la Concepción Hidalgo-Gato e Hidalgo-Gato, hija del licenciado Luis José Hidalgo-Gato y Rodríguez-Morejón, ilustre letrado, Abogado de las Reales Audiencias de México y de Puerto Príncipe, Juez de Bienes de Difuntos Teniente de Regidor y Apoderado Defensor del Ayuntamiento de La Habana y de la Real Compañía, Consultor de los Gobernadores de la isla de Cuba, Vocal de la Junta de Censura e Individuo de la de Represalias, y de doña Clara Hidalgo-Gato y Zaldívar.

6. — Don Manuel de Urrutia y Escanes, natural de la villa de Puerto Príncipe, fue Subteniente del Batallón Libero de Tarragona. Casó en La Habana, parroquia de Guadalupe, el 27 de diciembre de 1823, con doña

María de la Concepción Percheman y Silva, hija de don Juan de Percheman, Teniente de Dragones de esta plaza, y de doña Lorenza de Silva. Tuvieron por hijo: al Subteniente Bernardo de Urrutia y Percheman.

7. — Don José María de Urrutia y Escanes, Comandante del Batallón Primero de Cataluña y Coronel de Infantería, casó en La Habana en 1817, ante el capellán castrense del Regimiento de Tarragona, con doña María de Jesús del Rosario de Córdoba e Hidalgo-Gato, hija de don José Félix de Córdoba-Verdes y Castro, natural de la ciudad de Caracas, Tte. Coronel del Rogimiento de Infantería de los Reales Ejércitos y de la plaza de La Habana, Gobernador y Capitán a Guerra, Subdelegado de Real Hacienda de la villa de San Julián de Puerto Príncipe, y de doña María Josefa Hidalgo-Gato y Murguía. Tuvieron por hijos: a María Victoria; a María Matilde Guillerma; a María Leonor; a Federico; al Teniente Enrique; a José María; y a Ramón Cecilio de Urrutia y Córdoba. De los cuales:

1. — Doña María Victoria de Urrutia y Córdoba, bautizada en La Habana, parroquia del Santo Angel, el 13 de enero de 1826 y nacida el 23 de diciembre de 1825, casó con don Manuel de Larios y Fernández de Córdova, hijo de don Mariano de Larios, Comisario Ordenador y Tesorero de las Arcas en Quito, y de doña María de la Soledad Fernández de Córdova.

2. — Doña María Leonor de Urrutia y Córdoba, casó en la Catedral de La Habana el 31 de marzo de 1843, con el Capitán Manuel de Armiñán y Lecanda. Teniente del Regimiento Fijo de Santiago de Cuba, hijo del Coronel Manuel de Armiñán y Coalla, y de doña Manuela Lecanda y Sánchez.

3. — El Capitán José María de Urrutia y Córdoba, fue bautizado en la Catedral de La Habana el 2 de junio de 1819.

4. — Don Ramón Cecilio de Urrutia y Córdoba, fue bautizado en La Habana, parroquia del Santo Angel, el 18 de febrero de 1827. Casó en esta ciudad, parroquia de Guadalupe, el 10 de junio de 1854, con doña María Josefa de Ibarra y Sanz de Laguardia, hija de don Agustín de Ibarra y Sanz de Laguardia, Coronel de Milicias, y de doña María de los Dolores Sanz de Laguardia. Tuvieron por hijos: a José María y a Agustín de Urrutia e Ibarra. De los cuales:

Don Agustín de Urrutia e Ibarra, fue bautizado en La Habana, parroquia de Guadalupe, el 20 de junio de 1855.

5. — Doña María Matilde Guillerma de Urrutia y Córdoba, natural de La Habana, casó en esta ciudad, parroquia de Guadalupe, el 10 de octubre de 1855, con don Joaquín Ciriaco Fernández de Córdova y Navarro, natural de Santa Fe de Bogotá, Oficial de la Contaduría general de Ejército de la isla de Cuba, hijo de don Rafael Fernández de Córdova y Valencia, Garrido y Fernández del Castillo, Coronel de Ejército, firmante del acta de la Independencia de Colombia y de doña Nicolasa Navarro y Alguedo.

«Rama Segunda»

El licenciado Ignacio José de Urrutia y Montoya (anteriormente mencionado como hijo del licenciado Bernardo de Urrutia y Matos, y de doña Felipa Montoya y Hernández de Tames), bautizado en la Catedral de La Habana el 21 de enero de 1735, se graduó de bachiller en Cánones y Leyes en la Universidad de México el 3 de agosto de 1754, doctorándose en Derecho Canónico en la Universidad Pontificia de La Habana el 18 de diciembre de 1765. Este letrado fue Abogado de los Reales Consejos y Audiencias de México y Santo Domingo, Auditor interino de Marina, Comisario de la Real y Pontificia Universidad de La Habana en 1783, Colegial de erección del Real Pontificio Tridentino Seminario Mexicano, Juez de Bienes de Difuntos, Asesor general de la Intendencia de La Habana y de la Sargentía Mayor de Villaclara, tomando parte en la creación de la Intendencia de Ejército y Real Hacienda de la isla de Cuba. Fue un distinguido escritor e historiador, y en unión del doctor Gabriel Beltrán de Santa Cruz y Aranda, I Conde de San Juan de Jaruco, redactó en 1764 «El Pensador», primer periódico literario publicado en Cuba, y fue además el autor del «Teatro Histórico Jurídico y Político Militar de la isla Fernandina de Cuba y principalmente de su capital La Habana», dedicado al Rey Carlos III, y del «Compendio de Memorias para la Historia de la isla Fernandina de Cuba» dedicada al Rey Carlos IV. Hizo información de nobleza en el ayuntamiento de La Habana, la cual consta en el libro 37 de Actas de Cabildo, al folio 169 vuelto. Testó el 19 de mayo de 1794, ante el escribano José Rodríguez, y su defunción se encuentra en La Habana, parroquia del Santo Angel, a 17 de octubre de 1795. Casó en esta ciudad, parroquia del Espíritu Santo, el 28 de junio de 1759, con doña Ana Josefa Hidalgo-Gato y Zaldívar, hija de don Nicolás José Hidalgo-Gato y Vergara y de doña Eugenia Fernández de Zaldívar y Ximénez. Tuvieron por hijos: a María de las Mercedes; a María Josefa; a Ignacio; a Joaquín; a Mariano y a Manuel José de Urrutia e Hidalgo-Gato. De los cuales:

1. — Doña María Josefa de Urrutia e Hidalgo-Gato, no casó, y su defunción se encuentra en La Habana, parroquia de Guadalupe, a 28 de febrero de 1837.

2. — Don Ignacio de Urrutia e Hidalgo-Gato, fue Teniente Coronel de la plaza de La Habana. Casó en esta ciudad, parroquia del Santo Angel, el 24 de marzo de 1798, con doña Juana de la Rosa y Bermúdez, hija de Pedro y de Ana. Tuvieron entre sus hijos: a

Don Ramón de Urrutia y de la Rosa, que fue Subteniente del Regimiento de Nueva España.

3. — Don Joaquín de Urrutia e Hidalgo-Gato, Coronel en la plaza de La Habana, pasó a España, muriendo en el sitio de Zaragoza. Casó con doña Bárbara de Echagüe.

4. — Don Mariano de Urrutia e Hidalgo-Gato, del que se tratará en la «Rama A».

5. — El Capitán Manuel José de Urrutia e Hidalgo-Gato, del que se tratará en «Rama B».

«Rama A»

Don Mariano de Urrutia e Hidalgo-Gato (anteriormente mencionado como hijo del licenciado Ignacio José de Urrutia y Montoya, y de doña Ana Josefa Hidalgo-Gato y Zaldívar), nacido el 23 de abril de 1789 y bautizado en la Catedral de La Habana, fue Capitán de Infantería del Regimiento de Puebla. Testó ante el escribano Mauricio de Porras Pita, el 3 de enero de 1823 y su defunción se encuentra en esta ciudad, parroquia del Espíritu Santo, a 13 de febrero de dicho año. Casó con doña María de la Concepción Mendoza, teniendo por hijo: a

Don Ignacio de Urrutia y Mendoza, que fue Teniente de los Escuadrones Rurales de Fernando VII. Testó el 5 de mayo de 1862 ante Francisco de Ayala, y su defunción se encuentra en La Habana, parroquia del Espíritu Santo, a 8 de mayo de dicho año. Casó dos veces; la primera, con doña María de Belén Ramos, y la segunda, en esta ciudad, parroquia del Espíritu Santo, el 23 de diciembre de 1846, con doña María de los Dolores de Aparicio y Soto, hija de Nicolás y de María Agustina.

Don Ignacio de Urrutia y Mendoza, y de doña Joaquina Valdés-Ramírez, tuvieron por hijos: a Mariano y a Pedro de Urrutia y Valdés-Ramírez. Los cuales:

1. — Don Mariano de Urrutia y Valdés-Ramirez, casó dos veces: una de ellas, con doña Josefa Armenteros.

Don Mariano de Urrutia y Valdés-Ramírez y doña Josefa Valdés tuvieron por hijo: a

Don Justo de Urrutia y Valdés, que fue bautizado en La Habana, parroquia del Espíritu Santo, el 30 de marzo de 1857.

Don Mariano de Urrutia y Valdés-Ramírez y su primera mujer doña Josefa Armenteros, tuvieron por hijo: a

Don Joaquín de Urrutia y Armenteros, que casó con doña Escolástica Tarrá y Casas, natural de Pinar del Río, hija de José y de Ignacia. Tuvieron por hijo: a

Don Joaquín de Urrutia y Tarrá, que fue bautizado en La Habana, parroquia del Espíritu Santo, el 16 de noviembre de 1816.

2. — Don Pedro de Urrutia y Valdés-Ramírez, casó en La Habana, parroquia del Espíritu Santo, el 27 de febrero de 1860, con doña Juliana Carmona y del Castillo, hija de don José Carmona, Teniente de Artillería, y de doña María de la Encarnación del Castillo. Tuvieron por hijos: a Alejandro; a Pablo y a José Leandro de Urrutia y Carmona. Los cuales:

1. — Don Alejandro de Urrutia y Carmona, fue bautizado en La Habana, parroquia del Espíritu Santo, el 25 de abril de 1880.

2. — Don Pablo de Urrutia y Carmona, fue bautizado en La Habana, parroquia del Espíritu Santo el 27 de marzo de 1882.

3. — Don José Leandro de Urrutia y Carmona, casó en La Habana, parroquia del Espíritu Santo el 2 de diciembre de 1882, con doña María Petrona Balseiro y Larrey, natural de Guanabacoa, hija de Antonio y de María de los Santos.

«Rama B»

Don Manuel José de Urrutia e Hidalgo-Gato (anteriormente mencionado como hijo del licenciado Ignacio José de Urrutia y Montoya, y de doña Ana Josefa Hidalgo-Gato y Zaldívar), bautizado en la Catedral de La Habana el 27 de octubre de 1760, fue Capitán de Milicias. Casó dos veces: la primera, en esta ciudad, parroquia del Santo Angel, el 14 de enero de 1794, con doña María Josefa Duarte y Palacios, y la segunda en La Habana, parroquia de Guadalupe, el 2 de octubre de 1810, con doña Micaela Duarte y Palacios, hijas ambas de don Luis Duarte y Pérez Borroto y de doña María Josefa Palacios y Sánchez. De su primera mujer tuvo por hijos: a María de Jesús y a Luis José de Urrutia y Duarte. Y de la segunda a Carlos y a José de Urrutia y Duarte. Los cuales:

1. — Doña María de Jesús de Urrutia y Duarte, fue natural de La Habana, y párvula, su defunción se encuentra en esta ciudad, parroquia del Santo Angel, a 5 de junio de 1793.

2. — Don Luis José de Urrutia y Duarte, fue Capitán de ejército, y como Caballero, perteneció a la Real y Militar orden de San Hermenegildo. Su defunción se encuentra en La Habana, parroquia de Guadalupe, a 17 de febrero de 1864, donde casó el 22 de enero de 1823, con doña María Aleja del Carmen Vázquez y Jorge, hija de Ramón y de María de los Dolores. Tuvieron por hijos: a Eusebia de los Dolores; a María de la Ascensión y a Francisco de Urrutia y Vázquez.

3. — Don Carlos de Urrutia y Duarte, fue bautizado en La Habana, parroquia de Guadalupe, el 19 de diciembre de 1818, donde casó el 26 de diciembre de 1840, con doña Teresa Josefa Pérez y Ramírez, hija de don Pedro Nolasco Pérez y Valdés y de doña María de la Luz Ramírez y Gallo.

4. — Don José de Urrutia y Duarte, casó con doña María de la Concepción Llorente y Valdés, y tuvieron por hijo: a

Don José de Urrutia y Llorente, que casó con doña María Teresa Pérez y Nadal, hija de don Ramón Pérez y Ramírez, y de doña Teresa Nadal y Cabanilla. Tuvieron por hijos: a José Alfredo y a Miguel Angel de Urrutia y Pérez. Los cuales:

1. — El doctor José Alfredo de Urrutia y Pérez, nacido en La Habanan, el 19 de julio de 1893, es abogado.

2. — Don Miguel Angel de Urrutia y Pérez, nació en La Habana el 9 de mayo de 1895.

«LINEA SEGUNDA»

Don Antonio de Urrutia y Monzón (anteriormente mencionado como hijo de don José de Urrutia y Ruiz de Aguilar y de su primera mujer, doña Bernarda Monzón y Acevedo, fue Síndico del convento de San Francisco de La Habana. Testó el 4 de febrero de 1755 ante Antonio Ponce de León, y su defunción se encuentra en la Catedral de esta ciudad a 6 de abril de 1759. Casó dos veces: la primera en la Catedral de La Habana el 3 de agosto de 1724, con doña Ana Alvarez-Franco y Rodríguez, natural de La Habana, hija de Domingo Manuel y de Tomasa. Y la seguna vez casó en esta ciudad, parroquia del Espíritu Santo, el 6 de febrero de 1746, con su pariente doña Francisca Josefa de Prados y Urrutia, la que testó ante el escribano Ignacio Rodríguez el 15 de septiembre de 1784, encontrándose su defunción en La Habana, parroquia del Santo Cristo, a 17 de septiembre de dicho año, hija de don Francisco de Prado y Roxas, y de doña María Catalina de Urrutia y Arriaga. De su primera mujer tuvo por hijos: a Manuel José y a Francisco José de Urrutia y Alvarez-Franco. Y de su segundo matrimonio tuvo: a Antonia; a Francisca; a Teresa; a Juan Francisco y a Antonio María de Urrutia y Prados. Los cuales:

1. — Don Manuel José de Urrutia y Alvarez-Franco, del que se tratará en la «Rama Primera».

2. — Don José Francisco de Urrutia y Alvarez-Franco, del que se tratará en la «Rama Segunda».

3. — Doña Antonia de Urrutia y Prados, nació en La Habana, y su defunción se encuentra en la Catedral de esta ciudad, a 5 de agosto de 1758.

4. — Doña Francisca de Urrutia y Prados, testó el 19 de febrero de 1808 ante el escribano José Leal y su defunción se encuentra en La Habana, parroquia del Espíritu Santo, a 7 de agosto de 1820, donde casó el 17 de octubre de 1785, con don Francisco López y Godoy, natural de la villa de Pontevedra, Galicia, hijo de don Benito López Tarriña, y de doña María Alberta Godoy.

5. — Doña Teresa de Urrutia y Prados, casó en La Habana, parroquia del Espíritu Santo, el 16 de julio de 1767, don don Cesáreo Agustín de la Torre y Ceballos Dávalos, natural de Puchio, en el Perú, hijo del General Lorenzo Felipe de la Torre, y de doña Francisca Ceballos-Dávalos y Alvera.

6. — Don Juan Francisco de Urrutia y Prados, fue presbítero. Testó el 6 de noviembre de 1823 ante José Leal, y su defunción se encuentra en La Habana, parroquia del Espíritu Santo, a 2 de diciembre de dicho año.

7. — Don Antonio María de Urrutia y Prados, nació el 18 de mayo de 1750 y fue bautizado en la Catedral de La Habana, donde se encuentra su defunción a 5 de agosto de 1758.

«Rama Primera»

El licenciado Manuel José de Urrutia y Alvarez-Franco (anteriormente mencionado como hijo de don Antonio de Urrutia y Monzón, y de su primera mujer doña Ana Alvarez-Franco), fue abogado, Oídor de las Reales Audiencias de Quito y México, honorario de la de Santo Domingo, Auditor de Guerra y Marina del puerto de La Habana, y del Consejo de Su Majestad. Testó con su primera mujer el 28 de marzo de 1761 ante el escribano Juan Salinas. Casó dos veces en La Habana, parroquia del Espíritu Santo: la primera, el 10 de abril de 1753, con su pariente doña Francisca de Paula Prados y Urrutia, cuya defunción se encuentra en la parroquia de Santiago de las Vegas, a 10 de agosto de 1762, hija de don Francisco de Prados y Rozas, y de doña María Catalina de Urrutia y Arriaga. Casó la segunda vez en la referida parroquia del Espíritu Santo el 15 de febrero de 1765 (libro 4.º folio 149), con su también pariente doña Rosalia Catalina de Urrutia y Arriaga, hija de don José Vicente de Urrutia y Mexia, y de doña Teresa de Arriaga y Rodríguez de Escobar. De su segunda mujer tuvo por hijas: a Francisca de Paula y a María de la Concepción Urrutia y Urrutia. Las cuales:

1. — Doña Francisca de Paula Urrutia y Urrutia, fue bautizada en la Catedral de La Habana el 2 de abril de 1766. Casó con el Teniente Coronel Luis de Tovar y Caro, natural de Sevilla, Capitán de Fragata de la Real Armada, en la que como Cadete había ingresado el 3 de agosto de 1775, Gobernador de Acapulco, en la Nueva España, hijo de don Juan Francisco de Tovar Avellaneda y Upton de Fuentes, Cabrera y Buenaño, natural de Sevilla, su Jurado y Veinticuatro, Alcalde Mayor y Diputado del Común en dicha ciudad, Marqués de Avellaneda, y de doña Gertrudis Caro Tavera y Gómez Rayo, Tello Cabezas y García de Segovia, natural de Sevilla.[1]

2. — Doña María de la Concepción Urrutia y Urrutia, fue bautizada en la Catedral de La Habana el 24 de abril de 1767.

Don Manuel José de Urrutia y Alvarez-Franco, y su primera mujer doña Francisca de Paula Prados y Urrutia, tuvieron por hijos: a Ana

---

1. De su citado enlace, doña Francisca de Paula Urrutia y Urrutia, tuvo por hija: a

Doña María Rosalía de Tovar y Urrutia, nacida el 2 de febrero de 1793 y bautizada en la Catedral de México el 6 de ese mes, donde casó el 31 de octubre de 1812, con don Manuel de Ceballos y Padilla, nacido a su vez el 22 de diciembre de 1793 y bautizado en la Catedral de México al día siguiente, Capitán del Escuadrón de Patriotas de Caballería de México y VI Marqués de Santa Fe de Guardiola, hijo de don José Antonio Fernández de Ceballos y González-Calderón, González-Cacho y Estrada, natural de México, Capitán y Comandante de la Guardia del Virrey, Teniente Coronel de ejército y Caballero de la Orden de Carlos III, y de doña Mariana de Padilla y de la Cotera, V Marquesa de Santa de Guardiola, en la Nueva España. Fueron los padres de María de Guadalupe y de Luis de Ceballos y Tovar, Padilla y Urrutia, de los que se trata con su descendencia en la «Rama Segunda» del Capítulo II «Línea de los Condes de Castelo y de los Marqueses de Santa Fe de Guardiola», en la obra aún inédita LOS BOCANEGRA EN NUEVA ESPAÑA, por Rafael Nieto y Cortadellas.

María; a María Catalina; a Antonio y a Francisco Antonio de Urrutia y Prados. De los cuales:

1. — Doña Ana María de Urrutia y Prados, fue bautizada en la Catedral de La Habana el 6 de septiembre de 1756.

2. — Don Francisco Antonio de Urrutia y Prados, bautizado en la Catedral de La Habana el 15 de octubre de 1757, testó el 24 de julio de 1809, y su defunción se encuentra en esta ciudad, parroquia del Espíritu Santo, a 30 de julio de dicho año. Casó en La Habana, parroquia del Santo Cristo, el 28 de diciembre de 1772, con su pariente doña María Clara Catalina Alvarez-Franco y Eligio de la Puente, natural de esta ciudad, hija del doctor Juan José Alvarez-Franco y Rodríguez, médico-cirujano, Protomédico Regente de esta jurisdicción, y de doña Leonor Eligio de la Puente y González-Cabello. Tuvieron por hijos: a María; a Mariana; a María Ignacia; a María del Rosario; a Antonio; a José María; a Juan Bautista; a Juan José y a José Francisco de Urrutia y Alvarez-Franco. De los cuales:

1. — Doña María Ignacia de Urrutia y Alvarez-Franco, fue bautizada en La Habana, parroquia del Espíritu Santo, el 31 de octubre de 1798

2. — Doña Mariana de Urrutia y Alvarez-Franco, fue natural de La Habana y su defunción está en la parroquia habanera del Santo Cristo, a 27 de mayo de 1790.

3. — Doña María del Rosario Josefa de Urrutia y Alvarez-Franco, bautizada en la Catedral de La Habana el 30 de mayo de 1783 y cuya defunción se encuentra en esta ciudad, parroquia de Guadalupe, a 3 de mayo de 1815, casó en La Habana, parroquia del Santo Cristo, el 26 de abril de 1803, con don Juan José Pastrana y de la Cruz-Guerra, hijo de don Juan José Pastrana y Orta, y de doña Rosa María de la Cruz-Guerra y Pérez.

4. — Don Antonio de Urrutia y Alvarez-Franco, testó ante el escribano José Rafael de Meza, y su defunción se encuentra en la parroquia del Guatao (provincia de La Habana), a 12 de abril de 1818. Casó en La Habana, parroquia de Guadalupe, el 23 de septiembre de 1811, con doña María de las Mercedes Moya y Govín, hija de don Mariano de Moya y Martín y de doña María de los Dolores Govín y Aday, naturales de esta ciudad. Tuvieron por hijos: a María de los Dolores y a Antonio de Urrutia y Moya.

5. — Don Juan José de Urrutia y Alvarez-Franco, bautizado en La Habana, parroquia del Santo Cristo, el 24 de agosto de 1800, casó en la parroquia del Guatao el 16 de abril de 1823, con doña Rita Herrera y Castro-Palomino, hija de don Juan Antonio Herrera y Cabrera, natural de Canarias, y de doña María Victoriana de Castro-Palomino y Arcia. Tuvieron por hijos: a Francisco Antonio y a Ambrosio de Urrutia y Herrera. Los cuales:

1. — Don Francisco de Urrutia y Herrera, fue bautizado en la parroquia del Guatao el 5 de abril de 1825.

2. — Don Ambrosio de Urrutia y Herrera, fue bautizado en la parroquia del Guatao el 11 de abril de 1829.

«Rama Segunda»

Don José Francisco de Urrutia y Alvarez-Franco (anteriormente mencionado como hijo de don Antonio de Urrutia y Monzón, y de su primera mujer doña Ana Alvarez-Franco), fue bautizado en la Catedral de La Habana el 27 de mayo de 1734, testando ante el escribano José Lorenzo Rodríguez el 10 de octubre de 1802, y estando su defunción en esta ciudad, parroquia del Espíritu Santo, a 11 de abril de 1896. Casó en La Habana, parroquia del Santo Cristo, el 29 de junio de 1761, con doña Cecilia de Uribe y Díaz, bautizada a su vez en esa última parroquia en diciembre de 1741, y cuya defunción se encuentra en la parroquia habanera del Espíritu Santo, a 12 de septiembre de 1808, hija de don Francisco Xavier de Uribe y Pérez, y de doña Juana Teresa Díaz y Vázquez. Tuvieron por hijos: a Ana Josefa; a Isabel; a María Josefa; a Manuela; a José Antonio; a Ignacio José; a José María; a José Agustín y a Manuel José de Urrutia y Uribe. De los cuales:

1. — Doña Ana Josefa de Urrutia y Uribe, fue bautizado en la Catedral de La Habana el 29 de marzo de 1775.

2. — Doña María Josefa de Urrutia y Uribe, fue bautizada en La Habana, parroquia del Santo Cristo, el 8 de septiembre de 1770.

3. — Doña Manuela de Urrutia y Uribe, bautizada en La Habana, parroquia del Espíritu Santo, el primero de julio de 1778, testó ante el escribano Pedro Vidal Rodríguez, y su defunción, soltera, se encuentra en dicha parroquia a 5 de julio de 1848.

4. — Don José Antonio de Urrutia y Uribe, fue bautizado en La Habana, parroquia del Santo Cristo, el 11 de febrero de 1767.

5. — Don Ignacio José de Urrutia y Uribe, fue bautizado en La Habana, parroqiua del Santo Cristo, el 11 de febrero de 1767.

6. — Don José María de Urrutia y Uribe, bautizado en La Habana, parroquia del Espíritu Santo, el primero de febrero de 1781, no casó, testando el 6 de noviembre de 1837 ante el escribano Juan Entralgo, y su defunción se encuentra en la referida parroquia a 25 de enero de 1838.

7. — Don José Agustín de Urrutia y Uribe, bautizado en La Habana, parroquia del Santo Cristo, el 4 de mayo de 1768, fue Capitán en el partido de Arroyo-Arenas. Casó dos veces en La Habana: la primera, en la parroquia del Espíritu Santo, el 7 de diciembre de 1792, con su pariente doña Isabel Carreño y Urrutia, que testó ante el escribano Jorge Díaz Velázquez, y cuya defunción se encuentra en la parroquia de San Antonio de los Baños a 9 de agosto de 1800, hija de don José Rodrigo Carreño-Cabeza de Vaca, y de doña Bárbara de Urrutia y Arriaga. Casó por segunda vez en La Habana, parroquia de Guadalupe el 29 de noviembre de 1829, con doña María de Monserrate Brucet de Azcona y González,

natural de esta ciudad, hija de don Dionisio Brucet de Azcona y Muniel, y de doña María Josefa González y Velasco de Aragón. De su primera mujer tuvo por hijos; a Joaquín y a Antonio María de Urrutia y Carreño. De los cuales:

Don Antonio María de Urrutia y Carreño, fue Oficial de primera clase del Tribunal Mayor de Cuentas de la isla de Cuba, Regidor del Ayuntamiento de La Habana y Veinticuatro de Sevilla. Casó en La Habana, parroquia del Santo Cristo, el 19 de agosto de 1844, con doña María de Belén Juana de Armas y Valdés, hija de Miguel y de Rita. Tuvieron por hija: a Manuela de Urrutia y Armas.

8. — Don Manuel José de Urrutia y Uribe, fue bautizado en La Habana, parroquia del Espíritu Santo, el 13 de enero de 1780, donde casó el 22 de agosto de 1811, con doña María de las Mercedes Valdés. Tuvieron por hijos: a Paula Belén; a María de las Mercedes; a Manuel; a José María; a Francisco de Asís y a Pedro de Alcántara Urrutia y Valdés. De los cuales:

1. — Doña María de las Mercedes Urrutia y Valdés, fue natural de La Habana y su defunción se encuentra en esta ciudad, parroquia del Espíritu Santo, a 16 de junio de 1814.

2. — Doña Paula Belén de Urrutia y Valdés, bautizada en la Habana, parroquia del Espíritu Santo, el 12 de marzo de 1809, testó el 6 de abril de 1848 ante Gaspar Villate, y su defunción se encuentra en esta ciudad, parroquia del Espíritu Santo, a 22 de mayo de ese año 1848. Casó en la parroquia de Guanabacoa el 6 de agosto de 1823, con don Juan de la Cruz Sotolongo y Saravia, Capitán del Regimiento de Caballería de Milicias de la plaza de La Habana, hijo de don José María Sotolongo y González-Carvajal, y de doña Catalina Saravia y Palma-Veloso.

3. — El licenciado José María de Urrutia y Valdés, bautizado en La Habana, parroquia del Espíritu Santo, el 8 de agosto de 1812, casó en la Catedral de Matanzas en 1837, con doña Casiana Sáenz de Majarrés y Arjona, hija de don Manuel Sáenz de Majarrés, Tesorero de la Administración de Rentas Reales de Matanzas y de doña María de los Dolores Arjona.

4. — Don Manuel José de Urrutia y Valdés, cuya defunción está en La Habana, parroquia del Espíritu Santo, a 27 de diciembre de 1856, casó en esa parroquia el 12 de abril de dicho año, con doña Feliciana Blanco y Alvarez, natural de San Juan de Puerto Rico, hija de Agustín y de Nicolasa. Tuvieron por hijos: a María de las Mercedes; a Juana Evangelista y a Julián de Urrutia y Blanco.

5. — Don Francisco de Asís Urrutia y Valdés, bautizado en La Habana, parroquia del Espíritu Santo, el 12 de abril de 1817, casó en la parroquia de la villa de Guanabacoa el 24 de diciembre de 1854, con doña Luisa Rita Zamora y Ceulino, hija de don Antonio Zamora y Elzardi, natural de la ciudad de Plasencia, Guipúzcoa y de doña María de los Dolores Ceulino y Casaus, natural de la Nueva Orleans.

6. — Don Pedro de Alcántara Urrutia y Valdés, bautizado en La Habana, parroquia del Espíritu Santo el 7 de noviembre de 1818, fue Oficial Segundo del Real Tribunal de Cuentas de la isla de Cuba. Su defunción se encuentra en la referida parroquia a 7 de abril de 1888, donde casó el 22 de enero de 1848, con doña María Bernabela Valdés-Polo, y tuvieron por hijos: a Luis María; a Pedro de Alcántara; a Pedro Tomás y a José Manuel de Urrutia y Valdés-Polo. Los cuales:

1. — Don Luis María de Urrutia y Valdés-Polo, fue bautizado en La Habana, parroquia del Espíritu Santo, el 22 de julio de 1856.

2. — Don Pedro de Alcántara de Urrutia y Valdés-Polo, fue bautizado en La Habana, parroquia del Espíritu Santo, el 24 de julio de 1849.

3. — Don Pedro Tomás de Urrutia y Valdés-Polo, casó con doña María de los Dolores Valdés, y tuvieron por hija: a

Doña María de los Dolores Urrutia y Valdés, cuya defunción se encuentra en La Habana, parroquia del Espíritu Santo, a 21 de julio de 1888.

4. — Don José Manuel de Urrutia y Valdés-Polo, bautizado en La Habana, parroquia del Espíritu Santo, el 24 de abril de 1851, casó en la parroquia de la villa de Guanabacoa el 5 de enero de 1881, con doña Bárbara Navarro y Valdés Consuegra, hija del doctor José María Navarro y Cardeyra, abogado, Relator de la Real Audiencia Pretorial de La Habana y de doña Rafaela Valdés Consuegra y García.,

«LINEA TERCERA»

Don José María de Urrutia y Monzón (anteriormente mencionado como hijo de don José de Urrutia y Ruiz de Aguilar, y de su primera mujer doña Bernarda Monzón y Acevedo), testó el 9 de agosto de 1752 ante el escribano Antonio Ponce de León, y su defunción se encuentra en la Catedral de La Habana el 23 de agosto de dicho año. Casó dos veces en esta ciudad: la primera en la parroquia del Espíritu Santo el 19 de marzo de 1703, con doña María Teresa Mexía y Valero, hija de Francisco y Francisca; y la segunda en la Catedral el 3 de agosto de 1724, con doña Ana Alvarez y Rodríguez, hija de Domingo Manuel y de Teresa. De su primera mujer tuvo por hijos: a María Catalina y a José Vicente de Urrutia y Mexía. De los cuales:

Don José Vicente de Urrutia y Mexía, cuya defunción está en La Habana, parroquia del Santo Cristo, a 19 de noviembre de 1781, casó tres veces: la primera, con doña Josefa Soriano; la segunda en esta ciudad, parroquia del Espíritu Santo el 30 de agosto de 1724, con doña Teresa de Arriaga y Rodríguez de Escobar, hija de don Cristóbal de Arriaga y Ramírez y de doña Francisca Rodríguez y Escobar, naturales de La Habana. Casó por tercera vez en la referida parroquia el 5 de agosto de 1760 (libro 4o. folio 48), con doña Jerónima Daniel y Monzón, hija de José y de María. De su segunda mujer tuvo por hijos: a Bárbara; a María Catalina; a Luis José y a Agustín de Urrutia y Arriaga. Los cuales:

1. — Doña Bárbara de Urrutia y Arriaga, testó el 20 de noviembre de 1805 ante José Lorenzo Rodríguez y su defunción se encuentra en La Habana, parroquia del Espíritu Santo, a 25 de enero de 1806. Casó con don José Rodrigo Carreño-Cabeza de Vaca.

2. — Doña María Catalina de Urrutia y Arriaga, casó en la Catedral de La Habana el 10 de julio de 1723, con don Francisco de Prados y Roxas, natural de Cádiz, hijo de Pedro y de Juana.

3. — El licenciado Luis José de Urrutia y Arriaga, distinguido letrado, Abogado de las Reales Audiencias de México y de Santo Domingo, testó ante el escribano Marcos Ramírez el 24 de enero de 1770, y su defunción se encuentra en La Habana, parroquia del Santo Cristo, a 3 de julio de dicho año. Casó en esta ciudad, parroquia del Espíritu Santo, el 16 de enero de 1746, con doña Manuela Josefa Pérez-Barnuevo y González de la Barrera, hija de don Francisco Pérez-Barnuevo y Alvarez, y de doña María Antonia González de la Barrera. Tuvieron por hijos: a Manuela Josefa; a Juan José; a Ignacio; a Luis; a Manuel y a José Mariano de Urrutia y Pérez-Barnuevo. De los cuales:

A. — Doña Manuela Josefa de Urrutia y Pérez-Barnuevo, testó ante el Alcalde Francisco Quintana, y su defunción se encuentra en la parroquia de San Antonio de los Baños, a 13 de enero de 1817. Casó en La Habana, parroquia del Espíritu Santo, el 30 de marzo de 1795, con don Juan José de la Cuesta y Fernández-Poveda, hijo de don Juan José de la Cuesta Velasco y Carriazo, natural del lugar de Penago, en el arzobispado de Burgos, y de doña Luisa Teresa Fernández-Poveda y García-Menocal, natural de La Habana.[1]

B. — Don Manuel de Urrutia y Pérez-Barnuevo, fue bautizado en La Habana, parroquia del Santo Cristo, el 17 de junio de 1760.

C. — Don Ignacio de Urrutia y Pérez-Barnuevo, no casó y su defunción se encuentra en La Habana, parroquia de Guadalupe, a 26 de diciembre de 1803.

---

1. Don Juan Francisco de la Cuesta Velasco, y su mujer doña Antonia Carriazo, tuvieron por hijo: a

Don Juan José de la Cuesta Velasco y Carriazo, natural del lugar de Penago, en el arzobispado de Burgos, que casó dos veces: la primera con doña Antonia Santos; y la segunda, en La Habana, parroquia del Espíritu Santo, el 25 de enero de 1753, con doña Luisa Teresa Fernández-Poveda y García-Menocal, natural de esta ciudad, hija de don Agustín Fernández-Poveda y Pulido, y de doña Juana García-Menocal y González-Arango. De su segunda mujer, tuvo por hijo: a

Don Juan José de la Cuesta y Fernández-Poveda, natural de La Habana, cuya defunción se encuentra en la parroquia de San Antonio de los Baños a 23 de noviembre de 1814. Casó dos veces: la primera, con doña Baltasara González de Chaves y Cadenas, natural de La Habana, hija de Francisco y de Victorina; y la segunda casó con doña Manuela Josefa de Urrutia y Pérez-Barnuevo, anteriormente referida. De su primera mujer tuvo por hijos: a Pedro; a José Ignacio; a Manuel; a Melchor; y a Francisco de la Cuesta y González de Chaves. Y de su segunda mujer tuvo por hijas: a Juana de Dios, y a María Josefa de la Cuesta y Urrutia.

D. — Don Juan José de Urrutia y Pérez-Barnuevo, fue bautizado en La Habana, parroquia del Espíritu Santo, el 26 de abril de 1747, y su defunción se encuentra en esta ciudad, parroquia de Guadalupe a primero de enero de 1785. Casó en la Catedral de esta ciudad el 6 de febrero de 1766, con doña Clara de los Santos-Asencio y Rangel de Chávez, hija de José y de Teresa. Tuvieron por hijos: a María Francisca; a María Jacinta del Consuelo; a María Teresa y a José Francisco de Urrutia y Santos-Asencio. Los cuales:

a) Doña María Francisca de Urrutia y Santos-Asencio, fue natural de La Habana y su defunción se encuentra en la parroquia del Santo Angel, a 26 de noviembre de 1791. Casó en La Habana parroquia de Guadalupe, el 22 de diciembre de 1782, con su pariente don Bernardo de Urrutia e Hidalgo-Gato, Oficial Real en México, hijo de don Bernardo de Urrutia y Montoya, Administrador general del Ramo de Pólvora y de Rentas Reales en Nueva España, y de doña María de los Angeles Hidalgo-Gato y Zaldívar.

b) Doña María Teresa de Urrutia y Santos-Asencio, fue bautizada en la Catedral de La Habana el 27 de abril de 1768. Su defunción se encuentra en esta ciudad, parroquia del Espíritu Santo a 28 de abril de 1810. Casó con don José María del Manzano.

c) Doña María Jacinta del Consuelo de Urrutia y Santos-Asencio, casó en La Habana, parroquia de Guadalupe, el 4 de noviembre de 1790, con don Rafael Hidalgo-Gato e Hidalgo-Gato, hijo de don José Matías Hidalgo-Gato y Zaldívar y de doña María Francisca Hidalgo-Gato y Roríguez-Morejón.

E. — El licenciado José Mariano de Urrutia y Pérez-Barnuevo, cuya defuncnión se encuentra en la Catedral de La Habana a 22 de junio de 1808, casó en dicha Catedral el 23 de junio de 1771, con doña María de Regla Fernández de Velasco y Bécquer, hija del doctor José Fernández de Velasco y Sánchez distinguido letrado, abogado de la Real Audiencia de Santo Domingo, Juez general de Bienes de Difuntos de La Habana y Catedrático de Prima en Cánones de la Universidad Pontificia de San Jerónimo de esta ciudad, su Fiscal y Comisario y de doña Andrea Bécquer y Murguía. Tuvieron por hijos: a Micaela; a María de los Dolores; a María de Jesús; a Eulogio; a José Nicolás; a Joaquín; a Domingo y a Francisco de Urrutia y Fernández de Velasco. De los cuales:

aa) Doña Micaela de Urrutia y Fernández de Velasco, fue bautizada en La Habana, parroquia del Espíritu Santo, el 17 de mayo de 1776.

bb) Doña María de los Dolores Urrutia y Fernández de Velasco, fue bautizada en La Habana, parroquia del Espíritu Santo, el 17 de mayo de 1776. Casó en esta ciudad, parroquia del Santo Angel, el 11 de noviembre de 1799, con don Francisco José Martínez y Carrillo, natural de La Habana, hijo de Francisco y de María Eugenia.

cc) Doña María de Jesús Urrutia y Fernández de Velazco, fue bautizada en La Habana, parroquia del Espíritu Santo, el 28 de diciembre de 1777.

dd) Don José Nicolás de Urrutia y Fernández de Velasco, tuvo por hija de doña Petrona Glizán y Fernández: a

Doña Inés de Urrutia y Glizán, que fue bautizada en la Catedral de La Habana el 17 de abril de 1826.

Don José Nicolás de Urrutia y Fernández de Velasco, y doña Isidra de Velasco y Beltrán, tuvieron por hijo: a

Don Agustín de Urrutia y Velasco, que fue bautizado en la Catedral de La Habana, el 9 de octubre de 1834.

ee) Don Eulogio de Urrutia y Fernández de Velasco, casó en la parroquia de Guanabacoa el 4 de mayo de 1813, con doña María Luz del Castillo y Valdespino, natural de Bejucal, hija de Marcos y de Juana.

ff) Don Joaquín de Urrutia y Fernández de Velasco, bautizado en la Catedral de La Habana el 9 de enero de 1775, casó en esta ciudad, parroquia del Santo Cristo, el 6 de abril de 1797, con doña María de Belén Villavicencio y Sánchez de Campomanes, natural de La Habana, hija de Cristóbal y de Teresa.

gg) Don Domingo de Urrutia y Fernández de Velasco, casó en La Habana, parroquia del Santo Cristo, el 7 de diciembre de 1801, con doña Lutgarda Joaquina Martínez y Carrillo, hija de Francisco y de María Eugenia.

hh) Don Francisco José de Urrutia y Fernández de Velasco, fue bautizado en La Habana, parroquia del Santo Cristo, el 23 de marzo de 1772, donde casó el 2 de noviembre de 1801, con doña María Matea Martínez y Carrillo, hija de Francisco y de María Eugenia. Tuvieron por hijos: a Ana; a María de Belén; a Juan; a José María y a Francisco de Urrutia y Martínez. De los cuales:

aaa) Doña Ana de Urrutia y Martínez que fue natural de La Habana y su defunción se encuentra en esta ciudad, parroquia de Guadalupe, a 29 de septiembre de 1816.

bbb) Doña María de Belén Urrutia y Martínez, fue bautizada en La Habana, parroquia del Santo Angel, el 10 de enero de 1809. Casó en esta ciudad, parroquia de Guadalupe, el 28 de diciembre de 1835, con el licenciado Juan Francisco Beltrán y Romagosa, natural de La Habana, hijo de don José Beltrán y Beltrán, natural de Figuerola, en Cataluña, y de doña María de la Candelaria Romagosa y Casanova, natural de la ciudad de Reus.

ccc) Don Juan de Urrutia y Martínez, casó en La Habana, parroquia de Guadalupe, el 20 de marzo de 1828, con doña Juana de Figueroa y Porras-Pita, hija de Pedro y de María de Monserrate.

ddd) Don José María de Urrutia y Martínez, fue natural de La Habana y su defunción se encuentra en esta ciudad, parroquia de Guadalupe, a 4 de marzo de 1817.

eee) Don Francisco de Urrutia y Martínez, casó con doña Rita Palenzuela y Trujillo, hija de Pedro y de Lorenza. Tuvieron por hijos: a María de Regla, y a Francisco de Urrutia y Palenzuela. Los cuales:

aaaa) Doña María de Regla Urrutia y Palenzuela, fue bautizada en la Catedral de La Habana el 18 de mayo de 1837.

bbbb) Don Francisco de Urrutia y Palenzuela, casó con doña María de las Mercedes Valdés y Nerey, hija de Juan y de María del Pilar. Tuvieron por hija: a

Doña Sofía de Urrutia y Valdés-Nerey, que fue bautizada en la Catedral de La Habana el 13 de noviembre de 1876.

4. — Don Agustín de Urrutia y Arriaga, fue Alcalde de la Santa Hermandad en La Habana, y su defunción se encuentra en esta ciudad, parroquia del Espíritu Santo, a 18 de abril de 1810. Casó tres veces: la primera en la parroquia de San Juan de los Remedios, el 28 de marzo de 1751, con doña Josefa Crespo y Sarduy, natural de dicha villa, cuya defunción se encuentra en La Habana, parroquia del Espíritu Santo, a 19 de agosto de 1769, hija de José y de María. Casó por segunda vez en esta ciudad, parroquia del Espíritu Santo, el 5 de diciembre de 1769, con doña María Manuela Hernández de Medina y Delgado, natural de Remedios, hija de Francisco y de María Gertrudis. Casó por tercera vez en La Habana, parroquia del Santo Cristo, el 3 de junio de 1771, con doña Petrona Alvarez de Fonseca y de la Cruz, hija de Fernando y de Josefa.

Don Agustín de Urrutia y Arriaga y doña Josefa Crespo y Sarduy, tuvieron por hijos: a Josefa Rosalía y a José Francisco de Urrutia y Crespo. Los cuales:

1. — Doña Josefa Rosalía de Urrutia y Crespo, cuya defunción se encuentra en La Habana, parroquia del Espíritu Santo, a 10 de mayo de 1838, casó con don Ignacio Alvarez.

2. — Don José Francisco de Urrutia y Crespo, natural de Remedios, testó el 5 de febrero de 1804 ante el escribano José Leal, y su defunción se encuentra en La Habana, parroquia de Guadalupe, a 13 de noviembre de 1810. Casó con doña María de Belén Sastre, sin tener sucesión.

Don Agustín de Urrutia y Arriaga, y doña Petrona Alvarez de Fonseca y de la Cruz, tuvieron por hijos: a Ana Josefa; a Lutgarda; a María de los Dolores; a Joaquina; a Josefa María; a María Josefa; a Manuel y a Agustín de Urrutia y Alvarez de Fonseca. Los cuales:

1. — Doña Ana Josefa de Urrutia y Alvarez de Fonseca, fue bautizada en La Habana, parroquia del Espíritu Santo, el 31 de julio de 1773, donde casó el 6 de diciembre de 1802, con don Luis Blanco y Lauriel, natural de la Nueva Orleans, hijo de José y de Rosa.

2. — Doña María Josefa de Urrutia y Alvarez de Fonseca, fue bautizada en La Habana, parroquia del Espíritu Santo, el 10 de abril de 1776.

3. — Doña Josefa María de Urrutia y Alvarez de Fonseca, fue bautizada en La Habana, parroquia del Espíritu Santo, el 3 de abril de 1782, donde se encuentra su defunción a 3 de diciembre de 1812.

4. — Doña María de los Dolores Urrutia y Alvarez de Fonseca, testó ante el escribano Mauricio de Porras-Pita, Escribano de Guerra el 28 de marzo de 1818, y su defunción se encuentra en La Habana, parroquia del Espíritu Santo a 7 de abril de dicho año. Casó con don Félix del Rey, Capitán del Regimiento de Infantería de Puebla.

5. — Doña Lutgarda de Urrutia y Alvarez de Fonseca, fue habanera y su defunción está en La Habana, parroquia del Espíritu Santo, a 20 de enero de 1813.

6. — Doña Joaquina de Urrutia y Alvarez de Fonseca, fue bautizada en La Habana, parroquia del Espíritu Santo, el 11 de diciembre de 1779, donde se encuentra su defunción a 24 de abril de 1802.

7. — El licenciado Manuel de Urrutia y Alvarez de Fonseca, distinguido letrado, fue Abogado de los Reales Consejos. Testó el 4 de noviembre de 1817 ante el escribano José María Rodríguez y su defunción se encuentra en La Habana, parroquia del Espíritu Santo, a 31 de diciembre de dicho año. Casó en la parroquia de Bejucal el 4 de septiembre de 1798, con doña Francisca Xaviera de la Cruz Fiallo y Toledo, natural de dicha ciudad, hija de Bartolomé y de María de Jesús. Tuvieron por hijos: a María de los Dolores y a Manuel de Urrutia y de la Cruz-Fiallo. De los cuales:

Don Manuel de Urrutia y de la Cruz-Fiallo, fue bautizado en La Habana, parroquia del Espíritu Santo, el 28 de junio de 1863. Casó en la parroquia de Bejucal el 16 de mayo de 1823, con doña María Lutgarda de Acosta y Yanes del Castillo, hija de Facundo y de María de los Dolores. Tuvieron por hijo: a

Don Manuel de Urrutia y Acosta, natural de Bejucal, que casó con doña María Francisca Pons, natural de Puerta de la Güira, teniendo por hijo: a

Don Manuel de Urrutia y Pons, natural de Bejucal, que casó con doña María de Jesús Montoto y Páez, natural de Puerta de la Güira, hija de Jenaro y de María de la Concepción. Tuvieron por hijo: a

Don Manuel Luis de Urrutia y Montoto, bautizado en la parroquia de Consolación del Sur (provincia de Pinar del Río) el 10 de enero de 1883, que casó en La Habana, parroquia de Guadalupe, el 7 de agosto de 1913, con doña Catalina Eduviges Marín y Lezama, natural de esta ciudad, hija de don Carlos Marín y Zenea, y de doña Francisca Lezama y Jiménez.

8. — Don Agustín de Urrutia y Alvarez de Fonseca, bautizado en La Habana, parroquia del Espíritu Santo, el 29 de abril de 1784, fue Teniente del Real Cuerpo de Artillería. Casó con doña Margarita Duque Valdés y Rodríguez, hija de Anastasio y de Ana Petrona. Tuvieron por hijos: a María de las Mercedes; a Ana y a Agustín José de Urrutia y Duque. Los cuales:

1. — Doña María de las Mercedes Urrutia y Duque, fue bautizada en La Habana, parroquia del Espíritu Santo, el 8 de septiembre de 1817.

2. — Doña Ana de Urrutia y Duque, fue bautizada en La Habana, parroquia del Espíritu Santo, el 13 de diciembre de 1821.

3. — Don Agustín José de Urrutia y Duque, fue bautizado en La Habana, parroquia del Espíritu Santo, el 14 de enero de 1816.

Don Agustín de Urrutia y Arriaga, y doña Rosa Guzmán y Doria, tuvieron por hijos: a Agustín y a Francisco Xavier de Urrutia y Guzmán. Los cuales:

1. — Don Agustín de Urrutia y Guzmán, natural de La Habana, fue Teniente del Real Cuerpo de Artillería.

2. — Don Francisco Xavier de Urrutia y Guzmán, natural de La Habana, fue Cadete del Regimiento de Infantería de Línea en las Compañía Ligeras de Cataluña (Fusileros de Montaña) y Agregado al Depósito de Milicias Transeuntes de la plaza de La Habana, y Subteniente de Infantería de Ejército. Hizo información de su hidalguía y limpieza de sangre ante el escribano Manuel de Ayala, terminada el 12 de septiembre de 1831, a nombre de su hijo Francisco Xavier. Casó en La Habana, parroquia del Santo Angel, el 8 de diciembre de 1814, con doña Bernardina Jerónima de Olivares y Guerra, hija de don Diego de Olivares y Membrilla, natural de Villanueva, Jaén. Teniente de la Segunda Compañía del II Batallón del Regimiento de Infantería de México y de doña María Josefa Guerra y Romero, natural de la ciudad de Arcos de la Frontera, en la provincia de Cádiz. Tuvieron por hijo: al

Doctor Francisco Xavier de Urrutia y Olivares, bautizado en La Habana, parroquia del Santo Angel, el 12 de junio de 1816, distinguido letrado, que fue Abogado de las Reales Audiencias de la isla de Cuba, Asesor de Marina de la provincia de La Habana, Fiscal de los Juzgados de los Reales Cuerpos de Artillería e Ingenieros, Asesor de Guerra de la villa de Cienfuegos y Catedrático de la Facultad de Derecho Civil y Canónico de la Universidad de La Habana. Su defunción se encuentra en esta ciudad, parroquia del Espíritu Santo, a 6 de diciembre de 1884. Casó dos veces en La Habana: la primera, en la parroquia del Santo Cristo, el 24 de noviembre de 1842, con doña María de los Dolores del Moral y Moral, natural de Guanajay, hija de don Félix del Moral y Alonso, natural de la villa de Salas de Bureba, en el arzobispado de Burgos, y de doña Francisca del Moral y Buezclón, natural de La Habana. Casó por segunda vez, en la parroquia del Espíritu Santo, el 6 de febrero de 1852, con doña María Bauzá y Valdés, natural de esta ciudad, hija de don Vidal Bauzá y Vila, natural de Palma de Mallorca, y de doña María Josefa Valdés. De su primera mujer tuvo por hijos: a Rosa y a Agustín de Urrutia y del Moral. De los cuales:

Don Agustín de Urrutia y del Moral, fue bautizado en La Habana, parroquia del Santo Cristo, el 8 de marzo de 1845. Casó en esta ciudad, parroquia del Espíritu Santo, el 21 de junio de 1871, con doña Isabel Carlota Waterland y Vignier, natural de La Habana, hija de Charles Dune Waterland, natural de Londres, en la Gran Bretaña, y de doña Josefa Vignier y de la Cova, natural de la isla de Santo Domingo. Tuvieron por hija: a

Doña Josefa María de Urrutia y Waterland, que fue bautizada en La Habana, parroquia del Espíritu Santo, el 8 de mayo de 1875.

Don Francisco Xavier de Urrutia y Olivares, y su segunda mujer, doña María Bauzá y Valdés, tuvieron por hijos: a María de los Dolores; a Vidal; a Francisco Xavier y a José María de Urrutia y Bauzá. Los cuales:

1. — Doña María de los Dolores Urrutia y Bauzá, fue bautizada en La Habana, parroquia del Espíritu Santo, el 22 de marzo de 1856.

2. — Don Vidal de Urrutia y Bauzá, fue bautizado en La Habana, parroquia del Espíritu Santo el 21 de febrero de 1853, donde está su defunción a 16 de octubre de 1864.

3. — Don Francisco Xavier de Urrutia y Bauzá, fue bautizado en La Habana, parroquia del Espíritu Santo, el 6 de octubre de 1854.

4. — Don José María de Urrutia y Bauzá, bautizado en La Habana, parroquia del Espíritu Santo, el 2 de mayo de 1859, casó con doña Amalia Porto y Betancourt, y tuvieron por hijo: al

Doctor José Francisco de Urrutia y Porto, nacido en La Habana el 14 de marzo de 1901, que es médico-cirujano. Casó dos veces: la primera, con doña Hilda Houghton, y la segunda, con doña María Luisa Almoina. De su primer matrimonio, tiene por hijos: a Marta y a José Francisco de Urrutia y Houghton. Los cuales:

1. — Doña Marta de Urrutia y Houghton, está casada con Leslie Nóbregas y Hevia.

2. — Don José Francisco de Urrutia y Houghton, está casado con doña Hilda Matson.

No se han podido enlazar en este trabajo, los personajes del mismo apellido que siguen:

1. — Don Francisco de Urrutia, y su mujer doña Leonor Pita de Figueroa, que fueron padres: de

Doña María de los Dolores Urrutia y Pita de Figueroa, cuya defunción se encuentra en La Habana, parroquia del Espíritu Santo, a 9 de septiembre de 1866. Casó con don Rafael Morales.

2. — Don Francisco de Urrutia, y su mujer doña Elvira Marco, fueron padres: de Doña Edelmira de Urrutia y Marco que casó con don Francisco Betancourt y Díaz, natural de Matanzas, Catedrático que fue del Instituto de La Habana, hijo de don José Manuel Betancourt y Viamonte, natural de la villa de Santa María del Puerto Príncipe, y de su primera mujer doña Juana Díaz y González, natural de Ceiba-Mocha, en la provincia de Matanzas. Tuvieron sucesión.

3. — Don Francisco de Urrutia, y su mujer doña Andrea Valdés, tuvieron por hijo: a

Don Félix de Urrutia y Valdés, cuya defunción se encuentra en la parroquia de Bacuranao a 11 de agosto de 1865.

4.— Don Manuel de Urrutia, y su mujer doña María Benítez, fueron padres: de

Don José Joaquín de Urrutia y Benítez, que casó en La Habana, parroquia del Santo Cristo, el 26 de junio de 1837, con doña María de Jesús de la Concepción Vázquez y Pérez, hija de Victoriano y de María del Rosario.

5.— Don José Mariano de Urrutia, Capitán retirado, y doña María de las Mercedes Muñoz, tuvieron por hijo: a

Don Francisco de Urrutia y Muñoz, que casó en La Habana, parroquia de Guadalupe, el año de 1835, con doña María de Loreto Muñoz y Pérez, natural de esta ciudad, hija de don José Ramón Muñoz y Gutiérrez, y de doña María de los Dolores Pérez y Alvarez.

VAN DE WALLE

Esta familia, originaria de los estados de Flandes y pertenecientes a los señores del feudo de Van de Walle, junto a San Salvador, en el obispado de Tournay, pasó a las Canarias a mediados del siglo XVI, estableciéndose en la isla de La Palma.

Don Tomás Van de Walle, XI Señor de Lembeke, casó con Catalina Van Praet, hermana de un Obispo de Utretch, teniendo por hijos: a Jorge; a Tomás y a Luis Van de Walle y Van Praet. Los cuales:

1.— Don Jorge Van de Walle y Van Praet, pasó a la isla de La Palma, casando con doña Catalina de Torres Grimón, siendo los padres: de

Doña Catalina Van de Walle y Torres Grimón, que casó en Santa Cruz de La Palma, parroquia del Salvador, año de 1526, con don Baltasar de Guisla y Questrois, natural de Iprés, en Flandes, uno de los conquistadores de las Canarias, que falleció en la isla de La Palma el 29 de febrero de 1572.

2.— Don Tomás Van de Walle y Van Praest, fue progenitor de la línea flamenca representada en el año 1888 por Alfonso Felipe de Guisla Van de Walle, conde de Van de Walle en Bélgica, Conde de Guislane, Barón del Sacro Romano Imperio, Caballero hereditario de los Países Bajos y Gentilhombre en los estados flamencos.

3.— Don Luis de Van de Walle y Van Praet, natural de Brujas, pasó a España a mediados del siglo XVI al servicio del emperador Carlos Quinto, y fue Regidor perpetuo de Cádiz, Maestre del Campo de Infantería española y de las Milicias, Alcaide de las fortalezas, Familiar del Santo Oficio de la Inquisición y Gobernador de las Armas de la isla de La Palma, donde falleció el 24 de febrero de 1587. Casó con doña María de Cervellón y Belliz, Señora de la Lomada Grande de Garafia, a su vez fallecida en Santa Cruz de la Palma el 12 de marzo de 1564. Tuvieron por hijos: a Luis y a Tomás Van de Walle de Cervellón. Los cuales:

1. — Don Luis Van de Walle de Cervellón, fue Sargento Mayor, Regidor y Familiar del Santo Oficio de la Inquisición en la isla de La Palma.[1]

2. — Don Tomás Van de Walle de Cervellón, fue Capitán del Real Cuerpo de Artillería, castellano de las fortalezas, Regidor y Familiar del Santo Oficio de la Inquisición y Señor de la casa de Van de Walle en la isla de La Palma. Casó con doña María de la Esperanza Fernández de Aguiar y Cordero, teniendo por hijos: a María; a Juan y a María de la Esperanza Van de Walle de Cervellón y Fernández de Aguiar. Los cuales:

1. — Doña María Van de Walle de Cervellón y Fernández de Aguiar, natural de la isla de La Palma, casó en 1589 con su primo don Diego de Guisla y Van de Walle, Maestre de Campo de Infantería Española y Gobernador de las Armas de la isla de La Palma, en ella Regidor perpetuo, Depositario general y Familiar del Santo Oficio de la Inquisición, fallecido el año de 1603, hijo de los ya referidos don Baltasar de Guisla y Questrois, natural de Iprés, en Flandes, uno de los conquistadores de las Canarias, y de doña Catalina Van de Walle y Torres Grimón.

2. — Don Juan Van de Walle de Cervellón y Fernández de Aguiar, fue Regidor y castellano del principal de Santa Catalina en la isla de La Palma, siendo el padre: del

Capitán Nicolás Van de Walle de Cervellón, natural de la isla de La Palma, que pasó a La Habana, donde fue Procurador general en 1649 y Alcalde ordinario de este Ayuntamiento en 1653. Casó en la Catedral

---

[1]. En el asiento 335, página 192, tomo I del «Indice de Extractos del Archivo de Protocolos de La Habana», por María Teresa de Rojas, se hace la referencia: a

Don Luis Van de Walle «el Viejo» y a su hijo:

Don Luis Van de Walle Bellido, ambos vecinos de la isla de La Palma, los que por medio de su poderdante Francisco Díaz, maestre del navío «La Concepción» vendieron el 11 de agosto de 1579 esa nave en el precio de 250 ducados «de a once reales de plata» ante el escribano habanero Francisco Pérez-Borroto.

Don Juan Van de Walle Bellido, natural de la isla de La Palma, pasó a La Habana, y fue casado con doña Isabel de Múgica, padres: de

Doña Margarita Van de Walle y Múgica, conocida por «Margarita Bellido de Múgica», que fue natural de La Habana, testando el 18 de septiembre de 1680 ante el escribano Cristóbal Valerio, y encontrándose su defunción en la Catedral de esta ciudad a 21 de ese mes y año.

En la Catedral de La Habana, a 15 de octubre de 1636, se encuentra la defunción de un Nicolás Van de Walle, natural de Canarias, sin mencionarse su filiación.

Además, un Tomás Van de Walle y Aguirre, Regidor de La Palma, pasó a la América, y fue casado con doña Isabel Maroto y Moya.

de La Habana el primero de junio de 1637, con doña Petronila Sotolongo y del Real, hija del Capitán Juan de Sotolongo y Salazar, y de doña María del Real, hija del Capitán Juan de Sotolongo y Salazar, y de doña María del Real y Figueroa. Tuvieron por hijos: a Dorotea; a Ignacio; a Petronila; a Juan; a José y a Bernabé Van de Walle de Cervelló y Sotolongo. Los cuales:

A. — Doña Dorotea Van de Walle de Cervellón y Sotolongo, fue bautizada en la Catedral de La Habana el 3 de febrero de 1639, donde casó el 2 de mayo de 1660, con don Alonso Chirinos y Roxas-Inestrosa, hijo de don Juan Chirinos Sandoval, perteneciente a la casa progenitora de los marqueses de Fuente de las Palmas, y de doña María Magdalena de Roxas-Inestrosa y Velázquez de Cuéllar.

B. — Don Ignacio Van de Walle de Cervellón y Sotolongo, fue bautizado en la Catedral de La Habana el 17 de enero de 1641.

C. — Doña Petronila Van de Walle de Cervellón y Sotolongo, fue bautizada en la Catedral de La Habana el 30 de octubre de 1647.

D. — Don Juan Van de Walle de Cervellón y Sotolongo, bautizado en la Catedral de La Habana el 19 de febrero de 1650, fue presbítero.

E. — Don José Van de Walle de Cervellón y Sotolongo, bautizado en la Catedral de La Habana el 17 de enero de 1756, también fue presbítero.

F. — Don Bernabé Van de Walle de Cervellón y Sotolongo, fue bautizado en la Catedral de La Habana el 9 de julio de 1659.

3. — Doña María de la Esperanza Van de Walle de Cervellón y Fernández de Aguiar; casó con don Gaspar de Olivares y Temudo, Capitán de Infantería y Regidor de la isla de La Palma, hijo de don Gaspar de Olivares, Maestre de Campo General y Gobernador de las Armas en dicha Isla, y de doña María de la Esperanza Temudo. Tuvieron por hija: a

Doña Inés de Olivares y Van de Walle, que casó con su pariente don Luis de Van de Walle de Cervellón y Camacho, Regidor perpetuo, Justicia Mayor y Familiar del Santo Oficio de la Inquisición en la isla de La Palma, hijo de don Gaspar Van de Walle de Cervellón, Maestre de Campo, Regidor y Familiar del Santo Oficio en dicha Isla, y de doña María Camacho. Tuvieron por hijos: a Leonor; a Inés; a Luis; a Andrés y a Gaspar Van de Walle de Cervellón y Olivares. De los cuales:

1. — Doña Inés Van de Walle de Cervellón, y Olivares, casó con el Capitán Juan Da Costa.

2. — Don Luis de Van de Walle de Cervellón y Olivares, fue presbítero.

3. — Don Gaspar Van de Walle de Cervellón y Olivares, fue Capitán de Infantería y Regidor perpetuo de la isla de La Palma. Casó con doña Gabriela de Urtusaustegui y Salcedo Van de Walle y Estopiñán, su pariente, de la que tuvo por hijos: a María; a Gabriela; a Inés; a Gaspar; a Marcos y a Luis Van de Walle y Urtusaustegui. De los cuales:

1. — Doña María Van de Walle y Urtusaustegui, fue religiosa dominica.

2. — Doña Gabriela Van de Walle y Urtusaustegui, también fue religiosa dominica.

3. — Doña Inés Van de Walle y Urtusaustegui, casó con don Antonio Pinto de Guisla y Corona, Gobernador de las islas Canarias.

4. — Don Marcos Van de Walle y Urtusaustegui, fue presbítero.

5. — Don Luis Van de Walle y Urtusaustegui, fue Sargento Mayor y Regidor de la isla de La Palma. Casó con doña Antonia Josefa de Guisla Boot y Lorenzo de Monteverde, bautizada en Santa Cruz de La Palma, parroquia del Salvador, el 10 de junio de 1700, y nacida el 29 del mes anterior, hija de don Juan de Guisla Boot y Castilla, nacido en la isla de La Palma el 16 de diciembre de 1657, V Señor de los estados de Wuesembee y Ophen en Flandes, Maestre de Campo de Infantería Española, Coronel de los Reales Ejércitos y Gobernador de las Armas en la isla de La Palma, fundador de importante mayorazgo, fallecido el 30 de junio de 1713, y de doña Beatriz Hermenegilda Lorenzo de Monteverde y Salazar de Frías, a su vez nacida el 13 de abril de 1673 y fallecida el 14 de julio de 1703, ambos casados el 21 de febrero de 1694. De su citado enlace, el Sargento Mayor don Luis Van de Walle y Urtusaustegui, tuvo por hijos: a Gabriela; a Domingo Mariano Luis, y a José Van de Walle y Guisla. Los cuales:

1. — Doña Gabriela Van de Walle y Guisla, nacida el 4 de noviembre de 1721, casó con su primo don Juan Domingo de Guisla Boot y Salazar de Frías, nacido el 4 de noviembre de 1721, VII Señor de Wuesembee y de Ophen, Regidor perpetuo de la isla de La Palma y Caballero profeso de la Orden de Santiago, I Marqués de Guisla-Ghiselín por Real decreto dado el 13 de diciembre de 1775 y el subsecuente Real despacho extendido el 23 de junio del año siguiente con el vizcondado previo de San Antonio de Breña Baja. Este I Marqués tuvo por padres a don Jerónimo de Guisla Boot y Lorenzo de Monteverde, nacido el 21 de noviembre de 1694 y bautizado en Santa Cruz de La Palma, parroquia del Salvador, el 25 de enero del año siguiente, VI Señor de los estados de Wuesembee y de Ophen, heredero del mayorazgo fundado por su padre y Corregidor perpetuo y Alcalde Mayor de la isla de La Palma, y a doña Francisca Margarita Salazar de Frías Abreu y Reje; perteneciente a la casa progenitora de los condes del Valle de Salazar.

2. — Don Juan Van de Walle y Guisla, fue Teniente de las Reales Guardias de Infantería Walona, falleciendo el 29 de mayo de 1759.

3. — Don Domingo Mariano Luis Van de Walle y Guisla, fue Regidor perpetuo, Alguacil Mayor del Santo Oficio de la Inquisición, castellano del principal de Santa Catalina. Alcaide de las demás fortalezas, y Gobernador de las Armas en la isla de La Palma, así como Caballero profeso de la Orden de Calatrava. Casó el 15 de febrero de 1758, con su pariente doña María Liberata de Guisla Boot y Salazar de Frías —hermana del ya mencionado I Marqués de Guisla-Ghiselín—, e hija por tanto

de don Jerónimo de Wuesembee y de Ophen, mayorazgo, Corregidor perpetuo y Alcalde Mayor de la isla de La Palma, y de doña Francisca Margarita Salazar de Frías Abreu y Reje, perteneciente a la casa progenitora de los condes del Valle de Salazar.

4. — El licenciado José Van de Walle y Guisla, fue abogado, Señor de Chaleón de Safajona en Granada, patrono de la capilla mayor de Nuestra Señora de la Esperanza en el convento de Santa Cruz la Real de la Orden de Santo Domingo en la ciudad de Granada, Regidor perpetuo de la isla de La Palma y Diputado por las Islas Canarias en las Cortes de Carlos III. Casó en Las Palmas de Gran Canaria el 25 de septiembre de 1780, con doña María Agustina Llarena y Llarena, de aquella naturaleza, hija de don Esteban Llarena y Graaf, VI Marqués de Acialcázar y V Marqués de Torre-Hermosa, Regidor perpetuo y Alguacil Mayor de Tenerife, Gentilhombre de Cámara de Su Majestad, y de doña Juana María Llarena y Mesa. Tuvieron por hijo: al

Coronel Luis José Van de Walle y Llarena, fallecido el 10 de febrero de 1864, que fue V Marqués de Guisla-Ghiselín por Real carta rehabilitatoria dada el 26 de agosto de 1850, quien fuera Regidor en la isla de La Palma. Casó con doña Josefa María Valcárcel y Herrera-Leyva, hija de don José de Valcárcel y Monteverde, Ponte y Monteverde, y de doña Ana María de Herrera-Leyva y Sotomayor-Topete. Tuvieron por hijos: a Luis Segundo; a Josefa María; a María Luisa y a Manuel Van de Walle y Valcárcel. Los cuales:

1. — Don Luis Segundo Van de Walle y Valcárcel, fue Capitán de Milicias en la isla de La Palma y Caballero de la Orden de Alcántara, casando con doña Antonia de Guisla Pinto y Poggio, hija de don José de Guisla Pinto y Díaz-Payva, natural de Caracas en Costa Firme, y de doña María de las Nieves Poggio y Alfaro. Hubo sucesión del indicado enlace de don Luis Segundo Van de Walle y Valcárcel.

2. — Doña Josefa María Van de Walle y Valcárcel, casó el 12 de febrero de 1832, con don José Fierro y Fierro, Capitán de Milicias, Diputado Provincial y Alcaide del castillo de Santa Catalina, hijo de don José María Fierro de Torres Santa Cruz y Sotomayor, Capitán de los Reales Ejércitos, Sargento Mayor de Milicias, Alcaide del castillo principal de Santa Catalina y Gobernador de las armas de la isla de La Palma, que fuera Caballero profeso de la Orden de Calatrava y de doña María Josefa Fierro y Massieu.

3. — Doña María Luisa Van de Walle y Valcárcel, casó el 12 de febrero de 1832, con don Nicolás José de Molina y Fierro, hijo de don Nicolás de Molina y Briones y de doña Luisa Antonia Fierro y Sotomayor.

4. — Don Manuel Van de Walle y Valcárcel, fue Teniente Coronel de Milicias Provinciales y Caballero de la Orden Militar de San Hermenegildo y de la Orden Americana de Isabel la Católica. Casó con doña Rosa de Quintana y Llarena, hija del Coronel José de Quintana y Llarena, Regidor Síndico Personero de la Gran Canaria, y de doña María de los Dolores Llarena y Westerling. Tuvieron por hijo: a

Don Luis José Van de Walle y Quintana, nacido en la Gran Canaria el 8 de junio de 1851, que fue VI Marqués de Guisla-Ghiselín por Real carta dada el 30 de noviembre de 1864 (en sucesión a su abuelo paterno), y fue además, Teniente de Alcalde en la ciudad de Santa Cruz de La Palma, su Diputado Provincial, Director de la Real Sociedad de Amigos del País, Delegado del Gobierno de Su Majestad en las islas de la Gran Canaria, Lanzarote y Fuerteventura, Miembro ad-honorem del Comité Flamenco de Francia establecido en Dunkerque, XXI Señor titular del feudo de Lembecke en Bélgica, XII Señor titular de los estados flamencos de Wuessembee y de Ophen, y en Loja (provincia de Granada), fue el XII Señor titular del Chalcón de Safajona. Además perteneció como individuo correspondiente a la Real Academia Heráldico-Genealógica de Italia, y fue Gentilhombre de Cámara de Su Majestad con ejercicio. Casó el 27 de octubre de 1873, con doña Josefa Fierro y Van de Walle, su prima, hija de don José Fierro y Fierro, Capitán de Milicias, Diputado Provincial y Alcaide del castillo de Santa Catalina, y de doña Josefa María Van de Walle y Valcárcel. Tuvieron por hijas: a María de los Dolores; a Rosa; a Josefa y a María del Carmen Van de Walle y Fierro. Las cuales:

1. — Doña Rosa Van de Walle y Fierro, casó en Las Palmas de Gran Canaria el 13 de marzo de 1910, con don Tomás de Sotomayor y Pinto, Capitán de Infantería y Gentilhombre de Su Majestad.

2. — Doña Josefa Van de Walle y Fierro, casó en Las Palmas de Gran Canaria el 4 de enero de 1900, con don José del Castillo-Olivares y Fierro, su pariente, hijo de don Fernando del Castillo-Olivares y Falcón, y de doña María Josefa Fierro y Van de Walle.

3. — Doña María del Carmen Van de Walle y Fierro, casó el 16 de julio de 1912, con don Rafael Massien y de la Rocha.

4. — Doña María de los Dolores Van de Walle y Fierro, hija primogénita, nacida en Santa Cruz de La Palma el 26 de octubre de 1874, fue la VII Marquesa de Guisla-Ghiselín por Real carta dada mediante orden de 24 de noviembre de 1826, en sucesión a su padre. Casó en Las Palmas de Gran Canaria el 6 de febrero de 1902, con don Pedro Miguel de Sotomayor y Pinto, Gentilhombre de Cámara de Su Majestad.[1]

---

1. Hija de los arriba mencionados, lo es la actual y VIII Marquesa de Guisla-Ghiselín, doña María de las Mercedes de Sotomayor y Van de Walle, vecina de Las Palmas, la que obtuvo la sucesión para esa dignidad mediante carta extendida por el actual Gobierno español el 23 de enero de 1953 precedida de orden dada el 14 de julio de 1952.

Debemos indicar, además: que

Don Gaspar de Frías y Van de Walle de Cervellón, Sargento Mayor de Plaza, vecino de Santa Cruz, casó con doña Ursula de Urtusaustegui, siendo los padres: de

Doña Luisa de Frías y Urtusaustegui, que casó con el Capitán Francisco Benítez de Lugo y Alfaro, del que tuvo distinguida sucesión, hijo de don Antonio Estanislao de Lugo y de doña María Magdalena de Alfaro y Monteverde. Véase el asiento 417, páginas 92 y 93, tomo V de la obra «Real Compañía de Guardias-Marinas y Colegio Naval: catálogo de pruebas», por don Dalmiro de la Válgoma y el Barón de Finestrat.

VAZQUEZ VALDES DE CORONADO

A mediados del siglo XVI, procedente de Salamanca, se estableció esta familia en la villa de San Salvador del Bayamo, parte oriental de la isla de Cuba.

Los Vázquez de Coronado, antiguamente «Vásquez de Cornado», elevan documentalmente su genealogía al siglo XIV en Galicia y según Frías de Albornoz, tuvieron estas armas: de azur, con tres flores de lís de plata, acrecentadas luego con un león rampante de oro, fajado de gules.

Don Gonzalo Rodríguez de Cornado, natural de Galicia y Comendador de la Orden de Santiago, fue ayo del infante don Pedro, luego Pedro I «el Cruel» o «el Justiciero». Falleció en 1341, y casó con doña Elvira Arias, de principal linaje gallego, de la que tuvo por hijo: a

Don Juan Vásquez de Cornado, natural de Galicia, que asentándose en Salamanca, fue allí el I Señor de la Coquilla y de la Torre, falleciendo en 1371. Casó con doña Mencía de Ulloa, de la casa gallega de su linaje, de la que tuvo por hijo: a

Don Pedro Vásquez de Cornado, natural de Salamanca, II Señor de la Coquilla y de la Torre de Juan Vásquez (llamado ese señorío así, por su padre), que falleció en 1392. Fue sepultado en el enterramiento de su familia en la parroquia salmantina de Santo Tomás de los Caballeros, y casó con doña Berenguela Fernández de Monroy, hija de Ruy González de Monroy, Señor del Tornadillo y de doña Berenguela González de Tejada, de la casa de su apellido en Salamanca. Tuvieron por hijo: a

Don Juan Vásquez de Coronado, III Señor de la Coquilla y de la Torre de «Juan Vásquez». Vendió sus heredades en Galicia sin fundar el mayorazgo que le había autorizado el rey Juan II. Falleció en 1465, siendo sepultado en Salamanca, parroquia de Santo Tomás de los Caballeros, y casó dos veces: la segunda, sin sucesión, con doña Elvira Bonat Maldonado, y la primera con Mari Hernández, hija de don Pedro Rodríguer Caballero y de doña Mayor Alvarez de Grado. De su citado enlace, el III Señor de la Coquilla tuvo entre sus hijos: a

Doña Leonor Vázquez de Coronado, natural de Salamanca, donde fue sepultada en la parroquia de Santo Tomás de los Caballeros. Casó con Diego de Valdés, hidalgo salmantino, del que tuvo por hijo: al

Capitán Francisco Vázquez Valdés de Coronado, natural de Salamanca, que casó con doña Luisa López de Estrada,[1] hija de don Andrés

---

1. Doña Luisa López de Estrada, era viuda de don Francisco Duque de Estrada, natural de Asturias, Capitán de Infantería Española (véase la familia «Duque de Estrada» en el tomo IV de esta obra.

Duque de Estrada y Bazán, y de doña Inés López de Frías y Roxas. Tuvieron por hijos: a Antonio, y al Capitán Pedro Vázquez Valdés de Coronado y Duque de Estrada. Los cuales:

1. — Don Antonio Vázquez Valdés de Coronado y Duque de Estrada, salmantino de nacimiento, fue Colegial Mayor de Cuenca en la Universidad de Salamanca, y casado con una señora Ramírez, dejó sucesión.

2. — El Capitán Pedro Vázquez Valdés de Coronado y Duque de Estrada, natural de Salamanca, pasó a la isla de Cuba, siendo Tte. Gobernador de Santiago de Cuba en 1570 y Alcalde ordinario de la villa de San Salvador del Bayamo donde estableció. Casó dos veces: la primera, con doña Mariana de Frutos y Miranda, conocida por «Mariana de Miranda», hija de don Alonso Martín de Frutos, natural de la villa de Cuéllar, en Segovia, y de doña Teresa de Miranda. Por segunda vez casó con doña Graciana de Agramonte y Ponce, hija de don Clemente de Agramonte Gaztañeta, natural de la villa de Azpeitia, en la hoy provincia de Guipúzcoa, diócesis de Navarra, fallecido en Bayamo, año de 1590 donde fue Regidor, y de doña María Ponce y Ulloque de Guevara (véase el apellido «Agramonte» en el tomo I de esta obra). De su primera mujer tuvo por hijos: a Teresa; a María Isabel y a Francisco Vázquez Valdés de Coronado y Miranda. Los cuales:

1. — Doña Teresa Vázquez Valdés de Coronado y Miranda, casó con el licenciado Gabriel Hernando de Santiesteban, natural de Alcalá la Real, Alcalde ordinario y Gobernador Político interino de la provincia de Santiago de Cuba el año de 1612.

2. — Doña María Isabel Vázquez Valdés de Coronado y Miranda, casó con el Capitán Francisco de Varona-y-Saravia, natural de España, Teniente General Auditor de Guerra de Santa María de Puerto Príncipe, quien murió defendiendo la referida villa.

3. — Don Francisco Vázquez Valdés de Coronado y Miranda, fue Regidor y Alguacil Mayor de la villa de San Salvador del Bayamo el año 1615. Casó dos veces: la primera, con doña Catalina Pérez de Naba y Merlo, hija del Capitán Alvaro Pérez de Naba, Regidor y Alcalde ordinario de dicha villa, y de doña María Merlo. Casó por segunda vez, con doña María Duque de Estrada y Guzmán Arias Luyando, hija del Capitán Andrés Duque de Estrada y Tovar, y de doña Isabel de Arias Luyando.

Don Francisco Vázquez Valdés de Coronado y Miranda, y su primera mujer doña Catalina Pérez de Naba y Merlo, tuvieron por hija: a

Doña María Vázquez Valdés de Coronado y Pérez de Naba, que casó dos veces: la primera en la parroquia de Bayamo, el 4 de noviembre de 1609, con don Domingo de Anaya, escribano de número de Salamanca, hijo de don Antonio González de Ron [1] y de doña Inés de Anaya. Casó

---

1. Don Antonio González de Ron, fue hijo de don Gonzalo Ron, natural de Salamanca, que perteneció a la Orden de San Juan de Jerusalén (Malta), y de doña Inés de Anaya. Esta, a su vez, fue hija de Pedro Alvarez de Anaya, que también perteneció a la referida Orden de San Juan de Jerusalén.

por segunda vez, con don Bartolomé de Aguilera y Duque de Estrada. Sargento Mayor de Milicias y Alcalde ordinario de Bayamo, hijo de Marcos de Aguilera y Moreto, Regidor y Alcalde ordinario, y de doña Angela Duque de Estrada y Céspedes.

Doña María Vázquez Valdés de Coronado y Pérez de Nava, y su primer marido don Domingo de Anaya, tuvieron por hijos: a Angela de Anaya y Vázquez Valdés de Coronado y a Francisco Valdés de Coronado y Anaya. Los cuales:

1. — Doña Angela de Anaya y Vázquez Valdés de Coronado, casó con don Juan Antonio de Céspedes y Conde, natural de la villa de Osuna, en Andalucía, vecino de Bayamo, hijo de Juan y de María. Fueron progenitores en esa villa del linaje de los Céspedes y IV abuelos de don Carlos Manuel de Céspedes y del Castillo, el Padre de la Patria (véanse págs. 108 a 121 del tomo III de esta obra).

2. — Don Francisco Vázquez Valdés de Coronado y Anaya, fue Regidor y Alguacil Mayor de Bayamo. Casó con doña Catalina del Aguila Moxena, y tuvieron por hijos: a Clara Tiburcia y a Francisco Vázquez Valdés de Coronado y del Aguila. Los cuales:

1. — Doña Clara Tiburcia Vázquez Valdés de Coronado y del Aguila, casó con don Agustín de Zayas-Bazán y Barreda, Alcalde ordinario de Bayamo, hijo del Capitán don Francisco de Zayas-Bazán y Roxas, y de doña Beatriz Barreda y Guevara.

2. — Don Francisco Vázquez Valdés de Coronado y del Aguila, fue Regidor y Alguacil Mayor de la villa de San Salvador del Bayamo, Casó con doña María Borrero y Mexía, hija del Capitán Lorenzo Borrero y Santiesteban, y de doña Catalina Mexía y Guzmán. Tuvieron por hijos: a Francisco y: a

Doña Juana Salvadora Vázquez Valdés de Coronado y Borrero, que casó con don Esteban Tamayo y Pardo, Capitán de Milicias, Regidor y Alguacil Mayor de Bayamo, hijo de don Manuel Tamayo y Lagos. Alcalde ordinario, y de doña Isabel Pardo y Guerra.

Don Francisco Vázquez Valdés de Coronado y Miranda, y su mujer doña María Duque de Estrada y Guzmán Arias Luyando, tuvieron por hijos: a María y a Juan Salvador Vázquez Valdés de Coronado y Duque de Estrada. Los cuales:

1. — Doña María Vázquez Valdés de Coronado y Duque de Estrada, casó en la Catedral de Santiago de Cuba el 2 de enero de 1689, con don Juan Izquierdo, hijo del Capitán Francisco Izquierdo, y de doña Ana de Cisneros y Duque de Estrada.

2. — Don Juan Salvador Vázquez Valdés de Coronado y Duque de Estrada, fue Regidor y Alcalde ordinario de la villa de San Salvador del Bayamo. Casó con doña Beatriz de Céspedes y Zayas-Bazán, hija del Alférez Juan de Céspedes y Anaya, y de doña María de Zayas-Bazán y Barreda. Tuvieron por hijos: a Angela y a Bartolomé Vázquez Valdés de Coronado y Céspedes. Los cuales:

1. — Doña Angela Vázquez Valdés de Coronado y Céspedes, casó con don José de Santiesteban y Ferral de Tamayo, Regidor y Alcalde ordinario de Bayamo, hijo de don Lorenzo de Santiesteban y de la Vega, y de doña María Ferral de Tamayo y Marrón.

2. — El Capitán Bartolomé Vázquez Valdés de Coronado y Céspedes, casó con doña Ursula Duque de Estrada y Silva, hija del Teniente Juan Duque de Estrada y de la Vega, Alcalde ordinario de la villa de Bayamo, y de doña Ana Antonia de Silva y Ferral de Tamayo, Tuvieron por hijos: a Beatriz y a Ignacio Vázquez Valdés de Coronado y Duque de Estrada. Los cuales:

1. — Doña Beatriz Vázquez de Coronado y Duque de Estrada, casó con don Manuel León Tamayo y Duque de Estrada, Regidor Alférez Real de la villa de Bayamo, hijo de don José Tamayo, Capitán de Milicias y Regidor de dicha villa, y de doña Felipa Duque de Estrada.

2. — Don Ignacio Vázquez Valdés de Coronado y Duque de Estrada, fue Alférez Mayor de la villa de Bayamo. Casó con doña Francisca Tamayo y Téllez, natural de dicha villa, hija de don Manuel Tamayo y Mexía, y de doña Lorenza Téllez y Duque de Estrada. Tuvieron por hijo: a

Don Joaquín Vázquez Valdés de Coronando y Tamayo, natural de Bayamo, el cual para contraer matrimonio hizo información de parentesco [1] en la referida villa, el 4 de junio de 1782 ante Juan de Paula Ramírez. Casó con doña Josefa Guadalupe de Céspedes y Guerra, natural de Bayamo, hija del Capitán Manuel de Céspedes y Aguilera, y de doña Bárbara Josefa Guerra y García-Blanco.

El Capitán Juan Vázquez Valdés de Coronado, a quien no hemos podido entroncar, perteneciente también a esta familia, casó con doña Luisa de Cisneros y Duque de Estrada, cuya defunción se encuentra en la Catedral de Santiago de Cuba a 5 de febrero de 1681. Tuveiron por hijos: a Graciana y a Juan Vázquez Valdés de Coronado y Cisneros. Los cuales:

1. — Doña Graciana Vázquez Valdés de Coronado y Cisneros, casó tres veces: la primera , con el Capitán Francisco Ramos, natural de Santiago de Cuba, la segunda, en la Catedral de la referida ciudad el 6 de marzo de 1700, con don Miguel de Aguinaga y Amézaga, natural de Eibar, hijo de Pedro y de María. Casó por tercera vez, en la mencionada Catedral Santiaguera el 25 de diciembre de 1700, con el Capitán Pedro Palacios-Saldurtún, Sargento Mayor. Castellano del Morro, Gobernador y Capitán a Guerra de la plaza de Santiago de Cuba y de doña Mariana Mustelier Vigot Mas Enríquez Ramírez y Cisneros.

---

1. La referida información de parentesco, radica en el Arzobispado de La Habana, en el legajo número 15 de la sección de Consanguinidad, expediente número 19, año de 1782.

2. — El Capitán Juan Vázquez Valdés de Coronado y Cisneros, cuya defunción se encuentra en la Catedral de Santiago de Cuba, a 6 de noviembre de 1694, casó con doña Francisca Ramos Ramírez Patiño, hija del Capitán Pedro Ramos, Alcalde Provincial de la Santa Hermandad de Santiago de Cuba y de doña Leonor Patiño, natural de Bayamo, cuya defunción se encuentra en la Catedral de Santiago de Cuba a 3 de agosto de 1677. Tuvieron por hijos: a María Teresa; a Luisa y a Gregorio Vázquez Valdés de Coronado y Ramos. Los cuales:

1. — Doña María Teresa Vázquez Valdés de Coronado y Ramos, casó en la Catedral de Santiago de Cuba el 30 de enero de 1705, con don Cristóbal Sánchez de Castro, hijo de Juan Crisóstomo y de María.

2. — Doña Luisa Vázquez Valdés de Coronado y Ramos, casó en la Catedral de Santiago de Cuba el 17 de enero de 1706, con el Sargento Pedro de Garza y Larrea, hijo de Francisco y de Mauricia.

3. — Don Gregorio Vázquez Valdés de Coronado y Ramos, cuya defunción se encuentra en la Catedral de Santiago de Cuba a 11 de enero de 1759, casó en dicha Catedral el primero de noviembre de 1716, con doña Francisca de Cisneros y Pardo, cuya defunción se encuentra en la referida Catedral de Santiago de Cuba, a 14 de febrero de 1752, hija de Juan y de María.

ZAMBRANA

A fines del siglo XVII y procedente de la ciudad de La Laguna, en la isla de Tenerife, es estableció esta familia en La Habana, la que, durante los siglos XVII y XVIII aparece en las partidas parroquiales, unas veces como «Sambrano» y las más como «Zambrana».

Son sus armas: escudo de gules y un castillo de plata sobre ondas y en el jefe dos estrellas del mismo metal: bordura de azur con ocho aspas de oro.

Don Juan Roberto Zambrana y su mujer doña María de Castro-Illada, tuvieron por hijo: a

Don Salvador Zambrana y Castro-Illada, natural de la ciudad de La Laguna, que pasó a La Habana, donde casó, parroquia de Jesús del Monte, el 11 de agosto de 1698, con doña Juana Perdomo, natural igualmente de La Laguna, cuya defunción se encuentra en la referida parroquia de Jesús del Monte, a 26 de septiembre de 1724: hija de Lázaro Pérez y de Ana Dorotea. Tuvieron por hijos: a Juana; a Margarita; a José; a Bernardo; a Juan Francisco; a Angel y a Pedro Zambrana y Perdomo. Los cuales:

1. — Doña Juana Zambrana y Perdomo, fue bautizada en La Habana, parroquia de Jesús del Monte, el 5 de abril de 1711, donde casó el 7 de julio de 1727, con don Juan Clemente García y Prieto, natural de la isla de la Gomera, hijo de José y de María Magdalena.

2. — Doña Margarita Zambrana y Perdomo, bautizada en La Habana, parroquia de Jesús del Monte, el 24 de febrero de 1720, cuya defunción se encuentra en esta ciudad parroquia de Guadalupe, a 7 de septiembre de 1791, casó en La Habana, parroquia de Jesús del Monte, el 11 de mayo de 1733, con don Juan Luis Farras y Gómez de esta naturaleza, cuya defunción se encuentra en la parroquia de Guadalupe a 3 de julio de 1767, hijo de Juan Luis y de María Margarita.

3. — Don José Zambrana y Perdomo, fue bautizado en La Habana, parroquia de Jesús del Monte, el 23 de abril de 1703.

4. — Don Bernardo Zambrana y Perdomo, natural de La Habana, casó en esta ciudad, parroquia de Jesús del Monte, el 21 de noviembre de 1732, con doña Tomasa González-Vigot y Arencibia, conocida por «Tomasa de Arencibia», hija del Alférez Pedro y de Sebastiana. Fueron padre: de

Doña María de la Concepción Zambrana y González-Vigot, que casó en La Habana, parroquia de Guadalupe, el 27 de junio de 1751, con don Juan Mateo-Meléndez y López, natural de esta ciudad, hijo de don Sebastián Mateo-Meléndez y de doña Eugenia López.

5. — Don Juan Francisco Zambrana y Perdomo, fue bautizado en La Habana, parroquia de Jesús del Monte, el 10 de febrero de 1709.

6. — Don Angel Zambrana y Perdomo, del que se tratará en la «LINEA PRIMERA».

7. — Don Pedro Zambrana y Perdomo, del que se tratará en la «LINEA SEGUNDA».

«LINEA PRIMERA»

Don Angel Zambrana y Perdomo (anteriormente mencionado como hijo de don Salvador Zambrana y Castro-Illada, y de doña Juana Perdomo), fue bautizado en La Habana, parroquia de Jesús del Monte, el 9 de julio de 1699. Casó en esta ciudad, parroquia del Espíritu Santo, el 24 de mayo de 1728, con doña Rosario María Pacheco y Vargas, natural de La Habana, hija de Manuel y de Sebastiana. Tuvieron por hijos: a Casilda; a María de Jesús; a Juana Manuela; a María Sabina; a Antonia Simona; a José Antonio; a Carlos y a José de la Ascensión Zambrana y Pacheco. Los cuales:

1. — Doña Casilda Zambrana y Pacheco, fue natural de La Habana, y su defunción se encuentra en esta ciudad, parroquia de Jesús del Monte, a 15 de enero de 1739.

2. — Doña María de Jesús Zambrana y Pacheco, fue bautizada en La Habana, paroquia de Jesús del Monte, el 29 de julio de 1743.

3. — Doña Juana Manuela Zambrana y Pacheco, bautizada en La Habana, parroquia del Santo Cristo, el 28 de septiembre de 1740, casó en esta ciudad, parroquia del Espíritu Santo, el 15 de agosto de 1758,

con don Luis Rangel y Pérez, natural de esta ciudad, hijo de Jacinto y de María de la Concepción.

4. — Doña María Sabina Zambrana y Pacheco, bautizada en La Habana, parroquia de Jesús del Monte, el 14 de octubre de 1730, testó ante el escribano José Leal el 20 de octubre de 1800, y su defunción se encuentra en esta ciudad, parroquia del Espíritu Santo, a 20 de noviembre de dicho año. Casó en La Habana, parroquia de Guadalupe, el 30 de octubre de 1741, con don José Lorenzo Pérez, natural de la isla de Tenerife, hijo de Esteban y de Juana Francisca.

5. — Doña Antonia Simona Zambrana y Pacheco, fue bautizada en La Habana, parroquia de Jesús del Monte, el 11 de enero de 1738.

6. — Don José Antonio Zambrana y Pacheco, fue bautizado en La Habana, parroquia de Jesús del Monte, el 30 de abril de 1729.

7. — Don Carlos Zambrana y Pacheco, fue bautizado en La Habana, parroquia de Jesús del Monte, el 17 de noviembre de 1735, donde se encuentra su defunción a 8 de agosto de 1737.

8. — Don José de la Ascensión Zambrana y Pacheco, fue bautizado en La Habana, parroquia de Jesús del Monte, el 12 de junio de 1734. Su defunción se encuentra en esta ciudad, parroquia del Santo Cristo, a 6 de febrero de 1742.

«LINEA SEGUNDA»

Don Pedro Zambrana y Perdomo (anteriormente mencionado como hijo de don Salvador Zambrana y Castro-Illada, y de doña Juana Perdomo), bautizado en La Habana, parroquia de Jesús del Monte, el 12 de agosto de 1715, testó ante el escribano Marcos Ramírez, y su defunción se encuentra en esta ciudad, parroquia de Guadalupe, a 2 de noviembre de 1783. Casó en La Habana, parroquia de Jesús del Monte el 22 de marzo de 1733, con doña Josefa Farras y Gómez, natural de esta ciudad, cuya defunción se encuentra en La Habana, parroquia de Guadalupe, a 15 de agosto de 1785, hija de Juan Luis y María. Tuvieron por hijos: a Juana Gertrudis; a Josefa; a Bernarda; a Antonia; a Manuel y a Antonio Zambrana y Farras. Los cuales:

1. — Doña Juana Gertrudis Zambrana y Farras, fue bautizada en La Habana, parroquia de Jesús del Monte, el 25 de noviembre de 1736.

2. — Doña Josefa Zambrana y Farras, fue natural de La Habana, y su defunción se encuentra en esta ciudad, parroquia de Guadalupe, a 5 de junio de 1773. Casó con don Antonio Calves.

3. — Doña Bernarda Zambrana y Farras, cuya defunción está en La Habana, parroquia de Guadalupe, a 23 de septiembre de 1767, casó con don José de la Rosa.

4. — Doña Antonia Zambrana y Farras, cuya defunción se encuentra en La Habana, parroquia de Guadalupe, a 18 de octubre de 1765 casó

en esa parroquia el 11 de septiembre de 1752, con don Ciprián de los Remedios de León y Fuentes, natural de la ciudad de La Laguna, hijo de Pedro y de María Ana.

5. — Don Manuel Zambrana y Farras, del que se tratará en la «Rama Primera».

6. — Don Antonio Zambrana y Farras, del que se tratará en la «Rama Segunda».

«Rama Primera»

Don Manuel Zambrana y Farras (anteriormente mencionado como hijo de don Pedro Zambrana y Perdomo, y de su mujer doña Josefa Farras y Gómez), fue natural de La Habana, donde casó en la parroquia de Guadalupe el 22 de noviembre de 1767, con doña Luisa Zamora y Pérez, natural de esta ciudad, hija de Juan y de Ana. Tuvieron por hijos: a Mariana; a María Bernarda; a María de la Trinidad y a Diosio Zambrana y Zamora. Los cuales:

1. — Doña Mariana Zambrana y Zamora, fue bautizada en La Habana, parroquia de Guadalupe, el 29 de julio de 1769. Casó con don Santiago Rodríguez.[1]

2. — Doña María Bernarda Zambrana y Zamora, fue bautizada en La Habana, parroquia de Guadalupe, el 9 de junio de 1781.

3. — Doña María de la Trinidad Zambrana y Zamora, fue natural de La Habana y su defunción se encuentra en esta ciudad, parroquia de Guadalupe, a 9 de octubre de 1781.

4. — Don Dionisio Zambrana y Zamora, fue bautizado en La Habana, parroquia de Guadalupe, el 20 de octubre de 1778, donde casó el 28 de junio de 1804, con doña Manuela Alfonso de Armas y Rangel de Chávez, natural de Matanzas, hija de don José Alfonso de Armas y Morales y de doña Joaquina Rangel de Chávez y González. Tuvieron por hijo: a

Don Manuel Zambrana y Alfonso de Armas, bautizado en la Catedral de Matanzas el 31 de mayo de 1808, que fue escribano del Gobierno de Su Majestad de 1855 a 1857, y notario eclesiástico de Matanzas en 1869. Casó dos veces: la primera en la referida Catedral matancera, el 20 de mayo de 1838, con doña Lucía Navia y Fernández-Arocha, cuya defunción se encuentra en la Catedral de Matanzas a 4 de agosto de 1854, hija de don Pedro Eloy de Navia y García de Oramas y de doña Juana

---

1. Don Santiago Rodríguez y su mujer doña Mariana Zambrana y Zamora, tuvieron por hija: a

Doña María de las Mercedes Rodríguez y Zambrana, que casó en La Habana, parroquia de Guadalupe, el 3 de diciembre de 1816, con don Cristóbal Montalvo y González, hijo de don Lorenzo Montalvo y Sotolongo, III Conde de Macuriges. y de doña María de la Candelaria González.

Fernández-Arocha y Rodríguez, naturales de dicha ciudad. Casó por segunda vez en La Habana, parroquia del Espíritu Santo, el 17 de octubre de 1857, con doña María Teresa Calero y Parreño, natural de esta ciudad, hija de don Clemente Calero y Tapia, y de doña Paula María Parreño y Pesas. De su segunda mujer tuvo por hijo: a

Don Eduardo Zambrana y Calero, que fue bautizado en La Habana, parroquia del Espíritu Santo, el 30 de agosto de 1858, donde se encuentra su defunción a 2 de agosto de 1859.

Don Manuel Zambrana y Alfonso de Armas, y su primera mujer doña Lucía Navia y Fernández-Arocha, tuvieron por hijos: a Luciana; a María de Loreto; a Teresa; a Inés; a Adela; a Juana Josefa y a Manuel Zambrana y Navia. De los cuales:

1. — Doña Teresa Zambrana y Navia casó con don Florencio Loulings.

2. — Doña Luciana Zambrana y Navia, casó con don Eduardo Sánchez.

3. — Doña Juana Josefa Zambrana y Navia, fue bautizada en la Catedral de Matanzas el 22 de marzo de 1842, y su defunción se encuentra en La Habana, parroquia del Espíritu Santo, a 31 de marzo de 1892. Casó tres veces: dos de ellas en la Catedral de Matanzas: la primera, el 12 de mayo de 1863, con don Juan José Victorio Hernández y de los Ríos, hijo de Pablo y de Rosa; y la segunda casó en el año de 1870, con don Antonio Fernández y Chorot, natural de La Carlota, en Córdoba, hijo de don Juan Fernández y Gutiérrez, y de doña Isabel Chorot y Gálvez. Por tercera vez, casó con José Roca y Navarro, que la sobrevivió.

4. — Doña María de Loreto Zambrana y Navia, casó con don Carlos de Vega-Verdugo e Hidalgo, VI Conde de Alba Real del Tajo, por Real carta sucesoria dada el 10 de agosto de 1880. No tuvieron descendencia.

5. — Doña Inés Zambrana y Navia, casó con don Crescencio Pérez y Díaz, que fue hacendado.[1]

6. — El doctor Manuel Zambrana y Navia, bautizado en la Catedral de Matanzas el 7 de diciembre de 1839, fue médico-cirujano y Director del Hospital Civil de Matanzas. Casó dos veces: la primera en La Habana, parroquia de Monserrate, año de 1866, con su pariente doña Ana Zambrana y Vázquez, natural de esta ciudad, hija de don Santiago Zambrana y Valdés, y de doña Melchora Vázquez y Ramos. Casó por segunda vez con doña Gertrudis Cabrera y Pérez, de la que tuvo por hijos: a Amalia; a Manuel Augusto y a Marcial Zambrana y Cabrera. De los cuales:

1. — Doña M.ª Amalia Zambrana y Cabrera, distinguida escritora y publicista, conocida por «Malléen Zambrana», autora de la obra «Los

---

[1]. Doña Inés Zambrana y Navia y don Crescencio Pérez y Díaz tuvieron por hijos: a Luciana; a César; a José Manuel, y a María de la Caridad Pérez y Zambrana.

Zambrana» (de la que ya se han editado 13 tomos) dedicada a su familia casó dos veces: la primera con don Angel Casares y Aceituno y la segunda con don José Fernández y Pérez, industrial, gerente de «P. Fernández y Cía.», en La Habana.[2]

2. — Don Manuel Augusto Zambrana y Cabrera, casó con doña María del Carmen de la Puente.

3. — El Doctor Marcial Zambrana y Cabrera, casó con doña Margarita Martínez Cabrera, padres de: Margarita (casada con don Enrique Armas), de Beatriz (casada con don Alberto Domínguez) y de Gladys Zambrana y Martínez.

«Rama Segunda»

Don Antonio Zambrana y Farras (anteriormente mencionado como hijo de don Pedro Zambrana y Perdomo y de doña Josefa Farras y Gómez), fue natural de La Habana, encontrándose su defunción en esta ciudad, parroquia de Guadalupe, a 19 de enero de 1801, donde casó dos veces: la primera el 5 de agosto de 1759, con doña María de Loreto Hernández, natural de esta ciudad, hija de Cristóbal y Juana. Casó por segunda vez el 28 de octubre de 1765, con doña Josefa Rafaela de la Cruz Herrera y Rodríguez, natural de La Habana, hija de Juan y de María. De su primera mujer tuvo por hija: a

Doña María de la Luz Zambrana y Hernández, natural de la villa de Santiago, que casó dos veces: la primera, con don José María de Velasco; y la segunda en La Habana, parroquia de Guadalupe, el 24 de septiembre de 1814, con don Juan Galán y Feria, natural de esta ciudad, hijo de José y de Rosa.

Don Antonio Zambrana y Farras, y su segunda mujer doña Josefa Rafaela de Herrera y Rodríguez, tuvieron por hijos: a Lorenza; a María Manuela; a María Dolores Benita; a Miguel; a Julián; a Ignacio Gervasio; a Diego Nicolás; a Antonia y a José Ramón Zambrana y Herrera. **Los cuales:**

1. — Doña Lorenza Zambrana y Herrera, fue bautizada en La Habana, parroquia de Guadalupe, el 22 de agosto de 1770, donde se encuentra su defunción a 15 de agosto de 1778.

2. — Doña María Manuela Zambrana y Herrera, fue bautizada en La Habana, parroquia de Guadalupe, el 6 de diciembre de 1772.

3. — Doña María de los Dolores Benita Zambrana y Herrera, fue bautizada en La Habana, parroquia de Guadalupe, el 30 de marzo de

---

2. Doña Amalia Zambrana y Cabrera (Malleén) de su primer matrimonio tuvo por hijo: al

Doctor Luis Casares y Zambrana, que está casado con doña Isabel Bonachea y Viera.

1784, donde casó el 20 de marzo de 1831, con don Manuel Raynaud y Larrié, natural de Cádiz, hijo de Juan y de María.

4. — Don Ignacio Gervasio Zambrana y Herrera, fue natural de La Habana, y su defunción se encuentra en esta ciudad, parroquia de Jesús del Monte, a 14 de junio de 1794.

5. — Don Miguel Zambrana y Herrera, fue bautizado en La Habana, parroquia de Guadalupe, el 3 de octubre de 1773.

6. — Don Julián Zambrana y Herrera, fue bautizado en La Habana, parroquia de Guadalupe, el 3 de febrero de 1775.

7. — Don Diego Nicolás Zambrana y Herrera, fue bautizado en La Habana, parroquia de Guadalupe, el 19 de noviembre de 1781, donde se encuentra su defunción a 4 de junio de 1783.

8. — Don Antonio Zambrana y Herrera fue habanero, y su defunción se encuentra en esta ciudad, parroquia de Guadalupe, a 21 de abril de 1783.

9. — El licenciado José Ramón Zambrana y Herrera, bautizado en La Habana, parroquia de Guadalupe, el 5 de septiembre de 1779, casó en esta ciudad, parroquia del Santo Cristo, el 18 de agosto de 1797, con doña Isabel Josefa Valdés, bautizada en La Habana el 8 de diciembre de 1780, y tuvieron por hijos: a Antonio; a José Miguel; a Ramón, y a Santiago Zambrana y Valdés. Los cuales:

1. — El Licenciado Antonio Zambrana y Valdés, bautizado en La Habana, parroquia de Guadalupe, el 6 de febrero de 1804, falleció en la villa de Guanabacoa, a 9 de marzo de 1865. Ilustre letrado y jurisconsulto, fue Abogado de la Real Audiencia y Cancillería de la isla de Cuba, Catedrático de Procedimientos Civiles y Criminales en la Facultad de Derecho y Rector de 1856 a 1861 de la Universidad de La Habana, siendo además Presidente de la Comisión Provincial habanera de Instrucción Primera, Consejero-Ponente del Consejo de Administración de la isla de Cuba, Coronel de Milicias y Secretario de la Sociedad Patriótica. Casó en La Habana, parroquia de Jesús María, en el año de 1830, con doña Manuela Vázquez y Ramos, bautizada en la referida parroquia el 10 de enero de 1805, y fallecida en Bejucal (provincia habanera) el 21 de agosto de 1864, hija de don Andrés Vázquez y Martínez, natural de Carrión de los Condes en Palencia, y de doña Ana Josefa Ramos de Leompard, natural de La Habana.

2. — Don José Miguel Zambrana y Valdés, fue bautizado en la Catedral de La Habana el 15 de mayo de 1808.

3. — El doctor Ramón Zambrana y Valdés, fue bautizado en La Habana, parroquia de Guadalupe, el 14 de julio de 1817, encontrándose su defunción en esta ciudad, parroquia de Monserrate, a 20 de marzo de 1866. Eminente médico-cirujano, fue Catedrático de Medicina Legal y de Toxicología de la Universidad Literaria de su ciudad natal, y de Filosofía en el Seminario de San Carlos, cirujano del hospital de San Felipe y Santiago y su Síndico administrador, Secretario de la primera

junta de gobierno de la Academia de Ciencias Médicas Físicas y Naturales de La Habana a la que perteneció, Inspector del Instituto de Investigaciones Químicas y autor de varias obras literarias y científicas. Desempeñó importantes comisiones en la Universidad de La Habana, Sociedad Económica de Amigos del País, Junta de Fomento, Real Casa de Beneficencia, Junta de Caridad, Escuela de Artes y Oficios, Junta Superior de Instrucción Pública, Liceo Artístico y Literario y en el Real Consulado. Falleció el 18 de marzo de 1866. Casó en Santiago de Cuba, parroquia de los Dolores, el 16 de septiembre de 1858 con la insigne poetisa doña Luisa Pérez y Montes de Oca, nacida en la finca «Melgarejo», cerca de la villa del Cobre Oriente, el 25 de agosto de 1835 y fallecida en Regla el 25 de mayo de 1922, hija de Joaquín y Justa Germana. Tuvieron por hijos: a Elodia; a Horacio; a Jesús; a Dulce María y a Angelina Zambrana y Pérez. De los cuales:

A. — Don Horacio Zambrana y Pérez, cuya defunción se encuentra en La Habana, parroquia del Espíritu Santo, a 12 de octubre de 1898, casó en esa parroquia el 4 de octubre de 1886 con doña María del Rosario de Cárdenas y Barranco, natural de los Quemados de Marianao, hija de don Pedro Rafael de Cárdenas y Armenteros, de la casa de los marqueses de Cárdenas de Monte-Hermoso, y de doña Juana Barranco y Macías, natural de Puerto Rico. Tuvieron por hija: a Virginia Zambrana y Cárdenas.

B. — Doña Dulce María Zambrana y Pérez, casó con don Rafael Galindo.

C. — Doña Angelina Zambrana y Pérez, casó con don Ramón Souchay.[1]

4. — Don Santiago Zambrana y Valdés, nacido el 30 de diciembre de 1810, fue bautizado en La Habana, parroquia de Guadalupe, el 15 de enero de 1811. Casó en esta ciudad, parroquia de Jesús María, en el año de 1840, con doña Melchora Vázquez y Ramos, bautizada en la referida parroquia el 14 de enero de 1808, hija de don Andrés Vázquez y Martínez, natural de Carrión de los Condes, en Palencia, y de doña Ana Josefa Ramos y Leompard, natural de La Habana. Tuvieron por hijos: a Ana; a Santiago; a Manuela y a Antonio de Jesús Zambrana y Vázquez. De los cuales:

1. — Doña Ana Zambrana y Vázquez, bautizada en La Habana, parroquia de Jesús María, el 10 de abril de 1841, casó en esta ciudad, parroquia de Monserrate, en el año de 1866, con su pariente el doctor Manuel Zambrana y Navia, natural de Matanzas, médico-cirujano, hijo de don Manuel Zambrana y Alfonso de Armas, y de doña Lucía Navia y Fernández-Arocha.

2. — Don Santiago Zambrana y Vázquez, fue bautizado en la Catedral de La Habana el 26 de julio de 1848.

---

1. Doña Angelina Zambrana y Pérez y su marido don Ramón Souchay, tuvieron por hijas: a Berta Margarita y a Dulce María Souchay y Zambrana, la primera de las cuales casó con don Guillermo Polanco.

3. — El licenciado Antonio de Jesús Zambrana y Vázquez, nacido el 19 de junio de 1846 y bautizado en La Habana, parroquia de Guadalupe, el 11 de julio de dicho año, fue uno de los más distinguidos abogados de su época, tribuno, periodista, escritor, diplomático y patriota. Secretario de la Cámara de Representantes de la República en Armas, miembro de la Asamblea Legislativa de Guáimaro, y quien con el General Ignacio Agramonte y Loynaz, redactó la primera Constitución de la República en Armas. Emigrado a Costa Rica, ocupó en dicho país diversos cargos docentes y judiciales y electo Diputado a Cortes por la isla de Cuba durante la Autonomía, no ocupó este cargo por sus ideas políticas. Constituida la República, fue designado en 1911 Enviado Extraordinario y Ministro Plenipotenciario de la República de Cuba en Colombia y Ecuador, y en 1914 trasladado con igual rango diplomático para representar a nuestro Gobierno en el Perú. Tan ilustre abogado y patriota, cuya defunción se encuentra en la parroquia del Vedado a 28 de marzo de 1922, fallecido el día anterior, casó en La Habana, parroquia de Monserrate, el primero de junio de 1868, con doña Amalia Betancourt y Salgado, natural de Matanzas, hija del licenciado José Victoriano Betancourt y Gallardo, natural de Guanajay, ilustre letrado, Abogado de las Reales Audiencias de la isla de Cuba, Juez de Primera Instancia en Tuxpan (México), Socio de número de la Económica de Amigos del País en La Habana y distinguido escritor, y de doña María Luisa Salgado y Jerez, natural de esta ciudad. Tuvieron por hijas: a Elodia y: a

Doña Evangelina Zambrana y Betancourt, que casó con don Raúl del Portillo y del Junco, hijo de don Alonso del Portillo y Martín, y de doña Leonor del Junco y Rueda.

Indice Alfabético del Tomo Séptimo

Apellidos	Páginas	Apellidos	Páginas
ACOSTA	1	GALARRAGA	165
AGUIAR	4	GARCIA DE OSUNA	168
ARIOSA	10	GIQUEL	171
ARMIÑAN	13	GOICOURIA	174
ASCANIO	17	GONZALEZ-REGUEIFEROS	177
AUÑON	28	GOMEZ	180
AVERHOFF	37	GUMA	183
BACARDI	41	HERRERA Y MOYA	187
BACA-RENGIFO	43	HIDALGO-GATO	192
BALZAN	44	HORRUITINER	206
BARROSO	45	JUNCO	219
BEA	47	LEYBA	241
BELT	49	MARTINEZ-FORTUN	247
BENITEZ DE LUGO	50	MOREJON	256
BETANCOURT	57	MOZO DE LA TORRE	290
BRUZON	66	NORIEGA	293
CASTELLVI	70	PEREZ DE CASTAÑEDA	297
CASTRO-PALOMINO	81	PEREZ DE LA RIVA	301
CASUSO	103	PORTELA	302
COPPINGER	108	RAMIREZ DE ARELLANO	313
CORDERO	113	RAMIREZ DE SOTO	319
COSSIO	124	REYES GAVILAN	326
COWLEY	126	RUIZ DE APODACA	339
DESVERNINE	131	SALGADO	346
DIAZ-ALBERTINI	134	SANCHEZ DE BUSTAMANTE	364
DOLZ	137	SANCHEZ DE FUENTE	366
DORIA	139	SOTO-NAVARRO	369
DORTICOS	140	URRUTIA	371
ESCOBEDO	144	VAN DE WALLE	396
ESPADA	150	VAZQUEZ VALDES	
FOXA	151	DE CORONADO	402
GAMBA	163	ZAMBRANA	406

Otras Familias Mencionadas en Esta Obra

Apellidos	Páginas	Apellidos	Páginas
ALFAYA	303	BORBON	75
AMADOR	222	CUESTA, DE LA	389
ANDRE	237	CUEVAS, DE LAS	103
ARMET	78	DABAN	375
BAUSA	344	FERNANDEZ-TRAPA	104
BERANGER	343	FLORES	352

Apellidos	Páginas	Apellidos	Páginas
FLORIT	368	NORRIS	215
FRIAS	401	O'BRIEN	108
FUNES	287	PASALAGUA	248
GABRIEL	341	PAZ, DE LA	284
GALARZA	298	PERPINYA	152
GARCIA DE BERRILLO	189	POLLACK	105
GONZALEZ DE RON	403	RAMALLO	348
GONZALEZ DEL VALLE	298	RAMIREZ DE LEZCANO	346
GUTIERREZ DE PUEBLA	372	RODRIGUEZ	363
HOCES	143	RODRIGUEZ-CRESPO	304
JANDRO DE AVENDAÑO	321	RODRIGUEZ DE TORO	23
LUIS	53	ROSA, DE LA	257
LOPEZ-CUERVO	219	SAA	113
LLITERAS	172	SANCHEZ	234
MARQUEZ-CARDOSO	320	SELL	369
MONTERO	54	SOTOMAYOR	55
MONZON	372	TACON	153

www.ingramcontent.com/pod-product-compliance
Lightning Source LLC
Chambersburg PA
CBHW080344300426
44110CB00019B/2501